U0929676

浙江文物年鉴
(2011)

浙江文物年鉴编委会 编

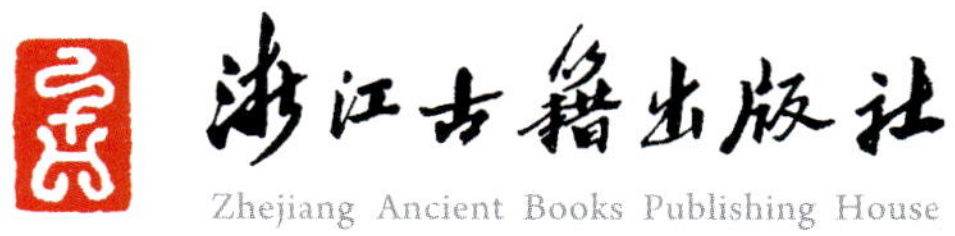

浙 江 文 物 年 鉴(2011)

凡　例

一、本年鉴以党中央、国务院文物工作的方针、政策为指导，客观、全面而有特色地记录和反映浙江全省当年文博工作的面貌，起到存史、交流、宣传和教化作用。

二、本年鉴体例采用栏目体，设概况、大事记、特辑、文物普查、文物保护与考古、博物馆与纪念馆、文物安全与执法、交流合作、省直文博单位、市县文博单位、各地内设机构一览表、文献辑存等专栏，栏下设目、子目。

三、本年鉴主要记录2010年我省文博单位情况，以省文物局和省直属文博单位为主，兼及市县有重大影响的文博事项及活动。为使内容有所承接，时间断限采用“下限一刀切，上限适当追溯”的原则。

四、本年鉴为语体文记述体，遵循“述而不论”的原则。记述见事见物见人，人随文记。写法上“点、线、面”结合，有全貌，有脉络，有典型。重要文件、讲话及作品、论著（提要）编入书末“文献辑存”。

五、本年鉴以文为主，辅以图表。彩页刊印重大活动及设施照片，其他黑白照随文附入。

六、本册年鉴约95万字，采用16开横排本版式。

◆4月14日,中共中央政治局委员、中央军委副主席徐才厚,南京军区司令员赵克石一行在浙江省委书记赵洪祝等陪同下,参观嘉兴南湖中共"一大"会址、中共"一大"纪念船和南湖革命纪念馆。

◆4 月 30 日,全国人大常委会副委员长、中共中央国家机关工委书记华建敏在浙江省人大常委会副主任王永明陪同下,对浙江省博物馆武林馆区进行考察。

◆5月11日，全国人大常委会副委员长、民进中央主席严隽琪在浙江省委常委、宁波市委书记巴音朝鲁，省政协副主席盛昌黎等陪同下，赴庆安会馆参观。

◆7月6日,最高人民法院院长王胜俊一行在绍兴市中级人民法院院长陈惠明陪同下,参观了鲁迅故居、百草园和三味书屋。

◆10 月 27 日，全国政协副主席白立忱赴临安考察吴越国王陵出土文物。

◆2月17日，全国政协副主席、全国工商联主席黄孟复在浙江省政协副主席、省工商联主席徐冠巨等陪同下，参观嘉兴南湖中共“一大”会址、南湖革命纪念馆和中共“一大”纪念船。

◆7月15日，全国政协副主席何厚铧在浙江省政协副主席盛昌黎等陪同下，实地考察绍兴鲁迅纪念馆。

◆9 月 28 日，全国政协副主席、民建中央第一副主席张榕明在民建省委副主委卢步东等陪同下考察杭州孔庙。

◆9 月 11 日，全国政协副主席钱运录在绍兴市有关负责人陪同下赴鲁迅故里考察。

◆9 月 11 日，全国政协副主席、民革中央常务副主席厉无畏在当地领导陪同下，对平湖市李叔同纪念馆进行考察。

◆5 月 8 日, 原全国政协副主席张怀西考察良渚博物院。

◆6月19日,原全国政协副主席王文元赴德清县博物馆考察。

◆10月29日，文化部部长蔡武在浙江省副省长郑继伟、省政府副秘书长马林云、省文化厅厅长杨建新等陪同下，对浙江省博物馆武林馆区进行考察。

◆4月5日，中共中央办公厅副主任、原中央警卫局局长由喜贵上将在浙江省委常委、宁波市委书记巴音朝鲁等陪同下，赴宁波博物馆考察。

◆9月8日，中共中央组织部副部长、中央党史研究室主任欧阳淞在浙江省委常委、秘书长李强，省文化厅副厅长、省文物局局长鲍贤伦等陪同下，考察了浙江省博物馆武林馆区和浙江革命历史纪念馆。

11 月 9 日，中共中央宣传部副部长翟卫华在浙江省委宣传部副部长吴天行等陪同下，赴绍兴鲁迅纪念馆考察。

◆7 月 29 日至 30 日,国家文物局单霁翔局长一行在省文化厅副厅长、省文物局局长鲍贤伦等陪同下,对安吉县生态博物馆建设进行专题调研。

◆11 月 6 日,中共浙江省委书记、省人大常委会主任赵洪祝在浙江省委常委、秘书长李强,副秘书长舒国增,省文化厅副厅长、省文物局局长鲍贤伦等陪同下,赴浙江省博物馆考察。

◆6月4日,中共浙江省委副书记、省长吕祖善在省政府秘书长张鸿铭、副秘书长施利民、省环保厅副厅长史济锡等陪同下,赴浙江自然博物馆考察。

◆9 月 10 日，浙江省副省长郑继伟在省政府副秘书长马林云，省文化厅副厅长、省文物局局长鲍贤伦陪同下，赴中国丝绸博物馆考察。

◆7 月 29 日，浙江省副省长龚正在市地相关负责人陪同下，实地考察松阳县博物馆。

◆8月29日、30日,浙江省副省长、温州市委书记陈德荣在温州市有关负责人陪同下,考察了温州文博单位。

◆5月25日,浙江省政府和国家文物局共建国家文化遗产保护科技区域创新联盟(浙江省)签约仪式在杭举行。

7月29日,我国首个国家水下文化遗产保护基地——宁波基地暨宁波中国港口博物馆建设工程奠基典礼在宁波市北仑区举行。

◆10 月 11 日，良渚国家考古遗址公园正式成为全国首批（12 家）国家考古遗址公园。

◆9 月 26 日，浙江省历史文化遗产保护管理委员会 2010 年度（扩大）会议在杭召开。

◆5月31日至6月2日，浙江省第三次全国文物普查实地调查阶段工作通过国家文物局整体验收。

◆6月8日至16日，浙江省代表团赴台开展文化合作交流，签署了“文艺绍兴——南宋艺术与文化特展”合作协议，参加了“璀璨——良渚文化特展”开幕仪式，并落实了《富春山居图》(《剩山图》)赴台合璧展出等事宜。

◆6月3日,浙江省政府新闻办召开"浙江旧石器考古成果新闻发布会",公布了近年来浙江省旧石器时代考古的重大进展。当天还举行了长兴合溪洞遗址标志碑揭幕暨旧石器考古长兴工作站授牌仪式。

◆9月27日至29日,世界遗产委员会委派国际古迹遗址理事会专家对西湖文化景观申遗项目进行实地评估验收,我省世界文化遗产申报取得重大进展。

◆12 月 13 日,中国丝绸博物馆成为纺织品文物保护国家文物局重点科研基地,《东周纺织织造技术价值挖掘与展示——以出土纺织品为例》荣获 2009 年文物保护科学和技术创新奖二等奖。

◆6 月 12 日,我省围绕“文化遗产,在我身边”主题,开展第五个“文化遗产日”系列活动。

◆5月18日,全省举办多项活动,迎接第34个"国际博物馆日"。

◆2月1日,全省文物局长会议在嘉兴举行。

◆7 月 26 日至 28 日，全省文物局长座谈会在舟山召开。

◆7 月 15 日，绍兴建城 2500 年庆典活动暨绍兴博物馆越王城馆落成仪式举行。

◆11 月 18 日,越剧博物馆举行纪念开馆 20 周年庆典。

◆3 月 26 日,《中国文物地图集·浙江分册》首发仪式在杭举行。

目　录

概　况

大事记

特　辑

文物普查

文物保护与考古

博物馆与纪念馆

文物安全与执法

交流合作

省直文博单位

市县文博单位

各地内设机构一览表

文献辑存

概 况

2010年浙江省文物工作发展概况

2010年是文物事业“十一五”规划的完成之年和“十二五”规划的编制之年。在这承前启后、继往开来的一年里，全省文物系统始终坚持以科学发展观为引领，以“十七大”和十七届五中全会精神为指导，紧紧围绕我省经济社会转型发展大局，认真履行省委、省政府和国家文物局的重大决策和重要部署，以上海世博会、国际博协大会等重大活动为契机，扎实开展各项工作，夯实基础、推进重点、突破难点，圆满完成“十一五”规划目标任务，有效推动了全省文物事业的科学发展。

一、重点工作成果突出

全面回顾“十一五”，精心谋划“十二五”。我省文物系统广泛调研，全面总结、回顾“十一五”全省文物事业发展状况，分析现有优势，梳理突出问题，理清发展思路；认真编制“十二五”发展规划，完成了文物保护项目及经费需求“十二五”规划编制，为文物事业的持续发展奠定基础。截至目前，各地基本完成了“十二五”规划的编制，《浙江省文物事业发展“十二五”规划》文本也已通过专家论证。在省历史文化遗产保护管理委员会2010年度（扩大）会议上，委员会主任、省人民政府副省长郑继伟出席会议并作重要讲话，充分肯定了我省“十一五”以来文化遗产保护工作所取得的显著成绩，对今后一段时期内文化遗产保护工作提出了系列要求，进一步明确了工作方向。

圆满完成文物普查转段工作。2010年，我省全面完成了第三次全国文物普查任务中最为艰巨的实地文物调查任务，成为首个通过国家文物局整体验收的省份。全省共调查登录不可移动文物总数76804处，占全国总数的8%以上，其中新发现64054处，占全国总量的近10%，普查成果位居全国前列。全省共有9人获全国第三次文物普查实地文物调查阶段突出贡献个人奖，余杭区普查队、长兴县普查队获突出贡献集体奖，浙江省支援青海普查队获“对口支援”特别贡献集体奖。

为了鼓舞斗志、增强信心，有序开展全国文物普查第三阶段工作，我省表彰了33个先进集体和283名先进个人，召开了省第三次全国文物普查转段工作会议，印发了省第三次全国文物普查领导小组《关于做好全省第三次全国文物普查第三阶段工作的通知》，广泛动员、积极部署第三阶段成果整理与展示阶段工作。目前，在省普查办的统一部署下，全省已经开展了技术培训、名录与普查工作报告编制、数据库编码、电子地图绘制及普查档案整理等工作。

世界文化遗产申报工作取得阶段性成果。2010年，西湖文化景观申遗工作取得重大进展，申遗文本通过世界遗产中心形式审查，世界遗产中心委托国际古迹遗址理事会专家对杭州西湖文化景观的实地评估验收工作顺利完成，西湖文化景观申报世界文化遗产工作迈过了最关键的一步，将于2011年提请世界遗产大会审议。

大运河资源普查及申遗准备工作取得阶段性成效。各地协助开展保护规划编制工作，完成了我省大运河申报世界文化遗产点(段)的遴选与上报;并积极介入涉及大运河建设项目方案的前期研究、论证,以避免相关建设工程对大运河保护和申遗造成不利影响;还完成了大运河保护和申遗省部际会商小组第二次会议及国家文物局2010年大运河保护和申遗工作会议相关材料的准备工作。良渚遗址列为首批国家考古遗址公园,为良渚申遗奠定了基础。此外,我省做好世界遗产预备名单动态管理工作,推荐了第二批申报世界文化遗产预备名单项目。

"馆藏文物管理系统数据库建设"完成年度阶段性目标。为提升馆藏文物信息化,实现文物资源数字化、行业管理网络化,提高全省文物保护、管理、利用水平,浙江省文物局合理调配人员力量,全力推进馆藏文物管理系统数据库建设;并加强质量监管,克服了机房建设未全面完成、上报数据存储分散等困难,及时向国家文物数据中心报送了珍贵文物的数据。据统计,全省共有102个文物收藏单位的400余人参加了数据库建设工作,完成馆藏文物信息数据采集任务94829条,其中一级藏品2031条,二级藏品11495条,三级藏品54162条,一般文物和未定级的藏品27141条,影像信息采集数据超过6TB,数据质量得到国家文物数据中心的肯定,如期完成了年度工作任务。为加快省文物数据中心机房建设,有关方面于年内完成了设备采购和机房装修方案,确保2011年初机房设备完成调试后投入正常运行。此外,我省还基本摸清了馆藏珍贵文物家底,完善了文物基础资料建设,数据库管理系统粗具规模。

文物保护科技工作取得重大突破。2010年,我省与国家文物局共建全国首个国家文化遗产保护科技区域创新联盟,大力推动保护科技创新跨学科、跨领域、跨行业、跨部门战略合作,有效提升我省文物保护科技水平。目前联盟已建立了理事会管理机制,明确了理事会的运作细则,召开了理事会成立会议并产生了创新联盟理事会决策机构,为规范运行和管理奠定了良好基础。

中国丝绸博物馆申报的"纺织品文物保护国家文物局重点科研基地"获得成功,"东周纺织品织造技术挖掘和展示——以出土纺织品为例"项目获得国家文物局2009年度文物保护科学与技术创新二等奖。省文物科技项目顺利实施,有8个项目列入省文物保护科技项目,顺利实施国家"指南针计划——中国传统造纸技术传承与展示示范基地建设"项目。

二、不可移动文物保护工作扎实有效

积极开展文物保护单位推荐工作。我省坚持普遍价值和地域特色相结合、"三普"复查对象和普查新发现相结合、基层推荐和专家评估相结合等原则,在涵盖面上达到了前所未有的广度。全省共推荐186处不可移动文物申报第七批全国重点文物保护单位(含与现有全国重点文物保护单位合并项目14处),推荐373处不可移动文物申报第六批省级文物保护单位,还积极推动、及时公布新的市县级文物保护单位和文物保护点,其中宁波鄞州区新公布文物保护单位100余处,文物保护点200余处。全省现有市县级文物保护单位3839处。

切实开展文物保护基础工作和工程管理。2010年,历时20余年编纂而成的大型工具书《中国文物地图集·浙江分册》面世出版。根据2009年省人大常委会《关于文化遗产保护法律法规实施情况报告的审议意见》,我省加大工作力度,重点督促"四有"编制,部署了102处尚未完成记录档案的省级以上文物保护单位的档案编制工作。省政府新公布31处省级以上文物保护单位的保护范围和建设控制地带。省文物局统筹兼顾文物保护和经济建设,确保文物保护优先,妥善处理了安吉良朋工业园区建设中的大型古文化遗址保护等多起文物保护工作。

有关方面跟踪管理、实地指导文物保护利用示范项目，已完成衢州南宗孔庙、杭州飞来峰造像（一期）本体保护实施阶段，正在实施诸暨斯宅古建筑群、绍兴大禹陵、兰溪诸葛长乐村古建筑群的保护工程，审查批准了浦江上山遗址、杭州飞来峰造像（二期）保护设计方案。

全省积极开展重要文物保护单位的保护、修缮工作，完成泰顺文兴桥、庆元卢福神庙、安吉安城城墙等一大批省级以上文物保护单位的保护修缮工作，对嵊州崇仁村建筑群、上山遗址等省级以上文保单位规划进行了重点审查论证。杭州市高度重视乡土建筑保护修缮工作，出台了《农村历史建筑保护补助资金管理办法》，落实了5000万元市财政补助资金和6890万元各地维修配套资金，全年共启动乡土建筑保护修缮项目496个。余杭区启动乡土建筑保护“五年行动计划”，拟累计投入一亿元。全省还加强对文物保护工程资质单位的管理，新增资质单位8个，另有8个单位资质升级，使文保工程资质单位总数达65个。省文物局举办第二期文物保护工程从业人员上岗培训班，100余名学员通过了培训考试，获得了从业资格。

大遗址保护和考古管理态势良好。2010年，我省大遗址保护取得实质性进展。良渚遗址被列为首批12个国家考古遗址公园之一，标志着良渚遗址保护展示工作进入新阶段。良渚古城考古调查勘探有了新成果，基本搞清了良渚古城的历史环境，还成功举办了“良渚论坛——2010年大遗址考古与大遗址保护学术研讨会”。

全省配合经济建设大局和重点工程建设项目，积极开展抢救性考古工作，全年共实施考古发掘项目37项，考古发掘面积达15万平方米，实施考古调查项目14项，调查面积达200多万平方米，调查行程1500多千米。有关方面重点实施海宁小兜里遗址、桐庐方家洲遗址、嘉兴马家浜遗址、余杭临平茅山遗址、余杭玉架山遗址、良渚小山桥遗址等项目涉及的考古发掘，湖州市南山商代窑址发掘项目入选“中国社会科学院考古学论坛·2010年中国考古六大新发现”，余杭茅山良渚遗址、长兴合溪洞旧石器时代遗址入围2009年度全国十大考古新发现初评项目。文物部门出版《七里亭与银锭岗》考古发掘报告，完成了《文家山》等5部报告的编写。水下文化遗产保护工作也有新进展，国家水下文化遗产保护宁波基地正式挂牌。

历史文化名城、街区、村镇保护工作成效显著。全省积极抢救保护在城市化进程中快速消失的传统街区和村镇，加快第三批省级历史文化村镇、街区保护规划的编制、审查进度，论证通过了嵊州华堂、丽水西溪、青田阜山等保护规划，联席审查了德清新市、开化霞山、苍南金乡、苍南碗窑、富阳龙门等保护规划，已向省政府报批德清新市、松阳仓石等保护规划；同时严格控制重点保护区的保护、风貌协调区的建设活动，有效推进传统街区的保护整治。

在第五批中国历史文化名镇、名村申报中，我省再获佳绩。景宁畲族自治县鹤溪镇和海宁市盐官镇成为中国历史文化名镇，建德市大慈岩镇新叶村等9个村成为中国历史文化名村。至此，我省中国历史文化名镇、名村总数达到30个，与山西并列位居榜首。我省还组织专家委员会开展第三批省级历史文化名城、第四批省级历史文化街区、村镇推荐考察工作，其中海宁市已公布为省级历史文化名城。

三、博物馆建设和管理工作卓有成效

进一步深化免费开放工作。2010年，我省积极贯彻全国博物馆、纪念馆开放工作会议和中央四部委《关于进一步做好公共博物馆、纪念馆免费开放工作的意见》精神，及时拟订了省委宣传部等四部门《关于贯彻落实全国博物馆免费开放工作会议的实施意见》，积极配合国家文物局对我省免费开放博物馆、纪念馆进行实地调研。我省的免费开放工作得到了调研组的充分肯定。全省全年共新推出展陈项目800多个，年参观人数超过1700万，制定出台了《加强馆际展览合作，促进文物资源共享实施方案》，正式启动实施了馆际资源合作。

此外，我省还积极参与在上海召开的国际博协第22届大会。全省共有78位大会注册代表全程参与了活动。各博物馆也在博协大会上积极开展宣传推介，扩大了我省博物馆的影响力。宁波博物馆组织、承办了国际博协第22届大会“全球博物馆志愿者开放论坛”，形成了《全球博物馆志愿者开放论坛倡议》，举行了“牵手历史——第二届中国博物馆十佳志愿者之星”颁奖典礼。浙江省博物馆出色完成博物馆学专业委员会相关活动的组织任务。浙江自然博物馆在多个论坛上作主题发言。

博物馆网络体系建设取得新成效。2010年，绍兴博物馆越王城分馆、杭州南宋官窑博物馆三期工程、余姚博物馆二期工程、溪口博物馆新馆、江山市博物馆新馆、龙泉青瓷博物馆、龙泉宝剑博物馆、松阳县博物馆新馆、永康市博物馆等建成开放。舟山市博物馆新馆、安吉生态博物馆土建结顶，杭州历史博物馆扩建改造工程，台州市博物馆、丽水市博物馆等建设项目顺利开工，金华市博物馆、景宁畲族博物馆、兰溪市博物馆、海盐县博物馆、瑞安市博物馆的陈列论证及布展工作正在实施中。

民办博物馆扶持工作又有新举措。3月15日，省文物局联合省民政、财政、国土等八厅局下发了《转发国家文物局等七部委关于促进民办博物馆发展意见的通知》，要求各市、县结合当地实际，认真贯彻执行。根据中央和省文件精神，省财政厅于2010年10月向各市、县下发了省民办博物馆补助经费，对运作规范的部分民办博物馆给予一次性补助。绍兴市政府、嘉兴市政府及慈溪市政府也专门出台促进民办博物馆发展的意见。省文物局配合省人大、省政协开展了全省民办博物馆专题调研。

顺利完成社会文物管理职能交接。根据省人民政府办公厅《关于印发浙江省文化厅主要职责、内设机构和人员编制规定的通知》和省人民政府办公厅《关于印发浙江省文物局主要职责、内设机构和人员编制规定的通知》文件要求，省文物局顺利完成社会文物管理职能交接，切实履行社会文物管理职责，积极开展各项工作，目前已受理拍卖会审核8场，查处违规拍卖1场，民营文物商店资质申报1项；并制定、出台了《文物认定管理暂行办法实施意见》，加强了文物市场监管、文物进出境和文物拍卖审核等工作。全省全年共办理文物临时进境审核登记22起、434件(套)，办理文物复出境许可13起、202件(套)，办理旧家具出境138起，允许出境旧家具48946件，禁止出境38件；审核国有博物馆文物出境展览6起，查验文物520件(组)；审核省内各家拍卖公司文物拍卖标的54场次，各类文物标的26663件，其中撤拍国家禁止流通或超资质范围的文物208件；还协助工商行政管理部门查处了浙江嘉丰拍卖有限公司违法拍卖文物标的案件。

四、文物安全和执法监管工作切实有力

文物行政执法规范进一步加强。根据省全面推进依法行政工作领导小组办公室要求，省文物局开展了行政许可主体确认、行政许可事项、规章和行政规范性文件清理工作，根据省政府部署，制定了《浙江省文物局行政处罚自由裁量权指导意见》、《文物违法行为行政处罚自由裁量权适用标准（试行）》，为规范行政处罚、准确执法裁量奠定了基础。全省全年作出历史建筑原址保护和文物保护单位异地迁移保护及建设控制地带内建设项目、技防方案等许可100多项。

文物安全监管工作有效开展。省文物主管部门督促各单位认真做好文物安全保卫工作，联合消防部门开展消防安全监察，发出整改意见299份。浙江自然博物馆新馆文物库房、宁波天一阁博物馆书库、嘉兴南湖革命纪念馆文物库房、金华市博物馆文物库房等已经或即将投入使用。嘉兴博物馆馆藏文物保存环境达标改造工程通过验收，极大改善了我省馆藏文物收藏保管条件，为在全省深入推进馆藏文物保存环境达标改造提供了范例。全省实施、更新了一批新安防工程，部分工程已通过省级验收。全省安防达标率达82.52%，继续位居全国前列。

文物执法巡查、监察工作亮点频现。2010年，我省积极探索、率先研发，建成了覆盖省、市、县三级文物行政执法部门的文物执法监察网络监管平台，实现了集信息交流、数据传递和处理于一体的运作模式，录入基础数据资料7800余条，试运行情况良好。全省积极开展文物执法巡查工作，组织、实施了各设区市间的文物行政执法监察工作交叉检查和文物行政执法案卷评比，全年共巡查文博单位8700多家次，出动行政执法巡查人员1.6万余人次，进一步加强了对文物违法案件的查处、督办力度，制止、调查、督办了一大批涉及文物违法的行为（仅杭州市就处理文物违法案件95起，立案调查32起）。在第三届全国文物行政处罚案卷评比活动中，我省杭州市获一等奖，舟山市、瑞安市分获二等奖，绍兴县获三等奖。省文物鉴定审核办及时做好涉案文物的鉴定工作，全年共鉴定各类涉案文物68起，可移动文物（仿古工艺品）10294件（包括瓷片8463件），受理涉嫌盗掘和破坏古墓葬、古遗址的案件27起，现场勘察盗洞88处。省文物行政执法部门加强了与兄弟省份间的文物执法工作交流，与江苏、上海文物行政执法部门共建文物行政执法合作机制。

五、社会宣传和对外文物交流工作有声有色

信息宣传工作走在前列，电子政务建设有新进展。2010年，我省文物部门加强政务信息公开，省文物局网站坚持每日更新，全年共发布各类信息6427条，其中浙江文博信息2174篇。670篇原创信息（包括宁波市的79篇）被国家文物局政府网录用，占年度各省、自治区、直辖市及计划单列市向国家文物局政府网站报送信息刊发总量（2655篇）的1/4强，连续4年居全国各省、自治区、直辖市之首。根据省政府网站群健康诊断及运维平台日常监测（错误率、访问量、更新量和响应时间四项指标）成绩，省文物局网站年度综合评定83.98分，位列46家省级部门网站的第四位。省第三次全国文物普查网络平台和全省文物行政执法网络监管平台开发完成，完成了省文物局网上审批平台建设，实现了审批事项发布与管理、网上申报、信息公示。

“文化遗产日”等重要纪念日活动影响力不断扩大。全省精心策划并认真组织了文化遗产日、国际博物馆日等重要纪念日宣传活动，形成了浩大的宣传声势。在文化遗产日期间，省本级围绕“文化遗产,在我身边”这一主题,组织开展了以第三次全国文物普查、博物馆免费开放、考古重大发现为重点的系列活动。全省各地也开展了丰富多彩、富有地域特色的活动。省文物局借助省政府新闻办平台,举办了“浙江旧石器考古成果新闻发布会”,向社会公布了自2002年以来我省旧石器时代考古工作过程和重大成果。来自中央、省市、境外的40家媒体进行了全方位、大篇幅的深度报道,引起了强烈的社会反响,有效提升了我省文物事业的社会影响力。

对台、对外交流工作成果丰硕。2010年,以吕祖善省长为代表的浙江省代表团赴台开展文博项目交流活动,取得丰硕成果,落实了《富春山居图》(剩山卷)于2011年赴台北“故宫博物院”合璧展出等事宜。在台北十三行博物馆举办的“璀璨——良渚文化特展”是我省迄今规模最大、等级最高、展品最多的良渚文化赴台展览。浙江省博物馆与台北“故宫博物院”在台合作举办了汇集杭州、金华、衢州等地6家博物馆南宋文化珍品的“文艺绍兴——南宋艺术与文化特展”,加深了浙台文博单位间的联系和了解,促进了浙台文化交流,增进了浙台民众的情感,为中央及省委、省政府对台工作大局提供了有力的服务。此外,浙江省博物馆赴美国斯坦福大学博物馆成功举办《二十世纪中国国画大师作品展》。浙江自然博物馆赴日本参加福井县立恐龙博物馆十周年纪念暨特别展筹展,中国丝绸博物馆成功举办“2010芬兰·中国浙江文化节”重要项目之一的“天上人间——5000年中国丝绸文化展”。这一系列展览活动展现了中华传统文化的迷人魅力。

大事记

2010年浙江文物工作大事记

一　月

4日　省文物局局长鲍贤伦主持召开省文物局局务会议。副局长陶月彪、陈官忠、吴志强，文物处副处长杨新平，博物馆处副处长沈坤荣，综合处副处长郑建华，省文物监察总队队长吕可平等参加。

5日　省文物局局长鲍贤伦主持召开省第三次全国文物普查办公室主任会议，听取了省普查办关于杭州、嘉兴、湖州市普查验收工作情况的汇报，并研究了普查实地文物调查阶段验收工作。副局长陶月彪、陈官忠、吴志强，省文物考古研究所原所长、省普查办副主任曹锦炎等参加。

6日　省文物局副局长吴志强参加丽水市第三次全国文物普查实地文物调查阶段验收（青田片区）总结会和温州市鹿城区第三次全国文物普查实地文物调查阶段汇报会。

7日至8日　省文物局局长鲍贤伦主持召开省直文博单位2009年度目标管理责任制考核和聘期考核评议会议，副局长陶月彪、陈官忠、吴志强，综合处副处长郑建华，文物处副处长杨新平，博物馆处副处长沈坤荣等参加。

7日　省文物局副局长吴志强参加丽水市第三次全国文物普查实地调查阶段验收（遂昌片区）汇报会。

2009年度生态省建设工作考核组赴省水利厅，对2009年度生态省建设目标责任制执行情况进行考核，文物处派人参加。

全省文物行政执法监察工作会议暨2009年度文物行政执法监察工作成绩显著单位表彰会在杭召开。

8日　省生态省建设工作领导小组对杭州市生态省建设工作进行考核，文物处派人参加。

省人大常委会副主任徐宏俊考察宁波帮博物馆。

11日　省文物局局长鲍贤伦听取浙江省文物考古研究所关于余杭临平茅山遗址的考古工作汇报，副局长吴志强参加。

13日　省文物局局长鲍贤伦赴富阳调研泗洲造纸作坊遗址，考察大源等地现代手工造纸作坊，副局长吴志强参加。

14日　省文物局副局长吴志强赴上虞调研陈春澜故居、胡愈之故居等。

15日　省文物局局长鲍贤伦与余杭区区长姜军商议茅山遗址考古发掘与保护工作，副局长吴志强参加。

省文物局副局长陈官忠参加兰溪市博物馆新馆布展方案论证会，博物馆处副处长沈坤荣参加。

17日　省文物局副局长吴志强赴慈溪考察童家岙遗址考古试掘工地。

18日至19日　省文物局组织专家赴嵊州市，就全国重点文物保护单位嵊州崇仁村建筑群保护规划进行论证。文物处副处长杨新平参加。

19日　省文物局局长鲍贤伦赴临平约见余杭区领导。

省文物局副局长吴志强赴京参加国家文物局主持召开的西气东输二线工程文物保护工作会议。

19日至20日　省文物局组织专家赴宁波市鄞州区,就全国重点文物保护单位宁波阿育王寺保护规划进行论证,文物处副处长杨新平参加。

20日　省文物局局长鲍贤伦参加全省宣传思想工作会议。

21日　省文物局副局长吴志强赴苍南,参加温州市第三次全国文物普查实地文物调查阶段省级验收会议。

全国重点文物保护单位宁波东钱湖石刻保护规划及东钱湖石刻公园建设方案意见征询会在杭召开,文物处副处长杨新平参加。

21日至22日　省交通运输厅在杭主持召开京杭运河(浙江段)三级航道整治工程可行性研究报告预审会,文物处派人参加。

22日　省文物局局长鲍贤伦出席浙江省文物鉴定委员会年会,副局长陈官忠主持会议。

23日　省文物局副局长吴志强赴庆元,参加丽水市第三次全国文物普查实地文物调查阶段省级验收会议。

26日　省文物局局长鲍贤伦列席省人大十一届三次会议。

27日　省文物局组织专家赴绍兴,就省级文物保护单位绍兴西施山遗址公园规划设计方案进行评审,文物处副处长杨新平参加。

28日　省文物局局长鲍贤伦赴永康出席金华市第三次全国文物普查实地调查阶段省级总体验收会议。

二　月

1日　2010年全省文物局长会议在嘉兴市召开。省文物局局长鲍贤伦在会上作报告,副局长陶月彪、陈官忠、吴志强,综合处副处长郑建华、文物处副处长杨新平、博物馆处副处长沈坤荣及文物安全处有关人员参加会议。

2日　文物处副处长杨新平参加省级文物保护单位海宁陈阁老宅修缮工程验收会议。

8日　省文物局局长鲍贤伦出席浙江省博物馆聘期考评大会并讲话,副局长陈官忠主持会议。

9日　省政府副秘书长冯波声、省文物局副局长陈官忠、原中国美术学院院长肖峰出席“2010年浙江·人类与自然油画院作品展”开幕式并剪彩。

10日　浙江省博物馆专题学习、领会中共浙江省委书记赵洪祝重要批示精神。

11日　省文物局副局长陶月彪、省文物监察总队队长吕可平等组成的检查组对浙江省博物馆、全国重点文物保护单位文澜阁和浙江自然博物馆等文博单位进行安全检查。

省文物局召开机关工会组织选举大会。省文物局局长鲍贤伦，副局长陈官忠、吴志强等全体机关工会会员参加。

19 日　全国政协副主席黄孟复赴绍兴鲁迅故里考察。

20 日　省文物局局长鲍贤伦参加浙江论坛报告会。

21 日　省文物局局长鲍贤伦参加全省推进公民权益依法保障计划实施工作电视电话会议。

24 日　省文物局副局长陶月彪出席文物保护项目及经费需求“十二五”规划编制工作会议并作动员部署。副局长吴志强、综合处副处长郑建华、博物馆与社会文物处副处长沈坤荣等参加会议并作相关内容讲解说明。

25 日　文物保护与考古处副处长杨新平参加《嘉兴市文生修道院修缮工程设计方案》论证会。

26 日　省文物局局长鲍贤伦参加省政府第五次全体会议。

26 日至 27 日　省文物局副局长陶月彪赴舟山，出席舟山市第三次全国文物普查实地调查阶段省级验收会议。

27 日　省文物局局长鲍贤伦出席中国丝绸博物馆申报国家重点科技保护基地咨询会，副局长陈官忠、博物馆与社会文物处副处长沈坤荣等参加。

三　月

2 日　省文物局局长鲍贤伦，副局长陶月彪、陈官忠、吴志强参加全省文广新局局长会议。

3 日　省文物局副局长吴志强等赴杭州萧山区，参加跨湖桥遗址独木舟和土遗址保护工程施工方案变更设计意见征询会。

5 日　省文物局副局长吴志强赴宁波鄞州区，出席鄞州区文物工作会议并讲话。

9 日　省人民政府台湾事务办公室副主任陈正仁一行就筹建杭州笕桥航校旧址陈列馆相关事宜与省文物局进行沟通。省文物局副局长吴志强、博物馆处副处长沈坤荣等参加。

10 日　中共浙江省委常委、宣传部部长茅临生考察湖州博物馆。

11 日　省文物局局长鲍贤伦主持召开局务会议。副局长陶月彪、陈官忠、吴志强，文物处副处长杨新平、博物馆处副处长沈坤荣、综合处副处长郑建华、省文物监察总队队长吕可平、省文物鉴定审核办主任柴眩华等参加。

12 日　省文物局局长鲍贤伦出席杭州市文物工作会议。

省文物局组织专家赴宁波，就东钱湖石刻修缮工程施工设计方案暨东钱湖南宋石刻公园改扩建工程设计方案进行论证。文物处副处长杨新平参加。

15 日　省文物局副局长陶月彪主持宁波市第三次全国文物普查实地调查阶段验收会议。

16 日　省文物局局长鲍贤伦参加中共浙江省委召开的领导干部会议。

16日至18日 省文物局文物处副处长杨新平等赴永康,主持召开文物建筑认养情况座谈会。

18日 省文物局局长鲍贤伦出席金华市历史文化名城日活动暨金华市博物馆开馆仪式。

19日 省文物局局长鲍贤伦出席衢州市普查验收会议。

省文物局副局长吴志强参加省生态省建设领导小组办公室(扩大)会议。

国家文物局在杭州萧山区主持召开省级文物保护单位越国城遗址保护展示工程设计方案评审会,省文物局副局长吴志强等参加。

省文物局副局长吴志强与省财政厅教科文处、采监处协商大运河(浙江段)省级遗产保护规划规划委托相关事宜。

22日 省文物局局长鲍贤伦出席中国水利博物馆开馆仪式,副局长陈官忠等参加。

22日至25日 省文物局组织专家对玉环县、温岭市、路桥区、三门县、天台县等地申报推荐的第六批省级文物保护单位对象进行实地考察。

23日 国家文物局在京主持召开全国第三次文物普查办公室主任会议,省文物局副局长吴志强参加。

省文物局文物处副处长杨新平等赴杭州之江大学旧址,检查全国重点文物保护单位之江大学旧址维修工程及“四有”档案建档情况。

中共浙江省委常委、宣传部部长茅临生考察宁波博物馆。

24日 省文物局局长鲍贤伦等陪同中共浙江省委常委、省委宣传部部长茅临生考察浙江省博物馆武林馆区(浙江革命历史纪念馆)、浙江自然博物馆。

省文物局文物处副处长杨新平等赴金华,实地调研文物建筑认养工作。

26日 省文物局局长鲍贤伦出席《中国文物地图集 · 浙江分册》首发仪式,副局长陶月彪、吴志强等参加。

29日至30日 省文物局文物处副处长杨新平赴广东省珠海市,参加“历史文化名城保护规划学术委员会年会”。

30日 省文物局局长鲍贤伦赴宁波鄞州区考察文物工作。

省文物局副局长陈官忠赴湖州,出席南京博物院、湖州市文化广电新闻出版局(文物局)联合主办,湖州博物馆承办的“王朝的背影:南京博物院藏清代宫廷珍宝展”开幕仪式。

省文物局博物馆处副处长沈坤荣赴桐乡,参加钟旭洲先生钱币捐赠签约仪式。

30日至31日 国家文物局在京召开全国水下文化遗产保护工作会议,省文物局副局长吴志强参加。

四 月

2日 省文物局文物处副处长杨新平主持召开座谈会,就国家文物局制定的《文物保护单位保护管理办法》(征求意见稿)征询有关专家意见。

大运河申遗省部际会商小组第二次会议在京召开。副省长郑继伟出席会议,并在会上就浙江省大运河保护和申遗工作作情况汇报,省文物局局长鲍贤伦参加。

6日　省文物局局长鲍贤伦参加省委召开的全党深入学习实践科学发展观活动总结大会。

7日　省文物局副局长陈官忠与“浙江在线”栏目组商谈浙江“网上博物馆”建设相关工作,博物馆处副处长沈坤荣参加。

8日　省政府在杭召开浙中城市群总体规划评审会,文物处副处长杨新平参加。

8日至9日　省文物局副局长陈官忠赴温州瑞安,出席瑞安博物馆展陈方案论证会,博物馆处副处长沈坤荣参加。

9日　省文物局局长鲍贤伦、副局长陶月彪等出席由浙江省文化厅、省文物局、北京大学考古文博学院主办,中国丝绸博物馆、北京大学赛克勒考古与艺术博物馆、北京大学公众考古与艺术中心承办的“锦上胡风——丝绸之路魏唐纺织品上的西方影响”展览开幕式。

10日至11日　国家文物局在江苏省无锡市主办“中国文化遗产保护无锡论坛——文化景观遗产保护”,文物处派人参加。

13日　全省第三次全国文物普查转段工作会议和馆藏文物数据库建设项目推进工作会议在杭召开。省文物局局长鲍贤伦,副局长陶月彪、陈官忠、吴志强出席会议。综合处副处长郑建华、文物处副处长杨新平、博物馆处副处长沈坤荣等参加。

14日　省文物局组织专家在杭召开第六批省级文物保护单位申报推荐工作评估审查会,省文物局副局长吴志强、文物处副处长杨新平等参加。

15日　省文物局局长鲍贤伦与浙江大学商谈落实国家文化遗产保护区域科技创新联盟事宜。

省文物局组织专家讨论《全国重点文物保护单位苍南蒲壮所城保护规划(大纲)》,文物处副处长杨新平参加。

省文物局副局长吴志强召集省文物考古研究所主要领导商讨近期考古工作。

16日　省文物局局长鲍贤伦出席绍兴兰亭书法节活动。

国家文物局在京召开全国重点文物保护单位维修工程方案公示备案管理工作座谈会,文物处副处长杨新平参加。

18日至23日　省文物局副局长吴志强在杭参加2010年度全省新闻工作培训班。

19日　省文物局局长鲍贤伦参加“浙江论坛”。

20日　省文物局局长鲍贤伦参加省政府第五次读书会。

省文物局副局长陈官忠参加杭州市“南宋博物馆概念性规划设计方案”专家评审会。

文物处副处长杨新平与遂昌县文化广电新闻出版局、遂昌好川镇政府主要领导就好川遗址保护问题进行沟通协调。

21日　省文物局局长鲍贤伦参加赴台湾交流活动协调会。

省文物局副局长陈官忠、博物馆处副处长参加“全省馆藏文物影像信息采集培训班”开班典礼。

省文物局组织专家召开《河姆渡遗址原始生态园修建性详细规划》评审会，文物处副处长杨新平参加。

23日 《浙江省博物馆典藏大系》荣膺“2009年度全国文化遗产十佳图书”。

26日 省文物局局长鲍贤伦参加宣传文化单位领导干部廉政建设工作会议。

省文物局副局长吴志强赴长兴县，就2010年“中国文化遗产日”相关活动事项与当地文物行政部门进行沟通协调。

省文物局文物处副处长杨新平主持召开历史建筑认养工作专家座谈会。

27日 省文物局副局长吴志强赴安吉县，就安吉县良棚工业园区开发建设过程中涉及地下古文化遗址保护问题进行协调。

省文物局组织专家赴余杭良渚，就良渚玉文化产业园设计方案进行论证，文物处副处长杨新平参加。

28日 省文物局局长鲍贤伦赴绍兴，出席绍兴市文物工作会议并讲话。

省文物局副局长陈官忠赴青田出席陈琪纪念馆开馆仪式并致辞。

29日 省文物局局长鲍贤伦赴富阳考察文物工作。

省文物局组织专家就江山等地增补第六批省级文物保护单位申报推荐项目进行评估，文物处副处长杨新平参加。

五　月

4日 省文物局局长鲍贤伦参加文化体制改革电视电话会议。

省文物局副局长吴志强赴金华，参加金华市历史文化名城保护规划论证会。

5日 省文物局局长鲍贤伦随省人大教科文卫委赴绍兴调研。

6日 省文物局局长鲍贤伦主持召开浙江省文物局局务会议，研究讨论我省2010年文化遗产日活动方案（文物部分）、第三次全国文物普查实地调查阶段先进集体和先进个人、第六批省级重点文物保护单位推荐名单及2010年浙江省历史文化遗产保护管理委员会年度会议准备工作等事宜。副局长陶月彪、陈官忠、吴志强，博物馆处副处长沈坤荣，综合处副处长郑建华等参加。

6日至7日 文物处副处长杨新平赴京参加中国文化遗产研究院主持召开的大运河遗产保护“十二五”规划编制协调会。

7日 省文物局副局长吴志强赴上虞，参加省级文物保护单位王充墓墓园环境整治设计方案评审会。

10日 省文物局召集大运河沿线各设区市文物行政部门，部署、协调大运河遗产保护“十二五”规划项目申报工作。副局长吴志强、文物处副处长杨新平参加。

省文物局局长鲍贤伦召开会议，研究全国重点文物保护单位杭州文澜阁维修工作，副局长吴志强、省博物馆馆长陈浩等参加。

12 日　台北“故宫博物院”院长周功鑫访问浙江省博物馆，省文物局局长鲍贤伦参加会见。

13 日　省文物局局长鲍贤伦与台北“故宫博物院”院长周功鑫一行商谈《宋画全集》出版合作事宜。

14 日　省文物局局长鲍贤伦出席嘉兴市文化遗产会议并讲话。

14 至 16 日　以国家文物局副局长宋新潮为组长的国家文物局、财政部博物馆免费开放调研组在我省开展公共博物馆免费开放工作专题调研活动。调研组一行先后考察了浙江省博物馆武林馆区、浙江自然博物馆、东阳市博物馆、良渚博物院、绍兴鲁迅纪念馆及故居、中国茶叶博物馆等单位，省文物局副局长陈官忠、博物馆处副处长沈坤荣等陪同。

15 日至 16 日　国家文物局组织专家对杭州西湖文化景观申遗工作进行现场检查指导，省文物局副局长吴志强陪同。

16 日　省文物局局长鲍贤伦出席并主持博物馆、纪念馆免费开放工作调研座谈会。副局长陈官忠在会上就全省公共博物馆免费开放情况做了专题汇报。国家文物局副局长宋新潮在听取汇报交流后发表讲话。博物馆处副处长沈坤荣等参加。

省文物局副局长陶月彪出席“浙江省博物馆共建教育基地挂牌仪式暨文物演讲文艺表演活动开幕仪式”。

17 日　省文物局召集省水利厅、港航局、国土资源厅、建设厅、旅游局及中国城市规划设计研究院等单位，就大运河（浙江段）省级遗产保护规划编制工作进行协调。省文物局副局长吴志强、文物处副处长杨新平参加。

19 日　省文物局副局长吴志强赴长兴、安吉等地，就迎接全国第三次文物普查领导小组办公室来我省进行实地调查阶段验收及“浙江旧石器时代考古成果展”长兴站活动前期准备工作情况进行检查、落实。

20 日　省文物局副局长吴志强赴海宁市，了解长安镇寺弄桥街区改造整治涉及大运河遗产保护情况，并与海宁市、长安镇有关领导交换意见。

省文物局组织专家赴宁波，就宁波火车南站建设工程涉及宁波市海曙区区级文物保护单位董孝子庙异地保护问题进行实地踏勘。文物处副处长杨新平参加。

21 日　省文物局局长鲍贤伦参加省红色旅游工作协调小组会议。

省文物局组织专家赴温岭市，就温岭市城市防洪工程涉及市级文物保护单位月洞桥异地保护问题进行实地踏勘。文物处副处长杨新平参加。

25 日　浙江省人民政府和国家文物局共建国家文化遗产保护科技区域创新联盟（浙江省）签约仪式在杭举行。中共浙江省委副书记、省长吕祖善和国家文物局局长单霁翔出席签字仪式并致辞。浙江省副省长郑继伟、国家文物局副局长宋新潮分别代表省政府、国家文物局签署共建协议书。省政府秘书长张鸿铭，副秘书长冯波声、陈广胜，国家文物局科技司副司长罗静，省文化厅厅长杨建新，省文物局局长鲍贤伦等出席签字仪式。

国家文物局局长单霁翔会见中共杭州市市委书记黄坤明，省文物局局长鲍贤伦参加会见活动。

25 日至 26 日　省文物局副局长陈官忠、博物馆处副处长沈坤荣陪同国家文物局数据中心、中国文物信息咨询中心书记吴东风一行对我省馆藏文物数据库建设项目采集的数据进行中期审核。

26 日　国家文物局局长单霁翔会见中共杭州市人大常委会主任王国平。省文物局局长鲍贤伦参加会见活动。

省文物局副局长吴志强召开会议,协调"浙江旧石器时代考古成果新闻发布会"筹备工作。

27 日　省文物局组织专家对省级文物保护单位杭州祥符桥、通益公纱厂旧址维修工程进行验收。文物处副处长杨新平参加。

28 日　省文物局副局长吴志强就杭长客运专线建设工程涉及省级文物保护单位萧山纱帽山窑址、萧山区文物保护点树牛寺山窑址保护等问题与工程建设单位交换意见。

31 日至 2 日　国家文物局普查办组织专家赴我省进行第三次全国文物普查实地调查阶段工作验收。省文物局局长鲍贤伦出席验收会并做了浙江省第三次全国文物普查第二阶段工作报告。国家文物局普查办验收组在赴长兴县、建德市实地复验后,提出"浙江省第三次全国文物普查实地调查阶段工作通过验收"的建议意见。省文物局副局长吴志强全程参加验收工作。

六　月

2 日　省建设厅在嵊州市主持召开嵊州华堂省级历史文化名村保护规划专家审查会,文物处派人参加。

3 日　浙江省政府新闻办在杭举行浙江旧石器考古成果新闻发布会。发布会由省政府新闻办公室副主任李仁国主持,省文化厅省文物局局长鲍贤伦做了主发布,中国科学院古脊椎动物及古人类研究所副所长、著名旧石器考古专家高星博士对浙江旧石器时代考古工作做了综合评述。

合溪洞遗址标志碑揭幕暨旧石器考古长兴工作站授牌仪式在长兴举行,省文物局局长鲍贤伦出席仪式并致辞,副局长吴志强、综合处副处长郑建华等参加。

3 日　省建设厅在丽水市主持召开丽水西溪历史文化名村保护规划专家审查会,文物处派人参加。

4 日　绍兴县文广新局召开业余文保员表彰会议,文物处派人参加。

7 日　省文化厅、省文物局在杭召开 2010 年文化遗产日新闻发布会,省文物局副局长陶月彪等出席会议。

台盟中央和台盟浙江省省委联合调研组就涉台文物保护与利用问题召开专题座谈会,省文物局副局长吴志强参加。

8 日至 16 日　省文物局局长鲍贤伦随省政府访问团赴台湾考察。

9 日　省文物局副局长吴志强参加海宁市申报省级历史文化名城评估考察会。

11 日　省文物局副局长陶月彪出席中国丝绸博物馆举办的“一青二白——民间美术家的蓝白世界”展开幕式活动。

省文物局副局长吴志强与缙云县好溪水利枢纽工程建设指挥部领导就潜明水库建设工程涉及文物保护有关情况交换意见。

12 日　省文物局召开全省第三次全国文物普查实地调查阶段先进集体、先进个人表彰大会。省文物局副局长陶月彪、吴志强、文物处副处长杨新平、综合处副处长郑建华等参加。

“百万年的文化根系——浙江旧石器考古成果展”在浙江省博物馆孤山馆区展出。

13 日　省文物局副局长吴志强赴桐庐，实地踏勘方家洲遗址，并与桐庐县文广新局领导就遗址保护问题交换意见。

省文物局组织专家赴嘉兴市，就市级文物保护单位北溪桥撤销事宜进行实地踏勘。文物处副处长杨新平参加。

省文物局组织专家赴嘉善县，就省级文物保护单位窑墩抢救性修缮工作进行实地踏勘和论证。文物处副处长杨新平参加。

17 日　省文物局副局长吴志强、文物处副处长杨新平等与良渚遗址管委会商议良渚遗址保护区域保护和建设问题。

18 日　省文物局副局长吴志强参加杭州市城区文物管理使用单位座谈会。

20 日　文化部部长蔡武一行考察宁波博物馆。

21 日至 22 日　省文物局局长鲍贤伦赴京参加国务院办公厅召开的“第三次全国文物普查领导小组第三次(扩大)会议”。

22 日至 24 日　省文物局副局长陶月彪赴新疆，参加文化部召开的援疆工作会议和国家文物局召开的全国文物局长会议。

22 日　省文物局副局长吴志强赴湖州市检查老鼠山窑址考古发掘工地。

省文物局组织专家就全国重点文物保护单位泰顺文兴桥修缮设计方案及施工设计进行论证，文物处副处长杨新平参加。

23 日　省政协召开推进生态文明建设政治协商会议，文物处派人参加。

25 日　省文物局组织专家就全国重点文物保护单位松阳延庆寺塔监测技术方案进行论证。文物处副处长杨新平参加。

省文物局局长鲍贤伦陪同副省长郑继伟考察余杭茅山遗址考古发掘工地，副局长吴志强参加。

28 日　宁波市文化广电新闻出版局会同宁波东钱湖管委会、宁波市城市建设投资公司，就国保单位宁波庙沟后石牌坊、东钱湖石刻之史弥远墓道享殿抢救性维修及宁波邮政局旧址维修事宜与省文物局进行沟通，文物处副处长杨新平参加。

28 日至 7 月 2 日　浙江省第三次全国文物普查第三阶段培训班分两期在杭举行。省文物局副局长吴志强参加培训班开班仪式并讲话。

29 日至 30 日　省文物局局长鲍贤伦参加省委十二届七次全体(扩大)会议。

七 月

1 日 省文物局副局长吴志强赴湖州市检查湖州子城城墙基址保护展示相关工作。

2 日 省文物局局长鲍贤伦与余杭区政府领导就茅山遗址保护工作交换意见,副局长吴志强参加。

省文物局局长鲍贤伦赴安吉考察生态博物馆建设。

5 日 省文物局局长鲍贤伦参加"浙江论坛"报告会。

6 日 国家文物局在江苏扬州召开 2010 年度大运河保护和申遗工作会议,省文物局副局长吴志强参加。

省文物局组织专家赴慈溪市,就慈溪市匡堰镇沿山线区段控制性详细规划涉及上林湖越窑遗址建设控制地带环境风貌协调问题进行现场踏勘。文物处派人参加。

余姚博物馆二期建成开放。

7 日 中共浙江省委常委、宣传部部长茅临生考察舟山博物馆。

9 日 省文物局局长鲍贤伦主持召开局务会议,副局长陶月彪、陈官忠、吴志强,博物馆处副处长沈坤荣、综合处副处长郑建华等参加。

13 日 省文物局副局长吴志强参加良渚丛书编纂专题会议。

14 日 省文物局局长鲍贤伦赴温岭,实地踏勘温岭市级文保单位温岭月洞桥保护情况。

15 日 中共浙江省委副书记、省长吕祖善一行赴温岭下访接待群众,就要求迁移温岭市级文物保护单位月洞桥解决城市防洪问题进行沟通处理。省文物局局长鲍贤伦参加接访活动。

省文物局局长鲍贤伦实地踏勘第七批全国重点文物保护单位申报推荐对象温岭市江厦潮汐试验电站的保护情况。

省文物局副局长陈官忠出席绍兴建城 2500 年庆典活动暨越王城博物馆开馆仪式。

全国政协副主席何厚铧考察绍兴鲁迅纪念馆。

19 日 北京大学第三届考古夏令营开营仪式在杭州良渚博物院举行。省文物局副局长吴志强出席仪式并致辞。

22 日 国家文物局在京召开大运河保护与管理总体规划编制经费预算论证会,文物处派人参加。

26 日至 28 日 全省文物局长座谈会在舟山召开。省文物局局长鲍贤伦出席会议并讲话,副局长陶月彪在会上传达了全国文物局长座谈会精神,副局长陈官忠、吴志强分别主持会议。各设区市及义乌市文物行政主管部门分管领导、相关处室负责人、省直各文博单位负责人等参加会议。

27 日至 30 日 省文物局组织专家对我省省级以上文物保护单位记录档案进行审查,并向各文保单位管理部门反馈意见。

28日至29日　省环保厅在江山市主持召开全省生态省建设联络员会议，文物处派人参加。

29日　国家水下文化遗产保护宁波基地暨宁波中国港口博物馆建设工程奠基典礼在宁波市北仑区举行。国家文物局局长单霁翔、中国文化遗产研究院院长刘曙光、国家博物馆副馆长张威、浙江省文物局局长鲍贤伦及副局长吴志强等领导出席了奠基仪式。来自50多个国家的驻华使节、参赞和官员，宁波帮及社会各界人士代表共400多人参加了活动。

省文物局副局长陶月彪参加全省节能减排工作会议。

29日至30日　省文物局局长鲍贤伦陪同国家文物局局长单霁翔赴安吉考察生态博物馆建设，副局长陈官忠、吴志强参加。

30日　省文物局副局长陶月彪出席张苍水先生诞辰390周年主题论坛活动并致辞，还参加了省政府召开的全体会议。

省文物局副局长吴志强召开会议，就迎接国家文物局组织的大运河申遗预备名单位遴选现场考察工作事宜进行研究、部署。文物处副处长杨新平参加。

八　月

3日　国家文化遗产保护科技创新联盟（浙江省）理事会成立暨工作座谈会在杭召开。省文物局局长鲍贤伦、副局长陈官忠出席签约仪式。

3日至5日　国家文物局科技司副司长罗静一行考察"中国传统造纸技术传承与展示示范基地建设（指南针）"瓯海项目实施情况，省文物局副局长陈官忠等陪同。

3日至10日　国家文物局组织专家组赴浙江，开展大运河申遗预备名单遴选现场考察。专家组一行实地踏勘了杭州、嘉兴、湖州、绍兴、宁波等地的大运河遗产点。省文物局副局长吴志强、文物处副处长杨新平等陪同。

9日至10日　省文物局副局长吴志强陪同国家文物局申遗预备名单遴选专家组赴宁波进行现场考察。

10日　省文物局局长鲍贤伦参加"浙江论坛"会议。

12日　省文物局副局长吴志强出席杭州"城市之星"（杭氧杭锅国际旅游综合体）项目建设动员大会活动。

13日　省文物局副局长吴志强与海宁市长安镇政府领导商议长安古镇保护与改造工作。

17日至20日　国家文物局组织专家组赴浙江，考察部分第七批全国重点文物保护单位申报遴选对象。省文物局副局长吴志强、文物处副处长杨新平等陪同。

19日　省文物局局长鲍贤伦出席浙江美术馆展览开幕式。

20日　中国民族建筑研究会民居建筑专业委员会、浙江省文物局、永康市政府主办的中国传统宗祠建筑学术研讨会在永康召开。省文物局副局长吴志强、文物处副处长杨新平参加。

25日　省文物局在杭主持召开涉及省级文物保护单位处州府城墙项目规划概念方案专家意

见征询会。副局长吴志强、文物处副处长杨新平参加。

26 日　省文物局副局长吴志强就杭州张小泉剪刀厂工业遗产保护问题进行现场调研。

31 日　国家文物局专家组对良渚遗址申报国家考古遗址公园进行考察评定,省文物局副局长吴志强参加。

九　月

1 日　省文物局局长鲍贤伦出席“人民的胜利——纪念中国人民抗日战争暨世界反法西斯战争胜利六十五周年书画展”开幕仪式。

建设部、国家文物局专家组对嘉兴申报国家历史文化名城进行考察评定。省文物局副局长吴志强参加。

8 日　省文物局局长鲍贤伦会见对西湖文化景观申报世界遗产进行预考察的专家,并听取了国家文物局专家对西湖申遗的反馈检查意见。副局长吴志强参加会见。

中共中央组织部副部长欧阳淞考察浙江省博物馆武林馆区。

9 日　省文物局局长鲍贤伦与余杭区政府领导商议茅山遗址保护工作,副局长吴志强参加。

10 日　浙江省副省长郑继伟出席“金冠玉饰锦绣衣——契丹人的生活和艺术”展览开幕暨梦蝶轩向中国丝绸博物馆捐赠辽代丝绸文物仪式。省政府副秘书长马林云,省文物局局长鲍贤伦,副局长陈官忠、吴志强参加。

11 日　全国政协副主席、民革中央常务副主席厉无畏考察平湖李叔同纪念馆。

15 日　省文物局副局长陶月彪出席“世纪掇英——中国当代美术名家系列作品特展之花鸟篇:意似神完——沈耀初花鸟画作品展”开幕仪式,还与温岭市政府领导就市级文物保护单位月洞桥迁移保护事宜进行沟通。

15 日　省文物局副局长吴志强赴绍兴参加“中国柯桥·越国文化研究高峰论坛”。

15 日至 17 日　“中国柯桥·越国文化高峰论坛”在绍兴柯桥举行。

16 日　省文物局局长鲍贤伦主持召开文物局机关干部大会。

省文物局副局长吴志强参加杭州西湖文化景观申报世界文化遗产工作会议。

17 日　省文物局局长鲍贤伦主持召开局务会议,副局长陶月彪、陈官忠、吴志强,综合处处长钱剑力、文物安全处处长沈坤荣、文物保护与考古处处长郑建华、博物馆与社会文物处处长杨新平等参加会议。

18 日至 19 日　省文物局副局长吴志强赴吉林省长春市,参加由中国文物信息中心召开的“文物数据库管理应用系统研讨会”。

20 日　省文物局副局长陶月彪参加由省政府办公厅主持召开的协调会,就浙江物产集团开发的良渚花苑房产项目提出处理意见。

24 日　省文物局局长鲍贤伦赴杭州市萧山区,出席首届中国国际(萧山)跨湖桥文化节——

跨湖桥文化国际学术研讨会，副局长陈官忠、吴志强参加。

26日至29日　世界遗产委员会咨询机构国际古迹遗址理事会（ICOMOS）专家赴杭州，对西湖文化景观申报世界文化遗产进行现场评估考察。省文物局局长鲍贤伦、副局长吴志强等陪同。

26日　省文物局副局长吴志强、文物保护与考古处处长郑建华陪同国家文物局文保司副司长陆琼等考察全国重点文物保护单位杭州文澜阁。

浙江省历史文化遗产保护管理委员会2010年度会议在杭召开。会议由省政府副秘书长马林云主持，郑继伟副省长到会讲话。省文物局局长鲍贤伦在会上作文物工作情况汇报。

省文物局局长鲍贤伦陪同郑继伟副省长宴请国际古迹遗址理事会专家朴素贤博士。

27日　省文物局局长鲍贤伦出席合作开发建设中国（东阳）古生物文化产业示范区签约仪式。

浙江省第三次全国文物普查第三阶段试点工作会议在义乌市召开。省文物局副局长吴志强参加。

长兴县文物保护单位"认看、任护"志愿者大会在长兴县召开，文物保护与考古处处长郑建华到会并讲话。

28日　省文物局局长鲍贤伦出席湖州博物馆"巨象文晖——南京博物院藏'虚斋名画'特展"开幕式，并陪同国家文物局单霁翔局长宴请国际古迹遗址理事会专家朴素贤博士。

文物保护与考古处处长郑建华赴磐安，参加全国重点文物保护单位磐安榉溪孔氏家庙对外开放仪式。

29日　省文物局局长鲍贤伦主持召开西湖申遗利益相关者座谈会。

30日　省文物局局长鲍贤伦参加杭州综保工程典礼活动，并赴浙江省博物馆宣布领导班子任命。

省文物局副局长陈官忠、吴志强，文物安全处处长沈坤荣参加嘉善元代画家吴镇诞辰730周年纪念活动。

十　月

8日　省文物局副局长吴志强、文物保护与考古处处长郑建华参加长安古镇寺弄区块保护规划审查会。

9日　文物安全处组织省文物安全技术防范工程审核组成员对浙江省博物馆武林馆区安防工程进行初步验收。文物安全处处长沈坤荣、省公安厅治安总队、浙江省博物馆和工程实施单位浙江银江股份有限公司领导、技术人员参加了验收。

11日　省文物局局长鲍贤伦就杭州张小泉剪刀厂工业遗产保护问题与杭州市规划局局长阳作军进行沟通，副局长吴志强参加。

良渚国家考古遗址公园成为我国首批国家考古遗址公园。

12至13日,文物保护与考古处处长郑建华等赴瑞安,实地调研市级文物保护单位林庆云宅迁移保护问题。

14日　省文物局副局长陶月彪赴上海世博会参加澳大利亚国家馆圆桌会议。

15日　"良渚论坛——2010年大遗址考古与大遗址保护学术研讨会"在良渚举行。省文物局局长鲍贤伦在会议期间看望了与会代表。副局长吴志强、文物保护与考古处处长郑建华等参加。

国家文物局在杭召开"全国文物保护项目及经费需求十二五规划(初稿)东部地区征求意见会及项目论证会",省文物局局长鲍贤伦到会并讲话,副局长陶月彪、陈官忠,综合处处长钱剑力,文物保护与考古处处长郑建华等参加。

16日　中国考古学会理事长、国家文物局考古专家组组长张忠培考察余杭茅山遗址,副局长吴志强等陪同。

18日　省文物局局长鲍贤伦主持会议,对余杭区茅山遗址保护问题进行专题讨论。副局长吴志强、文物保护与考古处处长郑建华等参加。

文物安全处处长沈坤荣会同有关部门赴嘉兴,对嘉兴南湖革命纪念馆文物库房区域进行专项安全评估。

19日　省文物局副局长吴志强等赴诸暨,就绍大公路建设涉及东园台门及诸暨斯鑫斯坂小学旧址保护问题进行实地踏勘。

安吉龙山古文化生态园暨生命文化博物馆项目研讨会在安吉县召开。省文物局副局长陈官忠、博物馆与社会文物处处长杨新平、文物保护与考古处处长郑建华等参加。

20日　省文物局副局长陈官忠、文物安全处处长沈坤荣、博物馆与社会文物处处长杨新平赴兰溪,检查博物馆新馆建设布展及安全设施整改工作。

20日至21日　全省市级文化广电新闻出版局长会议在东阳召开。省文物局局长鲍贤伦出席会议,副局长陶月彪、陈官忠、吴志强,综合处处长钱剑力、文物安全处处长沈坤荣、文物保护与考古处处长郑建华、博物馆与社会文物处处长杨新平等参加会议。

21日　省文物局副局长吴志强、文物保护与考古处处长郑建华实地调研东阳巍山古镇历史文化遗产保护问题。

22日　文物保护与考古处处长郑建华参加余杭区不可移动文物维修方案评审会。

23日至24日　省文物局副局长陶月彪赴富阳,出席"中国富阳·富春山居文化创意产业发展商务论坛"。

25日　省文物局副局长吴志强、文物保护与考古处处长郑建华等与余姚文广新局领导讨论河姆渡生态园建设问题。

省建设厅在杭主持召开天台街头镇省级历史文化名镇、椒江章安省级历史文化街区保护规划联席审查会。文物保护与考古处处长郑建华等参加。

25日至26日　综合处处长钱剑力陪同山西省文物局办公室一行考察杭州市文物保护单位。

26日至27日　文物保护与考古处处长郑建华赴绍兴市参加"双服务"活动。

27 日　省文物局副局长陶月彪陪同国家文物局副局长顾玉才一行实地参观考察良渚博物院和良渚古城墙遗址。

27 日至 29 日　省文物局副局长陶月彪赴郑州，参加国家文物局召开的全国文博教育培训工作座谈会。

28 日　省文物局组织专家赴衢州市衢江区、江山市，就黄甲山塔、巽峰塔、江山廿八都文昌阁彩画保护及三卿口制瓷作坊保护规划编制问题进行实地踏勘，文物保护与考古处处长郑建华等参加。

省文物局局长鲍贤伦出席沙孟海特展开幕式。

省文物局局长鲍贤伦出席 2009 年度“国家环保科普基地”授牌仪式。

综合处处长钱剑力召集有关处室，商议我省文博事业发展“十二五”规划编制工作。

文物安全处处长沈坤荣赴安吉，参加中国·安吉生态博物馆安全防范系统工程设计方案评审会。

29 日　文化部部长蔡武考察浙江自然博物馆。

省文物局局长鲍伦赴良渚博物院，出席“文明之光”全国书法名家作品邀请展开幕仪式，参加了“2010 良渚论坛”研讨会。

全国重点文物保护单位三卿口制瓷作坊保护规划论证会在江山市召开。文物保护与考古处处长郑建华等参加。

30 日　文化部部长蔡武实地考察了雷峰塔遗址、六和塔等文物保护单位，文物保护与考古处处长郑建华等参与陪同。

31 日　全省第二期文物保护工程从业人员培训班在杭开班。文物保护与考古处处长郑建华参加开班仪式。

31 日至 11 月 1 日　博物馆与社会文物处处长杨新平为全省第二期文物保护工程勘察设计、施工、监理从业人员上岗培训班讲课。

十一月

1 日　省文物局局长鲍贤伦召集商讨安吉生态博物馆建设事宜，副局长陈官忠参加。

文物保护与考古处处长郑建华等与桐乡市文广新局领导讨论全国重点文物保护单位罗家角遗址保护规划修改事宜。

3 日　文物安全处处长沈坤荣赴龙泉青瓷博物馆进行安全防范技术工程检查指导。

4 日　文物安全处处长沈坤荣赴庆元香菇博物馆进行安防技术工程检查指导。

省建设厅在杭主持召开金华国家级历史文化名城保护规划联席审查会议，文物保护与考古处处长郑建华参加。

省文物局局长鲍贤伦召集杭州市园林文物局、良渚遗址管委会等单位，就良渚遗址申遗事宜进行讨论。副司长吴志强、文物保护与考古处处长郑建华参加。

4日至5日　省文物局组织专家对绍兴鲍氏旧宅建筑群等一批文物保护单位保护工程方案进行集中审查。

5日　文物安全处处长沈坤荣赴丽水摄影博物馆进行安防技术工程检查指导。

6日　中共浙江省委书记赵洪祝实地考察浙江省博物馆,省委常委、秘书长李强,省委副秘书长舒国增,省文化厅省文物局局长鲍贤伦陪同考察。

博物馆与社会文物处处长杨新平参加中国湿地博物馆“自然结晶·湿地之魂”地矿精品展开幕式。

7日至12日　国际博物馆协会(ICOM)第22届大会在上海召开。省文物局局长鲍贤伦,副局长陈官忠,文物安全处处长沈坤荣等参加。

8日　省文物局副局长吴志强出席“浙江省第二期文物保护工程从业人员上岗培训班”结业仪式,并为学员颁发上岗证书。

全省第二期文物保护工程从业人员培训班结业仪式在杭举行。省文物局副局长吴志强到会并讲话。文物保护与考古处处长郑建华等参加。

博物馆与社会文物处处长杨新平为省建设厅举办的注册规划师继续教育培训班授课。

9日　中共中央宣传部副部长翟卫华考察绍兴鲁迅纪念馆。

9日至10日　省文物局局长鲍贤伦陪同故宫博物院院长郑欣淼考察长兴、富阳文博单位。

10日　省人大法制委员会召开《浙江省历史文化名城保护条例》修订讨论会,文物保护与考古处处长郑建华参加。

11日　省文物局副局长吴志强、文物保护与考古处处长郑建华赴余杭区茅山遗址发掘现场,同建设单位、余杭区有关领导协商遗址保护与发掘事宜。

12日　省文物局局长鲍贤伦出席《沙孟海全集》首发式。

省文物局副局长吴志强召开会议,讨论上报国家文物局“十二五”项目库的项目审核与增补问题。文物保护与考古处处长郑建华参加。

16日　省文物局副局长吴志强与丽水市文广新局领导就省级文物保护单位处州府城墙行春门段保护及涉及保护区划的建设项目事宜进行沟通协调。文物保护与考古处处长郑建华参加。

16日至18日　省文物局局长鲍贤伦参加省委十二届八次会议。

17日至18日　省文物局副局长陈官忠、博物馆与社会文物处处长杨新平赴东阳市参加“东阳文博十年展”开幕式活动。

18日　省文物局局长鲍贤伦出席“2010中国古琴国际学术研讨会”并讲话。

省文物局局长鲍贤伦出席越剧博物馆开馆20周年庆典仪式,副局长陈官忠、博物馆与社会文物处处长杨新平参加了庆典活动。

18日至19日　国家文物局在四川成都召开大遗址保护工作会议暨首批国家考古遗址公园授牌仪式,省文物局副局长吴志强参加。

19日　省文物局副局长陶月彪出席“丝路情怀——朱自谦新疆风情画展”开幕仪式。

省文物局局长鲍贤伦分别与瑞安市、温岭市政府领导就瑞安市市级文物保护单位林庆云宅、温岭市市级文物保护单位月洞桥迁移保护事项进行沟通和协调。文物保护与考古处处长郑建华参加。

20日　省文物局副局长陈官忠赴慈溪，出席慈溪市政府与浙江省文物局共同主办的“上林湖窑系传承与发展研讨会”。

22日　省文物局组织专家赴乐清，对全国重点文物保护单位乐清高氏家族墓保护规划进行论证。文物保护与考古处处长郑建华参加。

省建设厅在淳安县主持召开淳安芹川省级历史文化名村保护规划专家审查会，文物处派人参加。

全省第三次全国文物普查第三阶段工作座谈会在杭召开。

23日　省文物局组织专家赴温州，对省级文物保护单位温州老鼠山遗址保护规划及老鼠山遗址公园修建性详细规划进行论证。文物保护与考古处处长郑建华参加。

24日　省文物局组织专家赴洞头，对省级文物保护单位洞头妈祖庙修缮工程进行验收。文物保护与考古处处长郑建华参加。

24日至26日　由中国文化遗产研究院、联合国教科文组织、重庆市文物局主办的“水下文化遗产的保护展示与利用学术研讨会”在重庆市召开。文物处副处长李新芳参加。

25日　省文物局局长鲍贤伦为萧山区人大常委会法制讲座授课。

文物保护与考古处处长郑建华参加由杭州市规划局主持召开的杭州市工业遗产建筑规划管理研究课题评审会。

25日至26日　省建设厅会同省文物局赴磐安，考察第四批省级历史文化村镇申报推荐对象，文物处派人参加。

26日　省文物局局长鲍贤伦主持召开2010年浙江省文博系列中评会。

杭州市园文局主持召开省级以上文保单位用地规划讨论会。文物处派人参加。

30日　省文物局副局长陶月彪赴南京，出席江浙沪文物行政执法合作协议签字仪式。

文物保护与考古处处长郑建华、副处长李新芳与文成县文广新局领导商议全国重点文物保护单位文成刘基庙修缮事宜。

博物馆与社会文物处处长杨新平应邀为省建设厅主办的注册规划师继续教育第三期培训班授课。

十二月

1日　省文物局局长鲍贤伦赴国家文物局汇报工作。

2日　省文物局副局长陈官忠出席浙江省文化厅、云南省文化厅、浙江省文物局、云南省文物局主办，浙江省博物馆、云南省博物馆承办的“边城大师——廖新学作品展”展览开幕式活动。

中国丝绸博物馆举行职工大会，宣布馆领导班子调整决定。省文物局副局长陈官忠参加。

文物保护与考古处处长郑建华与省测绘局成果处接洽省级以上文物保护单位保护范围和建设控制地带地图集制作事宜。

3日　2010年度全省陈展精品项目评审会在杭召开，省文物局副局长陈官忠出席会议并讲话，博物馆与社会文物处处长杨新平等参加。

6日　博物馆与社会文物处处长杨新平出席嘉兴市文物博物馆“十二五规划”（初稿）征求意见会。

省文物局局长鲍贤伦参加中央宣讲团“党的十七届五中全会精神报告会”。

7日　省文物局副局长陈官忠出席全国第三次文物普查浙江普查成果出版招标评标会议。

国家文物局在京召开中国大运河遗产保护与管理总体规划征求意见会，文物处副处长李新芳参加。

8日　省文物局、中国文物学会、政协宁波市委员会在宁波共同主办“大运河与海上丝绸之路宁波论坛”。省文物局局长鲍贤伦出席论坛并致辞，文物保护与考古处处长郑建华等参加。

9日　省文物局局长鲍贤伦、副局长陈官忠等参加全省文博高级职称评审会议。

省文物局局长鲍贤伦参加省生态文化协会成立大会。

博物馆与社会文物处处长杨新平参加省风景名胜区协会常务理事会会议。

9日至10日　国家文物局在湖南长沙召开第四次全国文物保护工程汇报会，文物处副处长李新芳参加。

10日　省文物局局长鲍贤伦出席浙江省博物馆“丝绸之路——大西北遗珍”展开幕仪式，副局长陈官忠参加。

省文物局副局长陈官忠陪同省人大教科文卫领导一行考察良渚文化博物院。

10日至11日　博物馆与社会文物处处长杨新平参加第五届中国建筑史国际学术研讨会。

13日　绍兴县文化遗产保护规划意见征询会在绍兴县召开，文物保护与考古处处长郑建华参加。

13日至15日　省文物局局长鲍贤伦赴京参加全国文物保护科技会议，博物馆与社会文物处副处长金萍参加。会议上，中国丝绸博物馆成为纺织品文物保护国家文物局重点科研基地，指南针计划试点项目《东周纺织织造技术价值挖掘与展示——以出土纺织品为例》荣获2009年文物保护科学和技术创新奖二等奖。

15日　博物馆与社会文物处、文物安全处组织验收组，对嘉兴市博物馆“馆藏文物环境达标工程”进行验收，博物馆与社会文物处处长杨新平主持。

16日　由浙江省文物局、安吉县政府联合召开“中国·安吉生态博物馆建设试点专家论证会”。省文物局局长鲍贤伦主持会议，副局长陈官忠、博物馆与社会文物处处长杨新平等参加。

17日　省文物局召开《浙江省文物事业发展“十二五”规划》（征求意见稿）专家论证会。综合处处长钱剑力主持会议。

国家文物局在京召开大运河申遗省部际会商小组办公室会议，就大运河（浙江段）申报世界文化遗产预备名单征询各有关单位意见。文物保护与考古处处长郑建华参加。

省政府办公厅副秘书长马林云召集省文物局、港航局等单位，就大运河（浙江段）申报世界文化遗产预备名单进行讨论协调。省文物局副局长吴志强参加。

国家文物局在福建福州召开涉台文物保护工程“十一五”绩效评估暨“十二五”规划编制调研会。文物处副处长李新芳参加。

20日　省文物局副局长陈官忠、文物安全处处长沈坤荣赴桐乡，出席古钱币收藏家钟希周向桐乡市博物馆捐赠文物仪式活动。

博物馆与社会文物处处长杨新平为省建设厅与省文物局联合举办的全省历史文化名城名镇名村保护管理培训班讲课。

20日至22日　省文物局局长鲍贤伦赴京参加全国文物局长会议，综合处处长钱剑力陪同。

23日　文物保护与考古处处长郑建华参加《良渚国家考古遗址公园控制性详细规划》评审会。

省文物局召开涉台文物工作座谈会，布置“十二五”期间全省涉台文物工作。文物保护与考古处处长郑建华主持，副处长李新芳传达了全国涉台文物工作会议精神，副局长吴志强到会并讲话。各设区市文物行政部门业务处室负责人，省文物考古研究所、省古建筑设计研究院有关领导和专家参加了会议。

24日　文物保护与考古处召开会议，对申请文物保护工程资质（勘察设计乙级及以下、施工二级及以下）的单位进行审议，处长郑建华主持，省文物局副局长吴志强出席，文物保护与考古处全体人员、省考古研究所有关领导、专家参加。

24日至26日　省文物局局长鲍贤伦参加浙江省文联代表大会。

25日　博物馆与社会文物处处长杨新平参加浙江大学文物与博物馆系师生座谈会。

26日　省文物局副局长陈官忠参加景宁畲族自治区“十二五”文化发展规划论证会。

27日　跨湖桥土遗址加固工程验收会在萧山召开，文物保护与考古处处长郑建华主持，省文物局副局长吴志强出席并讲话。杭州市园林文物局、萧山区文广新局有关领导，省考古所、省博物馆、浙江大学、南京博物院等单位专家参加会议。

28日　省文物局副局长陈官忠出席黄岩博物馆新馆开工奠基仪式。

省文物局副局长吴志强出席全省风景名胜区工作暨江山江郎山申遗表彰会议。

印山越国王陵保护工程验收会在绍兴召开。文物保护与考古处处长郑建华主持，副局长吴志强出席并讲话。绍兴县政府、县文广新局有关领导，省考古所、省博物馆、浙江大学、南京博物院等单位专家参加会议。

29日　省文物局副局长陈官忠出席永康博物馆开馆仪式。

30日　省文物局副局长陈官忠出席杭州刀剪伞博物馆与宁波天一阁博物馆联展开幕式。

省文物局局长鲍贤伦主持召开局务会议，副局长陶月彪、陈官忠、吴志强，综合处处长钱剑力、文物安全处处长沈坤荣、文物保护与考古处处长郑建华、博物馆与社会文物处处长杨新平等参加会议。

31 日　省文物局局长鲍贤伦接待省人大领导到局机关专访,副局长陶月彪参加。

省文物局副局长陈官忠赴嘉善,商谈博物馆新馆建设工作。

省文物局副局长吴志强、文物保护与考古处处长郑建华陪同国家文物局考古处领导考察桐庐方家洲遗址考古发掘工地,省文物考古研究所有关领导和专家参加。

特辑

中共中央政治局常委、全国政协主席贾庆林考察嘉兴南湖中共“一大”会址

9月10日，中共中央政治局常委、全国政协主席贾庆林在全国政协副主席、秘书长钱运录及中共浙江省委书记赵洪祝、省长吕祖善、省政协主席周国富等陪同下，考察嘉兴南湖中共“一大”会址，瞻仰了中共“一大”纪念船，并参观了南湖革命纪念馆中共“一大”史料陈列。

原中共中央政治局常委、国家副主席曾庆红视察茅盾纪念馆、新四军苏浙军区纪念馆

4月29日，原中共中央政治局常委、书记处书记、国家副主席曾庆红在中共浙江省委书记赵洪祝，省委常委、秘书长李强等陪同下，考察桐乡茅盾纪念馆。

5月7日，曾庆红一行在省委常委、公安厅长王辉忠，原省政协常务副主席梁平波等陪同下，赴有“江南小延安”之称的革命老区长兴，参观了新四军苏浙军区纪念馆，并向粟裕骨灰敬撒处敬献花篮。

原中共中央政治局常委、中央纪律检查委员会书记吴官正考察良渚博物院

4月28日，原中共中央政治局常委、中央纪律检查委员会书记吴官正一行在中共浙江省委常委、杭州市委书记黄坤明等陪同下，赴良渚博物院参观。

中共中央政治局委员、中央军委副主席徐才厚考察嘉兴南湖中共“一大”会址

4月14日，中共中央政治局委员、中央军委副主席徐才厚在南京军区司令员赵克石、中共浙江省委书记赵洪祝等陪同下，瞻仰了嘉兴南湖中共“一大”会址、中共“一大”纪念船，参观了南湖革命纪念馆。

全国人大常委会副委员长华建敏考察浙江省博物馆

4 月 30 日，全国人大常委会副委员长、中共中央国家机关工委书记华建敏在浙江省人大常委会副主任王永明等陪同下，对浙江省博物馆武林馆区进行考察，听取了浙江省博物馆深化改革、免费开放、新馆建设等工作汇报。

全国人大常委会副委员长严隽琪考察宁波庆安会馆

5 月 11 日，全国人大常委会副委员长、民进中央主席严隽琪率民进中央考察调研组，在中共浙江省委常委、宁波市委书记巴音朝鲁，省政协副主席盛昌黎等陪同下，赴宁波庆安会馆参观。

最高人民法院院长王胜俊考察绍兴鲁迅故里

7 月 6 日，最高人民法院院长王胜俊一行在绍兴市中级人民法院院长陈惠明陪同下，参观了鲁迅故居、百草园和三味书屋。

全国政协副主席白立忱考察临安文博单位

10 月 27 日，全国政协副主席白立忱赴临安考察，并观摩了吴越国王陵出土珍贵文物。

全国政协副主席黄孟复参观嘉兴、绍兴文博单位

2月17日，全国政协副主席、全国工商联主席黄孟复在浙江省政协副主席、省工商联主席徐冠巨，嘉兴市工商联主席薛佳平等陪同下，参观了嘉兴南湖中共一大会址和南湖革命纪念馆，瞻仰了南湖红船，听取了历史介绍并签名留念。

2月19日，黄孟复副主席在浙江省政协副主席徐冠巨等陪同下，赴绍兴鲁迅故里考察。

全国政协副主席何厚铧考察绍兴鲁迅纪念馆

7月15日，全国政协副主席何厚铧一行在浙江省政协副主席盛昌黎及绍兴市有关领导陪同下，实地考察绍兴鲁迅纪念馆，并了解了三味书屋等文物的保护利用情况。

全国政协副主席张榕明考察杭州市文博单位

9月27日,全国政协副主席、民建中央第一副主席张榕明一行参观张苍水祠墓。9月28日,张榕明副主席一行在民建省委副主委卢步东等陪同下考察了杭州孔庙。

全国政协副主席钱运录考察绍兴鲁迅故里

9月11日,全国政协副主席钱运录一行在绍兴市政协主席顾秋麟等陪同下赴鲁迅故里考察。

全国政协副主席厉无畏考察良渚博物院、平湖李叔同纪念馆

8月26日,全国政协副主席,民革中央常务副主席厉无畏一行实地参观考察良渚博物院。9月11日,厉无畏副主席在嘉兴、平湖市领导陪同下,对平湖市李叔同纪念馆进行考察并题字留念。

原全国政协副主席张怀西考察杭州文博单位

5 月 8 日，原全国政协副主席张怀西考察良渚博物院。5 月 10 日，张怀西赴中国茶叶博物馆参观考察，并对改造提升后的基本陈列给予肯定。

原全国政协副主席王文元考察德清县博物馆

6 月 19 日，原全国政协副主席王文元赴德清县博物馆考察，并对基本陈列《家住吴越山水间》给予肯定。

许其亮上将、邓昌友上将考察浙江省博物馆

3 月 24 日，中央军委委员、空军司令员许其亮上将，空军政委邓昌友上将在南京军区空军司令员江建曾中将、南京军区空军政委贾延明中将陪同下，考察浙江省博物馆武林馆区和浙江革命历史纪念馆。

文化部部长蔡武考察浙江省文博单位

6 月 20 日，文化部部长蔡武赴宁波博物馆考察，并对博物馆引进精品展览，充分发挥志愿者作用，主动走向社会、融入社会的做法予以肯定。本次考察也是中央党校“民生与社会建设”研究专题调研组在宁波的调研内容之一。

10 月 29 日，蔡武部长在浙江省副省长郑继伟、省政府副秘书长马林云、省文化厅厅长杨建新等陪同下，对浙江省博物馆武林馆区、浙江自然博物馆进行考察。

中共中央办公厅副主任由喜贵上将考察宁波博物馆

4 月 5 日，中共中央办公厅副主任、原中央警卫局局长由喜贵上将在中共浙江省委常委、宁波市委书记巴音朝鲁等陪同下，赴宁波博物馆考察，并对宁波市、区两级政府整合资源、共建共享的博物馆建设模式表示肯定。

中共中央组织部副部长欧阳淞考察浙江省博物馆

9月8日，中共中央组织部副部长、中央党史研究室主任欧阳淞在中共浙江省委常委、秘书长李强，省文化厅副厅长、省文物局局长鲍贤伦等陪同下，实地考察了浙江省博物馆武林馆区和浙江革命历史纪念馆。

中共中央宣传部副部长翟卫华考察绍兴鲁迅纪念馆

11月9日，中共中央宣传部副部长翟卫华在中共浙江省委宣传部副部长吴天行、绍兴市委宣传部部长尹永杰等陪同下，赴绍兴鲁迅纪念馆考察。

原中共中央统战部副部长胡德平考察绍兴鲁迅故里

12月9日,全国政协常委、经济委副主任、原中共中央统战部副部长胡德平一行在绍兴市政协副主席王玉书陪同下,赴绍兴鲁迅故里参观考察。

原国土资源部副部长蒋承菘考察东阳博物馆

3月17日,原国土资源部副部长蒋承菘一行在东阳市相关负责人陪同下考察东阳博物馆。

国家文物局局长单霁翔调研我省生态博物馆建设

7月29日至30日,国家文物局单霁翔局长一行在省文化厅副厅长、省文物局局长鲍贤伦等陪同下,对安吉县生态博物馆建设进行专题调研,并要求生态博物馆建设传承社区真实记忆,充

分挖掘地方丰富文化资源，坚守自身文化特色，实现有机发展，使生态博物馆建设成为惠及民众的有效工具、构建和谐家园的载体、促进社会经济发展的力量。

9 月 28 日，单霁翔局长在浙江省文化厅副厅长、省文物局局长鲍贤伦陪同下，赴浙江省博物馆考察修缮后的全国重点文物保护单位文澜阁。

国家旅游局副局长杜江考察宁波庆安会馆

7 月 20 日，国家旅游局副局长杜江一行在浙江省旅游局副局长叶建国等陪同下考察宁波庆安会馆，并要求充分挖掘庆安会馆文化内涵，认真做好宣传工作。

国家文物局副局长顾玉才考察良渚遗址

10 月 25 日，国家文物局副局长顾玉才在浙江省文物局副局长陶月彪陪同下，实地参观考察了良渚博物院和良渚古城墙遗址。

中共浙江省委书记赵洪祝关注我省文博事业发展

6 月 14 日，中共浙江省委书记、省人大常委会主任赵洪祝在省委常委、秘书长李强，省委常委、宣传部部长茅临生等陪同下，赴浙江自然博物馆参观“迈向生态文明——浙江生态省建设成就展”，并对我省下一步生态文明建设提出要求。

11 月 6 日，赵洪祝书记在中共浙江省委常委、秘书长李强，副秘书长舒国增，省文化厅副厅长、省文物局局长鲍贤伦等陪同下，赴浙江省博物馆考察。

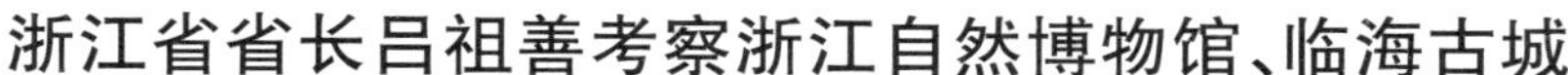

浙江省省长吕祖善考察浙江自然博物馆、临海古城

6 月 4 日，中共浙江省委副书记、省长吕祖善在省政府秘书长张鸿铭、副秘书长施利民、省环保厅副厅长史济锡等陪同下，赴浙江自然博物馆参观“迈向生态文明——浙江生态省建设成就展”。

7 月 27 日至 28 日，吕祖善省长在临海调研期间，先后赴江南长城、戚公祠、紫阳古街、龙兴寺、灵湖等处，考察了临海古城保护与开发情况。

浙江省政协主席周国富考察浙江自然博物馆

6 月 28 日，浙江省政协主席周国富在省政协副主席斯鑫良、盛昌黎、王永昌、黄旭明、徐辉、冯明光等陪同下，赴浙江自然博物馆参观“迈向生态文明——浙江生态省建设成就展”，并要求加大生态文明知识宣传力度，形成全民共建共享的合力，共同推动我省生态文明建设。

中共浙江省委常委、宣传部部长茅临生考察我省文博单位

3 月 9 日，中共浙江省委常委、宣传部部长茅临生在省委宣传部副部长、省文明办主任龚吟怡，省委宣传部常务副部长胡坚，省委宣传部有关处室主要负责人及市地相关负责人陪同下，实地考察了嘉兴南湖革命纪念馆新馆展陈工作，并要求南湖革命纪念馆以新馆建设为新起点，定位于革命圣地，通过扎实有效的工作满足广大共产党员、各界群众甚至海外各界人士对中国共产党的诞生地进行瞻仰的精神需求。

3 月 10 日，茅临生部长在地市相关负责人陪同下，赴湖州博物馆进行考察，并要求有关方面立足传统优势，把准创新脉搏，进一步开创博物馆事业发展的新局面。

3 月 24 日，茅临生部长在省委宣传部副部长吴天行，省文化厅厅长杨建新，省文化厅副厅长、省文物局局长鲍贤伦等陪同下，赴浙江省博物馆武林馆区（浙江革命历史纪念馆）、浙江自然博物馆考察听取相关情况汇报，并参观了基本陈列。

6 月 23 日，茅临生部长一行在绍兴市有关负责人陪同下，赴鲁迅故里参观考察。

7 月 7 日，茅临生部长赴舟山博物馆考察，并要求舟山博物馆立足本地海岛特色，突出特有历史、文化内涵。

浙江省副省长郑继伟考察中国丝绸博物馆

9月10日,浙江省副省长郑继伟在省政府副秘书长马林云,省文化厅副厅长、省文物局局长鲍贤伦陪同下,赴中国丝绸博物馆考察。

浙江省副省长龚正考察松阳县博物馆

7月29日,浙江省副省长龚正赴松阳,实地考察松阳县博物馆,并要求松阳县继续重视博物馆建设,进一步提升展览内涵和服务水平,充分发挥博物馆的社会功能。

浙江省副省长、中共温州市委书记陈德荣考察温州文博单位

8月29日至30日，浙江省副省长、中共温州市委书记陈德荣在温州市委常委、宣传部部长曹国旗，市委常委、鹿城区委书记余梅生，副市长仇杨均等陪同下，先后考察了朱自清旧居、益康钱庄、夏鼐故居、谯楼、温州博物馆等文博单位，并听取了工作汇报。

省人大常委会副主任徐宏俊考察宁波帮博物馆

1月8日，浙江省人大常委会副主任徐宏俊在省人大常委会委员陈仲方等陪同下赴宁波帮博物馆考察。

浙江省政协副主席斯鑫良考察杭州孔庙

10 月 12 日,浙江省政协副主席斯鑫良一行赴杭州孔庙考察,并要求做好文物保护工作。

浙江省政协副主席盛昌黎考察西湖美术馆

11 月 25 日,浙江省政协副主席盛昌黎赴浙江西湖美术馆参观“古雅风韵——中国古代书画艺术典藏大展”。

我省与国家文物局签署国家文化遗产保护科技区域创新联盟(浙江省)共建协议书

5月25日,浙江省政府和国家文物局共建国家文化遗产保护科技区域创新联盟(浙江省)签约仪式在杭举行。中共浙江省委副书记、省长吕祖善,国家文物局局长单霁翔出席仪式并致辞,浙江省副省长郑继伟、国家文物局副局长宋新潮分别代表浙江省政府和国家文物局签署了共建协议书。浙江省政府秘书长张鸿铭,副秘书长陈广胜,省文化厅厅长杨建新,副厅长、省文物局局长鲍贤伦,国家文物局博物馆与社会文物司(科技司)副司长罗静,省教育厅、省科技厅、省财政厅分管领导,浙江省博物馆等区域创新联盟理事会成员单位负责人及文物系统、高等院校代表70余人参加了仪式。共建协议书的签署标志着浙江省政府与国家文物局共建区域创新联盟试点建设工作的正式启动。此外,联盟还成立了以浙江省省长、国家文物局局长任组长,分管副省长、副局长为副组长的共建领导小组(领导小组办公室设在浙江省文物局),制订了《国家文化遗产保护科技区域创新联盟(浙江省)章程》、《国家文化遗产保护科技区域创新联盟(浙江省)理事会章程》,并根据《章程》于8月召开理事会成立会议,选举产生了理事长、副理事长、秘书长、副秘书长等职务。随后,首批6家成员单位签订了《国家文化遗产保护区域创新联盟(浙江省)协议书》,正式加入创新联盟。

当天,吕祖善省长、郑继伟副省长还会见单霁翔局长,就浙江省文博事业的发展交换意见。

浙江省历史文化遗产保护管理委员会召开2010年度(扩大)会议

9月26日,浙江省历史文化遗产保护管理委员会2010年度(扩大)会议在杭召开。会议由委员会副主任、省政府副秘书长马林云主持,委员会副主任、省文化厅厅长杨建新和省历史文化遗产保护委员会成员单位委员、省第三次全国文物普查领导小组成员单位负责人、各设区市政府分管副市长参加了会议。委员会主任、副省长郑继伟出席会议并讲话。省文化厅副厅长、省文物局局长、委员会物质文化遗产保护工作办公室主任鲍贤伦在会上对我省第三次全国文物普查、第六批省级文物保护单位申报推荐及世界文化遗产申报等重点工作情况进行了通报。随后,会议听取了省文化厅厅长杨建新关于非物质文化遗产工作情况和下一步工作思路的通报,还原则审议通过了第六批省级文物保护单位名单。

全省文物局长会议在嘉兴举行

2月1日，全省文物局长会议在嘉兴举行。来自全省各设区市和义乌的文物行政部门领导、业务处（科）室负责人，省直文博单位主要负责人，省文物局领导，局各业务处室负责人等参加了本次会议。嘉兴市本级文博单位负责人和所辖县（市、区）文物行政部门负责人列席了会议。

嘉兴市委常委、副市长张阳升出席会议并致辞。省文化厅副厅长、省文物局局长鲍贤伦在会上作了题为《承前启后，继往开来，努力开创我省文物事业发展的新局面》的工作报告。随后，省文物普查办副主任、省文物局副局长吴志强就进一步做好全省第三次全国文物普查工作做了专题讲话，嘉兴市文化广电新闻出版局也就该市文物工作做了典型发言。与会各市、各单位交流了2009年度工作进展和2010年度工作计划。会上还颁发了2009年度浙江省陈列展览精品奖，并为国家二、三级博物馆授牌。

全省文物局长座谈会在舟山举行

7月26日至28日，全省文物局长座谈会在舟山举行。来自各设区市和义乌市的文物行政主管部门相关负责人，各省直文博单位负责人及省文物局有关人员参加了本次会议。会议由省文物局副局长陈官忠、吴志强主持。与会人员在会上对上半年工作情况进行了总结，谋划了下半年思路，并学习了中共中央政治局常委李长春6月12日发表的《保护发展文化遗产，建设共有精神家园》重要文章，还对浙江省文博事业发展“十二五”规划进行了探讨。省文化厅副厅长、省文物局局长鲍贤伦出席会议并讲话。省文物局副局长陶月彪传达了全国文物局长会议精神，与会人员分别就各地、各单位上半年工作情况进行了总结，对下半年工作计划和设想做了发言，同时结合各地实际和浙江省文博事业整体发展状况，针对《浙江省文物博物馆事业发展“十二五”规划》（讨论初稿），提出了市、县级文物保护行政主体的确立、水下文物保护和考古的专门机构与人员配备、文物保护指标体系的明确化、文物保护工作的项目化、文保点称呼的确定等一系列建议和意见。省文物局副局长吴志强在会议小结中要求与会各单位负责人切实做好会议精神的传达和落实，并提高重视程度、加强检查力度，以防范近期内由于自然灾害而可能导致的文物安全事故的发生。

我国首个水下文化遗产保护基地落户宁波

7月29日,国家水下文化遗产保护宁波基地暨宁波中国港口博物馆建设工程奠基典礼在宁波市北仑区举行。国家文物局局长单霁翔,浙江省文化厅副厅长、省文物局局长鲍贤伦,副局长吴志强,宁波市人大常委会副主任姚力,中共宁波市委常委、北仑区委书记陈利幸,宁波市副市长成岳冲,中国文化遗产研究院院长刘曙光,中国国家博物馆副馆长张威及国家文物局相关人员,宁波市、北仑区有关负责人出席了仪式。来自50多个国家的驻华使节、参赞、官员,宁波帮代表及社会各界代表400多人参加了奠基活动。鲍贤伦局长和刘曙光院长分别代表浙江省文物局和中国文化遗产研究院在仪式上致辞,单霁翔局长与陈利幸书记为国家水下文化遗产保护宁波基地揭牌。随后,各位领导、嘉宾共同为建设工程培土奠基。奠基仪式上,刘曙光院长还与宁波市文化广电新闻出版局局长陈佳强分别代表双方签署了国家水下文化遗产保护宁波基地的合作框架协议。

国家水下文化遗产保护宁波基地是国家水下遗产保护中心自2009年9月28日在中国文化遗产研究院成立以来,首个正式挂牌的区域性水下文化遗产保护基地,将与宁波中国港口博物馆合作建设、资源共享,工程总建筑规模近4万平方米(其中基地独立使用面积约1.2万平方米),项目计划总投资约3.5亿元(其中基地定向投资约1亿元)。

《中国文物地图集·浙江分册》首发仪式举行

3月26日,《中国文物地图集·浙江分册》首发仪式在杭举行。中国博物馆协会理事长、《中国文物地图集》编委会主任张柏,国家文物局考古专家组组长、《中国文物地图集》编委会副主任黄景略,浙江省测绘局局长陈建国,浙江省文化厅副厅长、省文物局局长鲍贤伦,省文物局副局长陶月彪、吴志强,《中国文物地图集·浙江分册》执行主编、编委会副主任陈文锦及《中国文物地图集》编辑组成员，省直属单位负责人，《浙江分册》编委会、编写小组成员，各市、县（市、区）参与成员及有关专家等100余人出席了仪式。

《中国文物地图集》是国家文物局1986年启动的一项重大基础性工作，通过地图的形式对新中国成立以来文物调查所获资料进行了系统整理和科学总结。这也是我国文物史上的首次尝试。《中国文物地图集·浙江分册》由国家文物局主编，浙江省文物局负责领导、编纂，先后历时20余年，2007年通过国家文物局终审。该书分为上、下册，收录了截至2006年底的我省各类不可移动文物单位10892处，反映了新中国成立以来我省地上、地下文物及部分可移动文物的概貌，是迄今我省不可移动文物方面信息量最大、最齐备的研究著作，也是我省文化大省建设的一项重要成果。

附录

2010年度省、中央财政对全省文物保护及省级文博单位经费投入一览表

单位:万元

序号	项目	金额	备注
一	**经常性经费投入**	**4146.15**	
1	定额经费	3774.56	省级单位
2	事业单位医疗经费	371.59	省级单位
二	**项目经费投入**	**27797.45**	
1	省级博物馆文物征集费	1000.00	省级单位
2	2010年省级文物保护费	3000.00	其中:市县2895万元、省级单位105万元
3	2010年度廊桥保护专项经费	270.00	市县
4	全省文物库房维修、安全技防设施费	500.00	市县
5	省级历史文化名城保护专项资金	600.00	市县
6	2010年第三次全国文物普查专项经费	447.00	省级单位
7	2009年度中央补助地方及省第二批免费开放博物馆纪念馆陈列布展补助经费	1000.00	市县
8	2010年度第一、二批免费开放博物馆纪念馆陈列布展补助经费	2385.00	市县
9	2010年度第一、二批博物馆纪念馆免费开放补助经费	949.00	省级单位(省博338万元,自然462万元,丝绸149万元)
10	2011年度第一批博物馆纪念馆免费开放补助经费	6633.00	其中:市县6034万元,省级单位599万元(2010年预算指标未下)
11	2009年度国家重点文物保护经费	758.00	市县430万元,省级单位328万元(经费指标2010年下达)
12	2010年度国家重点文物保护经费	1165.00	其中:市县590万元、省级单位575万元
13	2010年度大遗址保护专项经费	770.00	其中:市县450万元、省级单位320万元
14	省级单位其他项目经费	8320.45	其中含省博物馆共建经费2058万元及省考古研究所基建80万元
	总计	31943.60	其中:市县经费15154万元,省级单位经费16789.6万元(其中2010年未下达经费599万元)

2010年国家重点文物保护专项补助经费

单位：万元

序　号	补助项目名称	补助金额
1	保国寺消防系统实施工程	130
2	《大窑枫洞岩龙泉窑址》考古发掘报告整理及出版	55
3	磐安县榉溪孔氏家庙维修工程	100
4	湖州南浔张氏旧宅建筑群(一期)维修工程	100
5	《吴越钱宽夫妇墓》发掘报告整理及出版	30
6	磐安县玉山古茶场维修工程	60
7	浦江县郑义门古建筑群之垂裕堂维修工程	100
8	兰溪市诸葛、长乐村民居保护维修工程	100
9	《合溪洞》考古发掘报告整理及出版	60
10	《塔山》考古发掘报告整理及出版	30
11	纺织品文物保护	400
合　计		1165

2010年大遗址保护专项补助经费

单位：万元

序　号	补助项目名称	补助金额
1	良渚遗址之良渚古城遗址保护展示工程	350
2	大窑龙泉窑遗址岙底片区保护展示工程	100
3	大运河(浙江段)保护	270
4	遗产保护研究	50
合　计		770

2010年浙江省文物库房、安全技防专项资金安排表

序　号	单　位	项目名称	金　额(万元)
1	省直	浙江省文物考古研究所文物库房改造项目	80
2	洞头县	洞头县文保所安防新建	30
3	温州市龙湾区	龙湾博物馆安防二期工程	20
4	嘉兴市	嘉兴博物馆安防更新项目	20
5	桐乡市	桐乡市博物馆文物库房新建	60
6	安吉县	安吉县博物馆安防工程新建	100
7	诸暨市	诸暨市博物馆文物库房扩建	30
8	江山市	江山市博物馆安防新建	20
9	常山县	常山县文物办库房设备添置	20
10	丽水市	丽水摄影博物馆文物库房改造	20
11	庆元县	庆元香菇博物馆改造工程	80
12	遂昌县	遂昌县文管会办公室安防改造工程	20
		合　计	500

文物业基本情况综合年报

		机构数（个）	从业人员（人）			文物藏品（件/套）				本年考古出土文物及标本数（件/套）	本年从有关部门接收文物数（件/套）	本年藏品征集数（件/套）	本年修复藏品数（件/套）				考古发掘项目（个）				考古钻探面积（千平方米）	考古发掘面积（千平方米）	发掘墓葬数（个）	基本陈列（个）	举办展览（个）	参观人次（千人次）	
				高级职称	中级职称		一级品	二级品	三级品					一级品	二级品	三级品		基本建设中考古发掘项目	抢救性发掘项目	主动性发掘项目							未成年人参观人次（千人次）
(甲)		1	2	3	4	5	6	7	8	9	10	11	12	13	14	15	16	17	18	19	20	21	22	23	24	25	26
总计	A	211	4,559	378	574	896,263	2,216	10,639	70,578	3,128	1,280	12,240	1,834	8	161	62	78	44	30	4	1,431.10	156.23	705	307	879	33,609	6,603
按单位类型分	—	—	—	—	—	—	—	—	—	—	—	—	—	—	—	—	—	—	—	—	—	—	—	—	—	—	—
文物科研机构	B	5	92	35	15	17,971	51	236	1,280	3,128			1,006			6	30	30			200.80	67.52	638			698	177
文物保护管理机构	C	94	1,397	97	157	68,757	280	748	5,334		38	320					21	12	5	4	330.00	76.27	47	61	62	13,339	954
博物馆	D	100	2,887	229	380	676,477	1,885	9,655	63,964		1,242	11,920	828	8	161	56	27	2	25		900.30	12.44	20	246	817	19,572	5,472
文物商店	E	9	63		13	133,058																					
其他文物机构	F	3	120	17	9																						
按隶属关系分	—	—	—	—	—	—	—	—	—	—	—	—	—	—	—	—	—	—	—	—	—	—	—	—	—	—	—
中央	G																										
省区市	H	8	614	134	95	217,849	799	5,499	35,633	3,128		6,112	1,177		4	5	30	30			200.80	67.52	638	15	101	3,737	1,687
地市	I	58	2,220	149	231	386,387	722	2,520	14,251		218	1,581	356	8	145	16	17	12	2	3	1,180.00	9.27	51	87	308	18,012	2,207
县市区	J	145	1,725	95	248	292,027	695	2,620	20,694		1,062	4,547	301		12	41	31	2	28	1	50.30	79.44	16	205	470	11,860	2,709
按部门分	—	—	—	—	—	—	—	—	—	—	—	—	—	—	—	—	—	—	—	—	—	—	—	—	—	—	—
文物部门	K	199	4,353	374	564	878,718	2,216	10,639	70,028	3,128	1,280	9,313	1,824	8	161	62	78	44	30	4	1,431.10	156.23	705	295	867	32,661	6,348
其他部门	L	12	206	4	10	17,545			550			2,927	10											12	12	948	255

		门票销售总额（千元）	本年收入合计（千元）					本年支出合计（千元）				在支出合计中：									资产总计（千元）		增加值（千元）	公用房屋建筑面积（千平方米）		
				财政拨款	事业收入	经营收入	其他收入		基本支出	项目支出	经营支出	工资福利支出	商品和服务支出				对个人和家庭补助支出		其他资本性支出			固定资产原值			展览用房	文物库房
													差旅费	劳务费	福利费	各种税金支出		抚恤金和生活补助		各种设备购置费						
(甲)		27	28	29	30	31	32	33	34	35	36	37	38	39	40	41	42	43	44	45	46	47	48	49	50	51
总计	A	260,636	1,679,271	1,217,770	325,715	8,472	47,410	1,489,997	563,176	883,113	5,867	267,434	12,906	26,488	11,861	10,467	59,657	1,030	273,981	27,408	2,790,194	1,688,827	525,952	664.92	285.50	56.73
按单位类型分	—	—	—	—	—	—	—	—	—	—	—	—	—	—	—	—	—	—	—	—	—	—	—	—	—	—
文物科研机构	B		25,489	14,516	10,000		973	28,671	13,163	15,508		7,017	1,337	6,135	112		1,620		915	915	32,512	10,653	15,395	5.13		1.92
文物保护管理机构	C	234,694	509,481	191,701	289,009	1,140	16,977	427,115	298,017	126,104	1,426	112,843	2,928	10,428	3,851	7,157	31,755	749	36,223	1,659	1,106,646	682,799	265,593	155.80	69.24	5.05
博物馆	D	25,942	831,928	736,247	26,706	7,332	29,286	735,435	234,997	486,480	4,441	136,691	6,980	8,844	7,394	2,458	23,360	278	221,578	23,983	1,543,255	957,860	220,667	495.23	216.25	48.66
文物商店	E		27,455					25,410				317	263		317	798					44,506	18,472	8,468	3.76		1.10
其他文物机构	F		284,918	275,306			174	273,366	16,999	255,021		10,566	1,398	1,081	187	54	2,922	3	15,265	851	63,275	19,043	15,829	5.00		
按隶属关系分	—	—	—	—	—	—	—	—	—	—	—	—	—	—	—	—	—	—	—	—	—	—	—	—	—	—
中央	G																									
省区市	H	64	213,225	192,930	16,365		3,107	204,996	52,503	152,206		41,832	4,732	8,863	703	548	11,133	26	44,793	18,117	505,018	221,205	72,765	66.37	22.29	14.32
地市	I	243,815	1,073,610	693,880	298,860	2,038	27,840	903,688	392,127	482,038	1,579	151,286	5,234	9,136	6,281	9,241	38,739	647	125,786	4,981	1,594,168	950,126	331,959	321.08	135.99	19.78
县市区	J	16,757	392,436	330,960	10,490	6,434	16,463	381,313	118,546	248,869	4,288	74,316	2,940	8,489	4,877	678	9,785	357	103,402	4,310	691,008	517,496	121,228	277.47	127.21	22.63
按部门分	—	—	—	—	—	—	—	—	—	—	—	—	—	—	—	—	—	—	—	—	—	—	—	—	—	—
文物部门	K	244,014	1,657,641	1,215,714	325,372	1,497	46,501	1,458,870	557,338	871,235	1,624	261,446	12,573	26,124	11,418	9,627	59,625	1,030	273,850	27,357	2,499,555	1,438,826	506,504	623,14	265,60	54,85
其他部门	L	16,622	21,630	2,056	343	6,975	909	31,127	5,838	11,878	4,243	5,988	333	364	443	840	32		131	51	290,639	250,001	19,448	41,78	19,89	1,88

文物主管部门基本情况综合年报

		机构数（个）	从业人员（人）	从业人员：高级职称	从业人员：中级职称	藏品数（件/套）	藏品数：一级品	藏品数：二级品	藏品数：三级品	本年从有关部门接收文物数（件/套）	本年藏品征集数（件/套）	本年收入合计（千元）	财政拨款	在财政拨款中：行政运行	在财政拨款中：一般行政管理事务	在财政拨款中：文物保护等经费	本年支出合计（千元）	基本支出	项目支出	在支出合计中：工资福利支出	在支出合计中：商品和服务支出	商品和服务支出：差旅费	商品和服务支出：劳务费	商品和服务支出：福利费
(甲)		1	2	3	4	5	6	7	8	9	10	11	12	13	14	15	16	17	18	19	20	21	22	23
总计	A	28	103	12	7							280,277	271,318	7,570	8,585	238,725	269,130	15,030	253,041	8,965	234,532	940	966	127
中央	B																							
省区市	C	1	20	3								22,283	22,283	3,943	7,998		21,616	3,639	17,977	1,493	10,439	359	656	33
地市	D	8	73	9	6							231,918	223,325	2,859	100	219,490	223,473	10,223	212,241	6,595	212,452	572	279	81
县市区	E	19	10		1							26,076	25,710	768	487	19,235	24,041	1,168	22,823	877	11,641	9	31	13

		本年支出合计（千元）在支出合计中：商品和服务支出：各种税金支出	对个人和家庭补助支出	对个人和家庭补助支出：抚恤金和生活补贴	其他资本性支出	其他资本性支出：各种设备购置费	资产总计（千元）	固定资产原值	增加值（千元）	公用房屋建筑面积（千平方米）	举办出国（境）文物展览（个）	本年度培训情况（人次）：接收国内培训人员数	国家级培训班	省级培训班	市县级培训班	出国接受培训人员数	本辖区文物点（处）	全国重点文物保护单位	省级重点文物保护单位	市县级文物保护单位	各级文物保护专项资金设立情况：中央级（千元）	省级（千元）	市县级（千元）
(甲)		24	25	26	27	28	29	30	31	32	33	34	35	36	37	38	39	40	41	42	43	44	45
总计	A	29	2,650	3	15,019	851	56,050	15,068	13,396	5.00	16	17	3		14	1	76,379	132	748	3,839		43,000	232,090
中央	B																						
省区市	C		1,701		7,983	572	17,468	3,834	4,059		16	3	3			1	76,379	132	748	3,839		43,000	
地市	D	27	887		3,011	249	34,965	8,117	8,230	4.50		11			11								215,758
县市区	E	2	62	3	4,025	30	3,617	3,117	1,107	0.50		3			3								16,332

文物保护管理机构基本情况综合年报

(甲)		机构数（个）	从业人员（人）	高级职称	中级职称	藏品数（件/套）	一级品	二级品	三级品	本年从有关部门接收文物数（件/套）	本年藏品征集数（件/套）	本年修复文物数（件/套）	一级品	二级品	三级品	基本陈列（个）	举办展览（个）	参观人次（千人次）	未成年人参观人次	门票销售总额（千元）	考古发掘项目（个）	基本建设中考古发掘项目	抢救性发掘项目	主动性发掘项目	考古钻探面积（千平方米）	考古发掘面积（千平方米）	发掘墓葬数（个）
(甲)		1	2	3	4	5	6	7	8	9	10	11	12	13	14	15	16	17	18	19	20	21	22	23	24	25	26
总计	A	94	1,397	97	157	68,757	280	748	5,334	38	320					61	62	13,339	954	234,694	21	12	5	4	330.00	76.27	47
按隶属关系分	—	—	—	—	—	—	—	—	—	—	—	—	—	—	—	—	—	—	—	—	—	—	—	—	—	—	—
中 央	B																										
省区市	C																										
地 市	D	22	943	55	72	578			12							28	35	9,353	793	234,362	13	10		3	330.00	7.17	42
县 市	E	72	454	42	85	68,179	280	748	5,322	38	320					33	27	3,986	161	332	8	2	5	1		69.10	5
按部门分类	—	—	—	—	—	—	—	—	—	—	—	—	—	—	—	—	—	—	—	—	—	—	—	—	—	—	—
文物部门	F	92	1,385	95	157	68,757	280	748	5,334	38	320					61	62	13,339	954	234,694	21	12	5	4	330.00	76.27	47
宗教部门	G																										
园林部门	H																										
其他部门	I	2	12	2																							
按机构类型分	—	—	—	—	—	—	—	—	—	—	—	—	—	—	—	—	—	—	—	—	—	—	—	—	—	—	—
区域性文物保护管理机构	J	75	609	68	113	68,312	280	748	5,322	38	320					43	36	4,735	306	1,523	21	12	5	4	330.00	76.27	47
专门为一处或几处文物保护单位设立的保护管理机构	K	19	788	29	44	445			12							18	26	8,604	648	233,171							

(甲)		本年收入合计（千元）	财政拨款	事业收入	经营收入	其他收入	本年支出合计（千元）	基本支出	项目支出	经营支出	在支出合计中：工资福利支出	商品和服务支出	差旅费	劳务费	福利费	各种税金支出	对个人和家庭补助支出	抚恤金和生活补贴	其他资本性支出	各种设备购置费	资产总计（千元）	固定资产原值	增加值（千元）	公用房屋建筑面积（千平方米）	展览用房	文物库房
(甲)		27	28	29	30	31	32	33	34	35	36	37	38	39	40	41	42	43	44	45	46	47	48	49	50	51
总计	A	509,481	191,701	289,009	1,140	16,977	427,115	298,017	126,104	1,426	112,843	236,550	2,928	10,428	3,851	7,157	31,755	749	36,223	1,659	1,106,646	682,799	265,593	155.80	69.24	5.05
按隶属关系分	—	—	—	—	—	—	—	—	—	—	—	—	—	—	—	—	—	—	—	1,659	—	—	—	—	—	—
中 央	B																									
省区市	C																									
地 市	D	409,197	104,457	285,992	406	13,638	331,413	255,785	73,765	406	88,687	182,516	2,125	7,139	2,512	7,103	28,125	583	30,111	479	1,011,331	633,693	230,986	93.21	47.67	0.77
县 市	E	100,284	87,244	3,017	734	3,339	95,702	42,232	52,339	1,020	24,156	54,034	803	3,289	1,339	54	3,630	166	6,112	1,180	95,315	49,106	34,607	62.59	21.58	4.28
按部门分类	—	—	—	—	—	—	—	—	—	—	—	—	—	—	—	—	—	—	—	—	—	—	—	—	—	—
文物部门	F	509,126	191,646	289,009	840	16,977	426,454	297,656	126,104	1,126	112,482	236,550	2,928	10,428	3,851	7,157	31,755	749	36,223	1,659	1,106,496	682,799	265,232	155.80	69.24	5.05
宗教部门	G																									
园林部门	H																									
其他部门	I	355	55		300		661	361		300	361										150		361			
按机构类型分	—	—	—	—	—	—	—	—	—	—	—	—	—	—	—	—	—	—	—	—	—	—	—	—	—	—
区域性文物保护管理机构	J	129,888	108,911	8,967	434	3,310	128,828	63,877	64,170	720	34,584	75,398	1,685	2,777	1,634	327	6,146	692	5,410	1,560	402,765	229,997	54,449	75.12	37.44	4.96
专门为一处或几处文物保护单位设立的保护管理机构	K	379,593	82,790	280,042	706	13,667	298,287	234,140	61,934	706	78,259	161,152	1,243	7,651	2,217	6,830	25,609	57	30,813	99	703,881	452,802	211,144	80.69	31.80	0.09

博物馆基本情况综合年报

		机构数（个）	从业人员（人）			安全保卫人员（人）	藏品数（件/套）				本年从有关部门接收文物数（件/套）	本年藏品征集数（件/套）	本年修复文物数（件/套）				考古发掘项目（个）				考古钻探面积（千平方米）	考古发掘面积（千平方米）	发掘墓葬数（个）	基本陈列（个）	举办展览（个）	参观人次（千人次）		门票销售总额（千元）	本年承担课题、项目数（个）		
				高级职称	中级职称			一级品	二级品	三级品				一级品	二级品	三级品		基本建设考古发掘项目	抢救性发掘项目	主动性发掘项目							未成年人参观人次（千人次）			省部级以上课题、项目数	结项课题、项目数
(甲)		1	2	3	4	5	6	7	8	9	10	11	12	13	14	15	16	17	18	19	20	21	22	23	24	25	26	27	28	29	30
总计	A	100	2,887	229	380	673	676,477	1,885	9,655	63,964	1,242	11,920	828	8	161	56	27	2	25		900.30	12.44	20	246	817	19,572	5,472	25,942	39	19	5
其中：免费开放	B	88	2,525	210	341	640	566,138	1,762	9,090	59,187	1,242	9,087	813	8	161	56	23	2	21		900.00	11.64	17	238	767	17,922	5,087	1,342	39	19	5
按机构类型分	—	—	—	—	—	—	—	—	—	—	—	—	—	—	—	—	—	—	—	—	—	—	—	—	—	—	—	—	—	—	—
综合性	C	51	1,548	120	227	378	434,238	1,294	7,721	54,033	458	2,340	728	8	157	51	25		25		50.30	10.94	12	153	461	9,755	2,880	8,227	12	7	
历史类	D	21	669	32	72	189	48,398	204	871	2,983	775	199					2	2			850.00	1.50	8	37	145	5,625	1,046	1,807	6	2	3
艺术类	E	11	130	20	21	16	47,137	30	254	572	9	3,537												19	158	923	140	21			
自然科技类	F	8	343	32	31	68	130,157	328	716	1,813		5,281	13											14	15	1,896	878	15,365	6	6	2
其他	G	9	197	25	29	22	16,547	29	93	4,563		563	87		4	5								23	38	1,373	528	522	15	4	
按隶属关系分	—	—	—	—	—	—	—	—	—	—	—	—	—	—	—	—	—	—	—	—	—	—	—	—	—	—	—	—	—	—	—
中　央	H																														
省区市	I	4	499	91	79	129	214,720	799	5,499	35,633		6,112	177		4	5								15	101	3,737	1,687	64	23	12	2
地　市	J	25	1,130	85	139	227	237,909	671	2,284	12,959	218	1,581	350	8	145	10	4	2	2		850.00	2.10	9	59	273	8,659	1,414	9,453	12	3	3
县　市	K	71	1,258	53	162	317	223,848	415	1,872	15,372	1,024	4,227	301		12	41	23		23		50.30	10.34	11	172	443	7,176	2,371	16,425	4	4	
按系统分类	—	—	—	—	—	—	—	—	—	—	—	—	—	—	—	—	—	—	—	—	—	—	—	—	—	—	—	—	—	—	—
文物系统	L	90	2,693	227	370	647	658,932	1,885	9,655	63,414	1,242	8,993	818	8	161	56	27	2	25		900.30	12.44	20	234	805	18,624	5,217	9,320	39	19	5
非文物系统	M	8	184	2	10	20	11,745					2,827												10	12	933	255	16,622			
私人	N	2	10			6	5,800			550		100	10											2		15					

		科研成果			科研成果（册）		本年收入合计（千元）					本年支出合计（千元）														资产总计（千元）		增加值（千元）	公用房屋建筑面积（千平方米）		
		专利（个）	专著或图录（册）	论文（省级及以上刊物公开发表）（篇）	考古报告	古建维修报告		财政拨款	事业收入	经营收入	其他收入		基本支出	项目支出	经营支出	在支出合计中：											固定资产原值			展览用房	文物库房
																工资福利支出	商品和服务支出					对个人和家庭补助支出		其他资本性支出							
																		差旅费	劳务费	福利费	各种税金支出		抚恤金和生活补贴		各种设备、交通工具、图书购置费						
(甲)		31	32	33	34	35	36	37	38	39	40	41	42	43	44	45	46	47	48	49	50	51	52	53	54	55	56	57	58	59	60
总计	A	10	43	230	1		831,928	736,247	26,706	7,332	29,286	735,435	234,997	486,480	4,441	136,691	303,096	6,980	8,844	7,394	2,458	23,360	278	221,578	23,983	1,543,255	957,860	220,667	495.23	216.25	48.66
其中：免费开放	B	10	43	217	1		784,240	719,842	18,082	277	25,223	679,025	211,928	466,463	118	121,777	287,578	6,294	7,569	6,738	1,583	22,268	173	220,162	22,692	1,205,772	674,218	188,698	452.11	198.08	45.33
按机构类型分	—	—	—	—	—	—	—	—	—	—	—	—	—	—	—	—	—	—	—	—	—	—	—	—	—	—	—	—	—	—	—
综合性	C		10	138	1		276,677	232,668	17,156	577	13,636	254,646	110,096	144,047	467	71,504	119,633	3,237	4,741	2,509	748	11,877	160	25,633	9,749	498,719	294,410	103,876	292.93	118.98	33.92
历史类	D	10	26	17			395,085	388,520	2,580	1,207	1,317	318,199	74,014	243,214	707	34,125	109,718	1,117	638	2,505	559	3,989	118	168,289	851	277,530	120,596	47,165	82.09	38.60	5.04
艺术类	E		1	13			50,146	45,993	3,165	40	673	54,538	10,089	44,425	7	6,778	32,077	1,216	1,568	1,219	191	1,180		13,652	10,949	186,821	97,310	14,906	50.66	20.48	3.58
自然科技类	F		2	34			54,626	34,228	1,927	5,458	1,666	60,597	15,852	32,361	3,210	14,025	16,181	662	1,526	719	581	2,221		6,700	53	369,733	299,451	32,977	25.04	14.64	4.07
其他	G		4	28			55,394	34,838	1,878	50	11,994	47,455	24,946	22,433	50	10,259	25,487	748	371	442	379	4,093		7,304	2,381	210,452	146,093	21,743	44.51	23.56	2.05
按隶属关系分	—	—	—	—	—	—	—	—	—	—	—	—	—	—	—	—	—	—	—	—	—	—	—	—	—	—	—	—	—	—	—
中　央	H																														
省区市	I		9	101			162,851	153,632	6,365		2,510	152,461	34,720	117,741		32,388	64,929	2,584	1,957	503	523	7,599	26	35,651	16,632	449,682	204,328	51,672	62.23	22.29	13.39
地　市	J		17	75			404,151	365,709	12,868	1,632	13,702	322,554	125,281	196,032	1,173	55,170	159,118	2,273	1,718	3,366	1,313	9,688	64	92,662	4,251	501,497	288,259	83,651	218.62	88.33	16.92
县　市	K	10	17	54	1		264,926	216,906	7,473	5,700	13,074	260,420	74,996	172,707	3,268	49,133	79,049	2,123	5,169	3,525	622	6,073	188	93,265	3,100	592,076	465,273	85,344	214.38	105.64	18.36
按系统分类	—	—	—	—	—	—	—	—	—	—	—	—	—	—	—	—	—	—	—	—	—	—	—	—	—	—	—	—	—	—	—
文物系统	L	10	43	230	1		810,653	734,246	26,363	657	28,377	704,969	229,520	474,602	498	131,064	299,650	6,647	8,480	6,951	1,618	23,328	278	221,447	23,932	1,252,766	707,859	201,580	453.45	196.36	46.78
非文物系统	M						21,245	2,001	343	6,675	879	30,396	5,427	11,858	3,943	5,597	3,406	333	364	443	840	32		131	51	289,389	249,301	19,029	29.07	14.29	1.53
私人	N						30				30	70	50	20		30	40									1,100	700	58	12.71	5.60	0.35

文物商店基本情况综合年报

		机构数（个）	从业人员（人）			库存文物数（件/套）				资产、负债、所有者权益（千元）							损益（千元）	
										资产总计				所有者权益合计			营业总收入	
				高级职称	中级职称		一级品	二级品	三级品		固定资产原价	当年提取的折旧总额	负债合计		实收资本			主营业务收入
																国家资本金		
(甲)		1	2	3	4	5	6	7	8	9	10	11	12	13	14	15	16	17
总计	A	9	63		13	133,058				44,506	18,472	1,739	18,452	26,054	11,709	11,709	27,455	27,255
按隶属关系分	—	—	—	—	—	—	—	—	—	—	—	—	—	—	—	—	—	—
中 央	B																	
省区市	C																	
地 市	D	8	63		13	133,058				44,506	18,472	1,739	18,452	26,054	11,709	11,709	27,455	27,255
县 市	E	1																
按系统分类	—	—	—	—	—	—	—	—	—	—	—	—	—	—	—	—	—	—
文物系统	F	9	63		13	133,058				44,506	18,472	1,739	18,452	26,054	11,709	11,709	27,455	27,255
非文物系统	G																	

		损益（千元）										工资、福利费、税金（千元）			增加值	公用房屋建筑面积（千平方米）		
		营业总成本					营业利润	营业外收入		营业外支出	利润总额	本年发放工资总额	本年支付的职工福利费	本年应交税金总额			营业用房	文物库房
			养老、医疗、失业等各种社会保险费	住房公积金和住房补贴	差旅费	工会经费			政府补助（补贴收入）									
(甲)		18	19	20	21	22	23	24	25	26	27	28	29	30	31	32	33	34
总计	A	25,410	539	172	263	31	2,045	472		26	2,491	2,796	317	798	8,468	3.76	2.49	1.10
按隶属关系分	—	—	—	—	—	—	—	—	—	—	—	—	—	—	—	—	—	—
中 央	B																	
省区市	C																	
地 市	D	25,410	539	172	263	31	2,045	472		26	2,491	2,796	317	798	8,468	3.76	2.49	1.10
县 市	E																	
按系统分类	—	—	—	—	—	—	—	—	—	—	—	—	—	—	—	—	—	—
文物系统	F	25,410	539	172	263	31	2,045	472		26	2,491	2,796	317	798	8,468	3.76	2.49	1.10
非文物系统	G																	

其他文物事业机构基本情况综合年报

		机构数（个）	从业人员（人）			藏品数（件/套）				本年从有关部门接收文物数（件/套）	本年藏品征集数（件/套）	本年修复文物数（件/套）				本年收入合计（千元）					本年支出合计（千元）				在支出合计中：
				高级职称	中级职称		一级品	二级品	三级品				一级品	二级品	三级品		财政拨款	事业收入	经营收入	其他收入		基本支出	项目支出	经营支出	工资福利支出
(甲)		1	2	3	4	5	6	7	8	9	10	11	12	13	14	15	16	17	18	19	20	21	22	23	24
总计	A	2	17	5	2											4,187	3,988			174	3,949	1,969	1,980		1,600
按隶属关系分	—	—	—	—	—	—	—	—	—	—	—	—	—	—	—	—	—	—	—	—	—	—	—	—	—
中央	B																								
省区市	C	2	17	5	2											4,187	3,988			174	3,949	1,969	1,980		1,600
地市	D																								
县市	E																								
按部门分	—	—	—	—	—	—	—	—	—	—	—	—	—	—	—	—	—	—	—	—	—	—	—	—	—
文物部门	F	2	17	5	2											4,187	3,988			174	3,949	1,969	1,980		1,600
其他部门	G																								

		本年支出合计（千元）									资产总计（千元）		增加值（千元）	公用房屋建筑面积（千平方米）		补充资料									
		在支出合计中：																							
		商品和服务支出					对个人和家庭补助支出		其他资本性支出							国家文物出境鉴定站数（个）	责任鉴定人员（人）	出境文物审核数（件/套）	禁止出境文物数（件/套）	暂入境文物审核数（件/套）	涉案文物鉴定数（件/套）	馆藏文物鉴定数（件/套）	拍卖文物标的审核数（件/套）		出国展览文物审核数（件/套）
			差旅费	劳务费	福利费	各种税金支出		抚恤金和生活补贴		各种设备购置费		固定资产原值			文物库房									禁止上拍文物标的数	
(甲)		25	26	27	28	29	30	31	32	33	34	35	36	37	38	39	40	41	42	43	44	45	46	47	48
总计	A	1,830	448	115	59		272		246		6,711	3,956	2,233			1	6	48,946	38	434	10,294	3,999	26,663	208	520
按隶属关系分	—	—	—	—	—	—	—	—	—	—	—	—	—	—	—	—	—	—	—	—	—	—	—	—	—
中央	B																								
省区市	C	1,830	448	115	59		272		246		6,711	3,956	2,233			1	6	48,946	38	434	10,294	3,999	26,663	208	520
地市	D																								
县市	E																								
按部门分	—	—	—	—	—	—	—	—	—	—	—	—	—	—	—	—	—	—	—	—	—	—	—	—	—
文物部门	F	1,830	448	115	59		272		246		6,711	3,956	2,233			1	6	48,946	38	434	10,294	3,999	26,663	208	520
其他部门	G																								

其他文物企业机构基本情况综合年报

		机构数（个）	从业人员（人）			资产、负债、所有者权益（千元）							损益（千元）					
				高级职称	中级职称	资产总计	固定资产原值	本年折旧	负债合计	所有者权益合计	实收资本	国家资本金	营业总收入	主营业务收入	营业总成本	养老、医疗、失业等各种社会保险费	住房公积金和住房补贴	差旅费
(甲)		1	2	3	4	5	6	7	8	9	10	11	12	13	14	15	16	17
总计	A	1				514	19	6	60	454	150	150	454	450	287			10
按隶属关系分	—	—	—	—	—	—	—	—	—	—	—	—	—	—	—	—	—	—
中央	B																	
省区市	C	1				514	19	6	60	454	150	150	454	450	287			10
地市	D																	
县市区	E																	
按系统分类	—	—	—	—	—	—	—	—	—	—	—	—	—	—	—	—	—	—
文物系统	F	1				514	19	6	60	454	150	150	454	450	287			10
非文物系统	G																	

		损益（千元）						工资、福利费、税金（千元）			公用房屋建筑面积（千平方米）		文物拍卖机构补充资料				
		营业总成本	营业利润	营业外收入		营业外支出	利润总额	本年发放工资总额	本年支付的职工福利费	本年应交税金总额		业务用房	文物拍卖场次（次）	文物拍卖标的数（件/套）		文物拍卖标的成交数（件/套）	文物拍卖标的成交金额（千元）
		工会经费			政府补助（补贴收入）										经审核禁止出境文物数		
(甲)		18	19	20	21	22	23	24	25	26	27	28	29	30	31	32	33
总计	A		167			1	166		1	25							
按隶属关系分	—	—	—	—	—	—	—	—	—	—	—	—	—	—	—	—	—
中央	B																
省区市	C		167			1	166		1	25							
地市	D																
县市区	E																
按系统分类	—	—	—	—	—	—	—	—	—	—	—	—	—	—	—	—	—
文物系统	F		167			1	·166		1	25							
非文物系统	G																

文物保护单位保护、维修情况综合年报

		维修项目数（个）	项目总预算（千元）	累计拨入项目经费（千元）			本年项目资金来源合计（千元）					本年支出合计（千元）	项目累计支出（千元）	维修面积（千平方米）
					中央补助	省专项补助		财政拨款			其他资金			
									中央补助	省级补助				
(甲)		1	2	3	4	5	6	7	8	9	10	11	12	13
总计	A	231	322,979	179,540	19,650	43,603	133,148	105,105	6,500	20,679	25,049	127,435	120,767	467.61
按部门分	—	—	—	—	—	—	—	—	—	—	—	—	—	—
文物部门	B	219	312,087	173,196	19,650	41,203	127,952	102,397	6,500	19,679	23,361	125,283	117,887	454.73
宗教部门	C	2	980	300		200	1,000	200		200	800	1,000	980	0.56
园林部门	D	3	240	240			240	240				240	240	1.75
其他部门	E	7	9,672	5,804		2,200	3,956	2,268		800	888	912	1,660	10.57
按保护单位级别分	—	—	—	—	—	—	—	—	—	—	—	—	—	—
国保单位	F	44	196,667	89,283	19,650	23,008	59,205	57,335	6,500	7,682	1,870	52,035	36,268	216.17
省保单位	G	54	51,870	32,181		15,500	23,376	19,519		9,002	1,963	19,463	26,225	166.62
市县保单位	H	133	74,442	58,076		5,095	50,567	28,251		3,995	21,216	55,937	58,274	84.82
按维修进度分	—	—	—	—	—	—	—	—	—	—	—	—	—	—
1. 前期准备	I	26	68,891	10,355		4,698	8,925	4,452		3,632	4,473	6,717	7,577	158.23
2. 施工	J	48	170,405	100,548	18,850	28,180	71,821	64,157	6,500	11,060	6,555	58,824	36,538	200.02
3. 竣工	K	157	83,683	68,637	800	10,725	52,402	36,496		5,987	14,021	61,894	76,652	109.36
4. 成果出版	L													

文物保护科学研究机构基本情况综合年表

		机构数（个）	从业人员（人）			藏品数（件/套）				本年考古出土文物及标本数（件/套）	本年从有关部门接收文物数（件/套）	本年藏品征集数（件/套）	本年修复文物数（件/套）				考古发掘项目（个）				考古钻探面积（千平方米）	考古发掘面积（千平方米）	发掘墓葬数（个）	规划及方案设计（个）	承担文物保护项目（个）				基本陈列（个）	举办展览（个）	参观人次（千人次）		门票销售总额	本年完成科研项目（个）	
				高级职称	中级职称		一级品	二级品	三级品					一级品	二级品	三级品		基本建设中考古发掘项目	抢救性发掘项目	主动性发掘项目						国保单位	省级保单位	市、县级保单位				未成年人参观人次			获国家奖
（甲）		1	2	3	4	5	6	7	8	9	10	11	12	13	14	15	16	17	18	19	20	21	22	23	24	25	26	27	28	29	30	31	32	33	34
总计	A	5	92	35	15	17,971	51	236	1,280	3,128			1,006			6	30	30			200.80	67.52	638		1		1				698	177			
按性质分类	—	—	—	—	—	—	—	—	—	—	—	—	—	—	—	—	—	—	—	—	—	—	—	—	—	—	—	—	—	—	—	—	—	—	—
考古研究	B	5	92	35	15	17,971	51	236	1,280	3,128			1,006			6	30	30			200.80	67.52	638		1		1				698	177			
古建研究	C																																		
其他研究	D																																		
按隶属关系分类	—	—	—	—	—	—	—	—	—	—	—	—	—	—	—	—	—	—	—	—	—	—	—	—	—	—	—	—	—	—	—	—	—	—	—
中央	E																																		
省区市	F	1	78	35	14	3,129				3,128			1,000				30	30			200.80	67.52	638												
地市	G	3	11		1	14,842	51	236	1,280				6			6																			
县市	H	1	3																						1		1				698	177			
按经费来源分类	—	—	—	—	—	—	—	—	—	—	—	—	—	—	—	—	—	—	—	—	—	—	—	—	—	—	—	—	—	—	—	—	—	—	—
文物经费	K	5	92	35	15	17,971	51	236	1,280	3,128			1,006			6	30	30			200.80	67.52	638		1		1				698	177			
科研经费	L																																		
其它经费	M																																		

		本年完成科研项目（个）	科研成果					主办刊物（种）	本年收入合计（千元）					本年支出合计（千元）				在支出合计中：										资产总计（千元）		增加值（千元）	公用房屋建筑面积（千平方米）			国际合作	
		获省、部奖	专利（个）	专著或图录（册）	论文（省级及以上刊物公开发表）（篇）	考古报告（册）	古建维修报告（册）			财政拨款	事业收入	经营收入	其他收入		基本支出	项目支出	经营支出	工资福利支出	商品和服务支出	差旅费	劳务费	福利费	税金支出	对个人和家庭补助支出	抚恤金和生活补贴	其他资本性支出	各种设备购置费		固定资产原值			文物库房（含标本室）面积	实验室面积	项目数（个）	外方投资（千元）
（甲）		35	36	37	38	39	40	41	42	43	44	45	46	47	48	49	50	51	52	53	54	55	56	57	58	59	60	61	62	63	64	65	66	67	68
总计	A			1	31	1			25,489	14,516	10,000		973	28,671	13,163	15,508		7,017	19,119	1,337	6,135	112		1,620		915	915	32,512	10,653	15,395	5.13	1.92			
按性质分类	—	—	—	—	—	—	—	—	—	—	—	—	—	—	—	—	—	—	—	—	—	—	—	—	—	—	—	—	—	—	—	—	—	—	—
考古研究	B			1	31	1			25,489	14,516	10,000		973	28,671	13,163	15,508		7,017	19,119	1,337	6,135	112		1,620		915	915	32,512	10,653	15,395	5.13	1.92			
古建研究	C																																		
其他研究	D																																		
按隶属关系分类	—	—	—	—	—	—	—	—	—	—	—	—	—	—	—	—	—	—	—	—	—	—	—	—	—	—	—	—	—	—	—	—	—	—	—
中央	E																																		
省区市	F			1	31	1			23,450	13,027	10,000		423	26,683	12,175	14,508		6,350	17,859	1,331	6,135	107		1,561		913	913	30,643	9,068	14,601	4.14	0.93			
地市	G								889	389			500	838	838			517	280	1		5		39		2	2	1,869	1,585	624	0.99	0.99			
县市	H								1,150	1,100			50	1,150	150	1,000		150	980	5				20						170					
按经费来源分类	—	—	—	—	—	—	—	—	—	—	—	—	—	—	—	—	—	—	—	—	—	—	—	—	—	—	—	—	—	—	—	—	—	—	—
文物经费	K			1	31	1			25,489	14,516	10,000		973	28,671	13,163	15,508		7,017	19,119	1,337	6,135	112		1,620		915	915	32,512	10,653	15,395	5.13	1.92			
科研经费	L																																		
其它经费	M																																		

文物普查

全省第三次全国文物普查实地调查阶段工作通过省级验收

我省第三次全国文物普查实地调查工作自2007年10月在全省全面铺开以来，经过两年的艰苦努力，至2009年10月已基本完成对实地文物的调查。自2009年11月起，省普查办对全省实地文物调查阶段工作组织验收。截至2010年3月，全省11个设区市的第三次全国文物普查实地调查阶段工作全部通过省级验收。

在验收过程中，省普查办组织的验收组通过听取汇报、软件校验、查看台账、现场复核等形式，对被验收单元在第三次全国文物普查工作中的组织管理、数据质量及调查现场进行了全面检查。验收结果显示：所验收单元的文物普查数据与相关规范要求相符，实地文物调查覆盖率、文本内容、审定流程均通过校验软件校验，纸质文本与电子文本内容一致，各项调查指标的填报与照片、图纸质量符合标准规范要求，在调查现场方面与实际情况相符。

在省普查办的精心组织、科学安排和严谨调度下，我省组建了以业务指导组成员为主，兼顾部分市县专家，结构合理、专业全面的省级验收专家组，较好地完成了工作任务。全省各市、县高度重视、严格把关、组织严密、密切配合、合理规划、步步为营，从而为普查第三阶段工作的开展打下了坚实基础。

我省组织推荐第三次全国文物普查实地调查阶段突出贡献个人和集体

为激发一线普查队员的工作干劲，表彰实地文物调查阶段作出突出贡献的个人和集体，国家文物局开展了第三次全国文物普查实地文物调查阶段突出贡献个人和集体的评选表彰活动。4月9日，省普查办转发了国家文物局《关于开展第三次全国文物普查实地文物调查阶段突出贡献个人和集体评选表彰活动的通知》，组织我省各地遵照相关要求，认真推荐突出贡献个人和集体。

6月，国家文物局第三次全国文物普查实地文物调查阶段突出贡献个人奖和集体奖评选结果揭晓：我省谢国旗等9人获得第三次全国文物普查实地文物调查阶段突出贡献个人奖，余杭区普查队、长兴县普查队获得第三次全国文物普查实地文物调查阶段突出贡献集体奖，浙江省支援青海普查队获“对口支援”特别贡献集体奖。

我省召开第三次全国文物普查转段工作会议

4月13日,浙江省第三次全国文物普查转段工作会议在杭召开。会议总结交流了我省文物普查第一、二阶段工作,部署了第三阶段工作。省文物普查领导小组副组长、省文化厅副厅长、省文物局局长、省普查办主任鲍贤伦,省普查办副主任、省文物局副局长陶月彪、陈官忠及来自各市、县(市、区)文化(文物)部门分管领导、普查队队长、各设区市文物处长、省普查办全体成员共230余人参加了会议。鲍贤伦局长在会上作了题为《扎实规划,全力以赴,加快推进第三次全国文物普查第三阶段工作》的报告,要求全省务必深刻认识第三阶段工作的重要性,高度重视并全力推进第三阶段工作的顺利开展;继续加强组织领导,切实做好各项保障;全面完成普查资料整理、建立省级普查数据库及检索系统、编制文物普查档案、编辑出版普查成果等工作,及时公布文物普查成果;明确相应文物保护级别,认真制定保护利用规划;深入开展普查成果宣传,进一步提升文物保护意识。会上,省文物考古研究所所长李小宁就普查业务技术方面的有关问题作了阐释,嘉兴市、舟山市普查办就当地普查工作作了经验交流。

我省开展全省第三次全国文物普查实地调查阶段电子数据汇总

4月20日,省普查办下发《关于做好我省第三次全国文物普查电子数据报送工作的通知》,对我省第三次全国文物普查电子数据的报送内容、报送流程、报送时间、报送方式、数据存储目录结构及各项报送要求做了规定。各县(市、区)在4月30日前完成了普查数据质量的自查,5月15日前将普查数据报送至设区市普查办。各设区市对接受的数据进行核对、验收,并将复核后的数据及时报送省普查办。省普查办对全省电子数据进行汇总。5月25日,中国文物信息咨询中心作为数据接收组,来我省指导了电子数据的汇总,并接收了我省的普查电子数据。

我省下发《关于做好全省第三次全国文物普查第三阶段工作的通知》

4月22日，经省政府领导同意，省普查办将浙江省第三次全国文物普查领导小组《关于做好全省第三次全国文物普查第三阶段工作的通知》印发给各市、县（市、区）及省第三次全国文物普查领导小组各成员单位。《通知》要求各级普查领导小组提高认识，充分认识到做好第三阶段工作对于全面完成普查任务的重要性，严格按照国家文物局普查办制定的规范要求，扎扎实实开展工作；编制普查工作报告、文物普查档案、普查成果等资料，建立省级普查数据库及检索系统，公布不可移动文物名录和文物保护单位，形成具有我省特色的普查成果。各地要加强领导，充分发挥我省第三次全国文物普查领导小组成员单位的作用，落实普查第三阶段工作各项保障，及时解决工作中遇到的各种困难和问题；同时落实各项措施，加强普查成果的保护和宣传，做好不可移动文物的保护、管理与利用，尤其要重视新发现文物的保护，努力形成全社会共同关心、支持和参与文化遗产保护事业的良好氛围。

我省开展全省第三次全国文物普查实地调查阶段先进集体和先进个人评选表彰

4月22日，省普查办下发通知，组织全省开展第三次全国文物普查实地调查阶段先进集体和先进个人评选活动。此次评选表彰活动共设立浙江省第三次全国文物普查实地调查阶段先进集体和浙江省第三次全国文物普查实地调查阶段先进个人两个奖项。各地根据《通知》要求认真开展评选。省普查办根据各地上报推荐材料，进行认真研究，最终审核确定了33个先进集体和283个先进个人，5月28日，《关于浙江省第三次全国文物普查实地调查阶段先进集体和先进个人的表彰决定》正式下发。《决定》要求受表彰的先进单位和先进个人珍惜荣誉，戒骄戒躁，继续保持实地文物调查阶段的良好作风和拼搏精神，鼓足干劲，坚定信心，扎实工作，发挥模范带头作用。各级文物部门要以先进人物为榜样，在我省第三次全国文物普查第三阶段工作中作出新贡献，进一步拓展我省文物资源的总量、掌握资源禀赋，为能真正保护好、管理好、利用好文化遗产作出更大贡献。

我省第三次全国文物普查实地调查阶段通过国家文物局整体验收

5月31日至6月2日,国家文物局第三次全国文物普查办公室对我省第三次全国文物普查实地文物调查阶段进行整体验收。

5月31日上午,验收组听取了浙江省第三次全国文物普查领导小组副组长、省文化厅副厅长、省文物局局长鲍贤伦的《浙江省第三次全国文物普查实地调查阶段工作报告》,查验了我省《第三次全国文物普查不可移动文物登记表》、《第三次全国文物普查消失文物登记表》等纸质文本,使用第三次全国文物普查数据汇总管理系统对我省的文物登记数量、各普查基本单元普查数据、电子地图等进行了查验。5月31日下午至6月1日,在省普查办副主任、省文物局副局长吴志强,省文物考古研究所所长李小宁等陪同下,验收组对湖州市长兴县、杭州建德市进行了现场抽查和复核,形成了《浙江省第三次全国文物普查实地调查阶段整体验收意见》。专家组认为:我省组织管理工作到位及时、运作良好,各项数据指标基本符合第三次全国文物普查标准规范要求,建议通过对浙江省第三次全国文物普查实地调查阶段工作的整体验收。此前,国家文物局数据中心(暨国家文物局第三次全国文物普查办公室数据接收组)对我省第三次全国文物普查电子数据进行了核校和验收。

我省是第三次全国文物普查实地调查阶段正式通过整体验收的第一站。全省各地以积极认真的态度做好各项准备工作,为我省规范、有序、高质量地通过全国实地调查阶段整体验收奠定了基础。

《浙江日报》开设文物普查专版

6月12日文化遗产日当天,省普查办在《浙江日报》开设《踏遍两浙大地,探寻文明遗珍——

浙江省第三次全国文物普查新发现》专版，专题报道了我省第三次全国文物普查实地调查阶段取得的丰硕成果，并刊登了我省第三次全国文物普查实地调查阶段贡献突出先进个人和先进集体名单。

自第三次全国文物普查开展以来，我省共调查登录不可移动文物 76804 处（其中新发现 64054 处、复查 12750 处）。新发现不可移动文物涉及古遗址、古墓葬、古建筑、石窟寺石刻、近现代文物以及其他类等传统门类，也包括近现代工业遗产、文化线路、水下文物、文化景观等新类型。此外，大运河（浙江段）遗产专题调查、全省沿海水下文物普查、各地结合实际开展的各项专题调查等也大大丰富了普查成果。这次文物普查技术要求高、任务繁重、环境艰苦。全省普查队员不论酷暑难当、潮湿闷热的盛夏季节，还是天寒地冻、冰天雪地的隆冬时节，都坚持工作在野外普查第一线，并在任务最繁重的阶段放弃节假、休息日，天天加班加点，甚至带伤带病坚持工作。此外，我省还组织普查队远赴青海支援文物普查。队员们克服海拔高、饮食不习惯、气候不适应等困难，圆满完成了援青工作任务，受到了国家文物局表彰。

全省第三次全国文物普查实地调查阶段表彰大会在杭召开

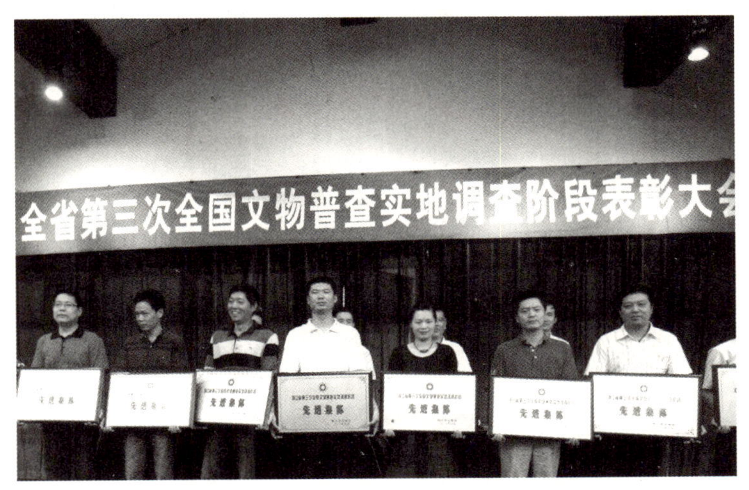

6 月 12 日“文化遗产日”当天，全省第三次全国文物普查实地调查阶段表彰大会在杭召开。全省先进集体、先进个人代表及省普查办工作人员共 150 多人参加了会议。省普查办副主任、省文物局副局长吴志强在会上作了《鼓舞斗志、提振信心，努力争取我省文物普查工作新成果》的讲话，向获得荣誉的普查先进集体和先进个人表示热烈祝贺，向全省广大普查队员表示慰问。省普查办副主任、省文物局副局长陶月彪在会上宣读了《关于浙江省第三次全国文物普查实地调查阶段先进集体和先进个人的表彰决定》，授予杭州市本级文物普查队等 33 支普查队“浙江省第三次全国文物普查实地调查阶段先进集体”荣誉称号，王光斌等 283 人“浙江省第三次全国文物普查实地调查阶段先进个人”荣誉称号。随后，遂昌县普查队谢文君、长兴县普查队梁奕建、余姚市普查队徐荣丰分别代表普查先进集体和先进个人发言。省文物局、省普查办领导还为先进集体和先进个人代表颁了奖。

自2007年4月第三次全国文物普查开展以来,我省圆满完成了第一、第二阶段任务,普查实施进度、覆盖率、总调查数、总登录数、新发现数量均名列全国前茅,还通过了国家文物局普查办的第三次全国文物普查实地调查阶段验收。各地在严格控制普查进度和质量的基础上,根据本地特色积极创新工作方法,出台了相关保护办法或措施,使一批普查新发现有了保护依据。同时,各地以普查为契机,持续深入开展普查宣传,取得了广泛的社会影响。这些丰硕成果的取得与一线普查队员的辛勤努力工作是密不可分的。三年来,我省各地普查队员不计得失、无私奉献,放弃节假休息,不论高温酷暑还是天寒地冻均战斗在普查第一线,经受了艰苦环境和持续高强度工作的考验,磨炼了过硬的意志和作风,提升了我省文保队伍的整体素质。

我省举办第三次全国文物普查第三阶段培训班

6月28日至7月2日,省普查办在杭举办两期全省第三次全国文物普查第三阶段工作培训班。杭州、嘉兴、湖州、宁波、绍兴、舟山参加了第一期培训,金华、衢州、丽水、温州、台州参加了第二期培训。来自各设区市的文物处业务干部,各市、县(市、区)普查队长、业务骨干代表近200人参加了培训。

培训根据《浙江省第三次全国文物普查实施方案》及全省第三次全国文物普查转段工作会议精神,就我省第三次全国文物普查第三阶段工作报告、不可移动文物名录编制等相关技术规范、成果表现编制规范、建档备案规范、电子地图编制规范、汇总统计软件使用技术要点等各项工作做了具体讲解。省普查办副主任、省文物局副局长吴志强要求各地克服麻痹心理与急躁、畏难情绪,继续发扬坚韧不拔的精神和团队合作作风;遵守规范,克服经验主义,由专人负责各项工作,分工合作,创造条件,创新方法;同时整理好普查资料,及时发布可公开的数据资料,做好普查资料的研究和成果出版工作，推进、扩大文物普查成果的保护与利用。

我省沿海水下文物普查取得重要阶段性成果

经过全体普查队员几年的辛勤工作，截至2010年7月，我省初步摸清了浙江沿海水下文化遗产的保存状况及分布规律，取得了重要的阶段性成果。全省共发现近200条水下文物线索，并选择了其中40余条较为确凿可靠的线索，运用浅地层剖面仪、旁侧声呐、多波速声呐和磁力仪等高端仪器进行了探测和水下考古队员潜水探摸。探测总面积达1500余万平方米，潜水探摸约600人次，总潜水时间超过20000分钟，最终确认了7处沉船遗址、3处疑似沉船遗址和12处水下文物点。

我省组织开展第三次全国文物普查电子数据修改及报送工作

2010年，我省第三次全国文物普查实地调查阶段通过了国家文物局普查办整体验收。根据《第三次全国文物普查实施方案及相关标准、规范》，国家文物局普查办对我省第三次全国文物普查数据进行了审核，并提出修改意见，列出了需要修改的名录。9月16日，省普查办下发《关于做好我省第三次全国文物普查电子数据修改及报送工作的通知》，要求全省各地认真学习、领会国家文物局普查办意见，及时修改名录中提及的各处数据，名录中未提及但有类似问题的登记数据也需要认真校核、修改。修改核定后的数据在9月30日前报省普查办。

我省召开第三次全国文物普查第三阶段试点工作会议

9月27日至28日,省普查办在义乌召开浙江省第三次全国文物普查第三阶段试点工作会议。省普查办副主任、省文物局副局长吴志强,省普查办副主任、省文物考古研究所所长李小宁及省普查办、义乌市普查办、安吉县普查办相关人员参加了会议。

会上,义乌市普查办、安吉县普查办具体介绍了第三阶段试点工作情况。省普查办业务指导组对义乌市普查办编制的普查工作报告、不可移动文物名录、不可移动文物分布电子地图、普查档案、普查成果保护利用规划及普查成果发布计划等逐项进行了讨论,提出了具体修改意见。会后,义乌市普查办、安吉县普查办根据意见,对相关材料进行了修改。

目前,我省已全面进入普查第三阶段,开展了普查资料的整理、汇总、数据库建设和普查成果公布等工作。省普查办先期在义乌市和安吉县进行了普查第三阶段试点。本次会议总结了义乌市和安吉县的试点工作经验,讨论并基本确定了相关范本,为全省第三次全国文物普查第三阶段工作的深入推进提供了示范与借鉴。

我省组织开展第三次全国文物普查百大新发现评选及文物普查成果图片展

10月21日,省普查办转发国家文物局《关于开展第三次全国文物普查百大新发现评选工作的通知》和《关于举办以“第三次全国文物普查百大新发现”为重要内容的第三次全国文物普查成果图片展的通知》,组织各地积极参与“第三次全国文物普查百大新发现”评选和普查成果图片展评选工作活动。各地按国家文物局具体要求,认真组织上报了参评项目材料。

12月31日,省普查办根据各地上报的35份参评项目申报材料,最终确定上报泗洲造纸作坊遗址、方家洲遗址、浙江农业大学旧址、彭公水坝遗迹、浙东沿海灯塔群、湖州子城城墙遗址、浙江省立实验农业学校旧址、青碓遗址、玉环验潮所、龙泉窑制瓷作坊等10个项目参加评选和图片展,参评项目申报材料已上报国家文物局。

全省第三次全国文物普查第三阶段工作座谈会在杭召开

11月22日，省普查办在杭召开全省第三次全国文物普查第三阶段工作座谈会。省文物普查办副主任、省文物局副局长吴志强，省文物考古研究所副所长黄斌及来自全省各设区市的文物处长、负责文物普查的业务干部及省普查办相关成员参加了会议。会上，各设区市汇报了本地区第三次全国文物普查第三阶段工作情况。我省第三次全国文物普查第三阶段工作全面启动以来，普查资料的整理、汇总、数据库建设和普查成果公布等工作开展顺利，新发现文物保护力度大大加强。9月，省普查办在义乌市召开第三阶段试点工作会议，讨论并基本确定了相关范本。会后，省普查办组织义乌市普查办、安吉县普查办对相关材料进行了修改。本次会议讨论并审定了全省第三次全国文物普查第三阶段参考文本，重点部署了下一阶段工作。省文物普查办副主任、省文物局副局长吴志强指出：文物普查第三阶段尚有艰苦的工作要做。各地要提高认识，继续争取领导的重视，齐心协力确保第三阶段工作的完成；并科学、严谨地严格按照规范要求，参照参考文本，确保普查资料整理符合要求；同时要巩固成果，分类别开展研究，确保重要新发现文物得到有效保护；还要抓好出版，确保普查成果为广大群众所了解掌握。

省普查办下发《全省第三次全国文物普查第三阶段参考文本》

我省第三次全国文物普查实地调查阶段整体通过验收并转入第三阶段工作以来，省普查办先后在义乌市、安吉县组织开展第三阶段试点工作。9月27日至28日，省普查办在义乌市召开浙江省第三次全国文物普查第三阶段试点工作会议，讨论并基本确定了相关范本。会后，省普查办又组织义乌市、安吉县普查办对相关材料进行修改。11月22日，《全省第三次全国文物普查第三阶段参考文本》在全省第三次全国文物普查第三阶段工作座谈会上讨论通过并正式下发。

省普查办下发《关于做好浙江省第三次全国文物普查第三阶段保障工作的通知》

为切实做好第三阶段各项工作，圆满完成我省第三次全国文物普查任务，11月25日，省普查办下发《关于做好浙江省第三次全国文物普查第三阶段保障工作的通知》。《通知》要求各市、县（市、区）加强组织领导，积极与相关部门沟通协商，切实做好文物普查第三阶段的人员、经费保障，加强相关业务培训，努力降低普查误差率，并做好新发现文物的保护，将新发现文物及时公布为各级文物保护单位或保护点，落实保护措施。

我省有序开展第三次全国文物普查新发现文物身份认定

自第三次全国文物普查启动以来，我省在积极开展实地文物调查工作的同时，一直强调普查与保护的结合，要求各地及时公布各级文物保护单位（文护点），将新发现不可移动文物及时依法保护。2009年，浙江省启动第七批全国重点文物保护单位和第六批省保单位的申报推荐工作，其中就包括相当数量的普查新发现。2010年4月,我省第三次全国文物普查第三阶段工作全面启动后,随着新发现文物保护工作的深入推进,各级政府部门纷纷加大保护力度,将不少新发现不可移动文物公布为相应级别的文保单位、文保点。截至2010年11月,全省在第三次全国文物普查新发现不可移动文物基础上新公布了市、县(市、区)级文物保护单位851处,文物保护点1773处。这些新公布文保单位(文保点)数量多、类型全、涵盖面广、时间跨度长,不仅包括宅第民居、桥梁、祠堂等传统古建筑,还涵盖了近现代工业遗产、大运河遗产、军事设施、文化景观、文化线路等一批新类型文化遗产。目前,全省各地充分认识到新发现文物保护工作的重要性和紧迫性,正有序进行普查新发现不可移动文物的遴选、推荐、公布等工作。

我省9篇文章入选《第三次全国文物普查实地文物调查阶段突出贡献个人手记汇编》

12月,由中国文物报社主编的《踏寻遗珍——第三次全国文物普查实地文物调查阶段突出贡献个人手记汇编》出版。我省冯力军、谢国旗等9位获得“第三次全国文物普查实地文物调查阶段突出贡献个人”称号的普查队员的《普查回忆》等普查手记汇编其中。

文物保护与考古

全省文物保护项目及经费需求“十二五”规划编制工作会议举行

2月24日，浙江省文物局在杭召开文物保护项目及经费需求“十二五”规划编制工作会议。来自全省11个设区市文物行政部门、文物处室负责人、财务人员及省政府办公厅莫干山管理局、省属文博单位负责人等40余人参加了会议。省文物局副局长陶月彪在会上做了动员部署。省文物局副局长吴志强对规划编制的具体内容进行了讲解说明，对全省“十一五”期间的文物保护项目和经费规划工作进行了回顾与总结，对“十二五”规划编制工作的目标进行了展望，并就做好“十二五”规划提出了详细要求。此外，博物馆与社会文物处副处长沈坤荣对博物馆业务及安全技防、馆藏文物的项目规划和经费需求等方面进行了讲解说明，综合处黄倩南就相关申报程序和软件进行了讲解与演示。

杭州市推进西湖文化景观申遗工作

2010年3月,杭州西湖文化景观申遗文本通过世界遗产中心形式审查。9月27日至29日,国际古迹遗址理事会选派韩国首尔国立大学教授朴素贤对西湖文化景观申遗项目进行了为期三天的实地评估验收。根据《世界遗产公约实施指南》规定,国际古迹遗址理事会是世界遗产委员会的咨询机构,负责对申请列入《世界遗产名录》的文化遗产进行评估并向委员会呈递评估报告。评估报告将对世界遗产委员会年会审议结论产生至关重要的影响。

大运河保护和申遗省部际会商小组第二次会议在京召开

4月2日,大运河保护和申遗省部际会商小组第二次会议在京召开。会商小组组长、文化部部长蔡武和发展改革委、财政部、国土资源部、环境保护部、住房和城乡建设部、交通运输部、水利部、国务院法制办、国家测绘局、国家文物局、教科文全委会、国务院南水北调办等有关部委,北京、天津、河北、江苏、浙江、安徽、山东、河南等大运河沿线8个省、直辖市政府有关负责人及联络员出席了会议。会商小组成员、国家文物局副局长顾玉才代表会商小组办公室做了2009年工作报告,总结了会商小组第一次会议以来大运河保护和申遗工作进展情况,分析了当前面临的主要问题,并重点介绍了大运河遗产保护和管理总体规划编制、申遗预备名单遴选的工作方案。会商小组各成员单位代表充分肯定了大运河保护和申遗工作取得的显著成效,一致表示将继续积极支持和推动该项工作,并提出了具体意见和建议。会商小组组长、文化部部长蔡武分析了当前大运河保护和申遗工作的重要性和紧迫性,从贯彻落实科学发展观、全面建设小康社会和和谐社会的高度,要求有关方面进一步提高认识、理清思路、处理好大运河保护与申遗、利用、民生的关系;加强协作、形成合力、发挥会商小组和办公室的协调作用、地方政府的主导作用和保护规划的指导作用;明确重点、扎实推进、加强法规建设,遴选申遗预备名单,深入开展研究,加快推进保护、整治,落实经费保障,全力以赴做好大运河保护和申遗工作。浙江省副省长郑继伟出席会议并就浙江省大运河保护和申遗工作做了情况报告。省文化厅副厅长、省文物局局长鲍贤伦参加了会议。

省政府公布省级以上文保单位保护范围和建设控制地带

5 月 27 日，省政府新公布了宁海古戏台等 2 处全国重点文物保护单位、桐庐申屠氏宗祠(含跌界厅)等 29 处省级文物保护单位的保护范围和建设控制地带。省政府要求各地按照《中华人民共和国文物保护法》和《浙江省文物保护管理条例》有关规定落实管理措施，纳入当地城乡规划和风景名胜区规划，切实加强文保单位的保护工作。

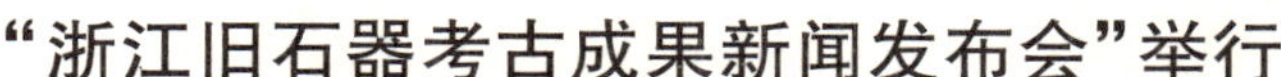

“浙江旧石器考古成果新闻发布会”举行

6 月 3 日，浙江省政府新闻办在杭召开“浙江旧石器考古成果新闻发布会”，向社会公布了近年来浙江省旧石器时代考古工作所取得的重大进展。

由于种种原因，我省旧石器考古除 1974 年发现“建德人”外，长期处于基本空白的状态。为此，2002 年浙江旧石器考古调查项目被列入中国晚更新世现代人起源与环境因素研究的资助项目，并由中国科学院古脊椎动物与古人类研究所和浙江省文物考古研究所组成联合调查组，在西苕溪流域的安吉、长兴一带开展了旧石器专项调查。经过一个多月的实地探索，调查组发现了 31 处旧石器地点，改写了浙江无旧石器时代文化遗物的历史，扩大了中国旧石器遗址的分布范围。随后，中国科学院古脊椎动物与古人类研究所、浙江省文物考古研究所会同有关市县，在苕溪流域和分水江流域、浦阳江流域的丘陵山地继续搜寻浙江旧石器时代人类活动的踪迹。经过近 8 年的共同努力，至 2010 年 5 月，我省共发现旧石器遗址点 80 多处(数量位于全国前列)，还重点发掘了安吉上马坎、长兴七里亭、银锭岗、合溪洞等旧石器时代遗址，取得了重要的学术成果。其中长兴七里亭遗址经中国科学院地质与地球物理研究所古地磁年代测定，确定其文化层形成于早更新世晚期阶段——也就是说，最迟在早更新世晚期，浙江地区就已经有了古人类的活动——从而一举将我省有人类活动的历史从距今 5 万年上推至距今至少 100 万年。七里亭遗址是目前我省发现的最早的文化遗址，也是全国旧石器时代早期遗址中为数不多的超百万年遗址。该文化层出土的旧石器标本是目前浙江发现的最早旧石器时代人工遗物，对早期人类的研究有着积极的意义。此外,长兴合溪洞遗址是我省首次发现并发掘的,有人类文化遗物的旧石器时代洞穴遗址。洞内大量碎骨、石器及一些骨器的出土,对于晚更新世时期浙江地区旧石器时代文化的研究具有重要价值,还为后续新石器文化找到了根。这一系列发现不仅实现了我省旧石器时代研究零的突破,将旧石器分布范围从浙北扩大到浙江中部,建立了由早及晚、一脉相承的浙江旧石器时代序列(即从100万年前旧石器时代早期开始,一直延续到距今数万年的旧石器时代晚期),还为浙江境内后续的新石器时代灿烂文化找到了文化基因,得到了有关专家的充分肯定。

本次发布会由省政府新闻办公室副主任李仁国主持,省文化厅副厅长、省文物局局长鲍贤伦在会上进行了主发布,中国科学院古脊椎动物及古人类研究所副所长、著名旧石器考古专家高星对浙江省旧石器时代考古工作进行了综合评述。浙江省文物考古研究所研究员、考古队领队徐新民,长兴、安吉县政府和有关部门及来自省内外的30余家媒体参加了本次发布会。

长兴合溪洞遗址标志碑揭幕暨旧石器考古长兴工作站授牌仪式举行

6月3日,合溪洞遗址标志碑揭幕暨旧石器考古长兴工作站授牌仪式在长兴举行,省文化厅副厅长、省文物局局长鲍贤伦,省文物局副局长吴志强及中国科学院古脊椎与古人类研究所、省文物考古研究所、湖州市政府、湖州市文物局,长兴县人大、政协、政府,县文化遗产保护管理委员会成员单位、合溪水库建设指挥部、当地乡镇村委代表参加了仪式。

2007年6月,我省考古队在银锭岗遗址进行发掘期间,根据线索发现了合溪洞遗址。为配合长兴县合溪水库工程建设,浙江省文物考古研究所与长兴县博物馆联合组成考古队,自2007年10月至2010年1月对合溪洞遗址进行了为期两年多的系统发掘,在5个地点发现了远古遗物(1号点面积100多平方米,文化层堆积厚度达8米多),其中石制品1000余件,包括石核、石片、断块、刮削器、砍砸器、尖状器等。此外,一些骨器和大量保留了人类敲骨取髓、烧烤吃肉、肢解切割痕迹的动物骨骼标本的发现,是古人类获取动物为食物的明证。经初步鉴定、统计,遗址出土的动物化石标本达数十万件,全部为晚更新世动物种属,包括兔形目兔科,啮齿目竹鼠、仓鼠、田鼠,食肉目貉、猪獾、普通水獭、棕熊、最后斑鬣狗、豹、河狸,奇蹄目中国犀、华南巨貘,偶蹄目野猪、水鹿、獐、鹿、水牛、马等。马化石是浙江地区的首次发现,对研究当时的生态环境具有重要价值。

合溪洞遗址是我省首次经科学考古发现并发掘的,有明确人类活动遗存的旧石器时代洞穴遗址。洞内出土的大量动物碎骨、烧骨,遗留有敲砸、切割痕迹的碎骨、石器及一些骨器可以证明,该洞穴是古人类生活活动的场所,最晚年代大约在2.8万年前左右,属旧石器时代晚期。而大量第四纪古动物化石充分说明,当时浙江地区有着良好的自然环境,在末次冰河纪高峰期仍是古人类适宜生存的场所,为中国本土人群的连续演化作出了重要贡献。该遗址的发现,对研究浙江地区晚更新世旧石器时代文化的发展及古人类的生存行为方式(特别是浙江古人类的起源、演进历程)具有重要意义,也为后续的新石器文化找到了根基。合溪洞遗址发掘入围2009年度全国十大考古新发现评选。

2010年度大运河保护和申遗工作会议举行

7月6日,2010年大运河保护和申遗工作会议在江苏省扬州市召开。来自国家发展和改革委员会、国土资源部、环境保护部、交通运输部、水利部、国务院法制办、国家测绘局、国务院南水北调建设工程办公室等大运河保护、申遗省部际会商小组各成员单位、大运河沿线35个城市、沿线8省(直辖市)文物行政部门及参与大运河遗产保护的相关科研单位代表130余人出席了会议。国家文物局局长单霁翔在会上回顾了2009年大运河保护和申报世界文化遗产工作进展情况,分析、总结了各项保护和申报准备工作中存在的问题,并对下一阶段工作进行了全面部署。中国文化遗产研究院总工程师侯卫东、中国古迹遗址保护协会秘书长郭旃先后汇报了大运河总体规划编制、大运河申遗预备名单遴选工作思路和工作进展情况。浙江省文物局副局长吴志强参加了会议,并与各与会代表交流了浙江省的工作情况和体会。湖州市、绍兴市文物局在会上做了经验交流发言。

吕祖善省长要求实现文物保护和防灾减灾双赢

7月15日,中共浙江省委副书记、省长吕祖善与省级有关部门及台州市、温岭市负责人一起到温岭下访接待群众。在接到来访群众代表要求迁移温岭市市级文物保护单位月洞桥,以解决城市防洪问题后,吕祖善省长听取了月洞桥概况及城市防洪排涝工程情况,详细了解了有关部门关于该项目的前期调研处理过程,并同群众进行了沟通。吕祖善省长表示,月洞桥建于明代,具有重要文物价值,应尽量努力实现文物保护和城市防洪的"两全其美"。当地应在台风季节即将来临之际进一步落实防汛措施,系统解决城市内涝问题;水利、文物等部门应对月洞桥所在区域的防洪排涝措施作进一步研究和多方案比选,综合评估河流改道方案和月洞桥迁移保护的可行性,在抓好防灾减灾、确保人民群众生命财产安全的前提下,尽可能对月洞桥实施原址保护。省文化厅副厅长、省文物局局长鲍贤伦参加了接访活动,并实地踏勘了温岭月洞桥、江厦潮汐试验电站等文物保护单位。

国家文物局专家组考察我省大运河申遗点段

8月3日至10日,国家文物局专家组来我省开展大运河申报世界文化遗产预备名单遴选现场考察评估工作。国家文物局专家组在我省期间,按照《世界遗产公约》所规定的缔约国责任和国内文化遗产保护管理现实要求,对我省已公布或正在申报全国重点文物保护单位并已列入省级、地市级大运河遗产保护规划的39处大运河遗产点段进行了现场考察,对遗产点段的价值和保护管理状况提出评估意见。相关遗产点段涉及大运河(浙江段)流经的杭州、宁波、绍兴、嘉兴、湖州等5个设区市。在专家论证、推荐基础上,国家文物局将研究确定第一批大运河申报世界文化遗产点段名单。

良渚遗址成为首批国家考古遗址公园

10月11日，国家文物局公布首批国家考古遗址公园名单。我省良渚国家考古遗址公园名列其中，成为我国首批（12处）国家考古遗址公园。

作为我国新石器时代晚期著名考古大遗址，良渚遗址公认为是实证中华文明史最具规模和水平的地区之一。长期以来，余杭区一直努力探索遗址保护与利用的新路子，逐渐形成了“主动保护、规划保护、综合保护、系统保护、和谐保护”的基本理念和“以申遗为目标，以规划为指导，以建设国家遗址公园为抓手，以考古研究为动力，以环境整治为突破口，整体推进，明确重点，分步实施”的基本思路，坚持整体保护和周边环境整治齐头并进，稳步推进以良渚古城为重点的遗址保护工作，收到了明显成效：以良渚博物院为中心的“美丽洲”公园顺利建成开放，莫角山环境整治工作持续开展，良渚遗址保护规划、良渚国家考古遗址公园概念性方案设计、控制性详规等初稿编制相继完成，良渚古城部分城墙、汇观山遗址的保护展示工程得到初步实施。与此同时，良渚古城的考古调查勘探也取得新成果：对良渚古城范围进行的航拍航测获得了正射影像图，完成了良渚古城内莫角山遗址和城墙内外侧的基础钻探，初步搞清了良渚古城的历史环境。

为健全遗址管理机构，余杭区先后设立了杭州良渚遗址管理区及其专职管理机构，从而在更大地域范围和更高层次开展保护管理。这种“文物特区”的模式开创了全国大遗址保护的先河，成为快速推进遗址保护的根本性举措，为大遗址保护提供了可借鉴的范例。有关方面还多方筹措保护资金，不断增加投入。早在良渚遗址管委会成立之前，余杭区就投入资金近4亿元。管委会成立后，省、市、区三级财政共提供专项及其他保护经费近3亿元，良渚博物院建筑和陈列布展近1.6亿元，美丽洲公园征地拆迁和建设资金近6亿元，良渚古城和莫角山遗址环境整治资金5000多万元。随着良渚国家遗址公园建设项目的启动，今后两三年内还将有近20亿元资金投入到良渚遗址的保护中。在日常监管中，余杭区不断加大管理力度，形成了公安、文物部门及镇、村、社区、重点遗址本体在内的立体化管理网络，有效保障了遗址的安全。为缓解快速城市化带来的压力，遗址所在的良渚、瓶窑两镇创新保护思路，制定了“跳出遗址区求发展”的规划战略，关停整治了遗址区周边全部石矿，落实了重点遗址区的控违拆违和环境整治，还对104国道实施南移，形成了良好的局面。此外，余杭区积极加强宣传，通过政策引导和资金扶持改善了民生，调动了大众保护遗址的主动性和积极性，营造了全民动员、全社会参与的氛围。

2009年6月，余杭承办举行了“2009大遗址保护良渚论坛”，形成了《关于建设国家考古遗址公园的良渚共识》。国家文物局局长单霁翔在会上发表讲话，规划了全国大遗址考古与保护的方向和远景，并对杭州市、余杭区的探索实践经验给予充分肯定。2010年10月，余杭区政府和杭州良渚遗址管委会再度承办“良渚论坛·2010大遗址考古和大遗址保护学术研讨会”，就国家考古遗址公园建设、科学、妥善地开展大遗址保护和考古等方面展开讨论。

作为此次我省唯一入选的项目，同时也是我国“十一五”期间大遗址保护项目库100处大遗址重点项目和申报世界文化遗产的预备项目，良渚国家考古遗址公园坚持将大遗址保护与遗址公园、博物馆建设相结合，与新农村建设、农村产业结构调整相结合，与生态环境保护、人居环境改善相结合，与当地经济社会发展相结合，始终突出整体、和谐、生态、持续的原则，将为全省乃至全国大遗址的保护提供有益的参考借鉴。

我省文物保护科研工作喜获丰收

12月13日至15日,2010年全国文物保护科技工作会议在京召开。本次会上,中国丝绸博物馆成为纺织品文物保护国家文物局重点科研基地,指南针计划试点项目《东周纺织织造技术价值挖掘与展示——以出土纺织品为例》荣获2009年文物保护科学和技术创新奖二等奖。此外,由中国丝绸博物馆主持完成的《糟朽丝织品的丝蛋白复合体系仿生加固》、《东周纺织织造技术价值挖掘与展示——以出土纺织品为例》、《古代纺织发明创造文化遗产科学价值试点——古代夹缬工具与技术复原》,及浙江大学主持的《古建筑传统粘结材料与技术的科学化》等多项科研成果,在国家文物局主办的“百工千慧——中国文物保护科学和技术成果展”中进行了展示。

中国丝绸博物馆是国内最大纺织品专业博物馆,一直致力于纺织品文物的保护与研究,成为国内纺织品科技保护主要研究机构之一。纺织品文物保护国家文物局重点科研基地落户中国丝绸博物馆,标志着中国纺织品文物保护进入新的发展阶段。《东周纺织织造技术价值挖掘与展示——以出土纺织品为例》项目是“指南针计划——中国古代发明创造的价值挖掘与展示”专项,以江西靖安东同墓和湖北马山一号楚墓出土纺织品为主要对象,组织了跨学科、跨领域、跨部门的力量,分别开展了纺织纤维的鉴别、纺织品文物及纺织工具调查、江西靖安李洲坳东周墓出土部分纺织品及纺织文物鉴定、原始织机的研究与复原、纺织文物的复原、东周纺织织造技术综合研究、东周纺织织造技术专题陈列及相关展示等课题研究,并取得了一系列成果。有关方面通过纤维鉴别和织物调查,发现了应用于纺织生产中的一些新纤维种类和组织结构,并首次以出土纺织机具为原型,复原了两种与出土纺织品织造技术相适应的东周平素织机;还最大限度研究了织物和织机之间的适应性问题,成功复制了四件织锦(其中包括靖安大墓出土的、经密达240根/厘米的狩猎纹锦)。与此同时,中国丝绸博物馆首次对东周时期编织物进行了较为系统的复原研究,成功复制了中空斜编组带;通过纪录片、动画、展览、数据库、科普读物、学术会议、出版物等形式,对东周纺织织造技术进行了全方位展示。

全省有序推进省级以上文物保护单位保护规划编制

2010年,我省继续加强省级以上重要文物保护单位专项保护规划的编制、审核和报批,对具有环境要素和群体规模的文物保护单位注意规范规划内容和深度,并将保护规划作为今后文物保护单位保护和管理的依据。文物部门重点组织了对嵊州崇仁村建筑群、宁波阿育王寺保护规划、绍兴兰亭、江山三卿口制瓷作坊、乐清高氏家族墓、温州老鼠山遗址等省级以上文保单位保护规划的论证,嵊州崇仁村建筑群、平湖莫氏庄园、宁波保国寺、乐清南阁牌楼群等保护规划经省文物局初审同意后上报国家文物局。浦江上山遗址、永嘉芙蓉村古建筑群、平阳顺溪古建筑群、海盐绮园、宁波它山堰等全国重点文物保护单位保护规划获国家文物局原则同意。桐乡罗家角遗址、浦江上山遗址、武义俞源村古建筑群等保护规划被省政府批准公布。

我省完成第七批全国重点文物保护单位申报推荐工作

根据国家文物局统一部署,2010年年初,我省基本完成第七批国保单位申报推荐工作。全省186处不可移动文物被作为我省第七批全国重点文物保护单位推荐对象(含与现有全国重点文物保护单位合并项目14处),24处大运河遗产点段推荐列入全国重点文物保护单位"京杭大运河",14处大运河遗产点段被推荐列入"京杭大运河"扩展项目浙东运河。文物部门还根据国家文物局要求,组织力量对我省第七批全国重点文物保护单位申报推荐材料进行了进一步校核、修改和完善,并配合国家文物局完成了第七批国保单位申报遴选的专家现场考察。

我省完成第六批省级文物保护单位申报推荐工作

2009 年 9 月起，我省启动第六批省级文物保护单位申报推荐工作。截止 2010 年 3 月，全省共申报推荐 427 处不可移动文物(加上各地已申报推荐第七批全国重点文物保护单位的，申报总数达 465 处）较之第五批省保单位申报推荐数量增长了 32.1%。在各地申报推荐的基础上，文物部门组织专家进行了实地考察与评审，书面征求了浙江省历史文化遗产保护管理委员会成员单位意见，并提交省历史文化遗产保护管理委员会 2010 年度会议审议通过。11 月，省文物局根据普遍价值和地域特色相结合、三普复查对象和普查新发现相结合、基层推荐和专家评估相结合的原则，正式向浙江省政府申报推荐第六批省级文物保护单位 373 处，其中古遗址 56 处、古墓葬 9 处、古建筑 184 处、石窟寺及石刻 17 处、近现代重要史迹及代表性建筑 92 处、其他 15 处，与现有省级文物保护单位合并项目 14 处。

省文物局组织第六批省级文物保护单位记录档案编制

2010 年，省文物局根据既定工作计划，部署了 102 处尚未完成记录档案的省级以上文物保护单位编制工作。经过审查，其中 45 处通过验收，35 处审查不合格，22 处没有完成任务。对于审查不合格或者没有完成任务的 57 处文保单位，省文物局做出限期完成的安排。

我省考古取得显著成果

2010年，我省文物部门积极开展甬台温输气管道、川气东送管道、沪昆铁路、杭黄铁路、天子湖环保热电项目等重大基本建设项目中的抢救性考古工作，全年共实施考古调查项目14项，调查面积达200多万平方米，调查行程1500多千米；实施发掘项目37项，考古发掘面积达15万余平方米。其中嘉兴马家浜遗址、余杭茅山遗址和玉架山遗址二期、湖州南山商代窑址、桐庐方家洲遗址、海宁小兜里遗址等考古发掘项目取得重大成果。湖州南山商代窑址发掘项目入选“中国社会科学院考古学论坛·2010年中国考古六大新发现”，余杭茅山良渚遗址、长兴合溪洞旧石器时代遗址入围2009年度全国十大考古新发现初评项目，《七里亭与银锭岗》考古发掘报告出版，《文家山》等5部报告的编写工作完成。水下文化遗产保护工作有新进展，国家水下文化遗产保护宁波基地正式挂牌。

我省加强文物保护管理工作

2月2日，省文物局组织文物保护工程验收组对省级文物保护单位海宁市陈阁老宅（东路）修缮工程进行竣工验收。验收组实地踏勘了工程现场，审阅了工程相关资料，并召开工程验收会议。2月25日，省文物局组织专家对《嘉兴市文生修道院修缮工程设计方案》进行现场踏看，并召开专家审查会议。4月15日，省建设厅、省文物局组织省历史文化名城保护专家委员会委员进行现场踏看，并召开富阳市龙门历史文化名镇保护规划审查会议。5月5日，杭州梵天寺经幢科技保护工程竣工验收会议在杭召开。中国文化遗产研究院、省文物局、杭州市园林文物局、杭州市文物保护所等派人参加了竣工验收。5月7日，上虞市王充墓设计方案专家审查会议在上虞召开。会议听取了方案介绍，并对历史环境、入口、停车场等问题进行了评估，提出了具体意见。5月27日，省文物局组织文物保护工程验收组对省级文物保护单位祥符桥、通益公纱厂修缮工程进行竣工验收,并召开工程验收会议。6月2日,嵊州市华堂历史文化名村保护规划专家审查会在嵊州召开。6月3日,省建设厅、省文物局组织省历史文化名城保护专家委员会委员前往丽水市莲都区,对省级历史文化名村西溪保护规划进行专家审查。6月9日,省建设厅、省文物局组织专家对海宁市推荐省级历史文化名城工作进行现场考察。6月25日,松阳延庆寺塔监测方案审查会议在杭州召开。与会专家对松阳延庆寺塔动态监测从目的和意义上给予充分肯定,同时提出了一些实际建议。7月9日,富阳龙门、苍南金乡历史文化名镇、苍南碗窑历史文化名村保护规划联席审查会议在杭召开。省建设厅、省文物局、省财政、省发改委、省国土厅等均派人参加会议,并对保护规划进行了部门联席审查。7月28日,省环保厅组织生态省建设各成员单位联络员在江山市召开会议,总结了上半年省生态省建设成果,部署了下半年生态省建设工作。省文物局派人参加。8月12日,省文物局、杭州市园林文物局组织专家赴桐庐县申屠氏宗祠维修工地检查。8月27日,嵊州竹溪历史文化名村保护规划会议在嵊州市召开。省建设厅、省文物局组织省历史文化名城专家委员会有关委员和专家前往现场考察,并召开竹溪历史文化名村保护规划专家审查会议。9月8日至9日,义乌市黄山八面厅、螃蟹形墓群保护工程竣工验收会议在义乌举行。省文物局组织有关专家进行现场竣工验收。9月30日至10月1日,建设部、国家文物局组织专家对嘉兴申报历史文化名城进行现场考察。考察专家组对嘉兴历史文化名城的梅湾街、月河、芦席汇、梅溪、一里街、新塍等六片历史文化街区进行现场踏看,并举行反馈会议,经认真讨论后认为嘉兴申报国家历史文化名城各方面条件基本具备,总体同意推荐申报。10月8日,长安古镇寺弄区块保护与利用设计方案(框架)审查会议在杭召开。10月13日,省文物局派人现场处理了瑞安市级文物保护单位林庆云宅搬迁事宜,原则上不同意随意迁移文物保护单位,同时对另外两处文物保护点一同搬迁至利济医学堂附近提出明确反对意见。10月21日,省建设厅、省文物局在杭组织召开湖州省级历史文化名城内劳动街历史街区保护设计方案审查会议,对劳动街的保护和发展方向进行了论证,并对保护设计涉及的具体内容进行了评审。11月19日,省文物局组织验收组对温州洞头省保单位妈祖庙进行竣工验收。12月8日,瓯海区黄坑·水碓坑历史文化名村保护规划专家审查会议在温州召开。12月9日,省建设厅、省文物局组织省历史文化名城专家委员会部分委员考察温州市历史文化名城。12月13日,省建设厅、省文物局及我省部分获奖镇、村派人参加了第五批中国历史文化名镇名村授牌仪式。12月21日,富阳市召开市级文物保护单位和文物保护点推荐专家评估会议。省文物局、杭州市园林文物局、杭州市文物保护所等专家对拟推荐名单进行审查,并形成初步意见。

博物馆与纪念馆

江山博物馆新馆开馆

2月10日,江山博物馆新馆正式对外开放。江山博物馆新馆于2008年5月动工建设,占地10亩,建筑面积5000平方米,投资3000万元。新馆基本陈列以“千年古道、锦绣江山”为主题,分为序厅、自然展厅、历史展厅三大板块,展厅面积近2500平方米。其中自然展厅部分以“锦绣江山”为主题,展出了寒武—奥陶纪地质剖面、江山礼贤龙、江山动植物等自然资源;历史展厅以“千年古道”为主线,分为“江山溯源”、“黄巢伐道”、“窑火千年”等九个部分。

中国水利博物馆建成开放

3月22日,中国水利博物馆开馆仪式在杭州萧山区举行。全国人大常委会副委员长、民盟中央主席蒋树声,水利部党组书记、部长陈雷,中共浙江省委书记、省人大常委会主任赵洪祝,省委副书记、省长吕祖善等参加了仪式。

中国水利博物馆是水利部直属的国家级行业博物馆,由省水利厅负责筹建,建筑面积3.6万平方米,高128.9米,2005年3月破土动工。博物馆采用塔馆合一的设计,核心展区分为“水利千秋”、“水中万象”、“龙施雨沛”等三大部分。

温岭市海洋民俗博物馆开馆

3月25日,温岭市海洋民俗博物馆在石塘镇里箬村陈和隆旧宅内开馆。该馆分上下两层,以渔村小叙为主题,一楼展出彩亭、元宵台阁、五果六菜台、龟印等实物,楼下一层则以场景展示的形式,陈列了渔村景观(缩微模型)、渔家生产、生活用具等展品。著名剪纸家郭献忠专门为陈列创作了装饰剪纸。

松阳县博物馆对外开放

自3月起,松阳县博物馆开始组织搬迁工作。为确保库房搬迁工作的顺利进行和文物藏品的安全,松阳县博物馆制订了详细的搬迁计划,落实具体责任,在公安部门的积极配合下,于4月顺利完成搬迁,并完成了新馆陈列布展工作。5月18日,松阳县博物馆正式对公众免费开放,开馆当日就有300多名观众前来参观,据不完全统计,目前已接待观众2万余人次。

国家文物局调研组实地调查我省公共博物馆免费开放工作情况

“国际博物馆日”前夕,由国家文物局副局长宋新潮任组长的国家文物局、财政部博物馆免费开放调研第五组赴我省,就浙江省公共博物馆免费开放工作情况进行了实地调查。

调研组一行在省文物局副局长陈官忠等陪同下,先后考察了浙江省博物馆武林馆区、浙江自然博物馆、东阳市博物馆、良渚博物院、绍兴鲁迅纪念馆及故居、中国茶叶博物馆等单位，分别听取了免费开放实施情况汇报，并就实现免费开放效益最大化、文化延伸产品开发等问题与各单位交换了意见。随后，调研组又组织召开了由中共浙江省委宣传部、省财政厅、省旅游局等部门及省内 15 家博物馆参加的免费开放工作调研座谈会，集中听取了省级有关部门及与会各博物馆关于免费开放做法经验、存在问题的介绍与对策建议。省文化厅副厅长、省文物局局长鲍贤伦参加并主持了会议，陈官忠副局长在会上就全省公共博物馆免费开放情况作了专题汇报。宋新潮副局长在听取情况汇报与交流后，对浙江省自 2003 年以来对公共博物馆实施免费开放的做法与取得的成绩给予了充分肯定和高度赞赏，并着重就加强文物资源整合、博物馆免费开放体制与机制创新、提升博物馆陈列展览水平、充分发挥博物馆教育功能、强化博物馆文物与观众安全、免费开放补助经费管理等方面提出了新要求。他强调，博物馆的免费开放工作需要社会各方面的支持，也需要博物馆努力摸索自身的特色与体制机制的创新，以提升陈列展览的水平，发挥社会教育功能与作用。浙江省历来具有"走在前列、干在实处、敢为人先"的精神，希望浙江的文博工作者能为进一步做好公共博物馆免费开放工作提供更多、更好的经验。

该调研项目也是中宣部、财政部、国家文物局为进一步推进公共博物馆免费开放而开展的年度重点工作之一。

余姚博物馆二期建成开放

7 月 6 日，余姚博物馆二期举行开馆仪式，正式对外开放。余姚博物馆位于余姚城区龙泉山西麓，2003 年初建成开放。2008 年 12 月，余姚博物馆二期扩建工程正式奠基，并于 2009 年 12 月完成土建部分施工，2010 年 6 月完成陈列布展。扩建后的余姚博物馆二期总占地面积 15 亩，建筑面积约 5700 平方米（其中展厅面积 2400 平方米，文物库房面积 500 平方米），由古建筑、现代建筑两部分组成。馆内基本陈列"烟水万人家——余姚古代文明展"，分为序厅、姚江文脉、东南名邑、文献名邦、姚江流韵等五大部分,展出了自新石器时期至明清时期的各类代表性文物和典籍千余件(册),涵盖了陶器、瓷器、骨器、石器、玉器、金银器、铜器、竹器、名人字画、古籍善本等门类。

绍兴博物馆越王城馆落成开放

7 月 15 日,绍兴建城 2500 年庆典活动暨绍兴博物馆越王城馆落成仪式举行。全国人大常委会副委员长韩启德、全国政协副主席何厚铧等出席了典礼,并分别为绍兴博物馆越王城馆和绍兴“建城 2500 年城雕”揭幕。

绍兴博物馆越王城馆区位于绍兴古城西侧的越王城历史文化保护区内,总投资 1 亿多元,占地面积 34200 平方米,建筑面积 9533 平方米,其中展厅面积 3722 平方米,馆内分为展馆区、文物库房区、影院报告厅、办公区等四大功能区域。为纪念绍兴建城 2500 年,绍兴博物馆越王城馆特举办了“大越遗珍——纪念绍兴建城 2500 年大型文物展”。展览分为大越崛起、筑城建都、礼乐化民、耕战并举、陶瓷毓秀、金石流芳、融于华夏等七大部分,展出了从新石器时代至汉代的越国文物 571 件(套),以历年珍藏越国文物为主(国家一级文物 25 件),是首次由绍兴地区发起,联合周边地区博物馆和个人收藏家共同举办的大型文物展览(7 成以上文物系首次公开展出)。展览上,越王勾践“自作用剑”第一次回乡,并与“越王者旨於赐剑”、“越王州句剑”、“越王不光剑”及勾践之父允常唯一一件带铭文兵器——得居戈一起展出。此外,在城庆期间,越王城馆还举办了“馆藏明清书画精品展”、“项永昌先生捐赠书画展”专题展览。

丽水市博物馆新馆奠基开工

11 月 4 日,丽水市博物馆新馆开工奠基仪式举行。新馆位于花园路滨水公园西侧,由三幢二层庭院式单体建筑构成,占地面积 8149.55 平方米,总建筑面积 13825 平方米,展厅面积 8000 余平方米，下设8个大面积展厅。陈列展览将分为“丽水历史文化基本陈列”、“丽水绿谷生态陈列”、“畲族历史文化陈列”、“古代处州廊桥建筑艺术展”、“摩崖流芳（摩崖题刻艺术展）”等几部分。

龙泉青瓷、宝剑博物馆开馆

11月16日，龙泉青瓷博物馆对外试开放。该馆位于龙泉市城南剑川大道旁，总建筑面积10000平方米，展览面积4000平方米，系统介绍了龙泉窑的发展历史、人类非物质文化遗产龙泉青瓷的传统烧制技艺以及龙泉窑在中国陶瓷史乃至世界陶瓷史上的地位和影响。

同一天，龙泉宝剑博物馆正式开馆，龙泉宝剑博物馆由原龙泉市博物馆馆舍改建而成，建筑面积2000多平方米，展览面积800多平方米，内设5个展厅、1个展廊和1个集销售与休闲为一体的区域，是一座系统展示、介绍龙泉宝剑发展历史的专题博物馆。

越剧博物馆举行开馆二十周年庆典

11月18日,越剧博物馆在嵊州举行纪念开馆20周年庆典。省文化厅副厅长、省文物局局长鲍贤伦,省文物局副局长陈官忠,国际博物馆协会执行委员会委员、中国博物馆协会副理事长兼秘书长安来顺及绍兴、嵊州相关负责人,省内外越剧界、越剧重要纪念地代表,浙江省2010年度博物馆馆长论坛全体与会者,社区、戏迷代表等参加了庆典。1990年建成开放的越剧博物馆是国内首家专业戏曲博物馆,馆舍建筑面积2000多平方米。在纪念开馆20周年之际,越剧博物馆特举办"越博典藏——越剧博物馆开馆20周年特展",并在庆典仪式上举行了为纪念越剧博物馆开馆20周年特地发行的《越音润物——越剧博物馆藏品撷英》画册的首发仪式。

庆元香菇博物馆新馆开馆

12月11日,庆元香菇博物馆新馆举行开馆仪式。省政协副主席冯明光、国际著名菌蕈专家张树庭、国际蘑菇科学学会主席格雷格·西摩尔等出席。香菇博物馆新馆自2010年3月开始筹建,是以展示菇乡文化为主要内容的国家三级专业博物馆,共分"香菇之源"、"香菇之路"、"香菇之韵"、"香菇之问"、"香菇之歌"等五个展厅。

嘉兴博物馆库房环境达标项目通过省文物局验收

12月15日,省文物局组织专家组对嘉兴博物馆库房环境达标项目进行验收。专家组听取了嘉兴博物馆库房环境达标项目改造工作情况介绍,现场查看了恒温恒湿库房及控制、机组设备,并对温湿度各指标项进行了对比,认为嘉兴博物馆库房环境达标项目改造总体上达到了预期目标,可以通过验收。

黄岩博物馆新馆奠基典礼举行

12月28日,黄岩博物馆举行新馆奠基典礼。新馆总占地面积11亩,地上建筑面积10000平方米,总投资约1.2亿元,初步设计以三层建筑为主,局部结构为五层,分为展示空间、内部管理与工作空间、公共空间等三大功能区块。

永康博物馆开馆

经过近三年的筹备建设,永康博物馆于2010年12月29日开馆。博物馆建筑面积约6000平方米,基本陈列以“赤岩金都”为题,分为“在遥远的地质时代”、“百工之乡·五金之都”、“方岩庙会的故事”等三大板块,展示了永康的人文地理和民俗技艺。

我省有序推进社会文物管理工作

自2010年10月底起,省文物局正式接手社会文物管理工作,并有序推进各项相关管理工作,使文物拍卖市场日趋规范,文物拍卖经营活动十分活跃。全省贯彻落实文物拍卖资质年检、拍卖标的审核备案等制度,日益完善了文物拍卖市场进入、监管、退出等机制,促进了文物拍卖市场的规范发展。截至2010年,在全省取得文物拍卖许可证的33家拍卖企业中,除5家因各种原因被取消拍卖资质外,剩下的28家全部通过2009年度文物拍卖许可证年审。2010年度,主管部门共审核文物拍卖活动54场,审核文物拍卖标的38597件(套),撤拍标的162件(套),拍卖成交额逾20亿元,查处违法文物拍卖经营活动1场。

2010年度省陈列展览精品项目评奖工作取得成效

2010年，省文物局按照《浙江省陈列展览精品项目管理办法》规定，在各单位申报、设区市文物行政部门初审推荐的基础上，组织开展了陈列展览精品项目评奖工作。经浙江省陈列展览精品项目专家评审会评议、网上公示和省文物局局务会议审定等程序，此次共有中国丝绸博物馆“革命与浪漫——1957—1978中国丝绸设计回顾展”、浙江自然博物馆“与海怪同行——中国三叠纪海生爬行动物化石展览”等十个项目荣获精品奖，良渚博物院“玉魂国魄——红山文化玉器精品展”等19个项目分获最佳创意奖等九个单项奖。

安吉县建设生态博物馆

2010年，安吉县建成30座地域文化展示馆，并在完成生态博物馆中心馆主体建筑的基础上，

拟开设“茗水长流——安吉历史文化陈列”、“山地生晖——安吉生态文化陈列”2 个基本陈列以及“铜华清而明、对镜理红妆——安吉出土铜镜陈列”、“诸乐三生平艺术陈列”2 个专题陈列和 1 个临时展览,从而为中国·安吉生态博物馆群建设奠定了基础。

文物安全与执法

温州市开展文物单位消防安全大检查

1月，温州市根据省文物局、省公安厅文件精神，专题研究部署了全市文物单位消防安全大检查督察工作。温州市文物局下发了《关于联合开展文物单位消防安全大检查督察工作的通知》，成立了全市文物单位消防安全专项检查工作领导小组，组成4个督察小组，对全市下属各地开展督察，并对发现的隐患和问题形成检查记录，提出建议，督促落实整改。温州市文物局会同市公安局在第一时间召开意见反馈会，听取各督察小组的汇报，对问题和隐患进行汇总、梳理。

庆元县开展文保单位消防安全大检查

1月6日，庆元县下发《庆元文物单位消防安全大检查实施方案》，自1月9日起对县级以上文物保护单位集中开展消防安全大检查，并对存在的问题当场提出整改要求，还对检查情况进行了分类疏理。

天台县联合开展文物消防安全大检查

1月6日,天台县文物监察大队会同县消防大队、县名城办对文博单位开展消防安全联合大检查。联合检查组先后检查了国清寺、张文郁故居、赤城武书院等各级文保单位消防安全工作的组织领导、岗位职责、管理制度、档案建立、消防设施设备和使用、消防安全预案的制定和演练、用火用电管理等情况,对发现的消防安全隐患要求进行整改。天台县文广新局会同县消防大队联合印发了《关于做好全县文物单位消防安全工作的通知》,要求各单位在集中检查期间至少开展一次消防教育培训,组织一次消防安全演练。

宁波市江东区联合开展文物消防安全检查

1月12日,宁波市江东区文物监察大队联合区消防大队开展了全区文物保护单位消防安全检查。联合检查组查阅了各文保单位的消防安全管理制度、消防安全档案建立和消防安全预案

的制定、消防设施设备及用火用电管理等情况，对于存在的问题和隐患进行了详细记录，并当场要求有关单位强化日常消防安全管理，加强对消防器材设施的维护与保养，提高场所的消防安全防范能力，确保文物单位消防安全。

绍兴县联合开展文物安全大检查

1 月中旬，绍兴县文物监察大队与消防部门联合开展文物单位消防安全大检查。检查组检查了相关单位的消防安全管理制度和消防安全档案建立等情况，对个别单位存在的消防安全意识不强、消防设备不够完备等问题责令立即整改。

台州市椒江区破获涉嫌盗掘古墓葬案

1月15日，台州市椒江区文广新局接到派出所通报：加止街道前村村回里山有多处古墓被盗，两名涉嫌盗墓的不法分子被当地村民扭送派出所，另有两人在逃。椒江区文物监察大队迅即会同区文管会和博物馆负责人前往现场勘察。初步查明，本次共有6处古墓被盗且已回填，在巡查过程中还发现附近山上有多处墓葬被盗挖，毁损情况比较严重。

椒江区文物监察大队立即向省文物监察总队作了汇报，请求派人前来调查。19日，省文物鉴定委员会专家对6处被盗古墓进行了鉴定，分别在一号墓和二号墓出土2件青瓷小碗。经鉴定，5处被盗挖的墓葬为南北朝时期古墓，具有一定的考古价值。据派出所民警介绍，该起案件系团伙作案，目前已发现多处古墓被盗。

上虞市联合开展文物单位消防安全大检查

1月18日，上虞市文物监察大队联合市消防大队、市文物管理所组织开展文物单位消防安全专项大检查，共检查文物单位17家，范围涉及全市11个乡镇街道。从专项检查情况来看，各文物单位都高度重视消防安全工作，根据有关通知精神及时开展了自查自纠，总体情况良好。但检查中也发现了一些问题。检查人员进行了详细记录，并当场提出整改要求。

永嘉县开展文保单位消防安全联合大检查

1 月 20 日，永嘉县文物监察大队会同永嘉县公安局消防大队联合对各文保单位进行消防安全大检查。检查组赴芙蓉村古建筑、红十三军军部旧址、绿嶂荆州壁画、花坦古建筑群等文保单位开展实地检查，并与各单位负责人沟通了解，填写了联合情况登记表，还当场提出整改方案，落实措施，限期整改。

玉环县强化文保单位消防安全检查

1 月 20 日，玉环县文广新局联合县公安局组织文物监察、文物管理、各镇乡、街道办事处等有关人员召开全县文物单位消防安全大检查工作会议。会议传达了玉环县文广新局、县公安局联合制定的《玉环县文物单位消防安全检查实施方案》，对联合检查的时间、范围、内容及组织实施做出具体部署。随后，玉环县文物监察大队与消防部门根据浙江省文物局、省公安厅《转发国家文物局、公安部关于联合开展文物单位消防安全大检查工作的通知》文件精神和《玉环县文物单位消防安全大检查工作的实施方案》，联合开展了文物单位消防安全大检查，对三合潭遗址、楚门东方小学、龙山博物馆等文保单位的消防安全组织领导和岗位职责、消防安全管理制度、消防安全档案、消防设施设备及使用、单位消防安全预案、消防安全演练等情况进行了重点检查，要求对存在的问题予以整改。

南浔区联合开展文物单位消防安全大检查

1月21日和26日，南浔区文体局与区公安分局联合组成文物单位消防安全检查组，开展了文物单位联合消防安全大检查活动。检查组共检查了17处文物单位和重要文保点，范围涉及南浔、菱湖、和孚、双林4个乡镇。检查表明，南浔区各文物单位对消防安全工作比较重视，消防安全总体情况良好。但检查中也发现了一些问题。检查组将督促责任单位对发现的安全隐患予以限期整改。

海宁市联合开展文物单位消防安全大检查

1月21日至22日，海宁市文广新局联合海宁市文物监察大队、海宁市消防大队开展了文物单位消防安全专项大检查活动，共检查文物单位25家，范围涉及全市8个乡镇(街道)。检查人员填写了文物单位消防安全检查情况登记表，对存在安全隐患的文物单位提出了整改意见，督促单位负责人完善消防安全工作。

金华市金东区联合开展文物单位消防安全大检查

1月26日至27日，金东区文物、消防、安监等部门联合对辖区内文物单位开展消防安全大检查。检查组重点就古建筑、寺庙等文物保护单位进行了消防隐患排查，并和文物单位负责人(使用人)交流沟通，在详细记录的同时当场提出了整改要求。

缙云县开展文物单位消防安全大检查

1月27日，缙云县文广新局、县消防大队、县文物监察大队、县电视台等单位对省级历史文化保护村河阳村进行了为期一天的消防安全大检查。检查组组织河阳村义务消防队员进行了消防知识培训讲座，开展了实地演习，还对河阳村几处较大规模的古建筑进行了检查，并做好记录以便整改。

宁波市江北区检查辖区内文保点

1月27日、29日，宁波市江北区文物管理所联合区文化执法大队、区公安、消防等相关部门组成联合检查组，对辖区内的文保建筑消防安全展开全面清查，以确保全区212处文保单位、文保点安全度过春节。本次检查覆盖全区七个街道一个镇，通过对文保点、文保单位的实地走访，就消防设施配备、消防管理制度、消防安全工作组织领导和岗位职责情况进行了检查，还向文保建筑中的居民宣传普及了消防安全知识。

宁波市镇海区开展节前安全大检查

1 月 29 日，宁波市镇海区文管办、市公安局镇海分局治安大队、镇海区消防大队、镇海区文物监察大队等单位联合对全区木结构文保单位(点)开展消防安全检查。检查组重点检查了各文保单位(点)的消防组织建立运行，消防设备配置、使用与管理，电线安全等执行情况，同时对木结构古建筑文保单位(点)的主体结构牢固情况也进行了检查，还现场对新担任文保单位(点)的使用管理责任人(管理员)做了消防安全知识培训，并责成相关单位尽快整治安全隐患。

绍兴加强文物单位消防安全工作

2 月 5 日，绍兴市文物、消防等部门联合开展消防安全联合执法检查，对大禹陵、秋瑾故居、鲁迅祖居、蔡元培故居、周恩来祖居等文保单位的节前消防安全工作进行了重点检查。同时，绍兴市文物局对市区未开放的古建筑文保单位消防安全情况进行了巡查，更换、添置了一批灭火器材，召开了市区业余文保员文物安全管理工作座谈会，部署了春节期间文物安全工作，还发放了宣传资料，组织了消防演练。

7 月 9 日，绍兴市文物监察支队举行绍兴市区未开放古建筑文保单位消防安全知识培训。100 余名市区未开放文保单位业余文保员及古建筑文保单位内居(村)民代表参加了培训。会上还分发了《文物保护法》、《全民消防宣传教育丛书》等宣传资料 800 余册，呼吁古建筑文保单位周围市民做好文物保护的《公开信》700 余份。

12 月 8 日，绍兴市召开文物保护单位消防安全专题会议，实地检查了全国重点文物保护单位吕府的消防安全工作情况，并就落实省文物局文件精神及切实抓好全市文保单位消防安全工作进行了部署。绍兴市文物管理局下发《紧急通知》，要求全市各地加强领导、强化责任、采取有效措施，严格落实消防安全责任制，增强预防和扑救火灾的能力，积极开展文物单位消防安全大检查，确保消防安全工作落到实处。文物部门也与绍兴市消防支队建立联防机制，组织力量对缪家台门、陈家台门等 15 处台门建筑进行重点检查，对发现的问题要求限期整改。

东阳市抓获盗窃古建构件嫌疑人

2010 年 3 月起，东阳市江北、六石、城东、湖溪、马宅等连续发生 20 多起古门窗、牛腿被盗案件。东阳市公安局根据侦查，锁定并抓获了 5 名盗窃古建筑木雕构件的嫌疑人及 1 名购赃嫌疑人，追回了部分被盗古木雕构件。7 月 22 日，省文物监察总队、东阳市文化局及东阳市文物管理办公室相关人员向东阳市公安局城东派出所表达了慰问和感谢，并表示将配合公安部门做好估价、查证、追赃等工作。

龙游县追回恐龙蛋化石

3 月 21 日，龙游县东华街道横路祝村在平整土地时，发生部分出土恐龙蛋化石被民工私分事件。龙游县文物监察大队在接到举报后当即赶往现场，向在场民工进行宣传教育，并进行调查取证。据调查，17 枚恐龙蛋化石中有两枚已被不法经营商用面包车运走。为阻止恐龙蛋化石的流失，龙游县文物监察大队一面继续进行现场调查，一面驾车追赶，最终在龙游县东华街道路口将私运恐龙蛋化石的面包车截获，成功追回两枚完整的恐龙蛋化石。

天一阁古籍库房顺利竣工

作为宁波市文广新局重点项目之一的天一阁古籍库房经 15 个月建设，土建部分和幕墙、气体消防、恒温空调、VRF 空调、贵宾接待楼装潢等工程均全面竣工，并于 2010 年 3 月 26 日通过验收。新书库位于现书库西北侧，占地面积约 5500 平方米，总建筑面积 3600 平方米，其中收藏古籍用房 2700 平方米，辅助用房 900 平方米，建筑总投资 6420 万元。新书库古籍收藏区一层采用大通间，二层设计成前后三进的布局，与明代宝书楼大通间建筑样式和传统建筑院落格式相对应。

乐清市加强文物执法

4 月 24 日，虹桥镇大乌石村崇善堂在拆建时从西厢房地基下挖掘出大量古钱币等文物，遭到村民私自捡拾和哄抢。文化、公安等部门随即采取措施，乐清文物馆也派专人全程配合执法部门的追缴。5 月 23 日，乐清市文化广电新闻出版局、市文物监察大队、文物馆、市公安局派人组成的虹桥镇大乌石村崇善堂建设工地清理小组对现场进行了抢救性清理。此外，芙蓉镇包宅村窑山 5 月上旬发现古窑址。乐清文物馆联合温州市文物保护考古所专家对古窑址进行了调查，从窑址大量出土的匣钵和瓷片判断，该窑曾有多条龙窑，烧造年代在南宋时期。

临安市查处文物案件

2010 年 4 月底，不法分子侵盗了位于临安市与富阳市交界处的市级文物保护单位日新桥的装饰构件。5 月 1 日，当地村民发现后，将其中一件凤凰图案抱鼓石追回。临安市文物监察大队、临安市文物馆、富阳市文物监察大队、富阳市文物馆及交界两地根据举报赶赴现场，实地踏勘并协商了相关事宜，同时协助公安机关对案件进行查处。该文物盗窃案件已由临安市公安局青山派出所进行立案调查，正在开展嫌犯的抓捕和文物的追讨。

10 月，玲珑派出所接到报告，祥里村在挖掘宅基地时发现古墓，随葬文物发生流散。临安市文物监察大队、市文物馆随即会同玲珑派出所民警赶赴现场，联合进行调查取证。公安、文物等部门与祥里村委和文物持有人进行了沟通，讲明了有关法律政策，敦促持有人上交出土文物。最终，包括青花碗、青白釉碟、青釉罐、黑釉罐、金戒指、铜镜及 3 件扣金银簪在内的出土文物上交文物部门。祥里村发现的古墓为民墓，根据墓葬结构及出土器物特征判断，出土文物年代除青瓷罐为元代外，其余均为明代，属于一般文物。

绍兴市举办全市文物行政执法培训

5 月 18 日至 19 日，绍兴市文物监察支队为来自各县(市)的 30 名文物行政执法人员组织、开展了全市文物行政执法培训。培训围绕全省文物行政执法现状、全省文物执法监管平台研发情况、文物行政执法工作协调作用及全省文物行政执法案例分析等四方面进行了阐述，并对全省典型案例进行了讲解和点评。各县(市)文物监察大队结合实际，就近阶段文物行政执法工作情况及困难进行了交流探讨。期间，全体培训队员还赴湖州市学习考察。

临海抓获盗墓嫌疑人

5月31日,临海市公安局白水洋镇派出所民警在水洋村巡逻时,抓获了3名盗墓嫌疑人,收缴南北朝时期的出土文物及作案工具数件。6月2日,派出所根据线索抓捕了另外2名盗墓嫌疑人。这伙盗墓分子自2009年下半年以来,先后在台州温岭、椒江、临海等地盗挖古墓30多处。7月1日,三名犯罪嫌疑人被临海市公安局提请市检察院批准逮捕。这是继2009年临海市沿江派出所破获系列盗掘古墓葬案件以来,当地文物、公安部门合作打击文物犯罪活动的又一典型案件。9月1日,临海市白水洋派出所将追回的五件晋代文物(国家二级文物青瓷鸡首壶1件,一般文物青瓷小盏4件)移交给临海市博物馆。

余杭强制拆除良渚遗址保护区违章建筑

7月15日、22日,杭州市余杭区连续两次对良渚遗址保护区内2家企业及3家私人搭建的

863 平方米违章建筑予以强制拆除。在责令停工并连续多次责令自行整改无效的情况下，当地政府牵头制定了强制拆除违章建设的实施方案，成立了现场治安秩序维护工作领导小组，下设现场拆违组、警戒隔离组、政策宣传组、后勤保障组、宣传报道组、施工保障组等部门，集中拆违办、文物部门、城管执法中队、交警等多个部门联合执法，最终对违章建筑实施了强制拆除。

南浔区开展古桥杂树清理工作

8 月，南浔区集中开展历史文化保护区范围内的古桥杂树清理工作。据统计，古镇保护区范围内现有通津桥、洪济桥、广惠桥、通利桥等 8 座古桥，其中 3 座为市级文保单位，4 座为市级文保点。这些古桥整体保存情况尚可，但多数肩墙、拱券等桥身缝隙长有或粗或细的杂树，致使古桥梁石构件错位，打破了桥体力量平衡状态，产生了结构安全隐患。经现场考察并结合指导意见，南浔区制定了古桥杂树清理方案，采取通过锯掉树干、灌入药剂等方法，达到彻底根除、去除隐患的效果。

宁波北仑区加强汛期文物安全工作

8月13日，北仑区文保办和区文物监察大队联合开展区内汛期文物安全大检查。检查组赴长山桥、靖远炮台、东岗碶等文物保护单位(点)，现场查看了解文物安全状况，针对发现的问题提出整改措施。北仑区文保办将汛期文物安全工作列为近期工作中心，加强与相关部门的联系沟通，及时掌握本地区可能发生的地质灾害情况，有针对性地对重点文博单位组织、制定了防灾措施和预案，加强了培训演练，以确保文物安全度汛。

宁波市检查余姚节前文物安全情况

9月12日，宁波市文化市场行政执法总队检查了余姚市节前文物安全工作。检查人员实地查看了五桂楼、浙东抗日根据地旧址(中共浙东区委旧址、新四军浙东游击总队司令部旧址)、镏山遗址等文物保护单位，对各单位消防安全措施、电线私拉现象、工作人员到岗到位、消防设备等进行了检查，并对各文保单位日常管理工作、维修经费落实及保护过程中的难点问题进行了询问和探讨。

云和县举办《丽水市古民居保护管理办法》宣传

9 月 17 日，云和县文物监察大队、县史志办联合举办《丽水市古民居保护管理办法》宣传活动，向市民展示了云和县的文物普查成果，赠发了《丽水市古民居保护管理办法》手册，开展了文物法律法规咨询，在县城内主要街道悬挂了横幅标语。

嘉兴市制止擅自拆除古桥行为

9 月 20 日，嘉兴市文物监察支队接到举报，位于嘉北街道顾家浜村的一座万兴桥（又名郎中桥）被施工单位拆除，随即派执法队员会同市文保所赶赴现场察看。现场发现石桥已被拆，只剩下东西两个桥墩。据了解，石桥始建于清乾隆年间，被列入嘉兴市政府公布的第一批历史建筑名单。执法人员当场出具停工通知单，要求施工单位立即停止拆桥的违法行为，责令在一个月内恢复古桥原貌，并敦促负责安置房小区建设的业主单位督促施工单位尽快恢复古桥原貌。

衢州市联合保护出土恐龙蛋化石

10月,衢州市衢江经济开发区施工工地发现恐龙蛋化石。衢州市文广局随即会同市文物监察支队、公安部门及衢江区相关单位赶赴现场,责令工程机械暂停施工,并在工地现场追回了5枚恐龙蛋化石,从岩石中挖出一组比较完整的恐龙蛋化石,还对现场群众、施工人员进行了文物法律法规宣传教育。

平阳县开展文物安全督察工作

10月9日,平阳县文广新局、县文物监察大队、县文物保护所一行10人赴青街乡、山门镇等地开展文物安全督察,与当地群众、乡镇领导进行了交流、探讨,并要求强化宣传,提高全民文物保护意识;进一步落实乡镇属地管理责任,将文物保护纳入当地议事日程;完善落实县、乡(镇)两级政府责任签订制度;加大文物消防经费投入,切实做好文物保护单位消防基础工作;对省级以上文物保护单位中的古民居等场所出台相关迁移政策,以实现有效保护。

德清县查处违法施工案件

11月,德清县文物监察大队对全国重点文物保护单位寿昌桥建设控制地带内未经批准,擅自建设广告的施工现场进行了取证调查,并送达了德清县文广新局的《责令改正通知书》,要求当事人限期自行拆除,恢复原貌。经与当地相关部门协调,广告业主单位已按要求拆除了违章构筑物。

绍兴市开展文物行政执法监察交叉检查

11月8日至12日,由省文物监察总队、舟山、湖州地区文物监察支(大)队组成的检查组赴绍兴,开展文物行政执法监察工作交叉检查。检查组一行先后对绍兴市区及绍兴县、嵊州市、诸暨市、上虞市、新昌县等地进行了检查，听取了各地文物监察机构的工作汇报，抽查了鲁迅故居、大禹陵等13处国保单位和周恩来故居等9处省保单位，还对绍兴市博物馆、新昌县文物馆安全防范情况进行了巡查，查看了相关工作台账。

11月15日至19日，省文物监察总队与绍兴市文物监察支(大)队组成检查组，分别对舟山、湖州开展交叉检查。检查组听取了当地文物执法工作情况汇报，实地踏勘了陈英墓等13处文保点的保护情况，检查了德清县博物馆安全防范工作及各项安全管理制度落实情况，查阅了相关工作台账，还与当地文物监察机构进行了工作交流。

杭州市文物违法举报监督牌举行挂牌仪式

12月27日，杭州市文物违法举报监督牌挂牌仪式举行。文物违法举报监督牌由省文物监察总队和杭州市园林文物监察支队共同制作，牌上标示了文物违法举报电话，以倡导“保护文物、人人有责”的宣传理念。

龙泉市追回三件出土文物

12月31日，龙泉市文物监察大队接到群众举报：广济街东段市政道路工程施工现场3件出土青瓷被拿走，随即派人赶往现场调查。文物执法人员经过一番努力，通过说服教育成功收缴了被擅自拿走的两个花瓶和一个香炉。初步鉴定，这三件文物品相完整，做工精致，产自明朝，为双耳环瓶和鼎式炉。

梵天寺经幢实施雷电防护工程

2010年，杭州市园文局凤凰山管理处在顺利完成本体科技保护基础上，对全国重点文物保护单位梵天寺经幢实施了雷电防护工程。项目工期25天，通过设置独立避雷针及接地装置实现了对直击雷的防护，并对附属管理用房内部主要供电线路、监控信号系统等弱电设备安装了防浪涌设施，以消除经幢所在区域雷击事故多发带来的安全隐患。

宁波市开展文物安全大检查

根据浙江省文物局、省公安厅《转发国家文物局、公安部关于联合开展文物单位消防安全大检查工作的通知》精神，2010年，宁波市文广新局、文化市场行政执法总队会同宁波市公安经文保支队、宁波市消防支队及各县(市)、区文物、公安、消防等部门，联合对宁波市部分省级以上文物保护单位开展为期三天的消防安全大检查。联合执法人员检查了文物保护和收藏单位的消防安全管理制度落实及档案建立等情况，对发现的问题均书面督促及时整改，对个别存在问题较多的隐患单位继续组织“回头看”行动。

宁波市江北区追回流失清代石碑

2010年,江北区文物管理所在当地公安部门配合下,追回并妥善安置了四块清咸丰年间墓刻石碑。本次追回的四块石碑原位于慈城镇西悬岭山后的姥婆湖畔,系清咸丰年间慈溪冯氏家族冯谒镛的墓碑石刻,因历史原因长期流失民间。江北区文物管理所接到群众举报,四块石刻文物被违法买卖,经过核实比对,确认其属于受国家保护的流散文物。在当地公安部门配合下,文物部门与当事人取得联系,多次上门做工作,最终无偿收回了四件流失文物。

顺溪古建筑群加强消防安全

2010年,顺溪古建筑群完成了消防给水管道工程(一期),并举办了顺溪古建筑群消防演练暨消防管道通水仪式和青街古民居消防培训及演练。文物部门对10幢古建筑群的住户生活(厨房)用火进行了隔火处理改造,面积达7000多平方米;对16000多米老化电线进行更换改造并对新装电线套管,还安装漏电保护开关210个,为青街李氏、池氏大屋配置了1台移动消防泵,对一些文保单位的过期灭火器材进行了更换,共新增、更换灭火器200多个,购置、分发矿灯200只,与10幢古屋所有住户签订了消防安全责任书。

绍兴市联合开展文物市场执法检查

2010年,绍兴市文物监察支队、市公安局、市工商局联合对绍兴古玩城、上虞收藏品市场开展执法检查。检查组发现两处市场总体规范有序,但仍有少数几家存放若干出土文物。执法人员随即进行了批评教育,责令马上整改。检查结束后,执法人员又召集两处市场负责人及管理人员反馈了检查情况,并就发现的问题提出整改意见,要求市场方面进行督查。

新昌县推进基建项目文保监管

2010年,新昌县文物监察大队根据省文物局年度工作要求,推进对3万平方米以上基建项目的文物保护监管,起草了《新昌县占地3万平方米以上大型基本建设工程有关信息告知工作方案》,供县领导和有关部门参考;并主动上门与规划、发改、建设、国土等部门进行沟通交流,;还会同规划部门起草、制定了《新昌县告知占地3万平方米以上大型基本建设工程工作制度》,建立起长期机制。

黄岩区完成不可移动文物巡查基础资料建档工作

台州市黄岩区文物监察大队根据省文物监察总队要求,自2010年初开始,确定专人对黄岩境内各级文保单位资料开展收集、整理,基本完成了不可移动文物巡查基础资料的电子文档建档工作,包括不可移动文物巡查基础资料表、文保单位基本情况介绍、文保单位公布文件、文保单位竖立标志说明、界桩情况、保护范围和建设控制地带划定公布文件、保护范围和建设控制地带图(或GPS定位图)、文物本体正面全景、内景、重要部位、保护范围和建设控制地带照片、管理单位基本情况和使用者情况、各类安全管理制度(安全事故应急预案)、不可移动文物巡查日志表、现场照片、安全隐患(违法行为)处理情况表、文物安全隐患督办函、责令改正通知书等方面。

庆元县开展汛期文物安全检查

2010年，庆元县开展汛期文物安全大检查，传达了省文物局通知精神，明确了汛期文物安全工作职责，落实了以乡镇政府为主体的防汛工作责任制及24小时文物安全报告制度，还深入开展了文物安全大检查，加强了重点检查，实行了汛期值班工作制，加大了文物安全宣传力度，结合实地检查广泛宣传、普及了防汛防灾知识。

我省加强文物安防技防建设

2010年1月26日，松阳县博物馆安防工程通过验收。该工程各项安防前端设备均符合国家和行业相关标准要求，做到了确保重点、兼顾一般。3月23日，省文物局会同省公安厅治安总队对杭州西溪湿地博物馆文物库房进行安全评估，并要求该馆按要求进行整改，建立起相对封闭的安全空间，设置好外围入侵预警区域，待全部整改完成后方可正式启用。9月6日，仙居县专用文物库房安全防范工程通过省级验收。该工程严格按照文物库房建筑要求进行设计施工，充分利用了建筑的良好条件，提高了提前预警能力，整体运行稳定。9月6日，省文物局会同省公安厅治安总队对金华市博物馆安全防范工程进行技术评估，并责成金华市文物局、博物馆根据相关标准要求，强化物防、补充安防、加强人防、完善制度，健全应急机制，完成各项整改，将有关情况报备案。9月7日，江山市博物馆安全技术防范系统工程通过省级验收。该工程通过第三方质量检测，各项技术性能指标已达到国家、行业相关标准要求。10月28日，中国·安吉生态博物馆安全技术防范系统工程设计方案论证会在安吉召开，与会人员对工程设计给予充分肯定，同时要求方案设计单位对博物馆的周界防范工作提出解决方案，进一步强化文物库房物防、技术措施。11月3日，省文物局会同省公安厅治安总队对龙泉青瓷博物馆安全技术防范系统工程进行质量评估，并要求安防工程实施单位认真结合现场情况强化布点，避免出现入侵探测盲区，确保入侵报警探测覆盖率理论值达到规范要求的100%。11月22日,宁波天一阁博物馆古籍书库安防工程通过省级验收。工程实现了与天一阁博物馆原有系统的无缝连接,设施设备先进,系统稳定性好,并通过了第三方检测机构的质量检测。11月23日,余姚市博物馆二期工程安防系统通过省级验收。工程试运行5个月,各项技术性能指标均符合国家、行业相关标准要求。省文物局对展厅个别部门的物防相对薄弱环节提出了整改要求。11月26日,浙江省博物馆武林馆区安防系统工程通过省级验收。12月22日,省文物局赴嘉兴,对全国重点文物保护单位烟雨楼缺乏消防安全设施问题进行督查。12月27日,永康市博物馆安防工程二期通过省级验收。工程试运行较稳定,但UPS配置容量不足。省文物局要求永康市博物馆增加相关投入,使UPS容量达到要求,并强化对安防系统的规范化管理,杜绝无关事务在控制电脑上操作。

交流合作

“丝绸之路——中国丝绸艺术展”在哈萨克斯坦举行

2 月至 3 月，中国丝绸博物馆参与的“丝绸之路——中国丝绸艺术展”在哈萨克斯坦举行。本次展览由哈萨克斯坦文化信息部、中华人民共和国文化部、中国国家档案局主办，哈萨克斯坦人民精神发展基金会、浙江省文化厅协办，中国丝绸博物馆、中国第一历史档案馆等单位承办。2 月 3 日，艺术展在哈萨克斯坦首都阿斯塔纳的独立宫开幕。在中国驻阿拉木图总领馆及哈萨克斯坦卡斯捷耶夫国家艺术馆的大力推动下，3 月 17 日，艺术展移师哈萨克斯坦阿拉木图市卡斯捷耶夫国家艺术馆继续举行。开幕式现场，来自中国丝绸博物馆的工作人员为观众演示了传统织机操作。

本次展览分为“蚕桑丝织技术”、“历代丝绸和服饰”、“中哈交流”、“近现代高新丝织品”等四个部分，共展出中国丝绸博物馆收藏的各类丝绸展品 145 件（套），其中 80 件是中国古代丝绸文物和历代服饰复制品，另 60 多件为织机、机具模型和现当代丝绸服饰艺术精品。其中反映中国古代最高织造技艺的大花楼织机系首次在海外展示，而来自中国第一历史档案馆的清乾隆时期中哈绢马贸易档案则佐证了丝绸在两国间的桥梁作用。本次展览持续到 4 月 15 日。

“二十世纪中国国画大师作品展”在美举行

2月17日至7月4日，浙江省博物馆赴美国斯坦福大学博物馆举办“二十世纪中国国画大师作品展”。展览展出了吴昌硕、齐白石、黄宾虹、潘天寿等4位中国20世纪国画巨匠不同时期的书画精品110件(组)、一级文物17件(组)，题材涉及山水、花鸟、人物等，其中浙江省博物馆藏品85件(组)，杭州历史博物馆藏品12件(组)，潘天寿纪念馆藏品13件(组)。浙江省博物馆还向斯坦福大学博物馆赠送了一幅展览作品仿制品，出版了全英文版的同名展览图录。

宁波市水下考古队员赴菲律宾参加培训

2月28日，宁波市文物考古研究所4名水下考古队员应邀赴菲律宾，参加国家博物馆组织举办的“中国水下考古第二期技术潜水(深潜)培训班”。本次培训班通过为期18天半的封闭式室内理论学习和水下深潜训练，使学员具备了下潜至水底60至80米作业的技术能力并获得相应国际认证，从而将我国水下考古工作水域从30米等深线拓展至60米再到80米等深线。这也是宁波市继2009年4月派人参加“中国水下考古第一期技术潜水培训班”之后，再次派人赴境外参加国家级水下考古深潜培训。

外国使节参观嘉兴博物馆

4月7日，来自俄罗斯、匈牙利、美国、加拿大、古巴、汤加、斐济等五十多个国家的近百名外国使节赴嘉兴博物馆参观。

绍兴鲁迅纪念馆举办“绍台两岸书画作品展”

4月16日，由绍兴市台办、民革绍兴市委主办，绍兴中山书画院、台湾中华亚细亚艺文协会、绍兴市海峡两岸经济文化交流协会承办的“绍台两岸书画作品展”在绍兴鲁迅纪念馆开幕。本次展览共展出书画作品108件，包括了郑成功、冯玉祥等人的作品。

“2010 杭州国际日暨对话意大利”活动在杭州孔庙举行

4 月 21 日,“2010 杭州国际日暨对话意大利”活动东方建筑文化体验交流团赴杭州孔庙参观,并感受了中国传统文化中的儒家文化。

良渚博物院接待台湾来访人士

5 月 3 日,中国国民党荣誉主席连战参观良渚博物院并题词。5 月 26 日,由中天电视、TVBS 电视、旺报等台湾媒体组成的采访团一行对良渚博物院进行了先期专题考察与采访。6 月 23 日,国民党副主席蒋孝严参观良渚博物院并题词。

第十二届中日友好青少年书法交流展举行

5 月 14 日,杭州市人民对外友好协会、西泠印社、日本国际书道文化交流协会实行委员会共同举办的“锦带桥之缘・第十二届中日友好青少年书法交流展”开幕式在中国印学博物馆举行。杭州市人民对外友好协会副会长解崇明,西泠印社副秘书长、书法家黄镇中,岩国市国际姊妹都市交流协会理事、访华团团长松塚展门,日本著名书法家、访华团副团长正木嗣鹏和两市友好人士、书法家、市民代表等出席了开幕式。

宁波博物馆出席国际博协第 22 届大会预备会议

5 月 30 日至 6 月 5 日,应国际博物馆协会(ICOM)总干事邀请,宁波博物馆有关人员赴法国巴黎,参加了国际博协执委会第 117 次会议暨国际博协第 22 届大会预备会议。

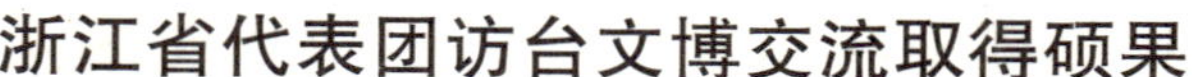

浙江省代表团访台文博交流取得硕果

6月8日至16日，由中共浙江省委副书记、省长吕祖善任团长的浙江省代表团赴台湾举办了“2010台湾·浙江经贸文化合作交流活动”，省文化厅厅长杨建新，副厅长、省文物局局长鲍贤伦及浙江省文物局、浙江省博物馆有关人员组成的文化分团也同期抵台进行了交流访问。

6月16日，在吕祖善省长和台北“故宫博物院”院长周功鑫见证下，浙江省博物馆与广达文教基金会签署了在台北“故宫博物院”合作举办“文艺绍兴——南宋艺术与文化特展”的协议。“璀璨——良渚文化特展”本系浙江省文化厅、台北县政府于2010年9月第四届“台湾·浙江文化节”期间合作举办的项目，为了突出此次“2010台湾·浙江经贸文化合作交流活动”的重要性和文化内涵，经省文化厅、省文物局、余杭区政府、良渚博物院和台北县文化局、台北县十三行博物馆等单位共同努力，展览特提前到6月15日开幕，吕祖善省长及台北县县长周锡玮等浙台两地逾百位嘉宾出席了台北县十三行博物馆开幕仪式。特展展出了良渚博物院、江南水乡博物馆精心遴选的118件代表良渚文化文明特征的珍贵文物，其中包括玉琮、玉璧、玉钺、玉梳背等十余件国家一级文物。这也是我省迄今规模最大、等级最高、展品最多的良渚文化赴台展览。

6月16日，吕祖善省长在访问台北“故宫博物院”并会见周功鑫院长时表示，为了进一步推动浙台两地的文化交流与合作，浙江省博物馆珍藏的《剩山图》可先赴台北合展。希望台北“故宫博物院”及有关方面能一同努力，积极促成《无用师卷》到浙江的合璧展出。随后，根据双方协商情况，浙江省博物馆将于2011年把珍藏的《剩山图》先行送台北“故宫博物院”进行合璧展览。

在台访问期间，文化分团还先后考察了台北县莺歌陶瓷博物馆、奇美博物馆、台南孔庙、延平郡王祠、安平古堡、赤嵌楼、中台山博物馆、琉园琉璃博物馆、兰阳博物馆等一批文博单位，实地了解了台湾的文化遗产保护、利用等方面的情况。

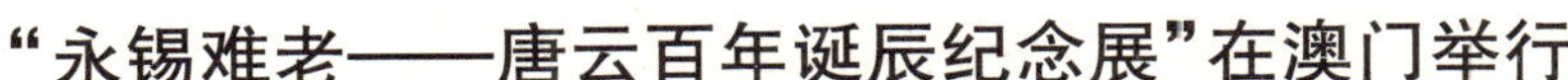

“永锡难老——唐云百年诞辰纪念展”在澳门举行

6月25日，由杭州唐云艺术馆和澳门艺术博物馆联合举办的“永锡难老——唐云百龄诞辰纪念展”在澳门开幕。展览展出了杭州唐云艺术馆所藏唐云生前收藏的书画、文玩及其创作，以及

唐云家属和部分收藏家借展的唐云书画、文玩作品，合计逾200件（套），包括八大山人的《蕉石图》、石涛的《梅竹图》、齐白石的《苞米麻雀图》等精品，八把曼生壶以前从未进行过外展。为配合展览，澳门艺术博物馆还专门制作了100把“永锡难老”紫砂铭刻曼生式石瓢壶限量发售。

西泠印社举行第五届中日韩旅游部长会议纪念碑揭幕仪式暨书法题字活动

2010年8月，第五届中日韩三国旅游部长会议在杭举行。8月22日，中国国家旅游局局长邵琪伟、日本国土交通大臣前原诚司、韩国文化体育观光部长官柳仁村、浙江省政府副省长王建满、中国国家旅游局副局长祝善忠、浙江省旅游局局长赵金勇、杭州市市委副书记、代市长邵占维、杭州市副市长张建庭等领导及中外记者等近百人，参加了在孤山西泠印社举办的中日韩旅游部长会议纪念石碑揭幕仪式和中日韩旅游部长书法题字等活动。

老虎洞出土文物首次赴国外展出

8月7日至11月28日，由杭州历史博物馆、日本大阪市立东洋陶瓷美术馆共同举办的“幻之名窑——南宋修内司官窑杭州老虎洞窑址发掘成果展”在日本大阪举行。展览共展出杭州老虎洞窑址发掘出土的48件修内司官窑瓷器和8件标本，包括目前考古整理完成的大多数器形，堪称修内司官窑瓷器的一次集中展示。这也是老虎洞出土文物首次赴国外展出。

嘉兴美术馆与马来西亚第一美术馆进行学术交流

8月16日，马来西亚第一美术馆馆长、著名艺术活动家戴毓赋暨国外画家一行五人访问嘉兴美术馆并进行了学术交流。

中日友好青少年书法交流笔会活动及展览举行

8月25日、26日，由杭州市人民对外友好协会、西泠印社主办的“2010中国杭州·中日友好青少年书法交流笔会暨书法交流展”在中国印学博物馆举行。杭州市人民对外友好协会会长虞荣仁，西泠印社副秘书长黄镇中，福井市日中友好青少年书道交流访华团团长伊东啓佑，日本著名书法家、日本书法家代表团团长石黑卓子，日本岩国市日中友好青少年书道访华团团长正木宣行，日本书法家代表团满仲宏，中国印学博物馆相关人员和中日百余位青少年书法爱好者共同出席了开幕仪式。由中日双方组成的专家评审委员会对参展的102幅青少年作品进行了评审，遴选出一等奖4名、二等奖9名、三等奖10名、优秀奖22名，并在西湖博物馆展出。

世博会湖州“友谊日”嘉宾团参观湖州博物馆

9月，土耳其、苏丹、朝鲜、法国、德国、美国等近40个国家馆的总代表、副总代表、馆长、副馆长及其他国际组织官员和上海世博局、中国国家馆相关负责人在结束“上海世博湖州友谊日”南浔古镇站活动后，实地考察了湖州博物馆，进行了“走进湖州历史、感受湖笔文化、细说世博情缘”主题参观。“友谊日”活动是2010年湖州“接轨上海、融入世博”的重要活动之一。

西泠印社举办“百年西泠·中国印”罗马特展

9月16日至10月1日，西泠印社在罗马举行“百年西泠·中国印”特展。此次展览由西泠印社与意大利文化部、意大利国家艺术研究院联合举办，展出了百余件图版、印章、书法和绘画，向意大利和欧洲观众介绍了人类非物质文化遗产代表作“篆刻艺术”以及中国传统书画。这是西泠印社创立106年来首次在意大利举办的高规格艺术展览，也是西泠印社近年境外展中首次由外国官方机构发出邀请并在国家级博物馆举办的展览交流活动。

吴山村恐龙遗址中外考古发掘取得成果

9月23日至10月15日，中日恐龙专家联合组成发掘小组，对马宅镇杨岩村平岭岗及白云街道吴山村风车口两处化石遗址进行了抢救性考古发掘，均取得重大成果。经初步鉴定，杨岩村发掘的恐龙化石包括甲龙肋骨、甲板、筋腱、椎体、肱骨等，尤其是很大很完整的背板非常难得。根据这些已有化石推断，该甲龙长8至10米，很有可能是世界上首次发现的新种类甲龙。吴山村恐龙脚印化石遗址现场发现了蜥脚类、兽脚类、鸟脚类、翼龙、鸟类等7种不同种类的脚印化石90多个。这是东阳首次发现兽脚类恐龙脚印化石，也是浙江省内首次发现如此大规模的恐龙脚印化石。其中翼龙脚印化石系国内第二次、世界第八次发现。

萧山举行首届跨湖桥国际学术研讨会

9月24日至25日，由浙江省文物局、省社会科学院、萧山区委区政府主办，中国博物馆学会史前遗址专业委员会、省文物考古研究所、萧山区委宣传部、跨湖桥文化国际研究中心、萧山区文化广电新闻出版局等单位承办的首届跨湖桥国际学术研讨会在萧山举行。来自国内外的60多

位专家从多学科、多视角对8000年的跨湖桥文化进行了解读,围绕“跨湖桥文化在史前考古和中华文明起源上的地位与价值”等五大主题展开讨论,并就“跨湖桥文化的去踪”等问题进行了学术探讨。会前,与会人员还参观了跨湖桥遗址博物馆,实地考察了跨湖桥遗址。本次国际学术研讨会也是首届中国国际(萧山)跨湖桥文化节的重头戏之一。

“天上人间——5000年中国丝绸文化展”在芬兰埃斯堡举办

9月28日,由中国丝绸博物馆和芬兰埃斯堡现代艺术博物馆联合举办的“天上人间——5000年中国丝绸文化展”在芬兰埃斯堡开幕式。本次展览是“芬兰2010·中国浙江文化节”的重要项目之一,展出了来自中国丝绸博物馆的新石器时期至当代丝绸文物126件(套)。展品均经过中国丝绸博物馆与埃斯堡市现代艺术博物馆历时两年多的挑选和筹备。本次展览持续至2011年1月。

浙江省博物馆组织省内文物赴台参展

10月8日至12月26日,浙江省博物馆应台北“故宫博物院”之邀,组织省内文物参加了在台举办的“文艺绍兴——南宋艺术与文化特展”。特展展出了书画、器物、善本图书等南宋文物,我省六家博物馆共提供展品52组(62件),其中湖州市博物馆25件,杭州历史博物馆9件,衢州市博物馆15件,金华市博物馆4件,诸暨市博物馆6件,浙江省博物馆3件。全省10人赴台执行了展览任务。

中国茶叶博物馆举行中日韩三国茶艺交流活动

10月10日,中日韩三国茶艺交流活动在中国茶叶博物馆举行。本次活动由杭州市政府、中国人民对外友好协会、中国国际茶文化研究会主办,杭州市人民对外友好协会、杭州市茶文化研究会、中国茶叶博物馆承办,也是2010中国杭州中日韩茶文化交流大会的重要组成部分。中国茶叶博物馆茶艺队、日本福井市茶道交流访华团、韩国西归浦眈罗茶文院代表团、韩国韩商会茶道代表团等轮流展示了宋代点茶、韩国茶礼、日本表千家茶道等茶艺。

浙江省博物馆举办台湾画家创作个展

10月20日至24日,浙江省博物馆邀请台湾画家叶方、陈欢在浙江西湖美术馆举办了"叶方'一方之静'创作个展"和"陈欢2010'漱云'创作个展"。展览共展出叶方创作的油画、陶板画作品28件(组) 陈欢创作的油画、摄影、书法作品35件(组)。

台北“故宫博物院”副院长冯明珠考察湖州博物馆

11 月，台北“故宫博物院”副院长冯明珠实地考察了湖州博物馆基本陈列及南浔嘉业堂藏书楼、南浔小莲庄等文保单位，对湖州博物馆给予“文艺绍兴——南宋艺术与文化特展”的展品支持与配合表达了谢意，还就湖州正在修建的“赵孟頫纪念馆”项目推进情况等进行了探讨，表达了进一步增进了解、展开合作，共同推动台浙两地文化繁荣与发展的意向。

我省文博界积极参与国际博物馆协会活动

11 月 7 日至 13 日，国际博物馆协会第 22 届大会暨第 25 届全体大会在上海举行。作为我国博物馆事业发展较快较好的省份，我省不仅派出 78 位注册代表全程参加了有关活动，还引进部分专业委员会会议和论坛，使浙江成为大会代表参观、考察的主要目的地之一。

11 月 8 日，宁波市在沪成功组织举办了首届“全球博物馆志愿者开放论坛”。论坛围绕“交流·创新·进步——21世纪博物馆志愿文化与志愿精神”的主题,就当今博物馆志愿者文化前沿理论、发展模式、成功个案等进行了探讨,达成了“弘扬志愿精神、共享人类文明、构建世界和谐”的共识,诞生了《全球博物馆志愿者开放论坛倡议》,举行了“牵手历史——第二届中国博物馆十佳志愿者之星”颁奖典礼。

浙江省博物馆承担了博物馆学专业委员会相关活动的全程组织,还在杭州开辟分会场,召开学术研讨会,并协助安全委员会在杭举办论坛。浙江自然博物馆馆长康熙民在以“生物多样性与气候变化多元文化的探索”为主题的国际博协自然历史博物馆和藏品委员会论坛上发表了主旨发言,副馆长严洪明也在以“博物馆开放中的公众安全、文物移动过程中的安全”为主题的国际博协安全委员会论坛上作了主题发言。浙江省博物馆蔡琴作为中方代表,在博物馆学专业委员会专题论坛上作了主旨发言。浙江省博物馆、浙江自然博物馆、中国丝绸博物馆、杭州西溪湿地博物馆、良渚博物院、黄岩博物馆等积极参加博物馆展览会,分发宣传资料,介绍本馆情况,与国内外代表进行了广泛接触和交流。浙江省博物馆、浙江自然博物馆、中国丝绸博物馆、中国茶叶博物馆、杭州西溪湿地博物馆、良渚博物院、宁波博物馆、湖州市博物馆等单位还接待了千余名世界各地专家、学者的参观考察。

国际博物馆之友联盟主席参观宁波博物馆

11月9日,参加上海国际博物馆协会(ICOM)第22届大会并出席大会国际志愿者开放论坛的国际博物馆之友联盟(WFFM)主席丹尼尔·本-纳坦在有关人员陪同下到宁波市参观,并专程考察了宁波博物馆,参观了宁波史迹陈列、宁波民俗陈列、明清竹刻艺术及正在举办的日本福井县四季景色摄影展。

国际博协登记著录专业委员会考察湖州市博物馆藏品数据库建设

11 月 11 日，由国际博物馆协会登记著录专业委员会主席尼古拉斯·克罗夫茨率队，40 余名各国博物馆文物著录专家组成的考察团对湖州博物馆藏品登记著录工作进行了考察。考察团在听取湖州博物馆馆藏文物调查及数据库管理系统建设项目工作介绍后，实地察看了藏品数据采集成果展示，并对湖州博物馆在馆藏文物登记与著录方面所做出的努力和取得的成果表示肯定。

杭州南宋官窑博物馆与韩国康津青瓷博物馆缔结友好馆际关系

11 月 20 日，杭州南宋官窑博物馆和韩国康津青瓷博物馆正式结成友好博物馆。韩国全罗南道文化遗产研究院院长崔汉善、康津文化院院长金奎植和韩国青瓷大师李龙熙参加了签约仪式，并为同时开幕的“千年之情——韩国高丽青瓷大师作品展”剪彩。作品展共汇集韩国高丽青瓷制作大师李龙熙、尹道铉的七十多件代表作品，展示了韩国传统制瓷技术和高丽青瓷文化。

宁波市水下考古队员参加肯尼亚水下考古工作

11 月 25 日，宁波市文物考古研究所两名水下考古队员应邀赴非洲肯尼亚，参加由中国国家博物馆组织的中肯水下考古合作项目。该项目为期三年，旨在和肯方共同寻找海上丝绸之路东非端点的中国古沉船等文化遗存，帮助肯方拓展水下考古事业，增进两国友谊。此次选派的 12 名水下考古队员来自全国 7 个省、市，具有丰富的水下考古经验，囊括了自我国 1987 年开创水下考古事业以来培养的老、中、青三代水下考古人才。

宁波市举行“科举与科举文献”国际学术研讨会

12 月 20 日，宁波市举行“科举与科举文献”国际学术研讨会。研讨会由中国社会科学院与宁波市政府联合举办，来自北京、上海、天津、香港、澳门、台湾等地及美国、日本、韩国、越南等国的 70 余位专家参加。提交大会的 57 篇论文涉及与科举相关的历史、哲学、教育、政治等领域。中国人民大学历史系教授毛佩琦、美国普林斯顿大学东亚系主任本杰明·艾尔曼、中国社科院历史所研究员李世愉、北京大学历史文化研究所所长张希清、台湾交通大学人文社会学院院长李弘祺、日本东北大学教授三浦秀一等学者在会上做了主题发言。

浙江省博物馆积极开展交流合作

2010年,浙江省博物馆积极开展对外交流。1月18日至26日,副馆长李刚赴英国参加了国家文物局与英国驻华大使馆文化处(中英文化连线)合作开展的中英博物馆馆长交流活动及中英“博物馆开放与交流”研讨会。3月9日,韩国国立光州博物馆馆长李源福一行进行了为期10天的学术访问。4月20至24日,名誉馆长毛昭晰带队赴日本大分县国东市进行友好交流,还访问了国东市历史体验学习馆、九州国立博物馆等文博单位。4月30日,台湾中台禅寺惟觉大和尚在浙江省文化厅厅长杨建新陪同下鉴赏了浙江省博物馆馆藏文物精品。5月12日,台北“故宫博物院”院长周功鑫一行到馆进行座谈,并参观了浙江省博物馆武林馆区。5月22至31日,副馆长沈军甫赴美参加美国博物馆协会2010年年会暨博物馆博览会,并赴加拿大参观博物馆。6月21日,日本东京国立博物馆小松大秀副馆长一行赴浙江省博物馆鉴赏书法作品。8月3日,大英博物馆国际巡展部主任厄德利、埃尔热赴浙江省博物馆洽谈巡展项目,并考察了浙江省博物馆武林馆区临时展厅的展陈条件。8月26日,台湾逢甲大学张保隆校长来访。8月30日,著名作家李敖到浙江省博物馆鉴赏《富春山居图》(剩山图卷)等珍贵馆藏书画并题字。9月28日,联合国教科文组织世界遗产委员会咨询委员、国际古迹遗址理事会韩国委员会委员朴素贤博士考察浙江省博物馆文澜阁。11月2日,莱索托王国首相帕卡利塔·莫西西利赴浙江省博物馆武林馆区参观访问。11月4日,拉脱维亚外国艺术博物馆馆长乌白涅采来访并初步达成借展协议。11月6日至15日,浙江省博物馆有关人员赴韩国国立光州博物馆进行学者访问,重点考察了在韩的浙江青瓷,与中国特别是浙江青瓷关系尤为重要的高丽青瓷以及具有韩国自身特色的粉青沙器等,还就浙江省博物馆2012年准备引进的韩国新安沉船文物展览进行了前期准备,与国立光州博物馆馆长李源福就借展文物情况、文物保险、文物运输、人员组织、相关资料等借展流程达成了意向。11月10日,台北“故宫博物院”副院长冯明珠就浙江省博物馆《富春山居图》(剩山图卷)2011年赴台与《富春山居图》(无用师卷)合璧展出事宜展开全方位商谈并取得共识。11月13日,美国印第安纳州州长米奇·丹尼尔斯一行参观访问了浙江省博物馆孤山馆区。11 月国际博物馆协会第 22 届大会期间,国际博协藏品保护专业委员会代表 20 余人访问浙江省博物馆,参观了浙江省博物馆专业实验室,并与浙江省博物馆技术保护人员就文物保护和修复进行专题座谈。12 月 20 日,日本栃木县立博物馆来访。

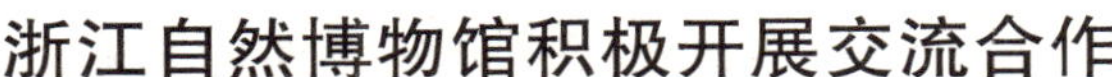

浙江自然博物馆积极开展交流合作

1 月 28 日,美国自然历史博物馆布展人员来馆考察,并商洽引进“达尔文”展事宜。2 月 6 日,法国策展人福斯特、台中自然科学博物馆林怡萱等来馆协商引进“深海”展览事宜。3 月,日本富山大学师生与浙江自然博物馆专业人员共同调查了浙江地质遗迹,日本兵库县立大学三枝博士来馆研究江山恐龙标本。4 月 13 日至 17 日,浙江自然博物馆副馆长陈水华赴日参加由国际鸟盟亚洲部组织的亚洲海洋重要鸟区核定工作会议,并作为中国海鸟专家在会上介绍了极危物种黑嘴端凤头燕鸥在中国沿海的分布和受保护现状,对鸟盟初选的中国内地海洋重点鸟区名单提出了修改意见,参与了黑嘴端凤头燕鸥等多个国家和地区共同关注迁徙物种的保护讨论。5 月至 6 月,美国蒙大拿州立大学博物馆师生 10 人来馆进行美国国家科学基金资助项目——恐龙蛋与教学的教学研究,并考察了浙江的恐龙化石点。7 月 8 日至 13 日,浙江自然博物馆代表团赴日参加了福井县立恐龙博物馆建馆十周年纪念暨特别展览开幕仪式,还考察了琵琶湖博物馆和日本国立科学博物馆。浙江自然博物馆选送的含胚胎蛋化石等八件/组化石标本参加了展览。7 月 12 日,浙江自然博物馆接待了前来参加“海鸟保护和海洋保护区管理论坛”的美国俄勒冈州立大学罗比教授和日本鼠害控制专家矢部辰男一行。7 月 15 日,“2010 年台湾文化行政专业人士参访团”一行 14 人来馆考察。7 月 20 日至 29 日,浙江自然博物馆组团的杭州师生代表一行 29 人赴台湾参加了“2010 年两岸中学生自然探索夏令营”。本次活动由台湾自然科学博物馆文教基金会、浙江自然博物馆、北京自然博物馆联合举办。8 月 22 日至 28 日,浙江自然博物馆副馆长陈水华博士赴巴西圣保罗参加第 25 届国际鸟类学大会,并就有关专题做会议交流。8 月 24 日,瑞士苏黎世大学古生物系教授尼南、沙耶尔来馆交流访问,并观察了楯齿龙化石。9月6日至9日,加拿大自然博物馆地球科学部主任吴肖春博士和日本东京学艺大学佐藤环博士来馆合作研究海生爬行动物化石标本。9月10日,瑞士迈瑞德镇镇长、圣乔治山三叠纪海生爬行动物化石产地世界自然遗产保护区主席帕斯卡·卡坦纽及其基金会董事派尔·卡坦纽来馆参观交流。9月12日,美国芝加哥菲尔德博物馆地质学部主任、美国西北大学教授利佩尔博士,意大利古生物学会主席、米兰大学教授蒂恩多利,美国加州大学教授莫塔尼来馆交流访问。9月18日至26日,浙江自然博物馆馆长康熙民一行赴加拿大自然博物馆访问,并达成了合作意向,签订了《合作谅解备忘录》。9月至10月,日本福井县立恐龙博物馆3名研究人员来馆合作开展东阳恐龙发掘工作。11月2日,国际知名古两栖动物专家、捷克科学院地质研究所博士洛克来馆访问交流,并考察了馆藏正型标本细弱宜州蟾化石。

中国茶叶博物馆做好外务接待工作

2010年,中国茶叶博物馆先后接待了来访的博茨瓦纳副总统蒙帕蒂·梅拉费、塞尔维亚总理米尔科·茨韦特科维奇、希腊驻华大使西奥多洛斯·吉奥戈凯洛斯及夫人、乌克兰公使衔参赞彭诺玛约夫·维克多及夫人、乌干达副总统布凯尼亚等国外嘉宾,完成了外务接待任务。

绍兴鲁迅纪念馆、鲁迅故里完成接待任务

2010年,绍兴鲁迅纪念馆、鲁迅故里完成接待任务:4月22日,越南共和国中央检查委员会副主任梅值一行在中共中央纪律检查委员会外事局副局长邵蜀望等陪同下,参观了鲁迅故居、百草园和三味书屋。当天,澳门特别行政区政法务司陈丽敏司长一行赴鲁迅故里参观。6月24日,芬兰驻沪总领事馆商务领事法兰克一行赴鲁迅纪念馆参观。7月18日,参加第六届世界合唱比赛的波兰、澳大利亚、马来西亚、菲律宾、印尼等参赛选手赴鲁迅故里参观。8月4日,联合国副秘书

长、世博会联合国馆馆长阿瓦尼・贝南一行参观了鲁迅故居、百草园和三味书屋。9月10日，来自世界各国的政府、组织代表及参与上海世博会主题论坛“经济转型与城乡互动”的600余位嘉宾，在中共中央政治局委员、上海市委书记俞正声，浙江省委书记、省人大常委会主任赵洪祝等陪同下，参观了鲁迅故居、百草园和三味书屋。10月11日，西班牙西中友好协会主席赫苏斯・奥苏纳桑斯参观鲁迅故里并进行了文化交流。

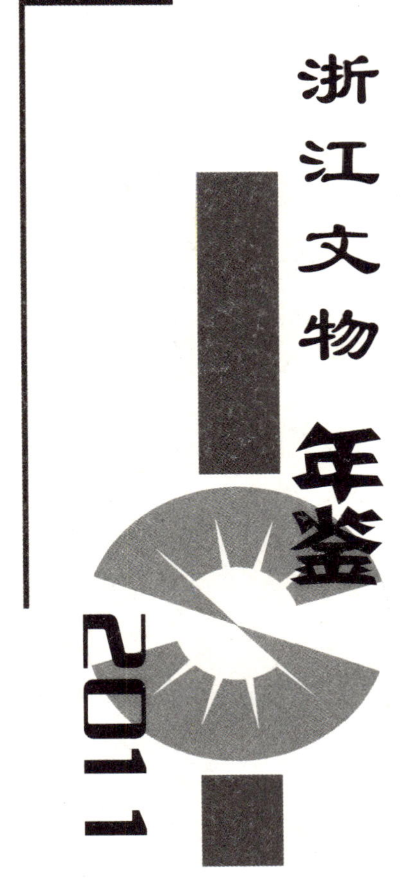

省直文博单位

浙江省文物监察总队

2010年，浙江省文物监察总队按照年初制定的工作要点，以科学发展观为指导，紧紧围绕“巩固求提高、探索促创新、规划谋发展”的要求开展各项工作，取得了较好的成绩。

一、巩固求提高

2010年，浙江省文物监察总队组织、开展高质量的文物执法巡查和专项检查，分赴全省各地，对300家文保单位、博物馆进行重点巡查。执法人员在巡查过程中认真查找问题，耐心指导当地文物执法监察工作，有效促进了各地文物执法巡查工作的高质量、可持续开展。据统计，全年全省各地文物执法监察机构共出动1.6万余人次，巡查文博单位8700家（次）。根据国家文物局部署和省文物局委托，总队与省消防部门组织了全省文物消防安全联合大检查活动，发出整改意见299份，通过整改消除了不少安全隐患。

文物违法案件具有特殊性和复杂性，给文物执法监察机构造成很大压力。为此，总队和各设区市加强督察力度，对各地办案给予有力支持，调查、督办文物违法案件16起，对遏制、查处文物违法行为起到了有力的推动作用。如宁海县县级文物保护单位前童大祠堂（发角楼）在维修中未按照维修方案，西厢房几乎进行新建。总队与宁波市文物监察大队为此约见县政府领导，最终处以15万元罚款，并要求当事人按照维修方案进行整改。在赴龙泉巡查过程中，总队发现省级文物保护单位永和桥保护范围内正在擅自进行污水建设工程，立即协调、督促当地乡政府，要求建设单位立即停止违法施工行为，履行报批手续。与此同时，总队对收到的信访举报均赴实地调查，根据事实进行处理，还对各地已处罚的案件进行回头查访，督促落实后续整改、恢复原状。

在总队推动下，我省各地进一步加强对文物违法案件的查处力度。全年杭州地区共处理文物违法案件95起，其中立案调查32起；宁波地区立案查处文物违法案件7起，罚款75万元（其中宁波市文物监察大队对巡查中发现的2起违法行为进行了立案查处，向当事人分别作出5万元罚款的行政处罚）。温州地区立案查处文物违法案件21起；丽水地区有效遏制文物违法行为20余起，发出整停工改通知书18份，查处违法行为4起。这些查处工作有效遏制了文物违法行为，确保了文物安全。在此基础上，总队起草了《浙江省文物行政处罚自由裁量权指导意见》和《文物违法行为行政处罚自由裁量权适用标准》下发全省。该意见标准的出台进一步规范了我省的文物行政处罚工作。

2010年下半年，总队按照上级部门的要求，组织设区市文物执法监察机构执法人员参加了国家文物局主办的全国文物执法人员片区培训班，并受省文物局委托承办了全省文物执法人员培训班，取得了较好的效果。

此外，总队组织我省首届文物行政执法案卷评比活动的参评案卷评审工作（最终评出优秀奖案卷5份，良好奖案卷7份，鼓励奖案卷14份），并积极组织各地参加第三届全国文物行政处罚案卷的评比，召开参评案卷研讨会，严格把关、认真点评、及时报送。经过评审，我省杭州市荣获第三届全国文物行政处罚案卷评比一等奖，舟山市获二等奖，瑞安市、绍兴县获三等奖，获奖率在全国名列前茅。在11月的江浙沪文物行政处罚案卷评比活动中，杭州、宁波、温州市文物监察支(大)队荣获一等奖，温州市、萧山区、象山县、奉化市文物监察支(大)队获二等奖，洞头县、云和县文物监察大队和杭州良渚遗址文物行政执法大队荣获三等奖。文物行政执法案卷评比活动的开展，进一步提高了全省各地文物执法监察机构的整体办案水准。

2010年，总队采取边研发软件、边录入资料的方式，与省文物局有关部门一起推进监管平台建设，取得了阶段性成果，为下一步全面推进该项工作打下基础。

二、探索促创新

2010年，省文物监察总队继续向全省推广对3万平方米以上大型基本建设工程的前置式巡查理念，促使各地完善协作机制。在杭州市、丽水市、景宁县、湖州市、台州市黄岩区、永康市等地的巡查过程中，总队与当地政府以及规划、建设、交通等部门进行沟通，宣传文物法律法规，要求认真落实对3万平方米以上大型基本建设工程进行先期考古勘探的规定，取得了很好的实效。在总队推动下，全省各地纷纷开展相关工作并有所突破。如新昌县文物监察大队制订了《新昌县占地3万平方米以上大型基本建设工程有关信息告知制度》，供县政府和有关部门参考。随后新昌县政府专门召集规划、发改、建设、文化等部门进行研究，要求规划与文物行政部门落实具体操作办法与制度。县规划部门则将现有四个占地3万平方米以上的大型基本建设工程(房地产项目)以书面形式告知县文物部门，从而为进一步开展考古调查勘探打下了基础。永康市计划进一步制定有关办法，做好该项跨部门工作。长兴县出台了相关规定。建德市提出书面报告，建议文物与规划、建设等部门共同建立大型基本建设工程前置式监管制度。缙云县加强了对3万平方米以上基建工地的日常文物执法巡查。我省这些工作做法得到了国家文物局的肯定。

根据省文物局的要求和部署，总队在2010年组织、开展了全省各设区市的文物行政执法监察工作交叉检查活动。活动用时1个月，分成12个检查组，由各设区市文物执法监察机构相关负责人为组长，总队工作人员为领队，对我省11个设区市40多个市、县的文物执法监察进行了检查，并抽查了百余家(处)文博单位，当场发现、整改安全问题数十个，并成功制止了两起违法行为。

为加强与兄弟省市的工作交流与合作，实现优势互补，我省与江苏、上海等文物行政执法部门进行商议，决定创建文物行政执法监察合作机制。2010年11月底，江浙沪文物行政执法合作签字仪式暨首届联席会议在南京市召开。会议宣读了合作宣言，签署了合作协议，并开展了相关业务培训。本次合作内容包括制定文物行政执法规范标准、实施区域文物行政执法联动、培养文物行政执法优秀人才、推进文物行政执法示范创新、加强文物行政执法信息公开五个方面，得到了国家文物局的肯定。

三、规划谋发展

2010年是“十一五”规划收尾之年，也是“十二五”规划谋划之年。总队根据省文物局工作部署，积极开展我省文物执法监察“十二五”规划调研与编制。在上半年设区市文物执法监察工作会议上，总队对全省文物执法监察工作“十二五”规划草案进行了意见征求，在听取各地建议的基础上初步形成了“十二五”规划初稿并上报省文物局。规划初稿提出，将建立、健全有关规章制度，积极争取文物执法专项补助经费，争取出台《浙江省文物执法巡查规程》和《文物行政处罚案卷范本Ⅱ》；并进一步深化、升级我省文物执法网络监察平台建设；争取在大遗址保护区域、文物较密集地区建立文物公安派出所或警务室；建立公安、工商、建设、海关等联席会议机制，以联合打击文物违法犯罪活动；同时还将争取把这些规划要求纳入到省文物局的“十二五”规划中。

全省文物行政执法监察工作会议在杭召开

1月7日,全省文物行政执法监察工作会议暨2009年度文物行政执法监察工作成绩显著单位表彰会在杭召开。来自全省各设区市和部分县(市、区)文物执法监察机构的50余名代表及省文物局、省文物鉴定审核办公室有关人员参加了本次会议。省文化厅副厅长、省文物局局长鲍贤伦到会并讲话。他对近年来全省文物执法监察机构大规模开展文物执法巡查、依法查处违法行为、打击文物犯罪所取得的成绩予以充分肯定,并向全省一线人员表示慰问,还对当前社会经济发展与文化遗产保护工作之间的关系进行了分析,就2010年度全省文物执法监察工作的开展等方面提出了明确要求。随后,省文物监察总队队长吕可平对2009年全省文物执法监察工作进行了总结,就2010年工作进行了部署。各地代表就文物执法监察工作情况进行了交流,省文物监察总队书记侯小玉对大会进行了小结。

省文物单位消防安全检查组赴嘉兴市检查指导

1月20日至22日，由浙江省消防总队、省文物监察总队共同组成的省文物单位消防安全检查组赴嘉兴开展检查指导。检查组对嘉兴南湖中共一大会址、嘉兴天主教堂、文生修道院、金九避难处（韩国临时政府要员住址）、沈钧儒故居、莫氏庄园、茅盾故居、乌镇历史街区等八个单位进行了实地检查，听取了当地文物、消防部门及各单位的工作汇报。嘉兴市政府和各职能部门十分重视文物消防安全，成立了联合领导小组，及时部署了工作，制订了具体的检查计划和措施。文物行政、公安消防和文物执法部门相互配合，共同参与；各相关部门也建章立制，提供制度保障，签订了文物安全责任书。1月初，嘉兴市按照上级要求召开专题会议，部署了文物单位消防安全检查工作。各级文物行政部门与公安消防部门组成联合检查组，制订了消防安全大检查实施方案，对各级文物保护单位、文物收藏单位、文物保护工程施工现场开展联合检查，措施到位，使嘉兴市文物单位的消防安全工作呈现出良好的总体态势。检查组要求嘉兴市进一步明确安全责任，完善管理制度，在文物保护单位修缮改造过程中统一考虑消防安全问题，并进一步做好文物单位经营场所的管理工作，加强自防、自救能力。嘉兴市文化局、市消防支队及相关部门负责人陪同检查组开展检查。

省文物、消防督查组检查舟山文保单位消防安全

1月，浙江省文物局、省消防局文物安全督查组对舟山市文物单位的消防安全大检查工作进行了督查。督查组听取了当地文物、消防部门的汇报，走访了普陀山佛教协会，详细了解了普陀山寺院消防安全工作的开展、落实情况，对多宝塔、法雨禅寺、普济寺等文物保护单位进行了现场检查，重点查看了防火巡查记录、消防器材设施维护保养、寺院义务消防队伍建设及职责落实情况，并对消防水源、灭火器配置及燃香点烛、电气线路铺设、用火用电管理进行了检查。

省文物监察总队赴丽水开展文物执法巡查

3月2日至5日,省文物监察总队巡查组赴缙云县、景宁县和丽水市区,对省级以上文物保护单位、国有收藏单位开展巡查。巡查组一行检查了全国重点文物保护单位仙都摩崖题记、同济堰、时思寺,省级文物保护单位九进厅、东下坑桥、处州府城墙及景宁县文物库房、丽水市摄影博物馆等8家单位,对巡查中发现的问题进行拍照、登记,并要求被检查单位及时整改。同时,巡查组对丽水市规划局、景宁县交通局开展文物法律法规宣传,要求三万平方米以上基建工程依法实施事先考古调查与勘探。当地规划、建设部门表示,将与文物部门保持联系,建立必要的工作机制,努力把可能存在的地下文物依法保护好。丽水市文物监察支队、市博物馆负责人全程参与了本次执法巡查。

省文物监察总队检查保国寺消防安全工作

3 月 24 日，根据省文化厅、省公安厅《关于联合开展文物单位消防安全大检查工作的通知》精神，省文物监察总队在宁波市文化市场行政执法总队陪同下，对全国重点文物保护单位保国寺古建筑博物馆开展消防安全检查。检查组认真听取了安全工作汇报，实地考察了展厅安防措施，并仔细查看了安全工作台账，对博物馆消防安全工作给予肯定。

省文物监察总队赴宁波市开展文物执法巡查工作

3 月 24 日至 26 日，省文物监察总队巡查组赴宁波市江北区、海曙区、镇海区等地，对部分省级以上文物保护单位进行巡查。巡查组一行实地检查了全国重点文物保护单位保国寺、天一阁、钱业会馆、慈城古建筑群、江北天主教堂，省级文物保护单位张苍水故居、林宅、镇海后海塘等 8 家单位，对钱业会馆西侧围墙及局部建筑在 2006 年因造地下停车场被震裂事件进行了复查，要求钱业会馆依法抓紧进行抢修。此外，巡查组要求占地约 50 万平方米的宁波月湖西侧旧城改造保护工程严格按照文物保护法律、法规，做好对文物与古建筑的保护。宁波市文物执法机构全程参与了检查。

省文物监察总队巡查湖州市文物安全工作

4月28日至30日，省文物监察总队一行赴湖州市，巡查、指导当地文物安全管理工作。在听取湖州市文物执法监察支队的汇报后，检查组对湖州市中心城区飞英塔、安吉县安城城墙、德清县寿昌桥等13处省级以上文物保护单位开展实地巡查，听取了当地文物部门的情况介绍。检查组指出：湖州市工作思路清晰、目标明确，文物安全工作总体情况良好。各级文物监察机构能紧紧围绕“平安世博”的要求，加强对文保单位的日常巡查，实现管理到位和职责到位。希望湖州市能进一步加强对文物保护的宣传，密切与公安、消防等部门的联系，更好地保护文物安全。湖州市文物监察支队、市文保所及县(区)大队相关人员全程陪同巡查。

文物执法监察机构联动检查宁波文物安全

6月1日至4日，由省文物监察总队、宁波市文化市场行政执法总队(市文物监察大队)及当地县(市、区)文物监察大队等部门组成的联合执法组先后赴海曙区、江东区、镇海区、鄞州区、东钱湖及宁海县，对永丰库遗址、天宁寺塔、白云山庄、全祖望墓、庆安会馆、镇海口海防遗址、东钱湖石刻群、它山堰、庙沟后横省石牌坊、天童寺、阿育王寺等省级以上文物保护单位安全情况进行了实地察看。

检查组分别听取了镇海区、宁海县政府和宁波市、县(市、区)文物监察部门的相关情况汇报，并表示，宁波各级各部门历来重视文物保护工作，坚持管理到位、保护到位、执法到位，保持了全市文物安全工作的总体良好态势。希望宁波各级文物监察机构能在当地党委、政府的关心支持下和文物主管部门的统筹指导下，加强对文保单位的执法巡查，密切部门协作，更好地做好文物执法工作，保护文物安全。

省文物监察总队检查金华节前文物安全情况

9月27日至28日，省文物监察总队赴金华市、武义县，与当地文物执法监察机构联合开展节前文物安全检查。检查组抽查了全国重点文物保护单位侍王府、俞源古建筑群、省级文物保护单位熟溪桥，对当地开展日常执法巡查和节假日文物安全检查工作给予肯定；并要求各地保持高度警惕、恪尽职守，落实值班人员和突发事件应急预案，切实做好防火、防盗工作，确保节假日期间的文物安全。

全省文物行政执法监察工作交叉检查活动启动

11月8日，根据省文物局要求和部署，全省各设区市之间的文物行政执法监察工作交叉检查活动正式启动。本次为期三周的检查分成12个检查组，对11个设区市40多个市、县的文物执法监察工作进行了检查。各检查组将根据有关要求，对当地文物保护单位、国有收藏单位是否存在违法行为及安全隐患进行抽查,并对当地文物执法监察机构的工作情况开展了检查,还对检查情况进行了反馈与交流。

浙江省文物鉴定审核办公室(国家文物进出境审核浙江管理处)

2010年,在省文化厅、省文物局的直接领导和国家文物局的业务指导下,省文物鉴定审核办公室(国家文物进出境审核浙江管理处)根据年初制定的工作目标,有效做好了各项文物鉴定审核工作。

一、文物进出境管理

2010年,省文物鉴定审核办公室全年办理文物临时进境审核登记22起、434件/套(与2009年相比批次减少约一半),文物复出境许可13起、202件/套;并办理了文物复仿制品出境2次、205件,以及慈溪、宁波、鄞州、上虞等十余家旧家具经营单位申报的旧家具出境138起。经审核,其中允许出境的一般旧家具(新仿制品)为48946件,禁止出境38件,出境总体数量基本与2009年持平。此外,省文物鉴定审核办公室全年共审核国有博物馆文物出境展览6起,查验文物520件/组——分别是浙江省博物馆赴美国斯坦福大学"二十世纪中国国画大师作品展"的书画110件,赴台湾台北县十三行博物馆"良渚文化特展"的玉器118件,杭州名人纪念馆赴澳门艺术博物馆"永锡难老——唐云百龄诞辰艺术展"的紫砂壶等110件,杭州历史博物馆赴日本大阪市立东洋陶瓷美术馆"南宋官窑之谜——杭州老虎洞窑址发掘成果展"的瓷片54件(组),中国丝绸博物馆赴芬兰埃斯堡艺术博物馆"天上人间——5000年中国丝绸文化展"的丝织品等126件以及赴日本京都国立博物馆"高僧与袈裟——世界佛教袈裟展"的袈裟2件。

根据新发布的《文物入境展览管理暂行规定》,省文物鉴定审核办公室受国家文物局指派,专程赴四川,对四川博物院、深圳博物馆、浙江省博物馆联合引进的印度现代美术馆"印度现代艺术展:现代性的气质"97件展品进行了入境查验,还为中国丝绸博物馆引进的香港梦蝶轩"金冠玉饰锦绣衣——契丹人的生活与艺术"展览的30件/套金银玉器办理了文物进出境审核手续。

二、涉案文物鉴定

2010年,省文物鉴定审核办公室积极配合公安、海关和文化文物行政执法部门坚决打击盗窃、盗掘、走私文物等犯罪活动,及时做好涉案文物的鉴定,全年共鉴定各类涉案文物68起,可移动文物(仿古工艺品)10294件(包括瓷片8463件),其中二级文物5件、三级文物25件、一般文物9162件、非文物1102件;受理涉嫌盗掘和破坏古墓葬、古遗址的案件27起,现场勘察盗洞88处,经鉴定确认为具有一定历史、艺术、科学价值的古墓葬、古遗址为83处(座),5处无法确认。2010年查处的盗掘古墓葬、古遗址案件主要集中在台州、绍兴地区及长兴县、海宁市、余姚市、安吉县、武义县、遂昌县等地。其中台州地区的临海、椒江等地共勘察盗洞41处,均为汉六朝时期的古墓葬。追缴的9件青瓷器中,西晋青瓷鸡首壶为二级珍贵文物。此外,省文物鉴定审核办公室配合绍兴县公安局、县文保所先后11次在绍兴县各案发地勘察被盗掘墓葬23处,均为汉六朝时期古墓葬。

2010年年底,龙泉市公安局要求对涉嫌倒卖国家文物案中的689.8千克青瓷残片进行鉴定。一次性查获如此大量瓷片的案件十分罕见。考虑到古瓷残片一般作为文物标本,是否等同文物尚不明确,为慎重起见,省文物鉴定审核办公室专门向国家文物局进行了书面请示,并根据国家文物局的复函组织专家赴龙泉进行鉴定,确定该批残片系龙泉窑产品,年代跨度为宋代至清代初期,共有8463件,其中三级珍贵文物12件,一般文物8451件。

2010年,省文物鉴定审核办公室与宁波北仑、穿山、大谢海关保持经常性联系,及时对暂扣的疑似文物进行初鉴,提高了鉴定效率和通关速度;同时为杭州海关邮办、杭州萧山机场海关暂扣的邮往境外疑似文物进行鉴定,与执法部门共同把好国门,防止非法走私文物。

三、文物拍卖标的审核

按照新一轮机构改革关于社会文物管理职能的调整规定,省文物鉴定审核办公室做好与博物馆及社会文物处的工作衔接,严格对文物拍卖企业文物拍卖标的的审核。截至12月底,省文物鉴定审核办公室共审核省内各家拍卖公司的文物拍卖54场次,审核各类文物标的26663件(较2009年增加约80%),并撤拍国家禁止流通或超资质范围的文物208件。此外,省文物鉴定审核办公室还协助工商行政管理部门查处了浙江嘉丰拍卖有限公司的违法拍卖文物案件。

四、国有馆藏文物定级鉴定

2010年,省文物鉴定审核办公室继续做好全省馆藏书画文物巡回鉴定工作,完成了对台州市馆藏书画文物的定级确认。自11月下旬起,省文物鉴定审核办公室历时半个月,先后对温岭市文化遗产保护中心、椒江区文管会、路桥区博物馆、黄岩区博物馆、临海市博物馆、天台县博物馆、三门县博物馆馆藏的3999件书画文物进行定级鉴定,确认一级文物2件,二级文物39件,三级文物584件。至此,省文物鉴定审核办公室完成了除杭州市和浙江省博物馆之外全省各市、县馆藏书画的鉴定。

与此同时,省文物鉴定审核办公室继续开展对市县文物收藏单位馆藏文物的鉴定确认,组织专家对宁波北仑博物馆、平湖市莫氏庄园、普陀山佛教文物馆、杭州西湖博物馆、桐乡博物馆等单位的4850件馆藏文物进行鉴定,确认一级文物8件,二级文物81件,三级文物1029件。特别值得一提的是,杭州著名钱币收藏家钟旭洲将毕生收藏的2900余枚(张)古钱币捐赠给家乡桐乡市,桐乡市政府为此建立了"钟旭洲钱币博物馆"。省文物鉴定审核办公室组织相关专家鉴定后确认,这批捐赠品涵盖各历史时期的古钱,明清、民国、革命根据地时期的纸币和现已退出流通领域的人民币,其中一级文物3件,二级文物38件(套),三级文物598件(套)。

此外,省文物鉴定审核办公室协助国有博物馆把好待征集文物的入藏关,先后对浙江省博物馆、中国财税博物馆、中国茶叶博物馆、中国刀剪剑博物馆、中国扇博物馆、中国伞博物馆、杭州历史博物馆、杭州西湖博物馆、杭州南宋官窑博物馆、绍兴市博物馆、绍兴县文保所、舟山市博物馆、东阳市博物馆、义乌市博物馆、永康市博物馆等十余家国有文物收藏单位的800多件待征集文物进行了初鉴,其中不乏一些具有重要价值的文物珍品,如绍兴市博物馆、绍兴县越国文化博物馆征集的越地出土战国时期青铜器、玉石器,杭州虎跑李叔同纪念馆从上海征集的弘一法师断食日志等。

五、民办博物馆藏品的鉴定评估

2010年以来，省文物鉴定审核办公室应市县文物部门的邀请，组织相关专家对一批申请开办博物馆的企业与个人的藏品进行了总体鉴定评估与论证，从而为政府有关部门的决策当好参谋——如应杭州市园文局邀请，对广东番禺“宝墨园”、“南粤苑”公开陈列的展品进行初步鉴定评估；应桐庐县文广新局邀请，对拟筹办家具博物馆的民间收藏者王小昕收藏的一批家具进行鉴定评估；应绍兴市文物管理局邀请，对申请开办“绍兴东方红博物馆”的浙江一片红文化艺术品开发有限公司所收藏的“文化大革命”题材藏品及柯岩“越艺馆”所藏石雕、木雕、砖雕、家具、民俗文物等进行了鉴定评估。

六、业务学习培训和交流考察

为更好贯彻落实文物保护相关政策，适应我国文化遗产保护管理领域标准化的战略要求，国家文物局于2009年委托浙江、广东、天津、江苏四地编制《文物进出境审核规范》系列标准。省文物鉴定审核办公室承担了“文物进出境审核规范总则”等7项国家标准的编写任务。为认真做好课题工作，省文物鉴定审核办公室多次召开专题研讨会，商讨具体细节问题，还派遣有关人员赴北京故宫博物院、南京博物院、天津文物处及四川织绣博物馆等处进行调研。经过一年的努力，省文物鉴定审核办公室于2010年底完成了送审稿的编制。该标准的制定将规范全国文物进出境审核机构审核文物出境的程序、内容和要求。5月，省文物鉴定审核办公室还承办了文物出境审核规范国家标准研讨会。

七、省文物鉴定委员会日常工作

2010年年初，省文物鉴定审核办公室召开省文物鉴定委员会年会。省文化厅副厅长、省文物局局长鲍贤伦在会上就文物工作围绕大局、服务大众、创造工作条件等方面与委员们进行了交流。省文物鉴定审核办公室还继续为省文物鉴定委员赠订全年度《中国文物报》，组织省文物鉴定委员参观展览，开展业务交流，并配合文化遗产日活动组织部分省文物鉴定委员会专家开展为民义务文物鉴定咨询活动。

二〇一〇年全省文物鉴定审核统计表

一、个人携运文物出境许可

次数	总数	瓷器	玉器	书画	金属器	杂项	钱币
3	13	0	0	13	0	0	0

二、文物临时进境审核

次数	总数	瓷器	玉器	书画	金属器	杂项	钱币
22	589	81	43	336	0	129	0

三、文物复出镜许可

次数	总数	瓷器	玉器	书画	金属器	杂项	钱币
13	202	4	11	110	0	77	0

四、古旧家具出境许可

次数	总数	上虞市	慈溪市	宁波市	象山县	温州市	鄞州区	杭州市	禁出
138	48946	1678	25945	859	265	0	20164	35	38

五、文物出境展览审核

次数	总数	瓷器	玉器	书画	金属器	杂项	钱币
6	520	72	93	196	0	159	0

六、涉案文物鉴定

次数	可移动文物	总数	一级	二级	三级	一般	仿品	待定
68		10294	0	5	25	9162	1102	0
	不可移动文物	总数	重要	较重要	一般	不确定	备注	
		87	0	3	79	5		

七、文物拍卖标的审核

场次	文物标的数	书画	陶瓷	玉杂器	撤拍
54	26663	17918	1678	6859	208

八、国有博物馆馆藏文物鉴定

单　位	总 数	一 级	二 级	三 级	一 般	新 品	待 定
桐乡市君匋艺术馆	786	2	12	330	442	0	0
宁波江北区文管所	13	0	0	6	7	0	0
平湖市莫氏庄园	274	0	0	16	258	0	0
舟山市普陀山佛协佛教文物馆	1469	5	23	349	1092	0	0
富阳文物馆	17	0	15	1	0	0	1
杭州档案馆	3	0	0	1	2	0	0
宁波市北仑博物馆	68	0	1	18	49	0	0
杭州西湖博物馆	88	0	4	42	42	0	0
桐乡博物馆	2132	1	26	266	1839	0	0
合　计	4850	8	81	1029	3731	0	1

九、浙江省馆藏书画专项鉴定

单　位	件　数	一级	二级	三级	一般	待定
临海市博物馆	3026	0	35	389	2589	13
温岭市文化遗产保护中心	149	0	1	11	136	1
椒江区文管会	25	0	0	15	10	0
路桥区博物馆	3	0	0	1	2	0
黄岩博物馆	420	2	1	90	325	2
三门县博物馆	69	0	0	29	40	0
天台县博物馆	307	0	2	52	252	1
合　计	3999	2	39	587	3354	17

省文物鉴定委员会举行新春座谈会

1月22日,浙江省文物鉴定委员会新春座谈会在杭举行。省文化厅副厅长、省文物局局长鲍贤伦,省文物鉴定委员会副主任陈文锦及30余位委员参加了会议。会议由省文物局副局长陈官忠主持,鲍贤伦局长在会上从文物工作应主动围绕大局、服务大众、力争使工作条件取得新进展等方面与各位委员进行了交流。省文物鉴定委员会秘书长柴眩华在会上对省文物鉴定委员会2009年度工作做了总结,委员们也就提升博物馆展陈学术水准、人才队伍培养等问题提出意见和建议。

省文物鉴定专家组赴桐乡鉴定古钱币

2010年3月和12月,省文物鉴定委员专家组先后两次赴桐乡市,对钟旭洲钱币博物馆馆藏

的2900余枚(张)古钱币进行了鉴定。该批钱币为杭州著名钱币收藏家钟旭洲先生毕生收藏,现捐赠给家乡桐乡市。桐乡市政府为此兴建了钟旭洲钱币博物馆予以长期展示。经鉴定,该批古钱币涵盖了各个历史时期的古钱,明清、民国、革命根据地时期的纸币和现已退出流通领域的人民币,共有一级文物3件、二级文物38件(套),三级文物598件(套)。

省文物鉴定专家评估绍兴东方红博物馆藏品

4月29日,省文物鉴定审核办公室应绍兴市文物局邀请,组织有关专家对申请开办绍兴东方红博物馆的浙江一片红文化艺术品开发有限公司的相关藏品进行了考察评估。专家组认为,该类型的专题博物馆在我省尚属空白,展品数量已基本具备开办博物馆的条件,但仍需要注意把握尺度。

省文物鉴定专家评估普陀山佛教文物馆收藏文物

应舟山市文广新局邀请,省文物鉴定审核办公室于5月组织省文物鉴定委员专家组对普陀山佛教文物馆馆藏的书画、铜器、瓷杂等1469件文物进行了鉴定。其中明代铜漆金观音坐像(两件)、铜漆金雪山大士坐像(连座)、元代佚名绢本山海宫阙图轴、明代浮雕灵芝螭虎纹犀角杯等5件被确认为一级文物,另有二级文物23件,三级文物349件。

省文物鉴定审核办公室赴湖北考察

8月22日至28日,省文物鉴定审核办公室赴湖北,实地考察了湖北省博物馆、荆州博物馆,还参观了荆州古城墙和武当山世界文化遗产等古迹。

省文物鉴定审核办公室专项鉴定台州市馆藏书画文物

11月下旬,省文物鉴定审核办公室组织省文物鉴定委员专家组对温岭市文化遗产保护中心、椒江区文管会、路桥区博物馆、黄岩区博物馆、临海市博物馆、天台县博物馆、三门县博物馆馆藏

的3999件书画文物进行了定级鉴定，确认一级文物2件、二级文物39件、三级文物584件。至此，除杭州市和浙江省博物馆外，全省各市县的馆藏书画鉴定工作已基本完成。

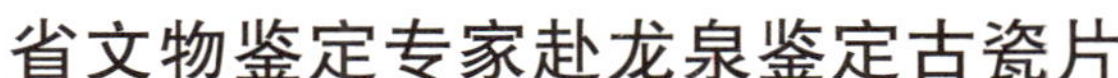

省文物鉴定专家赴龙泉鉴定古瓷片

2010年年底，龙泉市公安局要求对一起涉嫌倒卖文物案中的689.8千克古青瓷残片进行鉴定。一次性查获大量古瓷片的案件十分罕见。考虑到古瓷残片一般作为文物标本，是否等同文物尚不明确，为慎重起见，省文物鉴定审核办公室专门向国家文物局进行了书面请示。在接到国家文物局"古陶瓷器残片属于《文物保护法》第三条第二款规定的历史上各时代重要实物范围，应当被认定为文物"的复函后，省文物鉴定审核办公室组织专家赴龙泉，对瓷片进行了鉴定。这批青瓷标本主要为龙泉窑产品，年代跨度为宋代至清代初期，共有8463件，其中三级珍贵文物12件，一般文物8451件。

省文物鉴定专家勘察被盗古墓葬

2010年，省文物鉴定委员会专家在台州临海、椒江等地现场勘察盗洞41处，均确认为汉六朝时期古墓葬。追缴的9件青瓷器中，西晋青瓷鸡首壶鉴定为二级珍贵文物。此外，省文物鉴定审核办公室配合绍兴县公安局和县文保所，先后11次在绍兴县各案发地勘察被盗墓葬23处，均为汉六朝时期古墓葬。

省文物鉴定审核办公室赴四川查验入境展览文物

根据国家文物局新发布的《文物入境展览管理暂行规定》，2010年，省文物鉴定审核办公室受国家文物局指派专程赴四川，对四川博物院、深圳博物馆、浙江省博物馆联合引进的印度现代美术馆"印度现代艺术展：现代性的气质"97件展品进行了入境审核查验。这也是省文物鉴定审核办公室首次赴省外执行文物进出境审核业务工作。

浙江省博物馆

2010 年，浙江省博物馆在浙江省文化厅、浙江省文物局的领导下，以邓小平理论和“三个代表”思想为指导，深入贯彻落实科学发展观，全力完成珍贵文物藏品信息数据库建设和文澜阁维修工程两项重点工作，扎实开展各项业务工作，充分展现了现代博物馆的良好形象，各项工作都取得了可喜的成绩。

一、藏品工作

藏品是博物馆开展业务活动的基础。浙江省博物馆结合建馆宗旨和发展目标，有计划、有重点地开展文物征集、保管、保护工作，努力凸显自身特色，2010 年共征集藏品 102 件（组），其中一级文物 3 件，二、三级文物和一般文物 44 件，资料 55 件。陶瓷类入藏不仅遵从了“巩固青瓷特色收藏”的目标，也符合年初制订的“重点做好陶瓷类文物征集工作”计划，为孤山馆区陶瓷陈列改造提供了更多展品内容。通过主动联络和支持引荐，一些知名工艺美术大师纷纷捐赠作品，充实了馆藏类型和数量。特别是征集到的宋元时期龙泉窑青瓷出戟尊造型奇特、釉色滋润，被定为国家一级文物，极大地提高了馆藏龙泉窑青瓷的收藏档次。

在藏品保管方面，浙江省博物馆根据文物材质特点，将文物按不同要求分藏在不同条件库房内。保管员按制度开展文物库房的管理，完成了各库房的温湿度监测、藏品整理、账物核对、保洁等工作。

藏品信息数据库建设是 2010 年的重点工作。浙江省博物馆按照省文物局统一部署，完成了馆藏 3 万余件珍贵文物的图像、文字信息采集、录入与链接，以及数据准确性、完整性、规范性核对，在规定时间内保质保量圆满完成了任务。因文物拍摄、展览、鉴赏、研究、修复等需要，全年文物藏品出入库数量巨大，但由于规范的藏品提用及人员出入库制度，浙江省博物馆保障了文物的安全。

在文物保护方面，浙江省博物馆继续完善浙江省文物保护科研基地实验室、修复室建设，对实验室进行了调整，完成了样品前处理和老化实验室的建设及实验设备的调整和配备，在武林馆区逐步完善了文物预防性保护实验室的配置。2010 年，浙江省博物馆加入“国家文化遗产保护科技创新联盟（浙江省）”，成为首批联盟理事会成员。一年来，浙江省博物馆对陶瓷、书画、铁器等 65 件馆藏文物进行了修复、清洗等技术保护，并委托馆外文物修复专家修复、清洗了部分馆藏沙耆、常书鸿油画。

文澜阁维修工程自 2006 年 3 月开工以来，至 2010 年 8 月底基本完工。文澜阁是西湖“申遗”的文物古迹点之一。在限期竣工的情况下，浙江省博物馆服从大局，自筹部分维修资金，与施工、监理等单位签订补充协议，使工程顺利开展、如期完工。

二、学术研究

2010 年，浙江省博物馆业务人员广泛开展历史学、考古学、文物学、文物科技保护、博物馆学等方面的学术研究，出版了相关图书，举办学术研讨会，展现了良好的学术形象。浙江省博物馆通过自主、承接、合作等多种方式，在文物保护等领域内开展了诸多学术研究项目，完成了“海洋出水陶瓷、金属和木质文物保护前期研究”中的船板木质文物脱盐、脱水定型前期研究及浙江大学委托的古代竹简脱水稳定试验；按计划开展了浙江省重大科技专项“大型饱水木质文物的真空冷冻脱水研究”（其中“一次性冻干的数值模拟研究和数值计算剩余含水率无损确定古木冻干终点研究”关键技术取得重要研究成果）；并继续开展“浙江省可移动文物环境控制方法研究”和“南宋髹漆陶片标本保护研究”；完成了省文化厅调研课题“浙江省国有博物馆免费开放后社会教育体系研究和对策”；启动了“吴越文化研究”、“浙派绘画研究”、“古代浙江输出青瓷研究”、“古琴研究”等课题。一年来，浙江省博物馆业务人员积极参加学术活动，撰写学术论文，据不完全统计，全年共出版论著5部，在专业刊物上发表学术论文、学术文章53篇。

2010年，浙江省博物馆结合临时展览，编印配套图录、画册13种，出版“浙江省博物馆学人丛书”2部，编辑出版《东方博物》4辑，使《东方博物》成为全省乃至全国文博系统专业人员交流研究成果的重要平台。此外，浙江省博物馆承办了“第33届国际博物馆协会博物馆学委员会（ICOFOM）研讨会”，参与协办了“国际博物馆协会第22届大会安全委员会（ICMS）杭州会议”，参与承办了“沙孟海论坛暨中国书学国际研讨会”，承办了“2010年中国古琴国际学术研讨会”。

三、展览展示

2010年，浙江省博物馆进一步强化精品意识，做好展览的自主创新和“引进来、走出去”工作，为观众提供了丰富多彩的展览，取得了良好的社会效益，全年共举办临时展览33个（其中自办原创性展览12个、引进展览6个、协办展览3个、其他12个），呈现出多元化、自主化、精品化的特点。通过深度发掘藏品资源，创新构思展览主题，浙江省博物馆推出了“地涌天宝——雷峰塔及唐宋佛教遗珍特展”、“异彩纷呈——浙江省博物馆藏瓷特展”、“聚珍荟宝——馆藏珍玩展”、“篆分意度——馆藏清代名家篆隶书法作品展”、“取精用弘——馆藏现当代美术名家珍藏库作品展”、“沙耆作品展”等馆藏珍品展，深受观众喜爱。

与此同时，浙江省博物馆继续做好品牌展览，推出了“世纪掇英——中国当代美术名家系列作品特展”系列之“人物篇：原创者的足迹——李震坚人物画展”、“花鸟篇：意似神完——沈耀初花鸟画作品展”和“油画篇：边城大师——廖新学作品展”等3个展览和“浙江民间收藏精品走进博物馆系列特展之三：玉蕤——浙江慈溪许氏藏皇宋修内司暨古代玉器珍品展”、“浙江民间收藏精品走进博物馆系列特展之四：紫砂印象——浙江民间紫砂精品特展”等2个展览；引进了“国家宝藏——中国国家博物馆馆藏文物精品展”、“青铜时代——中原夏商周文物展”、“丝绸之路——大西北遗珍”、“雅俗之间——吉州窑瓷器特展”等4个精品文物展。

在自办、引进精品展览之余，浙江省博物馆积极利用馆藏资源，赴外省博物馆、美术馆举办文物精品展。2010年，浙江省博物馆赴陕西历史博物馆、广东东莞莞城美术馆、山西博物院、福建博物院、江西省博物馆等地，分别举办了“墨华飞动、浑厚华滋——黄宾虹艺术展”、“传无尽灯——黄宾虹艺术大展”、“海上清芬——浙江省博物馆藏海派大师吴昌硕书画精品展”、“山水之间——浙江省博物馆馆藏山水画精品展”、“千年雷峰塔——雷峰塔暨浙江吴越佛教遗珍特展”等多个展览。此外，浙江省博物馆积极发挥省级博物馆的作用，无偿向中国丝绸博物馆、金华市博物馆、衢州市博物馆、舟山博物馆、浙江美术馆等 12 家省内博物馆提供展览或展品；还赴美国斯坦福大学博物馆举办“二十世纪中国国画大师作品展”，为台北“故宫博物院”“文艺绍兴——南宋艺术与文化特展”提供展品，积极扩大了自身在国际上的影响力。

四、宣传教育

随着博物馆社会化程度的提高，浙江省博物馆努力完善展览参观服务。据统计，全年参观观众达 157 万人次（包括孤山馆区、武林馆区、浙江西湖美术馆、黄宾虹纪念室、沙孟海旧居）。为进一步提高讲解服务水平，浙江省博物馆加强对讲解员、志愿者的业务培训和职业道德教育，修订、完善了武林馆区的陈列讲解稿，对讲解员加强培训考核，提高了讲解员的讲解水平。同时，浙江省博物馆积极开展对志愿者的培训，置办了志愿者书库，制订了新服务守则，制作了新服务手册，建立了志愿者自治管理队伍。志愿者徐阿祥还获“第二届中国博物馆优秀志愿者”荣誉称号。

为加强参观服务，浙江省博物馆完善了馆内的标识标牌，免费提供展览介绍，更新电子阅览内容，进行了观众调研，力求满足不同参观群体的需求；并利用馆藏文物优势，积极开发文物仿制品和有特色的纪念品，不断充实观众休闲服务内容。

2010 年，浙江省博物馆与 4 家单位共建教育基地，在“国际博物馆日”举办“浙江省博物馆共建教育基地挂牌仪式暨文物演讲文艺表演”；在文化遗产日举办“为民义务‘鉴宝’活动”和“2010 浙江省博物馆《富春山居图》暨馆藏绘画临摹大赛”活动；启动了“‘武林文博讲坛’系列讲座暨‘走进武林馆区’系列社教活动”，举办了 5 场主题讲座；还在元宵、端午、中秋等传统佳节推出了“武林雅韵——新春元宵古琴演奏会”、“武林雅韵——端午古琴演奏会”、“武林雅韵——中秋音乐会”，举办了“凤凰和鸣——浙江省博物馆藏唐代雷琴演奏会”。这些社会教育活动匠心独运、别具一格。特别是“武林雅韵”系列古琴演奏会的举办，极大提高了浙江省博物馆在古琴收藏界的知名度和社会美誉度。

为加大社会宣传力度，浙江省博物馆全年编印《浙博天地》12 期，并及时通过网站更新本馆及全省文博单位的信息动态，提前发布展览和活动预告。与此同时，浙江省博物馆加强与新闻媒体的合作，配合展览、活动做好宣传。据不完全统计，全年各类媒体共刊登、播出浙江省博物馆信息 250 多次，其中报纸 120 多次，电视、网络、刊物等 130 多次。

五、行政管理

科学、规范的管理对博物馆的发展起着至关重要的作用。浙江省博物馆领导班子重视内部管理，充分发挥工会、职代会的民主管理作用，统筹安排安全、人事、财务、后勤等各项工作，努力实现人财物的合理配置和最佳效益，确保业务工作的顺利开展。

2010 年，浙江省博物馆改革管理体制，进一步完善内部管理体制和运行机制。为深化人事制度改革，建立健全了岗位设置管理制度，促进人事管理的科学化、规范化、制度化；还结合事业发展实际，制定了《浙江省博物馆岗位设置方案》，对聘期已满的中层以上干部进行民主测评和续聘，空缺岗位实行竞聘上岗；同时重视人才的引进与培养，公开、择优招聘在编职工 2 人，鼓励干部职工参加多种形式的学术研讨、业务研修和技能培训。

为不断完善安全制度和安全应急预案，浙江省博物馆高度重视安全保卫工作，加强安全教育，努力提高全馆干部职工的安全意识，并强化日常安全工作，加强安全管理，确保技防消防设施的正常运转，重点检查、调试、完善了武林馆区新投入运行的技消防设备，加强了对经济协警、展厅管理员、外聘保安3支安全保卫队伍的建设和管理，组织保卫干部参加培训；对重大安全保卫工作做到有计划方案、有组织领导、有实施步骤，圆满完成了大型展览、活动、文物押运的安全保卫工作，实现全年安全无事故，被杭州市公安局评为"经济文化保卫先进集体"。

在行政后勤保障方面，浙江省博物馆加强制度建设，认真做好文秘、保密、人事、外事、档案、老干部、信息化、职称评审、图书资料等工作，认真贯彻执行各项财务规章制度，依法进行会计核算、会计监督，做好日常财务管理和各项资金的使用调配与统筹安排，完善了国有资产登记统计制度；完成了日常维护和各个馆区的维修工作，确保高配用电的全年安全正常运行和车辆管理的安全无事故。

浙江省博物馆领导班子专题学习省领导重要批示

1 月 22 日，中共浙江省委书记赵洪祝在《浙江文物要情》第 1 期“浙江省博物馆被确定为首批中央地方共建国家级博物馆”上作出重要批示：“可喜可贺，要在今后工作中充分发挥省博物馆构建和谐社会，推动文化大繁荣、大发展的作用。”随后，浙江省文化厅、省文物局领导就认真学习领会赵书记重要批示精神先后作出批示，并把赵书记重要批示传达到浙江省博物馆。

2 月 10 日，浙江省博物馆召开馆长办公会议，认真专题学习、领会赵书记的重要批示精神，并就贯彻、落实措施进行了讨论。浙江省博物馆领导班子一致认为，赵书记的重要批示体现了党和政府对文化事业发展的高度重视和对基层文化事业单位的深切关怀，对浙江省博物馆今后的发展指出了明确的方向，提出了很高的期望和要求，令人振奋、鼓舞。浙江省博物馆将按照赵书记的批示要求，进一步认清博物馆建设在构建和谐社会，推动文化大繁荣、大发展中的重要作用，在省文化厅、省文物局的领导下，积极开创新局面、新格局，不断推进博物馆事业发展，努力提高“为社会公众服务”的意识，更好地发挥博物馆的社会职能，为构建社会主义和谐社会起到应有的作用。

专题学习会议之后，浙江省博物馆立即把赵书记的重要批示传达给每个中层干部，并要求各部门将批示精神传达到每个职工，使全馆统一认识、具体落实，通过全体员工脚踏实地地真抓实干，完成好每一项工作任务，并在此基础上实现自身水平的不断提高。

浙江省博物馆推出“聚珍荟宝——馆藏珍玩展”

2 月 4 日，浙江省博物馆在孤山馆区推出“聚珍荟宝——馆藏珍玩展”。展览分为玉器类（包括玛瑙、水晶）、金银器类、文房类（包括竹刻臂搁、笔筒、砚台、墨块等）及杂项类（包括象牙、犀角

雕、核雕、木雕、雕漆、鼻烟壶等）等四部分，是杂项文物的萃集。其中明柳如是写经白端砚、明犀角夔龙杯、清染牙“白菜叫蝈蝈”、清雕朱漆波涛鱼纹圆盒都是难得一见的珍品。

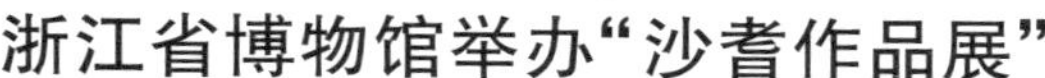

浙江省博物馆举办“沙耆作品展”

2月4日起，浙江省博物馆举办“沙耆作品展”。作品展对我国老一辈画家沙耆不同历史时期的艺术创作进行了回顾性展示，以油画为主，展现了中国艺术家在西方学习时的完整结构脉络，也体现了当时的中国画家为领会西方绘画体系所投入的努力，以及掌握西方绘画观察方法和技法所达到的高度。

浙江省博物馆引进“雅俗之间——吉州窑瓷器特展”

3月19日至6月20日，浙江省博物馆举办了从江西省博物馆引进的“雅俗之间——吉州窑瓷器特展”。展览共分为“绚烂缤纷的黑釉瓷”、“秀丽典雅的彩绘瓷”、“朴拙传神的雕塑瓷”、“青

釉、白釉、绿釉瓷”等四个部分，精选了150余件（套）吉州窑瓷器及其相关文物，较全面地展示了吉州窑的制瓷成就和历史。吉州窑瓷器的产生与发展和宋代茶文化之间有着密不可分的关系。因此，浙江省博物馆特策划、举办了“茶器、茶香、茶语迎宾茶会”，还邀请中国茶叶博物馆茶艺表演队用江西景德镇新仿吉州窑茶具进行了茶艺表演，复原了宋代茶道。

《浙江省博物馆典藏大系》荣膺“2009年度全国文化遗产十佳图书”称号

经过推荐申报、专家初评、读者投票等环节评选，4月23日“世界读书日”之际，中国文物报社举办的首届“紫禁城杯”（2009年度）全国文化遗产十佳图书最终揭晓，由浙江省博物馆编纂的《浙江省博物馆典藏大系》被评为“2009年度全国文化遗产十佳图书”。

自1929年浙江省西湖博物馆建立以来，浙江省博物馆收集、保存了大量珍贵文物。作为全面、系统展示馆藏文物基本面貌的学术性图录，《浙江省博物馆典藏大系》全书由《史前双璧》等12本组成，实现了对浙江省博物馆馆藏文物的首次全面、系统整理与研究。

“地涌天宝——雷峰塔及唐宋佛教遗珍特展”举行

4月28日至8月27日，“地涌天宝——雷峰塔及唐宋佛教遗珍特展”在浙江省博物馆武林馆区展出。展览以2009年10月3日至2010年3月14日浙江省博物馆、中台山博物馆在台湾南投县中台山博物馆联合举办的“地涌天宝——浙江省博物馆藏雷峰塔天宫地宫出土文物展”96件（组）藏品为基础，新增馆藏及外借的佛经、铜镜、佛像、碑刻等展品，共分为“佛国寻踪——吴越国的历史与佛教”、“皇妃探秘——杭州雷峰塔遗址及地宫发掘”、“宝塔涌出——吴越国王钱（弘）俶造八万四千阿育王塔及吴越国民间造阿育王塔”、“法宝流布——浙藏敦煌写经及浙江唐宋佛塔出土写经、刻经”等四个部分，还首次公开展示了2006年温州平阳宝胜寺双塔出土的陶佛像及碑刻，重点展示了馆藏唐宋时期刻本佛经。

浙江省博物馆开展“国际博物馆日”活动

5月16日,“浙江省博物馆共建教育基地挂牌仪式暨文物演讲文艺表演”在浙江省博物馆武林馆区广场举行。2010年“国际博物馆日”的主题是“博物馆致力于社会和谐”。为此,浙江省博物馆、朝晖街道在各协办单位的大力支持下,举行了“博物馆致力于社会和谐——浙江省博物馆共建教育基地挂牌仪式暨文物演讲文艺表演”活动,与浙江省博物馆共建教育基地的社区、部队、工厂、乡村、学校等500多人参加活动。浙江省博物馆已共建各类教育基地150多家,此次又有浙江艺术职业学院、朝晖街道、杭州梅苑股份有限公司、杭州市东园婴幼园等四家单位与浙江省博物馆实现了合作。活动中,浙江省博物馆等6家共建单位及高校志愿者、西湖琴社还表演了13个文艺节目和讲演。

“篆分意度——馆藏清代名家篆隶书法作品展”展出

6月1日,"篆分意度——馆藏清代名家篆隶书法作品展"在浙江省博物馆武林馆区展出。展览精选了浙江省博物馆馆藏清代54位篆隶名家的68件作品,展现了清代篆隶书法的演进与发展。

"百万年的文化根系——浙江旧石器考古成果展"举行

6月12日至8月15日,浙江省博物馆与浙江省文物考古研究所、长兴县博物馆联合举办了"百万年的文化根系——浙江旧石器考古成果展"。展览分为"旧石器文化概论"、"人类的发展简述"、"旧石器的种类与打制方法"、"长江下游地区旧石器文化的特色"、"长江下游地区旧石器晚期文化中的动物种群、人工骨制品及发现的意义"、"浙江地区旧石器考古的全面展开"等六个部分,共展出文物123件。

近十年来,浙江的旧石器考古调查与发掘工作取得了丰硕成果,已发现80多处旧石器地点,主要分布在浙北苕溪流域和浙中钱塘江流域,一举填补了浙江无旧石器时代文化遗物的空白;还重点发掘了安吉上马坎、长兴七里亭、银锭岗、合溪洞等遗址。发掘情况表明,从早更新世晚段到晚更新世,人类一直在浙江大地上生息繁衍,浙江的文化根系可达百万年。

浙江省博物馆推出"异彩纷呈——浙江省博物馆藏瓷特展"

6月25日至11月14日,浙江省博物馆推出“异彩纷呈——浙江省博物馆藏瓷特展”。展览以馆藏非浙江窑口生产的高古名瓷和明清瓷器为遴选对象,编排了“高古名瓷”、“日月菁华”、“清风拂面”等三个单元,弥补了浙江省博物馆长年以来瓷器类展览仅有青瓷的缺憾。

“取精用弘——馆藏当代美术名家珍藏库作品展”展出

7月1日,“取精用弘——馆藏现当代美术名家珍藏库作品展”在浙江省博物馆西湖美术馆开幕。展览展出当代美术名家书画53件,包括李震坚、顾生岳、曾宓、刘江、马世晓等13位大家的作品。20世纪90年代起,浙江省博物馆就建立了较为系统的“现当代美术名家书画珍藏库”,旨在丰富、完善书画藏品的种类、收藏、时代延续性及书画艺术的传承,丰富浙江的美术资源,为保护文化遗产开辟了新途径。

浙江省博物馆加入国家文化遗产保护科技创新联盟(浙江省)

8月3日,在国家文化遗产保护科技创新联盟(浙江省)理事会成员单位签约仪式上,浙江省博物馆正式签约加入联盟,从而成为首批联盟理事会成员。国家文化遗产保护科技创新联盟(浙江省)是在国家文物局、浙江省政府领导下,由浙江省文博单位、高等院校等共同建立的文化遗产保护技术创新合作组织。联盟将紧密结合浙江省文化遗产保护实际需求,整合高校、科研部门的科技资源,开展战略性技术协作和创新,以提高我省文化遗产保护技术整体水平。浙江省博物馆在木质文物保护、文物保护材料研究、文物预防性保护等领域具有一定的基础,并在与高校及科研单位的合作中积累了经验,取得了一定成果。加入国家文化遗产保护科技创新联盟(浙江省)将有利于浙江省博物馆更好地解决文化遗产保护工作中存在的迫切问题,建立、健全起多元化的文化遗产保护创新资源共享体系,在文化遗产保护研究、成果推广、人才培养等方面取得新的进展,促进文化遗产保护工作取得更大成效。

“人民的胜利——纪念中国人民抗日战争暨世界反法西斯战争胜利65周年书画展”举行

9月1日,“人民的胜利——纪念中国人民抗日战争暨世界反法西斯战争胜利65周年书画展”在浙江省博物馆西湖美术馆开幕。展览共展出书画作品107件,分为“冒着敌人的炮火前进”、“大刀向鬼子们的头上砍去”、“铁血丛林”、“人民战争”、“以血御侮”、“烈火腾冲”、“海外赤子”、“国际援助”等八个部分,较为系统地展示了东北抗日义勇军、东北抗日联军、八路军、新四军、华南抗日纵队、人民群众、国民党军、海外华侨和国际正义力量在中国抗日战争中的贡献。

浙江省博物馆引进“青铜时代——中原夏商周文物展”

9月10日至11月9日,浙江省博物馆举办了从河南博物院引进的“青铜时代——中原夏商周文物展”。展览汇集了河南出土的夏商周时期文物精品111件(组),分为“禹夏故土”、“殷商王都”、“西周封邑”、“东周列国”四个单元,着重反映了夏商周三代的礼制与文化,展示了当时的政治生活和社会面貌。青铜器是夏商周三代最具象征意义的实物载体,成为古代中国文明的象征,直到秦汉时期才逐渐退出礼制中心。

“玉蕤——浙江慈溪许氏藏皇宋修内司暨古代玉器珍品展”举行

9月28日,“浙江民间收藏精品走进博物馆系列特展之三:玉蕤——浙江慈溪许氏藏皇宋修内司暨古代玉器珍品展”在浙江省博物馆孤山馆区精品馆举行。展览共展出浙江慈溪收藏家许国文珍藏的古代玉器精品102件(组、套),其中皇宋修内司的御用铭刻玉器和各种明清宫廷玉器堪称亮点。

浙江省博物馆举办纪念沙孟海诞辰110周年活动

2010 年是中国当代书坛名家、著名学者、现代高等书法教育先驱和浙江省文博事业奠基人之一的沙孟海诞辰110周年。10月28日至11月14日,浙江省博物馆、浙江省书法家协会在西湖美术馆举办“沙孟海特展”。展览聚集了110件(组)沙孟海各个时期的书法、篆刻、文稿、信札作品,其中部分早期作品是首次公开展出。

11月12日至13日,中共浙江省委宣传部、宁波市政府、浙江省文联、浙江省文化厅、浙江省文物局等单位联合主办,浙江省博物馆、浙江省书法家协会承办的“沙孟海论坛暨中国书学国际研讨会”举行。会议全面探讨了沙孟海一生的成就及原由,还同时举行了《沙孟海全集》首发式。

浙江省博物馆承办“2010 中国古琴国际学术研讨会暨凤凰和鸣古琴演奏会”

11月18日至19日,浙江省博物馆举办“2010 中国古琴国际学术研讨会”。研讨会收到论文40余篇,并围绕“中国古琴文化研究”、“古琴的保护与利用”、“杨宗稷与近代琴学”等主题展开探讨,还就我国乐器类文物的收藏、保护和应用提出了合理化意见和建议。海内外著名古琴学者及博物馆界研究人员40余人参加了会议。

11月19日晚,浙江省博物馆举办“凤凰和鸣——浙江省博物馆藏唐代雷琴演奏会”。吴钊、成公亮、姚公白、李明忠、丁承运、刘善教、戴晓莲、李凤云、刘楚华、谢俊仁、唐世璋、黄树志等当今海内外古琴大家、各个古琴流派的传承人用浙江省博物馆馆藏的“彩凤鸣岐”琴、“来凰”琴进行了演奏。丝弦制作专家黄树志还为两张古琴装配了采用传统工艺方法制作的“太古冰弦”。

“古雅风韵——中国古代书画艺术典藏大展”展出

11 月 19 日，浙江省博物馆举办“古雅风韵——中国古代书画艺术典藏大展”。展览展出的沈周《丹桂图》、文徵明《春到寒林图》、仇英《秋郊图》、董其昌《风亭秋影图》、蓝瑛《溪山垂钓图》等 150 件展品，涵盖了宋、元、明、清等各朝各画派画家的精品，主要来自国内外私人收藏。南宋杭州籍宫廷画家马远的《王弘送酒图》和朱玉的《灯戏图》更是时隔千年之后重回故里。作为“杭州工商信托——第二届中国（杭州）艺术品收藏与鉴赏高峰论坛”系列活动的核心项目，本次大展也是新中国成立以来规模最大的一次民间古代书画藏品展览。

浙江省博物馆举办大型艺术品品鉴活动

11 月 19 日,由浙江省博物馆、西泠印社文化发展公司等承办的“永恒的价值——第二届杭州·中国艺术品收藏与高峰论坛”暨浙江省大型艺术品品鉴活动在浙江省博物馆举行。来自北京、上海等地的专家和浙江省博物馆专业人员为近 200 位收藏爱好者鉴定了收藏品。

“紫砂印象——浙江民间紫砂精品展”举行

11 月 24 日,由浙江省文物局主办、浙江省博物馆承办、杭州华夏紫砂博物馆协办的“浙江民间收藏精品走进博物馆系列特展之四:紫砂印象——浙江民间紫砂精品展”在浙江省博物馆孤山馆区聚珍馆开幕。展览共展出各类紫砂器 226 件(套),涵盖了茶壶、花盆、摆件、实用器皿、文房用品等类型,时间跨度自明代中期至 1949 年新中国成立,按照时间顺序反映了宜兴紫砂的创始、成熟和发展变化过程。聚集全省民间资源举办紫砂专题展,这在我省尚属首次。

浙江省博物馆引进“丝绸之路——大西北遗珍”大型特展

12 月 10 日起，浙江省博物馆举办了从陕西历史博物馆引进的“丝绸之路——大西北遗珍”展览。展览分为“诸戎逐鹿、丝路萌芽——春秋战国时期（前 770—前 221）”、“凿空西域、丝路开启——两汉时期（前 206—220）”、“民族融合、丝路交通——魏晋南北朝时期（220—581）”、“盛世气象、丝路繁荣——隋唐五代时期（581—960）”和“边陲经营、丝路余晖——宋元时期（960—1368）”五个部分，汇集了陕西、甘肃、宁夏、青海、新疆等五省区 21 家文博单位的 245 件（组）珍贵文物，其中一级文物达 144 件（组）。浙江省博物馆也从馆藏敦煌文献中择取了 8 件罕见写本入展。

“丝绸之路”在中国境内长达 1700 余千米，自长安经河西走廊（包括原、会北道和青海道）出敦煌、玉门关、阳关通西域。这条沙漠丝绸之路沿线的陕、甘、宁、青、新五省区留存了大量与中西文化交流相关的遗址、遗迹和遗物，见证了丝绸之路的开通、延续、兴盛和衰退。

浙江省博物馆继续推出“世纪撷英”系列品牌展览

2010 年，浙江省博物馆浙江西湖美术馆推出“世纪撷英”系列之“人物篇：原创者的足迹——李震坚人物画展”、“花鸟篇：意似神完——沈耀初花鸟画作品展”、“油画篇：边城大师——廖新学作品展”。

4 月 30 日至 5 月 18 日，“原创者的足迹——李震坚人物画展”举行。展览系统展示了李震坚的近 80 件作品，其中 16 件是缙云李震坚艺术馆收藏。李震坚（1922—1992）系现代中国人物画（浙派人物画）创始人之一，尤擅写意人物画，亦精花鸟、山水、书法，在新中国人物画变革的过程中与周昌谷、方增先、顾生岳、宋忠元一起成为浙派人物画的奠基人。

9月15日至10月14日,“世纪撷英”系列特展花鸟篇之首篇“意似神完——沈耀初花鸟画作品展”展览举行。展览系统展示了沈耀初创作的近百件精品,包括58件立轴、27件镜片、10件长横片和5件小品,较完整地反映了沈耀初的创作历程和艺术成就。沈耀初(1907—1990)生于福建省诏安县士渡村,早年便开始学习国画,创造了大写意的艺术风格,1974年获台湾国画学会最高奖“金爵奖”荣誉,70年代末与张大千同登“台湾当代十大名画家”之列。

12月2日至2011年1月16日,“边城大师——廖新学作品展”举行。展览展出了廖新学的作品近百件。廖新学是云南美术史上最早赴欧洲求学的艺术家之一,在雕塑、油画、色粉画等表现领域均取得了不凡的成就,在中国油画的民族化历程中留下了独特而鲜明的印记,影响了一代美术工作者。

浙江省博物馆举办“武林雅韵”系列活动

2月28日元宵节之际,浙江省博物馆武林馆区举办“武林雅韵——新春元宵古琴演奏会”,西湖琴社社长、著名古琴演奏家徐君跃等老中青三代“新浙派”琴人进行了表演。农历五月初五端午节,浙江省博物馆继成功举办元宵古琴演奏会后,再度举办“武林雅韵——端午古琴演奏会”。9月20日,“武林雅韵(第三回)——浙江省博物馆中秋音乐会”举行。浙江省文化厅厅长杨建新等上级有关部门、新闻媒体、共建基地和社会各界领导、嘉宾130多人出席了音乐会。在保留传统古琴演奏特色的基础上,本次音乐会还融入了编钟古乐表演、歌曲演唱、茶道表演等多种艺术形式,成为一项文化品牌系列活动。

浙江省博物馆完成文澜阁维修工程

文澜阁维修工程于2006年3月开工。由于整个古建筑群损坏程度严重且隐蔽，有些项目修复需要报批并经过试样审定，故而进度较为缓慢。2010年初，在残损情况已探明、工程深化方案获批准且作为“西湖申遗”文物古迹点必须限期竣工的情况下，浙江省博物馆服从申遗大局，自筹部分维修资金，与施工、监理等单位签订补充协议，使工程得以顺利开展，最终于8月底基本如期完工。施工继续采用文物古建维修传统手段进行油漆粉刷，屋面安装了琉璃瓦，地面用方砖、石板铺设，门窗配装了古式铜制构件，庭院中恢复了汉白玉栏杆和铜鹿香炉，主楼四周降低地面露出台基，呈现出原有的历史风貌。

浙江省博物馆推出“武林文博讲坛”系列讲座

为更好展示武林馆区的展览内容、主题思想和藏品文物，2010年，浙江省博物馆启动了“‘武

林文博讲坛'系列讲座暨'走进武林馆区'系列社教活动",全年共举办"浙江海宁智标塔元代地宫考古探秘"、"走进古越王国"、"十里红妆"、"中国共产党'一大'探疑"、"丝绸之路感言"等5场讲座。

浙江自然博物馆

2010 年,浙江自然博物馆坚持“共建共享、文化惠民”宗旨和“以人为本”服务理念,把握工作重点,加强科学管理,完成了年度目标任务,被命名为“全国野生动物保护科普教育基地”和“国家环保科普基地”。

一、重点工作

根据功能定位,浙江自然博物馆结合资源优势和发展前景,完成“十二五”发展规划的编制;根据新馆运行及事业发展需要,将内设机构由原四大部门调整为办公室、安全保障部、经营管理部、财务部、生命科学部、地球科学部、科普服务部、陈列技术部等八个部门,通过竞聘上岗聘任了16 名内设机构领导;基本完成了新馆布展和内装修等工程决算审计,在三楼设立图书资料室和档案室,按期完成了内装修和搬迁工作;老馆固定资产、设备清理处置、移交工作有序进行;从老馆搬迁至新馆的藏品已全部上架、清点完毕,账物相符;认真做好馆藏文物调查与数据库管理系统建设,完成了 3525 件藏品的数据采集和信息录入。

二、展示宣传和科普服务

完成了《走进浙江自然博物馆》宣传片的制作,印制光碟 9000 份;以编外讲解员为主体,创立了科普服务队,试行自我管理,同时制定了《科普服务队管理细则》等多项管理制度;为观众提供常备药品、大件物品寄存、残疾车、婴儿车租赁等服务 300 余次;举行了“百万观众日”纪念活动;承办了“2009 年度国家环保科普基地授牌仪式”。据统计,全年接待观众 103 万余人次,观众意见反馈满意度达 98%。

根据社会需求,相继推出“青春期健康教育展”、“浙江 · 人类与自然油画院作品展”、“万名儿童画百鸟绘画展”、“迈向生态文明——浙江生态省建设成就展”、“海洋贝壳展”、“树化玉化石特展”等临展,其中“迈向生态文明——浙江生态省建设成就展”被省环保厅特别表彰;认真做好国际博协第 22 届大会期间的展览工作;完成了常设展三大展区的信息栏调整和更新,做好展厅展品、互动设备、安保设备的检查、维护与维修;完成了地学库房和油画藏品库房“藏典浙江”的拍摄、整理;筹备参加福井县立恐龙博物馆十周年纪念暨特别展。

公开招聘讲解员 10 名,开展了业务培训;编撰了新馆展示生态版讲解词,讲解 1219 场;完成了语音导览文字稿及语音导览系统设备的安装,添置 70 套自助式导讲机和 360 套团体讲解器并投入使用;通过多种途径招募志愿者,使现有注册志愿者达 500 余人,全年服务总时数约 1. 3 万小时;设置志愿者服务岗位,制作《志愿者服务手册》,策划组织亲子活动 14 场,举办“草根自然论坛”6 期。

为在全省范围内加强系列生态教育,制作了 11 套“浙江省珍稀野生动物保护图片展”、“浙江省矿产资源保护图片展”展板,编印系列宣传资料,免费送往全省各市、地、县青少年宫和广大农村,巡展 109 场次(未成年人观众达 18. 2 万人次),并组织“天梦迷离——浙江省援藏干部西藏摄影作品展”赴衢州巡展。此外,组织全省11个市地的青少年宫举行了“万名儿童画百鸟”绘画比赛和优秀作品展,组织青少年科普小讲堂和科普讲座20余场次;推出了展品猜谜抽奖、科普影院、“认识昆虫”系列野外体验等活动;加强馆校联姻,做好共建工作;完成了《浙江自然博物馆科普教育服务手册》的编印;与台湾自然科学博物馆合作组织举办“2010年两岸中学生自然探索夏令营”活动。

三、藏品征集管理

认真实施生物多样性组织标本库项目,采集动植物标本898件、组织标本950余份,并制订了2011年藏品征集计划,实施了2010年度藏品征集项目,全年共征集各类藏品2960件,登记入库标本2373件。至2010年年底,全馆登记入总账的藏品共计124292件。

认真做好库房卫生清理、消毒保洁等工作,定期抽样检测藏品,对温湿度进行数据记录和分析;对撤展的500余件动物标本及时冷冻处理;完成了液浸标本瓶的二期采购,定期更换添置酒精、樟脑,不定期检查藏品40余次;整修云南龙等骨骼化石标本80余件,翻制云南龙骨骼化石模型30余块,到野外翻制恐龙脚印、鸟脚印模具和模型28件,完成了丽水甲龙模型的复制和禽龙化石标本的修理。

四、学术研究

开展了清凉峰动物资源调查、百山祖动植物资源调查、西溪湿地生物多样性监测、白塔山生物多样性调查等野外科考项目;完成了《恐龙蛋与教育》年度工作、“三叠纪海生爬行动物化石”修复及部分研究,与日本合作开展浙江地质野外调查及浙江恐龙发掘,有序推进其他已立项的科研科考项目;全年共接待美国、法国、瑞士等来访外宾11批次,赴日本、巴西、加拿大及中国台湾地区开展考察访问和学术交流6批次。此外,协助江山博物馆、赣州自然博物馆进行展陈内容策划,完成省文化厅指导调研课题两项,为社会各界提供标本鉴定、业务咨询百余次,获国家自然基金、省自然基金、省文化厅等资助的研究项目多项;专业人员结合工作实践,撰写了学术论文、调研报告34篇(其中国外期刊发表7篇),发表科普文章12篇;《浙江自然博物馆概览》入选全国文化遗产优秀图书奖,《天目山植物志》正式出版。

五、安全保卫

年初,馆部与各部门签订了综合治理目标责任书,安全保障部与保安人员签订了安全岗位责任书,形成一级抓一级、层层抓落实的态势;将各重点防火部位、岗位和主要用电设备使用管理责任落实到人,全年召开安全专题会、安全工作协调会十余次;全力做好上海世博会期间单位内部的安全稳定工作;协调解决布撤展及免费开放管理中的安全问题,全年无安全事故,被评为“杭州市平安示范单位”,保卫科被中国自然科学博物馆协会评为先进集体。

完善了《反恐处突事件应急预案》等十多项安全管理制度并抓好落实;对小学生及老年人等特殊群体采取特别安全措施,在观众入口增加安装了安检门,在场馆自动扶梯、玻璃地面等重点部位增设醒目警示标志,安排保安人员定岗管理;充实了来客登记及值班巡查记录内容,明确了相关负责人审阅值班记录,及时处理发现的问题,确保安全管理制度落到实处。

举办消防知识讲座3次,安全知识测试1次,组织馆义务消防队、保安员、讲解员、物业人员及重点部位人员开展消防演练3次;及时处置电器短路、儿童滑倒等突发事件,制止观众纠纷20多起;鼓励、支持安保人员赴兄弟单位学习考察;多次请保安公司对保安人员进行业务技能培训和爱岗敬业教育,增强了保安人员的责任、风险意识。

按期对技防、消防系统实施年检,及时排除故障;根据临展厅布局调整情况,及时调整技防、消防系统点位布置;定期对中控室、消控室值班人员进行业务培训及考核,确保技消防系统的正常运行。

六、经营管理

开发制作了环保袋、一次性纸杯、天然黑贝挂件、T恤广告衫、雨伞等具有特色的产品;抓好临时营业点的日常运行管理协调,合理安排临时营业点,加强了对租赁商日常经营工作的监管,发现问题及时纠正规整;完成新馆地下一层剩余面积招租的洽谈、合同起草、法律咨询、行文报批等工作;制定了商品进、销、存管理台账制度和文化商品内部领用制度,做到双重检查、账目清晰;根据顾客需求和销售情况定期增减商品种类,改进货柜商品展示效果;积极配合重大活动筹办特色纪念品,累计提供纪念品40余种100余批次,经营收入较以往有较大提高。

七、行政管理及其他工作

完成《浙江自然博物馆新馆筹备文献》的编印,印发1500册;在《中国文物报》、《浙江日报》、浙江电视台等媒体上开展宣传报道30余次;加强网站宣传力度,对中英文首页进行了改版,丰富了首页内容,并通过拍摄制作展厅全景展示、多媒体宣传片等加强了网站的动态宣传,全年制作临特展网上展览4期,上传新闻213篇,图片642张,向上级发送政务信息和文化信息100余篇,全年访问量达200.6万人次。

按照《劳动合同法》规定,加强编外用工管理;根据新馆运行需要,补充完善了《浙江自然博物馆事务管理规则》及安全管理制度,着重抓好职业道德和行为规范建设;完成新馆建设档案资料的收集、移交、归档整理,向省文物考古研究所移交了老馆基建档案;适时对自动扶梯、厢式电梯、高压配电等设备进行检测维护;完成物业服务政府采购招标,进一步细化了卫生保洁、水电设备、高配及消防、绿化等物业服务考核标准,推进精细化管理;与西湖文化广场管委会协调车辆进出管理,妥善解决了单位车辆停放等问题。

浙江自然博物馆推出“浙江·人类与自然油画院作品展”

2月9日，“2010年浙江·人类与自然油画院作品展”开幕式在浙江自然博物馆举行。省政府副秘书长冯波声、省文物局副局长陈官忠、原中国美术学院院长肖峰出席了开幕式并剪彩。浙江人类与自然油画院成立于1996年，是浙江自然博物馆所属的学术研究部门。本次画展共展出31名画家近年来创作的五十余幅精品，是浙江自然博物馆新馆建成开放后推出的首次年展。这些作品从题材内容、思想内涵到表现技法都体现了人与自然和谐相处的主题。

浙江自然博物馆被命名为全国野生动物保护科普教育基地

2月下旬，中国野生动物保护协会下发《关于命名第二批全国野生动物保护科普教育基地的通知》，浙江自然博物馆名列其中。野生动物保护科普教育基地是为公众提供野生动物保护科普服务的重要科普基础设施，此次命名的27个单位是从全国各地51个申报单位中评选的。浙江自然博物馆是全国唯一一家被命名的博物馆序列单位，也是浙江省唯一获选单位。

作为国内为数不多的以地球科学和生命科学为主要业务活动的省级自然历史博物馆，浙江自然博物馆多年来通过举办“珍稀野生动植物保护展”、“野生动物保护知识讲座”等活动，积极开展宣传教育，与省内外多家国家级自然保护区建立了广泛的联系与合作，为提高民众野生动物保护意识、促进自然保护区和生态省建设发挥了积极的作用。

浙江自然博物馆举办“百万观众日”

浙江自然博物馆新馆自开馆以来，始终坚持“共建共享、文化惠民”的宗旨和“以人为本”服务理念，努力为公众营造良好的场馆环境和参观氛围，吸引了众多观众，最多一天人流量达2.2万人次。2010年5月9日，浙江自然博物馆新馆举办“百万观众日”，向成为第100万名入馆参观者的同学颁发了纪念品，并向当天的参观者分发了明信片。

浙江自然博物馆推出“浙江生态省建设成就展”

5月28日，“迈向生态文明——浙江生态省建设成就展”开幕式在浙江自然博物馆举行。省委、省政府、省政协、省生态办成员单位领导，各地市生态办负责人，省内绿色学校师生代表，企业和新闻媒体代表约200人参加了开幕式。省生态办主任、省环保厅厅长徐震及浙江自然博物馆新馆第100万名参观者在仪式上发言。

浙江生态省建设7年以来，基本实现了《浙江生态省建设规划纲要》阶段性目标。本次成就展以“迈向生态文明”为主题，分设生态省建设概述、生态省建设实践和成果、生态文明知识、生态文明建设展望等四个展示单元，以图文并茂结合辅助展项的形式，系统介绍了我省在发展生态经济、改善生态环境、培育生态文化等方面取得的经验和典型示范。展期持续到6月底。

浙江自然博物馆合作举办“2010海鸟保护暨海洋保护区管理国际论坛”

7月12日至14日，由浙江自然博物馆、浙江省动物学会、象山县政府主办的“2010海鸟保护暨海洋保护区管理国际论坛”在象山举行。会议重点讨论了对被誉为“神话之鸟”的黑嘴端凤头燕鸥(中华凤头燕鸥)的保护,达成了“保护应由民间主导转为政府主导,应进一步加强公众宣传,应恢复中华凤头燕鸥旧名,应由海洋部门和林业部门携手合作,应达成海峡两岸共同保护合作协议,应开展浙江、福建、马祖列岛和青岛沿海的同步调查与监测,应建立监测与保护网络,应将海鸟列入浙江海洋特别保护区重点保护对象”等共识。本次会议也是海峡两岸和国际专家首次共同对海鸟、海岛保护和管理进行经验交流。

《浙江自然博物馆概览》荣膺“2009 年度全国文化遗产优秀图书”称号

7 月 16 日,中国文物报社在成都举行首届“紫禁城杯”(2009 年度)全国文化遗产十佳图书评选颁奖典礼。《浙江自然博物馆概览》一书荣膺“2009 年度全国文化遗产优秀图书”称号。

浙江自然博物馆举办海洋贝壳展

7 月 27 日,浙江自然博物馆推出海洋贝壳展。展览共展出贝壳标本 1000 多件,涵盖 600 多个品种,几乎囊括了海洋贝类的各个科目。特别是鲍鱼科、宝贝科、蛾螺科的海贝标本完整精美、种类齐全,堪称国内第一。有些海贝(如龙宫翁戎螺、黑鲍、雷达法螺、玛丽亚宝螺、大象宽口蜗螺、西非芋螺)还非常珍贵。

浙江自然博物馆联合民企共推特展

8 月 3 日，浙江自然博物馆与温州古色树化玉有限公司合力推出“玉树琼枝——树化玉化石特展”。特展共展出 140 余件展品，其中一件历经 1.7 亿年、产于新疆的巨型优质树化玉原石长 32 米、直径 2.57 米、重约 70 吨，是迄今发现的最大最完整的树化玉原石，具有很高的艺术、观赏、收藏、经济价值。

树化玉是玉化的硅化木。在漫长地史过程中，大片原始森林被埋于地下。在高压、低温、无氧环境中，树干周围的化学物质（二氧化硅）在地下水作用下进入树木内部，替换了原来的木质成分，保留了树木的原始形态及构造特点，经石化作用形成硅化木。在温压的不断变化中，硅化木发生了变质，重新结晶，主要成分转换成蛋白石玉髓，成为树化玉。由于形成过程中纳入了周围岩层的某些矿物元素，树化玉常有五彩斑斓的色泽。缅甸是目前蕴藏树化玉最丰富的国家，我国云南景洪和德宏地区也有发现。

本次展览是浙江自然博物馆首次引进民营资本举办展览，也是博物馆在市场经济条件下由封闭型向开放型转变的一次尝试。

浙江自然博物馆实施联合发掘

2010 年 9 月 23 日至 10 月 11 日，由浙江自然博物馆、日本福井县立恐龙博物馆、东阳市博物馆、中国地质科学院地质研究所共同组成的恐龙发掘小组对东阳市杨岩恐龙化石点，风车口脚印化石点实施了抢救性发掘，并在杨岩村恐龙化石点发掘多块甲龙甲板化石；在风车口化石点找到多层位脚印化石，包括大型兽脚类恐龙、鸟类、翼龙脚印等。

浙江自然博物馆推出“青春期健康教育展览”

10月17日,浙江自然博物馆推出“青春期健康教育展览”,运用标本、实物、多媒体查询、互动装置、影像系统等形式,对青少年及家长、社会普遍关注的青春期教育问题,从健康向上的视角介绍了青春期有关知识。

浙江自然博物馆举行“国家环保科普基地”授牌仪式

10月28日,2009年度“国家环保科普基地”授牌仪式在浙江自然博物馆举行。环保部总工程师万本太,科技部副秘书长王志学,省政府副秘书长施利民,环保部科技司司长赵英民,省文化厅副厅长、省文物局局长鲍贤伦,省环保厅副厅长卢春中等领导,以及荣获“国家环保科普基地”称号的单位、新闻媒体和社会各界代表参加了授牌仪式。仪式上,环保部和浙江省领导分别致辞,高度评价了获奖单位在环保科普工作中的突出贡献。浙江自然博物馆馆长康熙民作为国家环保科普基地代表发言。

此次浙江自然博物馆和东北师范大学、沈阳市环境监测中心站、中国科学院新疆生态与地理研究所、宁夏中卫沙坡头国家级自然保护区、内蒙古达里诺尔国家级自然保护区、江苏大丰麋鹿国家级自然保护区、辽宁蛇岛老铁山国家级自然保护区等单位一起被授予2009年度"国家环保科普基地"荣誉称号。

康熙民荣获"全国优秀科技工作者"称号

12月14日，第四次"全国优秀科技工作者颁奖大会"在京举行，浙江自然博物馆馆长康熙民作为中国自然科学博物馆协会推荐的候选人，荣获"全国优秀科技工作者"荣誉称号。全国优秀科技工作者是中国科协于1997年面向广大科技工作者设立的奖项，先后在1997年、2001年、2004年评选、表彰了785名优秀科技工作者。此次共有977人获奖。

中国丝绸博物馆

2010年是"十一五"收官之年,也是中国丝绸博物馆事业发展较快的一年。在省文化厅、省文物局的直接指导下,在全馆干部职工的共同努力下,中国丝绸博物馆按照浙江省文化厅2010年目标管理责任书要求,结合战略发展目标和全年工作重点,扎扎实实做好各项工作,取得可喜的成绩:纺织品文物保护国家文物局重点科研基地正式落户,国家文物局指南针计划试点项目"东周纺织织造技术价值挖掘与展示——以出土纺织品为例"荣获2009年文物保护科学和科技创新奖二等奖,"革命与浪漫——1957—1978年中国丝绸设计回顾展"获2010年度浙江省陈列展览精品奖。

一、陈列展览

2010年,中国丝绸博物馆共举办4个临时展览和2个对外展览,并筹备3个对外展览,同时对基本陈列进行了局部改造。

4月9日至6月8日,中国丝绸博物馆举办"锦上胡风——丝绸之路魏唐纺织品上的西方影响"临展。展览共展出60件(套)魏唐时期的丝绸织物和服饰,包括中国丝绸博物馆馆藏和香港收藏家贺祈思的收藏。为配合展览,中国丝绸博物馆还举办专题讨论会,由北京大学教授齐东方、中国社会科学院研究员扬之水、清华大学教授尚刚和东华大学教授包铭新主持4场专题讨论,并编印出版了《锦上胡风》展览图录。该展览是中国丝绸博物馆和北京大学考古文博学院的首次合作。

为配合我国第五个"文化遗产日"活动,6月11日至9月6日,中国丝绸博物馆与浙江省民间美术家协会共同承办"一青二白——民间美术家的蓝白世界"临展。展览共展出展品百余件,不仅有蓝印花、蜡染、蓝夹缬、三蓝绣等传统蓝白艺术品,还陈列了当代艺术家运用传统工艺方法创作出的具有时尚气息的各类蓝白工艺品(如刺绣、挑花、蜡染、瓷器、剪纸等)。为拉近展览与大众的距离,本次展览特意设置"蓝白集"展区,展出观众捐献的蓝白生活物件。

9月10日,中国丝绸博物馆举办"金冠玉饰锦绣衣——契丹人的生活和艺术"展览开幕式暨梦蝶轩辽代文物捐赠仪式。浙江省副省长郑继伟,省政府副秘书长马云林,省文化厅副厅长、省文物局局长鲍贤伦,香港梦蝶轩朱伟基、卢茵茵夫妇等出席了仪式。展览共展出金、玉、丝绸等辽代文物70余件(套),展品主要选自梦蝶轩捐赠中国丝绸博物馆的辽代服饰、出借的辽代金银玉石饰品及中国丝绸博物馆原有辽代丝绸藏品,是中国丝绸博物馆2010年举办的规模最大、影响最广的临时展览。同时,中国丝绸博物馆以本次展品"绫锦缘刺绣皮囊"为原型,设计制作了展览礼品辽代绣囊等。

11月19日,中国丝绸博物馆举办"丝路情怀——朱自谦新疆风情画展",展出了画家朱自谦的《千古丝路响驼铃》、《大巴扎》和《吐鲁番葡萄熟了》等70余件中国画,接受了画家捐赠的《绣花帽》等4件作品。

为配合“金冠玉饰锦绣衣——契丹人的生活和艺术”展览，中国丝绸博物馆于8月底完成了“中国丝绸的故事”文物展示厅的陈列改造，对陈列内容等进行了调整，展品数量和精美程度上都有较大提升。改造后的展厅文物品种丰富、涵盖面广、色彩明丽，极大增加了展览的观赏性与知识性。同时，中国丝绸博物馆在染织厅增加了缂丝机、平纹织机和纺织品纹样设计体验软件等3项互动项目，以达到寓教于乐的目的。

2月3日至4月15日，中国丝绸博物馆分别在阿斯塔那哈萨克斯坦独立宫和阿拉木图卡斯捷耶夫国家艺术馆举办“丝绸之路——中国丝绸艺术展”。此次展览是文化部与哈萨克斯坦文化信息部签署的文化合作纪要框架下的两国文化交流项目，也是我省首次在中亚举办具有较高艺术水准的大型丝绸展览，受到哈方的高度重视与赞扬，也深受当地媒体的关注和观众的喜爱，当地社会反响良好。哈萨克斯坦展是中国丝绸博物馆首次以当代丝绸艺术品和古代服饰复制品为主要展品的尝试，展出了历代丝绸服饰复制品及精美的现代丝绸服饰、艺术品145件(套)。展览为当代艺术精品的对外交流积累了丰富的实践经验，进一步拓宽了中国丝绸博物馆外展的思路。

经过2年筹备，9月28日，由中国丝绸博物馆和芬兰埃斯堡现代艺术博物馆联合举办的“天上人间——5000年中国丝绸文化展”在芬兰埃斯堡举行。展览是“芬兰2010·中国浙江文化节”的重要项目之一，展出了来自新石器时期至当代的126件(套)历代丝绸文物，进一步促进了中芬两国的文化交流。该展览也是中国丝绸博物馆首次对外商业展览，所有举办展览经费均由外方承担。这种商展形式为中国丝绸博物馆外展步入良性循环打下了基础。

此外，中国丝绸博物馆将于2011年赴意大利举办“丝路之绸——东西方的丝绸文化交流展”，赴西班牙举办“现代丝绸艺术展”，2012年赴英国诺丁汉城堡博物馆举办“丝绸之路”展。在省文化厅的指导下，中国丝绸博物馆与合作方签署备忘录，同时与卡斯捷耶夫国家艺术馆就2011年在中国丝绸博物馆举办交流展签订了合作协议，并进行了相关组织筹备工作。

9月，为支持杭州历史博物馆南宋历史陈列厅展览，中国丝绸博物馆免费出借馆藏牡丹梅花纹绫、杂宝纹绮等2件南宋丝绸文物。10月3日至11月30日，日本京都国立博物馆举办“高僧与袈裟”展览，中国丝绸博物馆出借了2件南宋文物。7月，为支持中国航海博物馆新馆开馆，中国丝绸博物馆出借了联珠对鹿纹锦等8件唐、宋、元、明代丝绸织物。

二、文物征集及藏品管理

2010年，中国丝绸博物馆超额完成文物征集任务，使馆藏品达5071件，其中古代文物3662件(一级珍贵文物17件，二级珍贵文物72件)。全年馆方从香港、青海、甘肃、河南、苏州、杭州等地征购310件古代织绣文物(征购217件文物，捐赠93件)，征集经费约377.8万元，为历年最多。征集品包括汉锦，北朝织绣，唐代纬锦，北宋红地锦枕、皮靴、皮弓箭囊、皮帽，辽代花卉纹锦披风、鸽子纹锦残袍，元代海青衣、姑姑冠、裤子，清代八达晕锦、万寿纹织金锦、三多纹锦、漳绒匹料、刺绣女服袍料，民国像景、铁机缎机头，世界级非遗缂丝技艺传承人王金山的缂丝作品“墨荷红莲”、“梅花寒鹊”，蜀绣传承人彭世平的双面异色蜀绣“牡丹鲤鱼”等。特别是有计划征购到的大洋花缎匹料、粤绣外销门帘、彩色插画、欧式针线盒等一批珍贵的清代外销绸和外销画，极大丰富了中国丝绸博物馆典藏文物的品种和数量，填补了收藏的空白，提高了陈列的精品程度。

当代丝绸是反映新中国成立以来我国丝绸业发展的实物见证之一。2010年，中国丝绸博物馆共征集到206件现代藏品，包括“麒麟送子双凤对狮”、“团凤四蝠盘长”等75件（套）蓝印花包袱布、被面、印花真丝弹力缎面料、蜀锦传承人贺斌织制的“百子图”、“太子绵羊锦”和宋锦黄地吉祥宝相八达晕锦、蓝地龟背花朵锦以及当代缂丝“牡丹”、“莲”、“风景”等，极大充实了当代丝绸和非物质文化遗产的品种与数量。同时，中国丝绸博物馆积极与纺织企业建立长期捐赠关系，除凯喜雅外，2010年还与杭州范多伦时装有限公司签订了长期捐赠协议，收藏其春、秋两季设计服饰作品。

随着知名度的提高，捐赠给中国丝绸博物馆的文物逐年增多。2010年，香港梦蝶轩、杭州民间收藏家协会等团体、个人共捐赠古代文物93件。其中香港梦蝶轩捐赠的75件古代织绣品是中国丝绸博物馆建馆以来捐赠文物数量最多、规格最高的一次，刺绣摩羯纹罗内靴和绫锦缘刺绣皮囊初定为国家一级文物。几何形花叶纹锦袍、刺绣小花纹罗手套、刺绣云纹罗鞋、罗地手绘花卉绵帽、刺绣团花罗枕、刺绣莲塘双雁、团兽纹锦童靴被初定为国家二级文物，其余文物也各具特色，属国家珍贵文物。此外，嘉兴博物馆捐赠的9件王店出土明代丝织品在年底前入藏。中国丝绸博物馆及时做好新征文物的消毒、入库登记、藏品定名、拍照、尺寸测量等基本信息工作，完成了2009年度新增三级藏品档案和2540件现代染织样品档案整理工作，扫描凯喜雅藏品6937份。根据省文物局要求，中国丝绸博物馆开展馆藏文物数据库建设，完成了2840件文物藏品数据库的输入及图片拍摄、整理、核对、上传任务。

为开展丝绸名人档案的建立，中国丝绸博物馆在2010年完成了蚕桑史家蒋猷龙相关资料的收集整理（包括3000余册图书资料、373册古籍书的建档整理），还接收了蒋猷龙第二批捐赠资料（包括491册图书及143册资料、照片、期刊等），同时接收了丝绸史家朱新予的档案资料（包括任命书6份、聘书11份、媒体及纪念文章18篇、荣誉证书2件、工作证3本、当选省市人大代表通知书8张）。资料室也建立了图书目录电子文本，将所有图书、装订期刊全部分门别类进行整理、分类、上架，并与国内外28家博物馆和、考古所进行224册图书的交流活动，已有故宫博物院、南京博物院等9家文博单位回赠刊物和资料。

三、文物保护与科学研究

经过多年努力和2010年的最后冲刺，纺织品文物保护国家文物局重点科研基地最终落户中国丝绸博物馆。该基地的建立标志着中国丝绸博物馆的纺织品文物保护进入新的发展阶段，将成为国家文物局组织纺织品文物保护领域高水平基础研究、应用技术研究，聚集、培养专门科技人才、开展学术交流的重要阵地。为配合基地的申报，中国丝绸博物馆完成了纺织品保护科技大楼的改造和装修，完成了氨基酸分析仪、扫描电镜、显微镜等设备的采购，并进入安装调试阶段。2010年，浙江省政府、国家文物局签署了共建“国家文化遗产保护科技区域创新联盟（浙江省）”协议，旨在持续推动文化遗产保护领域体制、机制的创新。作为成员单位，中国丝绸博物馆主要承担起纺织品文物的科技保护研究工作。

在科研方面，中国丝绸博物馆全年完成了4个课题的研究，正在研究的课题有3项，最新立项课题4项，完成科研保护项目6项。鉴定和保护工作方面，中国丝绸博物馆全年初步完成了《明宁靖王夫人吴氏墓出土纺织品鉴定报告》,完成故宫博物院合作项目《乾隆花园内檐装修丝织品的现场勘查和分析测试》并结项,确定了故宫博物院合作项目《乾隆花园内檐装修糟朽丝织品丝蛋白加固技术的应用研究》,已经取样完成实验方案设计。全年中国丝绸博物馆修复文物(包括制作夹封)51 件,完成嘉兴博物馆委托的禽鸟折枝纹缎袜等 9 件明代出土丝织品的清洗、平整和修复,以及香港梦蝶轩所赠藏品中 14 件文物的修复保护和套环纹绫风帽、刺绣人物花卉纹袖头等 9 件文物的清洗、平整、修复(并制作了道具);还完成了"锦上胡风"展 18 件文物的平整、修复,上海航海博物馆借展 8 件文物的清洗、平整和修复以及日本京都国立博物馆借展 2 件文物的清洗、平整和修复。此外,中国丝绸博物馆完成了《梦蝶轩出土纺织品保护修复方案》中的纤维测试和病害图绘制,《南京报恩寺遗址地宫出土纺织品文物保护修复方案》和《安徽全椒清墓出土纺织品保护修复方案》。

文物复制方面,中国丝绸博物馆完成了 2 台大型织机的复制任务,并为参加上海世博会浙江活动周设计、制作了 1 台绫绢织机,还组织人员参加浙江活动周的表演;同时完成了 1 台大花楼束综提花机的复制,宝花狮纹锦综片的制作、加工,在多综织机上完成 2 米对龙对凤的复制任务。

一年来,中国丝绸博物馆继续深入开展非物质文化遗产保护工作,积极争取建立"中国蚕桑丝织文化遗产研究保护中心(筹)"并取得一定进展。根据文化部要求,中国丝绸博物馆完成了《中国蚕桑丝织技艺履约报告》,组织专业技术人员赴余杭塘北村进行蚕桑民俗调研。

四、学术交流与培训

2010 年,中国丝绸博物馆在学术交流和培训方面采取"走出去、请进来"的方式,组织、参与了一系列学术交流和培训活动。

2010 年 9 月 29 日至 10 月 14 日,中国丝绸博物馆人员参加了美国纺织品协会年会,并在会上作了"古代中国丝绸中的五色"演讲,受到与会学者的高度重视。10 月 15 日至 20 日,中国丝绸博物馆人员赴法进行学术交流,并参加了《敦煌丝绸艺术全集(法藏卷)》法文版首发式,和国际古代纺织品研究中心(CIETA)理事会。11 月 10 日至 18 日,中国丝绸博物馆人员赴日本参加"宋明时期东亚纺织品交流"研讨会,并作了"宋代纺织考古概述"主题发言。12 月 17 日至 20 日,中国丝绸博物馆有关人员赴德国柏林,参加了"发明的历史体系:早期现代世界的丝绸文化(14—18 世纪)"学术讨论会,并在会上发表了"中国起绒织物:西方传来与东方发展"的主题讲演。

为配合"锦上胡风——丝绸之路魏唐纺织品上的西方影响"展览的开幕,4 月 10 日,中国丝绸博物馆举行学术讨论会,8 位研究人员介绍了研究成果。中国丝绸博物馆有关人员还分别作了主题发言。为更好地弘扬传统文化,传承手工染织技艺,同时吸取印度、日本等邻国的特色染织技术,中国丝绸博物馆于 9 月 2 日特别邀请香港知名服装设计师张西美来馆做了"日本和印度的手工染织"专题讲座。11 月,中国丝绸博物馆有关人员参加浙江省博物馆举办的"2010 中国古琴国际研讨会",作了"楚丝清韵"主题发言;并参加了在上海举行的国际博物馆协会第 22 届年会(ICOM),参与了服装专业委员会的组织工作,作了主题发言,还参加了国际博物馆协会第 22 届大会展览会,进行了纺织品保护修复材料、陈列展览推荐、纺织品鉴定、修复、复制技术服务、文化产品及出版物等成果展示。12 月 6 日至 7 日,由东华大学、中国丝绸博物馆、耶鲁大学和大英博物馆举办的“织为货币——丝绸之路上的纺织品(Textiles as Money)”研讨会在上海和杭州召开。中国丝绸博物馆有关人员在会上提供了论文发言,编写了纺织品词汇表,还邀请会议代表到馆参观交流,就部分出土于丝绸之路沿途的馆藏汉唐丝绸文物进行了研究探讨。此外,中国丝绸博物馆有关人员参加了上海博物馆举办的2010博物馆文物保存环境国际学术研讨会,作了主题发言。

受国家文物局委托,10月11日至12月30日,中国丝绸博物馆和新疆维吾尔自治区文物局联合承办“全疆博物馆专业人员纺织品修复培训班”。来自全疆各地(州)的28名文物修复专业人员参加了为期12周的纺织品修复理论和实践技能培训。在技术部技术人员的精心准备和有序组织下,培训班取得圆满成功,受到国家文物局、新疆维吾尔自治区文物局以及全体学员的一致好评。

2010年,中国丝绸博物馆专业技术骨干参与了国家文物局主办、中国文化遗产研究院承办的馆藏纺织品文物保护修复技术培训班、全国新任考古领队岗前培训班、中日韩合作丝绸之路沿线纺织品文物保护修复培训班等3个培训班的授课活动,进一步扩大了在全国文博单位的知名度和影响力。

一年来,中国丝绸博物馆出版专著2部,在各类专业杂志报纸上发表研究、调研论文14篇,还完成了《中国纺织品鉴定保护中心鉴定报告》、《中国纺织品鉴定保护中心修复报告》9篇和4份《中国丝绸博物馆纤维测试报告》的编印。《敦煌丝绸艺术全集(法藏卷)》中文、法文版正式由上海东华大学出版社出版,《大宛遗锦——乌兹别克斯坦费尔干纳蒙恰特佩出土的纺织品研究》中、英、俄三种文本由上海古籍出版社出版。

五、社会宣传教育有新影响

一年来,中国丝绸博物馆的社会教育工作不断推进,全年接待观众73万人次(其中外宾近6万人次),讲解1217次。

中国丝绸博物馆积极利用自身资源,开展志愿者队伍建设,为杭州电子科技大学、中国计量学院外语学院、浙江工商大学、浙江理工大学、杭州外国语学校等学校培训志愿者,招聘并系统培训了一批社会志愿者,进一步扩大了志愿者队伍。全市30所小学及幼儿园的3000多名学生继续参加科普养蚕活动,2000多人次参与了手工制作。北京大学文博学院、杭六中、理工大学、杭州师范学院、浙江财政学院等学校的学生来馆进行了社会实践。“流动博物馆巡展”活动先后在文三街教育集团、求是教育集团、翠苑一小教育集团、钱江外语学校等十几所学校进行巡展,参观学生达近2万人次,得到了广大师生的高度赞扬,取得了良好的社会效益。

此外,中国丝绸博物馆还组织召开了以学校为主体的博物馆之友联谊会,举办了DIY物品置换活动,完成了《中外观众丝绸100问》的编写工作,设计制作了博物馆导引书签,参加了“20年20城20人必胜客欢乐之旅”活动,在泉州、厦门宣传中国丝绸文化和中国丝绸博物馆。

日常工作中,中国丝绸博物馆积极与媒体联系,及时报道博物馆动态,在《中国文化报》、《中国文物报》、香港《大公报》、《世界新闻报》、《浙江日报》、《钱江晚报》、《杭州日报》、《浙江文化月刊》、《浙江文物》及网站等各种媒体上报道有关消息。香港梦蝶轩向中国丝绸博物馆捐赠辽代文物和“金冠玉饰锦绣衣——契丹人的生活和艺术”展览经香港《大公报》、《世界新闻报》和省、市电视台的大幅专题报道，扩大了影响。《浙江日报》还作了《揭开国内顶尖丝织文物修复面纱：妙手补霓裳》的专题报道，《中国文物报》也对中国丝绸博物馆的“东周纺织织造技术的价值挖掘与展示”作了专题报道，宣传了中国丝绸博物馆的纺织品文物保护、修复课题和科研成果。

一年来，中国丝绸博物馆积极开展社会服务活动，为浙江自然博物馆、庆元香菇博物馆等单位新招聘讲解员进行业务培训，并为万事利集团公司、杭州喜得宝集团有限公司等丝绸企业新进大学生进行丝绸知识培训，还受余杭运河综合保护开发建设有限公司委托，完成了“丝绸文化展示馆”的项目方案。为提升整体形象，中国丝绸博物馆组织开展（VI）形象设计活动，完成了设计公司的招投标工作。

六、消防安全工作有序进行

一年来，针对技防监听系统中存在的故障，中国丝绸博物馆对全馆监听系统进行了全面维护，及时更换了部分消防报警探测器和消防系统报警模块，对全馆灭火器及时进行了增添、换液，对消防水泵房进行重新维修保护，对阀门、指示阀、电动机等进行更换、维护；还对全馆消防广播系统进行更换维修，确保正常使用。同时，馆里组织实施科研大楼（教工路）的技防、消防系统配套工程，按规定配备消防器材，安排好24小时安保力量。

为进一步健全完善安全消防管理制度，中国丝绸博物馆对全馆安全消防管理制度做了一次全面梳理和补充、修改、完善，完成了《中国丝绸博物馆安全消防管理制度汇编》的编印，并与各职能部门及馆内各单位签订了《中国丝绸博物馆综合治理目标管理责任书》；与各在馆的施工单位签订了《消防安全责任书》。在安全消防检查方面，中国丝绸博物馆落实专人每天对馆区安全和消防进行巡回检查，做好检查记录；重点做好对高配间、各展厅、夜间值班、行政值班、夜间领导检查，中控室值班及人员进出台账的登记，做到及时记录、有据可查。为加强安全保卫队伍建设，中国丝绸博物馆抓好保安和夜间值勤队伍建设，每月召开工作会议，明确岗位责任，开展业务培训，确保馆区平安。

2010年，中国丝绸博物馆组织了2次消防安全培训，开展了全馆性消防演习，进一步增强了职工的消防意识和使用消防器材的能力。在平时，中国丝绸博物馆通过每月出一期黑板报等各种形式开展安全宣传教育，并及时配合当地派出所开展禁毒、禁赌宣传，为“平安馆区、和谐家庭”活动起到了很好的宣传效果。

世博会期间的安全是全年全馆安全保卫工作的重点。在上级主管部门和杭州市公安局的指导下，中国丝绸博物馆有组织、有计划地做好安全保卫工作，提高全员安全防范意识，先后两次召开全馆职工大会和中层以上干部会议，在确保日常安全保卫力量的同时，增加了中层以上干部24小时带班及保卫干事每天轮流值班制度；加强了日常安全巡查，确保了世博会期间的安全。

七、行政管理工作

一年来，中国丝绸博物馆建立、健全、完善内部管理制度，重点加强了内部管理制度建设，组织开展了内部规章制度修改与完善。全馆各部门对相关管理制度进行了一次全面的梳理，制定、贯彻、实施了《中国丝绸博物馆科研课题管理办法》、《中国丝绸博物馆纺织品文物取样暂行办法》、《中国丝绸博物馆技术部工作室安全制度》、《中国丝绸博物馆实验室工作制度》、《中国丝绸博物馆清洗室工作制度》、《中国修复室工作制度》、《中国丝绸博物馆丝织文物复制工作程序》、《中国丝绸博物馆退休馆级领导公务用车暂行办法》、《中国丝绸博物馆资料管理制度》、《中国丝绸博物馆教育培训暂行规定》等10项规章制度;修改完善了《中国丝绸博物馆文化服务项目管理暂行办法》、《中国丝绸博物馆展厅管理办法》、《中国丝绸博物馆消防管理制度》和《中国丝绸博物馆车辆管理暂行办法》等7项管理制度。

在省文物局的协调和浙江省博物馆的大力支持下,中国丝绸博物馆完成了教工路中国丝绸博物馆纺织品文物保护科研大楼1200平方米的装修改造,于春节前全面投入使用,完成了接待室和办公室的加层改造。由于世博会期间观众特别多,中国丝绸博物馆经常进行广场维修,完成了广场和停车场柏油路面的改造,改善了博物馆的形象。

一年来,中国丝绸博物馆对全馆自来水管网实施维护和改造,全年开展2次局部管网的更新改造,将使用水量控制在正常范围内;同时加强了通讯设备和线路检查维修,结合基建工程增补了新的通讯线路,保证全馆通讯畅通。为加强电器设备和线路的维护保养,对展厅灯光照明进行测试调整,以确保文物安全。此外,加强对空调设备的维护保养。

在文化服务建设上,为探索建立"政府倡导、博物馆主导、行业协作、企业参与、商业运作"的博物馆文化产品研发、经营机制,中国丝绸博物馆与浙江凯喜雅国际股份有限公司(原浙江省丝绸进出口总公司)合资建立了"杭州经纶堂文化创意有限公司"。一年来,公司围绕市场开发了一系列高档丝绸产品,并成功研制了"湖丝杭锦织锦画",还受省政府委托先后设计、制作3幅真丝织锦画,赠送上海市委、市政府及浙江省军区。为加强文化服务项目管理的制度建设,中国丝绸博物馆在原《经营管理条例》基础上制定了《中国丝绸博物馆文化服务项目管理暂行办法》,对全馆文化服务项目进行了规范。

在人事管理上,中国丝绸博物馆按照省属事业单位公开招聘规定,组织实施了新进人员的公开招聘,全年新聘毕业生3名。根据省文化厅统一部署,馆里组织实施了岗位设置,制定了《中国丝绸博物馆岗位设置方案》,根据省人力资源和社会保障厅《关于对中国丝绸博物馆岗位设置方案的批复》,制定了《中国丝绸博物馆岗位设置实施方案》。

在财务管理上,中国丝绸博物馆加强资金的使用、调配和统筹安排,重点抓了专项经费的落实率。为确保全年完成80%的专项经费,在各部门的积极努力和大力配合下,中国丝绸博物馆逐项进行任务分解和落实,基本按计划完成了当年专项经费的使用。在上级各级领导的关心、支持下,中国丝绸博物馆经过努力,争取到2011年的新增经常性专项经费,从而为博物馆事业的快速发展提供了经费保证。在省财政厅、省文化厅的指导下,中国丝绸博物馆开展了固定资产数据库建设,全馆固定资产全部录入固定资产管理软件。由于决算工作成绩突出,中国丝绸博物馆被省文化厅评为2009年度决算先进单位。

2010年是外事任务较重的一年,中国丝绸博物馆举办、参与3个外展及8个学术交流、出境征集、借展文物项目,为16个批次的人员出境办理报批了手续,为3个展览项目办理了运输、保险手续。

在档案和信息管理方面，馆里加强了人事代理档案管理，完成了人事代理人员新产生档案的移交工作和2009年度各类档案的归档；进一步加强了政务信息工作，全年向省文化厅报送政务信息26件。

“锦上胡风——丝绸之路魏唐纺织品上的西方影响”展开幕

4 月 9 日,中国丝绸博物馆举行“锦上胡风——丝绸之路魏唐纺织品上的西方影响”展开幕式。本次展览由浙江省文化厅、浙江省文物局、北京大学考古文博学院主办,中国丝绸博物馆、北京大学赛克勒考古与艺术博物馆与北京大学公众考古与艺术中心承办。浙江省文化厅副厅长、省文物局局长鲍贤伦,省文物局副局长陶月彪,中国敦煌吐鲁番学会秘书长柴剑虹,香港收藏家贺祈思,朱伟基、卢茵茵夫妇,北京大学教授齐东方,清华大学教授尚刚,东华大学教授包铭新,中国社会科学院研究员扬之水,中国丝绸博物馆副馆长赵丰等出席了开幕式。本次展览分为“西锦初成”、“胡风渐炽”、“番锦极盛”、“大唐新样”等四个部分,展出了出土于丝绸之路沿途的近60件(套)魏唐时期丝绸织物和服饰,展示了织物发展的过程。作为中国丝绸博物馆与北京大学考古文博学院合作推出的首次大型研究及展示活动,展览此前曾在北京大学赛克勒考古与艺术博物馆举行。

“一青二白——民间美术家的蓝白世界”展开幕

6月11日，中国丝绸博物馆举行"一青二白——民间美术家的蓝白世界"展开幕式。本次展览由浙江省文化厅、浙江省文物局主办，中国丝绸博物馆、浙江省民间美术家协会承办，中国美术学院设计艺术学院协办，共分五部分：第一部分"原色乡村——民间传统蓝染艺术"包括蓝印花（特指蓝色的灰缬）、蜡染、蓝夹缬及刺绣中的三蓝绣等工艺；第二部分"学而习之——院校中的技法传承"主要介绍了当今工艺美术教育体系中，尤其是中国美术学院染织与服装设计专业教学安排中传承、发展的传统扎染、蓝印花、蜡染、剪纸、刺绣、编织工艺；第三部分"求索创新——美术家的蓝白艺术"展示了以蓝白为主色调的刺绣、挑花、蜡染、瓷器、剪纸等工艺品；第四部分"蓝白集"介绍了日常生活中由蓝白二色组成的日常用品；第五部分"工艺说明"介绍了蓝白染织之本——靛青、蓝印花、蜡染、夹缬等工艺。展览展出的100余件展品不仅涵盖了传统的蓝白艺术品，还包括现代艺术家运用传统工艺方法创作的、具有现代气息的各类蓝白工艺品。

"中国蚕桑丝织技艺"世遗项目在京获证

8月19日，中国入选联合国教科文组织非物质文化遗产名录项目颁证仪式在京举行。中国丝绸博物馆等为申遗作出重要贡献的单位在仪式上获得表彰。"中国蚕桑丝织技艺"是由中国丝绸博物馆牵头申报的世遗项目，涵盖了浙江杭州、嘉兴、湖州，江苏苏州，四川成都等3省5市的蚕桑生产主产区和蚕桑丝织文化保护地。该项目的入选对于传承、保护具有5000年历史的中国丝绸文明有着十分重要的现实意义和深远的历史意义。

“金冠玉饰锦绣衣——契丹人的生活和艺术”展览举行

9月10日，“金冠玉饰锦绣衣——契丹人的生活和艺术”展览开幕式暨香港梦蝶轩辽代文物捐赠仪式在中国丝绸博物馆举行。此次展览由浙江省文化厅、浙江省文物局主办，中国丝绸博物馆承办，浙江省副省长郑继伟，省政府副秘书长马云林，省文化厅副厅长、省文物局局长鲍贤伦，香港梦蝶轩朱伟基、卢茵茵夫妇等出席了开幕式。郑继伟副省长在仪式上接受了卢茵茵夫妇向中国丝绸博物馆捐赠辽代丝绸文物的《捐赠清册》，并颁发了收藏证书。

此次展览主要分为“铁马俊鹘”、“金冠丝服”、“新样锦绫”、“绣囊玉佩”四部分，共展出金、玉、丝绸文物70余件（套），展品主要选自梦蝶轩的赠品、中国丝绸博物馆的辽代丝绸藏品及梦蝶轩出借的辽代金银玉石饰品等。作为我国最大的丝绸类专业博物馆，中国丝绸博物馆一直十分重视对丝绸文物的搜集、鉴定和保护。香港著名收藏家朱伟基、卢茵茵夫妇此次捐赠的文物集中反映了辽代的丝织工艺水平和草原民族独特的艺术风格，其中两件被初步定为国家一级文物，九件定为国家二级文物，其余文物也极为珍贵。

中国丝绸博物馆举办DIY物品置换活动

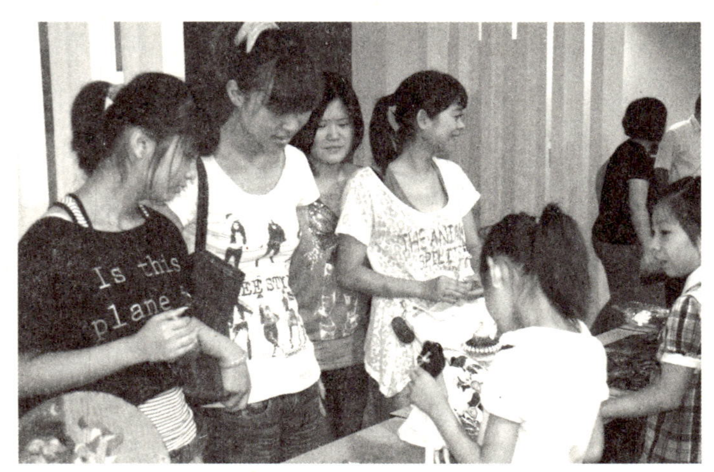

9 月 11 日“世界清洁地球日”当天，中国丝绸博物馆举办首次“DIY 物品置换活动”。DIY 是英文 Do it yourself（自己动手做）的缩写。参加本次置换活动的物品都是人们亲自动手制作的，包括生活用品、工艺品、小饰品等，也有一些市民家中闲置的二手物品。本次活动是中国丝绸博物馆在推行低碳环保公益事业中的一次尝试，并计划在今后每月举办一次，以提倡低碳生活。

中国丝绸博物馆举办全疆博物馆专业人员纺织品修复培训班

10 月 11 日，由国家文物局主办，新疆维吾尔自治区文物局和中国丝绸博物馆承办，吐鲁番地区文物局协办的全疆博物馆专业人员纺织品修复培训班在吐鲁番博物馆开班。

新疆是古代丝绸之路的重要通道，地上地下文物遗迹丰富。在新疆出土的纺织品种类丰富、数量庞大。但由于氧化、腐蚀、病虫害等原因，大部分纺织品出土时常常会破裂或失色。多年来，新疆各级文博机构一直重视对纺织品文物的保护修复，但一直受到人才、资金、技术等瓶颈因素的制约。受国家文物局委托，中国丝绸博物馆此次承办培训班，以作为国家文物局对口援疆工作的重要援助项目。来自全疆各地（州）的 28 名文物修复专业人员进行了为期 12 周的纺织品修复理论和实践技能培训。在进行业务培训的同时，中国丝绸博物馆还为相关博物馆制定了纺织品修改保护方案，提供修复保护服务。

“织为货币——丝绸之路上的纺织品”研讨会代表来馆参观

2009年10月,由东华大学、中国丝绸博物馆、耶鲁大学和大英博物馆联合举办的“Textiles as money”研讨会在美国耶鲁大学举行。2010年12月,会议移师上海继续举行。与会专家进一步深化了耶鲁大学研讨会的研究成果,并将以论文集的形式整理发表研究成果。会议期间,参加会议的相关人员来到杭州,参观了中国丝绸博物馆基本陈列,就部分出土于丝绸之路沿途的馆藏汉唐丝绸文物进行了研究探讨。

“丝路情怀——朱自谦新疆风情画展”开幕

11月19日,由浙江省文化厅、浙江省文物局主办,中国丝绸博物馆承办的“丝路情怀——朱自谦新疆风情画展”开幕式在中国丝绸博物馆举行。展览展出了画家朱自谦的作品七十余件。朱自谦早年在新疆工作、生活了28载,主要作品《千古丝路响驼铃》、《大巴扎》、《八月草原》等都是新疆风情的典型写照,《惠风》、《吐鲁番葡萄熟了》、《姑娘追》、《转场途中》、《山鹰之舞》等反映了新疆少数民族人民的个性。本次展览持续到2011年3月。

中国丝绸博物馆在全国文物保护科技领域取得成果

12月13日至15日,2010年全国文物保护科技工作会议在京举行。国家文物局在会上宣布了第四批重点科研基地,其中纺织品文物保护国家文物局重点科研基地落户中国丝绸博物馆。同时,中国丝绸博物馆领衔开展的指南针计划试点项目《东周纺织织造技术价值挖掘与展示——以出土纺织品为例》荣获2009年文物保护科学和技术创新奖二等奖。

作为国内最大的纺织品专业博物馆,中国丝绸博物馆一直致力于纺织品文物的保护与研究,开展了大量科研和实践活动,成为国内纺织品科技保护主要研究机构之一。此次纺织品文物保护国家文物局重点科研基地落户中国丝绸博物馆,标志着中国纺织品文物保护进入新的发展阶段。基地将紧紧围绕纺织品文物保护领域科技发展战略,针对领域内的重大科技问题开展创新性研究,以成为国家文物局组织开展纺织品文物保护领域高水平研究,聚集、培养优秀科学家,开展学术交流的重要阵地。

中国丝绸博物馆承担的《东周纺织织造技术价值挖掘与展示——以出土纺织品为例》项目属"指南针计划——中国古代发明创造的价值挖掘与展示"专项,以江西靖安东周墓和湖北马山一号楚墓出土纺织品为主要工作对象,组织了跨学科、跨领域、跨部门力量,分别开展了纺织纤维的鉴别、纺织品文物及纺织工具调查、江西靖安李洲坳东周墓出土部分纺织品及纺织文物鉴定、原始织机的研究与复原、纺织文物的复原、东周纺织织造技术综合研究、东周纺织织造技术专题陈列及相关展示等研究,取得了一系列成果:发现了应用于纺织生产中一些新的纤维种类和组织结构,复原了两种与出土纺织品织造技术相适应的东周平素织机,最大限度研究了织物和织机之间的适应性问题,并复制成功了四件织锦;还首次对东周时期的编织物进行了较为系统的复原研究,复制成功了中空斜编组带;同时通过纪录片、动画、展览、数据库、科普读物、学术会议、出版物等形式,将东周纺织织造技术进行了全方位的展示。

“经纶堂”出品湖丝杭锦《世博印象》

此外,由中国丝绸博物馆主持完成的《糟朽丝织品的丝蛋白复合体系仿生加固》、《东周纺织织造技术价值挖掘与展示——以出土纺织品为例》、《古代纺织发明创造文化遗产科学价值试点——古代夹缬工具与技术复原》等多项科研成果在国家文物局主办的“百工千慧——中国文物保护科学和技术成果展”成果展中进行了展示。

2010年,中国丝绸博物馆和凯喜雅国际股份有限公司联合创立了“经纶堂”品牌。受省委省政府委托,“经纶堂”在上海世博会期间设计、生产了湖丝杭锦《世博印象》。该产品以辑里湖丝为原料,在传统杭锦技术基础上运用现代真丝数码织锦工艺与当今世界最先进的织造设备,以黄浦江、东方明珠塔等作为背景,以中国馆为中心,反映了“中国”、“上海”、“世博”等元素,表达了浙江人民对上海举办世博盛会的美好祝愿。

浙江省文物考古研究所

2010年,浙江省文物考古研究所坚持"保护为主、抢救第一、合理利用、加强管理"的文物工作方针,在考古发掘、文物保护、科学研究等方面取得了新成绩。

一、文物普查工作

省第三次全国文物普查业务指导组圆满完成了全省文物普查野外调查阶段省级验收工作;同时针对省级验收中存在的问题,加强了对各地普查数据资料修改、完善的技术指导,解决了电子数据接收过程中的相关技术问题,完成了全省普查电子数据收集、汇总工作;协助做好国家文物局普查办对我省普查电子数据的验收和普查野外调查阶段整体验收各项准备工作。

2010年,浙江省文物考古研究所配合省文物局召开全省普查转段工作会议,编写了《浙江省第三次全国文物普查第三阶段工作方案》、《第三次全国文物普查工作报告编制规范》、《不可移动文物名录编制技术规范》、《浙江省第三次全国文物普查成果表现形式规范》、《浙江省第三次全国文物普查成果建档备案规范》、《浙江省第三次全国文物普查不可移动文物分布电子地图编制规范》、《浙江省第三次全国文物普查电子数据报送规范》、《汇总统计软件使用技术要点》等技术文件。

普查转入第三阶段后,浙江省文物考古研究所针对第三阶段工作要求继续开展技术辅导,先后承办两期全省第三次全国文物普查第三阶段工作培训班,对近200名市、县(市、区)普查队长、业务骨干代表进行系统培训,在义乌、安吉开展试点工作,组织试点人员编写《普查工作报告》、《不可移动文物名录》、《不可移动文物分布电子地图》、《普查档案》、《普查成果保护利用规划》、《普查成果发布计划》等参考范本及相关编制要求,推进我省普查第三阶段工作的深入开展。此外,浙江省文物考古研究所还指导了《丽水古建筑》、《丽水古桥梁》、《丽水摩崖石刻》等普查成果汇编丛书的编撰。

二、考古工作

浙江省文物考古研究所做好大型项目基本建设工程中的考古调查勘探和文物保护,完成长兴华能电厂、甬台温输气管道、浙江天然气、浙江海洋学院迁建工程、九景衢铁路、杭黄铁路等13个考古调查与勘探项目,累计调查里程1500余千米,勘探面积约200万平方米。

浙江省文物考古研究所一如既往地积极配合重点工程建设,开展相关考古工作:重点开展了田螺山遗址、方家洲遗址、嘉兴子城遗址、余杭经济开发区、湖州杨家埠经济开发区、安吉天子湖工业开发区、丽水处州明清府城墙等34个考古发掘项目,发掘总面积67490平方米,清理各类墓葬578座,窑址2处,出土文物3128件(组)。余杭茅山良渚遗址、长兴合溪洞旧石器时代遗址入围2009年度全国十大考古新发现项目初评。

为配合嘉兴马家浜遗址公园建设,浙江省文物考古研究所实施面积300平方米的发掘,主要清理了1处马家浜文化墓地。大部分墓葬集中于发掘区东北角,迄今已发掘马家浜文化墓葬60

座。墓葬中共出土玉器、骨器、石器、陶器等随葬品近百件,骨玦和六角沿陶豆为以往马家浜文化遗址中未见,进一步丰富了遗址的文化内涵。发现的墓葬大部分都清理出长方形竖穴土坑,个别墓葬还留存有木质葬具。绝大部分墓葬都保存了人骨遗骸,以俯身葬为主,个别有侧身葬和仰身葬,这些材料有助于研究马家浜文化葬制和葬俗。浙江省文物考古研究所对马家浜遗址进行了详细钻探,并结合小范围探沟试掘,确认了遗址文化堆积的分布范围,同时配合科技考古研究室对文化堆积范围之外的区域作了钻探,开展了遗址生态环境研究,还探索了可能存在的马家浜文化时期水稻田。

根据省文物局《关于指定收藏长兴便山石室土墩墓出土文物的批复》,浙江省文物考古研究所完成了399件出土文物的移交工作,完成萧山跨湖桥遗址、湖州昆山遗址出土文物的移交方案。积极支持省博物馆和杭州市南宋官窑博物馆、嘉兴博物馆、余姚博物馆、江山博物馆的展示服务建设,协助办理文物375件(组)的借展。

三、文保工作

在文保业务和管理工作方面,浙江省文物考古研究所根据省文物局部署,参加了对各地推荐的第六批省级文保单位的现场调查,就推荐对象进行文物价值评估,指导地县文物行政管理部门合理调整申报对象与申报材料,共撰写推荐材料243份。受国家文物局指派,浙江省文物考古研究所派人参加第七批全国文物保护单位评审工作,参与专家组对广西、广东、海南等地推荐的第七批国保单位的现场考察评估。在第六批省保、第七批国保推荐和评估工作中,指导各地划定保护范围和建设控制地带,启动相关“四有”记录档案的编制;并继续做好省保单位“四有”档案的辅导和审查,对技术力量较弱的县市进行辅导,完成近100处文保单位的“四有”档案技术审查;配合省文物局抓好浙江省文物保护利用示范预选项目,对绍兴大禹陵、诸暨斯宅、诸葛长乐进行了工程技术指导和组织协调。此外,浙江省文物考古研究所对建所以来的文保档案和历次文物普查资料进行了整理归类及建档,将2009年度审查技术文件——设计方案文本、施工图及批复意见材料共计113份移交给档案室。

在技术审查工作方面,认真做好文物保护单位的维修技术审查,严把文物维修技术质量,全年共完成各级文保单位维修方案、施工图审查、文保单位保护规划审查91项。

在文物保护工程质量管理方面,协助省文物局开展文物保护工程勘察设计和施工资质单位的年检年审工作,承担2010年度我省勘察设计、施工及监理资质申报的初审,完成16项资质审查,承办全省第二届文物保护工程从业人员上岗培训班,培训180余人,其中179人经过考试取得省文物局授予的上岗证书。

在名城保护方面,协助省文物局加强对我省历史文化名城、保护区(街区)、村镇的保护,参与海宁、富阳等历史文化名城、名镇的评审调查,在评估调查过程中辅导各地科学开展名城保护工作;参与第四批省级历史文化村镇、街区的推荐调查和省文物局组织的历史文化名城名镇、历史保护区规划与保护方案论证。

在大运河资源普查及申遗工作方面,完成了《浙江省“十一五”期间大运河文物资源普查工作实施计划》年度任务,协助省文物局完成国家文物局下达的各项组织工作:协助中规院开展《浙江省省级大运河文化遗产保护规划》编制，参与《大运河浙江省省级保护规划》编制的研究评估；指导五市开展第二阶段大运河保护规划编制资料收集与研究；做好我省五市市级大运河保护规划的各层次论证协商，基本落实了国家文物局下达的第一阶段保护要求。与此同时，浙江省文物考古研究所完成了我省大运河申报世界文化遗产点（段）的遴选和上报，为全国大运河专家组两次实地调查做了大量技术准备，圆满完成考察任务，争取了更多遗产入选申遗名单。此外，协助各地开展大运河国保单位扩展项目保护范围、建设控制地带的划定，辅导、审查大运河国保单位价值评估与建档工作，启动大运河遗产资料收集整理，开展建立运河遗产普查数据库的研究，配合省文物局加强对重要运河遗产保护维修工程的技术审查与管理；完成第六批省保单位大运河部分的推荐、评估，指导各地反复斟酌、组合，力求反映大运河的文化、科学价值，最大限度抢救大运河文化遗产。

四、科研工作

为做好“十二五”期间的文物保护工作，浙江省文物考古研究所在总结“十一五”文物保护专项经费的使用情况和存在问题的基础上，根据国家文物局《关于编制文物保护项目及经费需求“十二五”规划的通知》精神，结合省文物局有关文物保护项目及经费需求“十二五”规划编制要求和文博事业发展总体目标，开展摸底调查，科学编制了文物保护项目及经费需求“十二五”规划。

为结合国家文明探源工程继续调查、发掘良渚古城，完成了良渚遗址区测量控制网，合作开展古城范围的航拍航测，获得10平方千米正射影像图和5平方千米1∶2000矢量地图；完成良渚古城城内莫角山遗址基础钻探，初步搞清莫角山遗址堆筑情况。莫角山大型土台西半部在堆筑时利用了原有的自然小山，整体堆筑方式为下半部用青淤泥堆筑，上部普遍用黄色黏土堆筑，中心部位建有大面积的沙土广场。对距离良渚古城西北部约8千米的彭公一带发现的类似水坝遗迹进行调查，初步判断彭公岗公岭、老虎山、前山坞等遗迹为良渚时期人工堆筑的水利工程，可能与良渚古城外围的防洪治水系统有关。经碳十四测定，水坝遗迹年代约为距今4900年左右，进一步确认了应属良渚文化时期营建。为了寻找良渚古城是否存在外郭城的问题，根据测绘地图高程分析，显示出卞家山、郑村、师姑山等高地似构成良渚古城城外另外城圈形态的估计，选择了良渚古城东面的师姑山台地进行解剖发掘。发掘面积共计800平方米，发现良渚时期临河而居房屋建筑遗迹及用木板砌成的护岸，为理解长江下游江南水乡居住生活模式的文化渊源提供十分珍贵的资料。此外，浙江省文物考古研究所与浙江大学地球科学系开展合作，对四面城墙解剖点的城墙地基石头进行全面统计鉴定，计划与周边山上岩石进行对比分析，以了解良渚古城石材来源，从而复原筑城过程，计算工程量。

结合课题开展浙中地区新石器时代遗址的调查，对龙游县境内的渠江、灵山江流域进行了考察，发现并试掘了湖西、羊头山嘴、青墩、大公山、太婆山遗址，对浙中地区早期新石器时代遗址及其他遗址有了更深入的了解，特别是发现了青墩新石器时代早期遗址，取得了突破性成果。青墩遗址位于龙游县龙洲社区寺后村西面500米处，经过试掘和探铲勘探，初步确定遗址面积约30000平方米。遗址包含两个阶段的文化层堆积，基本文化内涵为陶器和石器。下层遗物具有浓郁的上山文化晚期特征,距今约9000年;上层陶器包括夹炭、夹砂两种陶系,遗物与浦江上山遗址中层文化面貌基本一致,具有明显的跨湖桥文化特征,距今约八九千年。青墩遗址是衢州地区最早的新石器时代遗址,说明上山文化分布已经向浙西地区延伸,充分证明了整个钱塘江上游地区不但是浙江新石器时代文明的发祥地,也是中国乃至东亚地区最重要的稻作农业文明重要发祥地之一。此外,青墩遗址是继浦江上山遗址、嵊州小黄山遗址之后第三处发现上山文化、跨湖桥文化直接地层叠压关系的遗址,证实了跨湖桥文化来源于上山文化的假设,充分证明钱塘江早期文明源远流长的延续发展关系。

开展德清东苕溪流域原始瓷窑址群调查及南山商代窑址发掘,2010年初,浙江省文物考古研究所"瓷之源"课题组会同地县文物部门对商代原始瓷窑址进行专题调查,共发现窑址20多处。其中德清龙胜片区与春秋战国时期窑址基本重叠,产品以印纹陶为主,并有少量原始瓷,时代在商代中晚期。湖州青山片区按产品分为两种类型:一类接近于龙胜类型,以印纹陶为主;另一类几乎纯烧制原始瓷,年代从商代早期持续到晚期。3月至12月,浙江省文物考古研究所对青山片区的南山商代窑址进行了抢救性发掘,发掘面积600多平方米,揭露窑炉遗迹3条、灰坑2个,出土大量原始瓷器。揭露的3条窑炉遗迹均为长条形斜坡状龙窑,处于龙窑发展初期阶段,是目前已发掘的最早原始瓷龙窑。此次专题调查与发掘表明,东苕溪中游商代原始瓷窑址群数量众多、分布密集、时代早,是国内首次发现的大规模商代原始瓷窑址群,也是目前唯一一处时代最早的原始瓷窑址群。南山窑址最早在商代初期开始烧造,一直持续到商代晚期。窑址窑炉遗迹完整、产品堆积丰厚、地层关系清晰、产品种类丰富、原始瓷胎釉成熟,对于探索中国瓷器的起源,解决南北方原始瓷产地,建立商代原始瓷编年,探索江南商代考古学文化等方面均具有重要意义。浙江东苕溪中游商代原始瓷窑址调查及南山商代遗址发掘取得重大成果,入选"中国社会科学院考古学论坛·2010年中国考古新发现"。

结合课题开展安吉古城和龙山墓群的调查与钻探,浙江省文物考古研究所在安吉古城外围开展调查,发现了一处规模较大的遗址。遗址分布面积约25万平方米,文化堆积厚1.5米左右。根据钻探及地表采集遗物判断,堆积主体应属于汉代,与古城遗址基本一致。为全面了解城内地层堆积情况和总体布局,浙江省文物考古研究所对穿越古城遗址的东西向公路以北部分进行普探,已钻探面积近20000平方米,在西北区块发现一片夯土台基,应为原城内主体建筑所在。西城墙内侧发现了部分可能与窑炉冶炼有关的迹象,初步判断这里原来可能是冶铸作坊的区域。通过对古城南侧龙山墓群20多座较大型墓葬的逐一调查和记录,掌握了墓葬分布的基本特点,并对一座特大型土墩的外围疑似环壕进行了详细钻探与重点详查,确认大墩外围确实存在环绕四周的壕沟。

此外,浙江省文物考古研究所结合考古发掘,继续开展科技考古研究:如结合"文明探源"三期工程课题"都邑性聚落——良渚古城"研究,开展良渚时期技术与资源调查研究;结合美人地遗址发掘工作,开展与遗址相关的农田钻孔探查和植物遗存调查;开展余杭茅山遗址农耕遗迹、植物遗存的调查与研究,完成了农耕遗迹区域及农田外围区域剖面土壤样品、植物硅酸体和种子的分析,并制出相应结果分带图,提供了农耕遗迹生物微化石和农田生态方面的证据,对遗址区域内200余个钻孔中的117份材料进行了植物硅酸体分析等。根据分析结果，勾画出茅山遗址周围古稻田东西长约700米，南北长45至120米，共5.5公顷的分布范围；对遗址古稻田及周围的居住址、墓地进行了测量，测量点达数千个，获得了遗址建立三维矢量地形图的基础数据。根据玉架山遗址发掘，浙江省文物考古研究所开展了遗址相关农耕遗迹的钻探调查，根据钻孔土样的土质、土色及植物硅酸体、种子等分析结果综合断定，玉架山遗址周围在良渚文化时期是沼泽湿地环境，呈现出低湿地以芦苇为主、高燥地以芒属植物为主的植物群落特征，没有大面积栽培稻群落分布。根据马家浜遗址的发掘，浙江省文物考古研究所在遗址周围进行了高密度、精确定位的钻孔调查和取样，为遗址的聚落布局研究提供了大量信息，获得了进一步研究农耕区分布的材料，并对马家浜遗址发掘点进行了植物遗存调查。

2010年，出版《七里亭与银锭岗》报告1部，完成《文家山》、《仙坛庙》、《楼家桥、山背、尖山湾》、《德清亭子桥》、《浙江汉六朝墓报告集》等5部报告及《古越瓷韵——浙江出土商周原始瓷集萃》图录、《浙江汉墓》初稿的编写；发表《绍兴会稽村汉六朝墓葬》、《浙江湖州钱山漾遗址第三次发掘》、《海宁小兜里遗址良渚墓葬的发掘》、《湖州杨家埠二十八号墩发掘》、《安吉三官土墩墓发掘》、《湖州白龙山汉六朝墓发掘》、《长江下游地区新石器时代盉鬶的若干问题》、《东南地区汉墓》、《三国西晋时期越窑青瓷生产工艺及相关问题》、《龙泉窑发掘与研究》等简报和论文30余篇。

五、宣传工作

2010年，浙江省文物考古研究所紧紧围绕重点和亮点，向省文化厅信息网、浙江文物网上报考古发掘、文物保护等信息18条，向《中国文物报》、《浙江文化月刊》、《浙江文物》及相关刊物提供十多篇业务工作论文和稿件，全面、及时、深入地介绍了业务发展。第五个文化遗产日期间，积极配合省政府新闻办、省文物局在杭举行“浙江旧石器考古成果新闻发布会”，向社会通告了近年来我省在旧石器时代考古工作中取得的重大成果，与省博物馆、长兴县博物馆合办了“百万年的文化根系——浙江旧石器考古成果展”，展出各类展品150件。为进一步促进我省旧石器时代考古工作的开展，浙江省文物考古研究所和中国科学院古脊椎动物与古人类研究所在长兴共同设立旧石器考古工作站，在长兴县合溪洞遗址现场举行合溪洞遗址标志碑揭幕暨旧石器考古长兴工作站授牌仪式，召开了旧石器考古长兴工作站成立以来的第一次学术研讨联谊会。20余位来自中国科学院古脊椎动物与古人类研究所和我省出土旧石器市县博物馆专业人员参加了会议。

此外，协助萧山区委宣传部等单位承办“跨湖桥文化国际学术研讨会”，召开了文明探源课题负责人联席会议，商讨了文明探源工程各课题的相互配合问题；并与北京大学考古文博学院联合主办考古夏令营，向全国200余名高、初中学生和历史老师展示了浙江省的考古成就，普及了历史、考古知识，增进了他们的文化遗产保护意识。

六、安全保卫和库房管理工作

2010年，浙江省文物考古研究所继续加强文物安全工作，认真贯彻国务院《企事业单位内部治安保卫工作条例》和省级文化系统《社会治安综合治理实施细则》等各项措施，贯彻落实“预防为主、单位负责、突出重点、保障安全”方针，年初就与各科室签订了综合治理安全责任书，强化日常监管、督查,按照“谁主管、谁负责”的原则,确保安全措施的到位。为认真履行保卫工作职责,浙江省文物考古研究所贯彻预防为主的方针,加强了库房、考古工地的冬春季防火、汛期防汛、防雷及五一、十一、春节等重点时段的文物安全检查工作,加大了督促检查力度,组织专门力量进行重点检查,落实安全措施,有力保障了文物安全,实现了全年安全无事故,社会治安综合治理考核达标。为认真做好文物调查及数据库管理系统建设工作,浙江省文物考古研究所积极创造必要条件,组织力量、落实人员,完成了省文物局下达的400件(组)文物数据库信息采集及照片拍摄和文字说明等工作。

七、精神文明建设和人才队伍建设

经中共浙江省文化厅直属机关委员会批准,浙江省文物考古研究所成立了中共总支部委员会,完成了各支部的组建工作,以继续发挥党组织的政治核心作用和党员的先锋模范作用,被中共浙江省文化厅直属机关委员会评为“先进基层党组织”。平时,浙江省文物考古研究所组织职工进一步深入学习邓小平理论和“三个代表”重要思想,认真学习贯彻党的十七大精神,继续深入学习实践科学发展观,不断提高以科学发展观统领各项工作的能力;并实行党风廉政建设责任制,加强党风廉政教育,提高党员干部拒腐防变的能力;还认真贯彻、执行上级有关部门工作部署和要求,制定了单位党风廉政建设制度与措施,组织学习了有关党风廉政建设的法规和文件,开展了党性党风党纪、清政廉政和遵纪守法教育,做到全年无违纪案件发生。此外,浙江省文物考古研究所进一步健全工青妇等群团组织,积极协调、举办多项有益活动;并加强人文关怀,慰问考古工地和住院职工等,依法维护职工的合法权益,确保了全所职工和谐稳定。

浙江省文物考古研究所紧紧围绕新时期人才培养要求,树立“人才兴所”意识,努力营造鼓励创新创业氛围和育人用人环境,积极鼓励年轻人在各项业务工作中挑大梁、出成果。2010年,全所有5名中青年业务骨干分别获得研究馆员、副研究馆员、馆员资格,还新引进了3名硕士研究生,充实了业务力量。在岗位设置和聘用过程中,浙江省文物考古研究所始终坚持以人为本,积极开展思想政治工作,深入进行事业单位岗位设置的宣传教育,统一思想、提高认识,动员全所职工识大体、顾大局,关心、参与岗位设置管理;同时面对本单位高级人才聚集、岗位需求矛盾突出的情况,积极争取高级专业技术岗位指标,在文化厅和人力社保厅的大力支持下,基本解决了高职低聘问题,完成了岗位设置实施方案和首次聘任方案。

浙江省文物考古研究所高度重视职工队伍思想建设,教育、要求广大职工坚持正确政治方向,认真学好、用好《中华人民共和国文物保护法》、《浙江省文物保护管理条例》,掌握有关方针政策、法律法规和专业知识,自觉遵纪守法,创新学习内容,提高综合素质,始终保持与时俱进、开拓创新的精神状态。

此外,浙江省文物考古研究所积极参加学术研讨会、讲学及合作研究等学术交流,不断提升研究水平,全年共接待国外学者7批次20余人,鼓励、支持20余人次科研人员进行业务考察、出席各种学术会议,11人次应邀出访交流,通过多种形式的业务交流,有力提升了职工队伍的整体素质和工作能力,扩大了影响,提高了知名度。

八、行政管理与其他工作

2010年，省文物考古研究所加强行政办公管理，程序办理公文奖项的申报，认真履行日常工作，充分发挥办公室的枢纽作用，完成事业单位年审、人员晋升、职称评定、新进人员、出国手续、人事统计、老干部等日常工作；做好办公设备维护维修、职工及子女基本医疗保险、职工住房补贴等事宜，保证全所业务工作的正常有序运转。加强财务管理，准确编制、及时报送年度预决算，建立了规范的财务档案，及时提供各种财务信息；完成了各类账务、报表、统计、会计报表的填报、税务登记、纳税申报、年度审计等工作，做好现金、银行的收付、工资的发放，被省文化厅评为“年度部门预决算编制双先进”单位。

加强图书资料、文档管理，完善档案信息管理系统，根据研究需要，全年订购各类图书报刊500余册，登记、上架流通期刊、新书等1050册，分类编目、整理排架、报刊装订8500册，办理借阅图书800册，协助查询500人次。按照档案文件归档的有关要求，省文物考古研究所完成了2009年度各类文书的整理归档507件，完成上虞后称山古墓葬、上虞积山古墓葬、长兴小浦等考古发掘项目的入档整理，并完成之江大学旧址、杭州香积寺塔、越王城遗址、杭州凤凰寺、衢江吴氏宗祠、浙西南革命根据地纪念馆等122个文物保护维修设计项目的整理、归档；还做好单位局域网络及办公电脑的管理与维护，保证计算机网络的安全正常运转，为业务工作的正常运行做好保障服务。

李家巷长岭山土墩墓发掘

2009年12月至2010年5月,浙江省文物考古研究所、长兴博物馆为配合318国道建设工程,对长兴李家巷镇南、长岭山上的土墩墓进行抢救性发掘,在工程建设范围内发现了五座土墩,共清理商周时期墓葬7座,出土随葬器物64件,其中原始瓷24件,印纹硬陶38件,泥质陶2件。

五座土墩中有四座一墩一墓,一座一墩三墓。其中一墩一墓的都是石室型,石室建在略加平整的山脊上,基本呈东西向。一墩三墓为石床型,平地掩埋。由于后期人为扰动及盗掘破坏,大多数土墩已不具原有形状,只有3号墩保存较好。墩中石室基本保持原有结构,石室顶部可能因地壳变动等原因略有变形、坍塌,其南北两壁最高处仍有1.8米以上。封门用长条形石块,在两石壁之间垒砌而成,长度近350厘米。靠近墓室的一排封门石垒砌得较整齐,所用石块都是长条形。后面的石块大小不一,垒砌较随意。后壁用三块较规整的大石块垒砌而成。石室南北两壁底部一层石块都较大,上面的石块或大或小,朝向墓室的一面大多较平整。北壁保存较好,南壁略低,可能有所倒塌。南北两边石壁都向内倾斜,剖面呈口小底大梯形状。由于地势东高西低,两边石壁后段较高、封门处较矮,顶部基本平整。石室顶部没有封盖石,盖顶可能是竹木类易朽材质。石室底部有石床,较平整,石块间缝隙较小。石床与后壁、南北两壁连接紧密,靠近封门处有约90厘米没有石床。石室周围都有护坎,保存较好。护坎呈"U"形,封门前没有。随葬器物在墓室里分三组摆放。靠近后壁的一组主要是印纹硬陶器,六件全是罐瓿之类。墓室中间一组紧靠北壁,共有七件原始瓷盖碗。封门边上一组离封门约90厘米,放在石床上,有印纹硬陶罐五件,原始瓷盖碗七件。这一结构基本完整的石室土墩对研究商周时期土墩墓葬形制具有较重要的资料价值。

临平茅山汉、六朝、宋、元、明墓发掘

2010年2月至8月,浙江省文物考古研究所对分布于茅山南麓的古墓葬实施发掘,共清理60座古墓,以汉六朝墓为主,宋墓、元墓、明墓较少,出土器物344件。

汉墓分土坑墓、砖椁墓、砖室墓3种,均为中小型墓,墓向多东西向,出土物多为高温釉陶器、五铢钱、铜镜、铁剑等。六朝墓均为券顶单室墓,墓葬由墓室、甬道、封门、排水沟构成,墓向均为南北向,盗扰严重,出土物多青釉瓷碗、瓷盏、盘口壶等。规格最大一座的墓砖分长方形、楔形两种,纹饰有钱纹、窗棂纹、莲花纹、神兽纹、佛教图像莲花化生等,铭文有"晋升平二年秋七月一日范氏造"、"升平二年秋七月一日范氏造"、"徐令作"三种。宋墓用香糕砖砌筑,营造简单粗糙,墓向均为南北向,出土物多见陶瓶、陶罐、青釉瓷碗。明墓为合葬石椁墓,墓壁用石条叠砌,盖顶石板以搭口榫拼合,出土青花瓷碗。元墓为火葬墓,以四块长方形砖围成椁,以陶钵为棺盛骨灰,钵内随葬若干枚铜钱,盖顶的一块砖为墓志,记载有墓主籍贯、身份、埋葬时间及葬地方位等。墓志文"仁和县"、"茅山"等地理名词为元代政区研究提供了新材料。

上虞道墟积山古墓二期发掘

2010 年 3 月至 6 月，为配合绍诸高速公路建设，浙江省文物考古研究所对上虞市道墟镇长娄村附近山麓进行了二期考古发掘。发掘区域位于积山下丘陵地段，所处山麓地段约长 400 米，2010 年勘探面积约 3000 平方米，发掘东汉至六朝墓葬 15 座（其中土坑墓 1 座）。券顶砖室墓 14 座（都曾被盗掘），东晋太元六年（381）纪年墓 1 座。出土随葬品的墓葬有 9 座，共出土铜器、铁器、青瓷器、陶器 22 件（组），包括东晋时期的早期越窑青瓷耳杯、盂、罐、熏、炉、勺、盘口壶、钵等。发掘所获对于三国两晋期间上虞地区的墓葬形制、埋葬习俗及早期越窑青瓷的研究都有着重要实物价值。

余杭玉架山发现良渚文化环壕聚落遗址

2010年3月至2011年1月,浙江省文物考古研究所、余杭博物馆对良渚文化环壕聚落遗址实施发掘。遗址位于杭州市余杭区东部,西距良渚遗址群20余千米,面积近25000平方米,发掘面积约1800平方米,在环壕内清理墓葬52座、房址1座、灰坑9座。

环壕东北转角清理出一条向北延伸的通道,解剖显示通道形状与环壕类似,宽约10米、深约1.6米。通道北侧发现了一处小型墓地,清理墓葬一座。“砂土遗迹一”北侧清理墓葬52座,出土陶、石、玉器等各类遗物近700件(组)。鼎、豆、罐为陶器的基本组合,玉器主要有琮、璧和管珠,石器以石钺为主。

贵族墓地位于土台中心区域,又清理10座较高等级墓葬,出土陶鼎、豆、罐、过滤器、镯式琮、冠状玉梳背和大量管珠等近200件遗物。其中平顶透雕刻纹冠状玉梳背、成双玉箸为首次发现,玉匕形器为野外首次出土。该墓是继反山、瑶山之后发现的良渚文化早期最高等级显贵墓葬,随葬玉器总量虽不及反山、瑶山一些墓葬多,但种类极其丰富,雕琢精美。

玉架山环壕聚落的发现和发掘,是长江下游新石器时代完整环壕聚落认识上的突破。遗址周边地区近年开展过多项考古工作,已有迹象初步表明,临平山的西、北部地带在良渚文化时期存在过一个高等级的聚落,该聚落或以玉架山遗址为中心墓地。

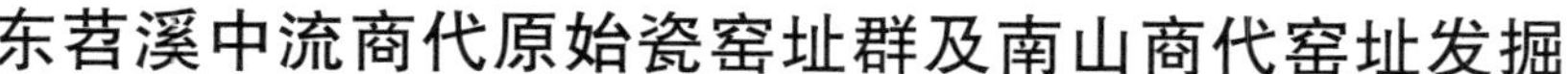

东苕溪中流商代原始瓷窑址群及南山商代窑址发掘

2010年3月至12月,浙江省文物考古研究所、湖州市博物馆、德清县博物馆对东苕溪中流商代原始瓷窑址群及南山商代窑址实施发掘。

东苕溪位于浙江省北部,是西部天目山脉向东部太湖平原过渡的丘陵地带,制瓷条件优越,曾是商周原始瓷窑址的重要分布区。尤其是春秋战国时期的窑址规模大、产品质量高,大量烧造仿青铜礼器与乐器等高档产品,许多器物几乎可以与汉代青瓷相媲美,将中国制瓷史推向了第一个高峰。

2010年初,浙江省文物考古研究所“瓷之源”课题组会同地县文物部门,针对早期商代原始瓷窑址这一薄弱环节进行了专题调查，共发现窑址20多处。窑址集中于德清龙胜片区与湖州青山片区两个区域。龙胜片区与春秋战国时期窑址基本重叠，在2平方千米左右区域内发现窑址近10处，产品以印纹陶为主，有少量原始瓷，时代在商代中晚期。青山片区毗邻毗山遗址、下菰城址等一批商周时期遗址与城址，分布面积与龙胜片区相当，已发现10多处地点，按产品分为两种类型：一类接近于龙胜类型，以印纹陶为主；另一类几乎纯烧原始瓷，产品主要有豆、罐及盖、尊等，烧制年代从商代早期持续到商代晚期。

为配合新农村建设，浙江省文物考古研究所同时对青山片区的南山商代窑址进行了抢救性发掘。发掘面积600多平方米，揭露窑炉遗迹三条、灰坑两个，出土了大量原始瓷器。揭露的3条窑炉遗迹均为长条形斜坡状龙窑，以3号窑炉保存最好。窑炉具有相当的原始性：整体较短，火膛狭长而窑床短，窑床不平且不见窑底砂，处于龙窑发展的初期阶段，也是目前已发掘最早的原始瓷龙窑。出土产品标本基本为原始瓷，器型有豆、罐及盖、簋、尊、盆、盘、钵、盂等，大部分器物应作为礼器使用。多数器物胎质较为细腻坚致，胎土经过精心选择，但胎中包含有一定数量杂质，处理上尚需进一步提高。器物人工施釉痕迹明显，少量器物内外满釉，釉色青翠，釉层均匀，胎釉结合好，玻璃质感强；但多数器物釉层极薄，呈色不均匀，仅局部有釉，施釉技术仍处于摸索阶段；成型上轮制成型与手工修刮相结合。

此次专题调查与发掘表明，东苕溪中游商代原始瓷窑址群具有两大特征：一是窑址数量众多，分布密集，时代早，是国内首次发现的大规模商代原始瓷窑址群，也是目前时代最早的唯一一处原始瓷窑址群。二是南山商代窑址窑炉的遗迹完整、产品堆积丰厚、地层关系清晰、产品种类丰富、原始瓷胎釉成熟，对于探索中国瓷器的起源、解决南北方原始瓷产地、建立商代原始瓷编年、探索江南商代考古学文化等都具有重要意义。

美人地遗址发掘

2010年3月至12月，浙江省文物考古研究所、良渚管委会对良渚古城东面的美人地台地进行了解剖发掘，布下了南北120米、东西25米的解剖探沟，发掘面积共计800平方米，通过解剖发掘发现了良渚时期临河而居的建筑基址和古河道。发掘表明，这里当初是临河而居的两排房子，

河岸用木板砌成。良渚晚期为扩大居住地面积,先民们曾将河道有意填埋。河道堆积中出土了大量陶片,许多黑陶上刻画有精细的纹饰。美人地遗址的发掘目前还正在进行中,虽然发掘面积有限,但已初步揭示出了一幅良渚古城城外的整齐水街景象,为了解长江下游江南水乡居住生活模式的文化渊源提供了十分珍贵的资料。

海宁市小兜里新石器时代遗址西区发掘

2009年4月至2010年7月,浙江省文物考古研究所、海宁市博物馆对海宁市小兜里新石器时代遗址西区实施发掘。

小兜里遗址位于海宁市海昌街道火炬村7组,遗址分为东西两区,其中遗址西区主体是东西长约70米,南北长约40米,高出周边水田约1.5米的长方形土墩,四至范围基本完整。遗址东区紧邻西区,也是面积与之相当的长方形土墩遗存,但已遭取土破坏。

2009年上半年,考古人员对遗址东部进行了第一期考古发掘,清理崧泽-良渚文化时期墓葬19座,出土陶、石、玉、牙、漆器等文物273件(组)。2009年10月至2010年1月和2010年3月至7月,考古人员又对遗址西部进行了第二、第三期连续发掘,发掘清理了崧泽-良渚文化时期墓葬33座、红烧土遗迹一处及两列一排东西向的块石等重要遗迹。三期发掘证明,西区遗址自崧泽文化晚期开始营建土台,并在土台上生活,埋设墓葬。良渚文化时期土台的拓展主要由西南向北部和东北方向进行。

红烧土遗迹所依的起始土台直接营建在遗址西南区域的生土层上,主体南北长约10米,东西现长约12米,高1.6米,边缘为缓坡或局部有土台阶。土台顶面有约8米见方范围较为平整,堆积可以分为六层,期间夹杂烧结面三处。烧结面呈不规则的圆形或椭圆形,多层次,表面烧结呈褐色,但边缘部位与营建土层难以剥剔。与烧结面遗迹共时的有分别位于土台西、东两侧的七座崧泽文化晚期墓葬,其中位于东侧的墓葬保存完整,有埋设大口缸的大墓两座、小孩墓三座。

红烧土遗迹平面呈长方形,北部为一印纹陶时期的水井打破。遗迹南北长7.2米、东西宽5.4至6.8米,红烧土堆积最厚部位约20厘米,其中位于中心偏北位置的一处红烧土堆积下方地层呈黑褐色,厚5至10厘米不等,显然是烧烤所致。遗迹近中心部位的烧土块大而坚硬,部分为坯料形红烧土，烧土中夹杂的陶片除了遗迹边缘部位有极少量外，余均为两次氧化，其中在遗迹北部出土了二次氧化的崧泽文化晚期盆一件、鼎两件。由于仅在偏北部位发现柱痕一处，该遗迹的具体性质尚不清楚。

与红烧土遗迹共时的是位于南部的块石遗迹和东部的“草木灰”、陶片堆积面堆积。块石遗迹南距红烧土遗迹约 3.6 米，为东西向的两排，宽约 1.5 米，现长约 14 米，块石与土台往南所依拓展地层系同时营建，应是以红烧土遗迹为主体的土台南缘。东部的“草木灰”、陶片堆积呈南北向凹弧状，直接叠压在所依起始土台东部的五座墓葬上。“草木灰”是有机质草、茎叶等碳化后呈黑色堆积的暂称，应非火烧后所致。陶片面堆积夹杂于“草木灰”间，主要为崧泽文化晚期的大口缸、罐等个体碎片，均集中分布。碎片个体应可基本复原完整为整器。碎陶片面未发现有踩踏痕迹。位于红烧土遗迹西东两侧，且均在表土层下开口的还有崧泽文化晚期墓葬各两座，其中位于东侧的两座墓葬直接叠压在下层墓葬上方，是巧合还是有意原因尚不明。

第二、三期发掘的良渚文化时期遗存主要位于叠压在北部的崧泽文化晚期堆积上，共清理墓葬 20 座。保存最为完整的一座墓圹口南北长 2.28 米、东西宽 0.82 米、现深 0.96 米，是小兜里遗址墓圹保存最深的墓葬。墓内堆积分三层，层底均为凹弧状，其中墓主骨骸位于最下层青灰色淤泥中，淤泥最厚约 6 厘米，结合凹弧墓底和淤泥堆积判断，葬具应为独木凹弧底棺。墓葬内出土随葬器物 13 件（组），头端上方和脚端部位有“耘田器”各一，头侧部位有带盖双鼻壶、盆等，下肢部位另有带盖鼎、罐等。最有特点的是高于墓底 0.65 米，且紧贴墓穴西壁一侧位置的完整红陶小盆（应该是葬具填埋后再行随葬的陶器）。此类现象在良渚文化葬制中属首次发现。

通过对小兜里遗址的三期发掘，考古人员基本厘清了遗址的主体堆积范围和堆积过程，遗址最早于西部开始营建南北分割的土台，营建土台的部分堆筑土就地取土，土台之间的沟洼应该就是取土的所在。土台营建后的使用可以以土台边缘部位分布的、呈斜坡状堆积的多层次夹杂淤泥“草木灰”堆积及相应埋设墓葬为标识。小兜里遗址的土台营建、使用和废弃堆积之后的拓展主要面向东部和东北方向，第一期发掘的遗存即是土台由西向东拓展营建之后的代表性遗迹。约至良渚文化中期阶段，小兜里遗址最后形成了一个南北长约 60 米、东西跨度约 40 米的长方形土墩型遗址。这类遗址的聚落形态在浙北嘉兴地区的崧泽文化晚期至良渚文化早、中期阶段十分典型。

小山桥遗址发掘

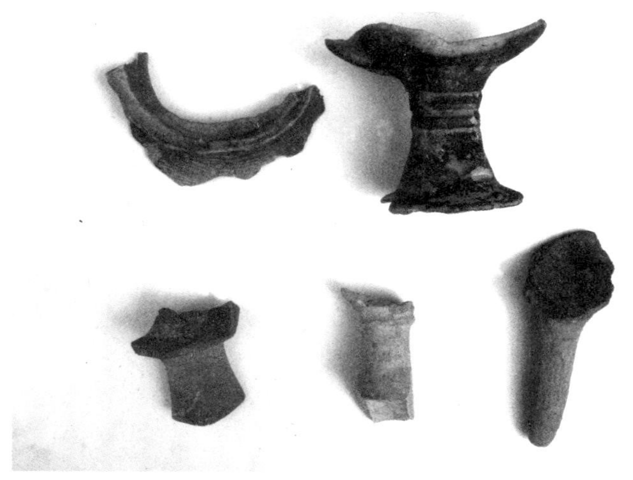

2010年5月至9月,浙江省文物考古研究所、良渚管委会对小山桥遗址实施发掘。遗址位于杭州市余杭区良渚镇荀山村的小山桥自然村,旧104国道以南,良渚港以北,良渚博物院东部约300米,处于良渚遗址保护范围内。文化堆积分布于一座名为周山的孤立小山之西、南侧。南侧现被村庄占压,西侧原属两家工厂范围。因良渚博物院周边环境整治,而对遗址进行了抢救性发掘。发掘面积共600平方米,主要位于遗址西侧。发现的文化堆积由上到下基本分为宋代、马桥文化、良渚文化3个阶段,发现马桥文化灰沟1条、灰坑4个、宋代井2口、馒头窑2个。马桥时期遗存主要是灰沟和灰坑。发掘区内马桥地层以下为一层良渚时期人工堆筑层。该层内包含物甚少,上部已被破坏,性状不明。因发掘区南部靠近良渚港的五六米范围内发现了倾斜状分布的、良渚晚期生活废弃物的水相堆积,推测北部的人工堆筑层可能是住居等基础台基,其位置当为古代良渚港的北岸。宋代文化时期的堆积厚约150厘米,对下部地层破坏较大。

小山桥遗址的发掘增加了良渚晚期阶段遗址群内一处分布地点。尽管保存不佳,但遗址南侧的良渚港迄今向西仍然连通到良渚古城内,良渚时期堆积和良渚古城年代一致,证明良渚港的布局在当时可能就已经形成,并已是交通重要途径。这一发现对于良渚古城的格局研究具有重要意义。

丽水处州府城墙行春门遗址发掘

2010 年 5 月至 9 月，浙江省文物考古研究所会同丽水市博物馆对行春门遗址进行考古发掘。行春门（又称厦河门）是省级文物保护单位处州府城墙六门的重要城门之一，属处州府城的东门，临近瓯江，承担了明清时期处州府的主要军事防御、防洪抗险功能，自元代筑城以来，明清两代屡有修缮，直到近代城墙才逐渐被废弃。城濠（大洋河）至今保存完整。

四个月的考古发掘基本探明了行春门瓮城、城墙基址的基本情况。城门南北走向，砌筑规整的城台基石，东面设瓮城，占地面积约 2000 平方米，现存墙基高约 2 米，墙体宽 12 至 13 米。瓮城遗址内发现的建筑遗存有卵石路面等，并出土了大量文物，多为宋元明时期的龙泉窑瓷片。全部出土文物已移交丽水市博物馆。瓮城东侧发现了明代大士阁遗址，面积约 140 平方米，规整小鹅卵石墁地，柱顶石布列清晰。

行春门段环城河的出水口设有闸门，江水（洪水）高于城内之水时，关下闸门可防溪水倒灌；江水低于（正常水位）城内之水时，可开启闸门排涝，是浙西南山区仅存的具有防御、防洪双重功能的古城墙。

长兴六十亩山窑址发掘

2010年6月至9月,浙江省文物考古研究所为配合长兴县小浦至新槐公路改建工程项目,对长兴六十亩山窑址进行了抢救性发掘。长兴六十亩山窑址位于长兴县新槐乡六十亩山北坡上,发掘面积300平方米。发掘清代斜坡式龙窑一条,残长42.5米,出土了较多夹砂陶质器物。器表有黑釉和青釉,器类有罐、缸、盆、壶、器盖、研钵、煎药罐等。器物系明火叠烧,支具除泥钉外也使用齿状支具,为研究清代缸窑提供了较完整的资料。另外,考古人员对工程项目中涉及的一处土墩墓遗存和一处建筑遗存进行了抢救性发掘,发掘面积220平方米。土墩墓遗存年代为西周,已被破坏,无遗物。建筑遗存为宋代遗存,只残留石构基础部分。

长兴南符小山土墩墓发掘

2010年7月至9月底,浙江省文物考古研究所、长兴县博物馆为配合长兴城市开发建设,联合对雉城镇龙山街道西峰坝村南符自然村小山上的土墩墓进行了考古发掘,共发掘土墩7座,清理西周、春秋时期墓葬10座,出土随葬器物75件。

小山上的土墩基本呈南北向线状排列,单个土墩范围不大,直径在15至25米左右,高度在1.3米到2.8米。在发掘前,土墩多在一定程度上被人为扰动过,几个墩有明显盗掘痕迹。2号墩保存较好,清理了三个墓葬,出土31件随葬器物,占本次发掘全部出土器物的1/3强。其中2号墓的埋葬时代约在商代晚期,这在浙北地区的土墩墓发掘中是首次发现。

因后期人为扰动及盗掘的破坏,小山土墩墓出土的随葬器物数量不多,从大器类上分有原始瓷器、硬陶、泥质陶、夹砂陶、石器等。原始瓷器的器型主要是豆、碗、盂，泥质陶主要是豆、鼎、罐、坛、钵、纺轮，夹砂陶主要是鼎、罐等。硬陶数量较多，占全部出土器物的一半多，器型主要是罐、坛、瓿等较大盛储器。这次还发现了一件豆、一件尊。豆这种日常器皿出现时间较早，以后一直都有使用，但西周时期由硬陶制作的豆在土墩墓中基本未见。这件豆造型古朴敦厚，应是仿青铜器之作。硬陶尊器身上有五条扉棱，呈螭龙状，明显是对中原青铜礼器的一种仿制。两件器物都出土在3号墩2号墓中，而3号墩在小山七座土墩中范围最大，所处位置相对最高，因此可推断，3号墩2号墓墓主应该具有相当身份与地位。

本次发掘清理的墓葬数量虽不多，但埋葬形式较多样，有平地掩埋型，有石床型，有石室型，有一个土墩包含多种形式墓葬的，对于研究商周时期吴越地区流行的土墩墓具有十分重要的资料价值。

德清小紫山土墩墓群考古发掘获重大成果

2010年10月至2011年1月，浙江省文物考古研究所、德清县博物馆为配合德清县武康镇经济开发区建设，对小紫山商周土墩墓群进行了抢救性发掘，共发掘商周时期土墩14座、墓葬50多座，出土了100多件商周时期各种类型原始瓷、印纹硬陶、石器、玉器等文物。

商代早期马桥时期土墩及商代中晚期墓葬的发现，是此次考古发掘的最重大收获。以往考古发掘资料表明，富有南方特色的土墩墓主要出现在西周早期。此次考古发掘集中清理了一批商代墓葬，其中商代早期（甚至更早）墓葬2座，商代中晚期墓葬9座，明确了商代土墩墓的存在。商代墓葬有两种形制：一种是传统土墩墓，不挖坑，平地掩埋；另一种在基岩上开凿长方形竖穴墓坑。随葬品也有两种类型：一种仅随葬原始瓷，一种仅随葬印纹硬陶，分别与湖州青山商代窑址群与德清龙山商代窑址群产品相当。这是首次在商代土墩墓中正式发掘出土原始瓷器。小紫山商代土墩墓为目前南方正式发掘的最早土墩墓，处于土墩墓早期阶段，结构相当丰富。不挖坑而平地掩埋的墓葬形式被认为是江南先秦时期土墩墓的最主要特征之一。此次发掘不仅发现了商代土墩墓中挖坑埋葬的岩(土)坑墓形式,而且与土墩墓相始终,如此普遍挖坑埋葬的情况在两周时期江南土墩墓考古发掘中尚属首次,堪称此次考古发掘的又一大收获。

小紫山土墩墓群出现时期早、年代跨度大、延续时间相当长,从商代早、中、晚期,西周早、中、晚期,春秋早、中、晚期到战国时期,序列相当完整,为探索土墩墓演变提供了宝贵材料。墓群随葬文物丰富多样,特别是商代墓葬、商代原始瓷随葬品、商周诸时期土坑(岩坑)墓葬的发现,对探索商周时期江南土墩的起源、墓葬制度的发展、原始瓷与印纹硬陶的制作工艺等方面都具有重要意义。

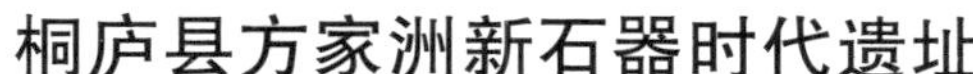

桐庐县方家洲新石器时代遗址

2010年10月至2011年1月,浙江省文物考古研究所、桐庐县博物馆联合对方家洲遗址实施发掘。遗址位于桐庐县瑶琳镇潘联村,富春江支流——分水江流经此地,呈U字形大拐弯,形成一个相当面积的长冈形三角洲台地。遗址主要分布在长岗形台地的东西两侧,整体面积逾2万平方米,地表分布有相当数量与石器制作、废弃有关的遗物,由于遭受土地平整等破坏,其文化性质、年代等重要学术问题急需通过考古学手段予以解决。遗址第一期考古发掘申请发掘面积800平方米,实际发掘750平方米,已确定遗址是一处距今约五六千年前的玉石器加工场。

目前正在发掘的区域除揭露与石器加工有关的石片堆、河砾石断块堆等固定迹象外,还在地层中出土了大量与石器加工作业有关的遗物。石片堆以数量众多、较为集中分布的废弃石片为主,或另伴有石锤、磨石、石砧等加工工具出土。所发现的灰坑单元堆积比较独特,坑口外径一般在80至100厘米之间。初步判读这些坑状遗迹可能也与石器加工作业有关。发掘区内虽然没有发现规律有序的柱洞等建筑迹象,但已清理红烧土坑遗迹三处。烧坑内周壁烧结程度较高,局部呈青灰色,一处烧坑内还出土了一件可修复的粗泥铲形足鼎。

方家洲遗址濒临分水江,石器加工工具、加工对象就地取材,石材主要有石英岩、石英砂岩、角岩、流纹岩和少量凝灰岩。石器加工工具主要有石锤、石砧、磨石等,其中含粗石英的磨石数量最多,形态多为横截面多棱形的棒状。石器半成品和残品主要是石锛,以体形修长的斜脊式为多,没有发现有段石锛。另外还有少量石斧、石刀、石钺等残件出土。

从原料到成品,制作工艺流程完整的石英质地玦是本次阶段性考古的又一重要收获。目前已出土与玦制作有关的二十余件标本。其中一块玉玦初坯料外径约6.5厘米,厚约3厘米,形态打制非常完整。已经成形的玉玦坯件多数为打制成形,外径三四厘米,少量用管钻成形。出土的玉玦钻芯、钻孔未成或其他留有钻孔、打磨的玉玦残件为该时期的玉玦加工工艺研究提供了极为重要的材料。

目前已出土的近二十件两端或一端有乳突状旋痕的棒条状石器也是用天然条状河砾石制成的,其使用方式和名称在考古学界尚未达成共识,但与玉玦制作有关是一个不争的事实。

相对于我省浙北地区的史前考古工作而言,钱塘江中上游的史前文化面貌、文化谱系并不清晰,在整个长江下游地区新石器时代考古学文化中的地位和意义认识上也存在着相当不足。从方家洲遗址目前的遗物出土情况判定,遗址主体年代约相当于浙北地区的马家浜文化晚期－崧泽文化阶段,距今约5300至5900年,但文化面貌上的地域特色明显——如马家浜文化的外红里黑大喇叭圈足豆、柱形足鼎与釜、支座共存,晚期阶段的夹砂鱼鳍足数量远远高于浙北地区的崧泽文化中晚期阶段等。

方家洲遗址是迄今长江流域第一处考古发掘的新石器时代玉石器加工场,也是钱塘江中上游这一时期新石器时代考古文化面貌的第一次较大规模揭示,进一步证明了钱塘江流域也是浙江古文化的摇篮。该遗址作为专业性加工场,势必涉及原始交换、原始贸易等许多课题的研究,意义自不待言。

萧山树牛寺山遗址发掘

2010年11月,浙江省文物考古研究所对萧山树牛寺山遗址实施发掘。发掘面积200平方米,地层堆积厚30至60厘米。南区位于树牛寺山北麓,探方地层堆积分2层:第①层为耕土—扰土层,包含物较杂,有现代生活废弃物、原始瓷碗底、印纹硬陶片等。第②层为红烧土层,仅出土少量块状带釉窑炉渣。该层本应有春秋战国时期的古窑址,但早期遭到严重破坏,层下为山体基岩。北区位于纱帽山南麓,探方地层堆积分2层:第①层为耕土—扰土层,包含有现代生活废弃物、青花瓷片、印纹硬陶片等。第②层为宋代堆积层,包含物有陶瓶残片、青釉瓷碗残片、印花白瓷碗残片、黑釉瓷碗残片等,层下为山体基岩。

浙江省旧石器考古学术研讨联谊会在长兴县举行

2010年11月25日至27日,浙江省旧石器考古学术研讨联谊会在长兴县举行。来自中国科学院古脊椎动物与古人类研究所、浙江省文物考古研究所、浙江省出土旧石器市县博物馆的专业人员共20余人参加了会议。会议期间,中国科学院古脊椎动物与古人类研究所的专家作了专题讲座。与会人员还考察了长兴合溪洞遗址、银锭岗遗址,就浙江旧石器考古工作进行了交流,并专程前往安吉县溪龙乡张森水纪念园进行了缅怀。本次学术联谊会是旧石器考古长兴工作站6月初成立以来举行的第一次学术研讨活动。

浙江省古建筑设计研究院

2010年,浙江省古建筑设计研究院在省文化厅、省文物局的领导和省考古所的支持下,以邓小平理论和“三个代表”重要思想为指导,认真学习李长春《保护发展文化遗产,建设共有精神家园》讲话精神,充分认识文化遗产保护事业面临的新形势和新任务,坚持“保护为主、抢救第一、合理利用、加强管理”文物工作方针,深入贯彻落实科学发展观,开拓创新、积极进取、立足保护、服务社会,使文化遗产保护融入社会经济发展潮流,开创了文化遗产事业的新局面。

一、开拓创新、积极进取

2010年,浙江省古建筑设计研究院先后参与“南宋博物院概念性规划设计方案”、“南宋皇城大遗址公园规划设计导则”、“中山南路恢复东面街设计方案”、“富阳泗洲造纸遗址保护与利用概念性规划”等竞标方案并获全胜。其中与以色列索拉建筑规划与遗产保护事务所联合设计的“南宋博物院概念性规划设计方案”在7家国际知名设计单位参与的竞争中脱颖而出,成为第一名中选方案。该方案以坚实的历史考证、实地勘察为依据,保护为第一要素,探索了现实与发展的统一。此外,浙江省古建筑设计研究院与美国哈佛大学城市规划系 Alex Krieger 及 CKS 设计有限公司、美国 JCD 万生公司联合体编制的“南宋皇城大遗址公园规划设计导则”也在激烈竞争中胜出,成为最终编制单位,从而在规划管理层面对包括南宋皇城遗址在内的皇城大遗址进行了整体规划定位。通过参与这些具有重大影响力和社会关注度的竞标项目,浙江省古建筑设计研究院不仅锻炼了设计人员的工作能力、提高了设计水平,也极大提高了自身的社会影响力和公众认知度,为引领浙江省文化遗产保护设计行业奠定了坚实基础。

2010年5月,国家文物局和浙江省签署协议,成立我国首个国家文化遗产保护科技区域创新联盟。作为创新联盟重要成员之一的浙江省古建筑设计研究院不仅参与了遗产联盟的筹备,还积极与浙江大学、东南大学、中国美院等大专院校合作,开展科研活动,承担了“国家十二五重大项目课题——文物保护工艺科学化项目可行性研究”、“浙江省古塔监测技术应用及结构安全评估体系研究”、“浙江省传统建筑木作工艺传承及科学研究”等国家、省级重大科研项目课题研究,努力探索新理论、新技术的运用。

在实践中,浙江省古建筑设计研究院根据大遗址分布范围广、区域尺度大的特点,将 GPS 设备、RS 技术应用到大遗址保护规划中,进行了遗址定位、面积、坡度、坐标等基础物理信息的采集;并借鉴水利部门“土壤侵蚀度”分析方法,分析了水土保持情况;还基于林业部门的林相分布、绿化覆盖率等分析资料,进行了地形、地貌、高程、坡度、城镇建设用地、人口、水系及地表径流范围的分析;通过综合因子得出建设用地敏感度数据,直观反映建设活跃区和重点管理控制区域位置,为保护区划的划定和保护措施的制定提供了依据。同时,浙江省古建筑设计研究院以信息资料的保存和定量分析的数据为基础,有效量化记录了遗址的历史信息,弥补了保护规划定性分析多、数据量少、定量分析少、客观数据依据不足的缺憾;尝试运用国际流行的社会统计软件进行规划评估阶段的数据分析,绘制与编辑了统计图表,制作了龙泉大窑遗址现状专项评估报告。在景宁时思寺维修设计中,浙江省古建筑设计研究院与东南大学合作,引进了三维扫描成像技术,在现状测绘成图和维修方案编制过程中进行了初步运用。

受杭州市建委委托,浙江省古建筑设计研究院承担了“杭州市建筑与风貌区设计导则南宋建筑部分”的编制工作,协助筹备召开了杭州城市特色营造与建筑设计研讨会和两次城市特色与南宋皇城遗址保护研讨会。为配合杭州市对南宋皇城大遗址的综合保护,浙江省古建筑设计研究院还承担了“南宋皇城大遗址公园建筑设计导则”的编写,从管理层面对南宋皇城大遗址公园范围内的建筑设计风格进行研究,并在中山南路恢复东面街工程设计中实施探索实践。根据《宋营造法式》、南宋遗构、宋画创造的新宋风建筑得到了有关专家和领导的好评,为杭州南宋皇城大遗址公园的建设打下了坚实基础。

二、立足保护、服务社会

2010 年是西湖申遗工作决定性之年。浙江省古建筑设计研究院在对文化景观类遗产保护有了进一步研究的基础上,全力支持西湖文化景观申遗工作。为配合专家 9 月的实地考察,浙江省古建筑设计研究院继续承担第三批整治工作,加班加点对葛岭、抱朴道院、苏堤花坛、净慈寺、楼外楼、西泠印社等项目进行整治设计,为西湖十景、两堤三岛的保护管理开展规划研究,保证了西湖申遗工作关键性阶段的稳步推进。为配合大运河申遗,浙江省古建筑设计研究院与杭州市运河综保委合作,继续开展杭州拱宸桥桥西历史街区、杭州大兜路历史街区、余杭塘栖水北历史街区等大运河沿线文化遗产的保护,编制了“海宁长安寺弄规划纲要”,协调保护与利用的关系。

在《文物保护法》、《文物保护工程管理办法》和《中国文物古迹保护准则》的指导下,浙江省古建筑设计研究院切实做好文物修缮设计和修缮工程的指导工作,先后完成了全国重点文物保护单位诸暨斯宅斯盛居、苏州云岩寺塔、景宁时思寺、丽水堰头村龙庙、宁波慈城古建筑群,省级文物保护单位遂昌长濂宝俭堂、滋德堂、遂昌王村口天后宫、松阳黄家大院、三庙等项目的修缮方案设计;完成了福建长汀汀州文庙、绍兴鲍氏旧宅、丽水谭宅、金华滕氏宗祠、龙游三槐堂、嘉兴文生修道院、湖州戴山塔、台州五凤楼等项目的施工图设计。为积极探索文保单位的保护和利用,浙江省古建筑设计研究院先后在杭州高家花园、杭州章太炎景区、通济堰堰闸、遂昌汤显祖纪念馆等处开展合理利用尝试,在温州天主教堂维修整治设计中对近现代遗产保护手段进行了探索,通过对历史环境的研究,完善了整体空间结构,兼顾保护与利用,进行了历史环境氛围的重塑;同时通过对整体抬升的研究,探讨了砖石近代建筑保护过程中进行较大干预的可能性。

为配合“十二五”期间文化遗产保护工作的有序进行,浙江省古建筑设计研究院先后完成了“龙泉大窑遗址保护总体规划”、“安吉龙山越国贵族墓群保护规划”、“盐官海神庙保护规划”、“西泠印社保护规划”、“衢州古城墙保护规划”、“绍兴县文物保护利用总体规划”等规划编制,结合具体项目积极进行理论和技术层面的创新探索。大窑龙泉窑遗址和龙山古墓群的规划面积均超过 10 平方千米,工作较为复杂。在龙泉大窑保护规划中,院方重点研究了整个遗产体系的构成,按《实施保护世界文化与自然遗产公约的业务指南》中有关标准,对龙泉窑遗址进行评估尝试,确定了申遗目标,力求构筑一个完整的保护体系,实现整体保护。规划措施注重与当地社会、经济发展及人口、环境、资源的紧密关联，力争正确协调保护与发展的关系，调动当地居民参与保护的积极性，引导产业发展，做好产业结构战略调整。在安吉龙山古墓葬群保护规划中，院方尝试以生态博物馆理念保护大遗址，由企业、社会资金参与运作，与具体开发项目相结合的模式，将遗址保护和展示作为安吉生态博物馆建设中的重要组成部分。“绍兴县文物保护利用总体规划”是我省第一个以县域为单位的保护规划，具有综合性、战略性、前瞻性的特点，为保护工作逐步向主动干预、预防式保护转变打下了基础。

2010年，浙江省古建筑设计研究院先后承担了淳安芹川村、永嘉双岙村、宁海许家山村、丽水刘祠堂背等历史文化村镇、历史文化街区的保护规划，继续开展湖州衣裳街历史文化街区及拱宸桥桥西历史街区等大运河杭州段历史街区的保护设计，完成了海宁盐官拱宸聚秀区、盐官旅游服务中心、宁波韩岭历史文化古村水街、杭州平远里历史建筑等历史街区、历史建筑的方案设计和施工图设计。在历史街区项目的设计过程中，通过对以往经验教训的总结，坚持以人为本、服务群众，更加重视对地域文化的传承，关注现代使用功能，注重街区的可持续发展动力，在街区的业态功能定位、激发街区活力等方面与业主配合，就街区消防、结构安全评估、基础设施配套建设等技术问题与消防、市政部门进行了深入交流探讨，为今后解决此类技术难题积累了经验。

为融入社会、与时俱进，浙江省古建筑设计研究院利用自身技术优势，承接了大量面向社会的文化景观、文化陈设、仿古建筑、文化建筑及工业厂房改造等设计工作。其中富阳黄公望隐居地复原设计以古代画作和文献记载为依据，对宋以前乡土民居建筑的风格形式进行了探讨，也融入了现代设计理念，对这一文化标志性建筑进行了大胆设计。杭州红蕾丝织厂改造方案和施工图设计则对工业遗产的保护和利用进行了摸索。除承担设计任务外，浙江省古建筑设计研究院还承担大量公益性文保工作，先后多次参与国家文物局行业标准制定评审、保护规划评审、维修方案评审及各种国家级重点项目的验收、论证，为文物保护事业出谋划策。

在平时，浙江省古建筑设计研究院结合项目安排，协助省文物局、省文物考古研究所做好省内文物保护，为杭州、湖州、温州、丽水、宁波、绍兴等地文物管理单位提供无偿的文保技术咨询，派人参与了各级文物保护单位保护规划方案、历史文化名村镇保护规划方案及相关设计项目论证会和各类调研、评估咨询；参与了浙江省第七批国保单位申报评估和“十二五”科研计划编撰，承担了浙江省第二期文物保护工程从业人员培训授课，积极推进我省涉台文物保护工作的开展。与此同时，浙江省古建筑设计研究院凭借专业优势和学术地位，参与杭州城市的发展建设，为杭州市历史文化遗产的保护与传承提供指导和帮助，积极为杭州市规划局、园文局、建委、房管局等政府职能部门当好参谋，为推进杭州西湖申遗、南宋皇城大遗址、杭州历史文化名城保护及历史建筑保护等工作献计献策。

2010年，浙江省古建筑设计研究院设计的西博会工业馆整治改造工程被评为2009年度全国优秀工程勘察设计行业建筑工程三等奖，慈城古县城清道观工程获2010年度浙江省建设工程钱江杯优质工程奖，杭州灵隐景区法云弄综合整治工程获2010年度浙江省建设工程钱江杯优秀勘察设计三等奖，中山中路综保工程——凤凰寺望月楼重建暨综合整治工程及宁波慈城古县城清道观工程荣获中国风景园林学会2010年度优秀园林工程金奖。

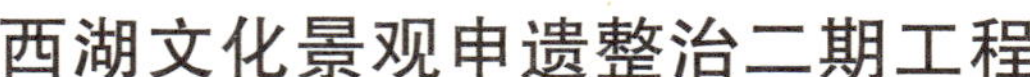

西湖文化景观申遗整治二期工程

2010年实施的二期整治工程主要包括葛岭抱朴道院、楼外楼、净慈寺、西泠印社、华北饭店、苏堤花坛等,重点涵盖环境整治、立面调整和遗址的保护、展示。浙江省古建筑设计研究院通过对各景点历史、现状的对比研究,根据历史文献考证、局部考古清理和实地调研,对各个景点的空间关系进行了重新梳理,恢复了传统风貌。设计本着真实性、完整性和最少干预原则,通过技术手段体现了各景点原有景观和意境,在不影响真实性、完整性的基础上尽量尊重西湖历史发展中的文化累积,作较少改动、修复。

南宋博物院概念性规划方案

自2009年提出实施南宋皇城大遗址综合保护工程以来,杭州市进行了两轮南宋皇城博物院概念性规划方案的设计投标。由浙江省古建筑设计研究院、以色列索拉(SOLAR)建筑规划与遗

产保护事务所联合体和澳大利亚 IAPA 设计顾问有限公司提供的方案最终入选。浙江省古建筑设计研究院结合澳大利亚 IAPA 方案的部分优点，通过历史研究，基本确定了南宋皇城的范围、核心区域及其与城市的关联，为规划设计提供了基本依据；并通过对现状的研究，在遗址价值评估基础上提供了可供选择的操作手段和保护措施，建立了地上与地下、临时与永久的双重体系。在此基础上，浙江省古建筑设计研究院结合博物院建设的目标和原则，为解决遗址保护与展示、博物院建设与城市协调发展、项目预见性与可操作性的融合，提出了概念性规划方案。方案以现代手法突出“一城、一轴、四核心”的总体结构，引进了考古公园概念，把遗址考古、保护、研究整个过程融入南宋博物院中，建构起一个全面展示南宋文化的博物馆网络，并将南宋博物院的规划放到南宋历史文化再发现、再解读的层面上，对杭州南宋文化资源进行了再梳理、再组织。

本方案于 2011 年 1 月提交杭州南宋皇城大遗址综合保护工程指挥部。

南宋皇城大遗址公园规划设计导则

南宋皇城大遗址公园规划设计导则是杭州市政府为保护南宋历史文化遗产，延续城市历史文脉，塑造城市品格特色，申报世界文化遗产而启动的规划项目，于 2010 年 2 月在全球范围征集方案。最终，浙江省古建筑设计研究院与美国哈佛大学联合体的方案以第一名中标。该导则主要分为专项规划导则、通用设计导则、建筑与景观导则等三大部分，其中专项规划导则对杭州文化遗产保护、道路交通、水系、绿地、旅游、用地等六项内容作出要求。文化遗产保护从历史文化名城保护、历史地段（街区）保护、文物保护等三个层面进行了阐述。道路交通、水系、绿地、旅游、用地导则部分提出“水进路退、由舟代车行”、百米见“水”、五十米见“绿”、“区域协作、串珠成链”等规划理念。通用设计导则主要对杭州城市风貌、天际线、高度、色彩、开放空间、空间视廊、城市节点、城市标志、城市界面等十多项内容做出控制，提出了分区控制理念。建筑与景观导则从微观层面对城市建筑与景观进行了控制。

截至 2012 年 12 月南宋皇城大遗址公园规划设计导则已顺利通过市政府评审、审批。

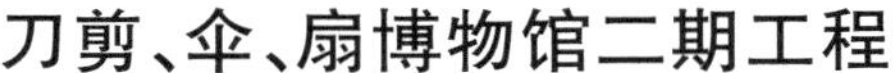

刀剪、伞、扇博物馆二期工程

杭州近代工业馆系刀剪、伞、扇博物馆二期工程，将与刀剪、伞、扇博物馆一起构成以运河景观、历史建筑、工业遗产为特色，集收藏、研究、展示、教育、宣传等功能于一体的平民化专题性博物馆。项目位于杭州市桥西历史街区重点保护区内，是在保护原红蕾丝织厂老厂房基础上对刀剪、伞、扇三大国家级博物馆的扩容和升级。规划用地范围北起刀剪、伞、扇博物馆南面，南近登云路，西起小河路，东与京杭大运河相望。项目将坚持“保护为主”原则，对老厂房实行保护、更新与利用，并引入中庭作为博物馆二期的公共空间，还将围绕中庭组织交通，兴建卫生设施。

杭州市域范围古村落现状调研与分析

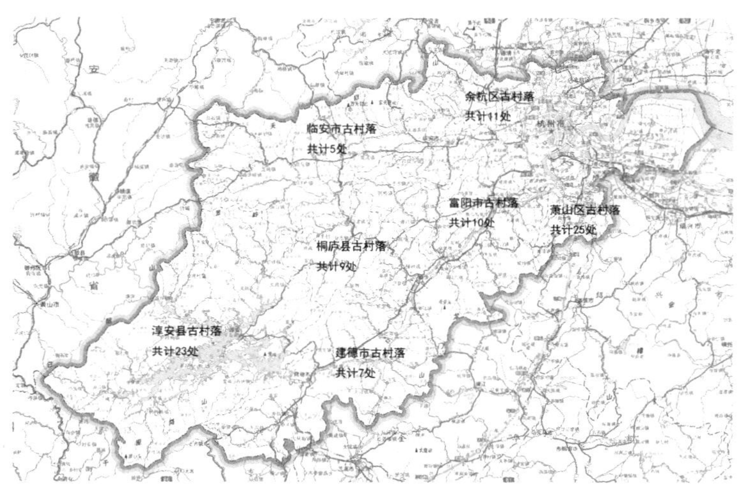

2010 年 7 月，浙江省古建筑设计研究院受杭州市建委委托，与杭州市综合交通研究中心合作完成了杭州市域范围古村落现状调研。此项目旨在确定杭州市域古村落的现状及特点，统计古

村落的数量和分布，并分级提出古村落保护与开发利用的建议。研究范围为杭州市域行政区划范围，包括杭州主城区、萧山区、余杭区、富阳、桐庐、建德、临安、淳安，浙江省古建筑设计研究院承担了萧山区、富阳、桐庐、临安四区县的调研任务。调研工作基本分为四步：先以前期调研、规划成果、三普调查成果为基础资料，筛选出疑似古村落名单；并开展现场勘查、调研，记录古村落现状及特色；再系统整理古村落的历史文化资源数量、构成、分布、风貌特色等情况，明确了杭州市域范围古村落的数量及分布，拟定推荐保护等级；最后提出各级古村落保护与开发利用的建议。为确保全面、准确地掌握状况，调研以第三次文物普查基础工作为入手点，将三普中有10处以上登录点的自然村或街道均列入调查范围。考虑到各地文物部门对三普登录建筑掌握的标准存在差异，浙江省古建筑设计研究院通过借助卫星地图等资料，将三普登录5到10处总体平面肌理相对完整的村落也列入调查范围，还在实际调查中强调整体聚落的形态，注重从总体上宏观判断建筑群体及其所处环境的综合价值，通过现场实地走访百余处古村落最终确定了符合标准的49处古村落。截至2010年9月，该项目已完成调研报告初稿。

水南历史街区危旧房改善及配套公建工程（一、二期）

2010年3月，受杭州余杭运河综合保护开发建设有限公司委托，浙江省古建筑设计研究院联合中国美术学院风景建设设计研究院承接了塘栖水南历史街区危旧房改善及配套公建工程设计任务。我院主要承担其中的一期和二期工程。

水南历史街区位于余杭塘栖京杭大运河南岸，与水北历史街区隔河呼应，是水北街区的拓展和延伸，也是塘栖运河综合保护工程继水北之后又一重要组成地块。历史上水南就是塘栖商业发展的主体，有十三当铺等云集于此；现今留存有何宅、郭璞井、仙鹤井等民居大宅、历史遗迹，“一街六弄”的传统街巷肌理有迹可寻，在一定程度上反映了塘栖古镇明清时期的建筑特色和历史信息，是塘栖古镇发展的历史见证。但如今，水南街区的历史风貌和地方性特征已湮没，大量历史遗存流失，传统街巷界面遭到破坏，仓库等大体量、不和谐现代建筑充斥其中，基础设施严重落后。为真实、完整保存并延续历史遗存和历史环境信息,重现古镇昔日繁华,打造新时期富有塘栖特色的运河名镇,有关方面全面展开水南历史街区危旧房改善及配套公建工程。工程在遵循"一街、一廊檐、二区、六巷弄、八节点"整体规划框架的基础上,全面实现了街区历史资源真实、有效的保护展示,凸显了街区新旧共生的有机更新理念。

浙江省古建筑设计研究院主要承担水南历史街区危旧房改善及配套公建的一期、二期工程。一期工程主要是广济街以西蚕桑文化展示区建筑的保护和修缮,总用地面积约 6509 平方米,地上建筑面积约 4427 平方米。这些建筑布局较为完整,但是保存质量较差,建筑密度大,建筑立面整体凌乱,加之年久失修,部分建筑屋面瓦件残破、屋面渗漏,外立面效果凌乱,院落内改建、加建严重。维修设计对木构建筑的修缮采用整修加固的方式,并注意吸收塘栖传统建筑的地方做法和工艺,对建筑立面及其他缺失、更改部分进行恢复,以确保维修建筑的原真性;对砖混建筑的修缮则以提高建筑安全等级、改善建筑整体品质为目标。二期工程设计主体是水南历史街区北侧沿运河布置的、以运河廊檐为载体的沿河配套公建区,总用地面积 18744 平方米,地上建筑面积 9378 平方米。设计整体布局延续了传统的空间肌理,并采用合理的空间尺度及建筑体量;在运河沿河一侧恢复了老檐廊面河成街的典型特征,体现了传统建筑风貌,并与水北传统民居建筑遥相呼应。建筑南向面街一侧适当采用现代建筑材料和建筑样式,加入现代建筑处理手法,在传统风貌基调下融入现代元素,使得传统、现代相互融合,从布局、风貌、功能三个方面实现了从传统古镇到现代城市的跨越,塑造了塘栖古镇新时期的特色和风貌。

截至 2010 年 12 月 30 日,塘栖水南历史街区危旧房改善及配套公建一期和二期工程已完成施工图编制,该项目正在建设当中。

富阳泗洲造纸遗址保护与利用概念规划编制完成

2010 年 1 月,受富阳市规划局委托,浙江省古建筑设计院着手《富阳泗洲造纸遗址保护与利用概念规划》的编制工作。

泗洲造纸遗址位于富阳市高桥镇泗洲村凤凰山北麓，东距高桥镇约3000米，北距白洋溪约150米，遗址面积约16000平方米，系第六批省级文物保护单位。该遗址埋藏较浅，保存完好，整个造纸工艺流程保存基本完整，现揭露的遗迹主要有摊晒场、浸泡原料的沤料池、蒸煮原料的皮镬、浆灰水的灰浆池、抄纸房和焙纸房等；另有石砌的道路、排水沟、水井、灰坑，最早使用时代可上溯到北宋初期，南宋时成为造纸作坊，元代时被废弃。遗址南部还发现了一条东西向的古河道。泗洲造纸遗址与江西高安造纸遗址是目前我国发现的仅有的两处造纸遗址，也是目前发现时代最早的造纸遗址，具有重大历史意义和学术价值。该遗址现已申报第七批全国重点文物保护单位。

规划以已发掘区遗址、出土文物和可能分布区遗址为重点保护对象，注重对历史环境的保护和修复，并以此为依托，计划建设遗址公园，配备相关展示和利用设施，努力打造集造纸遗产保护、文化展示、文化体验、旅游休闲、科技博览等功能为一体的大型遗址公园“中国造纸休闲博览园”，并建设国内首个全景综合反映造纸业状况的“中国造纸博物馆”（即与泗洲造纸遗址博物馆两馆合一），成为集保护、旅游、休闲、展览、服务于一体的造纸文化旅游休闲综合体。规划尝试对历史环境信息进行解读和诠释，以尊重大地肌理保护历史信息为设计手法进行总体布局，取得了良好的效果。截至2010年3月，该规划已完成，进入具体实施阶段。

安吉龙山笔架山古墓葬群保护与利用概念规划编制完成

2010年10月，浙江省古建筑设计研究院承接了安吉龙山笔架山古墓葬群保护与利用概念规划的编制工作。

笔架山、龙山墓葬群是第四批浙江省省级文物保护单位，位于安吉县递埔镇兰田、垅坝、古城、石角等村。龙山土墩墓群面积约3平方千米，山脊、山坡及农田区均有分布，共有土墩墓200余座。土墩的规模大小不一，大的底径达100米，小的不到10米。1998年曾发掘其中一座春秋墓，出土器物有米筛纹、叶脉纹、方格纹印硬陶罐及原始瓷碗等，另采集到西汉釉陶鼎、罐、壶等残片。笔架山土墩墓群范围约2.5平方千米,沿山脊和山坡分布,共100余座。土墩底径10到50米,高2到15米,外观呈馒头状,采集到席纹、米筛纹、方格纹印纹硬陶瓿、罐及原始瓷簋、碗等。安吉笔架山、龙山土墩墓群是浙江土墩墓最为密集的地区之一,为研究吴、越、楚文化及其交融情况提供了丰富的实物资料。

概念规划旨在保护遗址区历史文化遗迹的安全、完整和真实,保持遗址区总体历史环境完整和风貌环境的协调,根据考古基础资料尽可能科学、合理地划定保护区划,协调保护与利用之间的关系。规划重点研究了龙山、笔架山古墓葬群与递浦城址、聚落遗址之间的关系,认为其组成了一个完整的大遗址,反映了我省境内自良渚文化到吴国越国建立、秦汉统一前后的历史文化面貌和社会、政治、经济、文化状况,具有补充历史发展阶段空白的重大作用,能为研究中华民族多元化文化的形成过程作出重要贡献。2010年12月规划已通过省文物局专家论证,正在修改报批中。

宁波慈城布政房维修工程

2010年9月,浙江省古建筑设计研究院开始进行宁波慈城布政房维修工程施工图设计阶段的详细勘察测绘。布政房位于宁波市江北区慈城镇金家井巷8至10号,是明代万历年间任湖广布政使的冯叔吉的故居,也是第六批全国重点文物保护单位慈城古建筑群的重要组成部分。布政房现存建筑由九间厅、东西厢房、高积堂(祠堂)组成,建筑面积1897平方米,其中九间厅、祠堂为明代建筑,木构架保存基本完好,价值较高。九间厅为一层硬山木构建筑,面阔九间两弄,分西厅三间、中厅三间两弄和东厅三间,通面阔39.7米,通进深12.87米。中厅三间用五架梁和六架梁,后金柱用金童落地做法,柱头施十字科,不施平身科。梁架用材粗壮,梁下施丁头拱。祠堂为一层硬山木构建筑,面阔五间,通面阔17.4米,通进深14.48米。明间抬梁式十檩四柱,次间穿斗式十檩七柱,柱头多施十字科斗拱撑梁枋,前廊为方檐柱。

因周边地面抬升造成排水不畅,九间厅、祠堂的室内木地板糟朽严重,部分代之以水泥地坪。

门窗、室内隔断在后期使用中改动、缺失严重。后期改扩建的两厢建筑距离主体建筑过近,屋面交接处理不当,排水不顺,造成檐部屋面破坏。针对以上问题,本次文物保护修缮在浙江省文物局对方案批复意见的基础上,根据全国重点文物保护单位维修设计深度要求进行了设计,依据各建筑的保存状况去除病因,以促进保护利用;并拆除后期不合理的搭建改建,按照传统材料的做法恢复了原有格局和立面,同时结合原地下排水暗沟的修整确保排水通畅。

2010 年 10 月,完成宁波慈城布政房编修工程施工图设计。

海宁盐官古城衙前书香区观潮休闲服务中心工程

2010 年 3 月,受浙江省海宁市中朝房地产开发有限公司委托,浙江省古建筑设计研究院承接了海宁盐官古城衙前书香区观潮休闲服务中心工程设计任务。

观潮休闲服务中心工程属于海宁盐官古城衙前书香区工程(海神庙广场二期工程)重要组成部分,地块位于春熙路南侧,东接春熙门(规划景区主入口)南侧城墙,西连海神庙广场,北临春熙路,南端与保留建筑相望,南北长 105 米,东西宽 66 米,占地面积 5634 平方米,地理位置重要。服务中心设计受传统园林宅园空间关系的启发,借鉴了中国古典园林的营造思想和方法,体现了中国古人乐山悦水的传统文化,是崇尚天人合一的世界观在建筑方面的典型体现。观潮休闲服务中心包括多元化的服务,餐饮、茶室、商铺等既可独立经营又相互联系方便,建筑面积规模较大,将给进出游客形成古城的第一印象,建筑体量、风貌上均与传统建筑风格相协调。

截至 2010 年 12 月 31 日观潮休闲服务中心已完成施工图编制,该项目正在建设当中。

鲍氏旧宅建筑群修缮工程

2010年6月，受绍兴文物事业管理局委托，浙江省古建筑设计研究院对鲍氏旧宅建筑群进行了勘测与调查，并制定了修缮方案。

省级文物保护单位鲍氏旧宅建筑群位于绍兴市越城区马山镇东豆姜村，系清到民国时期建筑，坐北朝南，由老宅院和小洋房两部分组成，总用地面积14080.12平方米，建筑总占地面积2571.45平方米，总建筑面积3103.40平方米。老宅院位于建筑群西部，原由三路轴线构成，每路轴线各有多进院落，颇具规模。现西侧两路轴线仅余一排沿街门房，东路轴线保存有完整的三进建筑，均为三开间。东路轴线的东侧临街有三间附房，与台门之间留一弄辟便门，建筑东侧和北侧有两组附房，根据建筑形制判断，应是鲍家的仓储库房。

老宅院东侧是鲍氏家族在民国时期建设的花园与小洋楼。小洋楼原名“饮酒楼”，坐北朝南，三层五开间，砖木混合结构，局部采用钢筋混凝土结构，总面宽23米，总进深19.5米，总高度15.58米。平面中轴对称，呈“H”形，立面呈古典主义的三段式构图，整体风格为典型的西方折中主义，运用了当时的新材料、新结构，采用了新的制作工艺和施工技术。小洋楼正前方为西洋门，四柱三间，正中开券门，用砖砌体结构，风格为折中主义基调，巴洛克元素为主。小洋楼与西洋门之间为花园，现仅存一组假山。

作为反映清代、民国之际工商业尤其是盐业发展史的物质标本，该建筑群既有建于清代的老宅院传统民居，又有二十世纪初期渐趋流行的西洋风格小洋楼和花园，体现着古代、近代和传统、西式建筑的历史搭接。老宅院规模庞大、布局严谨、雕饰精美，是绍兴地区大型民居建筑群的典型实物例证。小洋楼大胆采用新材料、新技术，领地方风气之先，具有较高的历史、科学和艺术价值。

2011年11月，该方案得到浙江省文物局批复。

绍兴县文物保护利用总体规划

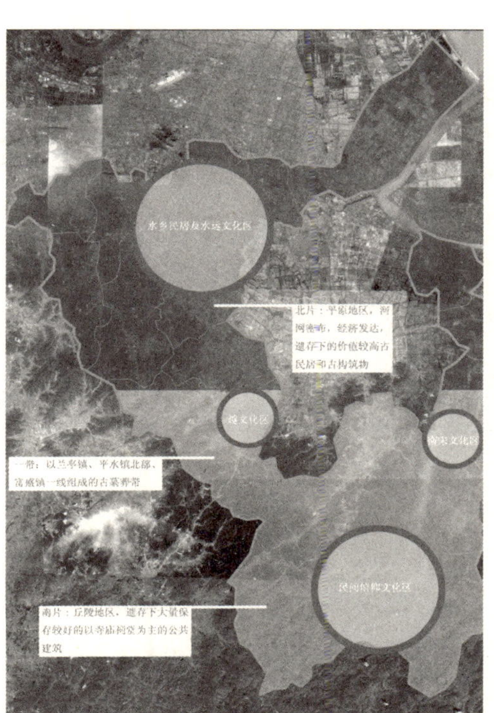

由于历经自然损毁和社会变迁，该建筑群目前格局残缺，建筑破败、环境恶化，有待全面的修缮保护、功能调整和环境整治。因功能更新和环境整治涉及的拆迁安置工作暂时无法展开，相关保护规划也在紧张制定中，故本次工程仅对建筑本体进行修缮保护。2010 年 6 月，受绍兴市文物事业管理局委托，浙江省古建筑设计研究院对鲍氏旧宅建筑群进行了勘测与评估，并制定了修缮方案。11 月，该方案得到浙江省文物局批复。

本次维修工程计划对小洋楼进行全面修缮，按照“排除结构危险——加固修补残损——祛除后期改动——科学修复原状”的技术路线实施；对老宅院以维持现状为主，现阶段暂时按照“必要的排危加固——保养整修”技术路线进行维修，待利用功能调整、使用单位外迁后，再对老宅院进行全面、系统修缮。

绍兴县文物保护利用总体规划作为绍兴县文物保护利用专项规划，在对县内文物资源进行综合整理的基础上，分析了其地域时代分布特征，对文物价值、保存状况、管理状况、利用状况、环境状况等进行了综合评估，根据评估结论提出了规划原则和保护目标，确定了“一带两片四核心”的规划布局，并以越文化、南宋文化、水乡民居及水运文化、民间信仰文化作为核心。规划布局制定了扩大保护内涵、制定保护规划、保护等级调整、科学实施保护工程、日常监测、保护历史环境、保护生态环境、加强管理和研究、合理利用等重要保护措施，根据不同类型文物的价值、保存现状、所有权等具体情况，提出了针对性细则，对具有代表性的重要文物保护单位的保护工作进行了统筹安排，并对规划实施保障提出要求。

诸暨斯宅斯盛居维修设计工程

2010年7月受诸暨市文化广电新闻出版局的委托,浙江省古建筑设计研究院承接诸暨斯宅斯盛居维修设计工程任务。

斯盛居位于诸暨市斯宅乡螽斯畈村东南面,是清代江南典型聚族而居的大型民居建筑,始建于1783至1822年之间,乃当地富商斯元儒所建。建筑以正门砖雕额镌小篆“于斯为盛”而得名,又因其建筑规模宏大,俗称“千柱屋”。斯盛居坐南朝北,呈规整长方形,通面宽108.54米,通进深63.3米,占地面积约6870平方米,2001年成为第五批全国重点文物保护单位。由于年久失修,屋面瓦件残破导致屋面渗漏,木椽、檩条、梁架受风雨侵袭霉烂、开裂,发生倾斜。且因居民缺乏文物保护意识和整体意识,部分建筑构件被拆改,严重影响了文物的历史价值与传统风貌。受诸暨市文化广电新闻出版局委托,浙江省古建筑设计研究院对斯盛居进行了维修方案设计。此次维修将重点翻修严重渗漏的屋面,根据残损情况对木构架进行必要的修补、加固、更换,同时按照留存的传统样式,复制、更换与传统风貌严重不符的立面门窗。

2010年9月制定完成维修方案,经有关单位审批后进行施工图设计。

诸葛、长乐村民居保护规划

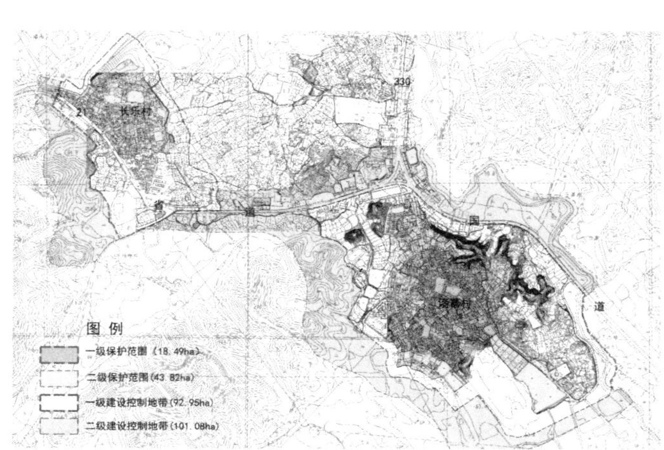

2009年，为合理引导全国重点文物保护单位诸葛、长乐村民居文物保护，优化结构和布局，兰溪市文广新局委托浙江省古建筑设计研究院编制了《诸葛、长乐村民居保护规划》。

编制历时两年，主要分为现场调查、资料搜集、划定保护区划和制定保护措施两个阶段，通过对诸葛村和长乐村文物建筑、周边环境、消防设施及给排水、电气等基础设施的现场调查，对规划对象的价值、现状、管理、利用等方面进行了专项评估，分析了目前保护区划、不可移动文物、环境景观、乡村建设、基础设施、管理工作、保护经费和合理利用等八个方面存在的主要问题，并在此基础上确立规划框架，划定保护区划，制定相应保护措施；对管理、展示与利用、专项工程等进行规划；根据实际情况对规划进行分期和投资估算，提出规划实施建议。

项目主要对诸葛、长乐村物质文化遗产与非物质文化遗产作出专项评估，总结了现存的主要问题；确定了保护内容，构建了规划框架，制定了基本对策；重新划定了保护范围和建设控制地带，制定了管理规定和保护措施。规划将完整的文化遗产历史环境列入保护范围，坚持对文物本体和历史环境的保护，控制村落周边环境和古村落发展的规模、速度与节奏，注重物质和非物质文化遗产的双重保护，改善居民生活环境，促进古村落的可持续发展；同时针对目前保护与发展间存在的问题，提出了动态保护古村落传统产业，限制破坏环境、消耗大量资源的第二产业，合理引导发展提升旅游服务业，尽可能完整地保留珍贵遗产并传之后世等意见。截至2011年12月，该项目已完成保护规划初稿，并通过了兰溪市政府组织的初步论证会。

景宁时思寺维修设计方案编制完成

2010年5月，景宁文化广播新闻局委托浙江省古建筑设计研究院承接景宁时思寺的维修设计工程。由于时思寺最近一次维修时间为1990年，距今已有22年。该文保单位地处山区，气候潮湿，虫蚁害尤为严重，且由于管理安全的要求长期处于空置状态，文物本体遭到损害，特别是马仙宫和三清殿建筑残损严重，因此亟需进行主动性干预。

为切实保护好文物的历史信息，本次维修将严格按照建筑的原状进行修缮，遵循最低干预原则、可识别原则、原材料、原尺寸、原工艺原则保持文物建筑独特的建筑风格、特点。经过现场仔细勘察判断,此次维修分为两个方面,一方面为历史环境的整理与恢复,一方面为建筑本体的原状保护维修工程,实施揭瓦不落架维修。维修时尽量保存原有构件,对受力构件的薄弱环节或构造刚度不良之处,在不影响外观的情况下,可用镶补、拼接和不锈钢件加固等方法进行处理,如糟朽、开裂严重的柱、梁、枋等的加固。在修配旧构件、更换不能使用的原构件和复原原构件时,采用与原有构件相同的材料质地。在修缮时遵循先阶基、后木构,先瓦顶、后地面的步骤进行;维修主体构架应自上而下进行;屋面工程自上而下依次进行。结合维修工程,做好水电安装及防火、防虫和防腐等技术措施的配套和完善。在测绘工程中还进行了三维扫描测绘技术的尝试,取得初步成果。现维修方案已编制完成,处于报批过程中。

大窑龙泉窑遗址总体规划编制完成

龙泉窑遗址是中国古代南方著名青瓷系窑址,以龙泉市境内的窑址最为密集。大窑龙泉窑遗址位于龙泉市南40千米处的琉华山下大窑村一带,明代以前称“琉田”,是龙泉窑的起源地和中心产区,故统称为“龙泉窑”。窑创烧于北宋早期,盛极于南宋晚期,至元代开始较多烧制大件品物,取得了制瓷技术上的重大突破,明代中期以后开始走向衰落。龙泉青瓷产量极大,行销全国及亚、非、欧各洲,为世界文化传播与交流作出了重大贡献。遗址跨龙泉、庆元两县,共计有窑址126处,1988年被国务院公布为第三批全国重点文物保护单位。

2009年受龙泉市政府委托,浙江省古建筑设计研究院开展大窑龙泉窑遗址保护总体规划编制工作。

本次规划范围包括大窑片区、金村片区、溪口片区、垟岙头片区四个区域,涉及龙泉市小梅、查田两镇及庆元县境内的上垟镇,整体范围约5266公顷。规划力求正确处理遗产保护与文化、经济、社会、生态环境间的关系,促进社会效益、生态效益与经济效益的协调统一,使遗产文化价值得到整体保护,遗产社会价值得到充分体现。规划措施重视与当地社会、经济发展及人口、环境、资源等问题的紧密关联，研究对当地居民的生产、生活产生的影响，力求协调好保护与发展，遗产所在地的村民生产、生活和社会发展之间的关系，调动当地居民的保护积极性，引导产业发展，做好产业结构调整战略。根据大遗址分布范围广、区域尺度大的特点，浙江省古建筑设计研究院运用地理信息系统进行分析和规划研究，在规划现场调研中运用GPS设备和RS技术进行遗址定位、面积、坡度、坐标等基础物理信息采集，在规划分析中运用GIS技术和SUPERMAP、ARGGIS软件，建立了基于3G技术的数据模型库，为保护规划的编制与实施打下了较好的基础。截至2010年底，本规划已编制完成并上交浙江省文物局，通过省文物局专家论证评审，正在修改报批中。

附:

浙江省古典建筑工程监理有限公司

2010年,在省文物局、省文物考古研究所和省古建筑设计研究院的领导下,浙江省古典建筑工程监理有限公司坚持《文物保护法》等有关法律法规,结合公司实际,在全体干部职工的共同努力下,完成了各项文物保护工程监理项目,取得了一定的成绩。

一、加强理论学习,提高业务水平

公司以党的十七大精神为指导,全面贯彻、落实科学发展观,组织全体员工认真学习《文物保护法》、《建筑法》、《文物保护法实施细则》、《古建筑木结构加固规范》、《古建筑质量验收标准》、《文物保护工程管理办法》等法律法规,并应用到平时工作中,脚踏实地地做好本职工作。同时,公司积极鼓励监理人员参加业务培训,提高自身业务水平;增强了监理人员的文物保护理念,提高了业务技能。2010年,为提高监理人员的业务水平,浙江省古典建筑工程监理有限公司又选派四人参加了浙江省第二期文物保护工程上岗培训班,并取得了合格证书,使公司拥有了一支技术过硬的专业文物保护工程监理队伍。此外,公司还注重培养后备力量,以老带新,不断壮大文保监理队伍,至今已拥有国家注册监理工程师5人、在职文保监理工程师15人、在职文保监理人员45人。在平时工作中,公司结合遇到的具体问题,积极完善各项管理制度,制定了文保监理人员现场管理制度、文保监理员规章制度、文保监理工程师规章制度、文保总监理工程师规章制度、文物安全责任制度、文物质量责任制度等一系列规章。公司总监定期赴各地进行认真、细致的检查,对各项目监理员进行考核,发现安全隐患、质量缺陷给予及时督促整改,对现场监理人员出现的违规情况给予批评、教育,从而使文保监理工作步入正轨。

二、认真做好文物保护工程监理工作

2010年,浙江省古典建筑工程监理有限公司坚持"保护为主、抢救第一、合理利用、加强管理"的方针,严格遵循"不改变文物原状"的规定,在实施文物保护工程中不对文物本身进行更新改造,不追求焕然一新和金碧辉煌,而是认真研究文物本体的原来面貌,找出修复依据,去掉后世增加的、与文物本体不相符合且影响整体形象的构件和工艺做法;在施工中最大限度保留原构件,尽可能减少更换的数量,最大限度恢复文物本体原貌。公司遵照"公正、诚信、守法、科学"的监理准则,对每项工程进行质量控制、进度控制、经费控制、合同管理、信息管理等全过程监理,一年来完成了文物保护工程监理项目115个,其中国家级文物保护单位6个(浙江大学之江大学旧址维修保护工程、萧山跨湖桥独木舟遗址土体加固保护工程、四川庐山樊敏阙维修保护工程项目、平襄楼维修保护工程项目、蒲壮所城郭宅古民居维修工程、金华太平天国侍王府西院二进厢房维修工程),省级文物保护单位8个(淳安余氏家厅、汪氏家厅、瑞安东塔纠倾与地基加固工程、谢林大宅院修缮工程、松阳县望松乡黄家大院修缮工程、泰顺文兴桥修缮工程、上虞市曹娥庙修缮工程、洞头妈祖庙主体修缮工程),县(市)级文物保护单位和历史建筑102个(海宁盐官景区镇海街工程、长兴县中心广场孔庙修缮工程、夏鼎故居修缮工程、绍兴严朱庙修缮工程、姚长子纪念碑修缮工程、温州叶宅整体平移工程、桐庐县农村建筑工程维修、余杭区2010年不可移动文物保护修缮工程等),完成古建筑设计概算4亿多元、其他设计院概算2亿多元、预算3000多万元,还计划拓展文物古迹日常监测业务,承接了温州叶宅整体迁移工程、松阳延庆寺塔等文物建筑的沉降倾斜观测。

三、做好文物保护工程技术资料工作

文物保护工程技术资料收集是监理工作不可忽视的一项重要内容,也是工程竣工后对工程质量确认的重要资料依据。翔实的资料也为今后及后代研究提供了重要依据。浙江省古典建筑工程监理有限公司与浙江省古建筑设计研究院共同编制的《文物保护工程文件归档整理规范》经国家文物局核准正式实施。公司强调按照此规范,对完成的文物保护工程监理项目资料档案集中管理。监理人员在日常工作中对工程资料进行认真、仔细的收集、整理,装订成册,全年共完成文物保护工程技术资料档案18项,各类照片5000余张。此外,公司认真做好文物保护工程报告的编写,与中国文化遗产研究院、新昌县文物管理委员会共同协作,编写了《新昌董村水晶矿摩崖题记保护工程报告》并出版发行。

浙江省古典建筑工程监理有限公司内设机构一览表

部门	联系人	联系电话(0571)
公司领导	黄　滋	88322007－810
	张　韵	88316356
财务部	杨彩晴	88322007－825
综合部	王　静	88316356
文保监理部	吴德良	
抗震救灾监理部	丁德宝	
质量安全监检部	朱杭军	
工程标准档案咨询部	厉江州	
文物监测部	周　斐	
工程造价咨询部	李　晓	
科技部	倪　佳	

地址:杭州市假山路假山新村26号
传真:0571－88322007－819
邮编:310013

萧山跨湖桥独木舟遗址土体加固保护工程

萧山跨湖桥独木舟遗址位于萧山区湘湖湖区,是距今8000年前的重要人类文化遗址,属全国重点文物保护单位。独木舟遗址地处湘湖蓄水水位6米以下,被地下水侵害,基础稳定性受到严重威胁。保护工程于2010年1月18日开工,4月20日竣工,对遗址实施了疏通排水处理。在施工过程中,玻璃房内进行了打孔烘干,电化学桩安装通电,三个土堆层进行了水性环氧树脂处理,并用针筒注浆,还在未发掘区域四周制作坡度,中间打孔的孔洞进行泥土填充处理,坡度墙烘干处理,边坡打孔并用钢筋铆钉加固。监理人员特别在工程隐蔽部位进行全过程旁站,要求施工单位及时报检,符合设计及规范要求。

之江大学旧址主楼、5号楼、图书馆修缮工程

之江大学旧址主楼、5号楼、图书馆位于杭州市之江路51号,为全国重点文物保护单位。主

楼始建于1910年,建筑面积2062平方米,三层砖木混合结构(局部地下室),总高17.06米。5号楼始建于1935年,建筑面积566平方米,二层砖木混合结构(局部地下室),总高10.79米。图书馆始建于1931年,建筑面积1189平方米,二层砖木混合结构(局部地下室),总高13.32米。主楼、5号楼和图书馆屋架均为木桁梁架,屋面盖机平瓦,单檐四坡顶,因年久失修,木构件残损严重。修缮工程进行了揭顶大修,对屋面、梁架、吊顶、门窗、地板、格栅、墙面实施修缮,并安装了避雷、空调、消防、监控等设备。监理人员对工程质量控制、进度控制、投资控制等进行全过程监理。工程于2010年3月1日开工,10月15日竣工,经建设单位、设计单位、监理单位、施工单位初步验收后达到合格要求。

谢林大宅院(一期)修缮工程

谢林大宅院位于文成县西坑畲族镇双田村,清光绪十四年(1888)由乡绅周铭祺所建,是典型的江南农家院落,现为浙江省级文物保护单位。大宅院坐东朝西,中轴线上依次为晒谷场、门坊、前院、前楼、中院、后堂、后院、天井、左右厢房等建筑,组成了一个四合院,建筑面积2530平方米,占地面积2570平方米。由于年久失修,谢林大宅院屋面漏水严重,梁架多处弯曲断裂,局部房子倒塌,室外排水多处不疏通。本次修缮主要针对中轴线上的门坊、前院、前楼、中院、后堂及部分厢房。监理人员对工程质量、进度、投资等进行了严格控制,对施工进场材料、分部分项工程、隐蔽工程等都进行了严格检查,保证了工程的顺利完工。工程于2010年3月16日开工,2010年12月10日竣工。

淳安余氏家厅维修工程

余氏家厅位于汾口镇赤川口村,坐东朝西偏北,南北通面宽15.5米,东西通进深24.65米,平面布局组成一个四合院结构,由“科甲传芳”坊、门厅、象贤堂组成中轴线,左右对称厢廊各三间,建筑面积340.8米,占地面积385.8平方米,2005年3月与汪家桥合并公布为浙江省第五批省级文物保护单位。

余氏家厅维修工程于2010年5月12日开工,8月12日竣工,主要对象贤堂屋面进行翻修,并对部分破损的梁架、柱子等进行维修和更换,对地面三合土破损实施修补以及外墙粉刷、室内清理灰尘和刷生桐油防腐,屋面、屋脊、屋面窝角等容易漏水处铺设了沥青防水层,其他部位铺设油毛毡。

蒲壮所城郭宅古民居维修工程

蒲壮所城郭宅古民居位于苍南县蒲城十字街东南侧，是蒲城民居中单体规模最大、时代最早的一处，系清乾隆年间金肇虎所建造，后卖给郭氏，现仍由郭氏后裔居住，为全国重点文物保护单位。

郭宅坐北朝南，正门开在院落西南侧，第一进为门楼，过门楼为天井，天井后西侧为正厅，出正厅为后天井，天井西侧为后门楼及附属用房。由于原构件虫蚁蛀蚀严重，郭宅的破损比较严重。维修工程拆除了正厅东次、稍间无价值的近年改建砖混三层民居和后院搭建附属用房，并对门楼、天井、正厅、后门楼、附属用房等进行了现状维修、重点复原和白蚁防治处理。施工时，监理人员根据现存残迹和残物，按实物遗存依据推测复原，参照相邻与对称规律予以确认复原。纯装饰构件以修补为主，尽可能减少更换，保留原状原物。工程所有维修部分均用原材料、原尺寸、原工艺，并进行了全过程跟踪监理。工程于 2010 年 5 月 18 日开工，11 月 15 日竣工。

孝思祠维修工程

孝思祠又称何氏宗祠，位于义乌市义亭镇何店村。现存建筑主体为清代晚期，砖木结构，硬山顶，坐南朝北，平面长方形，前后共三进，建筑面积约 1092 平方米。大门外偏八字，两侧立抱鼓石。前进设戏台，为歇山顶，平面呈正方形，主体建筑正厅面阔五开间，明、次间五架抬梁式结构，石柱，鼓形柱础。

施工归整了歪闪、坍塌、错乱的构件，修补了少量残损的部分，清除了无价值的后期添加物和自然、人为破坏；对梁架受腐、破损、开裂部分进行修补和必要的更换，对残损丢失构件进行补配。对室内及周边所有杂物进行了清理，屋面实施了翻修，部分墙体重砌，马头墙重修，楼板、楼栅、隔断进行翻修，后开窗户封堵，后改窗户复原，三合土地面局部破损部位修补，治理了虫害。工程于 2010 年 7 月 12 日正式进场开工，12 月 17 日通过竣工验收。

桐庐县农村历史建筑维修工程(荻浦村)

2010年10月30日,桐庐县荻浦村农村历史建筑维修工程开工。工程局部拆除了传经堂、江有来室内后期更改过的墙体,更换及修复了绳武堂、江家祠堂、日新堂、四和堂及抱屋等处的霉烂、破损构件,恢复了已倒塌的部位,翻修了屋面,局部修补了外墙。经过60天工期,工程于2011年1月20日竣工。

鄞州翻石渡头(拆迁)保护工程

翻石渡位于鄞州区姜山镇翻石渡村,属于文物保护点,由渡口、渡亭和关帝庙组成,总占地面积约360平方米。为配合城市环城快速路桥梁的建设,保护渡头古建筑的安全,保护工程对翻石渡头进行了落架大修,在施工中对构件进行拆卸并统一保管。

长兴县孔庙修缮工程

长兴县孔庙位于长兴中学内，又称学宫、县学、庙学，始建于北宋庆历四年（1044），建筑面积730平方米，现存大成殿、明伦堂及西庑殿，是县级文保单位。大成殿是庙内最主要单体建筑，为祭祀孔子的场所，又称孔圣殿，系歇山顶双层重檐式结构。明伦堂系硬山顶砖木结构，明、次三间。西庑殿明、次、梢九间，也系硬山顶砖木结构。庙内还保存着明清时期十余方石碑（现已移县博物馆）。本次维修主要部位是屋面、室内地面、外墙粉刷和木结构局部修补、油漆等。明伦堂屋面实施局部翻修，大成殿对后期改动及水泥部位全部剔除，用砖细和灰浆恢复原有屋脊，重塑吻兽。室内地面剔除了后期被改的三合土地面，按设计用方砖重新铺设。木构架实施局部更换。大成殿室内、正立面前及明伦堂室内恢复了石碑。

绍兴印山越国王陵原址保护工程

印山越国王陵位于绍兴市城南约13千米处,兰亭镇里木栅村西南侧,属于半山丘陵地带。印山是座相对独立的小山,海拔41.7米,相对高度20多米。印山越国王陵位于印山之巅,墓上堆筑高大封土,至今已经有2500年的历史。1995年,绍兴县政府将印山越王陵公布为绍兴县级文物保护单位,1998年被国务院公布为全国重点文物保护单位,并进行了抢救性考古发掘。

墓室建于墓坑正中,平面呈与墓坑走向一致的东西长条形,墓室底部南北两侧边距墓坑南北两侧壁均近3米,西端距墓坑西壁2.95米,东端至墓坑东壁2.5米。墓室外东西长34.8米,南北宽6.7米,墓室内长33.4米,宽4.78至4.98米,高约5.5米。墓室内底平面面积约160平方米。整个墓室均选用巨大枋材构建而成,其中墓室南北两侧墙用两排紧密排列的竖向枋木顶端相互支撑,构成横断面呈等腰三角形的人字形坡状长条形墓室。墓室顶面中脊,即相互支撑的南北两侧斜撑木顶端用粗壮的半圆木纵压其上。

墓室分为前、中、后三室,其中前室长9.15米、宽4.98米,中室长13.85米、宽4.78米,后室长9.1米、宽4.88米。三室的地面略有高差,中室最高,分别较前、后室高出0.25米和0.2米,顶部高度一致。墓室内四周紧靠南北两侧墙的斜撑木及封门与后墙立木内侧面均设有高出墓底的规整当坎。建墓所用的枋木极为巨大,底木长6.7米,侧墙斜撑木长5.9米。枋木截面宽、厚在0.5至0.8米之间,加工极为平整光滑,棱角方正。从王陵宏大的规模、豪华的墓室、巨型独木棺、出土的珍贵文物及墓地四周保存完好的隍壕考证,其时代当为春秋晚期。结合古文献记载,墓主应是勾践的父亲允常,此陵即《越绝书》记载的"木客大冢"。

绍兴印山越国王陵是迄今发现的第一座越国王陵,也是浙江越文化考古的重大突破。这座王陵巨大的规模、形制独特的墓室、与众不同的防腐填筑和外围设置的防御保护设施隍壕,不但有助于全面了解、认识越国的埋葬制度,而且使研究、探索越国王陵陵园制度成为可能,具有重大的考古研究价值。

绍兴严朱庙维修工程

严朱庙位于绍兴县王坛镇南子口村，为绍兴县文物保护单位，由山门、戏台、大殿、附房、左右看楼及左右耳房组成，占地面积547平方米。工程主要对山门、大殿及戏台进行了卸屋面维修，左右看楼、耳房及附房进行了落架大修。

绍兴舜王庙装修工程简介

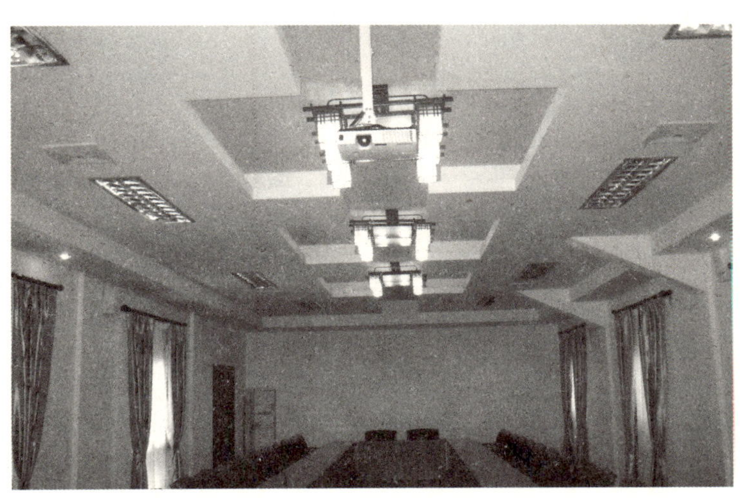

舜王庙位于绍兴县王坛镇，为省级文物保护单位。工程主要对舜王庙景区配套设施用房的普通套房、大套房、多功能厅、办公室及餐厅进行了室内管线铺设、轻钢龙骨石膏板吊顶及灯具投影仪的安装。

姚长子纪念碑维修工程

姚长子纪念碑位于绍兴柯桥，为绍兴县重点文物保护点。工程主要对路亭、道路进行维修，对纪念碑实施修补，对桥上石栏板进行补配，周边道路实施绿化整治。

金华市侍王府西厢房修复工程

太平天国侍王府坐落于金华城东鼓楼里酒坊巷，是我国现存太平天国王府建筑中规模最大、保存最完整、艺术品最多的一处，1988 年公布为全国重点文物保护单位。侍王府分为宫殿、住宅、园林三部分，总面积约 2.4 万平方米，建筑面积 3000 多平方米，主体建筑有大殿（议事厅）、二堂和后堂（又称耐寒轩），分东、西两院。东院现存的建筑有照壁、正厅、后厅、耐寒轩等。照壁高约 6 米，面宽 17 米，上有许多石雕或砖雕的龙凤图案。正厅又称“议事厅”，面阔 5 间，其余建筑都利用试院的建筑改建而成，是硬山顶、砖木结构衙署式建筑。西院为侍王府住宅，共有四进，二进建筑的中厅最为精美讲究，是侍王的办公地点。西院一、二进建筑有大量壁画、梁枋彩绘及木、石、砖雕等，二进中厅有“兵营图”、“四季捕鱼图”、“砍柴图”等壁画，表现了太平天国制度、战争及民间传统的渔、樵、耕、读等内容。本次修复工程根据西院的东厢房恢复了西厢房。

仪性堂维修工程

仪性堂位于义乌市佛堂镇倍磊村，为义乌市级文物保护点，建于清乾隆五十一年（1786），分三进三开间两厢两廊，占地面积 1047 平方米，规模宏大。门面是五间式砖雕牌坊门楼，内容以民间传统福、禄、寿、喜为题材，雕龙凤、仙鹤、鹅、牡丹等图案。门厅、大厅的梁、檩、枋、牛腿、雀替、斗拱及门窗等布满了雕刻，集东阳木雕之精华，厢房前檐立面用青石槛墙。由于该建筑的产权归属十多家住户所有，使用过程中保护、管理不当，脏、乱、差现象严重，梁架糟朽、檐口局部脱落，墙体倾斜，屋面漏雨严重，生存状况堪忧。在义乌市文广新局及当地政府的重视下，有关方面筹资 100 万元，对仪性堂进行整体维修，主要对周边环境实施整治，翻修屋面、修复重檐，部分墙体拆除重砌，后改窗户复原，梁架纠偏整修，门窗板壁及雕花构件修补或更换，楼板翻修、油漆断白、虫害治理等。

洞头县妈祖庙修缮工程

洞头妈祖庙位于洞头县北岙镇东沙村，自南往北由香火亭、门厅、戏台、东西厢房、仪门、拜亭和东西畔室、正殿等构成。以仪门为界，前半部分（除戏台外）为 1929 年后增建，后半部分为清乾隆中期始建。工程主要对室内地面门厅、厢楼及仪门、拜亭及正厅采用青砖侧铺，解决了后宫地面泛潮的问题，更换了拜亭、畔室和正殿的三处木构架、正厅后檐四根柱及次间靠墙立柱，对所有木构件做好防火、防蚁、防腐处理。

枫洞岩窑址保护展示工程

大窑龙泉窑遗址属全国重点文物保护单位，分布在丽水市及周围的武义、永嘉、文成、泰顺等县，是中国古代南方著名的青瓷窑址，以龙泉县境内的窑址最为密集，有 300 多处，其中瓷器质量最好的窑址多集中在龙泉县大窑村一带。龙泉窑始创于北宋早期，南宋晚期极盛，早期生产盘、碗、壶、炉、瓶等，普遍以刻花为主，篦纹趋减少，釉较薄，晶莹透明，并逐步形成了自己的风格；晚期的青瓷代表为粉青釉和梅子青釉。保护展示工程主要为全国重点文物保护单位大窑龙泉窑遗址枫洞岩窑址实施修缮及保护。遗址占地面积1600平方米，总投资170多万元，主要补砌、增砌了挡土墙，根除了枫洞岩窑址存在的结构隐患；疏通、增设了地面明沟排水系统和地下排水管道；设置了管理用房及保护覆棚，建立了遗址保护性设施系统；局部设置了木栈道及木质平台，设置了展示线；设立了保护标识，明确了窑址的保护标志及其界标，于窑址主要出口处设置了国保单位标志碑。

市县文博单位

杭州市

2010年是杭州文物工作任务较繁重的一年。杭州市文物部门在市委、市政府的领导下,认真贯彻落实党的十七大精神,以科学发展观为统领,以建设和谐社会、促进城乡统筹发展为目标,坚持文物工作十六字方针,取得了一系列突出成绩,为杭州历史文化名城保护作出了新的贡献。

一、以确保西湖申遗成功为动力,西湖文化景观顺利通过国际古迹遗址理事会(ICOMOS)专家评估验收

2010年初,杭州市文物部门通过与中国建筑历史研究所、中国古迹遗址保护协会秘书处的共同努力,顺利完成了西湖申遗文本的译校、印刷和正式递交工作,通过了联合国教科文组织世界遗产中心的初审。9月下旬,西湖申遗迎来了最关键的国际遗产专家实地评估验收。为做好迎检工作,杭州市园文局按照市委、市政府统一部署,在国家文物局和省文物局的指导和杭州市相关部门的协作下,积极履行职责、周密筹划,在文物古迹整治展示、西湖博物馆陈列提升完善、西湖文化景观监测预警信息管理平台建设、档案搜集整理、讲解接待安排、景观保护与管理PPT编制、解说标识系统建设等方面做了大量工作。由于准备充分到位,遗产专家在考察评估过程中对相关工作给予充分肯定。在迎检过程中,国家文物局局长单霁翔和国际古迹遗址理事会(ICOMOS)副主席郭旃亲自指挥,给予杭州市高度评价。随后,杭州市又多次配合国家文物局完成了评估验收后的补充资料编制提交和评审前的相关准备工作。

二、以第三次全国文物普查为载体,文物基础工作扎实推进

2010年,杭州市根据上级文物部门的要求,对普查登录数据进行了全面审核与完善,及时汇总上报了相关资料。5月底至6月初,建德市作为抽验单位,接受了国家文物普查验收组的实地验收并顺利通过,标志着杭州实地调查阶段工作的圆满完成。余杭区文物普查队还荣获国务院全国文物普查领导小组办公室颁发的“第三次全国文物普查实地文物调查阶段突出贡献集体奖”,杭州市、桐庐县、建德市、富阳市四支文物普查队也荣获了“浙江省第三次全国文物普查实地调查阶段先进集体”荣誉称号。目前,普查工作已进入成果整理与展示阶段。杭州市开展了文物普查工作报告编写、不可移动文物名录及普查档案编制、电子地图绘制、普查成果汇编等工作,完成了第三次全国文物普查百大新发现及普查成果图片展参评项目申报材料的上报。

2010年,杭州市的文物保护基础工作顺利推进,百余处文物被公布为文保单位,新叶古村落成为国家级历史文化名村。根据省文物局部署,杭州市开展了文物博物馆单位国家“十二五”规划文物保护项目库填报,将包括大运河遗产、良渚遗址等在内的一批重点实施项目纳入项目库进行申报。在普查基础上,杭州市还公布了市县级文保单位154处,完成了第七批全国重点文保单位和第六批省级文保单位申报资料的补充完善,并开展了大运河世界遗产申报点的推荐。雷峰塔遗址、忠义桥、清行宫遗址、舞鹤赋刻石等第五批省级文保单位和市级文保单位的档案编制,西湖南山造像、郭庄、仁爱医院旧址等文保单位的测绘,钱塘江南岸海塘遗址的全面调查均宣告完成。委托杭州市城市规划设计研究院着手调整的省级以上文保单位用地保护规划正在实施中。

同时,全市以推进农村乡土建筑保护为契机,使文物保护工作迈上新台阶:农村乡土建筑保护修缮工作全面推进,近五百处建筑得到维修保护,成为全国推进普查后续保护工作的典范。杭州市政府正式颁布《杭州市农村历史建筑保护补助资金管理办法》,明确了农村乡土建筑保护要求,为保护资金的使用管理提供了强有力的政策保障。余杭、淳安、建德、富阳等地出台了农村乡土建筑保护政府规章,建立了领导机构。在落实市财政补助资金5000万元的基础上,各地还落实了保护维修配套资金6890万元。文物部门积极开展实地调研,推动各县(市、区)全面开展农村乡土建筑的保护与修缮,全年共启动维修项目496个(含重点保护与一般维护项目),已完成建德新叶、桐庐深澳等历史文化村镇和富阳蒋氏宗祠、淳安余氏家厅等204处建筑的修缮工程,取得了良好的社会效益。国家文物局局长单霁翔对杭州市的农村乡土建筑保护工作予以高度评价,《中国文物报》也专门刊登了相关文章。

杭州全市的文物保护工程稳步推进,又有多处文保单位得到妥善保护和维修。梵天寺经幢、香积寺石塔等石质文物防风化、防雷设施工程,大资福庙、贝家桥、环龙桥、洋关、申屠氏宗祠(含跌界厅)、方氏宗祠、旋庆堂等文物建筑维修工程和西湖博览会工业馆、凤凰寺、马寅初旧居等保养性修缮工程共20余个文物维修项目完工。飞来峰造像二期保护工程方案得到深化完善,蒋庄、朱熹县山题刻和风水洞摩崖石刻等文物保护工程启动。

杭州市以重点项目为抓手,推进"大杭州战略",大遗址保护和地下考古工作取得新突破:以南宋皇城、良渚遗址为代表的大遗址保护工作和南宋皇城大遗址综合保护工程核心内容之一的南宋博物院建设工程有序开展,确定了七家国内外专业设计单位参与《南宋博物院概念性规划设计方案》的编制,并通过专家评审评选出两家优胜单位继续深化、完善设计方案。良渚遗址保护工作取得突破性进展,《良渚遗址保护总体规划》经过多次修改已日渐成熟完善,基本完成了对文本的审读。良渚遗址公园被国家文物局确定为首批国家级考古遗址公园,成为我省唯一入选项目。富阳泗洲造纸作坊遗址保护工作顺利推进,在完成遗址回填保护的基础上开展了遗址公园规划设计及钢架大棚设计。"大杭州战略"渐入佳境,近40个考古项目全面开花。文物部门配合全市重点工程和基建项目,完成了涉及市区和区县的考古调查、勘探和发掘项目38项,勘探、发掘总面积100多万平方米。其中配合西湖申遗对抱朴道院等遗址开展的考古勘探,为西湖文化景观的真实性和完整性提供了有力物证;配合南宋皇城大遗址综保工程对浙江省军区后勤部仓库进行的局部考古调查勘探获得了新发现。配合中山南路双面街建设工程考古勘探中发现的南宋手工业作坊遗址及元代至民国各时期遗迹,为研究南宋御街周边坊巷的历史演变提供了重要物证。各区(县、市)考古工作也取得新进展:桐庐对第三次全国文物普查中重要新发现——方家洲新石器时代遗址进行了抢救性发掘,发现了大量石器、玉器及具有典型文化特征的红陶。经专家鉴定,该遗址是长江流域迄今发现的第一处新石器时代玉石加工场,大体包含了距今6000年前的马家浜文化晚期和距今5000年前的崧泽文化时期特征遗存。此外,萧山新发现晋代、三国、明代古墓葬,富阳发现多处六朝、宋及元明时期古墓葬。各地还配合天然气输气管道和铁路工程建设进行了一系列考古调查。

三、以推进第二课堂基地建设为重点，博物馆各项展览活动异彩纷呈，整体水平日益提高

2010年，杭州市的博物馆硬件建设又有新成果，展示设施进一步得到提升完善：南宋官窑博物馆三期扩建工程于国庆节前竣工并对外开放。扩建后的博物馆总占地面积达60亩，跻身杭州市占地规模最大的博物馆之一，还营造了优美的园林环境。中国茶叶博物馆顺利完成基本陈列改造。新陈列采用不少新材料、新技术，显著提高了展览的可看性和吸引力。三期建设项目筹备计划对博物馆主馆区进行功能提升，对分馆区（龙井山园）进行重新规划改造。杭州历史博物馆加快扩建步伐，完成了新馆陈列设计等前期准备，于7月如期开工建设，为打造综合性博物馆"杭州博物馆"奠定了基础。韩美林艺术馆和连横纪念馆完成二期扩建，岳庙文化陈设改造工程启动，大大丰富了展陈内涵。国民党荣誉主席连战、海协会会长陈云林及省市主要领导应邀出席了连横纪念馆竣工仪式并发表讲话。

各区（县、市）也积极开展博物馆建设，临安、建德、富阳三大县级综合性博物馆筹建工作顺利推进，使杭州基本实现了"县县有博物馆"的目标。临安赵尔春烈士纪念馆和建德"建德人"古遗址展馆建成并对外开放。

杭州市各博物馆始终走在第二课堂基地建设前列，博物馆"青少年第二课堂"建设稳步推进。文物主管部门和各大场馆加强了与教育部门的沟通与合作，多次联合召开第二课堂工作推进会，推动馆校联动，构筑交流互动平台。各博物馆在总结往年成功经验的基础上继续发挥优势，推出富有特色的第二课堂活动项目120多项——如杭州名人纪念馆推出"童画名人"升级版、南宋官窑博物馆联合市教育局举办了第三届杭州市中小学生陶艺大赛、中国茶叶博物馆推出茶画拓片制作和特色茶饮调制活动等。这些活动吸引了大批青少年观众，使博物馆教育功能进一步提升、强化。此外，各博物馆不断加强与杭州中小学的合作共建关系，定期不定期送展进校，或到学校举办讲座，丰富了学校的教学和文化活动内容。2010年，中国茶叶博物馆、西湖博物馆、南宋官窑博物馆、京杭大运河博物馆、江南水乡文化博物馆荣获杭州市先进基地称号，5家单位的活动项目获创新奖称号。全年全市各博物馆、纪念馆推出临时展览百余个（临展数首次破百），共接待青少年观众100余万人次，实收教育券70.2万张，接待观众突破500万人次，均创历史之最，社会效益日益提升。

博物馆展览的质量也不断得到提升。南宋官窑博物馆在三期扩建竣工之时，联手故宫博物院等全国十余家博物馆举办了"清·雅——南宋瓷器精品大展"，展览档次之高、参展单位之多，为杭州乃至浙江省罕见，吸引了来自日本、韩国和国内的大批同行及陶瓷爱好者前来参观学习。展览"走出去"战略再创佳绩：杭州历史博物馆在日本大阪举办的"幻之名窑——修内司官窑瓷器展"，江南水乡文化博物馆与良渚博物院联合在台湾举办的"璀璨——良渚文化特展"，杭州名人纪念馆在澳门举办的"永锡难老——唐云百龄诞辰纪念展"均引起强烈反响，获得了广泛关注。在2010年度浙江省陈列展览精品项目评选中，杭州10个展陈项目荣获浙江省陈列展览精品奖、最佳创意奖、最佳服务奖、最佳形式设计奖、最佳内容设计奖、最佳综合效益奖、最佳新技术、新材料运用奖等7个奖项。

6月，杭州全市以"文化遗产，在我身边"为主题，组织开展了专题展览、广场宣传、学术讲座等丰富多彩的文化遗产日活动。《杭州日报》、《钱江晚报》连续用大幅版面进行了全方位报道。由于近年来的突出表现,杭州园林文物局荣获国家文物局颁发的文化遗产日组织特别奖先进集体。10月,杭州市举办了第九届“相约西湖”文化活动暨西湖博览会“南宋文化周”主题活动,推出了一系列展览、学术讲座和文化交流,进一步扩大了文博工作的社会影响力。文物部门以讲解员星级评定和博物馆达标活动为抓手,大力加强文博队伍建设,继续开展全市博物馆达标竞赛活动,以竞争促发展,不断提升博物馆的管理服务水平,还举办了首届杭州十佳讲解员大赛,通过激烈竞争和专家评定,评选出了“十佳讲解员”和若干优秀讲解员(十佳讲解员同时获得四星级讲解员称号)。2010年年底,文物部门又对讲解员进行了重新定级考试,一批新的优秀讲解员脱颖而出。通过连续三年的星级讲解员评定活动,杭州市高水平讲解员不断涌现,讲解队伍整体素质得到明显提高,结构日趋优化,景区和博物馆对外形象也得到显著改善。为广招人才,杭州市首次推出在全国招聘讲解员的举措,引起广泛关注。

2010年又有1600多件文物入藏杭州市各博物馆。其中新征集到的《李叔同断食日记》是一代名人李叔同(弘一法师)唯一的日记体书法作品,既具有很高的艺术价值,又是研究李叔同生平事迹的重要资料。全市组织、完成了近10000件文物藏品的数据录入和影像采集,为博物馆藏品科学管理打下了扎实基础。10月,良渚论坛·2010大遗址考古与大遗址保护学术研讨会在良渚开幕,来自中国考古学界的60余位专家就国家考古遗址公园建设和大遗址保护前提下的考古工作基本原则、基本规律和具体途径,及科学开展大遗址保护、考古,妥善处理大遗址保护和考古之间的关系等问题进行了深入探讨和交流,取得了丰硕成果。全市编撰出版了《历代西湖书画集》、《清·雅——南宋瓷器精品》、《物华天宝——吴越国钱氏王室文物精华》、《萧山市志·跨湖桥文化编》、《临安市志·文物篇》、《富阳泗洲造纸遗址图录》、《杭州文博》(第9辑)、《西湖学论丛》(第3辑)等书刊,在各类期刊发表论文80余篇,开展了对杭州民办博物馆的调研,探索了促进民办博物馆发展的对策和措施,编写了《杭州市建设博物馆之城的调研报告(初稿)》提交杭州市委、市政府。

杭州市以西湖综合保护工程为契机,深入挖掘西湖历史文化内涵,推进文化遗产传承和文化陈设,积极挖掘利用历史文化资源,顺利完成了江洋畈、翁家山、上满觉陇等项目的文化陈设,以及南宋官窑(三期)、景中村(翁家山、上满觉陇)、水乐洞景区等相关楹联匾额、石刻的设置和万松书院孔子与四配像的制作。

四、以确保文物安全为根本,文物执法和管理工作力度不减,再创佳绩

2010年,杭州市加强文物执法管理,成绩显著。杭州市园林文物监察支队全年办结一般程序文物案件2起(均整改到位),被评为第一届浙江省文物行政执法案卷评比活动优秀组织奖,另有两个案卷分别被评为第三届全国文物行政处罚案卷评比一等奖和首届江浙沪文物行政处罚案卷一等奖。

全市加强基层文物保护机构建设,切实将文物日常管理纳入所在街道和社区的日常管理工作中,不断巩固和扩大文物保护网络,强化文物巡查和日常监测制度,加强重大节假日期间对重点安全隐患单位的联合检查力度,还开展了对作为公共经营场所的文保单位的专项检查,取得了良好效果。由于措施得力,管理无盲区,全市全年未发生文物安全事故和负面报道。

为加强对涉及文物基建项目的监控管理,巩固历史文化名城保护统一战线,杭州市文物部门会同市规划局对《遗产类建筑管理审批办法》、《工业遗产建筑规划管理规定》进行了研讨,对《杭州市区工业(建筑)遗产保护规划》、《杭州市区教育遗产保护规划》等进行了审核;并会同杭州市房管局历史建筑保护办公室对杭州市历史建筑保护修缮及危旧房改造过程中涉及文物的项目进行了审核协调,对九星里历史建筑群、浙江大学西溪校区教学楼、西兴老街汪宅等30多处历史建筑的保护维修方案提出了审核意见。此外,杭州市文物部门积极参与市建委组织的中山路综保与有机更新工程,对涉及文物保护的项目提出了意见和建议。

西泠印社举办新中国成立60周年中国书法学术邀请展系列活动

1月12日至20日,“翰墨华章——新中国成立60周年中国书法学术邀请展”在浙江美术馆举行。展览由两部分组成:第一部分展出了黄宾虹、沙孟海、启功等部分中国书法大师、名家的作品,第二部分集中地展示了当代中国书坛老、中、青三代书法家的作品。展览期间,部分参展书法家与书法理论家、专家、学者还举行了“书艺论道·中国书法艺术的传承与发展座谈会”。

杭州市举办首届十佳讲解员大赛

1月14日,杭州市首届十佳讲解员大赛在杭州历史博物馆落下帷幕。这是杭州市首次举办全市范围的讲解员大赛。来自全市各博物馆、纪念馆、文物保护单位的156名专业讲解员参加了此次大赛。本次比赛由杭州市园林文物局主办,分为初赛、笔试、复赛、决赛四个阶段。经过角逐,10名选手获得“杭州市十佳讲解员”称号,另有10人获得“杭州市优秀讲解员”称号。2009年11月18日至12月1日,杭州市各有关单位结合星级讲解员年度考核,开展了讲解员大赛初赛选拔,并上报推荐名单。杭州市园林文物局于12月16日组织笔试,共有95名选手获得复赛资格。经2010年1月8日、9日两天复赛,42名选手进入决赛,并于1月14日决出最终名次。比赛内容与实际工作相结合,从礼仪、语音、演讲等方面考察了选手的业务能力和综合素质。

南宋博物院概念性规划设计中选方案产生

4月22日,杭州市邀请国内文物考古、建筑、规划、园林等方面知名专家在全球征集"南宋博物院概念性规划设计方案"入围的7家设计单位中评审产生了2家优胜单位,进入下一轮修编,同时将7个方案公示。12月下旬,杭州市领导评审产生了概念规划中选方案,确定以浙江省古建筑设计研究院和以色列索拉建筑规划与遗产保护事务所(联合体)为主体,澳大利亚IAPA设计顾问有限公司为配合,共同做好南宋博物院概念性规划设计(中选方案)的修改完善工作。

2009年度杭州市文保通讯员总结表彰会举行

1月29日,2009年度杭州市文保通讯员总结表彰会举行。杭州市文物部门、区(县、市)文保机构、业余文保通讯员100余人参加了会议。会上对6家先进集体和30位先进个人进行了表彰,肯定了2009年杭州市文保工作取得的成绩,并对2010年工作进行了展望。

良渚遗址积极参与世博会活动

2月27日,在杭州市世博主题体验之旅示范点授牌仪式上,良博院被正式授予"2010年长三角世博主题体验之旅示范点"称号。"长三角世博主题体验之旅"是2010年上海世博会特别策划的专项旅游产品,将世博园内中国馆和主题馆的展示理念加以延伸和扩展,把长三角地区作为放大的"世博区",引领游客在真实的城市中亲身体验、深度感受"城市,让生活更美好"的多重内涵和实践成就。

4月1日,良渚博物院院藏良渚文化简化神人兽面纹玉琮和刻符玉璧正式入驻上海世博会

“城市足迹馆”的“良渚的曙光”展示单元。同时,良渚博物院上报的“博物馆与环境”主题获得国际博协认可,在国际博协世博会展馆中展出。

章太炎故居实施陈列改造

2010 年,余杭区政府投资 130 万元,实施了章太炎故居陈列改造(含装饰)工程。工程于 2 月 5 日动工,6 月 14 日基本完成并对外试开放,10 月 25 日通过余杭区文广新局验收。故居坐北朝南,共四进一弄,主体为晚清时期建筑,由前厅、正厅、卧室、书房、厨房等组成,建筑面积 811 平方米,是章太炎先生出生、成长的地方,并度过了对其一生产生重要影响的 22 个春秋。改陈工程前三进为历史原貌的复原和场景的再现,展示了太炎先生青少年时期故居的风貌。第四进为展厅,陈列展览共分四个部分,展现了章太炎的一生。

西泠印社积极参与上海世博会

2 月 27 日,杭州世博主题体验之旅示范点授牌仪式在萧山举行。西泠印社孤山社址作为体验点成功入选。印社设计了建筑园林欣赏、文物鉴赏、印文化艺术体验等几方面的参观体验内容。

5 月 14 日世博会开幕后,西泠印社 64 位篆刻名家的“万国印谱艺术展”也随即在上海开幕,并同时首发了《万国印谱》。《万国印谱》还作为国礼赠送给参展国。该印谱收录了上海世博会 190 余个参展国家的国名印章,一国一印,共 190 余方。

余杭实施不可移动文物保护修缮五年行动计划

2010年3月，余杭区政府出台《余杭区进一步加强文物保护工作的若干意见》，4月制订了《余杭区不可移动文物保护修缮五年行动计划（2010～2014）》，准备用5年时间，每年安排2000万元资金，保护、修缮900余处不可移动文物，重点保护运河（余杭段）文化遗产、径山禅茶文化遗产及不可移动文物分布较为集中的村落、历史街区。计划启动以来，余杭区文广新局会同区财政、发改、建设等相关部门通过竞争性谈判，确定了具备乙级以上资质的4家设计单位编制文物保护维修设计方案及施工图，并邀请专家组织评审，同时成立了余杭区文物保护修缮工程项目管理组，指导各镇乡（街道）组织招标、开展施工、规范项目管理。

钱镠墓神道墓表修葺重立

2010年3月，钱镠墓神道右侧发现了墓表和石人残件。这是继1998年钱王陵在神道左侧出

土墓表础石和人俑、石马残件以来又一次重要发现,既实物印证了钱镠墓的选址定制、规模格局,又为研究唐五代帝王陵寝制度提供了实物资料。临安市组织专业人员开展专题研究,编制维修方案,落实修葺重立经费。施工单位在确保遗存文物安全的前提下,经过近一个月的努力,完成了原址地标设置、石质人俑的归置、墓表的残裂修复和重立等工作。

西泠印社完成社藏珍贵文物数据报送和文物修复工作

3 月至 6 月,西泠印社根据省文物局统一要求,完成了 700 件馆藏一、二、三级珍贵文物的文本信息录入、影像拍摄、确认、审核、汇总及数据报送工作,并于 12 月底前委托南京博物院修复、完成、登记入库了十件破损严重的文物。

西泠印社整治工程完工

3 月至 9 月初,西泠印社完成了孤山社址园林景观整治工程,并于 9 月 28 日顺利通过联合国教科文组织世界遗产委员会专家考评。

中国茶叶博物馆举办杭州市第二届“茶人之家”活动

3 月 27 日至 4 月 17 日,中国茶叶博物馆、杭州网、杭州市旅游委员会共同主办了第二届杭城“茶人之家”活动,以家庭为单位,先后举办了 5 期茶艺培训班,为 76 户家庭分别进行了绿茶和乌龙茶的冲泡培训。4 月 17 日,30 户家庭进入总决赛,最后,十户家庭荣获杭城第二批“茶人之家”称号。

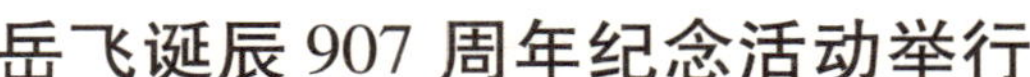

岳飞诞辰907周年纪念活动举行

2010年3月30日(农历二月十五)是岳飞诞辰907周年纪念。杭州市园文局在岳王庙举行了岳飞诞辰祭祀活动。来自全国各地的岳飞后裔代表、岳飞研究会会员、青蓝小学、西湖小学、浙江三联专修学校的在校学生及市民游客200余人参加了祭奠仪式。祭祀队伍进行了敬献花圈、敬酒、祭词、祭扫等一系列仪式,还穿插了青蓝小学150名学生齐诵岳飞《满江红》、西湖小学对岳飞英雄中队进行现场授牌、大学生发起《给全国大学生的倡议书》等一系列活动。当天,岳王庙南枝巢内推出"中国岳庙寻迹"图片展。

中华玉文化中心、良渚博物院网站正式开通

3月30日,中华玉文化中心网站(www.zhywh.com)、良渚博物院网站(www.lzmuseum.cn)举行开通仪式宣告正式开通。

南宋官窑博物馆举办杭州市第三届中小学生陶艺大赛

2010 年 4 月至 10 月,杭州南宋官窑博物馆举办了“杭州市第三届中小学生陶艺大赛”。自 4 月底启动以来,截止到 9 月 9 日,组委会共收到来自 40 多个学校的 500 多件参赛作品,并最终评选出 81 件获奖作品,其中一等奖 10 名、二等奖 22 名、三等奖 49 名。

杭州名人纪念馆举办系列活动

4 月 3 日,杭州名人纪念馆在于谦祠举办“庚寅清明祭于谦暨首届‘清风杯’青少年书法大赛”。获得书法大赛优胜的 12 名选手还被名人馆聘为“名誉小馆员”。5 月至 10 月,杭州名人纪念馆精心策划并相继开展了“童画杭州名人”、“名人后代讲名人”、“说大书、讲名人”、首届杭州云南文化创意周等第二课堂主题活动。7 月 30 日,杭州名人纪念馆、宁波张苍水故居、象山张苍水纪念馆、宁海文物管理委员会四地联合承办“张苍水诞辰 390 周年”系列纪念活动。纪念活动主要分祭扫活动和“张苍水与浙江精神”主题论坛两个环节,这也是张苍水就义后三百多年来四地首次联合公祭。

西泠印社接受多项文物捐赠

4 月 12 日,法籍社员龙乐恒向西泠印社捐献了晚清、近现代的篆刻家印谱、印章、书法、印屏及自刻印 35 件。5 月,吴门书法篆刻爱好者、收藏家许浒将《秦汉玉印十方》印谱无偿捐献西泠印社。10 月 18 日,钟久安将其先父、老一辈社员钟毓龙珍藏的两方印章无偿捐献给西泠印社。

中国茶叶博物馆主办第十三届西湖国际茶会

4 月 13 日至 20 日，第十三届西湖茶会在中国茶叶博物馆举行。茶会被列为“2010 茶博会”主体项目之一，由杭州西湖风景名胜区管委会（杭州市园林文物局）主办，中国茶叶博物馆承办。茶会设立了“今天你喝茶了吗”科学饮茶周主题活动、“岁月茶香——古代茶叶包装广告展”展览、《百壶鉴赏——吴远明捐赠历代紫砂茶具》首发仪式、张东苏文物捐赠、中国首部陆羽生平电影《茶恋》观摩会、茶文化专题讲座、茶文化旅游深度体验活动、斗茶品茶及谜有奖竞猜活动等单项活动，涉及 6 万余人次，还举办了中级茶艺师培训班和中国十大名茶体验式培训。

西泠印社举办“百年西泠 · 中国印”洛阳特展

4 月 21 日至 25 日，“百年西泠 · 中国印”西泠印社洛阳特展举行。展览主要展出了西泠印社“人文奥运”百印创作活动的 120 方印章原石及西泠印社社员近期书法、国画、篆刻等艺术品近百幅。这也是印社首次赴洛阳举办展览。

中国印学博物馆举办多项展览

4 月 23 日至 5 月 12 日，“汉风楼藏金石拓片题跋展”在中国印学博物馆展出。展览展出了汉风楼主人江继甚的几十件藏品。

6 月 2 日至 30 日，中国印学博物馆举办了杨鲁安捐赠文物展，以纪念杨鲁安逝世一周年。本次展览从杨鲁安捐赠西泠印社的 216 件文物中遴选了百件精品，包括著名的毛公鼎、散氏盘拓片、西汉青铜器、瓦当、铜镜、七十余枚印章和自创字画等。

南宋官窑博物馆举办“芙蓉出水——清代康雍时期外销青花瓷”2010年系列巡展

4月28日，南宋官窑博物馆“芙蓉出水——清代康雍时期外销青花瓷精品展”在江苏省镇江博物馆拉开帷幕。截至12月，展览先后在镇江博物馆、宁波博物馆、慈溪市博物馆、永康博物馆等处巡回展出。这批外销青花瓷是南宋官窑博物馆近年来征集到的、可自成体系的馆藏文物。

良渚博物院举办多项展览

4月30日，良渚论坛“笑忘书——华君武世纪漫画展”在良渚博物院举行。漫画展首次呈现了华君武从未面世的珍贵作品，并精选了华君武成长过程中的代表作，还展出了其亲笔书信、草稿、影视资料等珍贵文献。5月15日，由余杭区政府和良渚遗址管理区管委会联合举办的“风姿绰约——陕西古代陶俑艺术展”在良渚博物院展出。9月15日，由余杭区政府、杭州良渚遗址管理区管委会主办，良渚博物院、北京艺术博物馆共同承办的“天子之雅——清代帝王生活侧影展”在良博院正式启幕。10月29日，由浙江省书法家协会和余杭区政府主办的“文明之光——全国书法名家作品邀请展”在良渚博物院开幕。全国近100位书法名家书写了近百幅中国历代、现代名人咏余杭、咏良渚文化、咏玉的名作，基本囊括了当今中国书坛的名家。展览结束后，全部名家书法作品移交给良渚博物院永久收藏。12月30日，“玉叶金枝——明代藩王墓出土玉器精品展”在良渚博物院正式启幕。

建德市出台《历史建筑保护管理实施办法》

2010年5月，建德市出台《建德市历史建筑保护管理实施办法》。《办法》确定的保护对象为全市境内年代较为久远的，具有历史、科学、艺术价值等重要纪念意义的历史建筑物及全市文物普查登记在册的历史建筑，并确定了建德市级财政将在5年内（2010至2014年）每年安排不少于2000万元的专项资金，制定、落实了分类保护和补助办法，明确了文物、建设、国土、旅游、公安、工商及农村农业、国资公司等各部门各单位的保护职责，还与各乡镇签订了辖区内历史建筑的保护责任书。

“连横纪念馆・台湾文化展”举行二期开幕典礼

5月2日，筹备一年的“连横纪念馆・台湾文化展”二期正式揭幕。省、市十多位领导和各界代表近百人参加了仪式，中国国民党荣誉主席连战，海协会会长陈云林，省委常委、市委书记黄坤明等出席仪式并致辞。连横纪念馆二期在一期七个常设展厅的基础上，增加了台湾近代雕塑百年展展区、雅言图书馆、清泉居饮茶室和连横纪念馆门楼。其中“蓬莱巨匠——台湾近代雕塑百年展”展区集结了台湾过去百年雕塑界的47件代表作品。雅言图书馆收藏、集纳了有关台湾自然、历史、人文等方面的文献1112册。

建德市公布第六批文保单位

5月21日，建德市从普查登录的1508处不可移动文物中选取了大白山窑址、上吴方村乡土建筑、新叶叶氏家族墓群等58处具有典型意义、代表性和较高文物价值的不可移动文物，推荐、公布为第六批建德市级文物保护单位。至此，建德市市级文物保护单位由原来的37处增至95处。

杭州孔庙举行“正身立德、阳光成长”主题教育展示暨“六一”庆祝活动

5月29日,由中共杭州市纪委、共青团杭州市委、杭州市教育局、杭州市园文局、杭州市少工委主办,杭州孔庙、西湖区纪委等承办的杭州市“正身立德、阳光成长”主题教育展示暨“六一”庆祝活动在杭州孔庙举行。中共杭州市纪委副书记陈章永,共青团杭州市委书记黄海峰,中共杭州市纪委常委、监察局副局长方东晓,杭州西湖风景名胜区纪工委书记孙德荣,纪工委副书记、监察局局长吕金土等参加了活动,并向学生赠书送礼。

桐庐县举办首届民间收藏品展

5月29日至6月15日,桐庐县举办首届民间收藏品展。展览共展出各类民间收藏精品80件,均由浙江省收藏协会桐庐分会和县内收藏爱好者提供,包括玉器、瓷器、书画、象牙等,并评选出了桐庐县首届民间十大收藏品。

"'失忆'的古文字——韩美林天书品鉴会"举行

"失忆"的古文字

———— 韩美林天书品鉴会

"Amnesia" of the ancient text -Han Meilin bible Tasting

时间:2010年6月12日--6月16日

地点:韩美林艺术馆 书吧

韩美林艺术馆

Han Meilin Arts Museum Hangzhou

6月12日至16日,韩美林艺术馆特别策划了"'失忆'的古文字——韩美林天书品鉴会"。活动内容包括以图版形式介绍中国古文字及其演变历史,通过短片介绍韩美林"天书"的创作过程及其艺术成就,阅览韩美林的著作《天书》,近距离鉴赏"天书"作品等。

杭州市举行城区文物建筑管理使用单位负责人座谈会

6月18日,杭州市举行城区文物建筑管理使用单位座谈会。省文物局、杭州市园文局、杭州市文保所领导及胡庆余堂中药博物馆、西泠印社拍卖有限公司、杭州上羊市街社区、杭州市土特产总公司等50余家文物建筑管理使用单位的负责人参加了会议。

会议就目前文化遗产保护趋势及浙江省文物保护现状等方面进行了探讨交流,要求各文物建筑管理使用单位负责人明确责任,提高安全意识,本着对历史、对国家负责的态度做好文物保护管理工作。马寅初纪念馆、中策橡胶集团公司、胡庆余堂中药博物馆、潘天寿纪念馆等负责人根据自身情况,就近年来文物保护管理方面所做的工作、遇到的问题及对今后的建议与文物部门展开了交流。

西泠印社印谱入选《国家珍贵古籍名录》

6月18日,西泠印社又有5部印谱入选第三批《国家珍贵古籍名录》名单,从而使西泠印社入选《国家珍贵古籍名录》的古籍数量达到了23部。新入选的5部印谱均是明代印谱,分别为《宣和集古印史八卷》、《集古印范十卷》、《印法参同四十二卷》、《苏氏印略三卷》和《姓苑印章二卷》。

"石魂走心——韩美林岩画艺术展"举行

2010年6月27日,杭州韩美林艺术馆携手北京韩美林艺术馆,甄选出100件与岩画相关的韩美林作品,在银川世界岩画馆举行了"石魂走心——韩美林岩画艺术展",展示了传统形式的岩画在韩美林笔下的现代绘画方式演绎。

良渚召开文明探源现场会

6月29日至30日,来自中国社会科学院考古研究所、北京大学考古文博学院等单位的15位专家学者在杭州良渚召开了"中华文明探源及其相关文物保护技术研究"现场工作会议。中华文明探源工程是继国家"九五"重点科技攻关项目"夏商周断代工程"之后,又一项由国家支持的多学科结合、研究中国历史与古代文化的重大科研项目。这是中华文明探源工程第一次在遗址现场召开工作会。会议就良渚遗址的古环境、古地貌以及良渚古城性质、地理信息系统的建立等进行了探讨,并指出,良渚遗址研究需要注意古城内部情况的综合调查,把石器、加工技术、陶器微痕等各个细节放到大系统中考虑,加以横向、纵向比较,从而进一步探讨良渚时期的社会复杂程度、文明程度和兴衰过程。

良渚学研究取得成果

7月13日，杭州城市学研究理事会在良渚召开良渚学丛书编纂专题会议。会议要求通过对良渚学的研究，阐述良渚文化的普世价值，带动良渚遗址的保护、建设、管理和经营，并通过突出“全、俗、专、信、简”来发挥丛书存史、释义、资政、育人的作用。

9月28日，中华玉文化特刊《玉魂国魄——中国古代玉器与传统文化学术讨论会文集(四)》出版。文集收录了30篇学术文章，围绕史前玉器的历史源流、社会功能、器形分类、工艺特征、文化传承等展开论述，既有宏观的论证，又有微观的分析，既有文献的考证，又有考古的探索。

良诸博物院举办北京大学第三届全国中学生考古夏令营开营仪式

7月19日，来自全国10多个省市、50多所重点高中的140多名学生汇聚良渚博物院，开展了“北京大学第三届全国中学生考古夏令营”活动。此次夏令营活动由北大考古文博学院、浙江省考古研究所、良渚博物院联合主办，安排了参观博物馆、考古遗址和发掘现场，观摩珍贵文物、田野考古发掘和调查实践等一系列活动，并开办了浙江史前考古、吴越文化、文物建筑、陶瓷考古4个主题讲座。

中国茶叶博物馆收藏川藏茶马古道文物

7月22日，中国国际茶文化研究会副会长、雅安市茶业协会会长孙前及雅安汉源县政府向中国茶叶博物馆捐赠了川藏茶马古道背夫的背夹子、脚码子、汗刮子、拐子及拐子石、茶包子等文物。这些藏品主要展示了川藏茶马古道的背夫文化，是博物馆基本陈列“中华茶文化展——茶马古道”文化的有力补充。中国国际茶文化研究会副会长沈才土、名誉副会长程启坤、副秘书长姚国坤等出席了“茶马古道文物捐赠仪式”。

“西泠印社社员走进赤峰书画篆刻精品展”举行

8月5日至25日,“西泠印社社员走进赤峰书画篆刻精品展”在赤峰博物馆新馆开展。展览展出了80位西泠印社书画篆刻名家的百幅精品及西泠印社社史、中国印学博物馆等相关资料图片。

龙井问茶提升完善文化陈设

“龙井问茶”陈列馆位于杭州龙井寺景区内,2005年首次开馆,2010年8月经提升后重新开放。调整后的陈设以龙井茶的历史发展为线索,历代禅师、名人与龙井茶的发展关系为主题,强调了内容与景观的结合,突出了禅味、名茶、幽景的茶禅文化意境。

《诗意浓浓——西泠印社园林》出版

9月,“品味西泠”丛书——《诗意浓浓——西泠印社园林》正式出版,从而完善了西泠印社园林研究资料的整合和研究,进一步充实了西泠印社文物档案资料。

钱镠墓东侧区域环境整治项目开工

临安市钱镠墓东侧区域环境整治(太庙复建)工程是临安市政府提升城镇综合功能的一项重要内容。项目区块位于全国重点文物保护单位钱镠墓建设控制地带内。为保障项目实施,临安市文广新局会同项目实施单位分析了所处地块的性质和特点,做好区域内的考古调查,策划、编制了实施方案,得到了国家文物局和省文物局的同意。9月21日,设计、建设、施工、监理等单位进行了工程图纸会审。项目开始破土建设。

“建德人”遗址展馆建成开放

2010年9月26日，位于李家镇新桥村的“建德人”遗址保护工程项目——建德人遗址展馆顺利竣工并通过验收，正式向社会开放。“建德人”遗址是1974年中科院和浙江省博物馆专家发现的，打破了浙江考古旧石器时代的空白。2010年5月，建德市启动“建德人”遗址保护工程项目建设，在“建德人”遗址所在位置就地建设遗址展馆。项目总投资200万元。有关部门和施工方在五个月内完成了项目涉及的所有土建工程和展馆布置。展馆以朱红色汉唐式样建筑为外观。100余平方米的展厅内展示了从猿到人发展过程的四个阶段、浙江古人类遗迹图、“建德人”遗址考古发现的过程与发掘成果、古人类生活和狩猎场景及发现保护的意义和研究成果等内容。

西湖文化景观申遗项目接受实地考察评估

2010年9月27日至9月29日，杭州西湖接受了国际古迹遗址理事会(ICOMOS)委派专家为

期三天的实地考察评估。国家文物局给予高度关注，单霁翔局长一行专程赴杭州指导工作，反复部署落实相关事宜，并进行了实地预演，按照ICOMOS评估验收要求制定了详尽的考察线路和接待计划。ICOMOS副主席郭旃对迎检各项细节进行了具体指导。杭州市政府召开了专题工作会议进行部署，并派张建庭副市长现场指挥协调。

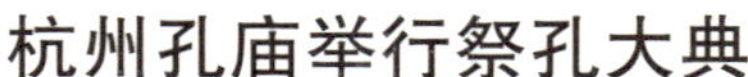

杭州孔庙举行祭孔大典

9月28日，“2010年杭州孔庙祭孔大典”举行。本次祭孔大典由杭州市园林文物局主办，杭州市文物保护管理所承办，杭州市人大常委会副主任陈重华、杭州市政协副主席赵光育及孔子后裔、中国美术学院教授孔仲起等携2010年杭州市新踏上工作岗位的10名青年教师代表、10名优秀中小学生代表及社会各界500多人参加了典礼。

萧山博物馆举办“瓷文化论坛”

9月28日，萧山博物馆举办“瓷文化论坛”。来自省内的30多位专家对原始瓷、越窑青瓷等瓷文化发展背景、脉络、影响、展示利用等学术问题与成果进行了探讨与交流。此次活动荣获首届中国国际（萧山）跨湖桥文化节“金色文化传承奖”。

萧山区博物馆举办“良渚文化大型特展”

9月30日，“良渚文化大型特展”在萧山区博物馆举行。此次展览系良渚文物首次赴台展出后回大陆的第一次巡回展览。省文物局、杭州市园文局、余杭区文广新局、良渚博物院和当地相关领导参加了开幕仪式。

杭州名人纪念馆举办“2010相约西湖”系列文化活动

2010年10月，由杭州市政府主办，杭州西湖风景名胜区管委会（园文局）承办，杭州名人纪念馆具体策划的“相约西湖”文化系列活动举行。为期一个月的活动由“从汴梁到杭州——文化寻根之旅”、“西湖峰会——一次仿西园雅集的自由峰会与激情碰撞”、“高端展览——展示两宋文明之精粹”、“开幕晚会——宋文明的经典演绎”等四部分组成，以南宋为主题，展现了南宋社会与生活的文化主题，还试图追寻、探讨北宋乃至辽、金时期的历史原生态空间。活动邀请到考古、思想史、出版、设计、新闻等行业人士，为解读南宋提供了多样的视角。

南宋官窑博物馆三期工程国庆开放

10月1日，历时半年的杭州市第九次西湖综保工程项目之一——杭州南宋官窑博物馆三期工程如期竣工开放。同时，南宋官窑博物馆联手故宫博物院、中国国家博物馆、浙江省博物馆等国内11家博物馆（院）推出了“清·雅——南宋瓷器精品大展”。本次大展系首次在国内推出以南宋瓷器精品为概念的主题展,共展出南宋瓷器精品120件(套),包括首次在大陆展出的宋官窑大瓶和首次亮相的粉青象钮盖罐等国家一级珍品21件,展期三个月。

2010大遗址考古与大遗址保护学术研讨会及良渚论坛举行

10月15日,良渚论坛·2010大遗址考古与大遗址保护学术研讨会在良渚召开。本次会议由中国考古学会主办,浙江省文物局、余杭区政府和杭州良渚遗址管理区管理委员会联合承办,全国20个省、市、自治区的大遗址单位、知名高校、科研机构的60多位专家学者参加了会议。与会人员在会上对建设国家考古遗址公园提出了意见,形成了30余篇专业论文。

10月30日,以“创意与传承”为主题的2010良渚论坛盛大开幕。本次论坛以文创产业为中心,设置了大遗址考古与保护学术研讨会、全国书法名家邀请展、两岸文化创意产业十人谈、良渚玉文化产业园开园、中国当代玉雕大师作品专场拍卖等系列活动。众多专家学者、文化名人、艺术大师、创业精英参加了论坛活动。论坛期间,“玉琮、玉璧、玉三叉形器”三件一组良渚古玉被中华文化促进会正式命名为“中华玉”。同时,中华玉文化中心良渚文化产业园也正式开园。

良渚举行中华玉文化中心第三届年会筹备会议

10月17日,中华玉文化中心第三届年会筹备会议举行。会议对“凌家滩文化玉器精品展”的规模、时间、地点、展期及展品目录、数量、图录、经费筹集等细节进行了明确。

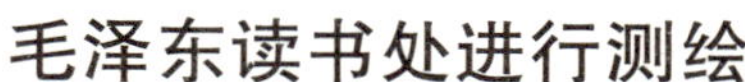

毛泽东读书处进行测绘

丁家山毛泽东读书处系省级文物保护单位,位于西里湖金沙港南端、西湖国宾馆(刘庄)内。2007年6月基本完成“四有”建档工作。2010年11月,杭州市园文局委托杭州华夏古建筑设计研究所进行测绘，已完成现场测绘，正在后期制作阶段。

李叔同纪念馆征集到《断食日志》

2010 年 11 月，杭州李叔同纪念馆征集到李叔同的《断食日志》手稿。李叔同于 1916 年底在杭州虎跑寺试验断食二十余天，《日志》逐日记录了断食进程及身体反应，后历经堵申甫、章劲宇、朱孔阳等艺术家和鉴藏家的收藏，上有原西泠印社社长张宗祥、陈伯衡等人的鉴赏印。《日志》由朱孔阳之子泉德天义捐给李叔同纪念馆。

桐庐县完成荻浦村农村乡土建筑维修保护工程

2010 年，桐庐县政府制订计划，决定对江南镇荻浦村、深澳村、徐畈村、环溪村和莪山乡莪山民族村、新合乡引坑村的 135 幢建筑进行维修（其中重点建筑维修 27 幢，一般建筑翻漏维修 108 幢）。经过编制维修计划、维修方案设计、工程预算、施工招投标等前期工作，荻浦村历史建筑维

修工程于11月1日正式开工,至2011年1月15日竣工,前后历时两个半月,总投资100余万元。

西泠印社举行“第二届中国(杭州)艺术品收藏与鉴赏高峰论坛暨中国古代书画艺术典藏大展”系列活动

11月18日至28日,西泠印社在杭举办“第二届中国(杭州)艺术品收藏与鉴赏高峰论坛暨中国古代书画艺术典藏大展”系列活动,内容涵盖,“杭州工商信托·第二届中国(杭州)艺术品收藏与鉴赏高峰论坛大会”、“古雅风韵——中国古代书画艺术典藏大展”、“浙江人文大讲堂——中国书画鉴赏与收藏系列讲座”、“大型艺术品品鉴活动”等四大项目。

良渚文化入邮票

11月18日,《良渚玉器》列入我国2011年纪特邮票发行计划。《良渚玉器》一套两枚,由良渚玉琮和玉璧图案组成,每枚面值1.2元。

杭州举办纪念李叔同诞辰130周年活动

2010年是中国新文化运动、中日文化交流先驱、教育名家李叔同诞辰130周年。11月中旬,杭州园文局在李叔同断食及出家之地虎跑公园开展系列纪念活动,祭扫了弘一法师舍利塔,召开了专题座谈会,举办了《断食日志》手稿和《法海观澜》捐赠仪式,还与著名表演艺术家游本昌及多家单位合作,推出浙江省首部园林小话剧《悲欣交集》。李叔同孙女李莉娟,李叔同高足后裔刘雪阳、吴嘉平及来自北京、天津、上海、福建、浙江的李叔同研究者近百人参加了活动。

韩美林艺术馆完成二期展馆扩建及陈列改造工程

2010年，韩美林艺术馆开展展馆扩建及陈列改造工程，经过四个月的闭馆施工，于11月26日重新对外开放。扩建后的展示区由序厅、雕塑厅、绘画厅、陶瓷工艺厅、紫砂厅、综合艺术厅等组成。新增的"足迹"展厅将韩美林的绘画、雕塑创作风采照片、创作手稿、艺术人生轨迹、艺术创作活动、学术交流活动、艺术评价等内容结合起来。此次陈列改造同时增设了指示系统、导览系统、作品说明等完备的导视系统，还对展厅照明系统进行了调整更新，使用了LED灯具，并对讲解咨询台、观众休闲区进行了调整优化。

杭州文一西路工地出土大量古钱币

12月10日，杭州文一西路双龙村绿城西溪诚园工地在施工中发现了大量古钱币。杭州市文物考古所在接到蒋村派出所报告后，随即派专业人员赶赴现场进行抢救性清理。此次出土铜钱数量极大,重约2吨,涉及西汉、新莽、唐、五代十国(后周、前蜀、南唐)、北宋、南宋、西夏、金、元、明等朝代,最早的为西汉文帝前元五年(前175)始铸的四铢“半两”,最晚为明太祖洪武元年(1368)始铸的“洪武通宝”,共78种,以宋代铜钱最多。此次发现是新中国成立以来杭州市发现数量最大、种类最多的古钱币窖藏。大部分钱币保存情况较好,制作精致,钱文清晰。特别是元末起义军铸造的钱币由于发行时间短、流通范围小、存世少,具有极高的研究和收藏价值。

杭州市大力推进乡土建筑遗产保护工作

2010年,杭州市编制、出台、实行了《杭州市农村历史建筑保护补助资金管理办法》。该《办法》对补助对象、资金用途、资金使用要求、资金申请程序、资金监督管理、各县市(区)职责等予以明确,以规范补助资金的使用管理,确保财政资金及时、有效地用于农村乡土建筑的保护。随后,杭州市落实市财政补助资金5000万元。各县(市、区)也落实保护维修配套资金6890万元。同时,杭州市将乡土建筑保护纳入新农村建设和农村住房改善项目中,还开展了建德新叶、桐庐深澳等历史文化村镇和临安孝子祠,富阳蒋氏宗祠、淳安余氏家厅等乡土建筑保护修缮工程496项(含重点维修项目156项,一般维护项目340项)。

杭州市文物考古所配合“申遗”开展考古工作

2010年,杭州市文物考古所配合西湖“申遗”,先后调查、勘探了葛岭抱朴道院、西泠印社数峰阁遗址,取得了一定成果。4月至5月,杭州市文物考古所对抱朴道院遗址开展考古调查,在今葛洪殿北侧葛岭西南坡上、下两层台地处,发现房屋基址、庭院墁地、墙基、鹅卵石道路等重要遗迹。遗迹年代应在晚清至民国时期,建筑规模虽小,但在细部处理上仍较讲究,且注重建筑格局与样式的象征意义,体现了道教建筑的特点。参照文献,该建筑遗迹应为咸丰年间毁后所建,上层台地之房屋基址为“玉清宫”殿址。数峰阁是西泠印社发创之地,原在六一泉上,光绪三年(1877)由丁丙移建至现宝印山房东面，光绪五年(1879)梅启照为之撰碑记。数峰阁早圮，现仅存六边形台基，仰贤亭北墙旁尚存《重建数峰阁碑记》石碑。

杭州历史博物馆举办各类临时展览

2010年，杭州历史博物馆与安徽省博物馆、北京艺术博物馆、上海市历史博物馆等地展馆联合举办了新安画派展、清代皇室书画展、老上海风情展、唐云百年作品展、欧洲瓷器展、名士风流——历博馆藏书画展等9个临时展览。

新春之际举办的“重现经典——新安画派经典作品展”展出了安徽省博物馆馆藏的新安画派经典作品100余件，包括该画派代表性画家汪之瑞、孙逸、查士标等人的作品。4月，杭州历史博物馆携手北京艺术博物馆推出“清代皇室书画展”。展览精选了北京艺术博物馆92件套(107幅)馆藏珍品，包括康熙、雍正、乾隆、嘉庆、道光、咸丰、光绪、宣统等皇帝、慈禧皇太后及成亲王、恭亲王、溥家兄弟等人的书画，形式包括对联横批、手卷、立轴、镜心、书札、册页等。6月文化遗产日活动期间，杭州历史博物馆与上海市历史博物馆合作举办《老上海风貌展》，展出了上海历史博物馆馆藏精品110件/组，老照片135张，再现了老上海的风貌。11月8日至12日，第22届国际博协大会在上海举行期间，作为国际博协城市博物馆专业委员会的活动项目，“东风西渐——上海市历史博物馆馆藏欧洲瓷器展”于11月10日在杭州历史博物馆拉开帷幕。150位来自俄罗斯、加拿大、巴西、日本等13个国家和地区的专业委员会嘉宾和十余家主流媒体参加了开幕式。展览展出的近200件欧洲瓷器来自上海市历史博物馆典藏，系加拿大收藏家拉斯洛·帕拉克维茨(Laszlo Parakovits)、孙建伟伉俪的捐赠，以欧洲瓷器发展史为主线，展现了中国瓷器对欧洲瓷器工业发展的深远影响及欧洲瓷器的拓新历史，具象再现了中西瓷文化的交流、融合与延展。

“走近南宋——南宋历史文化陈列”专题展举行

2010年,由杭州西湖风景名胜区管委会主办、杭州历史博物馆承办的“走近南宋——南宋历史文化陈列”专题展举行。这是我国第一个全方位、多视角系统展示南宋内涵的专题展览,分为“都城纪胜”、“富庶民生”、“绚烂星空”、“凤凰涅槃”四个单元,依托近年来南宋临安城的考古发现成果,展现了临安城“南宫北市”的独特城市格局,追溯了杭州城市延续发展的历史渊源。从农商并重、百业鼎盛、升平乐业、文艺复兴、科技臻荣等角度诠释了南宋社会、经济、文化的精致和谐。展览遴选了陶瓷器、金银器、铜器等各类珍贵文物280余件。

中国茶叶博物馆基本陈列改造完成

自2009年起,中国茶叶博物馆启动了陈列改造工程,并于2010年成功完成基本陈列改造。改造后的中华茶文化基本陈列以全新理念诠释茶文化,打破原有展示观念,合理利用有限的展示

空间，不断完善、补充原有茶文化展示，以观众的视角突出展示的重点，通过对展览色调的把握、版面与实物的结合、场景的布置、灯光的渲染及多种展陈手段，达到最佳展示效果。

“宋代点茶技艺研究及复原”课题基本完成

经过两年半的研究和实践，由中国茶叶博物馆主持的《宋代点茶技艺研究和文人茶会复原》课题基本完成。课题通过对宋代茶文化典籍的梳理，深入研究了宋代的品饮过程，参考宋代团饼茶的制作和加工程序，采用安吉白茶鲜叶仿制出团饼茶二十多饼，并仿制了汤瓶、宗从事、石茶磨、金法曹、黑釉盏等宋代点茶器具13件(套)，还以刘松年的《撵茶图》为模本，配上宋代服饰、音乐和布景，复原了炙茶、碾茶、罗茶、煎水、点茶、击拂等宋代点茶全过程。

中国茶叶博物馆推出八项临时展览

2010年，中国茶叶博物馆推出“域外茶风——国外茶文化展”、清华大学“中国古代茶具”展览、“西湖龙井茶——非物质文化遗产展”、“岁月茶香——古代茶叶包装广告展”、新昌“中华茶

文化展”巡展、“壶艺大师许四海世博紫砂壶展”、“发现杭州紫砂特展”、“砂·茗壶紫砂艺术作品展”等八项临时展览。其中“岁月茶香——古代茶叶包装广告展”围绕“茶叶包装、茶广告”主题，展现了明清时期茶叶罐及茶叶瓶、茶庄与广告、报刊茶叶广告、茶园戏单等不同的茶叶包装广告，折射出中国近代茶业经济的繁华。“发现杭州紫砂特展”首次提出“杭州紫砂”命题，集中展示了高德芝及学生创作的五十多件杭州紫砂作品。展览开幕式上还举办了“紫砂铭刻艺术鉴赏雅集”环节，现场展出了杭州紫砂藏家李长平及中国美院陶艺系吴光荣的紫砂私藏和紫砂作品，并特别邀请杭州书画家、篆刻名家、拓片专家王大川、左家奇、于良子、鲍复兴、沈立新等现场在紫砂泥坯上进行篆刻和拓片表演。

西湖博物馆基本陈列改造完成

为配合西湖申报世界文化景观遗产，西湖博物馆于2010年对基本陈列进行了局部调整。调整后的陈列以凸显西湖文化景观的人文、历史内涵为主，涵括了西湖自然山水、城湖空间格局、整体景观格局、西湖十景题名景观、西湖文化史迹、西湖特色植物等申遗六大要素，加强了对西湖普遍价值的诠释和传播，以合理发挥西湖景观的精神家园、文化传承、观赏休憩、生态保护等综合作用，承继人与自然和谐共存的千年历史传统，实现西湖景观保护与杭州城市发展的可持续和谐关系。

西湖博物馆推出 12 项临时展览

2010 年，西湖博物馆先后推出 12 项临时展览。2 月 27 日，由杭州西湖博物馆、杭州市收藏协会共同主办的“赏元宝·品元宵——中国历代金银元宝精品展”开幕，期间还举办了中国历代金银元宝精品展、中国历代金银元宝鉴赏讲座、免费古钱币鉴定咨询服务、抽奖送元宵等活动。精品展由杭州市收藏协会提供了从汉代至民国的金银元宝精品 300 多件，是目前杭城收藏界同类型展览中规模最大的一次。6 月 11 日，由杭州西湖博物馆、甘肃齐家文化古玉器研究会共同主办的“玉出昆岗——齐家古玉精品展”开幕。此次展览由甘肃齐家文化古玉器研究会提供了近百件古玉精品，涵盖了齐家文化各个时期的古玉代表作。此外，齐家铜镶绿松石牌饰和齐家文化高古黄金面具两件珍品首次公开亮相。

西湖博物馆积极开展青少年第二课堂活动

2010 年，西湖博物馆推出包括“西湖讲堂”、“雕版印刷体验营”等 10 项第二课堂活动。其中的“雕版印刷体验营”因知识性强、具有很好的互动性而赢得了广大中小学生的喜爱。

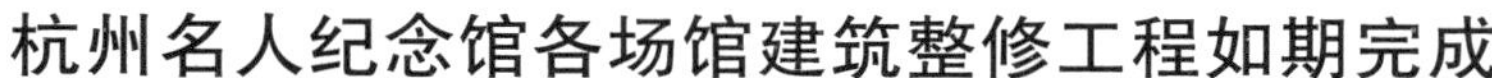

杭州名人纪念馆各场馆建筑整修工程如期完成

2010年,杭州名人纪念馆在完善软件建设的同时进一步强化硬件建设,陆续完成了苏东坡纪念馆附属建筑整修、章太炎纪念馆屋顶补漏、于谦祠监控管理用房改善等修缮,确保了纪念馆外观的完整性及美观性,同时还完成了名人讲堂建设项目。

杭州名人纪念馆推出多项临时展览

2010年,杭州名人纪念馆共推出“浙江省第九届女花鸟画家作品巡回展”、“诗般的情怀——李蔷生钢笔画、油画作品展”、“丁天缺画展暨夫人徐祖瑛”、“风从高原来——云南现代版画重彩画全国巡展杭州”、“杭州市中小学美术教师、杭州求是高级中学学生美术作品联展”、“翰墨颂于谦——首届清风杯青少年书法大赛优秀作品展”、“丹青何患无知音——杨文仁、杨凌波画展”、“弥生——曾玲油画作品展”、“它们就是我们——潘鼎荣作品《鸟世界》”、“生活开始了,现

在——一个女孩的目光”、“传承与拓展——中国传统工艺与造型研究学术展”、“两岸名家艺术衍生品演展”、“西泠五友·艺缘十年展”、“浙江省广播电影电视书画协会成立·暨会员作品展”、“代表墨韵——杭州市人大代表书画十人展”、“相聚西湖·上城、椒江两地政协书画联展”、“水流云在——徐志文从艺五十年回顾展”、“童画杭州名人作品展”等18个临时展览，同时举办流动展览30余次。其中“李蔷生钢笔画展”、“丁天缺油画展暨夫人徐祖瑛”、“丹青何患无知音——杨文仁、杨凌波画展”、“两岸名家艺术衍生品演展”、“西泠五友·艺缘十年展”、“水流云在——徐志文从艺五十年回顾展”等取得较大社会影响。“两岸名家艺术衍生品演展”是2010年“西博会文化创意产业博览会”和台湾“中华国际文创博览会”重点展览项目，并被列为杭州市文化创意项目。

修改完善《杭州飞来峰造像二期工程保护方案》

根据省文物局关于《杭州飞来峰造像二期工程保护方案》的批复意见，2010年，杭州市园文局灵隐管理处与中国文化遗产研究院、浙江华东建设工程有限公司对保护方案中的专家论证意见、工程区域病害详勘及成因分析、危岩体稳定性分析评价、渗水机理分析等进行了修改和深化完善。飞来峰二期保护工程设计是在一期保护工程取得明显效果基础上展开的设计工作，依然遵循了一期保护工程的设计原则和目的，三个工程区域中的龙泓洞－玉乳洞区、一线天区是一期工程龙泓洞区治理和保护不同方向上的延伸。在这两个区的整体保护设计中，无论山顶排水还是防渗工作都综合考虑了与一期工程的搭接关系。目前，修改完善的设计方案已报省文物局审批。

司马光家人卦摩崖石刻保护亭实施保护性修缮工程

司马光“家人”卦摩崖石刻系省级文物保护单位，保护亭建于2002年9月。2010年，针对保护亭出现的屋顶瓦片破损、局部渗漏、亭柱油漆剥落、亭旁乾隆诗碑断裂等现象，文物部门实施了屋顶翻修、顶部树木修枝、亭柱油漆、地面整修、增设部分护栏、修复石刻旁乾隆诗碑等保护性修缮。

蒋庄群楼实施保护性修缮

蒋庄系省级文物保护单位,共有四栋建筑,分别是主楼“真赏楼”、西楼“香岩阁”及其附属建筑、东楼“自然居”和寂照亭。主楼于1990年12月辟为马一浮纪念馆对外开放。近年来,蒋庄建筑出现了一定的人为损害和自然损害。2010年,杭州市园文局委托实施了蒋庄保护性修缮工程,对群楼屋面、外立面、门窗等进行了保护性修缮,对马一浮纪念馆室内陈设进行了调整,并新增了蒋庄游客服务中心。

六和塔完善监测保护体系

2001 年 5 月，杭州市园文局钱江管理处启动科技保护监测项目，委托专业单位对六和塔本体的结构沉降、位移、柱倾斜、梁挠度等进行定期检测，以及时掌握建筑的残损程度、结构安全、应力等方面情况，为文物保护和修缮提供科学依据和基础数据。至此，六和塔已建立了包括防雷监测、壁画监测、白蚁防治、技防监控等在内的较完善的监测保护体系。

胡雪岩故居实施保养维护工程

因雨雪等自然因素影响，全国重点文物保护单位胡雪岩故居局部屋面出现了流瓦、渗漏及铜隔漏糟朽等情况。文物部门有针对性地实施了胡雪岩故居保养维护工程，并将其纳入 2010 年度杭州市历史文化名城专项资金计划。投资 35 万元、为期 45 天的工程项目对故居东、西四面厅、新七间等屋面重新更换了瓦铺设防水层；红木厅、正厅、锁春堂、轿厅调换或维修了同样材质的铜隔漏及附属构件，确保了文物的安全。

吴山摩崖制作石刻拓片

2011年,吴山景区管理处结合第三次文物普查中的新发现,对山上的摩崖石刻进行了梳理,并于春天开始分批为部分有历史、艺术价值的摩崖制作拓片,一年内已制作完成近50幅拓片。

良渚研究院设立

2010年,在杭州学理事会的统一领导下,良渚研究院与良渚博物院实行"两块牌子、一套班子"的运作模式,落实了场地、经费与人员,完成了良渚学研究工作章程、良渚丛书编纂出版三年行动计划和2010年良渚学研究工作计划,两次召开专家论证会,对良渚丛书的编纂规模、内容、细目等进行了讨论,并以定向约稿、外包征集等形式落实课题,确定编纂专家,明确编纂责任,顺利完成了《余杭历史文化丛书——良渚文化》卷的出版任务。

良渚遗址考古发掘取得新突破

2010年,良渚遗址考古发掘工作取得新突破,完成了良渚古城正摄影像图、1:2000矢量地图、良渚遗址群测量控制网、遗址群GIS框架与数据库系统建设以及莫角山土台的系统基础钻探,着手制作了莫角山堆积过程剖面图和动画,开展了小桥山、美人地两处遗址发掘、彭公岗公岭水坝遗迹初步调查、良渚古城四面城墙解剖点基石统计鉴定和良渚古城外郭城考古调查,初步揭示了卞家山、郑村、美人地等高地为良渚古城城外整齐的临水街景,为遗址保护和下一步研究的开展提供了基础资料。

良渚遗址加强日常管理

2010年,良渚遗址管委会推进《杭州良渚遗址保护总体规划》、《良渚国家考古遗址公园控制性详细规划》和管理区"十二五"规划的编制,完成新修编文本的审读和评审、公示、市级部门审查等程序,正式上报杭州市政府审批。

管委会全年实施文物稽查300余次,开展巡查1500人次,确保了135处遗址本体无盗挖、无破坏、无意外;并开展了对良渚片遗址点的全面勘查,加强了对古城、塘山、瑶山等重点遗址的日常监测,做到记录翔实、资料完备、有档可查。遗址区的防违控违取得明显成效,共查处各类非违章建设80起,面积20360余平方米(其中拆除25起,拆除违建面积7025余平方米,罚款处理2起,责令停工35起,停工待处理18起),年度违章数量继续呈现下降趋势。管委会有序协调保护与发展之间的矛盾,努力破解遗址区农户的住房难题,全年解决了266户农户危旧房屋的改造维修,审核了遗址区内各类建设项目34个,对无损遗址保护的建设项目给予支持与帮助,并及时开展文物前置勘探,调整、完善了遗址区内行政村(社区)文保考核办法,加强了针对性和可操作性。

余杭区大力开展考古调查和发掘

2010 年，余杭（江南水乡文化）博物馆配合区内重点工程进行考古调查勘探，全年开展考古调查勘探项目 20 个，面积近 200 万平方米，其中不乏茅山、玉架山等重要遗址，并被评为“2010 年度杭州市考古工作先进集体”。这是 2008 年余杭区开展文物考古调查前置预审以来连续第三年获得该项荣誉。玉架山遗址第 200 号墓出土的透雕刻纹平顶冠状玉梳背、成双玉箸均为首次发现，玉匕也是野外首次发现。茅山遗址更首次发现了良渚文化的独木舟（全长 7.35 米，最宽处 0.45 米，由整段巨木凿成），是国内出土的最长、最完整的史前独木舟。

余杭博物馆举办多项临时展览

2010 年，余杭博物馆结合社会热点，推出了 14 个临时展览，还先后赴上海嘉定博物馆、闵行博物馆、绍兴越文化博物馆等地，举办了以良渚文化为主题的外展。尤其是 6 月至 9 月与良渚博

物院合作在台湾十三行博物馆举办的“璀璨——良渚文化特展”,是继1998年良渚文化香港展之后,余杭博物馆再一次走出大陆举办展览。

萧山博物馆举办特色展览

2010年,萧山博物馆从各地引进特色展览,举办了“金玉同辉迎新年——陕西宝鸡青铜器、玉器精品展”、“翰墨生香——温州博物馆馆藏楹联精品展”、“良渚文化大型特展”等七个临时展览。与此同时,萧山博物馆挖掘自身潜能,首次举办了萧山民间捐赠文物特展“聚宝藏珍——民间捐赠文物特展”,并举行了捐赠和颁奖仪式,还先后举办“馆藏精品展”、“馆藏书画精品展”、“历代钱币展”、“馆藏海派书画作品展”等多项展览。江寺民俗文化园利用自身优势,为社会办展和市民参观提供各种便利条件,先后组织了“新春剪纸艺术展”、“萧山首届寒兰精品展”、“萧山画院画师赴日本交流作品预展”、“萧山区首届博物馆门券展”等多场展览。据统计,全年萧山博物馆馆先后举办各类展览94期,参观人数达70多万人次。

萧山区推进文保考古工作

2010年,萧山博物馆联合杭州市普查办积极开展萧山江海塘专题文物调查,并配合省文物考古研究所对杭黄铁路、沪昆铁路沿线进行文物调查,对树牛寺窑址等进行抢救性考古挖掘,清理了西山三国纪年墓一座,还追缴珍贵文物一件。这是萧山首次发现三国时期纪年墓。

富阳大力开展文物保护维修和考古发掘工作

2010年,富阳市加大对文保单位和农村乡土建筑的维修力度,全年完成了市级文保单位董诰墓、登云牌坊及上官乡陈氏宗祠、龙门盛氏宗祠、大源蒋氏宗祠等的维修工作,同时启动了戴氏宗祠、郎壹古墓、曹氏宗祠的维修工作,完成了市级文保单位同兴塔的维修工程设计和招标。

6月至7月,富阳市文物馆配合杭州市文物考古所对泗州造纸作坊遗址进行了泥土回填保护,并于8月完成了泗州造纸作坊遗址推荐申报全国重点文物保护单位的送审资料汇集工作。8月19日,国家文物局和省、市文物系统专家对遗址进行了申报前的实地审核验收。

与此同时,富阳市文物馆联合杭州市文物考古所对富春街道秋丰村工地进行了抢救性考古发掘,共清理六朝时期砖室墓葬20座、宋代砖室墓1座,出土了大批文物标本。还配合杭州市文物考古所对东洲街道黄公望村庙山坞灯台瀛古墓葬进行了调查考古发掘,并编制了《灯台瀛古墓葬调查报告》文本。

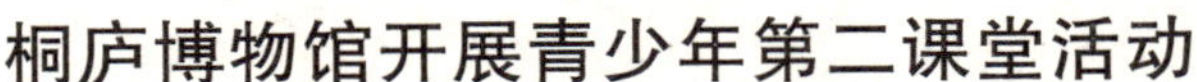

桐庐博物馆开展青少年第二课堂活动

2010年,桐庐博物馆先后举办桐庐县第一届青少年学生艺术品展、追忆剪纸艺术大师胡家芝等活动,并开展了暑期夏令营、三维立体科普图片展等一系列面向青少年学生的宣传。

淳安申报水下古城

淳安县文物部门于2010年向国家文物局递交了狮城水下古城申报第七批全国重点文物保护单位的材料。狮城系原遂安县县城,以县治后的五狮山得名,自唐武德九年(626)至1959年新安江水库蓄水淹没前,一直是遂安县的政治、经济、文化、交通中心,历时1339年。2001年9月,淳安县组织多支专业潜水队对狮城水下古城进行了探摸,确定了城内外还保留着原来的格局体系。狮城为目前国内已知、水下保存比较完好、具有较高研究价值的古城。

淳安九处乡土建筑保护工程通过竣工验收

2010年,淳安县实施了12处农村乡土建筑保护工程。淳安县文物部门启动方案设计审批、工程预算、招投标等程序,组织专家对方氏宗祠、余氏家厅、郑氏宗祠、商铬花厅、王氏家庙碑刻、松林庙、云溪廊桥、王氏祖厅、鲍氏宗祠等九处历史建筑保护工程进行了竣工验收。

建德新叶入选第五批中国历史文化名村

2010年,建德市大慈岩镇新叶村被国家住房和城乡建设部、国家文物局公布为第五批中国历史文化名镇名村名列其中。新叶村始建于1208年,距今已有八百多年的历史。村落至今仍完好保存着明清时期的15座祠、厅、堂、阁和147处农村历史保护建筑。村中近百条巷弄纵横交错,是中华传统文化尤其是民间文化的活化石。新叶村的入选也成功实现了建德市国家级名镇名村零的突破。

宁波市

2010年,宁波市文物部门深入贯彻落实科学发展观,以满足人民群众日益增长的精神文化需求为宗旨,审视问题、化解矛盾、统领发展,稳步推进第三次全国文物普查,不断提升不可移动文物的保护、利用水平,积极开展抢救性考古发掘和水下文化遗产保护,科学完善博物馆体系建设,充分发挥文博单位的公益性服务功能,锐意创新、开拓进取,文博事业继续呈现出良好的发展态势和可喜的发展局面。

一、"三普"阶段工作顺利推进,取得丰硕的转化成果

2010年,宁波市"三普"实地调查阶段工作顺利通过省级总验收。根据国家、省"三普"工作要求和各项部署,宁波市积极做好数据登录、整理、申报、统计等工作,编制了文物普查档案,对不可移动文物的编码系统、电子地图系统的分布和信息管理系统进行了建设,组织开展了宁波市第三次全国文物普查百大新发现评选,并新公布市、县两级文物保护单位148处,文物保护点237处,有55处文化遗产申报进入第七批国保单位和第六批省级文保单位预备名录。宁海许家山村荣膺全国历史文化名村,鄞州区普查队员谢国旗获全国"三普"先进个人称号,宁波市文保所获全国"三普"对口支援特别奖,余姚、海曙等4家普查单位荣获省级普查先进集体称号,徐炯明等38名普查队员荣获省级普查先进个人称号。宁波市普查办还表彰了市级先进集体13个、先进个人43名。

二、大运河(宁波段)保护与申遗第一阶段工作基本完成,并启动了课题研究和博物馆筹建工作

2010年,宁波市认真做好涉及大运河(宁波段)各级文保单位和申遗点的遴选、确认工作。经过多次完善修改的《大运河(宁波段)遗产保护规划》提交宁波市政府常务会议审议通过后上报省政府。有关方面组织了"大河小道——京甬两地大学生大运河(宁波段)"骑行活动,并顺利完成了国家文物局专家的实地考察迎检。12月,宁波市与中国文物学会、浙江省文物局联合主办的"大运河与海上丝绸之路"宁波论坛举行,还发表了《宁波共识》。此外,宁波市与国内科研机构达成有关课题研究意向,启动了宁波大运河出海口博物馆筹建工作,向社会征集大运河出海口与海上丝绸之路起航地交汇处标识性雕塑设计方案。这些举措扩大了宁波大运河申遗工作的影响力,赢得社会各界的广泛支持和积极关注。

三、积极探索保护与利用和谐共生之路,不可移动文物保护工作取得新突破

2010年,宁波市的名人故居保护利用取得新突破。沙氏故居、沙耆故居、童第周故居、周尧故居等塘溪四大名人故居实施修缮并对外开放,象山殷夫故居整修后重新开放,镇海傅宅开辟为镇海老城展示馆,邵克萍家族艺术陈列馆也正式开馆。余姚投入1000万元,修缮了朱舜水纪念堂、阳明讲学处、龙虎草堂、五桂楼等处。海曙投资400万元,完成董孝子庙的迁移保护,还投资700万元,先期实施了月湖景区五个文保点的修缮工程。海曙区的尚书街文物建筑群、江北区的湾头都神殿古戏台、鄞州区的严康懋慈善建筑群均实现了原址保护。水利、交通遗产保护也取得喜人成果。江北洪塘街道的泗港闸重建工程、新旧"嫁接"百年黄杨桥完工,澄浪堰遗址实施了原址保护。江东彩虹牌坊,慈溪浙东抗日根据地旧址、桑家大厅、沙湖庙、下梅林庙,奉化巴人故居、萧王庙、毛福梅故居,象山欧阳桥水下基础保护工程,鄞州谢道惠举人墓、屠滽墓道、它山庙等也均得到修缮和日常性维护。宁海古戏台、东钱湖石刻群、庆安会馆、白云庄、天一阁等全国重点文物保护单位保护规划编制工作正抓紧完成中。历史文化街区、名镇古村保护利用工作取得新进展。国内首个江南三合院式历史商业街区——月湖盛园(郁家巷历史街区)正式对外开放,灵应庙、盛氏花厅等文保单位、文保点维修工程通过验收,"莲桥第"保护开发正式启动。宁波市继续完善各级名镇古村保护规划,宁海县成为全国唯一的"中国古戏台文化之乡"。

四、国家水下文化遗产保护宁波基地正式挂牌,宁波水陆考古事业开启新里程

按照国家文物局水下文化遗产保护事业发展要求,2010 年,国家首个水下文化遗产保护基地在宁波正式挂牌成立(基地设施建设将与宁波中国港口博物馆合而共建),国家文物局局长单霁翔亲临奠基典礼并为基地揭牌。为继续发挥好国家博物馆水下考古宁波基地的作用,宁波市参与了国内水下考古探摸调查工作,先后做好宁波轨道交通、穿山疏港高速公路、火车南站、莲桥街历史街区等各类重大建设工程的抢救性考古项目,取得重要成果。

五、国办民办交映辉映,博物馆基本建设跃上新台阶

2010 年,宁波市博物馆基本建设再上新台阶:北仑中国港口博物馆正式奠基,余姚博物馆新馆落成开放,投资 1.5 亿元的慈溪博物馆于 2010 年底开工建设。奉化、象山综合博物馆也开始筹建。总投资 1.5 亿元的宁海十里红妆博物馆新馆建设顺利推进。天一阁古籍新书库落成并推出"数字天一阁"第一批成果,古籍数字化工程正式启用。天一阁西扩工程前期工作和天一阁博物馆陈列改造综合工程的启动,迎来天一阁博物馆发展的崭新一页。保国寺古建筑博物馆迎"千年庆典"综合提升工程也开始论证筹划。奉化中正图书馆旧址陈列馆,慈溪陈之佛艺术馆,海曙区天一文苑艺术馆,鄞州区陈盖洪宁波朱金漆木雕艺术馆、翁林芳鄞州居家博物馆的先后落成开馆,使宁波全市新增、筹建民办博物馆达 11 家。

六、引进、举办多种形式、多种专题的临特展览,博物馆免费开放效益明显提升

2010 年,宁波博物馆观众满意度进一步提高,龙头示范作用开始显现。为期 3 个月的"国家宝藏——中国国家博物馆典藏珍宝展"吸引观众达 25 万人次。"古瓷奇葩——江西吉州窑瓷器展"、"新干大洋洲商周青铜器展"等也深受市民的欢迎和好评。据统计,宁波博物馆全年接待观众再超 100 万人次,并接待中央领导、国内外嘉宾 100 批次,还与天一阁博物馆等圆满完成了世博会各项接待工作,成为宁波城市形象的重要窗口。天一阁博物馆挖掘馆藏精品系列,先后推出"天一古琴乐宴","天一阁藏明清名家书画扇面"等特展。余姚市全力支持各大博物馆全部实施免费开放,效益明显攀升。宁波博物馆"阿拉老宁波——民俗风情展"、河姆渡遗址博物馆基本陈列荣获浙江省 2010 年度博物馆陈列精品奖。宁波市全面启动全市馆藏文物数据库管理系统建设,7500 余件三级以上珍贵文物完成数字信息化处理,200 多件书画文物得到传统工艺的修复和科技保护。全市博物馆各类学术刊物和宣传刊物的编辑出版得到完善,网络和流动博物馆建设继续推进。同时,宁波市拓展研究基地和专委会建设,组织开展"牵手历史——第二届全国博物馆十佳志愿者之星”评选颁奖活动,不断扩大博物馆的国内外影响力。天一阁藏29部古籍入选第三批《国家珍贵古籍名录》。陈炎、陈登原等一批国内知名专家学者向宁波博物馆、天一阁博物馆捐赠了个人著述以丰富馆藏。保国寺科技保护取得新进展,每一个木构件均建立了“电子身份证”。天一阁纸质类文物保护中心建设继续推进,被文化部颁布为首批国家级古籍修复中心。

七、组织开展各类文化遗产日活动和节庆活动,学术研究和对外交流积累新成果

2010年,宁波市围绕“4·18国际古迹遗址日”、“5·18国际博物馆日”、“6·12文化遗产日”等节点,成功举办了庆祝第五个文化遗产日、第二个宁波历史文化名城保护日暨第十届宁波“海上丝绸之路”文化节,纪念黄宗羲诞辰400周年,杭甬四地联合纪念张苍水诞辰390周年主题论坛等系列活动。巴音朝鲁、王辉忠、毛光烈、王卓辉等宁波市领导先后出席,对全市文化遗产的保护利用及保国寺、天一阁的规划发展提出要求。中国社会科学院历史研究所与天一阁博物馆合作,出版了《天一阁藏明代政书珍本丛刊》、《全祖望与浙东学术文化国际研讨会论文集》等成果,还联合举办了“科举与科举文献”国际学术研讨会。宁波博物馆组织、承办国际博协第22届大会“全球博物馆志愿者开放论坛”,举办浙江、宁波相关友好城市专题艺术展。

八、强化执法监管,切实提高文物事业发展的安全保障水平

2010年,宁波市探索建立联动响应、监管到位的文化遗产安全体系,完善文物保护单位日常维护监管法律机制。北仑区文物部门对首批28位责任文保员实施聘任,进行了创新示范。省、市、县三级联动,先后两次实地巡查了11处文保单位的安全情况,并加强汛期、节庆期间的安全防范。海曙区结合月湖西岸、南郊路历史街区改造工作,做好保留文物的跟踪拆迁监管,对腾迁的文物建筑进行逐家封门封户,雇请保安24小时巡查,还突出了文保单位消防安全大检查的针对性和实效性,促进了文物行政执法巡查的制度化、常态化,提升了文物违法案件查处工作的专业化、规范化,加大了文物违法案件的查处度和惩处度。全市全年共出动文物监察人员871人次,组织全市性文物专项集中巡查2次,开展文物法律法规集中宣传15次,检查各级各类文物单位461家/次,遏止文物违法行为8次,查处文物违法案件4起,罚款75万元。在首届全省文物行政执法案卷评比活动中,宁波市文化市场行政执法总队(文物监察大队)承办的《擅自拆除省级文物保护单位镇海后海塘塘体案》等获奖。此外,延庆寺、宁波邮政局旧址等各类文物建筑维修方案审批工作得到规范,《宁波市民办博物馆管理条例》立法调研和《关于促进宁波市民办博物馆发展的若干意见》政策调研实施开展,《条例》(草案)和《意见》(代拟稿)的起草工作业已完成。《宁波市文物事业“十二五”发展规划》、《宁波市文物事业发展蓝皮书(2010卷)》、宁波市“十二五”重点文物保护工程专项规划和经费需求申报等工作先后编制完成。慈溪等地还通过政策扶持和法规规范推进民办博物馆的科学发展。

宁波市发现我国现存最早民信局实物

1月3日,宁波市发现清代道光年间记载我国民营信局(私营邮局)史实的石碑。这比目前已知存世最早的民信局实物——现存于中国邮政博物馆的清咸丰九年(1859)宜兴寄北京实寄封要早15年,也比6年前宁波发现的我国现存最早的民信局实物——曹氏古封(1854)也要早10年,从而刷新了我国现存最早民信局实物的记录,为研究我国民信局史提供了极其珍贵的实物佐证。石碑证实了在我国五口通商和海关邮政开办之前,宁波地区就已经创办起颇具规模的民营信局,为我国民信局肇始于清代道光年间提供了有力的历史依据。

宁波博物馆和江西省博物馆达成互换展览合作

根据宁波博物馆与江西省博物馆达成的互换展览意向,1月28日至4月27日,宁波博物馆所藏99件明清竹刻文物在江西省博物馆展出;2月1日至28日,江西省博物馆所藏126件吉州窑瓷器在宁波博物馆展出。此次展览精选了126件吉州窑瓷器及其相关文物,较全面地展示了吉州窑的制瓷艺术和历史。

宁波市文保所两项科研课题入选文化研究工程项目

2月上旬,宁波市社会科学院发文,宁波市文保所主持的《浙东妈祖信俗研究》和《宁波造船史》两项科研课题获2010年度宁波市文化研究工程项目立项。宁波市文化研究工程项目研究内容包括宁波专门史研究、宁波地域特色文化研究、宁波名人研究、宁波历史文献整理等四个方面。

宁波博物馆迎来第100万名观众

2010年2月26日,宁波博物馆迎来了开馆以来的第100万名观众。金华汤溪高级中学高二新疆班的学生迪丽努尔成为了这名幸运观众。馆长褚晓波向她表示了祝贺并发放了纪念证书和纪念品。自2008年12月5日向社会免费开放以来,宁波博物馆在短短不到两年的时间里就迎来了100万人次的观众流量。

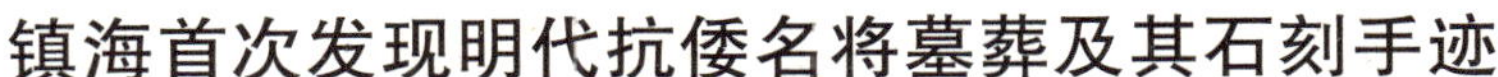

镇海首次发现明代抗倭名将墓葬及其石刻手迹

3月19日，文物部门在镇海招宝山发现了明代抗倭名将艾升的手迹摩崖石刻墓碑，初步考证镇海区招宝山很可能是明代抗倭名将艾升祖先的墓葬地。

该墓碑勒刻在招宝山登云坊东侧山崖岩壁上，长3米，高0.7米，碑文从右向左排列“明文武世家艾公之墓”，落款“孙升勒石”。经考证，墓碑前为一块长约30米、宽约20米的墓葬地，盗掘严重，地面上散落着部分明代墓葬石质构件。据摩崖石刻墓碑落款、史料及墓葬地分析，该处可能为明代抗倭名将艾升的先祖家族墓葬地。

“国家宝藏——中国国家博物馆典藏珍宝展”在甬开展

历经两年多的策划、运作和筹备，由中国国家博物馆和宁波市文化广电新闻出版局联合主办，宁波博物馆承办的“国家宝藏——中国国家博物馆典藏珍宝展”于2010年4到6月在宁波展

出。此次来宁波展出的“国家宝藏——中国国家博物馆典藏珍宝展”分为“上古文明——新石器时代”、“先秦礼乐——夏商周春秋战国时代”、“秦汉气象——秦汉六朝时期”和“盛世辉煌——隋唐五代十国时期”四大部分,历史跨度八千年,汇集了来自全国17个省市的82件(套)共119件考古出土的青铜器、陶瓷器、金银器、玉石器和甲骨器等艺术精品,均是中国国家博物馆从62万余件文物藏品中遴选出的最具代表性的文物珍品,也是在历次巡展中文物数量最多的一次。此外,河姆渡遗址出土的“陶猪”和“鸟形象牙圆雕”也在赴京30多年后首次回到宁波。为期3个月的国宝展共吸引观众达25万人次。

天一阁汇编珍稀政书出版

2010年4月,《天一阁藏明代政书珍本丛刊》正式出版。该书由中国社会科学院历史研究所与天一阁合作出版,共22册,收入了54种95册政书,主要内容为政府各部门的行政管理,包括吏、户、礼、兵、刑、工六部所公布的事例与条例,大多是明朝政府的官方文书,具有原始档案性质,许多文献是独一无二的海内孤本,具有很高的历史和学术价值。

月湖盛园试营业

4月29日,国内首个以江南院落为蓝本的历史文化商业街区——月湖盛园试营业。该街区位于海曙区原郁家巷地块,东临仓桥街,西、南接镇明路,总占地面积约3.9万平方米,总建筑面积约5万平方米,包括中心广场、水镜广场和灵应庙广场三大主题广场,以及郁家巷、带河巷、白水巷等多条支巷,是宁波市首例历史文化街区保护性开发项目。

天一阁29部古籍入选《国家珍贵古籍名录》

4月30日,第三批《国家珍贵古籍名录》公布,天一阁共有29部珍贵古籍入选。此次入选的天阁古籍有宋刻本、孤本秘笈、名众搞稍和名人批校本,片本精善,具有生要的文献价值和历史价值上,如明代朱供梃撰《樵云诗集》一卷,是明代别集中的孤本,为天一阁范钦藏书,是当年其同好所赠;明代著名藏书家和书家冯舒的抄本《昼上人集》10卷是典型的名人稿抄本,并具有书法艺术之美;《仪礼注疏》17卷上有清代著名校勘学家顾广圻的亲笔批校。最引人瞩目的是宋刻本《新编音点性理群书句解前集》23卷。宋刻本因刊刻精良。自明代以来就是藏书家竞相收藏的对象。《新编音点性理群书句解前集》为孤本文献,是该书存世的刊刻最早的版本。至此,天一阁入选《国完珍贵古籍名录》的古籍总数达到了85部之多。

陈登原珍贵手稿捐赠天一阁

5月10日，宁波籍著名历史学家陈登原著述手稿捐赠仪式在天一阁博物馆举行。2011年4月，陈登原三子陈宜周代表陈氏后人主动联系宁波市政府，表示愿意将家族存留的陈登原手稿42种、127册及其他文章著作12种、45册全数捐赠给天一阁。此次捐赠除《国史旧闻》、《地赋丛钞》等珍贵手稿本外，还有《明史偶拾》、《古今书话》、《甸南读书志》、《有无编》、《古诗研究》、《西京集存》等23种尚未出版的手稿。

宁波发掘清理89座两汉至南朝时期古墓

为配合穿山疏港高速公路建设，宁波市文物考古研究所自2009年8月起，先后组织工作人员在北仑区郭巨镇、柴桥街道、霞浦街道及大碶街道进行考古勘探与发掘，发现古墓葬东西绵延近两千米。从2009年11月至2010年5月，宁波市文物考古所联合南京大学历史学系考古教研室、北仑博物馆，先后对该墓群进行了两次发掘，共清理两汉至南朝时期的墓葬89座，窑址4处，出土铜、铁、陶、石、骨、琉璃等类器物260余件。

天一阁藏孤本参加“国家珍贵古籍特展”

6月11日至7月12日，由文化部主办、国家图书馆、国家古籍保护中心承办的“国家珍贵古籍特展”在国家图书馆举行。这是全国古籍普查工作开展以来举办的第三次国家级特展。天一阁博物馆特提供的《兴宁县志》、《樵云诗集》、《昼上人集》三部孤本参加了此次“国家珍贵古籍特展”。其中《兴宁县志》和《樵云诗集》是明嘉靖年间刊刻的蓝印本，字画清晰、刀法剔透、版式美观、印数少。《昼上人集》是明代著名藏书家、书家冯舒的抄本，内有冯氏校文和跋。

2010 年浙江沿海水下考古探测与探摸在嵊泗进行

7 月 1 日,中国国家博物馆水下考古宁波基地牵头组成“2010 年度浙江沿海水下考古工作队”,对嵊泗海域展开探测与探摸。这是继 2009 年舟山市嵊泗海域水下考古启动以来第二次现场探测与探摸。本次考古工作队由来自浙江、福建、江西、天津等省、市的 19 名队员组成。自 7 月 1 日起至 7 月 7 日,工作队对嵊泗海域已形式的水下疑点完成五个点的仪器探测,通过现场探测及数据分析,对三个点进行了探摸,并初步判断嵊泗海域蕴藏有丰富的水下文物资源。

“十一五”浙江沿海水下文物普查完成

7 月 20 日,2010 年度浙江沿海水下文物重点调查与探测探摸工作及“十一五”浙江沿海水下文物普查项目完成。“十一五”期间,根据国家文物局统一部署,受浙江省文物局委托,宁波市文物考古研究所与国家博物馆合作,调集全国水下考古力量组建水下文物普查队,全面启动了浙江沿海水下文物普查工作。经过 1500 余人次的地面调查,普查共发现近 200 条水下文物线索,并选择其中 40 余条较为确凿可靠的线索,通过浅地层剖面仪、旁侧声呐、多波速声呐、磁力仪等高端仪器和水下考古队员的潜水探摸进行了探测,总面积达 1500 余万平方米,潜水探摸约 600 人次,总潜水时间超过 20000 分钟,最终确认了 7 处沉船遗址、3 处疑似沉船遗址和 12 处水下文物点,初步摸清了浙江沿海水下文化遗产的保存状况及其分布规律。

慈城正式实施古县城保护条例

2010 年 7 月 30 日《宁波市慈城古县城保护条例》经浙江省第十一届人民代表大会常务委员会第十九次会议通过,于 10 月 1 日起实施。慈城原是古代慈溪县治所在地,现属宁波市江北区慈城镇，是江南地区极少数保存较为完好的县城，留存了完整的传统生活结构和方式。历史建筑中不仅有大量民居建筑，还有孔庙、会馆、牌坊、古井等公共建筑。

宁波博物馆建成馆藏文物数据库

8月中旬，宁波博物馆馆藏珍贵文物数据库管理系统建设结束，并顺利通过浙江省文物局审核验收。按照省文物局要求，宁波博物馆于2010年5月启动了三级以上珍贵文物数据信息的建设，至8月中旬共完成了馆藏珍贵文物数据库录入1313件，其中一级文物49件，二级文物101件，三级文物1162件，拍摄、录入照片8000余张。

宁波开展黄宗羲诞辰400周年系列纪念活动

9月中旬，宁波市举办“因为敬仰而纪念——黄宗羲诞辰400周年系列活动”。活动分别在余姚、海曙两地举行，包括9月15日（农历八月初八）黄宗羲诞生日在余姚举行的纪念黄宗羲诞辰四百周年学术交流论坛；9月24日在海曙区白云庄举行的黄宗羲雕像揭幕仪式和专题学术报告会，以及第四届浙东文化论坛、黄宗羲·甬上文化传承与发展400年研讨会等。

宁波举行“侵华日军宁波投降处”纪念碑揭碑仪式

9月14日，“侵华日军宁波投降处”纪念碑揭碑仪式在白鹤桥畔举行。市委常委、市委秘书长王剑波、市委党史研究室主任杨明祥，江东区区委书记胡军等领导及附近社区群众近百人参加了仪式。江东区新近公布的区级文保点白鹤桥是目前仅存的侵华日军在宁波投降历史见证。

保国寺古建筑博物馆公布千年大庆主题口号

10月10日，保国寺古建筑博物馆正式向社会公布了保国寺2013千年大庆的主题口号和形象标识。保国寺千年大庆的主题口号为“千年古建，江南一绝”，形象标识则将保国寺大殿三大特色结构——斗拱、藻井和瓜棱柱进行组合，并采用我国著名书法家赵朴初早年为保国寺的题字。

宁波水下考古队员参加南海科考工作

10月24日，宁波市文物考古研究所一名水下考古队员起程赶赴广州，参加由中国科学院南海海洋研究所组织的南海科学考察活动。此次南海科考主要对南沙群岛进行地质、水文、生物、化学、水下文化遗产等领域的科学考察和研究。宁波水下考古队员参加南沙群岛水下文化遗产考察，与队员们详尽记录了沿途岛礁的地理环境、水文状况等自然环境和水下文化遗产埋藏状况。

宁波举办首届“全球博物馆志愿者开放论坛”

2010年11月8日,宁波在上海世博中心组织举办“国际博物馆协会第22届大会暨第25届全体会议全球博物馆志愿者开放论坛”,围绕“交流·创新·进步——21世纪博物馆志愿文化与志愿精神”主题,此次大会诞生了具有中国话语权的《全球博物馆志愿者开放论坛倡议》,还举行了“牵手历史——第二届中国博物馆十佳志愿者之星”颁奖典礼。世界博物馆之友联盟主席本纳坦、国家文物局局长单霁翔、国际博物馆协会有关领导、国内外著名博物馆专家、志愿者代表共200多人出席了论坛,并达成了“弘扬志愿精神,共享人类文明,构建世界和谐”的共识。

在“全球博物馆志愿者开放论坛”上,宁波市市长助理林静国作为中方两代表之一作了主旨报告。宁波博物馆两名志愿者代表在论坛上宣读了《全球博物馆志愿者开放论坛倡议》,宁波博物馆志愿者、宁波籍香港著名收藏家庄贵仑还荣获“牵手历史——第二届中国博物馆十佳志愿者之星”称号并接受了颁奖。

宁波博物馆举办“商代江南——江西新干大洋洲出土文物精品展”

11月16日,由江西省博物馆和宁波博物馆联合主办的“商代江南——江西新干大洋洲出土文物精品展”在宁波博物馆展出。此次展览分“藏礼——青铜礼器”、“镈铙之声——青铜乐器”、“刀光剑影——青铜兵器”、“农耕稼作——农业工具”、“巧夺天工——青铜工具”、“石之精蕴——玉器”、“火土之魂——陶和原始瓷器”等七个部分,展出文物125件(组),其中青铜器87件。新干县是江西省中部的一座古县,1989年发现的新干大洋洲遗存曾被评为“七五”期间全国十大考古发现之一,展示了长江以南地区3000多年前规模宏大的青铜文明。展览于2011年1月15日结束。

象山北渔山灯塔深度测绘试验顺利完成

11月16日,宁波市文物保护管理所、象山文物管理委员会与浙江大学建筑系共同协作,完成了对北渔山灯塔及其地理位置的测绘工作。北渔山灯塔的测绘运用了激光多维测距仪等先进设备,对铁塔进行了深度测量,以解决以往古建筑测绘中的高度问题。测绘的同时,宁波市文物保护管理所、象山文物管理委员会还对整个北渔山岛的文化遗产做了专题考察与调研,收集了第一手资料。

宁波市举行历史文化名城保护日庆祝活动及第十届宁波“海上丝绸之路”文化节

12月8日，宁波市举办第二个“历史文化名城保护日”。以“市民名城日、城市文化周”为主题的历史文化名城保护日庆祝活动及第十届宁波“海上丝绸之路”文化节也于12月7日至22日举行。期间，宁波市开展了“大运河与海上丝绸之路”、“城市雕塑”、“藏书文化”等三大版块多项文化活动。

“大运河和海上丝绸之路”宁波论坛举行

12月8日，“大运河与海上丝绸之路”宁波论坛在南苑环球酒店举行。国家文物局局长单霁翔，全国政协文史和学习委员会副主任毛福民，浙江省文化厅副厅长、省文物局局长鲍贤伦等出席并讲话。来自全国各地的文化遗产研究专家和大运河与海上丝绸之路申遗城市代表围绕“21世纪文化遗产新机遇、新挑战、新发展”这一主题，就大运河与海上丝绸之路文化遗产的内涵与保护进行了深入研讨，达成了“保护文化遗产、共享文明成果、促进社会进步”的共识。论坛结束后，与会代表一致通过了《宁波共识》。

宁波天一阁博物馆举行古籍新书库落成庆典暨古籍数字化启用仪式

12月8日，宁波天一阁博物馆举行了古籍新书库落成庆典暨古籍数字化启用仪式。新落成的全智能书库总占地面积5000平方米，总投资7000万元，采用的恒温恒湿自动化管理系统，是天一阁440多年历史上兴建的第三座藏书楼。经过内部配置、环境质量测试与净化，天一阁馆藏所有古籍、字画、碑帖等文物均已迁入新书库。天一阁古籍数字化工程可使普通市民能够通过网络视频等形式一睹天一阁古籍藏品的概况。目前,这一工程已将3万册古籍善本数字化,其中2000册古籍已经全文数字化。

陈炎珍贵资料捐献宁波博物馆

12月10日,陈纳德“飞虎队”队员、首倡“海上丝绸之路”研究的甬籍著名学者、北京大学教授陈炎将6000余册手稿、文献、图书无偿捐献给宁波博物馆,同时还将博物馆奖励的20万元捐献设立了“陈炎专项基金”,主要用于“海上丝绸之路”的科学研究、学术出版和人才培养等。这也是继秦秉年捐赠秦康祥旧藏明清竹刻、甬籍当代中国著名版画家邵克萍捐赠创作版画精品后,宁波博物馆所获得的又一重要捐赠。

宁波市完成永丰路地块抢救性考古发掘

2010年10月初至11月底,宁波市文物考古研究所组织工作人员,对永丰路地块(宁波市图书馆东侧)进行了抢救性考古发掘。发掘工作前后历时两个月,发掘面积400余平方米,揭露了明代寺庙基址一处、明清时期平民墓三座,出土了汉晋砖块、明代经幢基座等建筑构件及越窑青瓷、龙泉窑瓷器、青花瓷器残片等数十件各历史时期文化遗物。明代经幢基座为六边形灰色砂岩石质,边长57厘米,高25至27厘米,四面分别刻有“多闻天王”、“广目天王”、“增长天王”、“持国天王”,另有一面刻有“大明万历丁亥岁五月吉旦信官余建比丘”等字样。

天一阁出版珍贵古籍资料

12月20日,《天一阁国家珍贵古籍名录图录》、《天一阁藏明代科举录选刊·乡试录》举行首发仪式。《天一阁国家珍贵古籍名录图录》收录了天一阁入选第一、二、三批《国家珍贵古籍名录》

的84种珍贵古籍的典型书影，也是天一阁继《天一阁系列·善本》后第二次以图录形式展示馆藏文献。《天一阁藏明代科举录选刊·乡试录》是目前已出版明代科举专题文献中数量最多、规模最大的丛书，收录的科举文献均为善本，多为海内孤本，且绝大多数均为首次刊布。《乡试录》保留了大量科举试卷文本、科举人物传记、相关圣旨、奏疏、执事官基本信息、殿试之后的一系列重大仪式等资料。

12月28日，天一阁博物馆馆藏三种碑帖正式对外出版。此次出版的三种碑帖分别为《丰坊书砥柱行》、《丰坊书千字文》和《薛晨书千字文》，是2010年天一阁博物馆启动“天一阁馆藏碑帖精选”出版项目以来的第二批重要成果。丰坊是明代杰出的书法家、藏书家，现存的《砥柱行》是赠天一阁主人范钦调任九江兵备副使时的作品。《千字文》也是丰坊的重要书法作品。薛晨系明嘉靖万历年间人，喜好书法，所书《千字文》获文徵明赞赏。

此外，《天一阁馆藏碑帖精选·兰亭序(神龙本)》也于2010年出版。书中碑帖及碑拓均来源于天一阁馆藏《兰亭序》神龙本碑刻原拓，是天一阁博物馆实施“书香天一”出版工程的又一重要成果。

天一阁古籍修复中心获国家珍贵古籍修复资质

2010年5月，文化部在组织专家对全国各古籍收藏申报单位进行实地考察、评审、再审核的基础上，确定、公布了12家国家级古籍修复中心名单，天一阁榜上有名。这12家单位均具备较好的古籍修复条件，入选后便具备了对国家珍贵古籍的修复资质。

浙东沿海13灯塔捆绑申报国保

在全国第三次文物普查期间，宁波市文保所调查了舟山、宁波、温州三地，共发现几十处灯塔，其中仍在发挥航标作用的有13处。2010年，宁波市决定将这13处灯塔捆绑申报第六批国家

文保单位。

宁波港口博物馆通过规划选址审批

2010年5月,宁波港口博物馆通过规划选址审批,将在北仑区春晓地块建成国内第一个大型专题性港口博物馆。宁波港口博物馆项目具体选址在春晓洋沙山风景区北侧,紧邻春晓中八路,与东侧明月湖景观区隔东直河遥相呼应。项目用地面积5万平方米,建筑规模预计达3万平方米。

宁波市参加国家水下文化遗产保护“十二五”规划编制

2010年,由国家文物局牵头组织,中国文化遗产研究院国家水下文化遗产保护中心为主承担,中国国家博物馆及海南、广东、福建、浙江、山东5省代表共同参与的国家水下文化遗产保护“十二五”发展规划编制项目在京启动。宁波市文物考古研究所代表浙江省参加了此次规划编制。国家水下文化遗产保护“十二五”发展规划纲要共分为“工作回顾与形势分析”、“指导思想与基本原则”、“发展目标与工作任务”及“保障措施”等部分,宁波代表除全程参与规划的调研、论证外,还具体承担了“基础设施建设与人才队伍培养”等部分章节编撰任务。这也是宁波市首次参与国家级文化遗产保护规划编制。

温州市

2010年,温州市在上级有关部门的关心、支持和市委、市政府的领导下,认真贯彻党的十七大和十七届五中全会精神,深入学习实践科学发展观,认真积极开展国家历史文化名城申报和“十二五”规划编制,继续推进第三次全国文物普查,扎实做好各项基础工作,推进了温州市文博事业的大繁荣大发展。

一、重启国家历史文化名城申报,城市文化品位不断提升

根据温州市委十届九次全会和全市“六城联创”动员大会精神,温州市正式启动了国家历史文化名城申报工作。文物部门为此认真做好国家历史文化名城的相关前期准备,修改、完善了《温州市创建国家历史文化名城实施方案》,召开了温州历史文化名人评选、《温州通史》编撰、东瓯王庙重建等工作筹备会议;完成了《温州申报国家级历史文化名城文本(简本)》编制工作方案、《东瓯文化园修建性详细规划》、老鼠山遗址保护规划、老鼠山遗址公园修建性详细规划的编制,着手东瓯王庙修建工程的前期准备;还将重点实施历史文化街区整治、文物古迹保护、东瓯历史文化挖掘、江心屿历史文化展示、永昌堡抗倭遗址修复、泽雅传统造纸技术示范、非物质文化遗产传承保护、专题博物馆兴建、文化品牌打造、历史文化研究宣传等十大文化遗产保护工程,并着重做好古城区内五马街—墨池坊、城西街、朔门街、庆年坊、江心屿等5大历史文化街区的保护整治。

二、举办文化遗产保护系列活动,文物宣传工作不断强化

5·18国际博物馆日和第五个文化遗产日期间,温州市文物局精心策划、周密部署,通过举办一系列内容丰富多彩、形式多种多样的宣传活动,提高了文物部门的影响力,取得了良好的社会效益。文物部门在温州市博物馆举办了“中国工艺美术大师木雕作品展”、文物保护法律咨询、免费鉴宝、有奖知识问答、分发文物保护条例等活动;召开文化遗产日座谈会,表彰了全市7个普查先进集体和41名普查先进个人;同时加强社会宣传,开展送展下乡、进社区活动,与市书法协会共同举办知识讲座;举办了历史文化名城知识竞赛,广泛宣传了历史文化名城申报和保护的知识;还联合温州电视台拍摄了市区文保单位专题片。

全市以有关节日为契机,纷纷组织文化遗产保护宣传活动,通过举办图片展览、悬挂横幅、发放宣传手册、组织文物保护相关知识现场咨询、鉴宝等形式,广泛宣传文物保护法律法规和方针政策,全面提升了全社会的文化遗产保护意识和群众自觉保护文物的热情,扩大了文化遗产保护在社会公众中的影响。

三、切实推进第三次全国文物普查,普查成果不断凸显

2010年1月,温州市在文物普查野外实地调查阶段顺利通过省级验收后,全面转入第三阶段工作。根据验收专家组的意见、建议,温州市认真做好普查数据资料的整改与上报工作,根据省文物局及国家文物局普查办相关文件精神,及时对普查相关数据进行核实和整改,确保普查数据的科学性和准确性。

为有效落实普查成果的后续保护,温州全市11个县(市、区)努力提升普查新发现文物地位,及时将重要新发现公布为文保单位和文保点(文保单位142处,文保点347处)。为促成普查资料的成果化,温州市普查办组织开展《温州市第三次全国文物普查重要新发现》编写工作,苍南县编印了《古韵流芳》、《文明寻踪》,乐清市出版了《感受古风》,泰顺出版了《泰顺县第三次全国文物普查成果图文选集》。为加强对文物普查重要新发现的安全检查,温州市将新发现文物列入文物监察支队(大队)巡查内容,有效构建起文物安全保护网。苍南县对新增文保点实施挂牌管理,并对木构古建筑文保点添置了灭火器等消防器材。

温州市文物普查办在4月、8月和11月三次召开工作会议,传达了全省普查工作会议精神,对普查第三阶段工作进行了部署,要求各地有效落实普查数据库建设、不可移动文物名录编制、工作报告编制、成果图书出版等工作。

四、不可移动文物保护有新进展,抢救维修工作不断加强

温州市严格按照《文物保护工程管理办法》要求,对已落实维修经费且维修方案得到批复的各级文保单位开展维修,并加大、规范各级文保单位(尤其是省保以上)维修方案和保护规划的编制。温州市文保所完成了朱自清旧居、益康钱庄的环境整治及义官桥和扈屿桥的抢修。全市下属各地积极理顺政策和体制,多方筹资,编制了鹿城飞鹏巷陈宅、龙湾汤和庙、瑞安圣井山石殿、乐清陈璋墓、洞头妈祖宫、永嘉芙蓉村古建筑群、苍南刘基庙碑廊、文成刘基庙、泰顺仕水矴步等维修方案和保护规划;修缮了瓯海四连碓造纸作坊二期、瑞安观音寺石塔、乐清红巾军起义旧址、洞头烈士陵园、永嘉红十三军军部旧址、平阳戈场桥、苍南碗窑古戏台、文成谢林大宅院、永昌堡城墙一期、蒲壮所城妈祖庙等一大批文保单位。

根据省文物局部署,温州完成了26处第七批国保、57处第六批省保的申报。温州市本级初步划定第六批市保单位的保护范围和建设控制地带,完成第六批市保单位标志碑碑文的撰写、碑体设计及灭火器的配备和大部分文保员的选聘。瓯海积极打造"中国传统造纸技术传承与展示示范基地",完成第三批区级文保单位的后续管理工作。瑞安编写省保单位"四有"档案,筛选了第六批文保单位。永嘉规范、完善国保、省保单位管理制度和专项资金使用问题。平阳强化《顺溪古建筑群保护规划》。苍南做好名人故居保护现状和矾山矾矿的保护利用调研,永昌堡立面整饬粗见成效。

在保证文物安全、社会效益优先的前提下,温州各地不断加强文保单位的合理利用:温州市文保所完成了夏鼐故居的陈列布展方案,龙湾在王瓒家庙建立了"世界王氏谱牒收藏馆",瓯海完成陈傅良祠内部展示陈列布置,瑞安对雷高升纪念馆等民间纪念馆的陈列布展进行了指导,平阳也对宋恕故居、苏步青故居的陈列布展开展指导。

此外,温州市继续做好抢救性考古发掘及文物专题调查工作,配合宁波水下考古基地对苍南、平阳、瑞安、洞头四县(市)进行了水下考古探摸;配合省文物考古研究所对苍南、平阳、瑞安、乐清、鹿城等县(市、区)的天然气管道沿线进行了考古调查。温州市文保所完成了下陡门现场清理工作,协助龙湾做好大罗山地下文物考证、乐清芙蓉镇古窑址调查和柳市东晋墓葬群的发掘清理。

五、博物馆管理有新亮点，陈列展示效益不断提升

温州全市各级博物馆充分利用硬件设施条件，坚持“三贴近”原则，认真做好博物馆免费开放工作，积极向广大公众全面免费展示文化精品，以充分发挥博物馆的公共文化服务职能。温州博物馆全年共举办“弘一大师墨迹精品展”等12场各具特色的展览，接待观众近60万人次。龙湾博物馆举办开馆十周年暨“龙湾历代名人展”；瑞安主办、协办了“陈成‘浙派名家’书画藏品展”等6个展览；乐清举办“浙江青年书法家作品展”等展览。这一系列具有影响的展览活动大大提升了博物馆的社会地位和公共服务能力。

文物库藏总量是衡量博物馆研究、保管、征集水平的重要指标。温州下属各县（市、区）结合当地实际，积极开展民族、民间、民俗、革命文物的征集，不断拓展文物藏品征集范围。2010年，温州市博物馆新征集文物300多件，鉴定、入藏文物500多件，其中19件国家级、省级工艺美术大师的木雕作品尤为珍贵。瑞安、乐清、永嘉、苍南等地重视流散文物的征集，丰富馆藏文物内容及种类的多样性。全市努力完善文物藏品信息数据库建设，参加省文物局组织的文物摄影培训，完成了近6000件文物藏品信息的拍摄、修改、录入和上报。

六、文物安全有新举措，执法力度不断加大

温州文博单位以“创安”工作为中心，维护单位内部稳定安全为目标，健全文博单位安全防范机制为重点，认真开展安全巡查，切实做到措施到位、责任到人，确保文物的万无一失。同时，温州市进一步完善安全管理制度，使文物安全工作更加规范化、科学化。温州市博物馆深入开展安全创建工作，努力争创2010年度省级安全示范单位。温州市文保考古所制订《2010年市区文保单位安全管理计划》、《温州市文物保护考古所抗台应急预案》。龙湾区在人防、技防、物防和制度方面做好工作，瑞安签订了文物消防安全责任书，落实责任。洞头、平阳定期开展消防知识培训和演练，蒲壮所城定期排查文物安全隐患。1月，根据国家、省文物局部署，温州市文物部门联合公安、消防部门全面开展了全市文物系统安全大检查。此外，温州市文物行政执法工作在注重打基础、抓好机构和队伍建设的同时，也注重抓好软件建设，努力提高全体执法人员的执法水平，有条不紊地开展文物行政执法工作。

七、文博队伍建设有新起色，干部素质不断提高

为加强文博干部的在职培训和继续教育，全面提高干部队伍的整体素质，2010年，温州市组织全市业务骨干参加了全省文物普查第三阶段培训，举办了全市文物普查第三阶段培训班和全市业余文保员消防安全培训班；邀请国家名城委专家阮仪三教授来温作了历史文化名城保护专题讲座。通过培训学习，广大文物干部和业余文保员的业务技能及专业水平得到了提升。全市各文博单位纷纷开展业务交流、互相取经，构建了良好的合作交流平台。

为加强文物科研，做好文物资料成果化，温州博物馆出版了《白象慧光》、《弘一法师墨迹》两本书籍，《宋恕墨迹》进入最后校稿阶段。同时，全市有1人晋升研究馆员，3人晋升副研究馆员，8人晋升为文博馆员。

泰顺举办多项展览

1月18日至20日,由泰顺县政协、县文联、县博物馆联合承办的“泰顺历代名人书画作品展”举行。5月26日,泰顺县博物馆、县文物保护管理所和非物质文化遗产管理中心联合举办的“泰顺文化遗产展”在泰顺博物馆展出。

瓯海开展业余文保员消防安全培训

1月19日,瓯海区召开业余文保员消防安全培训。随后,瓯海区文博馆专门组织业余文保员在圣寿禅寺内进行了消防演练。

瓯海第三批区级文保单位立碑工作完成

在完成划定和公示后,瓯海区政府于2010年3月29日公布了第三批区级文物保护单位的保护范围,完成了第三批区级文保单位标志、说明碑的立碑工作。目前,该区登记在册的文保单位共有46处,其中全国文保单位1处、省级文保单位3处,市、区级文保单位42处。

望海桥、汤和庙维修方案通过会审

望海桥为龙湾区文物保护单位，因年久失修，桥端出现倾斜。2010 年 3 月，龙湾区文博馆组织有关专家对维修方案进行会审，年底完成了工程的招投标。11 月 26 日，《温州市汤和庙维修方案设计》评审会召开，经与会领导和专家审查讨论，维修设计方案得到通过。

妈祖宫维修工程竣工

东沙妈祖宫在经历维修设计、立项、招投标等工作之后，于 2010 年 3 月底全面完成维修任务，并于 2010 年年底顺利通过专家组验收。此次维修对建筑的主体、屋面、外墙、海堤等做了修缮，达到了预期效果。

苍南县南山头古墓葬实施考古发掘

苍南县南山头古墓葬形制特征在县内较为少见,属浙江一带南宋及其后长期流行的典型椅子坟结构。2010 年 3 月至 4 月,浙江省文物考古研究所实施了考古发掘。发掘工作历时 20 多天,从拜坛探沟底部出土的南宋时期瓷片判断,墓葬初始构筑年代不早于南宋时期;而从墓室外部填土中出土的青瓷片及明代青花初步判断,该墓葬大致应为一处明代墓葬。

谢林大宅院实施维修

为解决谢林大宅院出现的屋面漏雨、坍陷、梁架柱头开裂、地板腐烂等问题,文成县文物馆按照保护修缮设计方案进行了维修。一期工程于 2010 年 3 月下旬开始实施,历时 8 个月,于 12 月顺利完工。

杨宅实施平移保护

作为省内首项近现代建筑平移工程,杨宅平移工程于2010年5月开工,年内完成了托盘梁和轨道梁的浇筑、顶升到位,开始平移。工程预计总投资400余万元。温州市文物保护考古所做好技术把关和监督,解决了大量技术难题。

瑞安博物馆完成基本陈列大纲编制

2010年,瑞安市委托浙江省博物馆学会编制完成了瑞安博物馆基本陈列大纲。陈列大纲专门依据瑞安的文史资料、地方志,针对瑞安馆藏文物的特点专门设计,经过多次研讨论证,于5月完成定稿,并于8月通过审核。

瑞安市举行邹梦禅诞辰105周年系列活动

5月13日,瑞安市举行"著名书法篆刻家邹梦禅诞辰105周年纪念展暨邹梦禅印章捐赠仪式",仪式上,邹梦禅家属将邹梦禅的44方印章悉数捐赠瑞安市文物馆。同时,瑞安市文物馆协助完成了邹梦禅书法篆刻作品拍摄、拓印、扫描等工作,计划出版《邹梦禅先生书法篆刻作品集》。

瓯海区加强文保单位修缮

慈湖八福砖塔始建于明代,现为区级文保单位。由于年久失修,塔身青砖风化严重,塔体向东严重倾斜。修缮工程于2010年5月15日开工,9月4日通过验收。四连碓造纸作坊(二期)修缮工程施工图纸经省文物局批复同意后,于7月3日开工,8月20日竣工,9月4日通过验收。

碗窑古戏台、龙窑维修竣工

碗窑古戏台、龙窑是省级历史文化保护村碗窑古村落的重要组成部分,由于年久失修,破损较严重。经县博物馆多次实地勘查、反复论证,苍南县投入资金20余万元实施维修。工程于5月中旬竣工,5月27日通过验收。

苍南推出文物专题节目

2010年6月至年底,苍南县电视台连续播出11期文物专题节目,主要介绍了抗倭名城蒲壮所城、明代矾矿遗址、省级历史文化保护村碗窑古村落及古戏台、古桥梁、古塔、古墓葬等历史文化遗迹,取得较大社会反响。

瑞安公布第一批市级文物保护点

2010年6月,瑞安市从第三次全国文物普查成果中,选取了100处具有较高科学、艺术、历史研究价值和急需保护的不可移动文物作为瑞安市第一批文物保护点,并通过《瑞安日报》向社会公布,同时建立了档案。

瑞安古籍入选《国家珍贵古籍名录》

2010年6月,玉海楼上报的20部古籍经国家古籍保护中心公布,有15部成功入选了第三批《国家珍贵古籍名录》。

国家水下考古队指导水下文物考古工作

6月10日，国家水下考古队对洞头县水下文物考古工作进行了指导。考古队一行不仅对清代海捞品、宋代瓷器等文物进行了鉴定，还通过分析洞头海域水下文物所处地貌及水文特征，结合近期征集的水下文物线索，基本明确了洞头县水下文物考古搜索的范围，还就充分利用史志及渔船海捞品等资料，采取水下文物研究与水下探摸相结合等方式对水下文物研究做了指导。

乐清市博物馆加强管理工作

2010年，乐清市政府专题会议决定，将林曦明艺术馆的管理权归属乐清市文物馆。乐清市文物馆完成了移交工作，对艺术馆进行了重新修整，完成了林曦明部分作品的复制和馆藏二、三级藏品的数据库建立，做好了乐清籍书画名家周昌谷、周沧米作品的征集及周昌谷美术馆等处的基建工作。此外，乐清传统婚俗展厅的装修布展已完成，6月10日正式对外免费开放，还获得了省文物局“最佳形式设计奖”。

温州市公布第六批市级文保单位

6月11日，温州市发文公布下龙山遗址、登云桥等17处为温州市第六批市级文物保护单位。随后，温州市文保考古所在新公布的文保单位张贴公告，开展了文保员选聘、保护范围和建设控制地带划定、标志碑和说明碑制作等工作,至年底初步划定了保护范围和建设控制地带,选聘了文保员,标志碑和说明碑也已完成碑文的定稿和设计。

乐清市发掘、清理东晋砖室墓

山头外东晋墓群位于乐清市柳市镇峡门村山头外荒山南麓。7 月 29 日至 8 月 4 日,乐清市文物馆联合温州市文物保护考古所对墓葬群进行了抢救性发掘清理,为研究温州地区的丧葬礼制和历史文化发展续脉提供了实物资料。

杨府山瞿屿陡门实施考古清理

杨府山瞿屿陡门遗址位于温州市区杨府山东麓,原蒲州村下陡门自然村,上世纪六十年代因河道废弃而被一同填埋,2010 年 7 月在实施山下河贯通工程时被重新挖出。8 月 17 日至 18 日,温州市文物保护考古所对陡门遗址进行了考古清理,温州市政府还将其增列为第六批市级文保单位。

夏鼐故居维修工程进展顺利

2010年是我国考古学奠基者、著名社会活动家夏鼐诞辰一百周年。作为全市重点文化工程，夏鼐故居维修工程在基本完成住户搬迁的基础上于8月全面铺开。预计维修费用300余万元，年内完成了主体梁架的维修，并修复了破损的屋面、门窗等，安装了消防、照明线路，计划于2011年初完成修缮后辟为夏鼐纪念馆对外开放。

国家文物局考察“中国传统造纸技术传承与展示示范基地建设”试点项目

8月4日至5日，国家文物局考察了温州市瓯海区“中国传统造纸技术传承与展示示范基地建设”项目实施工作。考察组对基地建设情况给予肯定，并要求将泽雅纸山文化打造成国字号品牌。

泰顺文兴桥修缮工程启动

8月9日,泰顺县文兴桥修缮工程正式动工。文兴桥位于泰顺县筱村镇枫林村,是全国重点文物保护单位泰顺廊桥中的一座编梁木拱廊桥。该桥造型独特,西北、东南两侧高低不一。由于年久失修,桥梁东南一侧出现断裂、扭曲等现象,导致东南一侧桥体下沉倾斜。经报省文物局审批同意,文兴桥修缮工程展开并于9月完成落架工程。

观音寺石塔启动维修

2010年10月11日,观音寺石塔维修工程正式开工。此次维修工程历经三年筹备,经过维修请示报告及维修方案设计、整改、专家论证等有关步骤,最终如期开工。观音寺石塔是1963年公布的浙江省第二批文物保护单位,也是瑞安市乃至全省目前保存较为完整的一座仿楼阁式石塔。

“指南针计划”示范基地建设取得阶段性成果

“中国传统造纸技术传承与展示示范基地建设”项目是“指南针计划”专项重要组成部分,2009年12月正式落户瓯海。项目核心工程中国传统造纸专题展示馆与传统造纸体验园区于10月20日对外开放;项目恢复了中国古代名纸金粟山写经纸、澄心堂纸,还完成了对温州蠲纸、皮纸的仿制;建立起传统造纸传承示范点,选择温州皮纸进行了试验性生产与展示。此外,基地发展规划编制基本完成,停车场、观景台、部分民居立面改造、道路整修、环境整治等一期配套工程也顺利竣工。

瑞安玉海楼处理遭抢注商标、网址

2010年10月,玉海楼商标、网址相继遭抢注。瑞安市随即会同有关部门,就玉海楼商标一事进行初步讨论,拟定解决方案。11月,通过市财政局、市商标局协商,有关方面拟定注册玉海楼商标44大类,同时合作买下了遭抢注册的网址。

塘河文化展示馆重新开馆

11月16日,经过进一步丰富、提升的温州塘河文化展示馆正式开馆。温州塘河文化展示馆是温州市首个集中展示塘河历史文化的展示馆,坐落于南白象街道白象村塔下河畔,占地面积280平方米,建筑面积560平方米,有5个展厅。

龙湾区举办明代文化研讨会

11月21日至23日,首届温州·龙湾明代文化研讨会在龙湾举行。50多位国内外知名明代历史文化研究专家、学者就龙湾明代文化展开学术研讨交流,挖掘了龙湾的历史文化内涵。

瓯海区第四批区级文物保护单位公布

11月23日,温州市瓯海区公布了第四批区级文物保护单位,17处文物保护单位上榜。瓯海区政府要求各镇(街道)、区属各有关部门依照《中华人民共和国文物保护法》等法律法规和《国务院关于加强文化遗产保护的通知》要求,采取切实可行的保护方式和有效措施,认真做好文物保护单位的保护、管理和合理的利用。

苍南举行朱程诞辰100周年纪念活动

12月19日,苍南县举行朱程诞辰百年纪念活动。国家新闻出版总署副署长李东东等领导参加活动。故居现成为该县青少年进行爱国主义教育的一个重要阵地。

蒲壮所城召开文物保护规划征求意见会

12月24日,苍南县召开蒲壮所城文物保护规划征求意见会。会议在听取蒲壮所城文物保护规划情况介绍后认为,规划框架清晰,对蒲壮所城抗倭体系的价值评估较准确,确定的保护内容较详细、明确,目标既立足于当前又着眼于未来,定位科学可行,保护规划总体较好。与会人员重点围绕保护区划与管理要求、环境保护与整治规划、保护措施、规划实施分期等方面提出了意见和建议。

龙湾文博馆技防、消防系统增加改建工程通过初验

12月28日,温州市文物安全技术防范工程审核组对龙湾区文博馆安全技防系统二期工程、消防改建工程进行了初步验收。验收组认为,龙湾区文博馆的技防、消防工程已基本达到设计方案要求,符合相关标准,同意通过初步验收。同时,验收组要求继续做好技防、消防设备的维护和保修,进一步做好值班人员的培训,切实加强保卫力量的配备,建立完善的安全保卫制度,确保馆藏文物安全。

温州重启国家历史文化名城申报工作

根据温州市委十届九次全会和全市“六城联创”动员大会精神,温州市于2010年正式启动国家历史文化名城申报工作,并将重点实施历史文化街区整治、文物古迹保护、东瓯历史文化挖掘、江心屿历史文化展示、永昌堡抗倭遗址修复、泽雅传统造纸技术示范、非物质文化遗产传承保护、专题博物馆兴建、文化品牌打造、历史文化研究宣传等十大文化遗产保护工程,着重做好古城区内五马街—墨池坊、城西街、朔门街、庆年坊、江心屿等5大历史文化街区的保护整治。

温州市新增51处省保单位

2010年,浙江省政府核定公布我省第六批省级文保单位中,温州共有51处榜上有名,其中古遗址4处、古墓葬3处、古建筑25处、石窟寺及石刻3处、近现代重要史迹及代表性建筑15处、其他类1处(古道)。在51处新增省保中,有23处属于第三次全国文物普查中的新发现,其中鹿城区永川轮船局旧址、文成县玉壶中美合作所旧址、珊溪镇坦岐炼铁厂旧址等3处普查新发现成为首批进入省保的工业遗址。此前,温州市共有省保单位50处。

温州市采取多种活动服务观众

2010年,温州市加强与学校、社区、农村的共建活动,先后送展至鹿城区临江镇、苍南渔寮乡、平阳顺溪镇等地区;利用温州博物馆的资源,与温州书法协会举办讲座;每周六安排专业人员为广大青少年免费提供材料和场地,现场教授拓碑操作等有关知识;协助策划龙湾博物馆建馆十周年暨“龙湾名人馆”开幕仪式,帮助乐清文物馆、泽雅造纸博物馆培训讲解员。

温州市出版文物研究成果

2010年,温州市博物馆出版发行《白象慧光》,成为首部记录白象、慧光双塔出土文物的专业

书籍。10 月，为配合“弘一大师墨迹精品展”，《弘一大师墨迹》出版发行。该书收录了温州博物馆和平湖李叔同纪念馆历年珍藏的弘一法师作品，并入选了“2010 年度全国文化遗产十佳图书”。12 月 17 日，《宋恕墨迹选编》出版发行。此外，2010 年温州博物馆职工发表论文 40 多篇。

州治旧址门楼、警报塔实施抢修

州治旧址门楼、警报塔是第五批温州市级文物保护单位，因破损严重，存在较大安全隐患。为保障文物和住户安全，在温州市文物保护考古所的指导下，施工单位对州治旧址门楼和警报塔进行了抢修，至年底顺利竣工。

乐清市公布第六批市级文物保护单位

2010 年，乐清市对普查新发现和重要文物点进行筛选，形成了第六批市级文物保护单位名单。经过有关专家、部门、乡镇及市文物保护委员会会议讨论、论证，南巇墓、赵镇桥、雷公山摩崖石刻、倪宅等 29 处不可移动文物最终被确定、公布为第六批市级文物保护单位。至此，乐清市共有全国重点文物保护单位 2 处、省级文物保护单位 6 处、市级文物保护单位 83 处。

洞头完成文物事业“十二五”发展规划编制

2010 年，洞头县文物保护所根据上级主管部门要求顺利完成了县文物事业“十二五”发展规划的编制。规划回顾了洞头县文物事业“十一五”以来取得的各项成绩，分析了存在的问题及原因，结合目前实际，从做好瓯江口水下文物的调查与保护、文物展厅建设、海洋博物馆筹建、东沙妈祖公园规划编制等角度出发，完成了文物事业“十二五”发展规划的编制。

永嘉做好文物保护与宣传

2010年,永嘉结合重点文保单位安全大检查,做好文物宣传和安全防范工作。全县以文化遗产日为契机,紧扣"保护文化遗产,构建和谐社会"的主题,策划组织、开展了文物保护法规的宣传,同时利用影片幻灯、墙报、新闻媒体等途径,形成了文物保护的社会氛围;规范、健全了文物安全保护各项制度,落实、签订了文物安全保护责任书,还经常性开展文物安全保护检查,及时排除隐患,清除堆放的易燃杂物,调换过期的简易消防器材,保障文物安全。

平阳文物安全工作不断取得新突破

为将普查新发现纳入文物保护体系,平阳县通过当地乡镇政府申报、实地调查考证及专家评审论证会,核定公布了第十批县级文物保护单位34处、第五批文物保护点64处。至此,平阳全县共有全国重点文物保护单位2处、省级文物保护单位12处、县级文物保护单位87处、文物保护点171处。

平阳不可移动文物保护管理取得新进展

2010年,平阳县积极开展不可移动文物保护管理,取得显著成效:《顺溪古建筑群保护规划》编制完成并通过国家文物局审核;山门抗日救亡干部学校旧址、吴垟戈场桥、浙江临时省委第一次会旧址、登科牌坊等文保单位、文保点的修缮先后完成;青街睦源桥、闹村乡仙姑道院、钱仓城隍道院、闹村柿树垅宫戏台等文物保护单位的本体修缮及周边环境整治的协调监督得到了加强。此外,有关方面积极参加南麂镇文化遗产保护联合执法行动,根据国家文物局规定开展了县文物保护十二五规划编制,完成了平阳县"十二五"规划申报国家文物局文物保护项目及经费工作。

宋恕故居举办陈列展览

2010年是近代启蒙思想家宋恕逝世100周年。为此，平阳县投入100多万元，对宋恕故居进行了修缮，并举办了陈列展览。展览以图、文、物并茂的形式展示了宋恕的成长经历、思想形成过程、历史贡献等方面内容，使观众更深入地了解了地方名人，接受了爱国爱乡教育。

《顺溪古民居匾额注释》正式出版

第六批全国重点文物保护单位平阳县顺溪古建筑群除建筑物本身价值外，厅堂悬挂的匾额也是显著特点之一。为进一步挖掘、弘扬古匾的文化内涵，由平阳县文物保护管理所编辑的《顺溪古民居匾额注释》一书于2010年正式出版。

文成县抓好文物基础工作

2010年，文成县根据国家文物局、省文物局下发的《关于编制文物保护项目及经费需求“十二五”规划的通知》精神，安排人员着手编制县文物保护项目及经费需求十二五规划，并上报省文物局和国家文物局。根据省文物局工作部署，4月，文成县文物馆在做好文物普查的同时，认真做好第五批省保单位谢林大宅院的“四有”档案编制，并于8月通过省文物局评审验收。

《瓯南古韵》出版

《瓯南古韵》是泰顺县将第三次全国文物普查成果整理汇编后出版的一部文物档案书。作为普查成果之一,《瓯南古韵》在泰顺县第十四届人民代表大会第五次会议、泰顺县政协第七届委员会第五次会议上作为资料发放,并赠送给全县乡镇及有关部门。

永昌堡研究成果显著

2010年,永昌堡成立了民俗文化研究会,先后独自或联合发行了《古堡深处》、《英桥王氏诗录》等书籍,并与区文化局等多家单位联合筹办了永昌堡建堡450周年系列活动。

嘉兴市

2010年,嘉兴市紧紧围绕市委、市政府中心任务,按照《嘉兴市文化大市建设2010年行动纲领》要求,突出申报国家历史文化名城、大运河申遗、马家浜遗址保护、健全文物保护制度等重点,夯实基础、力求创新,各项工作均取得新进展。

一、申报国家历史文化名城工作扎实推进

根据《关于申报国家历史文化名城工作的实施意见》,嘉兴市扎实推进申报各项工作。市委市政府于5月召开全市文化遗产保护工作会议,研究部署了今后一个时期的文化遗产保护工作,有力推进了名城申报工作。3月,嘉兴市邀请国家历史文化名城保护专家委员会专家做了题为“城市历史文化遗产的保护”的专题讲座。嘉兴市申名办全年共刊发12期《嘉兴市申报国家历史文化名城工作简报》,营造了氛围。5月,嘉兴市申名项目巡查组对落帆亭、文生修道院、双魁巷、天主教堂、马家浜遗址等项目的保护建设情况进行了实地督查。6月,嘉兴市召开申报国家历史文化名城项目责任分解会议。各牵头单位根据《国家历史文化名城保护评估标准(试行)》,制定了详细的工作任务分解表,明确了工作职责。8月30日至9月2日,由住建部、国家文物局组成的国家历史文化名城考察组对嘉兴市申报国家历史文化名城工作进行了评估考察,一致认为嘉兴具备申报国家历史文化名城的条件。专家评估考察结束后,嘉兴市申名办及时梳理并认真落实考察组意见,做好名城申报的巩固提高工作,并提请市委市政府下发《关于深入推进历史文化名城保护工作的意见》,着眼历史街区、文物古迹、历史环境保护等重点,全面、深入推进历史文化名城保护工作。目前,嘉兴申报名城材料已报国务院。

二、遗址保护工作得到加强

为积极开展运河申遗工作,嘉兴市做好市级规划报批工作。《大运河(嘉兴段)遗产保护规划》经多次修改与协调,于8月下旬通过嘉兴市域规划委员会全体会议审议,现已上报省政府审批。国家大运河遗产总体保护规划编制组于5月对嘉兴运河遗产进行实地踏勘,重点调研了大运河遗产保护工作现状和存在问题。8月上旬,国家文物局又组织专家对大运河(嘉兴段)申遗预备名单遴选点进行了现场考察。在两次调研考察中,专家组对嘉兴大运河遗产价值和保护工作给予了高度评价。同时,嘉兴市着力推进、加强对运河沿线文化遗产的保护,启动了文生修道院、落帆亭、血印寺的修缮整治,并上报14处运河遗产作为世界遗产遴选点。经过专家评审,嘉兴2段河道和5处遗产点列入大运河申报世界文化遗产专家推荐预备名单。此外,嘉兴市加强了对运河沿线环境景观的保护与控制,以市区三塔至杉青闸段为重点,实施了一系列景观整治工程,推出了环城运河游项目,规划了水上巴士线路。在省文物局、省文物考古研究所指导下,海宁长安镇在已经启动运河历史街区西街拆迁改造的情况下,调整了原拆迁改造方案,实施了保护整治工程。为确保马家浜遗址发掘场景的长期保存,嘉兴市制定了马家浜遗址发掘区现场保护方案,对规定发掘区落实了隔水、排水措施,并整体箱取保存状态较好的墓葬人骨,采用化学保护技

术进行加固,做好科学鉴定。目前,考古人员已清理墓葬80座,发现了一批文物和许多有价值的信息,取得重大进展。3月,嘉兴市委托浙江省文物考古研究所对子城片区进行了小规模考古调查,获取了古城墙基及古代官署部分区域建筑布局的初步信息,为下一步开展较大规模勘探、完善子城片区保护规划、充实子城申报“国保”历史信息提供了初步数据。

三、文物普查工作取得阶段性成果

为强化数据管理,嘉兴市于2010年继续做好第三次全国文物普查第三阶段工作,重点抓好普查数据整理、成果展示及科学管理,于5月全面完成了市域范围内普查数据的上报,顺利完成了“三普”工作报告编制、“三普”档案整理、不可移动文物名录编制、不可移动文物分布电子地图制作、文物普查成果保护利用规划编制等各项工作。《嘉兴市全国第三次文物普查重要新发现》专辑于3月正式编辑出版,展示了普查工作的重要成果。各县(市)也正着手制定普查成果出版计划,使更多普查新发现为社会共知共享、共同保护。

2010年,嘉兴市继续加大保护力度,将普查发现的重要文物点公布为文保单位和文保点。全市全年共公布市、县级文物保护单位139处、文物保护点112处,其中市本级公布第五批市级文物保护单位9处、第五批市级文物保护点42处。有关部门及时下发文件,要求各地落实措施、加强属地管理。南湖区、秀洲区先后成立了文物保护志愿者队伍,聘请130多名文物保护志愿者,管理范围覆盖市本级各文物保护单位和文物保护点,加大了社会力量参与文物保护的力度,完善了文物保护志愿者队伍建设。文物部门还对普查先进集体和个人进行了表彰,为文物保护工作营造良好的社会氛围。

四、文博事业加快发展

为加强基础设施建设,嘉兴博物馆于2010年完成了恒温恒湿库房改造,启动了博物馆二期建设工程。海盐博物馆新馆基本竣工,嘉善、桐乡等县(市)博物馆新馆也在规划中。文物部门继续做好民办博物馆的扶持发展工作,多家民办博物馆正在筹建中。

为深化免费开放工作,嘉兴全市所有国有博物馆与大部分民办博物馆向社会免费开放,全年共接待观众370多万人次,取得了明显的社会效益。全市文博系统加强馆际资源整合,丰富展览内容,共举办展览170场/次,“周秦美石——陕西宝鸡出土先秦玉器精品展”、“十里红妆——宁绍婚俗中的红妆家具”、“2010第五届中国·嘉兴国际漫画展”、“君匋艺术院馆藏书画精品展”等展览在社会上产生较大影响。“嘉兴地区博物馆玉器藏品展”获浙江省年度陈列展览精品项目“最受观众欢迎奖”、“佛国众生——博物馆馆藏佛像佛画展”获“最佳综合效益奖”。

为完成馆藏文物数据库建设阶段性任务,嘉兴市按照国家和省文物局的工作要求,开展了馆藏文物信息采集,对全市14600多件文物进行了影像拍摄和文字录入,高质量地按时完成了数据库建设任务,提高了珍贵文物的数据质量,使全市等级文物资料得到了整理。

五、文物基础工作进一步夯实

为给历史文化遗产构建起制度保障,嘉兴市在2009年制定颁布《嘉兴市文化遗产保护办法》的基础上,又于2010年制定了《嘉兴市促进民办博物馆发展的意见》、《嘉兴市加强历史建筑保护工作的意见》,继续健全保护机制。嘉兴市政府公布了《嘉兴市本级各级文保单位保护范围和建设控制地带规划》,建立了嘉兴市文化遗产保护委员会及综合办公室、名城保护管理办公室、专家委员会等机构,重视“两新”工程建设中的农村文物保护,积极开展调研并撰写报告,建议市政府在推进城乡一体化和农村新市镇、新社区建设过程中出台相关政策、制度,加强对农村文化遗产的抢救性保护。同时,文物部门重视对工业遗产等新型文化遗产的保护利用,正着手制定相关扶持政策,还认真开展了《嘉兴市文物事业发展“十二五”规划》的编制,以对未来五年的文物事业发展进行总体规划和统筹安排。

为加大文保单位修缮力度,嘉兴市有计划地对各级文物保护单位、文保点进行日常维护,完成了明伦堂、宏文馆、朱生豪故居、沈曾植故居、国界桥等处的保护性修缮,实施了重点文物保护工程项目。省级文保单位文生修道院本体修缮工程已启动,环境整治方案正在进一步完善中;白坟墩遗址、秋泾桥、高家洋房等文保单位整治保护方案正在编制中,天主堂、范蠡湖改造设计方案的深化工作得到推进。

为继续做好全国重点、省级文保单位的申报推荐,嘉兴市配合国家文物保护专家组对拟申报第七批全国重点文物保护单位的文生修道院、天主教堂、俞家湾桑基鱼塘等进行了现场复核考察,完成了京杭大运河河道(嘉兴段)、双魁巷、杉青闸、西水驿碑等四个作为第六批省保的文保单位的增补申报,开展了历史建筑建档挂牌,公布了嘉兴市区第一批69处历史建筑。

为加强历史文化研究,嘉兴市结合马家浜遗址发掘纪念活动,着手《马家浜文化图文集》(上、下册)的编辑出版,完成了嘉兴地区91个姓氏谱系的《嘉兴明清望族》的论证,还加强了对运河遗产的研究,启动了《嘉兴运河文化遗产》(暂名)的中英文对照读本及运河系列文化丛书的编辑,充实了大运河“申遗”资料。

六、文化遗产宣传活动日趋丰富

2010年,嘉兴市充分利用国际古迹遗址日、国际博物馆日、文化遗产日等重要纪念日,通过进社区、进学校举办展览讲座,利用广播、电视、报刊、网络等媒体平台大力宣传文物保护法律法规、文物知识和文物价值等形式,引导全社会共同参与、支持文物保护工作。“文化遗产日”前后,文物部门将“嘉兴市第三次全国文物普查成果图片展”、“博物馆馆藏老照片展”等流动展览送入学校、图书馆、社区展出,并在嘉兴职业技术学院举办专题讲座,积极开展文物保护宣传;还开展了“文化遗产进校园”活动,将《嘉兴市第三次全国文物普查重要新发现》送入嘉兴市各高校及中小学校,进一步普及了文物保护知识。通过与浙江移动通信有限责任公司嘉兴分公司的合作,嘉兴市文物部门在第五个文化遗产日当天通过手机平台向广大市民发送公益短信,动员全民参与文化遗产保护,开展了“文化遗产在我身边”的媒体宣传。此外,文物部门还在《中国文物报》、《嘉兴日报》、浙江省文物网等媒体上刊登文章,大力宣传文物普查成果及文物保护知识。

第五届“陆维钊奖”启动仪式在平湖市举行

1 月 9 日，浙江省书法家协会五届七次主席团会议暨第五届“陆维钊奖”浙江省中青年书法作品展新闻发布会在平湖市陆维钊书画院举行。活动现场对在 2009 年度中国书法家协会主办的大展评比活动中取得优异成绩的 17 人进行了表彰。

嘉兴市举办历史文化名城保护专家专题讲座

3 月 15 日，国家历史文化名城保护专家委员会秘书长、中国城市规划设计研究院教授王景慧受邀赴嘉兴，就申报国家历史文化名城情况作了《城市历史文化遗产的保护》专题讲座。嘉兴市委常委、宣传部部长武亮靓，市委常委、副市长张阳升，市申名领导小组成员单位及市属、县(市、区)相关部门(单位)参加了讲座。

“鸳鸯湖棹歌书画印展”在嘉兴博物馆开展

3月18日，嘉兴博物馆主办的“禾风嘉韵——鸳鸯湖棹歌书画印展”开展。展览共展出当代艺术家唱和朱彝尊《鸳鸯湖棹歌》的书、画、印作品各100件，直观展示了朱彝尊时代嘉兴的风土人情。

嘉兴市专题调研农村文物保护工作

4月12至19日，嘉兴市文物局组织力量对农村文物保护工作进行了专题调研。调研组先后赴嘉善县姚庄镇、海宁市斜桥镇、桐乡市崇福镇、海盐县百步镇、平湖市新仓镇等地，对农村文物保护现状、存在的主要问题、加强农村文物保护的政策措施等展开调研。各县（市）文化局、博物馆等单位领导参加了调研。

桐乡乌镇陈庄村发现明代古墓

4月18日，桐乡市乌镇镇陈庄村严堡弄组村民在平整土地时发现了古代墓葬群。该墓葬位于陈庄村西南方向约200米的一个高土墩，土墩东侧为一条南北向机耕路，南、西、北侧为耕田。墓葬为砖拱结构，共有五穴。桐乡市博物馆工作人员在清理中发现墓志铭一块、大小神位石牌三块、完整青花瓷碗两个。根据墓志铭及相关材料推断，此墓为明代家属墓葬。

省人大调研嘉兴民办博物馆发展情况

4月28日、29日，省人大调研组一行在省人大常委会委员、教科文卫委员会副主任陈永昊带领下,对嘉兴民办博物馆发展情况进行调研。调研组听取了嘉兴市政府关于民办博物馆发展情况的专题汇报,实地视察了浙江东方地质博物馆、嘉兴丝绸博物馆等民办博物馆,与博物馆负责人进行了座谈交流,探讨了民办博物馆发展中存在的问题及解决办法。

嘉兴市政协调研曝书亭保护工作

5 月 5 日,嘉兴市政协副主席张兴华率调研组赴省级文物保护单位曝书亭,就市政协重点提案《关于重建曝书亭名人故居文化园的建议》进行实地调研。王店镇政府、市文化局、市政协负责人分别就该提案办理情况及相关建议进行了充分交流。

嘉兴召开全市文化遗产保护工作会议

5 月 14 日,嘉兴市政府召开全市文化遗产保护工作会议。市领导李卫宁、武亮靓、王淳及相关部门(单位)负责人、各县(市、区)政府主要(分管)领导、各镇(街道)主要负责人、第三次全国

文物普查先进代表等100多人参加了会议。省文化厅副厅长、省文物局局长鲍贤伦出席会议并讲话。秀洲区、桐乡市,嘉兴市建委、市文化局等部门作了交流发言。会议还表彰了嘉兴市第三次全国文物普查先进集体和先进个人。

嘉兴市积极推进工业遗产保护利用工作

5月21日,嘉兴市委书记陈德荣专题调研工业遗产保护工作,并要求文物部门在对工业遗产进行普查、研究,摸清家底的基础上,确定保护范围和对象,尽快颁布保护规划、出台相关政策,将工业遗产保护和利用纳入年度经济、社会发展计划,实现工业遗产传承保护与开发利用的有机结合。嘉兴市申名办、市经贸委也曾专程邀请浙江省文物考古研究所及杭州市规划局专家赴嘉兴,对工业遗产保护工作进行指导。

国家文物局、省文物局检查嘉兴博物馆馆藏文物数据库建设

5月26日,国家文物局数据中心党总支书记、副主任吴东风和信息部主任祝孔强、刘赪娜一行在浙江省文物局副局长陈官忠、博物馆处副处长沈坤荣陪同下,对嘉兴博物馆文物调查及数据库管理系统建设项目工作推进情况进行检查指导。专家组听取了工作情况汇报,实地查看了藏品数据录入和影像采集情况,同时对数据录入管理和影像采集中存在的一些技术问题作了现场指导,还就下一步工作提出了建议和要求。

专家组考察嘉兴运河文化遗产

5月27日至28日,由中国文化遗产研究院副院长、总工侯卫东率领的大运河遗产总体保护规划编制组一行10人赴嘉兴,开展了实地踏勘和调研。专家组实地考察了大运河(嘉兴段)部分遗产点,重点调研了大运河遗产保护工作现状和存在问题。省文物考古研究所、嘉兴市文物局相关领导陪同。

8月5日至6日,国家专家考察组再度赴嘉兴,对大运河(嘉兴段)申遗预备名单各遴选点进行了为期两天的现场考察。专家组听取了情况汇报,实地考察了嘉兴市各申遗遴选点及运河段河道,同时对周边环境整治、运河遗产综合展示等工作提出意见和建议。

桐乡举办首届丰子恺漫画艺术展

5月,桐乡市丰子恺纪念馆举办丰子恺漫画艺术展。展览所展出的作品涵盖了丰子恺各个时期的漫画创作,曾在2004年赴台湾进行艺术交流,展示了作者的艺术特色。

嘉善市民捐赠清代石碑

6月12日“文化遗产日”当天，嘉善市民郎雪坤、郎雪令兄弟将珍藏多年的两方石碑及一块京砖捐赠给县博物馆。其中一方石碑为清代生圹记石碑，汉白玉质，是记录身世、生平的石碑；另一方为地名碑，在现罗星街道银河景苑发现，花岗岩质。京砖为方形，有边款“浙善干窑，金晋记本窑自造京砖，只此一家，并无分出”。

“海上因缘——平湖李叔同、陆维钊、吴一峰书画精品展”在沪举行

6月18日，纪念李叔同诞辰130周年暨“海上因缘——李叔同、陆维钊、吴一峰书画精品展”在上海开幕。展览共展出李叔同、陆维钊、吴一峰的真迹112件，其中包括李叔同最大尺幅书法作品《佛说阿弥陀经》十六条屏，以及陆维钊的《兰亭序》和长达28米的吴一峰手卷《嘉陵山色》。

"江南城色·长三角地区书画名家庆世博作品展"举行

7月1日,由中共嘉兴市委宣传部、嘉兴市文化广电新闻出版局、嘉兴市文学艺术界联合会主办,常熟美术馆等15家美术馆(纪念馆)协办,嘉兴蒲华美术馆、嘉兴画院承办的"江南城色——长三角地区书画名家庆世博作品展"在嘉兴美术馆举行。本次展览标志着"红船先锋"、"南湖文化先锋"创先争优活动的正式启动。

嘉兴博物馆举办"陕西宝鸡地区出土先秦玉器精品展"

7月15日,嘉兴博物馆与宝鸡青铜器博物馆等举办的"周秦美石——陕西宝鸡地区出土先秦玉器精品展"在嘉兴开幕。精品展遴选了147件(组)新石器时代至春秋战国时期的玉器,含琮、璧、钺等礼器及各种装饰玉器,是一次西部先秦玉器的大会集。

国家文物局专家组考察嘉兴市第七批国保申报单位

8月16日,国家文物保护专家组对嘉兴市拟申报第七批全国重点文物保护单位的文生修道院、天主教堂、俞家湾桑基鱼塘进行了推荐复核与现场考察。专家们希望嘉兴实施更加有效的保护、管理措施,加强对文物本体的维修和周边环境的整治。

嘉兴市审议通过《大运河(嘉兴段)遗产保护规划》

8月19日,嘉兴市召开市规划会议,审议通过《大运河(嘉兴段)遗产保护规划》并正式上报省政府,从而为有效实施大运河(嘉兴段)遗产保护工作提供了法律依据。

嘉兴市第一批历史建筑挂牌工作完成

8月,嘉兴市首批69处历史建筑的挂牌工作全部完成。嘉兴市下一步将按照《浙江省历史文化名城保护条例》、《嘉兴市加强历史建筑保护工作意见》的要求,尽快划定历史建筑保护范围和建筑控制地带,以进一步完善历史建筑保护管理体系。

嘉兴博物馆入选省级爱国主义教育基地

8月,经省委、省政府批准,嘉兴博物馆等12家单位被列入第七批省级爱国主义教育基地。嘉兴博物馆也成为嘉兴地区第九家省级爱国主义教育基地。

国家历史文化名城考察组验收嘉兴申报国家历史文化名城工作

8月30日至9月2日,由住建部、国家文物局组成的国家历史文化名城考察组对嘉兴市申报国家历史文化名城工作进行了为期三天的评估考察。在查看材料、实地走访并听取汇报后,专家组一致认为,嘉兴具有申报国家历史文化名城的条件,希望能以此为契机,做好各项保护、管理工作。副省长陈加元接待了专家组成员。

嘉兴市完成文保单位“两线”重新划定

9月,嘉兴市文保所会同市建委规划局完成了市本级各文保单位保护范围、建设控制地带(简称两线)的重新划定。自2009年启动以来,嘉兴市共完成78处文保单位的“两线”划定,并结合建委“数字嘉兴”的项目成果,将各级文保单位的“两线”内容在政务网上公布。根据新划定范围,嘉兴文保所重新制作并竖立了78处文保单位保护标志牌,内容不仅包含传统的文物名称、保护单位等信息,还融入了“两线”范围,方便社会力量参与保护、监督。

嘉兴市政协主席会议商讨文生修道院修缮使用方案

9月7日,嘉兴市政协召开六届第44次主席会议,就文生修道院修缮使用方案等进行商讨。《嘉兴市文生修道院修缮工程设计方案》省级论证会于2月召开,方案设计单位根据专家意见,对方案进行了修改完善。本次会议认为,修缮一定要保持主体建筑的原有风貌,保留原有历史信息,做好周边环境的整治,并妥善处理好有关产权、使用权问题。

中国书画名家精品杰作馆联会展在平湖展出

9月18日,中国书画名家馆联会第十五届年会开幕式暨陆维钊书画院建院十五周年庆典仪式举行。本次中国书画名家馆联会展出了20世纪22位中国书画大师的精品。

沈曾植故居完成基本陈列改版

2010年,嘉兴市文保所对沈曾植故居进行了基本陈列改版和内部环境整治。改版后的陈列通过“生平事迹”、“学术大师”、“书法泰斗”、“诗坛巨子”、“蜚声中外”等五大方面,真实生动地反映了沈曾植的一生。

嘉善县举办吴镇诞辰730周年纪念活动

2010年是元代画家吴镇诞辰730周年。9月30日,由嘉善县政府主办,县文化广电新闻出版

局、县文联承办，江苏常熟市文联、无锡锡山区文体局、杭州余杭区文联、富阳市文联等参加的“嘉善县元代画家吴镇诞辰730周年纪念活动”在吴镇纪念馆开幕。本次活动包括吴镇传世真迹高仿真作品展、元季四家故里国画作品邀请展及吴镇小学学生临摹吴镇作品表演等。

嘉兴博物馆推出“十里红妆”系列活动

10月1日，嘉兴博物馆从宁波宁海县引进的“十里红妆女儿梦——宁绍婚俗中的红妆家具”正式对外开放。展览分为“迎亲的队伍”、“待嫁的女儿”、“火红的新房”、“精致的女红”4个部分，共展出了红轿、红床、红柜、红箱等200余件红妆器物。嘉兴博物馆还在11月27日特邀专家对比嘉兴地区的婚俗文化，作了《新娘的嫁妆——谈浙江婚俗与十里红妆》专题讲座。嘉兴学院、嘉职院师生和社会各界人士近200人聆听了讲座。

君匋艺术院与上海鲁迅纪念馆联合承办精品展

11 月 16 日，由桐乡市政府主办，桐乡市文化广电新闻出版局、上海鲁迅纪念馆、桐乡市君匋艺术院承办的“艺坛瑰宝——君匋艺术院馆藏书画篆刻精品展”开幕式在上海鲁迅纪念馆举行。此次展览展出了桐乡君匋艺术院馆藏明代至近现代书画篆刻大师作品 77 件，是桐乡市政府为接轨上海世博会而举办的一次重大展览。

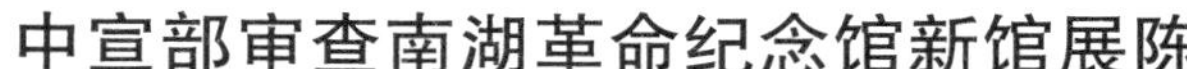

中宣部审查南湖革命纪念馆新馆展陈

11 月 19 日，中宣部宣教局有关人员在中共浙江省委宣传部副部长鲍洪俊，嘉兴市委常委、宣传部部长武亮靓等陪同下，审查了南湖革命纪念馆新馆展陈工程。审查组表示，南湖革命纪念馆新馆展陈内容厚重、形式新颖，做到了历史与现代的良好结合，打造了一个全国一流的爱国主义教育基地和红色旅游重要品牌。

《嘉兴市文物事业发展“十二五”规划》专家论证会举行

12 月 6 日，《嘉兴市文物事业发展“十二五”规划》专家论证会在杭召开，省文物局、省考古研究所有关专家出席了会议。专家在充分肯定《规划》的同时，就推进大运河申遗、博物馆事业发展、文物资源合理利用及强化文物事业发展各项保障等方面，对《规划》内容提出了意见和建议。

《陆维钊书画精品集》获浙江树人出版奖

12 月，《陆维钊书画精品集》获第十九届浙江树人出版奖。2009 年，平湖市陆维钊书画院为纪念陆维钊先生诞辰 110 周年，在杭举办“陆维钊书画精品展暨学术研讨会”，并协同中国美术学院出版社出版了该精品集。

平湖市举办纪念李叔同诞辰130周年系列活动

12月20日,由平湖市政府和杭州师范大学弘一大师·丰子恺研究中心联合举办、平湖李叔同纪念馆承办的纪念李叔同诞辰130周年系列活动暨“中国·平湖——李叔同人格与艺术研讨会”及江泽民为李叔同纪念馆所题馆名揭牌仪式在李叔同纪念馆广场举行。会议期间,学者们围绕李叔同的人格与艺术这一主题展开讨论。

桐乡召开钟旭洲钱币捐献座谈会

12月20日,桐乡市文化广电新闻出版局举办钟旭洲钱币捐献座谈会。3月30日,钟旭洲向桐乡市移交捐赠了第一批786枚从先秦至北宋的古钱币。12月17日,钟旭洲先生再次移交捐赠的第二批从南宋到民国时期的古钱币和明清、民国时期和革命根据地纸币2147枚(张)。经鉴定,其中一级品1件,二级品26套(件)、30件(张)。

嘉兴市文保所开展工业遗产专题调研

2009年,嘉兴市文保所正式成立工业遗产调研课题组并开展了工业遗产专题调研。两年来,课题组摸清了市本级工业遗产现状,初步建立起市本级工业遗产清单,上报了一批市级文保单位和文物保护点,为政府城市规划提供了工业遗产保护基本决策数据。通过对资料的汇总整理,课题组于2010年形成了《嘉兴工业遗产的保护与利用——关于建立工业遗产博物馆的思考建议》专题调研报告。

绮园开展保护整修

2010年,绮园将保护整修的重点放到树木白蚁防治、水系监测和水池海景观设计上。针对园内古树白蚁危害严重、治理困难的情况,绮园邀请湖北麻城树木白蚁防治专家进行防治,取得了显著成效。同时,绮园加强对水系的监测,首次进行了水系专业化的测量,为园内植被的保护制定有效方法提供了依据。此外,绮园启动补园大池海的景观设计工作,确定了大池海景观的风格和要求,基本完成了初步设计和大池海围墙的重砌。

海宁加强博物馆免费开放工作

根据国家及省有关文件精神,2010年,海宁加大投入,完善各类文博基础设施,投资170万元对海宁市博物馆“硖石灯彩”馆进行了整体改造,同时着力提高展览质量,引进精品陈列项目。其中“神舟七号”主题展览获“2009年度浙江省精品陈列最受欢迎奖”。

海宁市、盐官镇分别成功申报省级历史文化名城和中国历史文化名镇

2008年,海宁与盐官分别开始申报省级历史文化名城和中国历史文化名镇。三年来,海宁以申报名城名镇为抓手,制订规划、出台办法、修缮文保单位,大力开展了一系列文化遗产保护工作;并在此基础上系统梳理了传统文化,组织编制了名城申报文本材料。2010年底,申报工作均获成功,分别由浙江省政府、国家住房和城乡建设部行文公布。

大遗址保护取得重大进展

为了确保马家浜遗址发掘场景能够长期保存,2010年,浙江省文物考古研究所与嘉兴市文物局制定了遗址发掘区的现场保护方案,对规定发掘区落实隔水和排水措施,同时整体选取保存状态较好的墓葬人骨,采用化学保护技术进行加固并做好科学鉴定工作。目前考古工作共清理墓葬80座,发现了一批文物和许多有价值的信息,取得重大进展。3月,嘉兴市文物局委托浙江省文物考古研究所对子城片区进行了小规模考古调查,获取了古城墙基及古代官署部分区域建筑布局的初步信息,为下一步开展较大规模勘探、完善子城片区保护规划、充实子城历史信息提供了初步数据。

嘉兴市大力推进文物信息管理系统工作

2010年,嘉兴在完成第三次全国文物普查实地调查阶段任务后,随即高质量地完成了普查资料的整理工作,数据库建设也正在进行中。同时,嘉兴严格按照省文物局要求,积极开展馆藏文物文字信息数据录入与影像采集工作,并在全省会议上作了专题发言。目前,全市馆藏文物数据库正在建设中。

湖州市

2010 年,湖州市在市委、市政府的高度重视和省文物局的关心支持下,深入贯彻落实科学发展观,坚持文物工作十六字方针,坚持"以文化人、以文惠民、以文兴业"的目标导向,突出重点,狠抓落实,使全市各项文博工作都取得了成效。

一、重点文物保护工作成效进一步凸显

在省普查办的大力支持和悉心指导下,湖州市"三普"工作取得阶段性成果。长兴县普查队经市、省普查办推荐,荣获"第三次全国文物普查突出贡献奖先进集体"称号。合溪洞遗址改写了浙江无旧石器时代文化遗存的历史,填补了中国东南沿海地区一大片旧石器考古的空白。作为我省"三普"验收点,湖州市顺利通过国家验收组验收,得到了国家和省文物局领导的赞誉。自"三普"工作启动以来,湖州市"三普"工作领导小组高度重视、加强领导,在即将转入第三阶段的重要时期,及时研究、讨论"三普"第三阶段主要工作,组织召开全市"三普"工作会议,传达了省普查办第三次全国文物普查转段工作会议精神,部署了全市 2010 年"三普"工作重点,组织开展第三阶段培训,要求各普查队扎实做好实地调查资料的整理汇总、数据库的建设、不可移动文物名录的编制及工作报告的撰写等工作。安吉县普查办还完成了县普查工作报告。

为及时保护普查成果,湖州市在普查新发现的基础上,经实地勘查,遴选出具有较高历史、科学、艺术价值的文物点,其中 15 处推荐申报第七批全国重点文物保护单位,28 处推荐申报第六批省级文物保护单位。同时,全市全年还公布市(县)级文保单位 79 处,文保点 500 余处。全市各普查队主动与各乡、镇(街道)对接,告知辖区内登录在册的不可移动文物情况,避免文物点在城镇开发、新农村建设中遭到人为破坏:长兴县完成了 36 处新公布县级文物保护单位的标志碑安置,启动了文物保护单位"四有"工作的信息化管理。为加强宣传,湖州市在普查成果中精选了 108 处涵盖古遗址、古墓葬、古建筑、石窟寺及石刻、近现代重要史迹及代表建筑的重要新发现,编辑、出版了《苕霅流吟——湖州市第三次全国文物普查重要新发现》一书;并在"国际博物馆日"和"文化遗产日"期间将该书赠送给市民,使市民了解了普查成果,也让更多人加入到文物保护队伍中。

根据国家和省文物局统一要求和部署,湖州市积极推进文博事业"十二五"规划和文物保护项目及经费需求"十二五"规划编制,分别成立了市文博事业"十二五"规划和市文物保护项目及经费需求"十二五"规划编制工作领导小组,各县(区)也建立了相应的组织机构,及时召开专题工作会议进行部署。湖州市文物局专门组织人员分赴各县(区)进行指导、协调和沟通,结合各地经济、社会发展实际,共同研究"十二五"期间湖州市文博事业发展主要方向、重点内容、主要措施及需要上级部门重点支持的文物保护项目和经费需求。在时间紧、任务重的情况下,各地圆满完成了湖州市文博事业"十二五"规划和文物保护项目及经费需求"十二五"规划编制。根据规划,"十二五"期间湖州市将在不可移动文物保护维修、可移动文物保护修复、大遗址保护、文化遗产环境风貌保护、抢救性保护设施设备建设等五个大类中重点实施63个保护项目,共需投入资金19亿元(其中,申请中央财政8.9亿元,地方自筹资金10亿元)。

由于“馆藏文物数据库建设项目”启动时间较晚,工作量较大,工作要求较高,湖州市在时间紧、任务重、难度大的情况下,专门成立了市、县(区)两级馆藏文物数据库建设项目工作组,并于4月27日正式启动全市馆藏文物数据库建设项目工作。全市文物工作者继续发扬能吃苦、善攻坚的优良作风,创新方法、团结协作,实行工作计划倒排制、人员力量调配机动制和质量环节把关制,使湖州市馆藏文物数据库建设项目得到全面推进。全市5100套(组)馆藏文物的影像拍摄和软件输入工作分别于6月15日和6月底保质保量地提前完成了任务。

2010年,根据国家和省文物局要求,湖州市在做好大运河(湖州段)各分段和沿线文物点保护工作的同时,重视大运河申报世界文化遗产的选段工作,于年初召开了各相关部门参加的大运河(湖州段)申遗保护工作协调会。会上研究、讨论了湖州市大运河(湖州段)申遗保护工作的重点,达成了共同努力做好湖州市大运河(湖州段)保护申遗工作的共识。在广泛争取各部门意见的基础上,中规院进一步完善了大运河(湖州段)申遗保护规划。8月,国家京杭大运河申遗点(段)遴选考察组对湖州市进行了实地考察,听取了湖州市大运河申遗点(段)的基本情况汇报,对大运河(湖州段)下一步工作提出了建议和意见。经过认真遴选,湖州市有4处文物点被市政府推荐申报为全国重点文物保护单位京杭大运河扩展项目。12月,国家文物局根据大运河(湖州段)遗产点的价值和保护管理状况,将湖州市大运河河段頔塘(湖州船闸—吴江平望)及遗产点南浔古镇、新市市河与历史街区列入首批申遗预备名单。德清县高度重视大运河申遗工作,召开大运河(德清段)专题保护申遗会议,将投入100多万元对镇上文物古迹进行抢救性修复。

二、文物保护力度进一步加强

为加大对不可移动文物的保护维修力度,湖州市实施了古桥维修工程,联合市财政等部门完成了对双花桥等6座古桥维修工程的竣工验收,还开展了对頔塘纤桥晟舍塘桥维修工程的竣工验收。2010年,湖州市文物局组织业务人员对市本级古桥进行了实地调研勘察,就年久失修和长期以来受往来船舶撞击而出现不同程度险情的古桥进行登记,分轻重缓急列出了2010年古桥维修名单,制订了维修计划,得到了湖州市财政局的支持,获得古桥维修资金194万元,有望启动相关维修工程。湖州市先后实施了全国重点文保单位嘉业堂藏书楼保养性维护工程、张氏旧宅建筑群二期维修工程、小莲庄刘湖涵教育基金会史料展室项目、飞英塔保养性维护工程,省级文保单位邱城遗址保护利用规划方案编制、胡瑗墓神道绿化工程,市级文保单位、文保点韵海楼维修工程、钱业会馆维修工程、戴山塔修缮工程、衣裳街历史文化街区周宅、赵宅维修工程等一系列文保工程。德清县完成了古板桥维修、辉山塔修缮、龙安桥维修工程。长兴县及时抢救西湾里王思高宅、毛场里“节孝”凉亭、周村凉亭等濒临倒塌的文物保护单位。文物部门指导了衣裳街历史文化街区、小西街历史文化街区、南浔古镇历史文化街区的保护性修缮工程,审批了衣裳街历史文化街区内霅溪馆旧址、吴兴电话公司旧址等8处文保单位、文保点的修缮设计和施工方案。为进一步规范不可移动文物维修工程的管理,湖州市草拟了《湖州市文物局不可移动文物维修工程管理办法(试行)》,长兴县出台了《关于加强文化遗产保护的实施意见》。

为维护和保障文物安全，湖州市文物局联合市公安局、各区消防大队和市文物监察支队定期开展全市文物安全消防大检查，就检查中发现的问题向相关单位提出整改意见，下发书面整改通知，要求限时整改。各县（区）也认真开展文物安全检查：南浔区出动250余人次，组织定期、不定期检查，完成了各级文保单位和重要文保点的季度巡查与督查。德清县文广新局与团县委、县妇联、县少工委等单位联合组织开展文物义务认护活动，对全县97处县级以上文物保护单位落实义务认护。德清县文保所对全体认护人员进行文物保护法律法规和认护业务知识培训。为建立、落实文物安全长效机制，湖州市与各县、区文保所、博物馆签订了文物安全责任书，积极开展汛期安全大检查，对存在问题的文物点及时下发安全整改通知书。

自3月26日开始田野工作以来，经过共同努力，东林镇南山村商代原始瓷窑址考古发掘取得预期收获。该窑址是一处以烧造原始瓷为主的商代原始瓷窑址，在中国瓷器起源考古研究中具有重要价值，为探索以德清为中心、包括湖州南部地区在内的东苕溪流域是中国“瓷之源”这一重大学术课题提供了新的重要资料。12月，南山窑址考古发掘被中科院考古研究所公布为2010年六大发现之一。文物部门前置性介入涉及文物的基本建设工程项目，审批通过并上报了南浔新开河地块建设、湖州加能石化有限公司油库项目建设、湖州市第一医院急诊医技综合用房建造、中海油油库及码头建设、东湖石油公司油库码头扩建、太湖山水人家、玉堂桥搬迁、双福桥搬迁、东塘桥修复等工程；指导了安吉县生态博物馆建设工程，长兴县大成殿·明伦堂的维修；还组织专业人员先后对杨家埠到鹿山104国道改道工程、申苏浙皖高速湖州出口以南与吴兴大道连接线工程、申嘉湖高速西延线工程、湖苏沪城际高铁工程、湖浔临港公路工程实施了沿线文物调查及相关文物保护协调，并给设计单位提供帮助。长兴县配合重点工程做好318国道、长湖申水道及五丰至五庄道路改造工程的抢救性考古发掘。安吉县配合基本建设，对天子湖工业园汉墓群进行了抢救性考古发掘，共发掘古墓葬100余座，出土文物及标本200多件。此外，文物部门还参与了市政府保障性住房建设湖东新区、湖州市烈士陵园、赵孟頫艺术馆、百叶龙腾景观雕塑工程初步设计，仁皇山生态公园夜景艺术照明工程设计方案等涉及文物保护和城市景观设计方案的会审。

三、博物馆展陈水平进一步提升

2010年，湖州市倾力打造博物馆陈列展览精品：湖州市博物馆以基本陈列“吴兴赋”为依托，积极探索资源整合和馆际交流的新路子，全年相继推出了“第二届中国玉文化（湖州）博览会暨新疆和田玉、翡翠精品展”、“王朝的背影：南京博物院院藏清代宫廷珍宝展”、“鲁迅的艺术世界：鲁迅博物馆馆藏文物精品展”、“巨象文晖·南京博物院藏‘虚斋名画’特展”4个临时展览，赢得了社会各界的广泛关注和好评，全年共接待观众近30万人次。“巨象文晖·南京博物院藏‘虚斋名画’特展”也是湖州博物馆与南京博物院的第二次合作，取得了良好的社会效益。德清县博物馆2010年引进、举办了“张功华、陈学彰书画展”、“西吴之春书画展”、“能山法师书画展”、“先秦玉器展”、“吴昌硕书画艺术展”等五个展览，丰富了博物馆展览内容，提升了博物馆的档次和人气。长兴县博物馆举办“红色之旅浙皖丹青：长兴、泾县两地画家画展”，使两地得到进一步交流。

按照《湖州市衣裳街历史文化街区修建性详细规划》要求，文物部门完善对衣裳街历史街区历史文化的展示,编制了赵孟頫故居旧址纪念馆陈列策划方案,做好文物征集、资料整理搜集等前期筹备工作;配合、参与沈家本纪念馆、湖州民国文化陈列馆、湖州历代贤守事迹陈列馆的方案编制、实物及资料的征集等前期筹备工作。安吉博物馆(安吉生态博物馆信息资料、展示中心)土建工程进展顺利,年底完成对尚书文化、孝文化、山区桥文化、商埠文化等展示馆的建设,对多个陈列展览的大纲编制、内容、形式设计进行了指导。

为努力推动民办博物馆的健康发展,湖州市对已登记注册的4家民办博物馆(湖州银泰百姓博物馆、陆有仁中草药博物馆、春山收藏馆、千金塔地文化博物馆)及待注册的2家民办博物馆(新市明清木雕馆、新市仙潭民间艺术馆)进行了专题调研;同时以省人大调研组专题调研全省民办博物馆为契机,撰写了《湖州市民办博物馆情况汇报》材料,配合湖州市人大进行了专题汇报,为我省出台民办博物馆扶持政策提供参考。

四、文物保护意识进一步提高

湖州市文物部门以相关节日宣传为契机,努力提高全民文物保护意识。一年一度的国际博物馆日、文化遗产日期间,湖州全市文物部门积极主动开展形式多样、内容丰富的各类活动,以提高大众的文保意识。文物部门充分发挥电视、广播、报刊、网络等主流媒体的作用,着重在“文化遗产日”当天的《湖州日报·文化周刊》上介绍了湖州市文化遗产保护等情况,宣传了湖州市第三次全国文物普查的成果。文物部门还制作了数字电影,进农村放映三分钟宣传短片,着力配合新农村建设,做好农村文化遗产的宣传,在农村普及文化遗产保护法律法规和政策措施。此外,有关方面制作一批宣传展板进社区、进单位、进广场,向公众集中展示了湖州市文化遗产保护工作,并通过举办“鲁迅的艺术世界:鲁迅博物馆馆藏文物精品展”加强民国历史文化宣传;还开展了文物保护系列讲座,普及了文化遗产保护法律法规及相关知识。

2010年,湖州市以常态工作宣传为抓手,及时、准确地报送各类文物保护工作信息,向省文物局文物网报送并录用文物工作信息50余条,经省文物局网站报送国家文物网录用信息近30条;还积极做好《浙江文物年鉴》、《湖州文化遗产》、《沈尹默书法艺术专家论坛论文集》的编辑工作,发挥信息交流、汇集、传播作用。在网络信息高速发展的时代,湖州市加强对博物馆网站的建设,改进了政务信息的发布。德清县申请网络域名,建立“瓷之源”网站,对“瓷之源”相关信息进行集中宣传,以便大众搜索、查阅、浏览相关政务和动态信息。湖州市文物局与湖州师范学院联合举办文物保护知识讲座,取得良好社会效果。长兴县将“长兴县改革开放三十周年文物成果展”、“第三次全国文物普查成果展”送进城区各所学校、重点旅游景区、社区(参观人数达10万以上),同时举办了“弘扬铁军精神,争做当代合格大学生”为主题的“新四军苏浙军区革命史迹图片展”和革命传统教育报告会。

2010年,湖州市文物局领办了《关于进一步加强湖州市民国历史文化研究的建议》、《关于加快确立“钱山漾文化”命名的建议》、《关于建立湖州钱山漾遗址纪念馆的建议》等3件提案,同时会办了《关于重建赵孟頫故居的几点建议》等4件提案。提案、议案办理过程中,文物部门通过认真调研和多次协调沟通,形成了提案答复材料,并得到提案人的一致认可。同时,文物部门主动加强与各相关部门的联系,让一些关乎市民切身利益的项目尽快落实,还呼吁各方加强对历史文化遗产的保护，为促进历史文化名城建设，提升名城内涵和知名度而共同努力。

长兴县公布第四批县级文物保护单位

1月11日,长兴县政府公布狮子山遗址等36处不可移动文物为县第四批文物保护单位。本次公布的36处不可移动文物包括古遗址13处、古墓葬2处、古建筑12处、近现代史迹及代表性建筑9处,大部分为第三次全国文物普查中的新发现。

新四军苏浙军区纪念馆召开文物保护工作座谈会

1月15日,新四军苏浙军区纪念馆组织召开新四军苏浙军区旧址保护工作座谈会。长兴县文广新局及槐坎乡、白岘乡政府分管部门及旧址所在地负责人共30余人参加。会议通报了近两年纪念馆的主要工作和成绩,介绍了文物保护工作情况。与会人员提出了建设性意见和建议。

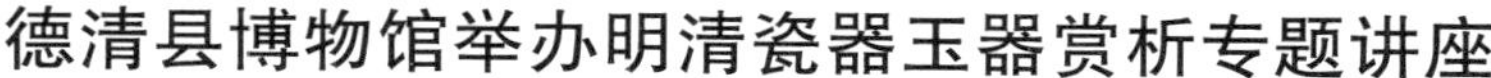

德清县博物馆举办明清瓷器玉器赏析专题讲座

1月31日,德清县博物馆特邀湖州博物馆文物专家进行了以“馆藏明清瓷器赏析”和“馆藏玉器赏析”为主题的专题讲座,吸引了全县众多收藏爱好者。

湖州博物馆举办“赏玉”主题沙龙活动

2月,“第二届中国玉文化(湖州)博览会”暨“新疆和田玉、翡翠精品展”首个主题活动在湖州博物馆举行。活动特邀资深专家主讲,并邀请多名玉石藏家传授了鉴别知识。本次主题活动是湖州博物馆在引领观众欣赏、提升观众审美等方面所做的尝试,也是湖州博物馆增强展陈服务功能所做的一次努力。

辉山塔实施保护修缮

辉山塔建于清嘉庆二十五年(1820),是德清县仅存的两座古塔之一。维修工程从3月开始,7月竣工,主要对塔体进行了加固和修补,恢复了塔刹、塔顶、塔檐及塔体周围基台,修补了魁星雕像,安装了避雷装置等。维修工程共投入文保资金50余万元。

上海电视台拍摄《吴昌硕》

3月,吴昌硕纪念馆协助上海电视台纪实频道在安吉拍摄了大师系列之《吴昌硕》节目。吴昌硕纪念馆为摄制组提供了珍贵史料及图片,并接受摄制组的采访,丰富了影片内容。该片分上下集,以纪实手法展现吴昌硕的人生历程,还穿插了多位吴昌硕研究专家的访谈。

湖州召开全市文物工作座谈会暨"三普"工作交流会

3月12日,湖州市文物工作座谈会暨"三普"工作交流会在湖州博物馆召开。各县文广新局、区文体局分管局长、文物科长,全市文博单位负责人等近30人参加了会议。会议传达了全省文物局长会议精神,对全市2009年文物工作做了总结,布置了2010年重点工作,并要求各地加强领导、加强沟通、加强宣传,在文物保护过程中守住底线、守住寂寞、守住阵地、守住规矩。各县(区)交流了2009年文物保护和"三普"工作情况及2010年工作计划。会议期间,与会人员还实地踏看了重点文物保护单位的保护情况,签订了文物安全责任书。

湖州博物馆举行"南京博物院藏清代宫廷珍宝展"

3月30日至5月4日，由南京博物院和湖州市文物局联合主办，湖州博物馆承办的“王朝的背影：南京博物院藏清代宫廷珍宝展”在湖州举行。本次展览展出的108件（组）清宫珍宝均为南京博物院清代宫廷文物精华，主要分为“九五至尊”、“钟鼎玉食”、“巧夺天工”和“普愿法界”四个单元，从衣、食、住、行、用等方面真实展现了清代皇室的奢华生活、艺术志趣及宗教信仰。

长兴县出台《关于加强文化遗产保护的意见》

4月2日，长兴县政府出台《关于加强文化遗产保护的实施意见》。《意见》分为六个部分，要求将县文物行政部门纳入到县建设项目审批单位之列，重大工程例会必须要有文物行政主管部门参加并提供建议。在文物保护单位保护范围和建设控制地带内，或者在本县地上地下文物丰富地区及用地面积30000平方米以上项目建设进行基本建设、土地平整、宅基地复耕时，建设单位要履行保护义务，在项目划定勘察设计红线前应报请上级文物行政部门进行考古调查、勘探；在项目选址（含矿山开发、砖瓦厂取土）立项论证时，应有县文物行政主管部门参加审议。《意见》还对开展历史文化名乡、镇（村）的申报推荐、加大文物征集力度、提高博物馆展示水平、引进举办更多精品陈列展览、整合博物馆纪念馆资源等方面提出了要求。

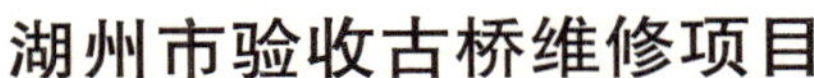

湖州市验收古桥维修项目

4月28日，湖州市文物局和湖州市财政局组成古桥验收小组，对双花桥、永安桥、道仁桥、圣堂桥、康王寺桥等五座古桥的维修进行了实地验收。验收组经考察后认为，五座古桥的维修质量符合要求，基本上保持了古桥的原状性和原真性。尤其是五孔石梁桥双花桥的中孔在因往来船只撞击而荡然无存的情况下，施工单位根据省文物局的要求，克服了水深等困难，增加工程量和成本，想尽办法打捞坠落河中的蹲狮望柱、桥心石、桥额石板等石构件，使其原状归安，达到了原真效果。维修项目于2009年8月开工，12月28日竣工，总工期138天，工程投资约90万元。

德清县博物馆举办“闲云出岫:能山法师书画遗作展”

5月1日至30日,由德清县博物馆主办、陆有仁中草药博物馆协办的“闲云出岫:能山法师书画遗作展”在德清县博物馆展出。能山法师为湖州籍近现代地方佛教和文化界名人。展览除展出县博物馆收藏的47幅能山法师遗作外,还包括了社会各界献展的能山法师书画遗作30余幅。作品以能山法师晚年佳作居多,内容涵盖书法、水墨山水及禅画等方面,体现了作者书画创作的独特风格。

“新四军苏浙军区抗日斗争史迹展”赴杭城高校展出

5月12日至6月30日,新四军苏浙军区纪念馆先后两次赴杭城的浙江树人大学、浙江商业职业技术学院等高校,举办了以“弘扬铁军精神,争做当代合格大学生”为主题的“铁的新四军:新四军苏浙军区抗日斗争史迹”图片展和革命传统教育报告会。两个月展出期间,共有21000名大学生参观了展览。同时,纪念馆与浙江树人大学、浙江商业职业技术学院举行了共建社会实践教育基地揭牌仪式。

湖州博物馆展出“鲁迅博物馆馆藏文物精品展”

5月18日,由北京鲁迅博物馆、湖州市文物局联合主办,湖州博物馆承办的“鲁迅的艺术世界:鲁迅博物馆馆藏文物精品展”在湖州举行。展览为期一个月,共展出鲁迅先生手迹、生前所藏等各类文物236件(组),分为“美术家鲁迅”、“鲁迅倡导的新兴版画运动”、“鲁迅收藏的金石拓片”、“书法家鲁迅”及“鲁迅与湖州”等五部分,全面展现了鲁迅的艺术世界和精神境界。

德清县开办“流动博物馆”

2010年,德清县博物馆围绕“博物馆致力于社会和谐”的主题,举办了“家住吴越山水间,纵览德清七千年”流动博物馆巡展活动。巡展制作了以德清县野外文保点、馆藏文物精华为主要内容的展示板81块,先后在学校、企业、社区、农村等展出。自5·18“国际博物馆日”至年底,共有6万余观众参观了展览。

长兴合溪洞遗址标志碑揭幕暨旧石器考古长兴工作站授牌仪式举行

6月3日,合溪洞遗址标志碑揭幕暨旧石器考古长兴工作站授牌仪式在长兴举行。省文化厅副厅长、省文物局局长鲍贤伦,省文物局副局长吴志强,中国科学院古脊椎与古人类研究所,省文物考古研究所,湖州市政府,湖州市文物局,长兴县人大、政协、政府,县文化遗产保护管理委员会成员单位,合溪水库建设指挥部,当地乡镇村委代表参加了授牌仪式。

合溪洞遗址是我省首次经科学考古发现并发掘的、有明确人类活动遗存的旧石器时代洞穴遗址。该遗址的发现对研究浙江地区晚更新世旧石器时代文化的发展及古人类的生存行为方式(特别是浙江古人类的起源、演进历程)具有重要意义,也为后续新石器文化找到了根基。

德清县博物馆举办“周秦神韵:陕西省宝鸡出土先秦玉器精品展”

6月8日,“周秦神韵:陕西省宝鸡出土先秦玉器精品展”在德清县博物馆展出。展览精选在宝鸡地区发掘出土的、从新石器时代至春秋战国时期的玉器147件(组),年代可靠、器形丰富、规格高、可看性强,很多展品都是重量级国宝。

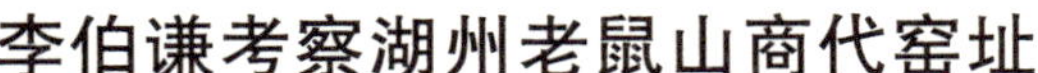

李伯谦考察湖州老鼠山商代窑址

7月12日,北京大学教授、著名考古学家李伯谦专程考察了湖州老鼠山商代原始瓷窑址发掘工地。在听取了情况介绍后,李伯谦考察了窑址发掘现场,观摩了大量出土原始瓷标本,对考古发掘取得的重大成果予以充分肯定。他认为,窑址无论在商周考古还是瓷窑址考古上均具有十分重要的意义,希望能进一步扩大发掘,以更全面地了解原始瓷的制作、烧造等工艺流程。

长兴县举办“当一回新四军战士:走进军营”活动

7月20日至25日,新四军苏浙军区纪念馆利用暑期,向社会公开招收45名中小学生,举办了“2010当一回新四军战士:走进军营”活动。学生们在驻长某部队营地进行了整理内务、条令规定学习、参观营区团史馆、队列训练、参观武器装备、模拟军事训练、举行联欢晚会等活动,受到了驻长部队首长的肯定和学生家长的大力支持,接受了爱国主义和国防教育。

长兴县南符小山实施土墩墓发掘

为配合长兴县城市开发建设,7月至9月,省文物考古研究所和长兴县文保所联合对雉城镇龙山街道西峰坝村南符自然村小山上的土墩墓实施了考古发掘。本次发掘历时2个月,共清理土墩7座,西周、春秋时期墓葬10座,出土随葬器物75件。

国家文物局专家组考察大运河(湖州段)申遗预备名单

8月6日至7日,国家文物局专家组赴湖州,考察了大运河申遗预备名单的遴选工作。专家组实地踏勘了南浔古镇、新市古镇、京杭大运河河道、太湖溇港及塘浦圩田等7处大运河遗产点,听取了湖州市关于大运河(湖州段)申遗点基本情况的汇报,对大运河(湖州段)申遗点的真实性、完整性、文化内涵、保存现状、价值评估及法律法规等提出了相关意见和建议。

“红色之旅、浙皖丹青:长兴·泾县美术作品联展”举行

8月10日和9月29日,由长兴县博物馆策划、组织实施的“红色之旅、浙皖丹青:长兴·泾县美术作品联展”分别在浙江长兴和安徽泾县举行。

长兴和泾县同属革命老区。2009年底,长兴县博物馆向长兴、泾县两地美术家协会发出倡议,建议共同举办美术联展,得到了两地美术家的热烈响应,并创作了70余幅国画作品,参观观众达2万余人。

国家文物局专家考察德清原始瓷窑址

8月17日，国家文物局专家组对德清原始瓷窑址进行了现场考察复核。德清原始瓷窑址集中分布在开发区龙胜村和龙山村，区域面积约6平方千米，由商代至战国不同时期的古窑址组成。德清商周原始瓷窑址规模大、延续时间长、保存完整，标志着中国制瓷史上的第一座高峰，对研究中国青瓷的起源和中国瓷器发展史具有十分重要的价值。专家组实地察看了火烧山窑址和亭子桥窑址，参观了“瓷之源:原始瓷与德清窑陈列展”，听取了相关情况汇报，认为德清县原始瓷窑址具有较高的历史、艺术、科学价值且保护状况良好。

长兴县启动文保单位“认看、认护”志愿者队伍建设

8月31日，长兴县下发《关于组建长兴县各级文物保护单位“认看、认护”志愿者队伍的通知》，明确了志愿者队伍建设的目的、条件、要求、时间及志愿者的权利与义务等内容。9月1日，长兴县行政中心召开全县各乡镇（街道办、开发区）文化干部，县博物馆、文物保护管理所及新四军苏浙军区纪念馆班子成员参加的会议，布置了长兴县各级文物保护单位“认看、认护”志愿者队伍的建设任务。

根据长兴县文化广电新闻出版局统一布置，文保单位“认看、认护”志愿者队伍经过志愿者申请、当地村委会（居委会）认可、县文保所及乡文化中心考察、县文化广电新闻出版局批准等四个阶段，于9月底完成组建。全县按照要求，将有100人加入首批文保单位“认看、认护”志愿者队伍。

湖州博物馆举行首届“赵孟頫杯”中国画名家邀请展

9 月 17 日，首届“赵孟頫杯”中国画名家邀请展在湖州博物馆开展。展览共展出具有较高知名度和影响力的 75 位当代中国画画家的 132 件作品，全国政协副主席、中国文联主席孙家正，省政协副主席斯鑫良，中国文联党组成员、书记处书记夏潮，总装备部原副政委葛焕标中将，省文联及湖州市相关领导出席了开幕式。

湖州博物馆举办“巨象文晖：南京博物院藏‘虚斋名画’特展”

9 月 28 日，由浙江省文物局、湖州市政府、南京博物院共同主办，湖州市文物局、湖州市博物馆承办的“巨象文晖：南京博物院藏‘虚斋名画’特展”在湖州博物馆开幕。该展是湖州博物馆继 2007 年推出“归去来兮：赵孟頫珍品书画回家展”后，连续第四年制作、策划、举办的高端书画展

览,也是2010年度湖州博物馆与南京博物院的第二次合作。展览共展出53组100余件展品,展现了自宋至清中国书画的大体发展轨迹。

德清县博物馆举办“风流占断百名家:海派大师吴昌硕书画艺术展”

9月28日至10月20日,“风流占断百名家:海派大师吴昌硕书画艺术展”在德清县博物馆展出。展品主要为吴昌硕不同时期创作的书画及相关作品拓本,涵盖了大师的整个艺术生涯,基本反映了吴昌硕一生的艺术成就。德清、安吉两地的50余幅作品参加了展览,其中大部分来自安吉县吴昌硕纪念馆。

德清小紫山土墩墓群考古发掘取得重大成果

为配合德清县武康镇经济开发区建设，2010年10月起，浙江省文物考古研究所会同德清县文保所对小紫山商周土墩墓群进行了抢救性发掘。发掘共清理商周时期土墩14座（有墓葬50多座），出土了100多件商周时期不同种类的原始瓷、印纹硬陶、石器、玉器等文物。小紫山土墩墓群墓葬结构复杂、年代跨度大、随葬文物丰富多样，特别是随葬原始瓷的商代土墓葬、西周岩坑与堆坑墓葬的发现，对于探索商周时期江南土墩的起源、墓葬制度的发展、原始瓷与印纹硬陶的制作工艺等方面均具有重要意义。

湖州市召开第七批市保单位拟推荐名单征求意见会

11月23日，湖州市第三次全国文物普查领导小组办公室召开第七批市级文物保护单位拟推荐名单征求意见会。湖州市发改委、市经委、市规划建设局、市交通局、市水利局、市环保局、市国土局、市农业局、市林业局、市旅游局、市港航局、市文物局、吴兴区文体局和南浔区文体局等湖州市第三次全国文物普查领导小组成员单位的代表20余人参加了会议。会议通报了第七批市级文保单位拟推荐名单的遴选产生过程，对下一阶段推荐工作做了具体部署。各成员单位从湖州市实际出发，就推荐名单进行论证，并提出了许多意见和建议。

自2007年第三次全国文物普查全面开展以来，湖州市第三次全国文物普查取得了阶段性成果，共登录文物点4752处，其中新发现文物点3769处。为进一步巩固普查成果，切实加强文物保护，根据文物的时代性、地域性、唯一性和特殊性，湖州市在推荐申报第七批国保、第六批省保的基础上，从新发现文物点中遴选出具有较高历史、科学、艺术价值的文物点45处，拟推荐为第七批市级文保单位。

长兴县举行浙江旧石器考古研讨会

11月25日至27日，浙江旧石器考古研讨会在长兴县举行，来自中国科学院古脊椎动物与古人类研究所、科学出版社、浙江省文物考古研究所及湖州、舟山、安吉、德清、临安、桐庐、浦江、长兴等市、县博物馆和文保所的领导、专家30余人参加了会议。

自2002年10月以来，浙江省文物部门经过八年努力，先后在长兴、安吉、德清、湖州、临安、浦江等地发现旧石器遗址80余处（其中长兴县发现51处）。为配合重点工程建设，文物部门对安吉上马坎、长兴七里亭、银锭岗、合溪洞等遗址进行了抢救性考古发掘，取得了重大成果。七里亭、合溪洞遗址考古还分别入围年度全国十大考古新发现终评。2010年6月，浙江省旧石器考古工作站在长兴县成立。

长兴县启动“江南红村”项目

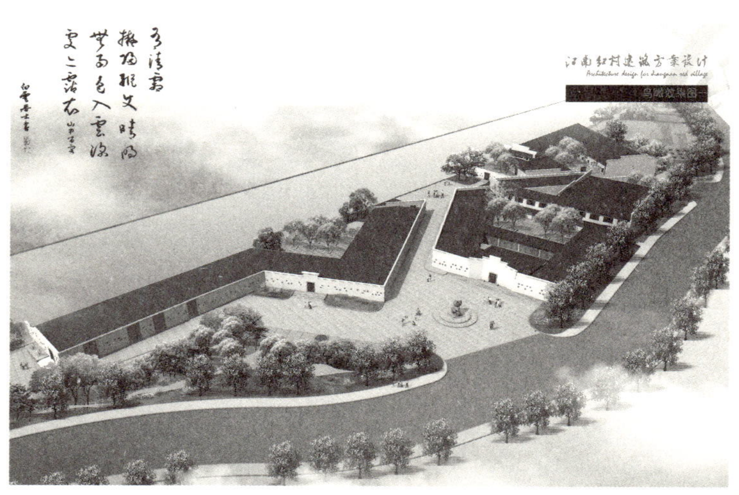

12 月 5 日,新四军苏浙军区纪念馆启动了配套设施“江南红村”工程项目。项目主体建筑由餐饮中心、展示中心、会议中心三部分组成,总投资2000 多万元,以内容红色、环境绿色、服务特色为原则,以期建成一个集旅游、参观、会议、培训于一体的红色旅游景区,打造长三角一流的爱国主义教育示范基地和红色旅游经典景区。

中国·安吉生态博物馆建设试点论证会召开

12 月 15 日至 16 日,由浙江省文物局、安吉县政府联合主办的中国·安吉生态博物馆建设试点专家论证会在安吉召开,来自中国文物报社、中国国家博物馆、中央民族大学、浙江大学、浙江省自然博物馆的专家及有关方面负责人共 20 余人参加了会议。

与会专家通过对安吉人文资源、自然资源、地域环境的深入分析后一致认为,安吉建设生态博物馆切实可行，安吉民众在参与生态博物馆建设中所表现的热情应给予充分肯定。专家同时希望进一步深化对生态博物馆的认识，探索其发展新途径，强化民众在生态博物馆中的主体作用，努力使生态博物馆建设与东部发达地区社会发展紧密结合。

“老上海风情展”在湖州博物馆展出

12 月 20 日起，由湖州市文化广电新闻出版(文物)局、上海市历史博物馆联合主办，湖州博物馆承办的“老上海风情展”在湖州博物馆举行。展览展出了上海历史博物馆的馆藏精品近百件/组，以 100 年前的上海为坐标，通过“城市风景”和“社会百态”再现了老上海的风情。

南浔区向学校捐赠书籍

2010 年，南浔区积极组织捐书助学活动，向浔溪中学、南浔经济开发区实验学校捐赠了 600 册《南浔文物古迹》。本次捐书助学活动由南浔区文物保护管理所发起，通过宣传南浔的历史和众多文物古迹，促使青少年从小培养文化遗产保护意识。

德清县招募文物守护者

2010年,德清县博物馆积极探索文物保护全民化途径,面向社会招募文物守护者。文物守护者需承担不定期巡视文物点、及时向文物部门报告文物损坏情况、清洁文保点等职责,共有70名个人和德清县志愿者协会义工分会等十个单位对全县97处县级以上文物保护单位进行了义务认护。

德清县博物馆举行"让历史告诉我们"爱国主义主题活动

2010年,德清县博物馆与湖州市技师学院联合举办"让历史告诉我们:爱我中华报效祖国"爱国主义教育活动。活动包括德清历史主题讲座、主题班会、演讲比赛、参观流动博物馆等。

德清县深化"瓷之源"宣传

为提升"瓷之源"的社会认知度,2010年,德清县博物馆建立了"瓷之源"网站,通过"窑址介绍"、"新闻集锦"、"视频欣赏"、"网上展厅"、"学术研讨"等五个版块,对"瓷之源"相关信息进行了宣传。此外,文物部门还聘请省县两位文物专家,录制了半小时的《加强宣传"瓷之源",有效保护德清窑》"英溪论坛"专题访谈节目,还在《今日德清》上刊登了"瓷之源"专版。

《德清博物馆文物珍藏》出版发行

2010年,《德清博物馆文物珍藏》完成编辑并正式出版。该书选取了217件(组)价值重要、具有特色的文物,包括玉石器、陶瓷器、铜铁器、金银器、书画和杂项。这也是德清县博物馆首次以出版的形式向公众集中展示馆藏精品文物。

长兴县明清儒学碑刻回归孔庙原址

2010年，长兴县政府在旧城改造中投资近50万元，使流散在外的24通明清儒学碑刻回归孔庙原址。

长兴县明清儒学碑刻是长兴孔庙儒学文化重要组成部分，其中包括明嘉靖四年陈凤梧书《孔子赞》碑、嘉靖九年《圣谕》碑、嘉靖九年《御制正孔子祀典记》碑、嘉靖九年《御制正孔子祀典申记》碑、嘉靖三十八年姚一元撰徐中行书臧继芳篆额《长兴县新置学田记》碑、隆庆六年徐中行撰文臧懋循书《长兴县新修儒学记》、万历二十四年丁元荐撰文冯伟篆额钱中伟书《长兴县重修儒学记》碑以及清乾隆三十二年知县方伯撰文《长兴县儒学记》碑等。经有关专家、学者鉴定，这些碑均具有一定的历史、科学、艺术价值。

天子湖工业园区考古发掘获得新成果

2010年，浙江省文物考古研究所会同安吉县文保所对安吉县天子湖工业园汉墓群进行了抢救考古发掘，全年共发掘古墓葬百余座，出土文物及标本600多件。

安吉吴昌硕纪念馆开展吴昌硕诗意书画征集活动

2010年吴昌硕诞辰165周年之际，安吉吴昌硕纪念馆面向全国开展了吴昌硕诗意书画征集活动，共收到京、沪、津、苏、浙、皖、豫、粤、陕、川、鲁、琼、湘、宁及台湾共15个省、市、自治区的名家作品逾百件。这其中既有刘江、高式熊、韩天衡、郭怡琮、朱关田、言恭达、刘一闻等知名书画家的作品，也有吴昌硕研究专家丁羲元、梅墨生、苏友泉及吴氏后裔吴长邺、吴民先的作品，更有李双阳、金心明、陈虹、章庆文、何来胜等一大批中青年书画家的作品。这些征品由吴昌硕纪念馆永久珍藏，并结集出版了《纪念吴昌硕先生诞辰165周年——当代书画名家作品集》。

绍兴市

2010年,绍兴市文物管理局以党的十七大和十七届五中全会精神为指导,坚持“保护为主、抢救第一、合理利用、加强管理”原则,牢固树立科学发展观,认真贯彻落实绍兴市委、市政府关于加强文物保护事业的指示精神,按照省文物局工作部署,正确定位、稳步发展,发挥优势、服务全局,进一步加大了文物保护力度,为全市经济、社会发展作出了贡献。

一、着力推进文保工作

文物保护工作是绍兴市文物工作的重中之重。全市各级文物部门、文物单位明目标、保重点,切实做好文物保护工作,全面提升了绩效。

4月28日,绍兴市召开全市文物工作会议。这是继2000年全市文物工作会议以来绍兴市政府召开的又一次专题研究、部署全市文物工作的重要会议。这也是绍兴市文物管理局分设后召开的一次重要会议,为全市文物工作奠定了基调,树立了目标。

3月29日,绍兴市政府颁布《绍兴市扶持民办博物馆办法》(试行),又于12月21日颁布了《绍兴市人民政府关于加强和改善文物保护的实施意见》。这两项政策的先后出台显示了绍兴市政府对文物工作的高度重视和全市文物工作的良好态势,对绍兴市文物工作的健康、有序发展具有积极的指导意义和巨大的推进作用。

2010年初,绍兴市第三次全国文物普查实地调查阶段工作通过省级验收。在文物普查队员的努力下,绍兴市普查办汇总了全市5655处登记文物点的调查资料,录入电脑上报省文物局,顺利通过资料数据省级检验。至此,绍兴市“三普”工作第一、二阶段圆满完成,顺利转入第三阶段。

绍兴县、上虞市文物部门和绍兴市文物局全力以赴,经过大量实地调查与研究,在有关部门支持下编制完成了《大运河(绍兴段)遗产保护规划》。12月中旬,绍兴市政府审议保护规划并原则通过。至此,绍兴市大运河(绍兴段)申遗工作取得了阶段性进展,也为绍兴市大运河申遗工作的深化奠定了基础。

根据国家文物局相关文件精神,绍兴市于3月对文物保护项目及经费需求“十二五”规划编制进行了动员部署。全市各级文物部门高度重视、认真参与,对辖区内的文物资源进行了全面梳理,在规定时间内按要求完成任务并上报省文物局。国保绍兴吕府、大禹陵、嵊州马寅初故居等10个维修项目,拟申报国保的绍兴古桥等9个维修项目及文物中心库房等22个项目被列入绍兴市文物保护项目及经费需求“十二五”规划编制中。

按照国家文物局和省文物局要求,绍兴市完成了第七批全国重点文物保护单位和第六批浙江省文物保护单位的推荐申报。全市共推荐全国重点文物保护单位18处、省级文保单位28处。同时,根据省文物局增补第六批省级文保单位的意见,绍兴市将已列入第七批全国重点文物保护单位推荐对象的绍兴古桥、热诚学堂、浙东运河河道(绍兴段)、东湖石宕遗址、鉴湖遗址和大王庙、浙东运河纤道(渔后桥段、皋埠段、上虞段)等6处17个文物点增补推荐为第六批浙江省文物保护单位。此外，经对文物普查成果的筛选，全市各地先后公布了一批县（市）级文物保护单位和文保点——市本级申报的市级文保单位12处、文保点25处也已评审通过，将适时公布——从而使全市文物保护单位的结构和数量渐趋合理，文化内涵得到进一步充实丰富。

全市按照计划实施了相关文物保护维修项目：市本级启动了省保单位鲍氏建筑群和市保单位李家台门建筑的维修。在上级部门的支持下，维修方案完成编制，评审已获通过，进入工程招投标程序和开工前期准备阶段。同时，文物部门审议并协同镜湖新区维修了省保单位热诚学堂。新昌县投入资金173.93万元，维修了省级文保单位大佛寺附属建筑西方殿和县级文保单位三坑真君殿、新昌城隍庙、中溪张家祠堂等文物建筑。嵊州市完成了国保单位崇仁村建筑群伟镇庙的修缮，并投入修缮资金76万元，对鹿门书院进行了修缮。上虞市实施了陈春澜故里同兴里景区建设工程、王充墓园保护与环境整治工程、曹娥庙修缮工程及谢安墓保护与环境整治工程。绍兴县对省保单位太平桥，县保单位严朱庙、姚长子纪念碑进行了抢救性整修。

二、博物馆工作大力推进

2010年，绍兴市把兴办博物馆、落实文化成果惠民政策作为全年的重要任务。总投资1亿多元、占地面积34200平方米、建筑面积9533平方米的绍兴博物馆越王城馆区于7月15日落成开馆。馆内分为展馆区、文物库房区、4D影院报告厅和办公区等四大功能区域（其中展厅面积3722平方米），推出“大越遗珍”文物展，首次展出了越王勾践剑等一批珍贵文物，还举办了“馆藏明清书画精品展”等专题展览。三馆一体规划的新昌县博物馆开工建设，陈列设计方案基本确定。嵊州博物馆规划方案也列入政府议事日程。至此，绍兴每县（市）都有博物馆的格局基本形成。绍兴县博物馆对基本陈列进行了局部改版，完成了“越国史馆”主题展的局部改版，“纺织史馆”改版也已完成设计方案。

2010年，《绍兴市扶持民办博物馆办法》（试行）出台。该《办法》根据《文物保护法》、文化部《博物馆管理办法》精神，按照国家文物局等七部委《关于促进民办博物馆发展的意见》，结合绍兴民间收藏和博物馆发展情况制订而成，对民办博物馆的扶持原则、管理方法、扶持政策、申请程序等方面做了具体规定，得到了社会各界的热烈反响，促进了绍兴市特别是市本级民办博物馆事业的迅速发展。目前市本级已先后受理华脉书画博物馆、东方红博物馆、孟剑东油画艺术博物馆等7家民办博物馆的设立审查，完成了同意筹建的审批程序。诸暨、上虞等市（县）的民办博物馆也方兴未艾。省人大、省政协调研组为此专程赴绍，调研绍兴市民办博物馆事业发展情况，对绍兴市在民办博物馆发展中所做的工作给予充分肯定。

5月初，全省文物调查及数据库管理系统建设项目重新启动，绍兴市承担了5800件文物藏品信息的采集工作，数量位居全省第4。全市文物单位领导高度重视该项工作，组织有力、保障到位；承担具体工作的员工赶时间、重效率、保质量，于7月中旬如期完成了全市的文物信息采集。绍兴市文物中心库房还投入近9万元，整修了15件书画作品。

三、文物考古工作扎实推进

为扎实做好文物考古工作，绍兴全市各级文物部门高度重视、合理安排，进一步加强了管理力度，使工作措施进一步到位。

绍兴市本级加强了对地下文物的管理力度,明确了由绍兴市文物考古研究所具体负责市本级地下文物的管理。根据《浙江省文物保护管理条例》精神,绍兴市文物考古研究所扎实推进地下文物的保护,加强了对3万平方米及以上建设工程的地下文物管理力度,主动与城建、规划等部门取得联系,做到提前介入,切实把文物保护落到实处。文物部门先后与绍兴市妇保院等多家工程建设单位签订《地下文物保护合同》,构建起3万平方米及以上建设工程实施地下考古勘探的工作模式,目前已完成绍兴市区东湖区块一个大型工程的考古勘探。绍兴市结合省文物考古研究所工作安排,配合完成了袍谷遗址出土文物的整理,并配合公安部门对绍兴县夏履被盗古墓进行了司法鉴定,收缴了一批被盗文物。

各县(市)增加了对辖区内地下文物的关注度,工作措施积极到位。新昌县在七星街道金星村一工地发现化石线索后,立即组织发掘清理,出土了10枚恐龙蛋化石,填补了新昌没有恐龙蛋化石出土的空白。嵊州市加强与科技院校的合作,继续做好小黄山遗址研究,开展了对小黄山遗址土壤、出土文物残留有机物质的检测分析、陶器表面水溶性提取物的紫外光谱扫描分析和两千多件石器的石质鉴定,为复原小黄山聚落先民的经济生活和生存环境提供了重要线索,进而解读了小黄山古人类的生存模式。绍兴、上虞、诸暨等地确定人员、明确职责、落实措施,加强了文物考古工作的力度与深度。

四、安全保卫工作稳步推进

2010年,绍兴全市文物部门重意识、明目标、落实措施、加强保障,稳步推进文物安全保卫工作。

市本级成立了由绍兴市越城公安分局治安大队、各街道(镇)派出所、水上派出所、车站派出所及市文物监察支队组成的绍兴市区文物执法网络队伍,扩大了市本级文物执法的广度与力度,体现了"法律法规具体化、联合执法程序化、工作联系常态化"的要求。文物和公安部门各司其职,加强联系沟通,互相配合,齐抓共管,形成合力,加大了文物巡查力度。据统计,全年全市共出动检查368人次,检查市区各级文保单位161处,并做好巡查记录,落实相关措施。根据省文物局、省公安厅统一部署和要求,绍兴市还建立了由市公安局、市文物局组成的文物单位消防安全大检查工作领导小组,开展了文物单位消防安全联合检查,重点检查了大禹陵、秋瑾故居、鲁迅祖居、蔡元培故居、周恩来祖居等文保单位,督促落实了消防安全工作责任制,并要求各文保单位提高文物安全管理水平和防控火灾能力,预防文物单位火灾事故的发生。经过专题调研和酝酿,绍兴市根据属地管理原则,重建了市区业余文物保护员队伍,明确了权益与义务,签订了相关责任书,并召开市区业余文保员文物安全管理工作座谈会,动员、落实了市区未开放文保单位的管理,加强了一线力量。

与此同时,绍兴市文物监察支队在月度例检的基础上,增加了对市区未开放文保单位的古建筑消防安全专题巡查,举办夏季消防安全知识专题讲座,组织义务消防队开展演练,还更换、添置了50只灭火器。各县(市)也从确定专人负责、提升安防意识、明确制度约束、完善技防设施等方面着手,提出要求、加大投入,强化了文物安全保障机制。

绍兴市文物监察支队与公安、工商部门建立联合执法平台,定期对市区、上虞、嵊州的古玩收藏品市场开展执法检查，对数家古玩经营户的违法经营行为进行了整改纠正，规范了古玩市场的经营秩序，并使工作常态化。8月，绍兴市文物监察支队又会同城管部门对省级文保单位鲍氏旧宅建筑保护范围内的17户20处近230平方米违章建筑及构筑物进行了专项整治，取得了实效。根据市长热线电话、群众来信来访等举报，绍兴市文物部门会同城管等部门处理了国保单位吕府内居民未经同意擅自翻修等事件。

为加强文物执法队伍建设，绍兴市先后组织举办或派人参加了国家文物局文物行政执法培训、全市文物行政执法讲座、消防知识讲座等培训；并按照省文物执法总队安排，完成了与舟山、湖州两市的文物行政执法监察交叉检查，增加了阅历、汲取了经验、提升了素质。

五、宣传工作有序推进

2010年，绍兴市有序开展文物宣传工作，实现了对文物保护的大力宣传。文物部门以“中国兰亭书法节”、“祭奠大禹”和“黄酒文化节”等三大节会活动为契机，大张旗鼓开展宣传，扩大了影响。国际博物馆日、文化遗产日期间，全市结合主题，联合举办了古玩鉴定、遗产知识咨询、资料发送、“三普”成果展示、文物知识讲座等一系列形式多样的活动，吸引了大众的参与，强化了社会文物保护意识。春节、五一、国庆等节假日期间，文物部门开展文物法律法规和消防安全专项宣传。市本级全年发放《文物保护法》、《文物保护公开信》、《消防法》等宣传资料2000多份，张贴文物保护、消防进社区宣传画等600多套，努力营造“保护文物、人人有责”的良好氛围。杨文孝副市长还亲自带队调研了嵊州、上虞、市本级的文博工作情况，召开文物工作座谈会，就切实加强绍兴市文物工作的领导和努力开创绍兴市文物工作新局面提出了要求。为向绍兴2500年城庆献礼，绍兴市文物管理局编辑、出版了《文明的记忆》一书。此外，嵊州文物管理处编印、出版了《古剡汉六朝画像砖》一书。该书从嵊州出土的画像砖中精选了700余幅拓片，结合考古发掘，对汉六朝佛像与人物、龙凤、鱼纹等画像的发展梳理出大致轮廓，为研究嵊州唐代以前的历史提供珍贵的史料。

绍兴市召开全市文物工作专题会议

3月1日,绍兴市召开全市首个文物工作专题会议,绍兴市文物局负责人,各县(市)文广新局分管局长、业务单位负责人及绍兴市旅游集团公司相关人员参加了会议。与会人员认真听取了全省文物局长会议基本情况介绍,重点学习了主题报告,还就全市文物保护项目及经费需求“十二五”规划编制事宜作了动员布置。会议对全市下一阶段文物工作,特别是“三普”野外调查整改工作提出了要求。

“左联子女绍兴寻访团”参观鲁迅故里

3月4日,为纪念“中国左翼作家联盟”成立八十周年,冯雪峰、丁玲、周扬、冯乃超、胡风、夏衍、周文、田汉、王任叔、邵荃麟、宣侠父等左联成员后裔组成的“左联子女绍兴寻访团”赴鲁迅故里参观。

第二十六届中国兰亭书法节开幕

4月16日,第二十六届中国兰亭书法节在兰亭开幕。全国政协常委、省政协副主席徐辉,省文化厅副厅长、省文物局局长、省书法家协会副主席鲍贤伦,绍兴市领导钱建民、黄秋芳、顾秋麟、尹永杰、杨文孝、李露儿,中国书法家协会副主席、浙江省书协主席朱关田,兰亭书会会长、著名书法家沈定庵,省书法家协会顾问、绍兴市书法家协会主席袁长寿及来自海内外书法、文化、旅游、新闻界有关人士300余人出席了开幕仪式。

2010 年公祭大禹陵典礼举行

4 月 20 日,2010 年公祭大禹陵典礼在大禹陵广场举行。全国政协副主席张榕明,水利部副部长鄂竟平,浙江省委副书记、省长吕祖善,省委常委、副省长葛慧君,省人大常委会副主任王永明,省政协副主席陈燕华及绍兴市领导张金如、钱建民、黄秋芳、顾秋麟等参加了公祭典礼。

绍兴召开全市文物工作会议

4 月 28 日,绍兴市召开全市文物工作会议。这也是继 2000 年全市文物工作会议以来,绍兴市政府召开的又一次专题研究、部署全市文物工作的会议。各县(市、区)政府分管负责人、市文广新局、市有关部门、市直各文博单位领导参加了会议。会议认真学习、贯彻了中央和省关于加强文物工作的文件、指示精神,全面回顾了绍兴市近几年来文物工作所取得的成绩,提出了今后几年文物工作的思路。省文化厅副厅长、省文物局局长鲍贤伦到会讲话,对文物认知与文物保护的重要意义进行了阐述,同时对绍兴下一阶段主要工作提出了明确要求。绍兴县文广新局、上虞市文广新局、绍兴鲁迅纪念馆代表在会上做了典型发言,分别结合各自工作实际,就经验、做法进行了交流。

绍兴市举办馆藏文物数据库管理系统建设项目影像采集培训班

4 月 30 日,绍兴市文物管理局专门组织了各县(市)影像采集人员参加的影像采集培训班。专业人员在会上对影像拍摄要求、工作任务完成时间等做了进一步说明,对培训人员提出的相关问题作了解答,并要求各县(市)文物行政部门建立特事特办的工作机制,采取切实有效的措施,统筹安排好工作进程,安全有序、保质保量地按期完成各项影像采集任务。

为建立全市统分结合的工作机制,绍兴市成立了馆藏文物数据库管理系统建设项目影像采集小组,统一负责对全市特别珍贵和重要文物进行影像采集,并对全市影像采集工作进行巡查、指导和服务,及时整改发现的问题。

绍兴市全面推进馆藏文物数据库建设项目

自5月初全省文物调查及数据库管理系统建设项目重新启动以来,绍兴市按照省文物局工作计划,承担起5800件文物藏品信息的采集工作(数量位居全省第4)。为此,绍兴市文物管理局专门成立了文物信息化领导小组,对全市馆藏文物信息采集工作进行了统一部署和指导,要求各县(市)文广新局抽调骨干力量,从事文物信息的采集,力争保质保量按时完成任务。

为确保采集质量,绍兴市文物管理局在省文物局配发设备的基础上,又添置、提供了必要的硬件设施,并对各县(市)馆藏文物影像采集人员进行集中培训指导,还建立了全市文物信息采集人员联系网络,以及时解决发现的问题。5月25日至6月7日,绍兴市文物管理局馆藏文物数据库建设项目巡查小组对嵊州、新昌、上虞、诸暨、绍兴县等地和绍兴博物馆、鲁迅纪念馆文物信息采集工作情况进行了巡查指导,负责采集了近300件一、二级珍贵文物的影像信息。

省人大、省政协调研组调研绍兴市民办博物馆发展情况

5月5日和6月9日,省人大常委、教科文卫委员会主任童芍素和省政协常委、文史委主任候玉琪分率省人大、省政协调研组赴绍,专题调研绍兴民办博物馆事业发展情况。

调研组一行先后考察了绍兴越国文化博物馆、绍兴东方红博物馆(筹)、绍兴百匾馆、绍兴博物馆等处,实地了解了绍兴民办博物馆发展历程,听取了有关情况介绍,对民办博物馆的场馆、藏品、资金及运作等方面做了了解。随后,调研组召开由绍兴市财政、民政、文化、文物等部门负责人和有关文博专家、民办博物馆负责人参加的座谈会。会上,绍兴市文物部门介绍了绍兴民办博物馆的发展现状、存在的问题,近年来绍兴市在鼓励扶持民办博物馆上所做的工作和今后的发展思路。各位专家、民办博物馆负责人也畅谈了想法、建议和要求,同时希望政府加大对民办博物馆的扶持力度,促进绍兴民办博物馆事业的快速健康发展。

绍兴市被评为省第三次全国文物普查实地调查阶段先进集体

2010年文化遗产日期间,省文物局举办全省第三次全国文物普查实地调查阶段表彰大会,表彰了一批先进集体和先进个人。绍兴市文物局普查队在会上被评为先进集体,钟剑华、管晓华、张均德、彭云等4人被评为先进个人。

自第三次全国文物普查工作开展以来,绍兴市文物普查队根据当地实际,开展了文物普查实地调查阶段工作,配合省文物局组织协调全省文物普查实地调查试点,做好市区实地文物普查,

并紧急受命调查了浙东运河(绍兴段)遗产资源,还积极参与国家、省文物局组织的各项活动。实地调查阶段,绍兴市文物普查队在362平方千米范围内共调查文物点804处(含一般信息点登记),其中新发现258处,实现了行政村(社区)和自然村的全覆盖,普查信息数据顺利通过省级验收。此外,绍兴市文物普查队报送《普查简报》24期,《漓渚小火车》、《论文物普查"五勤"方法》等两篇征文获国家文物局第三次全国文物普查征文评选优秀奖。

绍兴博物馆推出"大越遗珍"展览

7月15日,绍兴市举办2500周年建城庆典,全国人大常委会副委员长韩启德,全国政协副主席何厚铧,全国人大常委会委员、民盟中央副主席、中科院副院长丁仲礼,浙江省委常委、副省长葛慧君,省人大常委会副主任吴国华,省政协主席周国富,副主席盛昌黎、王永昌等800余人出席了典礼,为绍兴博物馆越王城馆区开馆揭幕,并参观了"大越遗珍"展览。

"大越遗珍"展览由"大越崛起"、"筑城建都"、"礼乐化民"、"耕战并举"、"陶瓷毓秀"、"金石流芳"、"越地遗风"等七个部分组成,以越地文物实物为主,所展出的600余件(组)文物有近7成系首次公开展出,6成以上精品系非馆藏品,与国有、非国有博物馆及民间收藏者实现了资源共享。特别是允常戈、勾践剑、者旨於赐剑、州勾剑、不光剑等五件越王兵器的首次同时展出引起了极大轰动。同时,博物馆还推出"馆藏明清书画精品展"和"项永昌先生捐赠书画展"两个专题展,并放映4D专题电影《越魂》。开馆第三天,博物馆接待观众1.8万人,创历年来馆日接待观众量的新纪录。

国家文物局考察浙东运河(绍兴段)申遗遴选工作

8月7日至8日,国家文物局、国家文化遗产研究院、中国水利水电科学研究院、交通部规划研究院、中国古迹遗址保护协会等7部门和省文物局有关专家组成考察组,对浙东运河(绍兴段)申遗预备名单遴选现场进行了实地考察。

8月7日,专家组实地踏勘了大王庙、浙东运河河道、古纤道(板桥至宝带桥段纤道、渔后桥段纤道)等处,听取了浙东运河(绍兴段)保护与申遗工作情况汇报。8月8日,专家组又考察了马臻墓、鉴湖遗址、东湖石宕遗址、东浦古镇、三江闸、清水闸及管理设施、曹娥江运口水利航运及服务设施、通明堰遗址群、驿亭—五夫水利航运设施及长坝等处,对下一阶段浙东运河遗产点的保护与管理及申报文本的制作等方面提出了意见和建议。

绍兴市召开全市文物工作座谈会

8月17日，绍兴市召开全市文物工作座谈会。绍兴市文物管理局、各县（市）文广新局、文管所（处）负责人，市旅游集团公司分管领导和市直各文博单位负责人参加了会议。会上传达了全省文物局长会议精神，表示将以编制“十二五”文博事业发展规划等作为全市下半年工作的主要抓手，各县（市）交流了上半年度工作情况和下半年工作要点，市直各文博单位交流了文物保护工作情况。会议还就编制“十二五”规划等下半年7大主要工作做出部署。

国家文物局专家考察绍兴市第七批国保申报单位

8月17日，国家文物局专家组对绍兴市推荐的第七批全国重点文物保护单位近现代史迹部分申报对象进行了现场考察。

此次考察的推荐申报对象分别为热诚学堂、竺可桢故居和春晖中学。其中热诚学堂是辛亥革命在绍兴的重要遗迹之一，系近代著名革命家徐锡麟创建，整体保存基本完整。竺可桢故居是中国气象学奠基人竺可桢的出生地和幼年生活处，由门屋、座楼、侧楼等单体建筑组成。春晖中学是绍兴乃至浙江地区著名新式私立中学之一，在中国新式教育发展史上有着举足轻重的地位，现为省级文保单位。

“中国柯桥·越国文化高峰论坛”在绍举行

9月15日至17日，由中国百越民族史研究会、浙江省社会科学院历史研究所、绍兴县文化广电新闻出版局联合主办，浙江省越国文化研究会、绍兴县文化发展中心、越国文化博物馆（绍兴县博物馆）承办的“中国柯桥·越国文化高峰论坛”在绍兴县柯桥举行。省文物局副局长吴志强、绍兴市文物管理局副局长葛波儿、绍兴县有关领导及中国百越民族史研究会会长吴春明、浙江省社科院副院长葛立成、原北京大学考古文博学院院长、中国夏商周断代工程首席专家李伯谦、东南大学教授朱光亚、韩国亚洲考古历史艺术研究中心执行理事、中国社会科学院客座教授姜寅虎等

来自海内外的60多位专家参加了会议。开幕式上,中国百越民族史研究会、浙江省越国文化研究会还向越国文化博物馆(绍兴县博物馆)授牌,将其列为越国文化研究基地。在为期3天的时间里,论坛共收到专家论文50余篇,举办学术报告会四场,并围绕吴越文化的玉器、青铜器、都城城堡、原始青瓷、窑址及思想文化、鸟图腾崇拜等课题,进行了分组学术讨论。论坛举办期间,各位专家学者实地参观、考察了印山越国王陵、越国文化博物馆(绍兴县博物馆)等处。特别值得一提的是,本次论坛是在越国故都绍兴建城2500年之际召开的。

绍兴市召开第六批市级文物保护单位推荐意见征询会

11月8日,绍兴市召开第六批市级文保单位推荐意见征询会。绍兴市府办、市建设局、市规划局及越城区文教局等部门领导出席了会议。

会议对第六批市级文物保护单位和第三批文物保护点进行了推荐。经过遴选,此次共有12处文物保护单位(其中古遗址2处、古墓葬1处、古建筑7处、近现代重要史迹与代表性建筑2处)和27处文物保护点(其中古遗址2处、古建筑5处、石刻1处、近现代重要史迹及代表性建筑19处)得到推荐。与会专家在讨论后同意了推荐,还就文物保护与研究等问题提出了意见、建议。

《绍兴市扶持民办博物馆办法(试行)》出台

为进一步调动社会力量参与文化遗产保护和社会主义先进文化建设的积极性,绍兴市政府于2010年颁布实施《绍兴市扶持民办博物馆办法(试行)》。《办法》根据《文物保护法》、文化部《博物馆管理办法》精神,按照国家文物局等七部委《关于促进民办博物馆发展的意见》原则,结合绍兴民间收藏情况和博物馆发展态势制订而成,并对绍兴民办博物馆的扶持原则、管理方法、扶持政策、申请程序等做了具体规定,明确了以"政府支持、统筹规划、市场运作、精品办馆"为准则,从建设用地、建馆资金、营业税收、人才政策等方面对民办博物馆予以扶持的思路。

《文明的记忆——绍兴历史图说》出版

为向建城2500年献礼,2010年,绍兴市编辑出版了大型画册《文明的记忆——绍兴历史图说》。该书记录了绍兴从有人类活动直到1949年的近万年历史,反映了绍兴范围内发生的重大历史事件和重要人物活动,介绍了政治、经济、文化、社会生活等方面的遗迹遗物,几乎囊括各个时期及各个门类。书籍采取纵向贯穿、横向展开的体例,采用全景式画幅版面,根据绍兴历史上的建制变化,分成"远古的绍兴"、"越国"、"会稽郡"、"越州"、"绍兴府"、"近代绍兴"等六个部分,选用了近500幅最具代表性的文化遗产照片,以图为主、文字为辅,资料内容翔实,体现了专业性和权威性。

绍兴市整治鲍氏旧宅环境

2010年，绍兴市文物管理局会同越城区马山镇政府及绍兴市城市管理执法局袍江分局，对省级文保单位鲍氏旧宅建筑群保护范围内的近230平方米违章建筑及构筑物进行了专项整治。

鲍氏旧宅建筑群位于越城区马山镇东豆姜村，2005年列为省级文物保护单位。但由于种种原因，旧宅建筑群保护范围内被不少违章建筑侵占。7月，绍兴市文物管理部门与当地取得联系，成立了联合整治工作组，对违章建筑及构筑物进行了专项整治，最终全面撤除了违章建筑。

绍兴市加强业余文保员队伍建设

2010年，绍兴市完成了对市区未开放文物保护单位业余文保员的申请审核和责任书的签约落实工作。

目前，绍兴市区有未开放文保单位52处(其中国保3处、省保12处、市保37处)，另有文物保护点99处。这些文保单位、文保点广泛分布于市区各个街道、乡镇，管理任务重，保护责任大。根据实际情况和工作要求，绍兴市文物部门统一部署，有步骤地对当前业余文保员队伍进行了摸底调查，针对业余文保员的地域分布、年龄结构和文化层次进行了调整充实，并在此基础上重建了市区业余文保员保护管理组织，建立了相应资料档案，进一步完善了业余文保员队伍建设和组织管理。

金华市

在金华市委、市政府的高度重视和住房与城乡建设部、国家文物局、省建设厅、省文物局的大力支持、指导下,2010 年,金华市文物局以邓小平理论和“三个代表”重要思想为指导,深入实践科学发展观,创先争优、突出重点,把握热点、难点,开拓创新,在中德合作项目、金华市博物馆建设和万佛塔出土文物返乡展、历史建筑认养保护、名城保护规划编制、破解七家厅历史遗留问题等方面取得新突破,实现了名城文物事业的新发展,名城文物效应凸显,被金华市委、市政府授予“创建国家历史文化名城优秀单位”荣誉称号。

一、编制完成名城文物“十二五”规划和《金华历史文化名城保护规划》

2010 年,金华市编制《金华市历史文化名城(文物博物馆事业)保护发展十二五规划纲要》(草案),组织专家论证会,在《金华晚报》广泛征求意见,将其纳入《金华市国民经济和十二五规划》。组织著名专家修编《金华历史文化名城保护规划(2006 - 2020)》,并通过省建设厅专家论证会、金华市政府常务会议、市委常委会会议、省级部门联审会议等审查通过,提请省政府常务会议审议。

二、中德合作名城保护项目列全国之先

2010 年,金华市的中德合作名城保护项目得到了住房与城乡建设部的充分肯定,是唯一实现立项、土地、规划、环评、资金“五落实”的项目,并争取到国开行的 11.8 亿元资金,其中 2.1 亿元用于古子城保护整治项目。第一期款项 2000 万元已到位。

三、认养历史建筑工作扎实推进

2010 年,金华市全面启动二期迁建工程。二期 9 幢建筑落地面积达 4466 平方米,已全部开工建设。中共浙江省委书记赵洪祝,省委常委、副省长葛慧君对金华认养历史建筑的做法做出重要批示,予以充分肯定。省长吕祖善专程考察了历史建筑,对其保护和利用成效表示赞赏。此外,金华市积极介入永康市解放街、西街保护问题的剖解,按照住房与城乡建设部领导的两次批示和省住房与城乡建设厅文件精神,努力促进对历史建筑群的保护。

四、各博物馆建设加快

金华市博物馆二次装修和展陈一期工程施工面积 6000 平方米,涉及南入口、主题墙、临时展厅等 12 项主要内容。文物部门严格控制投资,已全部完成施工;同时还组织编制了博物馆环境景观设计,完成了环境整治施工招标。涉及 14 个展厅 6000 平方米的“金华赋——金华市博物馆通史展”文本及设计初步完成。各县(市)博物馆加快建设进程:兰溪市博物馆新馆土建完成,武义县博物馆新馆选址报告通过当地城乡规划委员会会议,报送当地人大审议。

五、文化遗产保护宣传活动特色鲜明

2010 年“3·18”金华市首个历史文化名城日,通过举行金华市博物馆开馆仪式、邵飘萍故居捐赠仪式、公布金华市文物普查十大新发现等多项活动,使名城文物保护理念更加深入人心。

“文化遗产日”期间，组织市本级字画、瓷器、玉器等方面专家开展古玩收藏免费咨询活动。各县(市、区)也通过多种形式参与文化遗产日活动。此外，文物部门与政协文史委联合编辑、出版了全面概括、反映金华特色的《金华精华》，与市人大教工委联合编辑了《婺州窑图录集》，充分展示了婺州古瓷的风采。

六、万佛塔出土文物返乡展轰动金华

金华市博物馆在开馆期间举办了“十大镇馆之宝”、“神韵婺州窑”两大展览，经过文物专家与600多名观众的投票，评选出十大镇馆之宝，共接待观众4万余人次。

2010年10月成功举办“金色的回归——万佛塔出土文物返乡展”，10天时间吸引观众4万多人次，观众留言近千条。改进、改善八咏楼展陈，改变了原来破旧不堪的状况，展陈面积扩大近一倍。各县(市)博物馆陈列布展也推陈出新，浦江博物馆举办了第六届中国书画节，东阳博物馆举办“草原古韵——文物精品展”、“东阳市首届民间收藏精品展”等临时展览，永康市博物馆举办了张咸镇国画作品展、珍稀动物标本展等展览，义乌市博物馆举办了“世界第八大奇迹——秦始皇陵兵马俑科普展”等展览。

七、第三次全国文物普查继续推进

基层普查人员对全市10919平方千米土地上的154个乡镇、街道，5146个行政村、社区，11499个自然村、居委会进行了地毯式调查，共登记调查对象12789处，其中新发现10447处，复查点2250处，消失文物92处，古村落(街区)29个，在重点登记文物点外还登记信息点6246处，九县(市、区)的文物普查通过了省级验收。金华市的调查总数、登记数、新发现数均列全省第一。名城日活动前夕，金华市举行全市文物普查十大新发现评选活动，一批有较高价值的遗存列入申报全国重点文物保护单位名单。全市全面部署第三阶段工作，完成了普查电子数据审核，按时报送省普查办，并着手编制普查报告、名录、电子地图，制作普查档案。

八、文物保护单位总量显著增加，中国历史文化名镇名村数量列全省第一

经过市本级和各县(市、区)的联动，全市共有八咏楼、台湾义勇队旧址等22处文保单位列入浙江省申报第七批全国重点文物保护单位名录——市区共有601别墅、永康考寓等13处列入省级文保单位申报名录——并新增市(县)级文保单位128处，夯实了文物大市的基础(其中金华市本级公布33处文保单位、东阳市9处、义乌市25处、永康市27处、浦江县24处、磐安县10处)。婺城区寺平村、金东区山头下村被住房与城乡建设部、国家文物局列为第五批国家历史文化名镇(名村)，从而使全市国家历史文化名镇(名村)数量位列全省第一。

九、加强文物行政执法

2010年，拖延达12年之久的省级文保单位七家厅住户搬迁问题最终得以解决。文物部门联合组织文博单位进行消防安全检查，提高了消防安全意识，普及了消防知识，健全了消防管理制度，落实了安全责任，预防、减少了火灾的发生。

此外，对义乌市佛堂镇蜀墅塘古水利工程保护加以引导，通过现场勘查，向市领导提交保护现状、建议报告以供决策；加强对水门城墙的巡查，对法隆寺经幢附近住户违章安装钢板行为进行查处；组织做好金华商业学校大门改造工程建设中古墓抢救性清理和金东区文物监察大队移交出土文物的监督工作;加强对三万平方米以上工程建设的巡查,对接收的邵飘萍故居进行环境整治,加强博物馆安全管理。

各县(市、区)文物执法机构按要求开展执法巡查,消除安全隐患,受理群众举报,查处违法行为。如东阳市文物执法中队配合当地公安派出所侦破盗窃古建筑木雕构件案件,抓获犯罪嫌疑人6人,追回赃物。磐安县文物执法大队实行安全联合检查制度,每季联合检查不少于1次。

十、抓实文物保护单位修缮

2010年,太平天国侍王府西院二进西厢房维修工程全面竣工。滕氏宗祠维修保护工程方案获省文物局批准,七家厅剩余工程维修工作全面推进。各县(市、区)文物保护单位的维修工程也稳步推进:武义修复了柳城镇乌漱村乌氏宗祠等十余处文物保护单位,永康市完成古山镇胡库村绍裔祠堂、大屋村花街大夫第等文保单位维修;金东区对曹宅镇金仁塘古戏台、源东乡花厅等文保单位给予维修补助;浦江县完成御史第第一期抢救性维修工程;东阳市组织画溪敦睦堂、黄田畈怡爱堂等维修工程;兰溪市完成了长乐村、芝堰村各两幢民居的抢救性修缮保护工程;义乌市完成了萃和堂、协和堂等文保单位的维修;磐安县完成榉溪孔氏家庙维修工程。

十一、考古发掘取得新进展

婺城区山下周遗址、青阳山遗址被省文物考古研究所认定为9000年前人类居住遗址。浦江县文物部门组织人员整理了上山遗址出土文物资料。东阳市文物部门组织国际专家对恐龙化石发现现场进行调查,新发现恐龙脚印化石。永康文物管理部门对湖西遗址组织试掘,发现大量陶器、石器和动物、稻谷植物遗存,推断有距今8000年左右的跨湖桥文化遗存。武义县文物部门组织专家对大田乡大公山遗址进行勘探,确定为与上山遗址属同一文化层。

十二、加强班子、队伍建设

在金华市委和市委宣传部的大力支持下,任命了市文物局办公室主任、文物处副处长、文物监察支队副支队长、市博物馆常务副馆长、古子城管委会办公室副主任等一批中层干部。经市委专题会议审定,金华市博物馆编制从25名增加至30名,通过公开招考吸收了2名专业人员,引进文博专家1人,并增加了金华市博物馆展陈经费的投入。

《上山遗址总体保护规划》通过国家级论证

1月，由中国建筑设计研究院建筑历史研究所编制的《上山遗址总体保护规划》顺利通过国家级论证。

上山遗址距今约9000至11000年，2000年被发现，是迄今我国发现的年代最早的新石器时代遗址之一，2006年公布为第六批全国重点文物保护单位，并被命名为“上山文化”。2009年4月，保护规划文本编制完成，内容包括总则、遗址概况、价值评估、现状评估、规划原则与目标、本体保护规划、环境保护规划、居民社会调控规划、利用规划、管理规划、研究规划、规划分期与实施重点、投资估算、规划实施保障体系等，规划总面积351.33公顷，规划期限为2009至2025年。依据《规划》，浦江县全面开展了上山遗址公园及博物馆的建设前期准备工作。

金华市名城办(文物局)被授予“金华市创建国家历史文化名城优秀单位”称号

1月5日，金华市举行表彰大会，对金华创建国家历史文化名城的优秀单位、先进集体和先进个人进行了表彰。

2007年3月18日，国务院正式批准金华市为国家历史文化名城。在创建国家历史文化名城过程中，金华市先后涌现出一批先进单位和个人。为表彰先进、树立典型，金华市委、市政府授予金华市国家历史文化名城工作委员会办公室(市文物局)“金华市创建国家历史文化名城优秀单位”荣誉称号，金华市古子城历史文化区管委会办公室等21个单位“金华市创建国家历史文化名城先进集体”称号，金丽霞等36名人“金华市创建国家历史文化名城先进个人”称号。

七家厅完成搬迁工作

位于婺城区雅畈镇的省级文物保护单位七家厅为具有江南特色的重要明代建筑，已列入我省申报第七批全国重点文保单位名录。2月3日至7日，婺城区、镇两级和市文物、消防部门经过努力，最终促成此前一直拒绝搬迁的两户农户签下了搬迁安置协议。雅畈镇全体干部历时6小时，协助其完成了搬迁。金华市文物局于2月7日全面接收七家厅。历时十年的七家厅搬迁工作宣告完成。

金华市举行首个历史文化名城日系列活动

3 月 18 日,金华市举行首个历史文化名城日活动暨金华市博物馆开馆仪式,并公布了金华市文物普查十大新发现、金华市二十佳文物基层工作者、十大近现代优秀建筑名单。

长期以来,由于受到条件的限制,金华市不少珍贵文物无法发挥应有作用。2007 年 1 月,在名城战略推动下,金华市博物馆工程正式开工,并于首个“历史文化名城日”之际举行试开馆仪式。金华市博物馆的建成及“十大镇馆之宝”、“神韵婺州窑”两大展览的对外开放,标志着金华市文化基础设施建设迈上新台阶。

2007 年 3 月 18 日,国务院正式批准金华为国家历史文化名城。为进一步弘扬金华历史文化,不断丰富历史文化名城文化底蕴,提升历史文化名城的知名度和美誉度,金华市决定将每年 3 月 18 日确定为“历史文化名城日”,首个历史文化名城日的主题是“名城 · 博物馆与金华”。

金华市博物馆评选“十大镇馆之宝”

首个历史文化名城日期间，金华市博物馆展出了“十大镇馆之宝”暨馆藏精品，引起强烈反响。金华市博物馆邀请市民对展出的26件候选馆藏文物进行投票，形成市民心中的“十大镇馆之宝”。3月31日，金华市文物局召开专家评审会，组织专家组成员从专业角度对参展展品进行了评选，并产生了专家眼中的“十大镇馆之宝”。综合市民、专家意见，4月1日，金华市文物局公布了清代吕焕章的《金华府城图》等金华市博物馆“十大镇馆之宝”。

金华市新增33处市级文保单位

4月8日，金华市新公布第三批33处文物保护单位。金华市现有全国、省级重点文物保护单位数量均居全省前列，但市县级文物保护单位数量偏少，其中市本级的市级文物保护单位仅69处。在申报国家历史文化名城和第三次全国文物普查中，金华市新发现了一批具有较高历史、艺术、科学价值，保存较为完整的不可移动文物。有关部门根据法律、法规要求，以第三次全国文物普查成果为基础，结合实际新公布了33处不可移动文物为金华市文物保护单位（其中金华城区12处，婺城区9处，金东区12处）。这是新中国成立以来金华市公布市级文保单位最多的一次，使全市文物保护单位增至466处，其中市本级由69处增加至102处。

大公山遗址考古

4月16日，浙江省文物考古所与武义县文物保护管理所对大田乡大公山遗址进行了为期2个月的实地勘探，出土了石球等一批新石器时代石器及夹碳陶片。该遗址与浦江上山遗址属同一文化层，为武义目前发现的最早人类活动遗址，具有较高考古价值。

磐安县出台《关于加强古建筑保护管理的实施意见》

为解决全县绝大多数古建筑的保护问题,磐安县文物管理部门起草了《磐安县古建筑保护管理办法》。经讨论通过后,磐安县政府于4月16日正式下发《关于加强古建筑保护管理的实施意见》,为进一步做好古建筑保护工作提供强有力的后盾。

磐安县公布第二批县级文物保护点

5月,磐安县文物部门挑选新渥镇杨山村杨氏宗祠、尚湖镇上溪滩村韦氏宗祠等33处作为第二批县级文保点,并在第五个“文化遗产宣传日”期间正式公布。至此,磐安县境内共有全国重点文物保护单位2处,省级文物保护单位5处,县级文物保护单位23处,县级文物保护点59处。

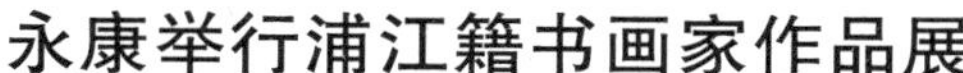

永康举行浦江籍书画家作品展

6月8日,由永康市委宣传部、浦江县委宣传部、永康市文化局、浦江县文化局联合主办,浦江博物馆、永康博物馆承办的“浦江籍书画家作品展”在永康博物馆举行。展览展出的70余件作品既有吴茀之、张书旂、张振铎、张世简、张岳健等人的作品,也有当今画坛的方增先、吴山明、柳村等人的力作,更有时下浦江书画界的作品,展现了浦江书画家的艺术风格。这也是近年来浦江博物馆规模较大的对外交流展览。

浦江县新公布24处县级文保单位

6月10日，浦江县政府正式公布了前王山窑址、严家廿四年头等24处第四批县级文物保护单位。这也是新中国成立以来浦江县一次性公布文保单位数量最多的一次。至此，浦江县级文保单位达47处。

东阳市公布一批市级文保单位、文保点

6月12日，东阳市政府公布了高城吴氏宗祠、薰风自南小院、旭光十一间头、石狮桥等9处第五批市级文物保护单位。6月8日，东阳市文化广电新闻出版局公布了燕山光霁堂、蔡宅玉树堂、厦程里育德堂等22处市级文保点。

永康市公布第六批市级文物保护单位

6月13日，永康市政府发文，公布了澄一公祠、仪庭公祠、司马第等27处第六批市级文物保护单位。此次公布的27处市级文保单位是从永康市全国第三次文物普查中挑选出来的。

婺城区整治修缮文保单位(点)

因婺城区城北综合园区土地开发,金华市级文保点何炳松墓周边环境大变,墓周围杂草丛生,道路淤泥,墓台泥土裸露。2010年5月,金华市文物局拨出专款,委托婺城区文物办对何炳松墓及周边环境进行整治,清除了周边杂草,拆除了西南角的水泥台阶,用石料铺设了新台阶,墓台基上铺设了花岗岩石板,墓前种植了松柏树,完善了排水系统。何炳松(1890—1946),字柏臣、伯丞,金华罗店后溪河人,教育家、史学家。

金华市文保点西祝光裕堂位于婺城区汤溪镇西祝村,清代建筑,坐北朝南,占地面积400平方米,前后三进,左右设厢房。因年久失修,第三进已倒塌,东面墙体倾斜,门面局部损坏,急需抢救性抢修。2010年7月,西祝村民自筹资金30多万元、文物部门补助经费4万元,对光裕堂进行了维修。工程于9月顺利竣工。

金华市级文物保护单位古方洞山塔建于明万历二十三年(1595),为楼阁式空心砖塔,平面六角形,七层,高二十余米,是金华市区唯一一座古塔。因年久失修,塔身微向西南倾斜,塔顶也已破坏,塔刹无存,一至四级东北角腰檐已塌,至第七级的六个翘角已严重损坏。东北角有五条纵向裂缝(其中三条宽二三厘米),西北角也有一条宽约2厘米的纵向裂缝伸至第三级,南面有一条20余厘米的裂缝,急需抢救维修。2010年,在区文物部门的努力下,婺城区政府安排50万元维修资金,白龙桥镇政府也落实配套资金,全面启动了古方洞山塔维修工程。

兰溪市博物馆新馆建设取得进展

在各级部门及有关领导的关心、支持下，兰溪市博物馆新馆建设取得突破性进展，土建工程顺利完工并通过验收及审计。新馆布展设计方案经过多次论证后定稿，并于7月2日完成布展工程招标。布展工程、安防系统工程、空调工程、消防工程、绿化工程于年底前基本完成。

兰溪市博物馆是以兰溪历史文化展示为主题的地方性综合博物馆，建筑面积5000平方米，馆舍是集地方传统文化元素和徽派建筑特征于一体的现代仿古建筑，分陈列展厅、文物库房、办公用房、安防中心、报告厅五大部分，其中陈列展厅分基本陈列展厅和临时展厅。

永康召开“传统宗祠建筑文化研讨会”

8月20日至21日，中国民族建筑研究会民居建筑专业委员会、浙江省文物局、永康市政府联

合主办的“传统宗祠建筑文化研讨会”在永康召开。来自清华大学、华南理工大学、厦门大学、同济大学、广东省文物局、河南省博物院、浙江省文物考古研究所、浙江省古建筑设计研究院、无锡市宗祠文化研究会等高校、文博单位、设计院及省内相关单位的50余位专家、学者参加了研讨,就传统宗祠的起缘及发展、宗祠建筑与宗族文化、宗祠建筑营造技术、宗祠建筑的价值、宗祠建筑文化遗产的保护与利用及传统聚落空间等问题展开了交流研讨。

兰溪实施文物保护修缮

位于兰溪市水亭畲族乡西姜村的西姜祠堂是2005年公布的第五批省级文保单位,建于明万历年间,回字形平面布局,坐东朝西,占地面积达3087平方米,是省内规模最大的祠堂之一。公布为省保后,兰溪市文物部门在2006年着手编制修缮方案并获得批准。因西姜祠堂修缮工程投入资金大,筹资困难,兰溪市文物部门决定分三期实施:2007年12月至2008年6月实施一期修缮,修缮面积544平方米;2010年7月至2011年1月实施第二期修缮,修缮内容为南北两庑和位于南北两侧的东西厢房,修缮面积达820平方米。

位于兰溪市黄店镇桐山后金村的仁山书院是2005年公布的第五批省级文保单位,也是省内为数不多且保存最完整的书院,最早由南宋时期儒学家金履祥于宋末元初创建,后历经毁损,现存建筑为清道光年间重建,同时也是纪念性建筑和金氏家庙。书院占地997平方米,建筑面积575平方米,2007年编制了修缮工程方案。2010年,方案及施工图获得批准,9月开始实施修缮。

王宅镇山碧张村古墓实施抢救性清理发掘

8 月 30 日，武义县对王宅镇山碧张村九山头茶园古墓进行了抢救性清理发掘。该墓坐落于村东南九山头茶园东侧山坡地上，形制呈“刀”字形，长 5.5 米（其中墓室长 3.8 米），宽 1.6 米，甬道长 1.7 米，宽 0.7 米（拱券无存）。墓残高 1.6 米，墓底对缝铺设地砖，墓壁花纹砖错缝叠砌。发掘共出土银饰 1 件、青瓷双系盘口壶 1 个、水盂 1 个、钵 3 个、青铜镜 2 面、铁刀 3 把。根据墓制初步推测，该古墓应为六朝时期墓葬。

东阳市签订古生物文化产业示范区合作开发协议

9 月，东阳市政府与中国古生物化石保护基金会正式签订（东阳）古生物文化产业示范区合作开发协议，双方将共同建设古生物化石保护科研科普示范基地、东阳恐龙展馆、中国古生物化石展示交流中心、国际自然科学论坛、博物馆、东阳“三乡文化”展示馆、游客互动区和服务区等设施。

兰溪市博物馆举办“走进兰溪大型鉴宝活动”

10 月 16 日至 17 日，“走进兰溪大型鉴宝活动”在兰溪市举行。活动邀请专家为广大收藏爱好者讲授了藏品鉴别知识，现场进行了古玩收藏品的真伪鉴定，还评选出藏品一等奖 3 件、二等奖 10 件、三等奖 27 件。其中战国青铜三足提耳鼎、清中期红釉大花瓶和清中期祭红荸荠敛口瓶被评为一等奖藏品。

金华市举办万佛塔出土文物返乡展

10 月 26 日,金华市文物局主办、金华市博物馆承办的“金色的回归——万佛塔出土文物返乡展”开展。展览展出国家一级文物、金华万佛塔地宫出土的五代鎏金观音铜造像及现存于浙江省博物馆的 16 件万佛塔出土文物,其中包括铜供养人佛(北宋)、铜佛像、铜千佛造像、杂耍铜造像、铁供养人立像、铜佛立像、铜佛坐像、背光状铜佛造像群等。

东阳市举办开馆两周年系列宣传活动

11月18日，东阳市博物馆举办庆祝开馆两周年系列宣传活动。活动主要包括举办“东阳文博十年成果展”，出版发行《东阳文博十年》图录集，召开东阳文博十年工作座谈会等。成果展从“领导关怀”、“博物馆篇”、“考古发掘篇”、“文物保护篇”等几个方面，对这些文博工作成果进行了详细、系统的介绍。省市有关领导、相关部门负责人及关心博物馆事业的热心人士等50余人参加了座谈会。

吴茀之、张书旂诞辰110周年书画精品展开幕

为缅怀中国近现代浦江籍著名国画家、美术教育家吴茀之和张书旂诞辰110周年，11月18日，由浙江省美术家协会、浦江县政府、张书旂艺术研究会、吴茀之艺术研究会共同主办的“纪念吴茀之、张书旂先生诞辰110周年书画精品展”在浦江博物馆开幕。

吴茀之、张书旂是中国近现代画坛的著名艺术家，其中吴茀之工诗、文、书、画，擅长写意花鸟，对国画理论及古画赏鉴有深厚修养，并首创中国画分科教学制度，是现代浙派花鸟画的杰出代表，也是现代浙派教学体系奠基人之一。张书旂擅长在花鸟画中使用“白粉”技法，有“白粉主义画家”之称。此次展出的70余件展品为两位大师各个时期的代表作。

义乌举办文物杂项鉴赏讲座

12月11、12日，义乌市博物馆特邀有关专家举办了为期两天的珐琅器、漆器、鼻烟壶、玻璃器鉴赏讲座，义乌市博物馆全体职工、近30名文物收藏爱好者及东阳、浦江、武义博物馆部分业务人员聆听了讲座。

金华市文物局举办“德奥历史城市保护与激活实例”报告会

12月17日，金华市文物局举办德国、奥地利历史城市保护与激活实例报告会，部分市政协委员，全体市区文博工作人员、中国历史文化名镇名村代表和金华职业技术学院美术学院古建系师生等80余人参加了报告会。会上，金华市文物局局长方竟成作了题为“德奥历史城市保护与激活之实例”的学术报告。报告分为“以人为本的核心理念”、“尽量减弱阶段性因素”、“创意决定活力”、“高度重视细部和细节”、“政策导向及开放意识”等六个方面，并结合中德合作金华历史文化名城保护整治项目的实施，进行了阐述和剖析。

中德合作·金华历史文化名城保护整治项目取得进展

2009至2010年度，住房与城乡建设部、德国技术公司在全国30城市中筛选金华等六城市为中德合作·城市可持续发展优先实施项目。在金华市委、市政府的重视下，金华历史文化名城保护整治项目实现了立项、规划、环评、土地、资金的落实，制定了农贸市场的搬迁完善方案，完成了酒坊巷57套历史建筑的接收，与驻金部队达成了共护《浙江潮》旧址、将军楼协议。德国专家组、同济大学建筑设计院共同完成了酒坊巷南端酒屋建筑的设计，并对重建万佛塔和酒坊巷近现代名人文化一条街、提升台湾义勇队旧址及李友邦将军办公处、修复利用将军楼和《浙江潮》等多个子项目编制了保护利用方案。

“何氏三杰陈列馆”被命名为省级爱国主义教育基地

2010年，“何氏三杰陈列馆”被省政府命名为第七批爱国主义教育基地。

何氏三杰陈列馆位于东市街66号，占地面积525平方米，建筑面积750平方米，2007年8月竣工，2008年5月20日正式开馆，是对青少年进行爱国爱乡教育的重要场所。在申报国家历史文化名城过程中，何氏三杰陈列馆作为镶牙式保护的历史建筑和金华名人文化展示，成为古子城保护利用的新突破，2008年9月被命名为金华市爱国主义教育基地。自开馆以来，陈列馆举办多种展览，长期陈列何氏三杰的事迹、图片和文物，举办了“大时代缩影——现代学术界中坚人物何炳棣原版照片”、“珍贵文物展”和“金华市第三次全国文物普查图片展”等13期临时展览，形成了长期陈列与短期陈列相互补充的陈展模式。

兰溪修编《诸葛长乐村民居保护规划》

兰溪市诸葛镇的诸葛、长乐村民居是1996年公布的第四批全国重点文保单位，1997年分别编制了保护规划。近年来，因两个村周边环境要素变化较大，原规划已不符合新的保护要求。

2010 年兰溪市文物主管部门根据《全国重点文物保护单位保护规划编制要求》,投入近百万元资金,委托相应资质单位承担了规划的修编,并将两个分村规划合并为一,同时对保护区划作了较大调整。

义乌市实施文物维修保护

2010 年,义乌市投资 500 余万元,陆续完成了萃和堂、协和堂、带经堂、大安寺塔、仪性堂、何氏宗祠修缮工程和黄山八面厅周边环境整治,并对骆氏宗祠、吴山民故居、周勇墓、一峰塔、容安堂和朱一新、朱怀新故居等文物维修工程进行了竣工验收和决算,对虽未列入年度维修计划,但出现安全隐患的陈望道故居实施了紧急抢修。根据群众反映,义乌市文物部门对古月桥千斤石外鼓和亘古桥部分基石被溪水掏空等问题进行了抢修加固。6 月 9 日,义乌市政府发文公布了大麦园青花瓷窑址等 25 处不可移动文物为市级文物保护单位,其中近半数为普查新发现。

上山文化遗址强化宣传

2010年上海世博会开幕前夕,金华市结合世博会主题策划的三大线路七大景区,推荐浦江全国重点文物保护单位上山遗址成功入选世博主题体验之旅示范点。上山文化陈列馆以世博会为契机,制订了详细的宣传、接待方案,努力做好世博会期间国内外游客的接待工作,扩大上山文化的影响力、辐射力。8月13日,浦江县各个中学的学生利用暑假赴上山文化陈列馆参观。自暑期以来,上山文化陈列馆接待了十余批来自烟台大学、浙江工业大学、浙江师范大学、杭州师范大学等高等院校的学生团,切实成为学生的"第二课堂"。

武义县开展"民办公助"文物保护维修工程

2010年,武义县开展"民办公助"文物保护修缮工程,全年累计下拨资金40多万元,汇集民间资金200多万元,先后对柳城镇乌漱村乌氏宗祠、新宅镇金岩村邓氏宗祠、白洋街道德谦禅师墓等20处县级文保单位(文保点)和历史文化遗存进行了抢救性修缮。

"民办公助"文物修缮系统工程始于2006年,主要针对武义县境内年久失修的古建筑等不可移动文物进行修缮,对其他历史文化遗存中确有保护价值,且村中有较高修缮保护积极性的,也将结合村庄文化建设在评估后给予支持。

榉溪孔氏家庙修缮工程竣工开放

榉溪孔氏家庙位于磐安县盘峰乡榉溪村,始建于南宋,清代重建,现为第六批全国重点文物保护单位。根据省文物局批复,文物部门对家庙进行了维修,主体修缮工程于2010年1月竣工,5月通过市级初步验收。在此基础上,文物部门编制了孔庙门前广场图纸设计方案、榉溪孔氏家庙陈列展示方案,全面完成榉溪孔氏家庙门前广场整治工程及室内陈列布展,9月28日正式对外开放。

玉山古茶场配套设施方案编制完成

玉山古茶场位于磐安县玉山镇马塘村,初建于宋代,现存建筑为清乾隆辛丑年(1781)重建,是第六批全国重点文保单位,也是目前唯一列入全国重点文保单位的古代市场类文物古迹。2010年,根据省政府实施意见,磐安县文物主管部门委托编制了玉山古茶场茶文化陈列展示室、管理用房配套工程设计方案,上报省文物局审批。

磐安县加大文保单位修缮力度

磐安县境内现有全国重点文物保护单位2处、省级文物保护单位5处、县级文物保护单位23处、县级文物保护点59处,其中60%以上为古建筑。这些古建筑大多建造年代较早,分布较散,属私人所有,疏于管理,面临破坏倒塌的危险。2010 年,磐安县文物主管部门加大对文物保护单位的修缮力度,投入 50 余万元对双峰乡登科第、尚湖镇陈氏宗祠、尖山镇新宅花厅(文昌阁)等 24 处文保单位(文保点)及部分文物登记点进行抢救性维修,确保了文物安全。

衢州市

2010年,衢州市在市委、市政府的正确领导和上级文物主管部门的具体指导下,积极落实省文物局长会议和全市文化工作会议精神,牢牢抓住社会主义文化大发展大繁荣和文化名市建设的契机,立足当前、着眼长远,取得了新的成绩。

一、明确目标,稳步推进文物普查工作

在实地文物调查阶段工作通过省级验收后,衢州市根据省文物局的统一部署,全面启动了文物普查第三阶段工作,并取得阶段性成果,至年底初步完成了各县(市、区)普查工作报告、不可移动文物名录、普查电子地图、文物普查档案的编制工作及文物保护、利用规划、出版计划的制订等第三次全国文物普查第三阶段六项工作任务。9月至10月,江山市普查办还组织摄影专业人员,完成了对各新发现重要文物点的图片拍摄,并搜集资料以充分挖掘各文物点的文化内涵,着手编辑出版重要新发现文物图册。据统计,衢州市第三次全国文物普查共登录文物点8095处,通过层层筛选、各方论证,江山市于7月将65处普查重要新发现公布为江山市第五批文保单位。其他各县也都已做好了县级文物保护单位的遴选推荐,以供政府公布。根据普查成果,衢州市推荐申报细菌战纪念地、达源号钱庄等60处不可移动文物为第六批省级文物保护单位,对拟公布为省级文物保护单位的不可移动文物进行了深入调研,为"四有"档案编制工作做好准备,同时补充完善了已公布为省级以上文物保护单位的"四有"档案。

二、突出重点,切实做好文物保护与考古发掘工作

2010年,衢州市编制了全国重点文物保护单位衢州城墙和三卿口制瓷作坊的保护规划,于3月组织专家及各相关部门对《三卿口制瓷作坊文物保护规划》中期方案进行了会审。10月,省文物局组织专家完成了对该保护规划的省级论证。《衢州城墙保护规划》编制通过了初步论证。省级文物保护单位仙岩洞摩崖题记的保护规划、保护设计方案(草案)和《开化霞山省级历史文化名村保护规划》也已编制完成。

2010年,衢州市完成23处各级文保单位(文保点)的修缮工程。其中国保单位衢州城墙的钟楼基座加固及木结构复原工程于2月基本完成,8月全面完成油漆。衢江区吴氏宗祠第二期修缮工程、龙游县三门源叶氏建筑群、江山市大公殿、三卿口制瓷作坊、黄氏宗祠、常山县里择祠、樊氏大宗祠等省保单位修缮工程均已完成。江山市采取"以奖代补"的方式对文保单位及历史建筑进行修缮保护,收到了明显成效,目前已完成6处历史建筑的抢救性修缮。同时,有关方面相继启动了江山杨氏宗祠、龙游三槐堂、关西世家、常山徐氏旧宅等8处文保单位的修缮工程。龙游县根据民居苑建设工程计划,完成了陈氏民居、劳氏民居、上丰朱氏民居、塘边朱氏民居、徐氏民居、方氏民居、惠和堂、袁氏民居等8处迁建建筑的布点工作,目前正在进行场地平整及基础施工。为了更好地发挥民居苑古建筑的功能,龙游县还引进了蓑衣制作、纸制工艺品、剪纸等"非遗"项目的展示,获得省级非遗景区称号。

为配合开展杭长高速铁路、杭新景高速公路、杭景九铁路沿线的文物勘探和发掘，衢州市完成了杭长高铁沿线龙游制梁场用地范围内的考古发掘，探明各时期墓葬十余座，遗址一处；并在杭长高铁主干线考古发掘工作中发现了龙游县詹家镇夏金村的三国时期大型墓葬群，还于12月24日举行了考古发掘现场通报会。该墓出土的一枚“新安长印”对研究龙游、衢州地区汉六朝时期的行政区域变更及文化、经济、风俗等方面都具有重要价值，也是我省六朝时期的考古重要发现。在省文物考古研究所支持下，龙游县重点调查、试掘了寺后青碓遗址，取得突破性成果，证实了青碓遗址是9000年前的人类活动遗址，具有不可低估的考古价值。9月9日，有关方面在遗址现场召开新闻通报会，取得很好的社会影响。此外，龙游县抢救性清理了溪口镇冷水宋墓一座。

在配合做好文物保护工作之余，衢州市文物部门积极配合旅游、建设等部门做好文物保护及文化内涵挖掘工作。市本级的北门街历史文化街区整治一期工程配合工作于2010年初全面竣工，并于2月21日正式开街。江山市投资1200多万元，对中国历史文化名镇廿八都内文保单位及历史建筑进行了保护修缮，投资760万元恢复了清漾毛氏祖祠，启动大陈古建筑群修缮工程。各地还做好历史建筑修缮工程的技术指导。

三、创新方法，继续加强博物馆建设

2010年，衢州市推陈出新，有条不紊地开展陈列布展工作。除基本陈列外，衢州市博物馆全年共举办各类临时展览9个，接待观众50余万人次。江山博物馆征集展览文物200多件，提取文物精品300余件，布置标本500多件，并对20多处模型、场景、壁画进行检查、指导，较好完成了新馆布展工作。2月10日，新馆自然展厅对外开放，5月1日历史展厅对外开放。据不完全统计，全年参观人数达32万人次。

10月上旬起，“浙江省珍稀野生动植物矿产资源图片展”在柯城、衢江、巨化等10所学校和部分社区巡回展出，参观人数超过4万人次。衢州市博物馆在2009年与衢州市实验学校举办小小讲解员比赛的基础上，挑选了12名参赛选手，经过三个月的现场培训和准备，从5月28日起统一着装、佩戴工作证，每周六下午为观众讲解，成为博物馆一道亮丽的风景线。衢州电视台一套、二套分别作了新闻和专题报道，《衢州日报》、《衢州晚报》、广播电台也作了相应报道。

龙游县博物馆启动馆校联合协作计划，与浙江大学建筑系取得联系，争取建立学生实训基地，以民居苑为载体，为文保工作提供专业技术服务。浙江大学建筑系第一批实训学生于7月12日进入民居苑实训。

从4月起，衢州市博物馆保管部人员参加了省文物局举办的有关专业培训，准备开展馆藏文物信息管理建设。在随后的2个月里，衢州市博物馆成立了以保管部人员为主的文物影像信息采集和各地文物信息录入小组，加班加点高质量地完成了1607件馆藏文物信息录入和影像采集，及时将文物信息资料上传给省文物局。

衢州市的民办博物馆虽然起步较晚，但近两年来有了较大发展，现已拥有衢州人文博物馆、衢州天章阁民俗博物馆、龙游县古生物化石博物馆、衢州邵永丰麻饼手工技艺博物馆等4家，并在用地等政策上给予倾斜。衢州人文博物馆（原衢州百床博物馆）因藏品量大，申请异地新建馆舍。在政府支持下，博物馆通过拍卖形式征得50亩用地，建立了总用地约333000平方米，建筑面积11110平方米,基建投资8000万元,藏品投资8000万元,合计总投资1.6亿元的新馆。

四、加强宣传,着力提高文化遗产保护意识

2010年,衢州市充分利用国际博物馆日、文化遗产日等节点开展各项活动,通过多种形式向全社会宣传文化遗产保护知识,促进人人参与遗产保护。5月18日,衢州市博物馆上街发放文物保护法律法规相关宣传资料800余份,开展文物宣传、咨询、鉴定、征集、图版(21块)展示等便民活动。江山市博物馆组织了全市广大干部群众参观博物馆活动,5月18日至6月18日,共接待机关、乡镇、事业单位、学校等各单位观众5万多人次。衢江区和柯城区专门成立了宣传活动领导小组,制定了文化遗产日活动方案,制作了文化遗产宣传展板,印制了文化遗产保护宣传单,组成了20多人的宣传队,启动了文化遗产知识进机关、进社区、进学校、进企业、进家庭、进农村的"六进"活动,还进行了图片展示、文化大篷车演出穿插文化遗产保护法规知识有奖问答等宣传。衢江区在云溪乡车塘村举办"衢江区文化遗产展示暨云溪乡第四次农民文化擂台赛",吸引了邻近村近千名群众的参与,收到了良好的宣传效果。

为传承文化传统、大力弘扬孔子文化,衢州孔氏南宗家庙管理委员会利用孔氏南宗家庙基地,在孔子诞辰2561周年之际举办了大型祭孔活动,邀请世界各地孔子学院院长参与了儒学论坛,使儒家文化得到了进一步宣传,同时也提高了衢州市在儒学界中的知名度。

衢州市文物部门通过报纸、电视、广播等各类媒体宣传文化遗产保护,在《衢州晚报》设立专版,介绍了衢州市第三次全国文物普查新发现;在衢州市广播电台交通音乐频道专题报道文物保护法律法规,邀请衢州市电视台进行文物普查工作情况专访,通过系列宣传报道展示了衢州市文化遗产保护的成就,向全社会进行文化遗产保护知识教育。

五、落实责任,不断强化文物安全工作

2010年初,衢州市要求各县(市、区)文物行政主管部门与各文物保护单位的使用单位、使用个人签订《文物保护单位安全责任书》,将文物安全工作落到实处,并将此项工作列入政府工作目标考核指标。根据《文保员聘用办法》,衢州市为新公布的市级文保单位聘请了业余文保员,基本实现了一处文保单位有一名文保员,重要文保单位24小时有人守护,一般文保单位有专人关注的目标。

衢州市文物监察支队将文物执法巡查与日常文物保护工作相结合,尽可能增加文保单位巡查次数,确保国家级、省级重要文保单位每季都巡查一次,并对存在安全隐患的文保单位要求限期整改。根据上级统一部署,衢州全市在春节期间开展了文物消防安全专项检查,并在5月开展汛期文物安全隐患大排查,以及时掌握各地文物生存状况,做好排险加固工作。为积极应对、处置杜泽巽峰塔倒塌事件,有关方面组织开展了巽峰塔修缮民间募捐等相关工作。

衢江区文物部门与公安、执法等部门联合开展湖南镇窑岗古窑址专项整治行动,抓获涉案人员7人,其中5人被治安拘留、2人被治安罚款,盗挖窑址行为得到了遏制。龙游县文物部门积极配合文物监察大队和公安机关打击涉及文物的违法行为,查处案件两起,追缴文物7件、恐龙蛋17枚。

六、开展培训,努力提升文博队伍业务水平

2010年,衢州市积极开展业余文保员业务培训。衢江区于11月举办全区文保员培训班,以古陶瓷、古建筑知识讲座、文物法规解读为主,特邀请市文物专家做了专题讲座,全区30个各级文保单位业余文保员参加了培训。12月,江山市召开全市文保员会议,对所有业余文保员进行了文物安全和业务知识培训。

与此同时,衢州市积极开展各类活动,促进业务的提升:衢州市文保所在文化遗产日开展首届论文及文保知识竞赛,21名工作人员参加了文保知识竞赛和论文撰写比赛,促进了工作人员的业务钻研。衢州市文物部门还鼓励工作人员参加各种学习培训,提高个人素质,并鼓励在各级各类报刊上发表文章。据不完全统计,衢州市博物馆全年共有10篇论文在省级以上刊物上发表。《衢州古陶瓷探秘》的资料整理完成过半,图片拍摄工作已全部完成。有关方面通过学习、调查和研究,完成了《水亭街历史文化街区保护利用调研报告》。柯城区根据实地调查过程中掌握的情况,编制了《衢州市柯城区航埠镇历史街区调查报告》,为今后的文物保护规划、科学决策提供了翔实的数据。

衢州市推荐申报全国、省级文保单位

根据国家文物局和省文物局统一部署,2010 年 1 月,衢州市完成了周宣灵王庙、吴氏宗祠等 16 处不可移动文物申报第七批全国重点文物保护单位,及天妃宫、徽州会馆等 60 处不可移动文物申报第六批省级文物保护单位的推荐工作。

赵抃祠被命名为“衢州市青少年法制教育基地”

1 月 21 日,衢州市级文物保护单位赵抃祠被命名为首批“衢州市青少年法制教育基地”。赵抃系北宋著名政治家,廉政事迹突出,赵抃祠场地完备,陈列展览、教育内容丰富,以青少年为教育重点,积极面向全社会开展了形式多样的经常性法制宣传教育活动。经衢州市司法局现场考核,赵抃祠被衢州市委依法治市办公室命名为首批“衢州市青少年法制教育基地”。7 月,衢州市文保所指定专人对赵抃祠陈列实施整改,并于 12 月 28 日重新对外开放。

衢州市文保“十二五”规划编制完成

3月，衢州市完成了全市文物保护“十二五”规划编制和上报工作，并对全市“十一五”期间的文物保护工作作了全面总结。据统计，至2010年2月，衢州全市共登录不可移动文物8095处，其中全国重点文物保护单位4处，省级文物保护单位23处，市县级文物保护单位317处。全市六个文博单位共收藏文物14201件(套)，其中一级文物33件(套)，二级文物169件(套)，三级文物991件(套)，另有古籍34790册，还实施文物保护工程计67项，投入资金1.06亿元。“十二五”期间，衢州市将争取全国重点文物保护单位增至8到10处，省级文物保护单位增至75到80处，市(县)级文物保护单位总数达到500处，国家级历史文化名镇达到2个，省级历史文化街区(村镇)增至6个，县级博物馆增至5座，国有和民办特色博物馆(纪念馆)增至10座。

馆藏文物信息数据库建设工作完成

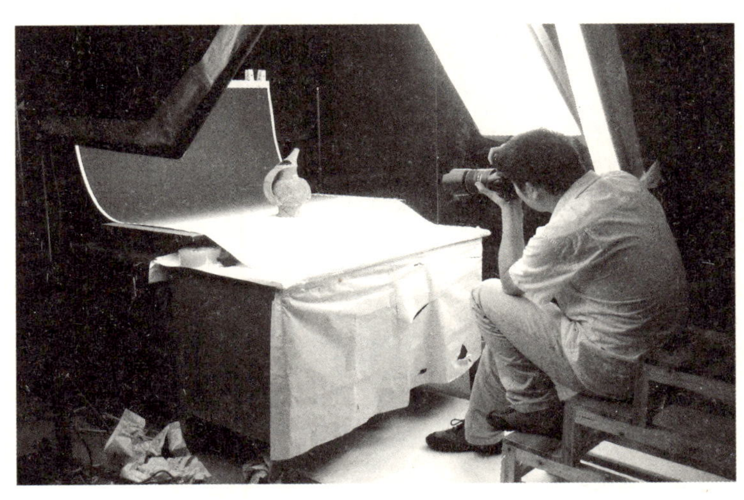

自4月起，衢州市派人参加了省文物局举办的馆藏文物信息数据库建设相关专业培训，成立了以衢州市博物馆保管部人员为主的文物影像信息采集和文物信息指标录入小组，在规定时间内高质量地圆满完成了全市1607件馆藏文物的影像采集工作，并及时将文物信息资料上报省文物局，为实现文物信息资源社会共享创造了有利条件。

衢州市博物馆“小小讲解员”佩证上岗

5 月 28 日，按照有关规定，经培训后的 12 名首批小小讲解员统一着装，佩戴工作证，在衢州博物馆正式上岗，为观众提供讲解服务。经过一段时间的锻炼，他们每个人的讲解次数都达到 100 批次以上，不仅锻炼了口头表达能力和社交能力，也为宣传衢州作出了贡献。

三门源叶氏民居修缮完工

三门源叶氏民居位于龙游县石佛乡三门源村，包括“芝兰入室”、“荆花永茂”、“环堵生春”等三个建筑，面积约 1400 平方米，建于清早期。2009 年 10 月 22 日，有关方面对民居实施修缮，工程至 2010 年 5 月 30 日竣工，工期 180 天，总投资约 80 万元，主要对建筑屋面、残损的木结构、艺术构件等进行了修复、加固和校正，消除了安全隐患。

江山市公布第五批市级文物保护单位

7 月,江山市政府发文公布了第五批市级文物保护单位。本次公布的文物保护单位以第三次全国文物普查新发现为主,分为古遗址、古墓葬、古建筑、石刻、近现代重要史迹及代表性建筑等五大类 65 处,至此,江山市级文物保护单位已达 137 处。

衢江、江山加强业余文保员培训管理

2010 年 8 月,衢江区举办全区文保员培训班。本次培训以古陶瓷、古建筑知识讲座及文物法规解读为主,邀请专家作了专题讲座,全区各文保单位的业余文保员参加了培训。

12 月,江山市召开全市文保员会议。会议总结了 2010 年的文物工作,提出了“十二五”开局之年的工作方针和基本思路,并对 2010 年度表现突出的 2 名文保员进行了表彰奖励。同时,会议组织了包括文物保护常识、文保员主要工作、文物保护相关法律法规及消防器材的使用等在内的培训活动,66 名文保员及 21 个乡镇(街道)的文化干部参加。

龙游县保护石窟

龙游石窟属石质文物,面临着风化、水危害等保护技术难题。在技术力量与保护研究设施有限的情况下,龙游县确立了“与国际联谊,与专家联盟,与智慧联姻”的开放式保护理念,开展国内国际合作,保护龙游石窟。近年来,龙游县成立了龙游石窟研究所,对外招聘专业人才,并聘请国内外自然科学、人文科学等领域的专家为顾问;还与中科院地质与地球物理研究所联合开展了《龙游石窟1~5号洞围岩变形破坏规律和保护技术研究报告》、《龙游石窟地下水运动规律研究及1~5号洞洞内渗水治理方案建议》等研究课题。2010年8月13日,日本财团法人国际高等研究所、大阪大学及美国加利福尼亚大学与龙游县政府联合成立龙游石窟研究基地,共同把中国龙游石窟与敦煌石窟列入研究对象,以开展为期三年的学术交流与研究。

龙游县发现9000年前新石器时代遗址

2010年8月起,省文物考古研究所与龙游县博物馆对龙游县境内的渠江、灵山江流域进行了新石器时代遗址考古调查。本次调查是省文物考古研究所“浙中地区以上山文化为核心的新石器时代遗址专题调查”组成部分,取得了突破性成果,发现了青碓新石器时代早期遗址。

青碓遗址位于龙游县龙洲社区寺后村西面500米处,灵山江西岸,海拔50多米。村民曾陆续捡到石镞等文物。经现场踏勘,考古人员又发现了夹炭红陶器、石磨盘、石磨棒等上山文化特征遗物。2010年8月23日至8月31日,浙江省文物考古研究所与龙游县博物馆采取试掘、探铲勘探的方式,对遗址进行了正式调查。试掘面积12平方米,分为2米×3米的一南一北两条探沟。探沟揭示的遗址文化层深度为0.9米和1.3米。勘探表明,现存遗址最深处约1.5米。初步勘探确定,遗址南北长170多米、东西宽160多米,面积约30000平方米。

龙游民居苑异地迁建工程进入复建施工阶段

龙游民居苑位于灵山江畔鸡鸣山,占地面积100亩,1997年8月27日被省政府公布为第四批省级文物保护单位,并确立为市、县级爱国主义教育基地。为有效保护分散在全县各乡村、具有很高价值但难以原地保存的古建筑,龙游县于2010年9月25日完成招投标程序,将总建筑面积1600平方米、总投资达283万元的大街贺田民居、沐尘平连民居、大坂桥方氏民居、新王王氏民居、新王惠和堂、塘边朱氏民居、下宅袁氏祖居、峰塘山第二家民居等8幢古建筑搬迁到鸡鸣山,现正在复建施工中。

常山县完成大处古建筑群局部维修

9月,在文物保护专项经费严重不足的情况下,常山县文物办积极筹措资金,对县级文物保护单位大处古建筑群开展局部维修,至12月基本完成维修工作。

龙游发现三国新安县长大墓

11月,为配合杭长高铁客运专线工程建设,浙江省文物考古研究所会同龙游县博物馆对龙游

段詹家镇夏金村方家山六朝古墓葬进行了抢救性考古发掘。

此次发掘揭露出并列相距约20米、结构相同的4座大墓，朝向皆向北，应为家族墓葬区。由于历代多次盗掘及上世纪六七十年代农民挖墓砖成风，其中三座墓葬毁坏严重，仅存部分墓底砖。墓区东侧的1号墓基本保存尚好，属券顶砖室墓。为使墓室密封和干燥，砖室外围用白膏泥夯筑成斗形围墙保护，形制独特，建筑考究，为浙江地区所罕见。墓葬规模大，总长达14.1米，最宽处7.7米，白膏泥墙厚0.25米，平面呈前堂后寝配置。入口处为砖筑拱券甬道，前堂横向筑双层券顶，券顶高达近4米，后室墙和券顶则用花纹砖三层砌筑，后室券顶与前厅垂直为纵向筑顶，墓室砌筑工艺高超，异常坚固。墓底铺砖亦为三层。虽经历代数次盗掘，扰乱严重，稍大一点的器物基本被敲碎，但墓葬仍出土了29件随葬文物，以青瓷器为主，纹饰具有东汉晚期特征——青瓷罐饰有水波纹和小方格纹，硬陶罍拍印叶脉纹。可辨器物有堆塑谷仓、罍、罐、灯、盏，伴生铜洗、铜镜等。堆塑谷仓上有胡人造像。其中一件青瓷罐釉色青润为上等瓷器，另外还出土了穿孔纺锤状黄金珠3颗。后室底部出土了一方桥形纽铜印，印文阴刻篆书“新安长印”。根据出土瓷器和印章综合判断，墓葬年代应属三国时期。“新安长印”的发现，对于研究龙游、衢州地区汉六朝时期行政区域变更及文化、经济、风俗等方面都具有重要价值，还为我省乃至江浙地区三国墓葬提供了断代标尺，是我省六朝时期考古的重要发现。

衢州市博物馆命名为“浙江省科普教育基地”

近年来，衢州博物馆积极探索科普活动的新思路、新方法、新手段，在陈列展览中不断充实科普内容，充分发挥博物馆在普及科学知识、倡导科学方法、传播科学思想、弘扬科学精神等方面的教育、示范作用。经专家综合评审，2010年12月，衢州市博物馆被省科协、省委宣传部、省科技厅、省教育厅命名为“浙江省科普教育基地”。

“江山如此多娇”获“浙江省陈列展览十大精品奖”

江山市博物馆自 2009 年 5 月确定博物馆新馆布展大纲后，历时半年时间，投资 2500 万元，完成了“江山如此多娇”陈列的布展。整个展览征集文物 200 多件，提取库房文物 300 余件，布置标本 500 多件，制作场景、壁画 20 多处，在浙江省县级博物馆中开创了自然、历史特色展览齐抓并举的先河，全年观众达 32 万人次。2010 年 12 月，该陈列被省文物局评为“浙江省陈列展览十大精品奖”。

“衢州六千年”获“浙江省陈列展览最受观众欢迎奖”

2010 年，衢州博物馆投入经费 50 多万元，对“衢州六千年”展厅进行了全面整改，调整了展厅和展柜内灯光，更换了展板和独立展柜，使陈列效果得到明显提升。12 月，该陈列被省文物局评为“浙江省陈列展览最受观众欢迎奖”。

龙游县做好文物修缮保护工作

龙游县境内各个乡村保存着相当数量的明、清、民国时期宗祠建筑。这些建筑大多年久失修,加之自然、人为因素,进行抢救保护刻不容缓。为此,龙游县制定相应政策,划拨专项资金,加大抢救力度,同时号召社会各界参与,共筹集到资金123.8万元,并对湖镇镇童家村北塘里自然村童氏宗祠、湖镇镇童家村长元祝自然村祝家宗祠、湖镇镇星火村金山巷3号民居、模环乡蛇塘坞村方氏宗祠、模环乡新王村王氏大厅、模环乡下店村兑门江自然村江氏宗祠、横山镇腰塘边村凌角张自然村张氏宗祠、横山镇上宾村上下朱自然村朱氏宗祠、溪口镇灵山街应氏民居、塔石镇西何村何氏宗祠等10幢宗祠建筑进行了维修,使一些濒临倒塌的宗祠建筑得到了保护。

江山市完成一批文物保护修缮工程

2010年,江山市相继完成了省级文物保护单位大公殿的修缮工程和三卿口制瓷作坊黄氏宗祠的抢救性保护工程。其中大公殿修缮工程已通过初步验收。此外,江山市采取“以奖代补”的方法,对石门镇江郎山村泉井(含周氏宗祠)、石门镇琚家岗村毛氏大厅、凤林镇凤里姜氏宗祠、长台镇朝旭村长村坂袁氏宗祠、清湖镇清二村毛氏宗祠、碗窑乡协里村郑氏祠堂等6处文物保护单位、历史建筑进行了抢救性修缮;并启动了省级文物保护单位杨氏宗祠的修缮工程和市级文物保护单位峿峰塔及四牌坊的修缮保护工程。

舟山市

2010年,舟山市按照省文物局的统一部署,坚持“保护为主、抢救第一、合理利用、加强管理”工作方针,从实际出发,脚踏实地,开拓创新,各项工作取得明显进展。

一、攻坚克难,全市第三次全国文物普查成绩斐然

2010年,第三次全国文物普查工作全面转入第三阶段。舟山全市各级普查机构历时两年,克服重重困难,合理分工、周密安排,按时完成了全市野外实地调查任务。2月,在省第三次全国文物普查验收专家组审查下,舟山市的文物普查工作通过省级验收,并有1名普查队员被授予国家先进个人称号,2个集体和9名队员荣获省级先进称号。

根据省级专家组的验收意见和修改要求,舟山市普查人员经过全面排查、认真梳理,通过核实原始资料、再次实地走访等手段,对定名、年代不准确、描述不到位、数据不精确等问题进行逐个修改,保证了数据的准确、真实、全面。目前,文物普查相关资料已基本到位,针对普查数据的全面梳理和深入分析研究也已陆续展开,各县(区)相继启动了普查工作报告、档案和不可移动文物名录的编制工作。全市完成了第三次文物普查成果汇编的初稿,共计25万字,图片近3000幅。各县区的成果汇编也正在抓紧编辑中。此外,舟山市运用全市第三次文物普查成果,协助舟山市民政局完成了全国第二次地名普查中全市各级文保单位资料的填写和汇总。

二、合力联动,文物保护氛围日益浓厚

2010年,舟山市通过大力宣传发动社会公众,形成合力,上下联动,不断增强全民文物保护意识,逐步加大文物保护力度,文物保护氛围日益浓厚。

6月12日我国第五个“文化遗产日”期间,舟山市围绕“文化遗产在我身边,保护工作人人参与”的主题,开展了丰富多彩的系列宣传活动。活动开幕式当天举行了向第七批市级文保单位授牌、向文物保护专家委员会委员颁发聘书及“2010走读昌国——舟山市文化遗产零距离体验”授旗仪式等活动,同时展示了舟山市第三次全国文物普查的重要新发现。舟山市围绕“三普”和文物保护工作,选取部分典型文化遗产,继续举办第二届“走读昌国”舟山文化遗产体验活动,参与市民约250名。本次“走读昌国”选取了四条有代表性的路线,走出舟山本岛,集中吸纳了沿线丰富的文化遗产内容,将文物与非遗合而为一,向全社会宣传了文化遗产保护、传承的重要性与必要性,受到社会各界的广泛好评。各级文物部门还进一步加强与新闻媒体的合作互动,借助媒体平台宣传文化遗产保护,全年在省、市各类媒体上发布稿件近30篇,扩大了文物保护工作的影响力;编辑刊印了4期《舟山文博》,收录文博及历史方面的文章70余篇,为全市文物工作者和文史爱好者搭建了交流平台。《舟山水下考古工作简报》则全面、细致地总结了全年度全市水下文物调查的工作情况和具体收获。

三、筑牢根基,文博日常工作顺利推进

2010年,舟山市将文物普查成果纳入法律保护体系,在全市第三次文物普查基础上提请市政府公布了27处市级文物保护单位,向国家文物局推荐了东沙小菜场、普济寺、沿海灯塔群等3处全国重点文物保护单位,向省文物局推荐7处省级文物保护单位,并向省建设厅、省文物局推荐3处省级历史文化名镇名村,使全市各级文物保护单位达到142处。

根据全市实际情况,舟山市加强了对文物保护的规范化管理,拟定《舟山市不可移动文物保护管理办法(初稿)》并提交市政府;还深入研究发展战略,经过专题调研形成了《舟山市十二五文博事业发展规划调研报告》及“十二五”时期具体规划项目表。与此同时,舟山市进一步加强文物维修工作,先后完成了御书楼、孙举人住宅、刘鸿生故居等文保单位、文保点的维修,还完成了中共定海工委旧址的陈列布展。此次布展补充、完善了大量地下党领导定海人民抗日的材料,进一步增强了可看性,改善了内部参观环境,使布展后的工委旧址成为重要的爱国主义教育基地。

在丰富展览内容的基础上,舟山博物馆以陈列精品为抓手,先后举办了辽西恐龙化石展等6期临时性展览,接待市民32987人次,取得了良好的社会效益;还完成了民办博物馆发展情况专题调研,成立了舟山市博物馆协会,举办了全市第一届博物馆学会论坛;完成了普陀山文物馆馆藏文物定级。舟山鸦片战争纪念馆正在计划重新布展,布展方案已经过专家初步论证。

舟山市现有各级文物保护单位142处,另有一批文保点。经第三次全国文物普查的锻炼,全市各县(区)文保队伍已具备一定基础。为进一步提高文保队伍的整体业务素质,舟山市加强对文物从业人员的技能培训,举办了2010年文物保护专业技能培训班,邀请专家授课。培训内容包括文保单位“四有”档案概要与编制规范、古建筑调查与撰写、“四有”图纸规范等,并结合舟山市实际讲授了文物维修审批与执法、平面图绘制、水下考古调查等内容,进行了野外实地操作考核。

年内,舟山市完成省级文物保护单位普济寺的“四有”档案编制工作,并顺利通过省文物局专家组检查。为加强文物巡查力度,确保文物安全,舟山市文物监察支队联合市文物管理办公室,多次对辖区内各级文物保护单位进行巡查,并不定时对各县(区)进行抽查,发现问题及时告知,对存在严重安全隐患的则当场下发整改通知书,责令限期整改。

四、突出重点,加快水下考古事业进程

2010年,舟山市水下考古工作仍以前期调查摸底为重点,一年来全面调查了六横本岛及周边小岛,发现、确认了双屿港古代文化群,港口考古取得阶段性成果。同时,水下考古队对白节峡太平轮、江礁明代商船和东库山沉船群进行了实地探测探摸,线索采信率达100%,水下文物确认率66.7%。通过水下文物调查,舟山市初步摸清了海域水下文化遗存的大致分布状况、文化内涵和时代特征,为今后的工作积累了经验、奠定了基础、开拓了局面。

为深入挖掘双屿港的文化内涵、扩大知名度,2010年12月,舟山市文化广电新闻出版局、普陀区政府和舟山市六横开发建设管理委员会联合发起、成立了“舟山市双屿港历史文化研究会”,标志着舟山市海洋历史文化研究工作进入新阶段。研究会的成立不仅提升了双屿港在海上丝绸之路中的地位,彰显了六横及整个舟山港的历史底蕴,更为科学促进六横乃至全市经济、社会的更好更快发展发挥了积极作用。

“地涌天宝——黄岩灵石寺塔出土文物精华展”落幕

1月3日,“地涌天宝——黄岩灵石寺塔出土文物精华展”在舟山博物馆落幕。为期24天的展览吸引了一万余名观众。

黄岩所在台州市为汉传佛教天台宗发源地,与舟山观音信仰的形成和佛教文化的传播有着深厚的历史渊源。此次展出包括佛像、瓷器、经卷、铜镜、砖刻等56件珍贵文物,其中15件为国家一级文物,是舟山市博物馆迄今规格最高的一次展览。为满足观众需求,博物馆还特别制作了介绍佛教文化概况和舍利子等文物知识的展板,参观人数创造了博物馆临时展览的最高纪录。

舟山市发现一处古建筑遗址

1月下旬,舟山市水下考古队在清理化成寺水库库底宋元外销瓷遗址时,发现了一处古建筑遗址。

遗址位于山潭树弄化成寺水库中央馒头山南方,平面呈正方形,边长约7米。四周墙基用乱石切筑,墙体厚33厘米,残高出露库底淤积10至30厘米不等。四面墙体构成一座完整的基台,用黄泥、石灰、沙粒、糯米汁拌和的泥土敷设台面,类似现代的水泥地坪,面积50多平方米。遗址废墟上堆积大批青砖,不见瓦砾,偶见数片宋元瓷片。基台南侧墙中间有3级台阶,阶长1.7米左右。初步判断这是一座宋元时期的临港型建筑遗址。

舟山水下考古新发现双屿古道疑点

2月初,国家博物馆水下考古中心舟山工作站在六横大浦水库库底和龙山隧道山岭下发现了两段“石蛋路”。该遗迹呈东南—西北走向,残长总计数十米,残宽0.5至1米,系舟山海岛传统驿道或旧时乡道的典型样式。遗迹周边有宋元时期的青白瓷、间嵌在路中的明代厚胎厚釉青瓷和明清时代的青花瓷碎小瓷片。初步分析,这条长达数十里的古道是一条始于宋元、历经明清,贯穿六横全岛的交通大动脉。它起于龙山,经大浦翻越黄荆寺山岭抵石柱头,并延伸到双塘、台门一线,与今天的六横主干线如出一辙。这处遗迹是否就是明代嘉靖年间浙闽海防军务提督、浙江巡抚朱纨提到的四十余里“宽平古路”,还有待于进一步发掘调查。

舟山博物馆馆藏书画精品展举行

2月14日至3月1日,舟山博物馆馆藏书画精品展举行。近年来,舟山市博物馆设立了文物

保护专项经费,配备了专业的书画修复室和修复人员,对馆藏破损书画进行了修复,使其基本符合陈列的要求。农历新年到来之际,舟山市博物馆选择了42件经过修复的书画作品进行展出,其中包括吴昌硕、厉志、何绍基、赵之谦、竹禅、李叔同(弘一法师)等名家作品,大多数为首次公开展览。

舟山市召开“十二五”文物规划编制工作布置会议

3月5日,舟山市召开全市文物保护项目经费需求及“十二五”规划编制工作布置会议,全市两区两县(定海区、普陀区、岱山县、嵊泗县)及普陀山管委会、临城新区管委会、舟山市博物馆的相关负责人出席了会议。布置会传达了省文物局会议精神,部署了全市文物保护项目及经费需求“十二五”规划编制工作日程安排,并针对各县区工作及编制中存在的具体问题作专门讨论。

舟山市水下考古发现唐代海港码头龙头跳沙埠

3月上旬,国家博物馆水下考古中心舟山工作站在六横镇发现了龙头跳沙埠。这是迄今舟山发现最早的海港码头,初步分析应始于唐代。

沙埠即土埠,是古代利用自然生成的沙滩、沙岸停靠船只的简易码头。龙头跳沙埠位于六横台门社区田岙村龙头跳田岙湾,面南临海,正对尖苍山,可避北、西北、东北风。该海湾东邻南兆港,西贯孝顺洋,航路四通八达,入口处水深约10米,海底无障,在帆船时代是一处较为理想的港口锚地。考古队员在龙头跳沙滩、沙丘、沙岸及被涧水冲刷的鹅卵石堆、沙岸后坡地中发现大量瓷片堆积。除坡地上的瓷片棱角分明、釉色清新外,其余水蚀严重,系海浪搬运冲刷所致。瓷片年代跨度较大,多为明清青花,少见唐宋青瓷。其中一件越窑唐玉璧足底碗古称瓯,是茶具兼乐器,也是当时明州(今宁波)对外贸易的典型外销瓷之一。

值得关注的是,龙头跳沙埠生长有一批黄连木古树林,大多树龄在百年以上,个别枯树达300

年以上，在龙头跳村落及附近田畲沙城中也有少量分布。黄连木主要分布于菲律宾及中国长江以南、华北、西北、台湾等地，生长在海拔 140 米至 3350 米的地区。舟山境内除朱家尖和普陀山有零星分布外，其他地区均未见。龙头跳沙埠遗存的黄连木古树林与港口本身是否存在内在的联系尚待进一步考证。

舟山市博物馆协会成立

3 月 17 日，舟山市博物馆协会成立大会暨第一次会员大会举行。会议通过了协会《章程》，选举产生了第一届理事会，舟山市文广新局副局长戎平娟当选为第一任会长。

近年来，舟山市博物馆事业蓬勃发展，到 2010 年底，已有各级各类博物馆、纪念馆、陈列馆 37 家，并初步形成了以海洋文化为核心的博物馆体系。舟山市博物馆协会成立后将通过开展培训和对外交流进一步提升全市文博工作者的业务水平，向市民普及文物保护知识。

舟山博物馆成为小学生“第二课堂”

4月9日,展茅中心小学的500余名学生在老师带领下参观了舟山博物馆。近年来,舟山博物馆先后举办了“舟山大陆连岛大桥展”、“新中国成立60周年图片中小学巡回展”等展览,受到师生们的欢迎,发挥了爱国主义教育基地和海洋文化教育基地的作用,成为中小学生的“第二课堂”,进一步拓展、提升了博物馆的公共文化服务职能。

舟山市召开全市文物暨水下考古工作会议

4月15日,舟山市文物暨水下考古工作会议举行。全市各县(区)文化广电新闻出版局、舟山博物馆、普陀山文保所、临城街道文化站、普陀山文化站及六横管委会的相关负责人参加了会议。

会议传达了全省文物局长会议和文物普查第三阶段转段暨博物馆藏品数据库建设会议精神,做了2009年全市文物工作总结报告,并对2010年文物工作做了纲领性部署,布置了编制文物普查阶段性工作报告、建立普查数据及检索系统、编制文物普查档案、公布不可移动文物名录、文保单位及编辑出版文物普查成果等五大任务,同时要求集中力量推进水下考古调查,争取有序发展。国家博物馆水下考古舟山工作站在会上做了水下考古阶段性汇报,阐述了年度工作任务,预测了水下考古发展前景。会议还审议了由舟山市文物办起草的《舟山市文物保护项目及经费需求“十二五”规划文件》及《2010年舟山市文物工作计划》。各县(区)围绕2010年文物工作思路、文物保护项目及经费需求“十二五”规划、《浙江省文物认定管理暂行办法》等内容,结合各地实际展开讨论,提出许多意见和建议。

双屿港历史文化研究会筹备会议在舟山六横召开

5 月 13 日至 14 日,“双屿港历史文化研究会筹备会议”在六横镇台门召开。会议邀请国家博物馆、中国文化遗产保护中心、北京大学、宁波大学、浙江海洋学院、舟山水下考古工作站等专家学者对双屿港的历史与文化进行了研究探讨。

在 13 日举行的以“双屿港与海上丝绸之路”为主题的学术会议上,与会专家从各地学术研究角度出发,就双屿港相关论题阐述了观点,重点对 9 月即将召开的成立大会与课题的深入细化进行了讨论,并对筹备小组拟定的双屿港博物馆方案提出了许多建议。14 日,与会专家学者前往悬山岛大筲箕一带进行实地考察,了解、收集了实物信息。

“舟山解放六十周年图片”进行巡展

5 月 17 日,由舟山市文化广电新闻出版局、舟山市档案局、舟山市史志办三家单位联合主办,

舟山博物馆承办的“舟山解放六十周年图片展”在临城市政府大厅开展。展览以图片为载体，分为“解放篇、探索篇、开拓篇、展望篇”四大板块，再现了舟山六十年的历程，弘扬了海岛人艰苦奋斗、自力更生、奋发图强的开拓精神，展望了未来舟山的前景。展览还在全市部分中小学校、部队进行了巡回展览。

舟山六横仰天发现木石建筑

6 月 4 日，中国国家博物馆水下考古舟山工作站在六横仰天发现了深埋于地底三四米处的大型木石建筑，初步分析建筑年代不晚于明朝。

该木石建筑位于六横古港中心港区的清港西翼仰天山下，是近来挖污水池时发现的。在长 9 米、宽 5.5 米、深 4 米的污水池中清理出 1 排木桩，并伴有大量不规则石块。木桩呈 S 形排列，南北走向。石块叠筑规整，宽 1.5 至 2 米。考古队在建筑遗址上采集到数段木桩。初步观察，木桩系松树质，直径约 14 厘米，主干未去皮，枝干砍斫痕迹明显。因久埋地下且出土后暴露在野，松木桩腐朽且龟裂严重。考古队对出土的石块进行了观察。石块为酸性火山碎屑岩夹沉积岩，大多有几个打击点，棱角锐利，系人工开凿。少数石块表面附着牡蛎、藤壶等海生物。考古队又将此与绕山古石宕开采的石块做了比勘，发现惊人相似，由此进一步推断该石构筑物可能是采自绕山古石宕的人工石块。根据史料记载，明代中期时地方官曾经有填塞双屿的“填港”之举。若此木石建筑即填港遗址，将有助于确定双屿港的身份和位置。

舟山市公布第七批市级文物保护单位

2010 年“文化遗产日”前夕，舟山市公布了第七批市级文保单位，同时作为“三普”田野调查工作的阶段性重要成果。这批新公布的市级文物保护单位共计 27 处，大部分是普查新发现的文物点。至此，舟山全市共有各级文保单位 142 处，其中国家级 3 处、省级 5 处、市级 58 处、区（县）级 76 处，另有一批市、县级文保点，形成了一套从上至下的文化遗产保护体系。

舟山完成嵊泗海域水下考古探测探摸

2010 年，中国国家博物馆水下考古研究中心、水下考古宁波基地、水下考古舟山工作站联合组队，自 6 月 30 日至 7 月 11 日对舟山嵊泗海域开展水下考古探测探摸。探测共历时 12 天，使用了声呐探测、潜水探摸等手段，共调查了嵊泗海域白节峡太平轮、花鸟乡江礁沉船、东库山沉船群等 3 处疑点。

1949 年 1 月，从上海开往台湾基隆的太平轮沉没，上千人遇难。经声呐探测定位后，疑点所在位置及其大小与提供的线索基本吻合，初步断定可能是资料中所提的太平轮沉船。江礁沉船疑点经声呐探测探摸后发现木质沉船 1 艘，因自然保存环境不良，加之人为盗捞破坏，船体损坏严重，打捞出水的40余件青花瓷碗初步鉴定为明清时期民窑产品，可判定此船为贸易商船。东库山是海上丝绸之路的中继站或中转港，周边海域可能埋藏有丰富的水下文物。此次声呐扫描定位了2个疑点，下水后均未发现海床异常现象，有待于新线索的搜集。

舟山市文化遗产保护成果展举行

7月3日，舟山市文化遗产保护成果展在市行政中心展厅举办。本次展览共展出83块展板，系统介绍了舟山市入选国家级、省级、市级非遗名录的重点项目，并介绍了舟山市2009年文物普查新发现的文物点，展期两天。

舟山市首次发现古人类骨骼化石

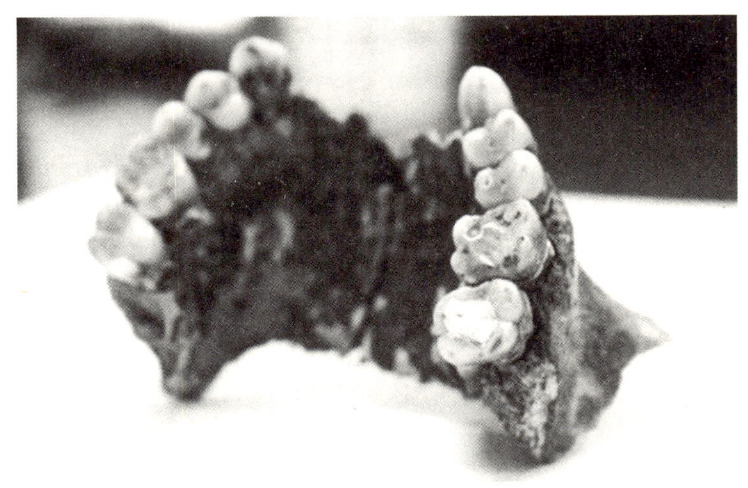

7月，舟山博物馆征集到一块渔民在金塘海域打捞上来的古人类上颌骨化石。这是舟山市首次发现古人类骨骼化石。这块上颌骨化石带有10颗牙齿，左右各5颗，中间4颗门牙缺失，大小与现代人相近,鼻前棘、鼻切迹较完整,左侧还保留了一小片额突骨。随网出水后,化石从中间破裂成了左右两块。骨骼石化程度不高,牙齿排列整齐、坚硬莹润。经过初步鉴定,该化石是距今约1万年前的人类骨骼。

近年来,舟山市陆续从周边海域海底发现了一些晚更新世晚期的哺乳动物化石和带有人类使用痕迹的骨角、木棒等化石,证明了舟山在古代曾是广阔的滨海平原,由于数次海侵才形成了今天的群岛格局。然而对于舟山地区是否有古人类活动一直缺乏足够的证据。此次人类骨骼的发现对于东海地区旧石器时代考古学研究具有十分重要的意义。

舟山市2010"走读昌国"活动举办

2010年,由舟山市文化广电新闻出版局等共同组织的"2010舟山市文化遗产零距离体验活动——走读昌国"活动继续进行。本次活动从8月7日开展,至9月18日结束,共举办四期,走访了定海区双桥、岑港、小沙、马岙、金塘、临城新区等地。活动选取了四条有代表性的路线,特别是首次走出舟山本岛,跨越连岛大桥,走进金塘岛,拓展了受众面,扩大了影响范围。在为期两个月的活动中,舟山市文化志愿者为市民做好讲解、引导等服务,保障了活动的顺利开展。

舟山市水下考古陆上调查工作扎实推进

8月至9月，舟山水下考古工作站在普陀区五个海岛乡镇进行了水下考古调查工作。调查人员克服了台风边缘影响、海况恶劣等困难，出海对沉船疑点进行了实地考察和定位，初步掌握了该海域存在宋元沉船疑点的信息，取得了一手资料。

舟山市水下考古工作站自2008年11月正式挂牌以来，在各级主管部门指导协助下，对舟山海域内的水下文物、陆上涉水临海港口等情况进行了概况性了解；并在国家博物馆水下考古中心等部门的技术支持下，针对水文条件较好海域内存在的疑点进行了水下实地考古，利用声呐探测、潜水探摸等手段，于7月在嵊泗海域对白节峡太平轮、花鸟乡江礁沉船、东库山沉船群等几处沉船疑点进行了水下考古探测探摸，取得了一定成果。舟山市水下考古工作站在及时总结经验、梳理工作思路、回顾前期陆上调查工作的基础上，努力从把舟山水下考古未来发展与构想融入全市“十二五”规划、及时追踪国内外最新水下考古进展、全力做好六横双屿港等考古调查工作等三个层面推进舟山市的水下考古事业。

舟山博物馆举办中山收音机博物馆藏品展

9月10日至10月10日，中山·中国收音机博物馆藏品展在舟山博物馆举办。本次展览由广东省中山市博物馆和舟山博物馆联合主办，为期一个月，共吸引了4000余名市民参观。展览展出的70件展品解剖展现了收音机的内部构造，充满了知识性和趣味性，给市民留下了深刻印象，也加强了博物馆馆际交流。

舟山市2010文物保护专业技能培训班举行

9月26日至29日，舟山市2010文物保护专业技能培训班在定海举行。为进一步提高文物干部的业务水平，舟山市文物办召集各县区从事文物保护的人员进行集中培训，以弥补专业知识与技能等方面的欠缺。培训班邀请了省文物局与省考古所专家进行授课，内容包括文保单位“四有”档案概要与编制规范、古建筑调查与撰写、“四有”图纸规范等。舟山市文物办专家结合当地实际，讲授了文物维修审批与执法、平面图绘制、水下考古调查。9月29日，学员们进行了野外实地操作考核。

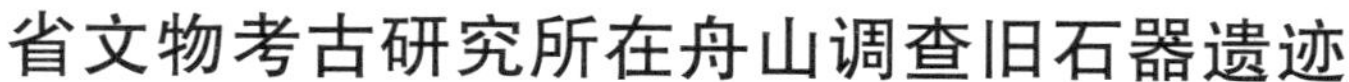

省文物考古研究所在舟山调查旧石器遗迹

11月1日至5日，浙江省文物考古研究所工作人员在舟山市博物馆、市文物办的配合下，对舟山市旧石器可能存在、分布情况进行了野外走访。此次调查范围除舟山本岛外，还涵盖朱家尖岛、金塘岛、岱山岛等地。在为期五天的调查中，工作人员寻找了当地的裸露地表和符合旧石器埋藏条件的红壤土层（网纹土），在部分土层中找到一些疑似经人工加工过的砾石标本，并带回研究所做进一步辨别确证。

中华龙鸟化石首次亮相舟山

11月23日，在由舟山市科协主办，舟山市博物馆、上海市辽西古生物科普馆承办的辽西古生物化石科普展上，有着1.4亿年历史、被誉为“20世纪最重大科学发现之一”的中华龙鸟化石首次在舟山展出。该化石长80厘米、宽40多厘米，是介于恐龙与鸟之间的过渡性生物，有力支持了鸟类起源于小型兽脚类恐龙的理论，被誉为20世纪最重大的科学发现之一。展览还展出了翼龙、热河鸟、孔子鸟、中华鲟、狼鳍鱼、奇异环足虾等100多块晚侏罗纪至早白垩纪的古生物化石。

舟山市双屿港历史文化研究会成立

12 月 13 日，舟山市文广新局、普陀区政府和六横开发建设管理委员会共同发起成立了“舟山市双屿港历史文化研究会”。双屿港是 16 世纪著名的国际海上贸易中心，虽然确切位置还没有最终定论，但学术界较为一致的说法是位于今天的六横岛。2009 年 4 月以来，舟山市对六横及周边小岛进行了全方位、多层面的考古调查勘探，现已发现并确认双屿港是一个包括葡萄牙人、日本海盗浪人和闽浙商团在内的港口复合群体。

舟山市博物馆协会 2010 年会在岱山召开

12 月 27 日至 28 日，2010 年舟山市博物馆协会年会在岱山县召开。会议就 2010 年的协会工作情况进行了总结，并要求全体理事、各团体会员单位在扩大交流、培养及创新理念、提高协会社会影响力等方面取得新成绩，还就协会 2011 年工作思路进行了讨论，明确了协会日常管理问题。

台州市

2010年,台州市围绕落实市委、市政府提出的文化大市建设目标,以第三次全国文物普查工作为主线,积极采取措施,切实加强文物工作,取得了成效。

一、精心组织、统筹安排,文物普查工作有序进行

1月7日至9日及25日至30日,省普查办组织实施对台州全市九县(市、区)第三次全国文物普查实地文物调查阶段的省级验收。验收专家组听取了各地第三次全国文物普查野外调查阶段工作技术报告,认真查验了实地调查阶段普查数据登录情况,实地踏查了文物点。1月30日,台州市第三次全国文物普查实地调查阶段省级总体验收会在黄岩区召开。省验收专家组听取了台州市普查办相关汇报,认真查看了全市及各县市区第三次全国文物普查资料汇编、市级初验报告等相关资料,认为台州市文物普查第一、二阶段工作情况任务完成较好,得出省级验收合格的结论。同时,省验收专家组希望各地文物普查办就文本登记中存在的一些细节问题查漏补缺,提升文本质量,迎接国家文物局的抽查。

6月8日,台州市普查办主任许良云赴玉环县,调研第三阶段文物普查工作。在听取工作汇报后许良云指出,第三阶段是文物普查工作收官阶段,各地要尽早有序安排,按照省普查办的部署认真谋划,争取在工作中体现特色,保质保量完成任务。

6月12日,仙居县普查办张峋获全国第三次文物普查实地调查阶段先进个人荣誉称号,王及等23位普查队员获浙江省第三次全国文物普查实地调查阶段先进个人荣誉称号,临海市文物普查队、玉环县文物普查队、仙居县文物普查队获浙江省第三次全国文物普查实地调查阶段先进集体荣誉称号。

二、上下齐心,基本完成第三次全国文物普查第三阶段工作任务

根据全省部署,台州市第三次全国文物普查全面进入第三阶段。全市普查办及普查人员继续发挥实地调查阶段优良作风,不松劲、不拖沓,按照省普查办安排部署高度重视、全力推进,组织、举办了全市文物普查队长和文物普查业务骨干培训班。至12月底,台州市9个县(市、区)基本完成了普查工作报告编制、普查资料建档、不可移动文物名录的编制与公布、不可移动文物分布电子地图的普查成果保护利用规划的编制及普查整理出版工作计划等六项主要工作。

三、大力推动,全面完成文物调查及数据库管理系统建设项目建设

根据省文物局工作安排,2010年,台州市8家文博单位担负起2330件藏品的数据库采集录入任务。各地将此项工作作为摸清馆藏家底、锻炼队伍、提升管理水平的重要抓手认真实施。在实际工作中,各地贯彻质量第一的原则,以《馆藏文物影像拍摄规范》、《馆藏文物著录规范》为标准,规范采集,确保文字、图片信息的真实性、可靠性和完整性;同时按照工作进度服从工作质量的要求,加强对一线采集数据的监管,严把文物数据质量审核关,确保文字和图片数据各个指标项的真实、准确、清晰。至7月,全市按照进度全面完成了采集录入上报工作。

四、积极申报第七批国保和第六批省保

2010年,台州市推荐玉环坎门验潮所、仙居古越族岩画群、温岭大溪东瓯古城遗址等12处文物点作为参加第七批国保初选的对象,以改变台州市国保较少的现状。3月22日至25日,省专家组对台州市申报推荐的第六批省级文物保护单位进行实地勘察,重点考察了路桥抗日名将陈安宝故居等台州各地在文物普查中新发现的、具有较高保护价值的文物点。

五、加强管理,合理利用,保护利用水平不断提升

7月15日,浙江省省长吕祖善赴温岭下访。对于当地群众提出的迁移温岭市级文物保护单位月洞桥以解决城市防洪问题的建议,吕省长在认真详细了解了情况后指出,月洞桥建于明代,存世几百年,具有重要的文物价值,应尽可能实施原址保护,并要求有关部门努力实现文物保护和防灾减灾的双赢。

为加强文化遗产保护,温岭市和天台县上报了国保单位新河闸桥群、省保单位天台张文郁旧居养真堂的维修方案,并根据省文物局批复意见抓紧修改完善。路桥区也上报了省保单位五凤楼的维修施工图纸。

为适应民间收藏潜力日益显现、民间收藏队伍不断壮大的新形势,更好地引导、提升台州古玩行业整体水平和从业人员的整体素质,加强文物部门对古玩行业的监管、交流,台州市文广新局于6月批准成立台州市古玩商会。9月19日,台州古玩商会举行成立大会。商会以维护行业利益、服务广大会员为宗旨,同时积极开展国内外交流、展销、研讨等活动。

2010年年初,温岭市文化遗产保护中心正式挂牌成立,标志着温岭市有了设置更科学的文化遗产研究保护工作机构。中心成立后,将致力于温岭文化遗产的调查、研究、保护、申报等各项工作,积极开创文化遗产保护工作的新局面。此外,温岭市在修缮市级文保单位陈和隆旧宅后积极利用,开设了海洋民俗博物馆,系统展示了石塘的海洋民俗文化。

路桥区文物部门邀请专家对中央山公园建设工地进行实地勘察,初步断定该地域为一处距今约3500年至5500年的河姆渡文化晚期古聚落文化遗址,从而将台州市区的文明历史往前推进了2000年。目前该遗址的内涵正在进一步挖掘中。

六、加大宣传,全民文化遗产保护意识不断增强

2010年,台州市开展丰富的文化遗产日活动,引发社会强烈反响。台州市文物处在市政府办公大楼外墙立面悬挂了文化遗产内容宣传直幅和横幅,并在市政府2楼展厅举办了“寻找文明——台州市第三次全国文物普查图片展”,全景式展现了台州市第三次文物普查的成果,在全社会营造了文物保护的浓厚氛围,展现了文博风采,产生了较好的社会影响。此外,台州市文物处还在台州市群众艺术馆举办免费鉴宝活动,邀请专家现场为群众免费鉴定。温岭市、玉环县、黄岩区也同期举办了普查成果图片展,吸引了大批群众。

七、博物馆建设势头强劲,社会效益不断提升

2010年,建筑面积13000平方米、投资1.2亿元的台州市博物馆进入土建阶段,博物馆陈列文本修改工作也同步推进。建筑面积10000平方米、投资1亿元的黄岩区博物馆新馆确定选址。建筑面积5800平方米、投资4200万元的温岭市博物馆确定在中心新城区选址,现进入建筑设计阶段。

台州全市现有各博物馆、纪念馆增强服务意识,不断推出符合时代精神、高扬时代主旋律、内容与形式推陈出新的展览,努力将博物馆、纪念馆建设成为爱国主义教育基地和弘扬先进文化的阵地。天台县博物馆举办台州六人画展、张浩花鸟画展。三门县亭旁起义纪念馆计划对展览形式进行更新。温岭市王伯敏艺术史学馆委托开展室内展馆方案设计,以提升博物馆展示水平。

八、措施得力,确保文物安全

为进一步落实消防安全责任制,提高文物单位抗御火灾的能力,台州全市各文物监察大队根据省文物局工作部署,会同消防、文物部门开展了文博单位消防安全联合大检查,重点检查了各单位消防安全工作的组织管理、消防设施设备及其使用等情况。检查人员对检查中发现的隐患当场要求整改。

为加大文物行政执法力度,严厉打击各类文物犯罪活动,台州市文物部门协助公安部门查处了临海市水洋盗掘古墓葬、椒江区前村盗掘古墓葬等2起文物犯罪案件,抓获7名盗墓嫌疑人,查获6件南北朝时期文物。

九、完成全市博物馆馆藏书画鉴定

11月22日至12月2日,省文物鉴定专家根据省文物局工作计划,对台州全市文物系统的馆藏书画文物进行了鉴定。经统计,台州市7家文博系统单位总共鉴定馆藏书画3999件,其中一级书画藏品2件、二级39件、三级584件、待定17件。

温岭市文化遗产保护中心正式挂牌成立

1月19日，温岭市文化遗产保护中心正式挂牌成立。温岭市历来重视文化遗产保护工作机构建设，2002年重新设立了文物管理委会员办公室，2008年设立了非物质文化遗产保护中心。为进一步加强文化遗产保护，推进文化体制改革，提高运行效率，温岭市政府采取“撤两建一”的方式，撤销了温岭市非物质文化遗产保护中心和温岭市文物管理委员会办公室，设立了温岭市文化遗产保护中心，以致力于温岭文化遗产的调查、研究、保护、申报等各项工作。

4月6日，省考古专家对台州市路桥中央山公园灵山遗址开展实地考察，初步推断遗址属距今5500年的河姆渡文化晚期，从而一举将台州市区的历史往前推移了近2000年，也为河姆渡文化的南迁提供了有力证明。这是继上世纪80年代路桥小人尖遗址之后台州市又一重大考古发现。

台州路桥发现5500年前古遗址

灵山遗址位于台州市路桥区灵山街西侧的灵山东坡，2010年3月在建设中央山（灵山）公园时发现不少夹砂和夹碳陶片。经当地文物部门和省文物考古研究所实地确认，发现该遗址文化内涵具有河姆渡文化晚期特征，研究价值十分重要。7月，省文物考古研究所会同路桥区博物馆对灵山遗址进行了考古钻探和试掘。试掘表明，灵山遗址属沿海孤丘地理环境，是一处史前至商周时期的村落型遗址。遗址沿灵山东南坡山脚狭长分布，总面积约10000平方米，现存遗址面积约3000至5000平方米。遗址文化层堆积呈坡地状，最厚处约1米，大致可分为上（晚段）、下（早段）两部分。上部文化层厚约40至60厘米，出土了泥质、夹砂等质地陶片，还有少量印纹陶、原始瓷器碎片及石锛、石箭头、石刀、石戈、砺石等磨制石器，初步判断为商周时期。下部文化层厚约10至30厘米，出土了夹砂、夹炭等质地陶片，其中较多饰绳纹陶釜（大致属于河姆渡文化晚期的典型炊器）和陶支脚碎片，还有少量石锛、石斧等石器，明显具有晚期河姆渡文化形态特征。

"徐三见画展"在浙江西湖美术馆展出

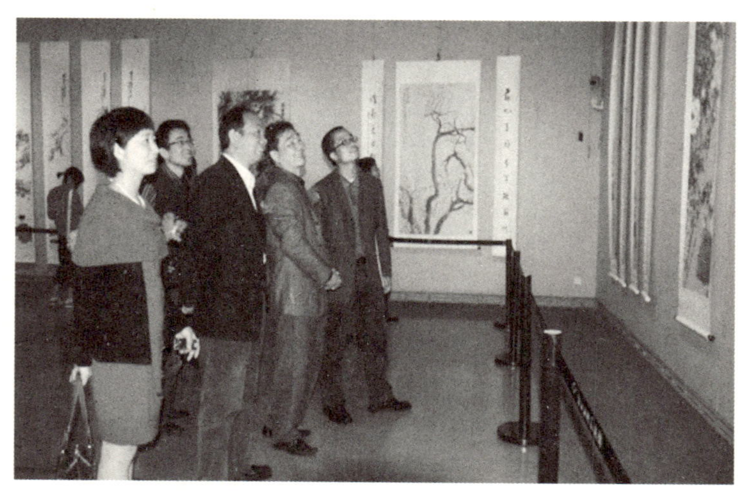

4月21日，由浙江省美术家协会、浙江西湖美术馆、台州市文联、临海市委宣传部主办的"徐三见画展"在浙江西湖美术馆展出。展览共展出徐三见的花鸟画等作品129件，反映了作者40余年来在国画创作上取得的艺术成就。徐三见绘画作品传承了中国文人画风格，汲取了明代徐文长、八大山人，清代"扬州八怪"、任伯年、虚谷、吴昌硕及齐白石、潘天寿等的绘画风格，格调高雅。

天台县博物馆举办浙派花鸟名家张浩作品展

4月24日至5月15日，当代著名花鸟画家张浩个人画展在天台县博物馆举办。开幕式上，天台县博物馆为张浩捐献的25幅作品颁发了收藏证书。本次画展共展出作品60多幅，均为张浩近年来创作的花鸟画代表作。

张浩系嵊州人，浙派花鸟名家，以诗入画的风格别具一格，被称为"花鸟写意画之大家"，曾多次在国内外举办个人画展，荣获国内外多项比赛金奖。

温岭召开王伯敏艺术史学馆展馆设计方案审议会

6月10日,温岭市召开王伯敏艺术史学馆室内展馆设计方案审议会,听取了展馆设计方案的阐述与解说。会上,台州市及温岭有关单位就设计方案的合理性、环保性及建造经费等问题发表了看法,对设计方案表示认可。与会领导、专家充分肯定了设计方案,就展馆设计的具体结构、展示侧重点、安全等问题提出修改意见和建议。

吕祖善省长要求实现文保、防灾双赢

7月15日,中共浙江省委副书记、省长吕祖善与省级有关部门及台州、温岭市负责人在温岭直接听取群众诉求,解决民生之需。在接到来访群众代表要求迁移温岭市级文保单位月洞桥,以解决城市防洪问题的反映后,吕省长详细了解了相关情况,与群众进行沟通,要求水利、文物等部门进一步进行研究,多方案比选,开展综合评估,在抓好防灾减灾、确保人民群众生命财产安全的前提下,尽可能实施原址保护。省文化厅副厅长、省文物局局长鲍贤伦参加了接访活动。

临海市开展文物保护工作专项调研

7月18日至23日，临海市组织部分人大代表及政府相关职能部门负责人，对《文物法》实施以来市政府的文物保护落实执行情况进行专题调研。代表们对近年来临海市文物保护工作所取得的成绩表示满意，特别对文物部门在第三次全国文物普查工作中克服普查面广、工作量大等诸多困难，及时登录保护了一大批有较高价值的文物新发现给予肯定；同时要求相关部门进一步加大《文物法》宣传力度，尽快启动博物馆新馆建设。

椒江博物馆接收追缴珍稀野生动物制品

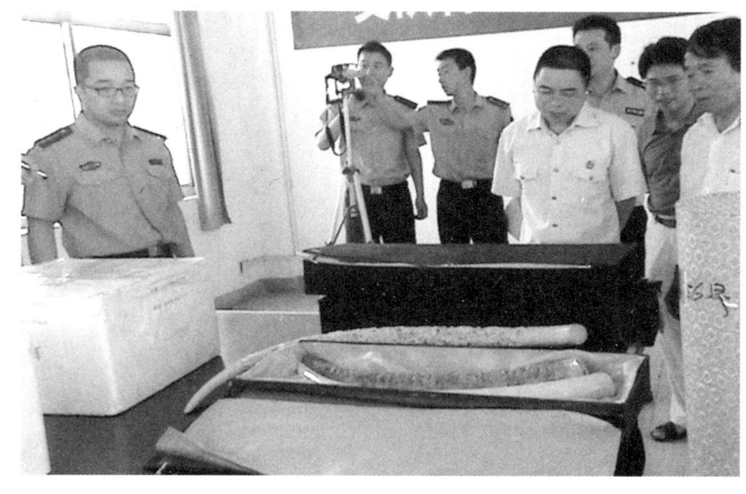

2009年3月24日，椒江区破获重大非法收购濒危野生动物制品案，查扣野生象牙、犀牛角制品近400件，其中象牙制品134.07千克，犀牛角制品1.68千克，涉案物品总价值近600万元。鉴

于象牙、犀牛角制品的文化、艺术价值，椒江区按照国家相关法律法规，决定将这批濒危野生动物制品交由椒江博物馆收藏保管。2010 年 7 月 20 日，法院把缴获制品移交给椒江博物馆，还完成了清点、登记造册、封存工作。

椒江区政府要求区文广新局、椒江博物馆高度重视保管工作，落实各项防护措施，邀请省级文物鉴定部门进行鉴定，争取早日对社会公众开放。

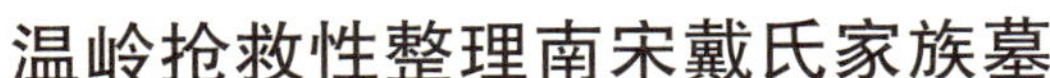

温岭抢救性整理南宋戴氏家族墓

戴氏家族墓位于温岭市新河镇河头梁村，依山而建，有三座双穴券顶砖石墓。每座墓错节排列，共六穴，出土了五方墓志，根据墓志内容可确定为南宋戴氏一父二子家族墓。墓主分别为父戴忱及忱妻林氏、子戴勋及勋妻林氏和子戴温及温妻车氏。

8 月 6 日，温岭对墓地开展抢救性整理。墓志皆置于墓室封门外，紧贴封门砖。墓砖正文朝外，前方以砖块砌成等面积小砖墙，封盖墓志正面。墓前还出土了 5 件小陶壶，推测为墓前供器。墓室清理工作正进行中。

戴氏家族是宋代温岭望族，族居南塘（今温岭塘下屏上），距墓地只有几里。族中以南宋著名江湖派诗人戴复古最出名。现发现的三座墓是戴复古伯父一家的，对于进一步考证、研究戴氏家族具有重要的历史价值。

戴复古字式之，号石屏，天台黄岩（今属浙江温岭）人，曾从陆游学诗，作品受晚唐诗风影响，兼具江西诗派风格。

“温岭海角版画展”开幕

9 月 28 日，由温岭市文化广电新闻出版局主办的温岭“海角版画展”在石塘镇陈和隆旧宅内开幕。展览共展出“温岭海角版画创作群体”16 位作者的 30 幅版画作品，有铜版画、木刻版画等，内容涉及渔船、石屋、渔民、渔网等渔区风土人情，风格以传统写实为主，兼有现代抽象艺术。这些参展作品将在展览后无偿捐献给温岭市永久收藏，并在陈和隆旧宅陈列。

“温岭海角版画创作群体”是指 20 世纪 80 年代初由袁振璜、施徐华、章秋华、刘荣方、江妙法等数十位温岭籍优秀版画家组成的创作群体。其作品被欧洲木版画基金会、法国国立图书馆、日本富张木版画美术馆、中国美术馆收藏，还有 22 件作品入选全国性大展。

温岭市老干部考察两馆建设

12 月 6 日，温岭市离退休老干部集体参观、考察了王伯敏艺术史学馆和温岭市博物馆建设。

老干部们听取了两馆建设基本情况介绍,并进行了实地参观考察,对两馆建设给予高度评价。

王伯敏艺术史学馆位于温岭市锦屏公园内,建筑面积2700平方米,投资1600万元,内设陈列展览、公众服务、藏品库区及办公四个区域,主要陈列王伯敏捐赠的手稿、著作、艺术创作及收藏等,展示了王伯敏在美术史研究及艺术创作中的业绩,同时为开展文化交流、学术研究及艺术创作等活动提供了平台。温岭市博物馆选址在横湖北路与双桥河交汇处,建筑面积4800平方米,目前正在开展方案设计。

赵大佑纪念馆揭幕

2010年是温岭乡贤、明代南京兵部尚书赵大佑500周年诞辰。12月8日,温岭大溪镇举行纪念赵大佑诞辰500周年暨纪念馆揭幕仪式。有关人员在仪式上简要介绍了赵大佑的生平事迹。

赵大佑纪念馆主体建筑占地250平方米,大厅内供奉赵大佑木雕坐像。近年来,建设中的赵大佑纪念馆先后被冠城小学、大溪中学、大溪四中等学校列为德育教育实践基地和德育实践基地。

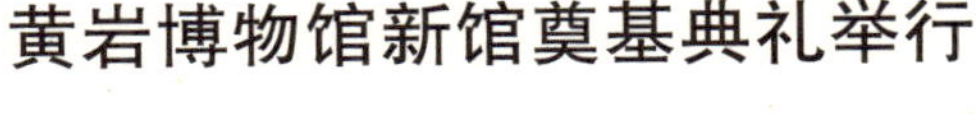

黄岩博物馆新馆奠基典礼举行

12月28日,黄岩博物馆举行新馆奠基典礼。省文物局副局长陈官忠,台州市委常委、区委书记陈伟义等出席了奠基典礼。

黄岩博物馆原有馆舍面积狭小、功能有限,只能起到文物收藏的作用,无法提供展览、参观等功能。2010年6月,黄岩区四套班子领导研究、确定了博物馆新馆的建设选址问题。新馆建设工程总占地面积11亩,地上建筑面积10000平方米,总投资约1.2亿元,初步设计以三层为主,局部结构五层,分为展示空间、内部管理与工作空间、公共空间三大功能区块。

黄岩区开展文物保护专项执法检查

2010年,黄岩区组织部分人大代表及政府相关职能部门负责人,专程实地考察了在第三次全国文物普查中新发现的部分古民居、古桥梁,并听取了区内《文物保护法》执行情况报告。代表们对近几年来黄岩区的文物保护工作表示满意,同时督促区政府尽快落实做好黄岩区博物馆新馆选址工作,争取在较短时间内把黄岩博物馆建好。

椒江区充实更新戚继光抗倭史迹陈列

2010年,椒江区戚继光纪念馆组织人员赴东南沿海各地,搜集戚继光抗倭资料,并对《戚继光抗倭史迹陈列》进行充实更新,扩大了陈列展线,增加了新内容,以文献、文物、图表、照片、模型等形式突出了戚继光台州抗倭的内容,吸引了众多学生。

临海市国华珠算博物馆获“全国科普教育基地”称号

2010年,临海市国华珠算博物馆获中国科学技术协会授予的全国科普教育基地奖牌与证书。这也是台州唯一一家获得该项殊荣的科技文化教育场馆。

临海市国华珠算博物馆是面向广大群众,尤其是青少年开展科普教育和珠心算文化传播的平台,也是专门收藏、展出中国珠算的民办博物馆,开馆16年来接待国内外观众约64万人次。全国科普教育基地是为公众提供科普服务的重要科普基础设施。在本次评选中,经专家评审及社会公示,中国科协核准、命名406个单位为“全国科普教育基地(2010-2014)”。其中科技、文化、教育场馆类138个,社会公共场所类84个,科研院所类84个,生产设施类60个,其他类40个。

玉环县组织学习摩崖石刻保护

《纪恩诗》摩崖石刻为县级文物保护单位,位于玉环县芦浦镇道头村寿星山麓,宽约2米,高约3米,共270字(楷书),字体工整秀丽,已被推介申报第六批省级文物保护单位。2010年,玉环县文物主管部门专门组织摩崖石刻所在镇、村有关人员赴新昌县参观学习。新昌县董村水晶矿摩崖题记保护工程所采用的物理性保护方案,将对《纪恩诗》摩崖石刻保护起到很好的借鉴作用。

丽水市

2010年来,丽水市的文物工作在省文物局的关心和全市文博系统干部职工的共同努力下,取得了显著成绩。

一、第三次全国文物普查工作取得阶段性成果

经过两年努力,丽水市第三次全国文物普查实地调查于2010年顺利通过省级验收。为有效保护文物普查中新发现的文物,各县(市、区)对普查新发现及有较高价值的宗祠、古民居进行了筛选。丽水市本级公布了7处市级文物保护单位和40处市级文物保护点,实施了文物保护标志牌挂牌保护。这也是撤地设市10年来丽水市首次公布文保点。遂昌县政府于年初出台了《遂昌县古建筑保护管理实施办法》,对具有一定文物价值的375处古建筑进行了挂牌保护,还公布了湖山窑址等50处县级文物保护单位和118处县级文物保护点。缙云县也公布了8处县级文物保护单位。景宁县于7月出台了《景宁畲族自治县民族民间文化保护条例》,将刘基之母富氏夫人墓公布为第二批县级文物保护点。莲都区在7月对丽武公路沿线的五官墓进行了考古发掘,实地检查了南明山石桥的安全。这些措施保障了文物普查成果的有效保护。为充分挖掘和利用普查成果,丽水市组织编撰了《河滨遗范》、《处州银冶》、《津梁撷粹》、《土木清华》、《山哈遗韵》、《栝苍石语》等六个专题,目前各专题编撰资料已收审,其中三个专题召开审查会,多数专题的初稿已形成。

2010年,青田县单泼被评为全国文物普查突出贡献奖,青田、缙云、遂昌、龙泉被评为省级先进集体,30名普查员被评为省级先进个人。遂昌县还作为全省唯一先进集体代表在会上作了典型发言。随着第三阶段工作的顺利开展,各县形成了不可移动文物名录,正在编制工作报告、电子地图分布图和色差图,各类资料开始整理。

二、文物保护工作成效显著

在第六批省级文物保护单位申报工作中,丽水全市认真筛选,共推荐申报47处省级文物保护候选单位,其中41处被列入送审名单并通过审查。第七批国保申报也已取得显著成效,国家文物局派专家进行了实地勘察。经过资源调查,景宁畲族自治县鹤溪镇公布为第五批中国历史文化名镇,庆元县松源镇大济村公布为第五批中国历史文化名村。省级历史文化名村莲都西溪、青田阜山的保护规划通过省级论证。莲都区通济堰保护规划重新委托设计,堰头村立面整治工程已经完成。龙泉大窑遗址保护规划正在修改中,溪口窑址进行了发掘。缙云完成了九进厅抢修和白茅云衢坊工程维修。云和黄绍竑公馆、王氏宗祠修缮工程如期竣工,并完成了县级文物保护单位禅岩寺的修缮。景宁东坑畲桥等廊桥维修项目顺利完成。松阳黄家大院一期工程、普济桥等廊桥维修工程顺利展开。遂昌郑秉厚府第、蒙童书堂和绣楼维修工程完成,郑氏宗祠维修工程正在进行中。青田完成了陈诚故居一、二期修缮,吴乾奎旧居维修设计方案经省文物局批准,谢客堂观音阁修复工程、刘府祠复建工程竣工或即将竣工,陈琪纪念馆在上海世博会开幕前开馆，为世博会献上一份厚礼。庆元进一步确立了廊桥文保员和文保联络员。

在完成《处州府城墙保护规划》省级论证后，《江滨区块文物古迹保护规划》、《刘祠堂背历史街区保护规划》相继通过省市专家论证，设计单位按照专家意见进行了修改、完善。处州府城墙考古发掘取得阶段性成果。在省文物考古研究所的大力支持下，丽水市组织实施了对处州府城墙南明门至行春门及瓮城的发掘，基本探明了行春门基址、瓮城和部分城墙基址，出土了大量与处州府城相关的建筑遗存，还在瓮城东侧发现了明代大士阁遗址，出土了宋、元、明时期龙泉窑瓷片、元代龙泉窑梅子青双竖耳三足炉、青铜箭镞、铜钱及大量龙泉窑瓷片等实物。大窑龙泉窑遗址被纳入国家重点大遗址项目库，龙泉大窑枫洞岩窑址完成保护展示，龙泉溪口窑址发掘接近尾声。8 月 13 日丽水市政府第 74 次常务会议上，《丽水市古民居保护管理办法》获得通过，成为市政府规范性文件，并于 10 月 1 日正式颁布实施。

三、文物法规宣传又有新亮点

全年全市以《丽水市古民居保护管理办法》宣传为重点，不间断宣传为常态，积极向国家文物局网、省文物局网等投稿开展宣传。各县（市、区）以文化遗产日和《丽水市古民居保护管理办法》出台为契机，在市区街道、社区、农村发放宣传资料和图片，开展咨询和免费鉴宝等服务，广泛巡回宣传文物法规，大大提高了群众的文物保护意识。文化遗产日期间，全市开展文物知识有奖竞答，通过各种传媒扩大文物保护宣传力度。在全市文博系统干部职工共同努力下，丽水市文物处和市博物馆分别被评为宣传信息工作先进集体一、二等奖。第三届“薪火相传——中国文化遗产保护评选”中，丽水市党史办原主任诸葛蓉获年度贡献奖。这也是继 2009 年毛传书在第二届“薪火相传——中国文化遗产保护评选”中荣获年度贡献奖后，丽水市第二个社会人士荣获该奖。

四、博物馆工作有新起色

2010 年，丽水市的博物馆硬件设施建设有了新突破：丽水市博物馆新馆建设于 11 月 4 日开工，松阳县博物馆于 5 月 18 日开馆，景宁县畲族博物馆完成陈列布展，龙泉市青瓷馆和宝剑馆在 11 月向社会开放，庆元县香菇博物馆完成搬迁项目，12 月向社会开放。莲都区通济堰博物馆被列入古堰画乡基础设施建设内容，云和、遂昌县博物馆建设纳入“十二五”项目，青田文化艺术中心完成了征地拆迁。

根据省文物局统一部署，丽水市积极开展馆藏文物数据库管理系统建设，建立了馆藏文物数据库管理系统建设领导小组，制订了工作计划和完成进度报送制度。至 7 月，全市各地完成了 2372 件馆藏文物的文字录入和照片拍摄，得到省文物局的肯定。

为推动丽水市本级和县（市、区）博物馆建设，完善城市功能，提高城市品位，丽水市政协于 9 月上中旬专门组织、实施了博物馆专题调查。调查组一行分别赴庆元、云和、青田、遂昌县和莲都区等地开展实地调研，听取了当地政府的情况汇报，并提出了相关建议。

2010 年，丽水下属各县（市、区）举办多期精品展览，庆元、缙云、遂昌等县还得到省文物局的展览经费补助。为提高在国内外的知名度，丽水摄影博物馆通过与相关单位的协作，引进了九个专题的一百幅摄影作品，接待观众超 2 万人次，得到了领导的肯定。

五、争取上级文物经费支持成效显著

2010年,丽水全市申报省级经费44项,共计4720万元,得到中央、省级经费支持1287万元,其中中央经费400万元(丽水市博物馆陈列布展经费300万元,龙泉大窑大遗址保护经费100万元),省文物保护维修经费475万元,博物馆经费412万元。

六、切实加强文物安全工作

一年来,由于种种原因,丽水市发生了庆元县八角殿被烧、陈村石塔被盗、括苍古道部分路段被毁、龙泉市白水长桥被洪水冲垮、稽圣潭塔倒塌等多起文物保护单位被毁、被盗、被破坏事件。为此,丽水市下发了《关于加强全市文物安全工作的通知》,要求下属各县按要求做好检查,并按时汇报情况,最终有效遏制了文物受损事件的发生。在文物部门牵头下,丽水市文物监察支队对各县(市)46家文保单位开展23次巡查,出动检(巡)查136人次,受理举报检查文保单位6家,发放整改通知书8份。

随着文物保护工作强度的骤然加重,丽水全市的文物保护管理组织机构,尤其是县级文物保护机构就显得相对比较薄弱。在丽水市文广新局的呼吁下,各县(市、区)向当地人事机构编制部门提出设立相应文物保护管理机构,从而为文物保护事业的健康发展提供基本的机构组织保障。

庆元县修缮洋里桥

1 月，庆元县对清代廊桥洋里桥实施抢救性修缮。该桥系木平梁廊桥，位于淤上乡良鲤塘村，南北走向，始建于乾隆五十四年（1789），同治十一年（1872）重修，全长 13 米，净跨 2.7 米，矢高 2.4 米，面阔 4.4 米，有廊屋 5 间。桥梁造型美观，做法考究，具有一定的历史、艺术、科学价值。由于年代久远，该桥桥身整体倾斜，柱子、梁架等有腐蚀开裂迹象，地面方砖残缺不齐，桥身两侧风雨板脱落严重，部分构件缺失，屋面多处漏雨，桥体安全岌岌可危。修缮工程为期 40 天，对洋里桥进行了整体纠偏，更换了部分梁架和柱子，恢复了风雨板、束腰板、桥凳等构件，同时对屋面进行了翻修和防水处理。

云泉寺钟鼓楼维修工程通过验收

云泉寺位于庆元县举水乡月山村,钟鼓楼为云泉寺单体建筑之一,经过多年日晒雨淋,柱子、梁架等有腐蚀开裂迹象。2009年10月,庆元县文广新局对云泉寺钟鼓楼进行抢救性修缮。2010年3月,庆元县文广新局召开云泉寺钟鼓楼维修工程验收会。有关专家在听取参建各方意见后实地踏勘了现场,并对工程准予验收。

松阳县完成文保修缮

3月25日,黄家大院正式启动维修。一期维修工程包括前院百寿厅、中院武技楼和后院竹菊轩,总投资约200万元,预计工期6个月。松阳县博物馆建立了修缮工程领导小组,专门安排了2名工作人员现场指导、监督维修工作,确保工程质量。

自3月起,松阳县在乡(镇)自行申报的基础上,安排人员赴各地核查廊桥损毁情况,确定抢修计划。截至11月30日,玉岩潘山头廊桥、新处赤岩廊桥已维修完毕。作为年度廊桥修缮工作的重点,省保普济桥完成了施工图设计及审批,并获县发改局立项。为使修缮工作顺利进行,松阳县博物馆积极对普济桥周边环境进行了整治,拆除了安全隐患严重的私人木材厂。古市城门楼是县内唯一一处保存完整的城门楼,由于年久失修、管理不善,损毁严重。松阳县委托专业机构编制了维修方案与施工图,为下一步维修打下了基础。

青田县加强文物保护

4月28日，青田阜山陈琪纪念馆在“中国世博第一人”陈琪的故乡阜山乡红富垟村开馆。此外，石门洞谢客堂观音阁修缮工程和洞背刘基文化景观“烧饼阁”相继在年内完工，刘府祠复建工程全面启动，进入地面建筑施工，陈诚故居一、二期修缮工程竣工，东源章乃器故居复建及天水旧家修缮进入方案设计阶段，方山龙现吴乾奎旧宅（含家庙、宗祠）修缮方案设计也进入施工图修改细化阶段。

处州府城墙行春门及瓮城考古发掘取得重大成果

2010年，处州府城墙行春门至南明门修复工程考古发掘工作取得重大成果。5月10日，浙江省文物考古研究所联合丽水市文保所对处州府城墙行春门及瓮城实施正式考古发掘，发掘面积

达3000余平方米,至12月底全面清理了处州府城墙行春门瓮城及沿江一带的古城墙、敌楼等建筑遗存。发掘清理显示,行春门瓮城、城墙遗址基本完整,瓮城方位、走向清晰,同时出土了元代青瓷香炉,明代城墙顶盖石、砖及大量元、明、清瓷片、瓦片等实物。

云和抗战遗址一期修缮工程通过验收

云和抗战遗址一期修缮工程黄绍竑(时任浙江省主席)公馆和王家祠堂(省警察大队部)修缮工程于2009年11月正式启动,2010年5月如期竣工并通过验收。

松阳县积极开展文物征集工作

5月11日，松阳县望松乡五都阳村人士叶建丰向松阳县博物馆捐赠了358张第一代领导人照片。12月2日，赤寿乡界首村捐献了“意存教养”匾额。该匾额是震东女子学堂门口首块匾额，由清末浙江提学使支恒荣授批，时任处州知府萧文昭所题。此外，松阳县博物馆还征集到一批民俗文物。

莲都区召开通济堰历史文化研究座谈会

6月1日，莲都区召开通济堰历史文化研究座谈会，深入挖掘了通济堰的文化遗产资源，转变了单纯从水利工程看待通济堰的角度，将其提升至研究文化精髓的层面上，通过通济堰的历史文化充分展示了处州农耕文化历史。

《西溪省级历史文化村保护规划》通过省级专家论证

6月3日，由省住房和城乡建设厅组织的“西溪历史文化名村保护规划专家论证会”在莲都区

召开。会议邀请莲都区城建、国土、文化广电、水利、环保、消防、镇政府、西溪村双委等有关部门和单位参加。专家组对西溪村进行了现场考察后,听取了莲都区基本情况介绍和西溪村工作汇报,并由浙江大学城乡规划设计研究院对规划作出详细介绍。会议一致认为,规划资料翔实、分析全面,能充分反映历史文化遗产的真实性和完整性,内容和深度基本符合相关规定和实际,可以作为今后一定时期内指导西溪历史文化名村保护和建设的法定性文件,予以原则通过,待进一步修改完善后报省政府批准实施。

缙云县博物馆“碑帖拓本艺术精品展”对外开放

6 月 11 日,缙云县博物馆“碑帖拓本艺术精品展”展厅正式对外开放。该展厅面积 262 平方米,内设碑刻长廊、碑亭、砖柱、隔墙、仿真芭蕉等,以黑白灰为主体色调,展出的作品是缙云县博物馆馆藏历代碑刻拓本的精选原件,包括秦汉、魏晋南北朝、隋唐及宋元明清各个历史时期的代表性珍品,并根据各个历史时期碑刻发展史进行分块展示,展现了各时期中国书法、碑刻的发展演变。

丽水市馆藏文物数据库管理系统建设通过验收

根据国家文物局、省文物局要求，丽水市制订工作计划，抽调、聘请相关工作人员，成立了藏品信息影像采集拍摄组和藏品信息数据输入组，开展了数据库采集工作，于7月全面完成了全市3000余件馆藏文物的拍摄任务，以及藏品影像采集、信息数据录入等工作，提前将藏品文本信息与文物影像数据合成报送省文物局。10月中旬，丽水市博物馆报送的文物数据顺利通过国家文物信息中心验收。同时，青田、庆元、松阳等地也保质保量地按时完成了相关任务并顺利通过验收。

庆元县召开廊桥文保员业务培训班

7月21日至22日，庆元县组织召开全县廊桥艺人（文保员）培训班，针对木拱廊桥的技艺与传承保护问题进行了全面细致的阐述，对木拱廊桥的构造、认识及功能、做法等做了详细的分析和讲解，讲授了廊桥的保护与管理，对廊桥的保护维修、消防安全、日常用电等进行了培训，并传授了《文物保护法》的相关知识。全县60余人参加培训。

国家文物局专家组考察河阳村乡土建筑

8月19日，国家文物局专家组一行赴缙云县，对拟申报第七批全国重点文物保护单位的河阳村乡土建筑进行了现场考察。专家们详细了解了河阳村的保护管理及开发情况，细致察看了整体保护规划，对河阳村乡土建筑的保存现状及保护价值予以较高评价，并对进一步加强文物保护和周边环境整治提出了意见与建议。

刘基之母墓公布为文保点

刘基之母富氏夫人墓位于景宁畲族自治县渤海镇门潭村后山,始建于元至正二十二年(1362)。墓地坐西朝东,占地面积约130平方米,平面呈典型的浙南墓葬形式,墓面花纹须弥座原状是明代墓葬风格,墓前方有半圆形的风水池。经过第三次全国文物普查和有关专家考证,鉴于该墓对研究刘基家族的人文历史具有一定价值,2010年8月,古墓被公布为景宁畲族自治县第二批文物保护点。

缙云县第二届关爱夏令营举行

8月27日,缙云团县委、县妇联、县少工委、县红十字会联合主办的“缙云县第二届关爱夏令营”参观活动在县博物馆举行,34名来自全县各乡镇的民工子女参观了历史展、李震坚画展和碑帖展。

丽水市开展《古民居保护管理办法》宣传

9月3日起,缙云县制订宣传计划,在全县范围内进行《丽水市古民居保护管理办法》的巡回宣传活动。缙云县博物馆专门召开会议,组织全体干部职工学习,并安排三名工作人员下乡巡回宣传,还组织工作人员书写大量宣传标语,委托制作宣传横幅,邀请县电视台到古建筑保存较丰富的村庄进行实景拍摄,开展专题宣传。与此同时,松阳县结合全国第三次文物普查成果,联合文物监察大队举办了为期半个月的《丽水市古民居保护管理办法》宣传活动,在玉岩镇、大东坝镇、古市镇等乡(镇)举办以《丽水市古民居保护管理办法》为主题的文物工作专题宣传展。

《丽水刘祠堂背历史街区保护规划》通过论证

9月17日,丽水刘祠堂背历史街区保护规划通过论证。来自省文物局、省建设厅、浙江大学等单位的领导、专家参加了论证。刘祠堂背是丽水市区内历史人文信息和古建筑保存较为完整的区域之一,丽水市委、市政府对刘祠堂背的保护规划十分重视,要求抓紧做好规划深化完善,使规划尽快付诸实施。

丽水市博物馆参加“南宋瓷器精品大展”

9月28日至12月31日,丽水市博物馆参与了杭州南宋官窑博物馆联合故宫博物院、福建博物院、南京博物院等国内十余家博物馆(院)共同举办的“南宋瓷器精品大展”,挑选了龙泉窑莲瓣纹碗、龙泉窑菊花鼓钉三足炉、龙泉窑粉青象钮盖罐等8件珍贵文物藏品参加了大展。

缙云县新增八处县级文保单位

自2007年开展三普工作以来,缙云县新登录了1479处不可移动文物。经过全面分析,缙云县政府于2010年9月和12月正式发文,批准公布马渡胡氏宗祠等八处为第五、第六批县级文保单位。至此,缙云县共有全国重点文物保护单位1处、省级文物保护单位8处(含河阳省级历史文化保护村)、市级文物保护单位1处、县级文物保护单位27处。

丽水市博物馆新馆建设正式启动

11 月 4 日，丽水市博物馆新馆土建工程正式开工。至此，丽水市博物馆新馆建设项目取得了实质性进展，新馆陈列脚本编制也在进行中。丽水市博物馆新馆位于花园路滨水公园西侧，由三幢二层建筑单体构成，占地面积 8149.55 平方米，总建筑面积 13825 平方米。展厅面积达 8000 余平方米，有大面积展厅 8 个。工程总投资达 1 亿余元，建设周期 400 天。

景宁县召开孔庙陈展设计方案审查会

12 月 3 日，景宁县召开孔庙设计方案审查会，县文广出版局、县财政局、县建设局等部门和博物馆、文保所及设计单位参加了会议。会上总结了各方讨论意见，对方案提出了改进建议。景宁县孔庙系县级文保单位。2010 年，景宁县委县政府在旧城拆迁中保留了孔庙等一大批具有价值的古建筑，并拨付 400 万元资金，计划修复大成殿及被毁建筑等，待修复后对外开放。

丽水市文物征集成果显著

2010 年,丽水市博物馆为配合新馆展陈前期工作,将缺环文物征集、陈列脚本和形式设计编制作为新馆建设的三大主要任务,根据展示陈列实际,先后征集到瓷器、石器、农耕民俗类文物 500 件(组),以及上百件具有地方特色的生产、生活用品和石雕。丽水摄影博物馆通过鼓励捐献、有偿征集、网上征集等多种形式,征集到 3 架珍贵相机、两件摄影作品,使馆藏品总数达 3543 件,其中摄影器材类 99 件、相片类 776 件、文献类 449 件、资料画册类 2219 件。

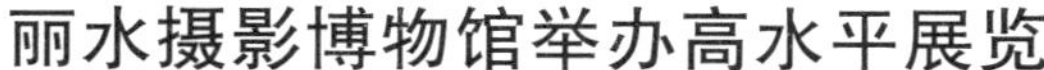

丽水摄影博物馆举办高水平展览

2010 年,丽水摄影博物馆通过与国内外相关单位的合作,引进了“瞬间永恒——华夏地理 2009 摄影作品精华展”、“荷兰修女与神父”、“‘怀念当年那片蓝色的天’——国外摄影师记录气候变迁摄影作品展”、“2010 瓯江行摄影大奖赛获奖作品展”等多个展览,共展出国内优秀摄影作品近千幅,实现了每个月都有高水平展览推出。

莲都区开展古廊桥保护维修工程

为切实加强对廊桥的保护，莲都区在村民们的大力支持下，采用民间集资与文物部门补助相结合的方式，相继对上黄村的泰安桥、里东村的观音桥、何金富村的普济桥进行了保护维修。这些古廊桥都是全国第三次文物普查登记点。其中泰安桥由于年久失修，桥足及桥梁均霉烂倒塌。文物部门在原址对泰安桥进行了修建。里东村观音桥、何金富村普济桥均为八字撑木拱廊桥，文物部门此次也对这两座桥进行了抢险加固维修。

莲都区启动通济堰博物馆项目建设

通济堰博物馆项目位于莲都区碧湖镇堰头村东南侧，是以国保单位通济堰为依托，运用现代展示手段宣传、展示通济堰文化遗存的博物馆。该项目总用地面积 58.5 亩，总建筑面积 11952 平方米，主要包括通济堰历史文物展示厅、历史文化名人纪念馆、多媒体演示厅、学术报告厅、中国名堰展示厅、地方特色文化展厅及临时展厅等，总投资约 1.5 亿元。

莲都区举办文物图片巡回展览

2010 年，莲都区采用图文并茂的形式，制作了 300 多块展板，深入碧湖、老竹、黄村等乡镇宣传文物保护，并在人群集聚的街区悬挂横幅，通过文化市场执法车将《文物法》、《浙江省文物保护管理条例》等内容沿街道、乡村播放，提高全社会自觉保护文物的意识。

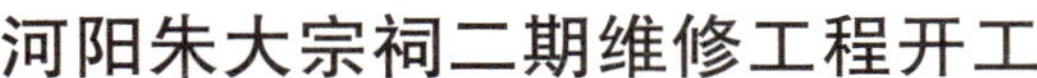

河阳朱大宗祠二期维修工程开工

河阳朱大宗祠二期维修工程总面积 368 平方米,对两侧厢房和后厅倾斜墙体进行了纠偏扶正、水泥地面换回三合土地面,梁架屋面进行修补、更换。维修工期 90 天,工程总投入 30 万元。朱大宗祠始建于清乾隆十九年(1754),坐东南朝西北,木质结构,二进二院硬山式,小青瓦阴阳合铺,三合土方格画线地面,格局完整,雕刻精美,是缙云全县保存较完整的宗祠之一,具有较高历史、艺术、科学价值。

松阳博物馆打造青少年教育基地

随着新馆的开放和展览条件的提升,松阳博物馆与县内各学校协调配合,共同打造青少年教育基地,自新馆运行以来已接待多批学生团体(4000 余人次)来馆参观。

浙江大学龙泉分校旧址实施保护利用

2010 年,龙泉市对浙江大学龙泉分校旧址后花园绿化景观进行改造,并不断拓展展览空间,挖掘主题内涵,以实现对分校旧址的合理利用。有关方面突破旧址房间面积小的影响,以分校历史为主线,开辟了“历史始末”、“历史档案”、“教室场景”、“名人题词”、“市校合作”等展厅,采用实物与图版相结合的形式,使展览更加直观形象。

龙泉窑制瓷作坊保护取得新成果

龙泉市八都、上垟、宝溪三个乡镇是近现代龙泉窑生产的传承地,也是近现代古龙窑集聚地,目前共有古龙窑 20 余座。这些窑场作坊保留着古老的设备、工艺及保存较好的周边环境,对古代制瓷工艺研究和瓷业发展具有重要价值。为更好地传承、发扬传统建窑和烧窑技术,龙泉市与龙窑所在乡镇联合对古代制瓷作坊进行了修缮加固,使其得到了切实保护。

云和县积极申报国家、省级文保单位

作为省内唯一没有省级以上文保单位的县,云和县自第三次全国文物普查开始以来,把实现省级以上文保单位零的突破作为头等大事来抓。第七批全国重点文物保护单位和第六批省级文物保护单位申报推荐工作启动以来,云和县文物部门筛选了明代银冶遗址及梅源梯田、石门桥等 5 处普查新发现申报国保、省保。与此同时,云和县根据本地经济欠发达,文物保护投入明显不足的实际情况,积极动员社会力量参与文物保护。2010 年,云和县通过企业赞助、群众捐资、村民投工投料等渠道,共筹措经费近 40 万元,对禅岩寺、李氏宗祠等 8 处县级文保单位和文保点进行了保护性修缮。

云和木制玩具博物馆建设列入“十二五”规划

木制玩具产业是云和县的传统产业和支柱产业。为更好地凸显木制玩具文化，2010 年 4 月发布的《云和县人民政府办公室关于印发云和县 2010 年重点建设项目计划的通知》明确将云和木制玩具文化创意产业基地列入 2010 年度重点建设项目，并已编制了整个区块的详细规划。规划拟将博物馆建在南山山体南麓与水系衔接处，力争成为集收藏、展示、宣传、教育以及研究于一体的宣传、展示窗口。

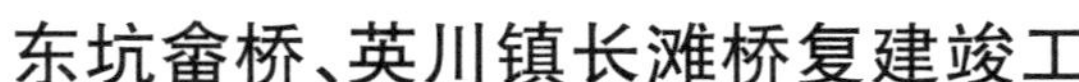

东坑畲桥、英川镇长滩桥复建竣工

2010 年，景宁畲族自治县东坑畲桥复建竣工。畲桥是 1987 年公布的第二批县级文物保护单位，建于清光绪二十年（1894），桥长 37.4 米，拱跨 29.2 米，属木拱廊桥。桥原位于东坑镇平桥村北溪上，2001 年 5 月因省级重点水电工程白鹤水电站建设被拆卸待建。在省文物局大力支持下，该桥通过半年多施工，终于在东坑镇深垟村深垟溪复建，现已正式交付使用。

长滩桥原址位于英川镇木耳口村，系县级文物保护单位，始建于清嘉庆年间，重修于清宣统年间，全长 26.4 米，净跨 20.2 米，宽 4.5 米，矢高 5.3 米，有廊屋十一间，悬山顶，梁架四柱九檩。因 1998 年英川一级电站建设需要，该桥被拆迁。2010 年，在省文物局大力支持下，英川镇长滩桥终于在英川水库大坝边上的西坑港复建完工。

各地内设机构一览表

浙江省文物监察总队内设机构一览表

部　门	姓　名	职　务	联系电话(0571)
队领导	吕可平	队　长	87083088
	谭进良	副队长	87038118

地址:杭州市教场路 26 号

传真:0571 －87080193

邮编:310006

浙江省文物鉴定审核办公室内设机构一览表

部　门	姓　名	职　务	联系电话(0571)
主任室	柴眩华	主　任	87916116
	周　刃	副主任	87080937
综合科	邓琪瑛	科　长	87083310
业 务 科	周永良	科　长	87080173

地址:杭州市教场路 26 号

传真:0571 －87080725

邮编:310006

浙江省博物馆内设机构一览表

部　门	姓　名	职　务	联系电话(0571)
馆　部	陈　浩	党委书记、馆长	87970836
	李　刚	副馆长	87988993
	沈军甫	副馆长	87986719
	许洪流	副馆长	87989680
	雍泰岳	副馆长	87978183
	杨　铿	党委副书记	87999773
	周贵泉	正处级调研员	87969695
保管部	蔡小辉	主　任	87964397
技术保护部	郑幼明	主　任	85120267
历史文物部	黎毓馨	主　任	87979615
党史部	梅丛笑	主　任	88211785
书画部	赵幼强	主　任	87971501
陶瓷部	沈琼华	主　任	87964133
工艺部	范珮玲	主　任	87964157
陈列部	王　炬	主　任	87982190
宣教部	陈　平	主　任	87970017
信息资料中心(《东方博物》编辑部)	王屹峰	主　任	87979331
办公室	徐永盛	主　任	87971177
武林馆区综合管理部	何宏斌	主　任	88211786
财务科	何素敏	科　长	87969326
保卫科	冻军勇	科　长	87986742
经营管理部	吴越宇	主　任	87970991
后勤保障部	卓春新	主　任	87996669

地址:杭州市孤山路25号

总机:87980281

传真:87989650

邮编:310007

浙江自然博物馆内设机构一览表

部　门	姓　名	职　务	联系电话(0571)
馆长室	康熙民	馆　长	88838819
	冯　飞	书　记	85395136
	陈水华	副馆长	88212787
	骆土泉	副馆长	88840708
	严洪明	副馆长	89939890
	金幸生	副馆长	88219136
办公室	吴晓明	主　任	88840700
安全保障部	张国俊	主　任	88050631
经营管理部	李怡红	主　任	88212005
财务部	何纯清	主　任	88212901
生命科学部	范忠勇	主　任	85395172
地球科学部	杜天明	主　任	85395165
科普服务部	兰国英	主　任	85395170
陈列技术部	赵盛彪	主　任	85395167

地址:杭州市西湖文化广场6号

传真:0571－85395152

邮编:310014

中国丝绸博物馆内设机构一览表

部　门	姓　名	职　务	联系电话(0571)
馆长室	赵　丰	馆　长	87036127
	蔡　琴	馆长助理、党支部副书记	87037023
	张　毅	馆长助理	87036120
	徐德明	正处级调研员	87036110
办公室	张　毅	主任(兼)	87032060
	叶水芬	副主任	87036643
	沈国庆	副主任	87036679
社会教育部	俞敏敏	主　任	87035150
	楼航燕	副主任	87035223
陈列保管部	金　琳	主　任	87032259
技术部	汪自强	主　任	87035579
	周　旸	副主任	87035579

地址:杭州市玉皇山路 73 - 1 号

传真:0571 - 87068136

邮编:310002

浙江省文物考古研究所内设机构一览表

部　门	姓　名	职　务	联系电话(0571)
所　部	李小宁	所　长	88315836
	沈岳明	党支部副书记	88310686
	王海明	副所长	88313362
	刘　斌	副所长	88034931
	黄　斌	副所长	88038571
办公室	刘土芳	主　任	88038198
	吕苗英	副主任	88315833
保卫科	徐洪谦	科　长	88311361
财务科	何茵茵	科　长	88315835
资料信息中心	张　苹	主　任	88353212
考古一室	孙国平	副主任	88353174
考古二室	郑嘉利	副主任	88034622
科技考古室	郑云飞	主　任	88315839
文保室	张书恒	主　任	88106356

地址:杭州市假山路假山新村 26 号

传真:0571－88315837

邮编:310014

浙江省古建筑设计研究院内设机构一览表

部　门	姓　名	职　务	联系电话(0571)
院长室	黄　滋	院　长	88322007－810
	陈　易	副院长	88322007－816
	卢远征	院长助理	88322007－807
总工室	黄　滋	总工程师	88322007－810
办公室	杨彩琴	主　任	88322007－825
建筑与文化设计研究室	陈　易	主　任	88322007－816
建筑与传统设计研究室	卢远征	主　任	88322007－807
建筑与历史设计研究室	郑殷芳	主　任	88322007－815
规划设计研究室	梁　伟	主　任	88322007－803
技术设计研究室	蒋双议	主　任	88322007－832

地址:杭州市假山路假山新村26号

传真:0571－88322007－819

邮编:310014

杭州市直属文博单位一览表

单位名称	地址	邮编	姓名	职务	联系电话（0571）
杭州市园文局	杭州市龙井路1号	310007	刘颖	局长	87179596
杭州市园文局文物处	杭州市龙井路1号	310007	卓军	处长	87179543
			潘沧桑	副处长	87179584
杭州市文物保护管理所	杭州市劳动路65号	310002	杜正贤	所长	87015900
			傅宏明	副所长	87017822
			沈坚	副所长	87919759
杭州园林文物监察支队	杭州市灵隐路32号	310007	杨正	支队长	87961487
中国茶叶博物馆	杭州市双峰龙井路88号	310013	周岳云	书记	87964117
			王建荣	馆长	87964778
			罗晓莹	副馆长	87979621
			朱珠珍	副馆长	87979507
杭州历史博物馆（杭州市文物考古所）	杭州市粮道山18号	310002	吴晓力	馆长 所长	87831134
			房友强	书记 副馆长	87815243
			唐俊杰	副馆长 副所长	87813506
杭州名人纪念馆（唐云艺术馆）	杭州市南山路苏堤口（唐云艺术馆　杭州市南山路45号）	310007（310002）	吴晨	馆长	87979245
			许俭	副书记	87969019
			陈京怀	（唐云艺术馆）副馆长	87020633
			张帆	副馆长	87969387
南宋官窑博物馆	杭州市南复路60号	310008	邓禾颖	馆长	86087108
			杨鸣	副馆长	86086819
			韩建明	书记	86082594
西湖博物馆（档案馆）	杭州市南山路89号	310002	吴胜天	书记 馆长	87882298
			刘春蕙	副馆长	87882266

续 表

单位名称	地 址	邮 编	姓 名	职 务	联系电话(0571)
韩美林艺术馆	杭州植物园内	310008	朱学斌	副馆长	87975567
			陈云飞	副馆长	87972023
灵隐管理处	杭州市灵溪南路8号	310013	金志敏	主 任	87996656
岳庙管理处	杭州市孤山后山路1号	310007	李慧敏	主 任	87979870
湖滨管理处	杭州市清波桥河下8号	310002	钱小平	主 任	87060450
吴山景区管理处	杭州市吴山3号	310002	范乐东	主 任	87015318
凤凰山管理处	杭州市玉皇山路1号	310002	任晓红	主 任	87039426
花港管理处	杭州市三台山路149号	310007	徐 飞	主 任	87967416
钱江管理处	杭州市虎跑路31号	310008	唐宇力	主 任	86086853
良渚遗址管委会	杭州市莫干山路勾庄	311112	吴立炜	副主任	88781098
良渚遗址管委会文物局	杭州市莫干山路勾庄	311112	严国琪	局 长	88754968
西泠印社社务委员会	西湖文化广场E区32号5楼	310014	赵一文	副主任	85812990

宁波市直属文博单位一览表

单位名称	地 址	邮 编	姓 名	职 务	联系电话(0574)
宁波市文化广电新闻出版局	宁波市解放北路148号	315010	陈佳强	局 长	87189101
			孟建耀	副局长	87189105
宁波市文化广电新闻出版局文物与博物馆处	宁波市解放北路148号	315010	邬向东	处 长	87189147
天一阁博物馆	宁波市天一街10号	315010	虞浩旭	馆 长	87329638
保国寺古建筑博物馆	宁波市江北洪塘	315033	余如龙	馆 长	87586317
宁波市文保所、宁波市考古研究所、中国国家博物馆水下考古宁波工作站	宁波市月湖景区大方岳第	315010	王结华	所 长	87321337
宁波博物馆	宁波市鄞州区首南中路1000号	315040	褚晓波	馆长	82815501

温州市直属文博单位一览表

单位名称	地址	邮编	姓名	职务	联系电话(0577)
温州市文化广电新闻出版局	温州市行政管理中心	325009	吴东	局长	88962828
			崔卫胜	副局长	88967175
			王同军	文物管理处处长	88956985
			董姝	副处长	88960281
			余求红	副处长	88956980
温州博物馆	温州市市府路世纪广场	325009	金柏东	馆长	88936518
			王新宇	副馆长	88939987
			董姝	副馆长	88939991-8008
温州市文物保护考古所	温州市黎明西路257弄7号	325000	蔡钢铁	所长	88893218
			梁岩华	副所长	88893228
			杨思好	副所长	88893298
温州文物商店	温州市沧河巷26号	325000	徐青	经理	88222032

湖州市直属文博单位一览表

单位名称	地址	邮编	姓名	职务	联系电话(0572)
湖州市文物局	湖州市行政中心4号楼	313000	宋捷	局长	2399221
	湖州市仁皇山新区吴兴路1号	313000	张国强	副局长	2398008
湖州市文物局文物处	湖州市仁皇山新区吴兴路1号	313000	沈忠伟	处长	2398098
湖州市博物馆(湖州市文保所)	湖州市仁皇山新区吴兴路1号	313000	潘林荣	常务副馆长	2399518
			张卫东	书记	2399808
南浔区文保所	湖州市南浔区小莲庄内	313011	李彦	所长	3011516

嘉兴市直属文博单位一览表

单位名称	地　址	邮　编	姓　名	职　务	联系电话（0573）
嘉兴市文化局	嘉兴市中山东路922号	314001	王登峰	副局长	82159753
嘉兴市文化局文物处	嘉兴市中山东路922号	314001	汪红星	处　长	82159775
嘉兴博物馆	嘉兴市海盐塘路	314000	葛金根	馆　长	82535070
嘉兴市文物保护所	嘉兴市环城西路范蠡湖	314000	徐　信	所　长	82068321
嘉兴市蒲华美术馆	嘉兴市中和街25号	314000	张觉民	馆　长	82071602

绍兴市直属文博单位一览表

单位名称	地　址	邮　编	姓　名	职　务	联系电话（0575）
绍兴市文物管理局	绍兴市中兴南路112号	312000	宣传中	局　长	85132088
绍兴市文物考古研究所	绍兴市中兴南路112号	312000	董忠耿	所　长	85081180
绍兴博物馆	绍兴市延安路481号	312000	刘　侃	馆　长	88314047
绍兴鲁迅纪念馆	绍兴市鲁迅中路235号	312000	陈　勤	馆　长	85203136
绍兴市东湖景区管理处	绍兴市东湖景区内	312000	张　军	主　任	88611225
绍兴市兰亭景区管理处	绍兴市兰亭风景区内	312045	蒋炳坤	主　任	84606886
会稽山景区管理处	绍兴市大禹陵风景区内	312000	吴　军	主　任	88364088
绍兴市名人故居管理处	绍兴市劳动路277号	312000	汤晓蕾	主　任	85111664
绍兴市沈园景区管理处	绍兴市鲁迅中路318号	312000	来家炯	主　任	88064863

金华市直属文博单位一览表

单位名称	地　址	邮　编	姓　名	职　务	联系电话（0579）
金华市文物局（市名城办）	金华市将军路 51 号	321000	方竟成	局　长	82310063
古子城历史文化区管委会办公室	金华市飘萍路 138 号	321000	方竟成	主　任	82310063
太平天国侍王府纪念馆	金华市将军路鼓楼里	321000	施冠荣	馆　长	82310581
金华市博物馆	金华市东市街 128 号	321000	施冠荣	常务副馆长	82310817
金华府城隍庙民俗馆	金华市马路里 116 号	321000	卢　萍	馆　长	82312986
金华汤溪城隍庙	金华市汤溪镇中山路 60 号	321075	谢光浚	主　任	82667256
天宁寺文保所（筹）	金华市飘萍路 100 号	321000	王　伟	责任人	82310291
八咏楼文保所（筹）	金华市八咏路 228 号	321000	王　伟	责任人	82326307

衢州市直属文博单位一览表

单位名称	地　址	邮　编	姓　名	职　务	联系电话（0570）
衢州市文化广电新闻出版局	衢州市新桥街开明坊 9 号	324000	郑奇平	局　长	8880288
			郑乐平	副局长	8586901
衢州市文化广电新闻出版局文物处	衢州市新桥街开明坊 9 号	324000	张　昇	副处长	8586920
衢州市博物馆	衢州市新桥街开明坊 9 号	324000	柴福有	馆　长	8551808
衢州市文物保护管理所	衢州市新桥街开明坊 9 号	324000	柴福有	所　长	8551808
			占　剑	副所长	8267280

舟山市直属文博单位一览表

单位名称	地　址	邮　编	姓　名	职　务	联系电话(0580)
舟山市文广新闻出版局	定海海天大道681号市行政中心东二楼	316021	戎平娟	副局长	2285503
舟山市文物管理办公室(水下考古舟山工作站)	定海海天大道681号市行政中心东二楼	316021	邓进平	主　任	2285550
			郑学军	副主任	2285551
舟山博物馆	定海环城南路453号	316000	吴承华	馆　长	2820993
			高培国	书　记	2823741
			周若溪	副馆长	2820218
普陀山文物保护管理所	普陀山悦岭庵	316107	陈舟跃	所　长	6091159

台州市直属文博单位一览表

单位名称	地　址	邮　编	姓　名	职　务	联系电话(0576)
台州市文化广电新闻出版局	台州市行政大楼2号楼6楼	318000	许良云	副局长	88698657
台州市文物处	台州市政府第二办公区7楼	318000	任志强	处　长	88227561

丽水市直属文博单位一览表

单位名称	地　址	邮　编	姓　名	职　务	联系电话(0578)
丽水市文化广电新闻出版局	丽水市行政中心19楼	323000	赵碧华	局　长	2091369
丽水市文物管理委员会办公室	丽水市行政中心19楼	323000	陈建敏	主　任	2091366
			周永和	副主任文物处处长	2091365
丽水市博物馆(文保所)	丽水市栝苍路701号	323000	梁晓华	馆长、所长	2271630
			吴志标	副馆长、副所长	2130348
丽水市摄影博物馆	丽水市栝苍路583号	323000	梁晓华	馆　长	2113393
			吴志标	副馆长	2113393

文献辑存

《古生物化石保护条例》

中华人民共和国国务院令第580号

第一章 总 则

第一条 为了加强对古生物化石的保护,促进古生物化石的科学研究和合理利用,制定本条例。

第二条 在中华人民共和国领域和中华人民共和国管辖的其他海域从事古生物化石发掘、收藏等活动以及古生物化石进出境,应当遵守本条例。

本条例所称古生物化石,是指地质历史时期形成并赋存于地层中的动物和植物的实体化石及其遗迹化石。

古猿、古人类化石以及与人类活动有关的第四纪古脊椎动物化石的保护依照国家文物保护的有关规定执行。

第三条 中华人民共和国领域和中华人民共和国管辖的其他海域遗存的古生物化石属于国家所有。

国有的博物馆、科学研究单位、高等院校和其他收藏单位收藏的古生物化石,以及单位和个人捐赠给国家的古生物化石属于国家所有,不因其收藏单位的终止或者变更而改变其所有权。

第四条 国家对古生物化石实行分类管理、重点保护、科研优先、合理利用的原则。

第五条 国务院国土资源主管部门主管全国古生物化石保护工作。县级以上地方人民政府国土资源主管部门主管本行政区域古生物化石保护工作。

县级以上人民政府公安、工商行政管理等部门按照各自的职责负责古生物化石保护的有关工作。

第六条 国务院国土资源主管部门负责组织成立国家古生物化石专家委员会。国家古生物化石专家委员会由国务院有关部门和中国古生物学会推荐的专家组成,承担重点保护古生物化石名录的拟定、国家级古生物化石自然保护区建立的咨询、古生物化石发掘申请的评审、重点保护古生物化石进出境的鉴定等工作,具体办法由国务院国土资源主管部门制定。

第七条 按照在生物进化以及生物分类上的重要程度,将古生物化石划分为重点保护古生物化石和一般保护古生物化石。

具有重要科学研究价值或者数量稀少的下列古生物化石,应当列为重点保护古生物化石:

(一)已经命名的古生物化石种属的模式标本;

(二)保存完整或者较完整的古脊椎动物实体化石;

(三)大型的或者集中分布的高等植物化石、无脊椎动物化石和古脊椎动物的足迹等遗迹化石;

(四)国务院国土资源主管部门确定的其他需要重点保护的古生物化石。

重点保护古生物化石名录由国家古生物化石专家委员会拟定,由国务院国土资源主管部门批准并公布。

第八条 重点保护古生物化石集中的区域,应当建立国家级古生物化石自然保护区;一般保护古生物化石集中的区域,同时该区域已经发现重点保护古生物化石的,应当建立地方级古生物化石自然保护区。建立古生物化石自然保护区的程序,依照《中华人民共和国自然保护区条例》的规定执行。

建立国家级古生物化石自然保护区,应当征求国家古生物化石专家委员会的意见。

第九条 县级以上人民政府应当加强对古生物化石保护工作的领导,将古生物化石保护工作所需经费列入本级财政预算。

县级以上人民政府应当组织有关部门开展古生物化石保护知识的宣传教育,增强公众保护古生物化石的意识,并按照国家有关规定对在古生物化石保护工作中做出突出成绩的单位和个人给予奖励。

第二章 古生物化石发掘

第十条 因科学研究、教学、科学普及或者对古生物化石进行抢救性保护等需要,方可发掘古生物化石。发掘古生物化石的,应当符合本条例第十一条第二款规定的条件,并依照本条例的规定取得批准。

本条例所称发掘,是指有一定工作面,使用机械或者其他动力工具挖掘古生物化石的活动。

第十一条 在国家级古生物化石自然保护区内发掘古生物化石,或者在其他区域发掘重点保护古生物化石的,应当向国务院国土资源主管部门提出申请并取得批准;在国家级古生物化石自然保护区外发掘一般保护古生物化石的,应当向古生物化石所在地省、自治区、直辖市人民政府国土资源主管部门提出申请并取得批准。

申请发掘古生物化石的单位应当符合下列条件,并在提出申请时提交其符合下列条件的证明材料以及发掘项目概况、发掘方案、发掘标本保存方案和发掘区自然生态条件恢复方案:

(一)有3名以上拥有古生物专业或者相关专业技术职称,并有3年以上古生物化石发掘经历的技术人员(其中至少有1名技术人员具有古生物专业高级职称并作为发掘活动的领队);

(二)有符合古生物化石发掘需要的设施、设备;

(三)有与古生物化石保护相适应的处理技术和工艺;

(四)有符合古生物化石保管需要的设施、设备和场所。

第十二条 国务院国土资源主管部门应当自受理申请之日起3个工作日内将申请材料送国

家古生物化石专家委员会。国家古生物化石专家委员会应当自收到申请材料之日起10个工作日内出具书面评审意见。评审意见应当作为是否批准古生物化石发掘的重要依据。

国务院国土资源主管部门应当自受理申请之日起30个工作日内完成审查，对申请单位符合本条例第十一条第二款规定条件，同时古生物化石发掘方案、发掘标本保存方案和发掘区自然生态条件恢复方案切实可行的，予以批准；对不符合条件的，书面通知申请单位并说明理由。

国务院国土资源主管部门批准古生物化石发掘申请前，应当征求古生物化石所在地省、自治区、直辖市人民政府国土资源主管部门的意见；批准发掘申请后，应当将批准发掘古生物化石的情况通报古生物化石所在地省、自治区、直辖市人民政府国土资源主管部门。

第十三条 省、自治区、直辖市人民政府国土资源主管部门受理古生物化石发掘申请的，应当依照本条例第十二条第二款规定的期限和要求进行审查、批准，并听取古生物专家的意见。

第十四条 发掘古生物化石的单位，应当按照批准的发掘方案进行发掘；确需改变发掘方案的，应当报原批准发掘的国土资源主管部门批准。

第十五条 发掘古生物化石的单位，应当自发掘或者科学研究、教学等活动结束之日起30日内，对发掘的古生物化石登记造册，作出相应的描述与标注，并移交给批准发掘的国土资源主管部门指定的符合条件的收藏单位收藏。

第十六条 进行区域地质调查或者科学研究机构、高等院校等因科学研究、教学需要零星采集古生物化石标本的，不需要申请批准，但是，应当在采集活动开始前将采集时间、采集地点、采集数量等情况书面告知古生物化石所在地的省、自治区、直辖市人民政府国土资源主管部门。采集的古生物化石的收藏应当遵守本条例的规定。

本条例所称零星采集，是指使用手持非机械工具在地表挖掘极少量古生物化石，同时不对地表和其他资源造成影响的活动。

第十七条 外国人、外国组织因中外合作进行科学研究需要，方可在中华人民共和国领域和中华人民共和国管辖的其他海域发掘古生物化石。发掘古生物化石的，应当经国务院国土资源主管部门批准，采取与符合本条例第十一条第二款规定条件的中方单位合作的方式进行，并遵守本条例有关古生物化石发掘、收藏、进出境的规定。

第十八条 单位和个人在生产、建设等活动中发现古生物化石的，应当保护好现场，并立即报告所在地县级以上地方人民政府国土资源主管部门。

县级以上地方人民政府国土资源主管部门接到报告后，应当在24小时内赶赴现场，并在7日内提出处理意见。确有必要的，可以报请当地人民政府通知公安机关协助保护现场。发现重点保护古生物化石的，应当逐级上报至国务院国土资源主管部门，由国务院国土资源主管部门提出处理意见。

生产、建设等活动中发现的古生物化石需要进行抢救性发掘的，由提出处理意见的国土资源主管部门组织符合本条例第十一条第二款规定条件的单位发掘。

第十九条 县级以上人民政府国土资源主管部门应当加强对古生物化石发掘活动的监督检查，发现未经依法批准擅自发掘古生物化石，或者不按照批准的发掘方案发掘古生物化石的，应当依法予以处理。

第三章 古生物化石收藏

第二十条 古生物化石的收藏单位,应当符合下列条件:

(一)有固定的馆址、专用展室、相应面积的藏品保管场所;

(二)有相应数量的拥有相关研究成果的古生物专业或者相关专业的技术人员;

(三)有防止古生物化石自然损毁的技术、工艺和设备;

(四)有完备的防火、防盗等设施、设备和完善的安全保卫等管理制度;

(五)有维持正常运转所需的经费。

县级以上人民政府国土资源主管部门应当加强对古生物化石收藏单位的管理和监督检查。

第二十一条 国务院国土资源主管部门负责建立全国的重点保护古生物化石档案和数据库。县级以上地方人民政府国土资源主管部门负责建立本行政区域的重点保护古生物化石档案和数据库。

收藏单位应当建立本单位收藏的古生物化石档案,并如实对收藏的古生物化石作出描述与标注。

第二十二条 国家鼓励单位和个人将其收藏的重点保护古生物化石捐赠给符合条件的收藏单位收藏。

任何单位和个人不得擅自买卖重点保护古生物化石。买卖一般保护古生物化石的,应当在县级以上地方人民政府指定的场所进行。具体办法由省、自治区、直辖市人民政府制定。

第二十三条 国有收藏单位不得将其收藏的重点保护古生物化石转让、交换、赠与给非国有收藏单位或者个人。

任何单位和个人不得将其收藏的重点保护古生物化石转让、交换、赠与、质押给外国人或者外国组织。

第二十四条 收藏单位之间转让、交换、赠与其收藏的重点保护古生物化石的,应当经国务院国土资源主管部门批准。

第二十五条 公安、工商行政管理、海关等部门应当对依法没收的古生物化石登记造册、妥善保管,并在结案后30个工作日内移交给同级国土资源主管部门。接受移交的国土资源主管部门应当出具接收凭证,并将接收的古生物化石交符合条件的收藏单位收藏。

国有收藏单位不再收藏的一般保护古生物化石,应当按照国务院国土资源主管部门的规定处理。

第四章 古生物化石进出境

第二十六条 未命名的古生物化石不得出境。

重点保护古生物化石符合下列条件之一,经国务院国土资源主管部门批准,方可出境:

(一)因科学研究需要与国外有关研究机构进行合作的;

（二）因科学、文化交流需要在境外进行展览的。

一般保护古生物化石经所在地省、自治区、直辖市人民政府国土资源主管部门批准，方可出境。

第二十七条 申请古生物化石出境的，应当向国务院国土资源主管部门或者省、自治区、直辖市人民政府国土资源主管部门提出出境申请，并提交出境古生物化石的清单和照片。出境申请应当包括申请人的基本情况和古生物化石的出境地点、出境目的、出境时间等内容。

申请重点保护古生物化石出境的，申请人还应当提供外方合作单位的基本情况和合作科学研究合同或者展览合同，以及古生物化石的应急保护预案、保护措施、保险证明等材料。

第二十八条 申请重点保护古生物化石出境的，国务院国土资源主管部门应当自受理申请之日起 3 个工作日内将申请材料送国家古生物化石专家委员会。国家古生物化石专家委员会应当自收到申请材料之日起 10 个工作日内对申请出境的重点保护古生物化石进行鉴定，确认古生物化石的种属、数量和完好程度，并出具书面鉴定意见。鉴定意见应当作为是否批准重点保护古生物化石出境的重要依据。

国务院国土资源主管部门应当自受理申请之日起 20 个工作日内完成审查，符合规定条件的，作出批准出境的决定；不符合规定条件的，书面通知申请人并说明理由。

第二十九条 申请一般保护古生物化石出境的，省、自治区、直辖市人民政府国土资源主管部门应当自受理申请之日起 20 个工作日内完成审查，同意出境的，作出批准出境的决定；不同意出境的，书面通知申请人并说明理由。

第三十条 古生物化石出境批准文件的有效期为 90 日；超过有效期出境的，应当重新提出出境申请。

重点古生物化石在境外停留的期限一般不超过 6 个月；因特殊情况确需延长境外停留时间的，应当在境外停留期限届满 60 日前向国务院国土资源主管部门申请延期。延长期限最长不超过 6 个月。

第三十一条 经批准出境的重点保护古生物化石出境后进境的，申请人应当自办结进境海关手续之日起 5 日内向国务院国土资源主管部门申请进境核查。

国务院国土资源主管部门应当自受理申请之日起 3 个工作日内将申请材料送国家古生物化石专家委员会。国家古生物化石专家委员会应当自收到申请材料之日起 5 个工作日内对出境后进境的重点保护古生物化石进行鉴定，并出具书面鉴定意见。鉴定意见应当作为重点保护古生物化石进境核查结论的重要依据。

国务院国土资源主管部门应当自受理申请之日起 15 个工作日内完成核查，作出核查结论；对确认为非原出境重点保护古生物化石的，责令申请人追回原出境重点保护古生物化石。

第三十二条 境外古生物化石临时进境的，应当交由海关加封，由境内有关单位或者个人自办结进境海关手续之日起 5 日内向国务院国土资源主管部门申请核查、登记。国务院国土资源主管部门核查海关封志完好无损的，逐件进行拍照、登记。

临时进境的古生物化石进境后出境的，由境内有关单位或者个人向国务院国土资源主管部门申请核查。国务院国土资源主管部门应当依照本条例第三十一条第二款规定的程序,自受理申请之日起15个工作日内完成核查,对确认为原临时进境的古生物化石的,批准出境。

境内单位或者个人从境外取得的古生物化石进境的,应当向海关申报,按照海关管理的有关规定办理进境手续。

第三十三条 运送、邮寄、携带古生物化石出境的,应当如实向海关申报,并向海关提交国务院国土资源主管部门或者省、自治区、直辖市人民政府国土资源主管部门的出境批准文件。

对有理由怀疑属于古生物化石的物品出境的,海关可以要求有关单位或者个人向国务院国土资源主管部门或者出境口岸所在地的省、自治区、直辖市人民政府国土资源主管部门申请办理是否属于古生物化石的证明文件。

第三十四条 国家对违法出境的古生物化石有权进行追索。

国务院国土资源主管部门代表国家具体负责追索工作。国务院外交、公安、海关等部门应当配合国务院国土资源主管部门做好违法出境古生物化石的追索工作。

第五章 法律责任

第三十五条 县级以上人民政府国土资源主管部门及其工作人员有下列行为之一的,对直接负责的主管人员和其他直接责任人员依法给予处分;直接负责的主管人员和其他直接责任人员构成犯罪的,依法追究刑事责任:

(一)未依照本条例规定批准古生物化石发掘的;

(二)未依照本条例规定批准古生物化石出境的;

(三)发现违反本条例规定的行为不予查处,或者接到举报不依法处理的;

(四)其他不依法履行监督管理职责的行为。

第三十六条 单位或者个人有下列行为之一的,由县级以上人民政府国土资源主管部门责令停止发掘,限期改正,没收发掘的古生物化石,并处20万元以上50万元以下的罚款;构成违反治安管理行为的,由公安机关依法给予治安管理处罚;构成犯罪的,依法追究刑事责任:

(一)未经批准发掘古生物化石的;

(二)未按照批准的发掘方案发掘古生物化石的。

有前款第(二)项行为,情节严重的,由批准古生物化石发掘的国土资源主管部门撤销批准发掘的决定。

第三十七条 古生物化石发掘单位未按照规定移交发掘的古生物化石的,由批准古生物化石发掘的国土资源主管部门责令限期改正;逾期不改正,或者造成古生物化石损毁的,处10万元以上50万元以下的罚款;直接负责的主管人员和其他直接责任人员构成犯罪的,依法追究刑事责任。

第三十八条 古生物化石收藏单位不符合收藏条件收藏古生物化石的,由县级以上人民政府国土资源主管部门责令限期改正;逾期不改正的,处5万元以上10万元以下的罚款;已严重影响其收藏的重点保护古生物化石安全的,由国务院国土资源主管部门指定符合条件的收藏单位代为收藏，代为收藏的费用由原收藏单位承担。

第三十九条 古生物化石收藏单位未按照规定建立本单位收藏的古生物化石档案的，由县级以上人民政府国土资源主管部门责令限期改正；逾期不改正的，没收有关古生物化石，并处2万元的罚款。

第四十条 单位或者个人违反规定买卖重点保护古生物化石的，由工商行政管理部门责令限期改正，没收违法所得，并处5万元以上20万元以下的罚款；构成违反治安管理行为的，由公安机关依法给予治安管理处罚；构成犯罪的，依法追究刑事责任。

第四十一条 古生物化石收藏单位之间未经批准转让、交换、赠与其收藏的重点保护古生物化石的，由县级以上人民政府国土资源主管部门责令限期改正；有违法所得的，没收违法所得；逾期不改正的，对有关收藏单位处5万元以上20万元以下的罚款。国有收藏单位将其收藏的重点保护古生物化石违法转让、交换、赠与给非国有收藏单位或者个人的，对国有收藏单位处20万元以上50万元以下的罚款，对直接负责的主管人员和其他直接责任人员依法给予处分；构成犯罪的，依法追究刑事责任。

第四十二条 单位或者个人将其收藏的重点保护古生物化石转让、交换、赠与、质押给外国人或者外国组织的，由县级以上人民政府国土资源主管部门责令限期追回，对个人处2万元以上10万元以下的罚款，对单位处10万元以上50万元以下的罚款；有违法所得的，没收违法所得；构成犯罪的，依法追究刑事责任。

第四十三条 单位或者个人未取得批准运送、邮寄、携带古生物化石出境的，由海关依照有关法律、行政法规的规定予以处理；构成犯罪的，依法追究刑事责任。

第四十四条 县级以上人民政府国土资源主管部门、其他有关部门的工作人员，或者国有的博物馆、科学研究单位、高等院校、其他收藏单位以及发掘单位的工作人员，利用职务上的便利，将国有古生物化石非法占为己有的，依法给予处分，由县级以上人民政府国土资源主管部门追回非法占有的古生物化石；有违法所得的，没收违法所得；构成犯罪的，依法追究刑事责任。

第六章 附 则

第四十五条 本条例自2011年1月1日起施行。

中华人民共和国国务院

二〇一〇年九月五日

中宣部、财政部、文化部、国家文物局《关于进一步做好公共博物馆纪念馆免费开放工作的意见》

文物博发[2010]8号

各省、自治区、直辖市党委宣传部,财政厅(局),文化厅(局),文物局(文管会):

为深入贯彻党的十七大和十七届三中、四中全会精神,充分发挥公共博物馆纪念馆和爱国主义教育基地(以下统称博物馆纪念馆)宣传和传播先进文化的重要作用,加强公共文化服务体系建设和公民思想道德建设,现就进一步做好博物馆纪念馆免费开放工作,提出如下意见:

一、提高思想认识,积极推进博物馆纪念馆免费开放工作

1.博物馆纪念馆免费开放意义重大。博物馆纪念馆是公共文化服务体系建设的重要内容,是保障人民群众基本文化权益的重要阵地。做好博物馆纪念馆免费开放工作,充分发挥其社会功能,对于满足人民群众日益增长的精神文化需求,陶冶道德情操,振奋民族精神,激发爱国热情;对于弘扬优秀文化传统,传播灿烂中华文明,推动社会主义文化大发展大繁荣,具有十分重要的意义。各地各部门要统一思想、提高认识,采取措施、周密安排,切实把免费开放工作做实、做细、做好,为公众提供更多更好的公共文化产品和服务。

2.博物馆纪念馆免费开放成效显著。2008年1月,中央有关部门印发《关于全国博物馆纪念馆免费开放的通知》。两年来,在各方面共同努力下,全国已有1440多家文化文物部门归口管理的公共博物馆纪念馆,以及全国爱国主义教育示范基地向社会免费开放(还有一批博物馆纪念馆自行向社会免费开放)。目前,博物馆纪念馆免费开放呈现出安全、平稳、有序的良好态势,低收入群体、学生、老人和干部群众的参观人数大幅增加,很好地满足了人们的精神文化需求。同时也要看到,博物馆纪念馆免费开放工作与社会发展要求和广大群众期望相比,还存在许多不适应之处:有的地方相关政策和配套措施未能及时跟进;一些博物馆纪念馆内部管理和运行机制不够完善;不少博物馆纪念馆基础设施破旧、基本陈列落后、展示水平不高。这些问题,应当引起足够重视,切实加以解决。

3.博物馆纪念馆免费开放是一项长期任务。做好博物馆纪念馆免费开放工作,要以邓小平理论和“三个代表”重要思想为指导,深入贯彻落实科学发展观,认真贯彻中央关于深化文化体制改革、加快公共文化服务体系建设的一系列决策部署,贴近实际、贴近生活、贴近群众,紧紧抓住增强活力、改善服务两个关键环节,创新体制机制,激发内在活力,提高服务水平,最大限度地发挥博物馆纪念馆的社会效益,为弘扬民族精神和时代精神服务,为加强社会主义核心价值体系建设服务,为实现全面建设小康社会的奋斗目标服务。

二、坚持改革创新,努力提升博物馆纪念馆展览展示、宣传教育和服务水平

4. 创新体制机制,增强发展活力。要将体制机制创新作为推动博物馆纪念馆免费开放工作的强大动力,抓住当前正在进行的文化体制改革机遇,按照以政府为主导,增加投入、转换机制、增强活力、改善服务的要求,结合文博事业特点和本单位实际,优化组织结构,改进内部管理,创新服务方式,提高运营效率。要积极探索完善法人治理结构,逐步实行理事会决策、馆长负责的管理运行机制,形成政府、社会、公众代表相结合的监督管理体系。要深化劳动人事和分配制度改革,建立健全博物馆纪念馆从业资格、人员聘用、人才培养和岗位设置管理制度,形成讲实绩、重贡献、向优秀人才和关键岗位倾斜的分配激励机制。要努力争取社会力量支持、参与博物馆纪念馆建设,实现发展模式由封闭型向开放型转变。

5. 积极推进共建,发挥示范效应。要按照中央地方共建国家级博物馆纪念馆的有关要求,以建设具有国际一流水准的博物馆纪念馆为目标,加快构建以点带面、立足区域、辐射全国、面向世界的博物馆纪念馆综合资源共享平台。要参照中央地方共建国家级博物馆纪念馆工作的建设原则,制定本地区博物馆纪念馆事业发展规划,推进机制创新和资源整合,提高使用效益,使其在本地区经济、社会、文化建设中发挥更大作用。

6. 增进交流合作,提升展览水平。省级以上博物馆纪念馆要加强交流合作,整合区域藏品、展览、人才、技术、资金等资源,举办各种专题展览、巡回展览和文化活动,并有计划地引进国外优秀展览,向公众介绍世界文明和多元文化。要适应社会文化生活的新特点和人民群众的新期待,注重陈列展览内容和形式创新,把知识性、趣味性和观赏性有机结合起来,增强展览的表现力和感染力。要依托藏品和展览,开发独具特色、形式多样的文化产品,更好地满足市场需求。要避免文化产品同质化和低水平重复生产,加强文化产品市场管理,规范经营行为,使其健康有序发展。

7. 注重社会效益,拓展服务领域。正确处理社会效益和经济效益的关系,把社会效益放在首位,是博物馆纪念馆工作的重要原则。要加强导游讲解员队伍建设,加大教育培训力度,强化职业道德素质,提升宣传讲解水平。要牢固树立服务意识,对参观群众在接待咨询、参观引导、提供资料以及安排讲解等方面实行规范化服务。要适应网络信息技术快速发展的新形势,组织实施"数字博物馆计划",大力推进网上展馆建设。要借助全国文化信息资源共享工程和远程教育网络,延伸拓展博物馆纪念馆传播服务功能,辐射广大城镇、农村和边远地区,为基层和群众提供更多健康向上的精神文化产品。

三、采取有效措施,为博物馆纪念馆免费开放创造良好条件

8. 加大公共财政扶持力度,逐步建立博物馆纪念馆经费保障机制。明确公共博物馆纪念馆的公益性质,加强财政经费保障,建立与改革相适应的激励约束机制,促进提高公共服务水平。要拓宽经费来源渠道,建立多元化投入机制,落实相关财税政策,鼓励社会力量进行捐赠。要继续做好陈列布展项目资助工作,支持改善展览效果。各地财政部门要足额保障博物馆纪念馆免费开放资金,与宣传、文化、文物部门协商,研究制定本地区中央财政补助专项资金和地方财政资金具体分配方案,并及时将方案报财政部备案。财政部适时会同中宣部、国家文物局等部门对资金使用情况进行检查。

9.强化管理和绩效考评,确保博物馆纪念馆可持续发展。有关部门将制定博物馆纪念馆工作条例,完善以博物馆纪念馆运行状况评估为重点,以宣传展示、开放服务为核心的博物馆纪念馆质量评价体系。要对免费开放博物馆纪念馆的管理运作效能、业务完成指标、资金效益指标、社会效益指标、公众满意度等进行评估,评估结果作为对博物馆纪念馆实行动态管理的依据。各地要定期公布免费开放博物馆纪念馆运行管理状况,保障公众知情权,并于每年1月31日前将上一年度博物馆纪念馆免费开放绩效评估报告报国家文物局备案(全国爱国主义教育示范基地相关情况同时报中宣部备案)。

10.形成部门合力,共同推进博物馆纪念馆免费开放工作。宣传、财政、文化、文物等部门要加强沟通配合,协调指导博物馆纪念馆做好免费开放工作。改革发展、民政、工商、税务等部门要发挥职能作用,为博物馆纪念馆免费开放提供必要的政策保障,创造良好发展环境。教育行政部门要结合教学安排,组织学生到博物馆纪念馆参观学习,使博物馆纪念馆成为学校教育的第二课堂。旅游部门要指导旅行社与博物馆纪念馆加强合作,精心设计旅游线路,积极开展红色旅游、文化旅游。工会、共青团和妇联等群团组织要根据各自特点,利用博物馆纪念馆开展活动。通过各方面共同努力,使博物馆纪念馆免费开放工作取得更大成效。

各地各部门要根据本意见,抓紧制定具体措施和办法。

文化部、国家文物局《关于把握正确导向，做好文化遗产保护开发工作的通知》

办新闻发[2010]18号

各省、自治区、直辖市文化厅(局)、文物局(文管会)，新疆生产建设兵团文化广播电视局：

近年来，在科学发展观的指引下，各地高度重视文化遗产保护，不断增强保护意识，拓展思路，创新方法，文化遗产保护呈现良好的发展局面。各地在坚持保护为主的前提下，充分利用文化遗产资源，对文化遗产进行合理开发，积极发挥文化遗产在提高地方知名度、扩大社会影响等方面的重要作用，促进地方经济增长，加快经济发展方式转变。

但是，在文化遗产保护开发的过程中也出现了一些严重的问题和不良的现象：一是打着传承名人文化的旗号争夺名人故里，表面看是为了保护文化遗产，实际上是竞相争抢经济利益，名人故里之争中对于文化遗产经济价值的过度追求，已然将文化遗产商品化。二是兴建假文物，对文化遗产进行不恰当的商业利用和运营，过度的商业炒作和破坏性开发，使文化遗产遭到不同程度的破坏。三是盲目举办祭拜活动，缺乏严肃性，造成传统文化内涵被严重扭曲。四是有的地方肆意炒作一些负面的文化现象、历史人物和文艺形象，产生了不良的社会影响，有违社会主义核心价值观。

针对文化遗产保护开发中存在的这些问题和倾向，为正确把握文化遗产开发利用的方向，防止文化遗产被滥用、歪曲，造成文化遗产庸俗化、功利化，现提出以下要求：

一、坚持社会效益优先，大力弘扬优秀传统文化。各地要始终把社会效益放在首位，把保护、开发文化遗产与弘扬优秀传统文化、传播先进文化相结合，深入挖掘文化遗产的精神价值和文化内涵，通过形式多样的展示和传播，使群众增长知识、陶冶情操，为构建社会主义核心价值体系发挥积极作用。

二、保护为主，合理利用，促进文化遗产事业健康发展。要坚持“保护为主、抢救第一、合理利用、加强管理”的文物保护工作方针和“保护为主、抢救第一、合理利用、传承发展”的非物质文化遗产保护工作方针，妥善处理文化遗产保护、传承、利用、发展的关系。各地在对名人故里、故居或文化遗址等进行合理适度的开发利用时，要加强监管，防止过度的商业开发和对文化遗产内涵的肆意歪曲和滥用。

三、科学甄别认定，确保文化遗产的权威性、严肃性。对历史文化遗产要进行科学甄别，对历史文化名人的故里、故居、重要文物所在地的认定，要本着积极有益、少而精的原则，由权威的学术机构和专家参与进行认定。对于有争议的、未经认定的，不宜命名或宣传。

四、严禁损害优秀传统文化的行为。对中华传统文化，在传承发展中要不断赋予新的时代内涵，发挥其积极有益的教育功能。严禁利用历史或文学作品中反面或负面的人物形象建设主题文化公园、举办主题文化活动等。为保证命名的严肃性，各地不宜对文艺作品中虚构的人物进行命名故里等活动。

五、把握方向，积极引导。各级文化、文物部门要进一步增强文化遗产保护的责任感和使命感，加强文化遗产的科学保护。对于恶俗的名人故里命名炒作，各地文化文物部门要采取有力措施，旗帜鲜明地进行正确引导。同时，要积极宣传和倡导正确的文化遗产保护理念，努力传播科学的文化遗产知识，更好地发挥文化遗产对于提高人文素质、优化城乡面貌、彰显地域魅力、促进经济社会发展的重要作用。

特此通知。

文化部办公厅　国家文物局办公室

二〇一〇年七月九日

国家文物局、民政部、财政部、国土资源部、住房和城乡建设部、文化部、国家税务总局《关于促进民办博物馆发展的意见》

文物博发[2010]11号

各省、自治区、直辖市文物局、民政、财政、国土资源、住房和城乡建设、文化厅(局、委)、国家税务局、地方税务局:

民办博物馆是为了教育、研究、欣赏的目的,由社会力量利用非国有文物、标本、资料等资产依法设立并取得法人资格,向公众开放的非营利性社会服务机构。进入新世纪以来,文化体制改革逐步深化,民办博物馆发展迅速。但是由于民办博物馆在我国还是一个新事物,尚处于探索阶段,还存在着准入制度不完善、扶持政策不健全、管理运行不规范、社会作用不明显等问题,严重制约了民办博物馆的健康发展。

为贯彻党的十七大关于推动社会主义文化大发展大繁荣的精神,落实中央关于深化文化体制改革的总体部署,进一步调动社会力量参与文化遗产保护和社会主义先进文化建设的积极性,现就积极鼓励、大力支持民办博物馆发展提出以下意见:

一、高度重视,积极促进民办博物馆健康发展

(一)民办博物馆来自于民间、成长于民间、服务于民间,是我国经济社会持续稳定发展大背景下公民文化需求增长的必然结果,是具有文化普及鲜明特色的公共文化服务机构,是动员全社会广泛参与,共同构建公共文化服务体系,促进文化大发展、大繁荣,建设和谐社会的一支重要力量。

(二)各地、各有关部门要切实提高对支持民办博物馆发展重要性的认识,明确和坚持积极鼓励,大力支持,正确引导,依法管理的指导思想,将民办博物馆纳入国民经济和社会发展规划,纳入博物馆事业发展规划,因地制宜,分类指导,制定符合各地民办博物馆发展的目标、措施和相关政策,支持、鼓励和引导民办博物馆的科学发展。民政、财政、国土资源、住房城乡建设、文化、税务、文物等行政部门和行业组织要加强协调,形成合力,加强调查研究,对民办博物馆在创办、开放、发展中遇到的具体困难和问题,给予必要的关注,及时帮助切实解决,保障民办博物馆健康发展。

二、加强扶持,为民办博物馆创造良好的发展环境

(三)规范民办博物馆准入制度。加快出台《博物馆条例》,完善博物馆管理基本制度体系,明确民办博物馆与公立博物馆同等的法律地位。文物、民政行政部门制订民办博物馆登记管理办法,细化民办博物馆准入标准,完善审批程序,健全民办博物馆准入制度。依照《中华人民共和国文物保护法》等法规的规定,加强对拟申办民办博物馆藏品来源合法性和真实性审查,明确博物馆对藏品的合法所有权。鼓励社会力量兴办填补博物馆门类空白和体现行业特性、区域特点的专题性博物馆。兴办民办博物馆应符合城乡规划。对符合设立条件的民办博物馆,要按照《民办非企业单位登记管理暂行条例》和《博物馆管理办法》等有关规定,及时审核和给予登记注册。要加强对民办博物馆凭证执业、依法办馆的监督,按照法律法规和规章的规定,做好民办博物馆的登记、年检、执业和监督管理工作。要开展经常性的执法检查活动,严厉打击非法办馆行为,坚决取缔无证执业,规范竞争行为,营造公平有序的发展环境,保障合法博物馆的正当权益。

(四)切实帮助解决民办博物馆的馆舍与经费保障问题。推广民办公助、公建民营等形式,在有条件的地区,建立政府对民办博物馆单位的资助机制。各地可利用在布局结构调整后闲置的房产,支持民办博物馆发展。可在旅游景区和文化产业园区内规划建设民办博物馆,为民办博物馆提供馆舍和基础设施运行保障。对符合国家《划拨用地目录》规定的非营利性民办博物馆的建设用地,经县级以上人民政府批准,可以划拨方式供地。民办博物馆建设必须贯彻节约集约用地的原则,严格执行《博物馆建设用地指标》的规定,严禁改变博物馆用地的土地用途,不得以划拨土地使用权抵押。民办博物馆因故终止的,其用地由国家依法收回后继续作为博物馆建设用地。协调金融机构为符合条件的民办博物馆提供贷款。鼓励企业、事业单位、社会团体以及个人等社会力量向民办博物馆提供捐赠。鼓励民办博物馆依托藏品、展览研发推广博物馆文化产品。民办博物馆在接收捐赠、门票收入、非营利性收入等方面,可按照现行税法规定享受有关优惠政策。

(五)加强对民办博物馆的专业指导和扶持。文物行政部门要积极探索新形势下民办博物馆的管理体制、机制和办法,根据民办博物馆自愿办馆、自筹资金、自负责任、自主管理的特点,通过法规、政策、标准、评估、督导等措施为博物馆的目标管理和质量管理提供服务。民办博物馆在行业准入、等级评定、人员培训、职称评定、科研活动、陈列展览,以及人才、学术的交流、合作、奖励、政府政策信息服务等方面,与国有博物馆一视同仁,同等待遇。对具有门类特点、行业个性或地域文化、民族(民俗)唯一性的民办博物馆,以及致力于抢救濒危文化遗产、填补某领域文化空白或稀缺的新建民办博物馆,给予必要和适当的倾斜性扶持。鼓励国有博物馆对民办博物馆的藏品保护、陈列展览、科学研究等业务活动实施帮扶。加强博物馆行业协会建设,制定行业规范,鼓励民办博物馆加入行业协会,促进行业自律。

(六)努力形成有利于民办博物馆健康发展的社会舆论氛围。要充分利用广播、电视、报纸、网络等媒体,大力宣传政府鼓励、支持、引导民办博物馆发展的方针政策,宣传民办博物馆在社会主义先进文化建设中的重要地位和作用,宣传民办博物馆中涌现出的先进典型,扩大民办博物馆的影响。对优秀民办博物馆以及在民办博物馆事业方面作出突出贡献的单位和个人,给予表彰。

三、依法办馆,全面提高民办博物馆的质量

(七)建立健全民办博物馆内部管理制度。文物、民政行政部门要把民办博物馆纳入质量监管体系,通过评估定级和年度检查、考评等方式,指导民办博物馆严格遵守国家相关政策法规和技术标准规范以及国际博物馆协会职业道德准则，健全以理事会（董事会）、监事会为核心的法人治理结构，完善博物馆章程和发展规划，依法自我管理、科学运行，承担相应的社会义务。要落实民办博物馆的法人财产权，对举办者和其他投资者投入民办博物馆的藏品、资产、国有资产、受赠的财产、收取的费用以及办馆积累，应当分别登记建账，并依法享有法人财产权。民办博物馆存续期间，对博物馆所有资产依法享有占有、使用、收益和处分的权力，任何组织和个人不得侵占和非法干涉。

（八）规范民办博物馆的藏品管理。藏品是博物馆赖以生存的物质基础，保障藏品安全并充分发挥其社会作用是博物馆的基本义务。民办博物馆应当依照《中华人民共和国文物保护法》、《博物馆管理办法》、《博物馆藏品管理办法》等法规和国际博物馆协会职业道德准则要求，加强藏品收集，建立、健全藏品收藏、保护、研究、展示等相关规章制度，建立健全藏品总账、分类账及每件藏品的档案，并报所在地市（县）级文物行政部门备案。民办博物馆处置无保存价值的藏品，以及民办博物馆终止时的藏品处置，必须进行严格的评估，并报所在地省级文物行政部门审批。民办博物馆不再收藏的藏品应优先转让给其他博物馆收藏。处置藏品所得应当用于博物馆收藏新的藏品、改善藏品保管条件和博物馆日常维护等用途。

（九）切实加强民办博物馆展示服务工作。民办博物馆要落实“以质量求生存、以特色求发展”的办馆理念，加强人才队伍建设，加强科学研究，大力提升展示服务水平。要把博物馆的特色和品牌建设作为直接关系民办博物馆生存的大事来抓紧抓好，满足社会对优质博物馆文化资源的需求。文物行政部门要加强对民办博物馆陈列展览、社会教育和服务活动的指导，严格基本陈列内容审查，抵制低俗之风。民办博物馆要完善开放服务制度，开展进校园、进社区活动，纳入当地旅游线路，开展博物馆文化旅游活动。根据公平、择优的原则，采用公开招标和政府购买服务的方式，支持民办博物馆参与公共文化服务体系和国民教育体系建设。对于社会服务功能发挥良好、成绩突出的民办博物馆，可按规定命名为爱国主义教育基地和青少年教育基地。鼓励民办博物馆积极参与对外文化交流。

国家文物局、民政部、财政部、国土资源部、住房和城乡建设部、文化部、国家税务总局

二〇一〇年一月二十九日

国家文物局《关于加强和改进文物、博物馆行业作风建设的意见》

文物人发[2010]3号

各省、自治区、直辖市文物局(文化厅、文管会),各直属单位:

加强和改进文物、博物馆行业作风建设是贯彻落实党的十七大、十七届四中全会精神,贯彻落实科学发展观,推进文化遗产事业科学发展的重要内容。国家文物局就加强和改进文物、博物馆行业作风建设提出如下意见:

一、加强和改进文物、博物馆行业作风建设的重要性和紧迫性

近年来,全国文物系统坚持以邓小平理论和"三个代表"重要思想为指导,深入贯彻落实科学发展观,认真贯彻执行党和国家的文物工作方针和《文物保护法》,在推进文化遗产事业科学发展的过程中,大力加强行业作风建设,努力提高文物、博物馆队伍整体素质。爱国主义、集体主义、社会主义思想日益深入人心,为人民服务精神不断发扬光大,老一辈文物、博物馆工作者艰苦创业的优良传统得到弘扬,崇尚先进、学习先进蔚成风气,文明单位建设取得成效。文物、博物馆工作者在艰苦的环境中竭尽全力保护文化遗产,面对自然灾害奋不顾身抢救文化遗产,面对违法行为挺身而出维护法律的尊严,展现出良好的思想品德和精神风貌。

同时我们也应该清醒地看到,文物、博物馆行业作风建设还存在一些问题。有的文物、博物馆单位思想政治工作存在薄弱环节,学习风气不浓,队伍松散;干部职工中有的工作不求上进、不思进取、虚化浮躁;有的宗旨意识、法制意识、纪律意识不强,违纪、违反职业道德现象时有发生;有的拜金主义、享乐主义有所滋长,存在见利忘义、损公肥私、以权谋私行为。这些问题影响着文物、博物馆队伍的稳定,影响着单位和行业作风建设,影响着文化遗产事业科学发展的大局,必须引起高度重视,及时解决。

加强行业作风建设是一项长期紧迫而又艰苦细致的任务。面对文化遗产事业发展的良好机遇和严峻挑战,面对市场经济的深入发展,面对人民群众精神文化需求的不断增长,面对文物、博物馆单位改革不断深化,所有制形式、就业和分配方式、利益关系呈多样化的趋势,面对各种思想文化的相互激荡,文物、博物馆行业作风建设有许多新情况新问题需要认真研究。要抓住有利时机,巩固已经取得的成果,克服薄弱环节,在内容、形式、方法、机制等方面努力改进创新。各级文物行政部门要把加强和改进文物、博物馆行业作风作为一项重要工作抓紧抓好,以自身的表率作用树立良好作风。各文物、博物馆单位要将思想政治工作、业务工作、队伍建设和作风建设紧密结合,努力形成追求高尚、激励先进的良好作风,促进文物、博物馆行业队伍整体素质不断提高,推进文化遗产事业科学发展。

二、加强和改进文物、博物馆行业作风建设的指导思想

当前和今后一个时期,加强和改进文物、博物馆行业作风建设的指导思想是:以毛泽东思想、邓小平理论、“三个代表”重要思想为指导,贯彻落实科学发展观,坚持重在建设、以人为本,在全行业内树立建设中国特色社会主义的共同理想和正确的世界观、人生观、价值观,大力倡导爱国守法、勤奋学习、依法行政、敬业奉献、求真务实、艰苦奋斗、团结向上、文明和谐的良好作风,努力提高从业人员的整体素质,促进人的全面发展,建设一支有理想、有道德、有文化、有纪律的文物、博物馆干部职工队伍,为文化遗产事业发展提供有力保证。

三、加强和改进文物、博物馆行业作风建设的主要内容

(一)勤奋学习理论,坚定理想信念。组织党员、干部职工认真学习马列主义、毛泽东思想和中国特色社会主义理论体系,弘扬理论联系实际的学风,着力思考文化遗产事业科学发展和本单位改革发展稳定的重要问题,建设学习型单位。学习践行社会主义核心价值体系,引导党员、干部职工坚定走中国特色社会主义道路的理想信念,坚持正确的政治方向,忠诚文化遗产事业,增强大局意识、责任意识。加强业务学习,优化知识结构,提高综合素质。

(二)坚持依法行政,确保文物安全。坚决贯彻执行党和国家的文物工作方针和《文物保护法》,依法保护文化遗产,维护法律尊严。遇到破坏、损毁、盗窃、盗掘文物等违法行为,勇于挺身而出,采取有效措施保护文物安全,与违法行为坚决斗争。进一步加强文物安全措施,提高科技防范水平,加大执法督察力度,严厉打击破坏文物违法犯罪活动。依法加强文物市场管理工作,规范社会文物流通行为。

(三)坚持服务人民,努力改善民生。在文化遗产保护实践中,努力实现好、维护好、发展好最广大人民的根本利益,善于挖掘典型、总结经验,充分发挥人民保护文化遗产的积极性、主动性和创造性。进一步深化博物馆免费开放,博物馆和开放的文物保护单位要完善服务机制、提高服务水平,注重开展面向人民的、丰富多彩的社会教育活动,使文化遗产事业融入社会、促进发展、改善民生,让文化遗产保护成果惠及人民群众。

(四)坚持求真务实,倡导真抓实干。建立健全工作责任制,促进党员、干部真正把心思用到干事业、干成事业上,把功夫下到察实情、出实招、办实事上。各级文物行政部门要转变政府职能,整顿文风会风,精简会议文件,力戒空话套话,严格控制评比、庆典、表彰活动,把机关干部的精力集中到深入基层调查研究、解决实际问题、推动改革发展上来。鼓励年轻干部到基层工作,在艰苦地区、复杂环境、关键岗位砥砺品质、锤炼作风、增长才干。

(五)遵守职业纪律,恪守职业道德。在从事文物调查、考古发掘、陈列展示、宣传出版、征集收购、国际交流等工作中所获得的文物,必须及时上缴主管单位保存,严禁隐瞒私存或为他人留存文物。不得垄断文物信息资料并利用其谋取私利。严禁将国有文物作为礼品赠送,严禁出售或变相出售馆藏文物。严禁以个人或家属、子女名义收藏文物或参与买卖文物。

(六)坚持艰苦奋斗,严格廉洁自律。发扬不畏艰难、奋力拼搏、克己奉公、甘于奉献的精神,始终谦虚谨慎、艰苦奋斗。领导干部深入基层轻车简从,不搞层层陪同,不接受超标准食宿安排;

严格执行财经制度和经济工作纪律，带头吃苦在前、勤俭节约、艰苦朴素，严格规范职务消费，把有限资金和资源更好地用在保护文化遗产、改善民生上。严格遵守廉洁自律各项规定，严格要求自己和配偶子女，不得利用工作之便谋取不正当利益。严禁铺张浪费、奢靡享乐、挥霍公款，大力开展反腐倡廉工作。

（七）推进政务公开，接受群众监督。建立和完善党务公开、政务公开制度，面向社会公开行政许可、行政执法事项，推动行政机关及其工作人员施政方式、管理办法和管理作风的改进，畅通倾听民声、了解民意的渠道，提高依法行政水平。对本单位党的建设、事业发展、工作进展、行政管理、改革措施等重要事项定期向党员大会、职工大会报告，集中党员、干部职工的智慧，反映党员、干部职工的意愿。深化人事制度改革，推行公开选拔、竞争上岗，保证干部职工的知情权、参与权、监督权和选择权，创造优秀人才脱颖而出的良好环境。

（八）树立文明新风，增进团结和谐。以服务人民、奉献社会为宗旨，推动文物、博物馆行业文明建设。围绕实现优美环境、优良秩序、优质服务，推动文物、博物馆单位文明建设。自觉践行社会主义荣辱观，倡导爱国、敬业、诚信、友善等道德规范，对干部职工普遍进行职业责任、职业道德、职业纪律教育，规范岗位要求，树立行业新风。在工作和生活中发扬相互关心、相互支持、助人为乐的精神，增强文物、博物馆单位的向心力和凝聚力，营造团结民主、奋发向上、和谐融洽的氛围。

四、切实把加强和改进文物、博物馆行业作风建设落到实处

（一）各文物、博物馆单位党组织和行政领导要把加强和改进行业作风建设摆到重要位置，领导班子要经常研究本单位行业作风建设的基本状况，有针对性开展工作和活动，把行业作风建设作为岗位培训的重要内容，促使干部职工自觉遵守《中国文物、博物馆工作者职业道德准则》，养成良好的职业习惯，树立行业新风。发挥本单位各部门和工会、共青团、妇女组织的作用，统筹规划、明确目标、分解任务、落实责任，齐抓共管，形成合力。

（二）充分利用重大节日以及“4·18 国际古迹遗址日”、“5·18 国际博物馆日”、“文化遗产日”等，举办形式多样的庆祝、纪念活动，宣传文化遗产保护成果、普及文化遗产保护知识、展示文物、博物馆行业的精神风貌，增强干部职工的事业心、责任感和主动性。积极开展创建文明单位活动，组织丰富多彩、健康向上的活动，使干部职工在参与中受到教育，在实践中得到提高。

（三）大力弘扬老一辈文物、博物馆工作者在艰苦创业中传承下来的优良传统作风，热情宣传新时期文物、博物馆行业涌现出来的先进单位和优秀人物的事迹。文物、博物馆行业的报刊、网站要积极报道加强和改进文物、博物馆行业作风的典型事例，推广先进经验。对在加强和改进文物、博物馆行业作风建设中作出突出成绩的，要给予表彰。

（四）共产党员和领导干部要充分发挥模范带头作用，牢记党的宗旨，讲党性、重品行、作表率，清正廉洁、公道正派、勤政为民。要求别人做的自己首先做到，禁止别人做的自己坚决不作，自觉接受监督，以良好的形象取信于民，带动干部职工切实把加强和改进文物、博物馆行业作风建设落到实处。

国家文物局

二〇一〇年一月十五日

国家文物局《关于进一步发挥文化遗产保护志愿者作用的意见》

文物政发[2010]28号

各省、自治区、直辖市文物局(文化厅、文管会):

中共中央政治局常委李长春同志在今年文化遗产日发表《保护发展文化遗产 建设共有精神家园》重要文章指出:"要加强宣传普及工作,广泛介绍文化遗产知识,增强公民依法保护意识,积极培养文化遗产保护志愿者。营造保护文化遗产人人有责、文化遗产保护成果人人共享的社会环境,形成有利于文化遗产保护的舆论氛围。"

文化遗产事业作为文化建设的重要组成部分,是全社会的共同事业,必须充分调动各方面的积极性,努力形成文化遗产保护的强大合力和长效机制。多年来,在社会各界的共同努力下,我国文化遗产保护志愿者队伍正在逐步形成。在志愿者的积极参与和艰辛努力下,许多文化遗产地免遭破坏,文化遗产保护理念逐步深入人心。我国的文化遗产保护志愿者为建设中华民族共有精神家园作出了重要贡献。

当前,文化遗产事业发展站在了一个新的历史起点上。与全面建设小康社会的新要求相比,与人民群众日益旺盛的精神文化需求相比,与传承中华文明的事业需要相比,文化遗产保护的强大合力和长效机制尚未形成,文化遗产保护志愿者的队伍尚未壮大,作用尚未充分发挥。我们必须进一步认识文化遗产事业面临的新形势新要求,认识志愿者工作对社会进步和文化遗产事业发展的重要意义,充分发挥文化遗产保护志愿者的作用。为此,提出意见如下:

一、要将支持、协调志愿者开展工作纳入议事日程。文物部门是国家保护文化遗产的主导力量,志愿者是全社会参与保护文化遗产的生力军。组织、鼓励志愿者开展工作,是文物行政部门的工作职责。文物行政部门应当主动培育志愿者队伍,与志愿者紧密合作,深入细致地帮助志愿者解决困难,共同为文化遗产事业努力奋斗。

二、要积极、及时地向志愿者通报信息,使广大志愿者充分了解文化遗产保护工作的成就以及面临的困难。只有广大志愿者充分了解党和政府对文化遗产事业的高度重视和大力支持,充分了解文化遗产事业取得的成就、进步以及面临的阻力、挑战,充分了解各级文物行政部门的工作重点和计划,才能够鼓舞士气充满干劲,才能够更好地服务于文化遗产事业发展大局。

三、要更多地为志愿者搭建参与平台,提供发挥作用的机会。目前,志愿者施展才华和热情的空间还不够宽广,开展工作的渠道有限,发挥志愿者作用的社会环境亟待改善。要保护和鼓励志愿者工作的积极性,要在法律允许的范围内充分提供志愿者发挥作用的途径和机会。要通过媒体等平台使志愿者的事迹得到更广泛传播,从而感动并带动更多的民众参与到文化遗产事业中来。

四、要更耐心诚恳地倾听志愿者的意见和建议,把志愿者的智慧和积极性化作推动文化遗产事业发展的资源和动力。志愿者来自社会各界,他们的意见建议具有代表性和创造性,能够切中弊端,帮助我们解决突出问题。志愿者意见、建议的角度、方法可能与文物部门不尽相同,我们要善于理解并积极借鉴、吸纳,用于完善相关工作。

五、要进一步肯定志愿者工作的成果和作用,大力鼓励志愿者队伍,表彰优秀志愿者。志愿者为创建国家保护为主、全社会共同参与的文化遗产保护新体制作出了重要贡献,并将继续发挥更大作用。进一步肯定志愿者工作的成果和作用,不仅有利于培养文化遗产保护志愿者,有利于形成文化遗产保护的舆论氛围,也是贯彻实施《中华人民共和国文物保护法》的具体体现。

以上意见,请参照执行。

国家文物局

二〇一〇年七月二十日

国家文物局《关于进一步加强文物出国(境)展览管理工作的通知》

文物办发[2010]10号

各省、自治区、直辖市文物局(文化厅、文管会)、各直属单位:

文物出国(境)展览,一直是对外文化交流中最受欢迎、影响最大、最具特色的活动。改革开放以来,各地文博单位努力拓展对外交流与合作渠道,认真组织文物出国(境)展览,共有1000余项各类文物展览赴五大洲近50个国家展出,受到世界人民的热烈欢迎,取得较好的经济和社会效益。

为进一步加强文物出国(境)展览管理工作,根据《文物保护法》、《文物保护法实施条例》、《文物出境展览管理规定》等,现将有关事项通知如下:

一、加强管理,严格执行文物出国(境)展览的有关规定

各级文物行政部门和文博单位都必须严格遵守《文物保护法》、《文物保护法实施条例》、《文物出境展览管理规定》等法律、法规要求,依法开展对外文物展览工作。

(一)严格审核外方展览主办单位的资质,不与商业性质的中介机构签约举办文物展览。原则上不提供文物参加商业性博览会,有涉案嫌疑的文物和文物复制品不得参与我文物展出。不得将对外文物展览转包给其他商业机构经营。

(二)文物出国(境)展览的承办单位应按要求将展览协议书于签订之日起1个月内报国家文物局备案。

(三)文物出国(境)展览的承办单位应按要求于展览结束之日起2个月内向国家文物局提交文物出国(境)展览结项备案表、结项报告及展览音像资料。

二、采取切实措施,确保文物安全

各文物出国(境)展览的承办单位要采取切实措施,确保出境文物展品的绝对安全。同时,制订应急预案,严防在展览中出现有损中国形象、有伤中国人民感情的事件发生。

(一)任何单位和个人均不得对外承诺举办文物出国(境)展览。

(二)在我局批复同意之前,任何单位和个人均不得与外方签订举办文物出国(境)展览的协议,不组织与文物展览无关的宗教活动。

(三)任何单位和个人均不得允诺在我局批复同意的出国(境)文物展览目录中增添其他

展品。

三、严格遵守外事纪律，加强工作的计划性

（一）在筹备、组织文物展览过程中，要严格遵守有关外事工作纪律，注意内外有别，不得向外方透露内部审核意见，不得利用外方向各级政府部门和文物行政主管部门施压。

（二）各省级文物行政部门以及文物出国（境）展览承办单位应在展览项目实施的6个月前提出书面申请报我局审批。

（三）各省级文物行政部门以及文物出国（境）展览承办单位，应于每年的5月底前向我局书面报送下一年度文物出国（境）展览计划。

请各单位接到本通知后，严格按照通知要求，做好出国（境）文物展览工作。同时，请各有关单位于2009年2月13日前向我局补报未办理结项手续的出国（境）文物展览的展览结项备案表、结项报告及展览音像资料。

我局将按国家法律和法规的授权，对出国（境）文物展览工作进行监督、检查，对出现违反《文物出境展览管理规定》等规定的单位和个人，将给予警告、通报批评，直至暂停文物出境展览等处罚。

我局将于近期在全国范围内就文物出国（境）展览进行系统调研，分析、查找问题，研究加强文物出国（境）展览的管理办法和工作规范，制订文物出国（境）展览的中长期规划，请各地文物部门早作准备，并予积极配合。

特此通知。

二〇一〇年一月二十八日

国家文物局《关于进一步加强文物临时进境审核管理工作的通知》

文物博函[2010]749号

各国家文物进出境审核管理处：

近年来，临时进境文物数量不断增多，各文物进出境审核管理处依照相关法规、政策，积极开展文物临时进境及复出境审核管理工作，促进了中外文化、经济交流和境外中国文物回流。

但近一段时期以来，我局接到不少机构和个人举报，称一些人蓄意持非法文物办理文物临时进境手续，试图以文物临时进境审核登记表、临时进境火漆标识等掩盖文物的非法性质，误导公众，谋取不正当利益。针对上述问题，现就进一步加强 文物临时进境审核管理工作通知如下：

一、各文物进出境审核管理处要认真研究新问题，采取切实措施，不断加强和改进文物临时进境审核工作。

二、对于确属非法来源的申报文物（包括出土文物，被盗走私文物，国有不可移动文物中的壁画、雕塑、建筑构件等），应立即通报有关海关和公安部门，协助做好文物扣留工作，并上报我局。

三、对于涉嫌非法来源的申报文物，应要求携运人提供文物合法来源证明，否则不予办理文物临时进境手续。同时，对文物和携运人基本信息进行登记，并上报我局。

四、自本通知下发之日起启用2010年版文物临时进境审核登记表（见附件），各文物进出境审核管理处须及时启用，同时停止使用旧版文物临时进境审核登记表。

五、在办理文物临时进境手续时，应事先告知携运人上述规定。

专此。

二〇一〇年七月二十七日

国家文物局《关于发布〈文物入境展览管理暂行规定〉的通知》

文物博发[2010]23号

各省、自治区、直辖市文物局（文管办、文化厅）：

《文物入境展览管理暂行规定》已于2010年5月26日经国家文物局局务会议审议通过，现予发布，请遵照执行。

特此通知。

国家文物局

二〇一〇年六月八日

文物入境展览管理暂行规定

第一条 为加强文物入境展览的管理，根据《中华人民共和国文物保护法》及其实施条例等相关法规，制订本规定。

第二条 本规定所称文物入境展览，是指文物系统的博物馆等文物收藏单位（以下简称举办单位），利用外国及香港、澳门特别行政区和台湾地区博物馆提供的文物，在境内举办的公益性展览。

第三条 文物入境展览应当符合中华人民共和国法律法规和政策，及国际组织关于保护文化财产及促进国际交流的公约规范。

第四条 国家文物局负责全国文物入境展览的管理，履行以下职责：

（一）制定文物入境展览管理的政策和规定；

（二）审核文物入境展览项目；

（三）监督、协调文物入境展览项目实施。

第五条 省级文物行政部门负责本行政区域文物入境展览的管理，履行以下职责：

（一）监督文物入境展览管理政策和规定的执行；

（二）核报文物入境展览项目；

（三）监督、协调文物入境展览项目实施；

（四）核报展览协议书及展览结项材料。

第六条 举办单位应当于展览项目实施前3个月，向省级文物行政部门提交申请。省级文物行政部门初审同意后，报国家文物局审核。

申请材料包括：

（一）文物入境展览申报表（包括文物入境展览展品目录及展品登记表）；

（二）展览协议书草案（包括展览的名称、时间、地点、展品目录，及展品安全、保险、点交、运输、知识产权的使用与保护，境外来华人员、展览相关费用等，双方的权利和义务）；

（三）文物提供方出具的证明文物真实性和来源合法性的法律文件；

（四）展览举办各方的有关背景资料、资信证明；

文物入境展览申报表和展览协议书草案应同时报送纸质和电子文档各一份。

省级文物行政部门初审意见应当包括：展览缘由，主（承）办单位，展览名称、时间、地点，展品数量，展品保险估价，筹展及人员费用，入境口岸等内容，及联系人、联系方式。

第七条 文物入境展览展品涉及《濒危野生动植物种国际贸易公约》所规定的濒危物种制品的，申报时应当附具国家有关部门的批准文件。

第八条 经核准的文物入境展览协议书草案、展品目录等，如需修改或者变更的，应当重新履行报审手续。

第九条 举办单位应当于展览协议书签订之日起1个月内，将协议书副本报省级文物行政部门审核，并报国家文物局备案。

第十条 举办单位应当负责入境展品的安全，并确保展览的场地、设施和展示方式符合文物展览的要求。

第十一条 举办单位应于展览结束之日起2个月内，将展览结项备案表、结项报告及相关音像资料，报省级文物行政部门审核，并报国家文物局备案。

第十二条 文物入境展览的展品进境，举办单位应持国家文物局的核准文件，由指定的文物进出境审核机构审核、登记，并从指定的口岸进境。入境展览的文物复出境，应向原进境口岸申报，经原文物进出境审核机构审核查验后，办理海关手续。

第十三条 违反本规定，有下列行为之一的，由国家文物局根据情节轻重，给予警告或暂停举办文物入境展览等处分：

（一）未如实申报文物入境展览项目申请材料的；

（二）未经核准，擅自签订文物入境展览协议书的；

（三）展览内容不当，造成恶劣社会影响的；

(四)造成文物安全责任事故的；

(五)未及时报送文物入境展览协议书、结项备案表和结项报告的。

第十四条 本规定自发布之日起施行。

国家文物局《关于进一步加强文物单位消防工作坚决遏制文物火灾事故的紧急通知》

文物督函[2010]1217号

各省、自治区、直辖市文物局(文化厅、文管会),各直属单位:

近期以来,部分地区连续发生文物火灾事故,文物损失严重。10月13日,河北省曲阳县省级文物保护单位三霄圣母殿发生火灾事故,过火面积109平方米,火灾造成殿顶被烧毁。11月13日,全国重点文物保护单位清华大学早期建筑群中的清华学堂发生火灾,过火面积800多平方米,损毁严重。为深刻吸取教训,坚决预防和遏制文物火灾事故的发生,现将有关事项通知如下:

一、高度重视,切实加强冬季文物消防安全工作

当前已进入冬季,风干物燥,用火用电用油用气增加。元旦、春节、元宵节即将来临,许多文物保护单位及其周边地区将会举办各种庆祝集会和传统民俗文化活动,火灾诱因和风险增加,防控难度加大,文物消防安全形势更加严峻。各级文物行政部门和各文博单位要进一步增强抓好冬季文物防火工作的责任感和紧迫感,坚决克服麻痹松懈思想,切实加强领导,积极协调解决文物消防安全存在的突出问题,及时部署各项火灾预防和隐患排查整治工作,采取积极有效措施,做到警钟长鸣、万无一失。

二、立即行动,全面开展火灾隐患大排查大整治

各级文物行政部门和各文博单位要立即组织开展冬季火灾隐患大排查、大整治活动。全面排查各单位文物消防安全责任落实、消防安全制度实施、用火用电用油用气管理、灭火应急预案制订与演练、消防设施设备配备与使用和消防安全档案建立等情况。同时,对文物古建筑和近现代代表性建筑要重点排查私搭乱建、电气线路老化、违规燃香烧纸等突出问题;对博物馆重点排查展览设施与装修装饰材料防火措施、展厅电器电动设备防火性能、消防疏散标志与应急照明的布设等情况;对文物库房重点排查文物包装材料与文物存放设施的防火性能、恒温恒湿与照明设备的使用管理等情况;对文物保护工程工地要重点排查建筑材料防火、建筑作业用火用电操作等情况;对文物开放单位重点排查人员安全疏散设施管理、外来携带火种检查监管等情况。

文物火灾隐患排查工作要扎实有效、真检实查,做到横向到边、纵向到底,必须找准诱因、查清隐患,严禁流于形式、走过场。对排查发现的火灾隐患要立即整改,不能立即整改的要明确整改期限和要求,并加大人力物力,死看死守。对于重大火灾隐患,要提出解决方案,督促文物的使用单位整改,并向文物行政主管部门、消防部门或者当地人民政府报告。对不具备消防安全条件的文物开放单位和文物保护工程工地,不能按要求整改火灾隐患的,要责令停止开放或者施工作业。各省级文物行政部门要将本辖区内开展文物火灾隐患大排查、大整治工作情况于2010年12月25日前书面报我局,我局组织人员赴各地抽查。

三、加强管理,有针对性地采取防范措施

各级文物行政部门和各文博单位要根据文物防火工作的特点和要求,加强安全管理,完善设施、设备,改善防范条件,全力降低火灾事故发生率。提高扑救初起火灾能力,立足于实战需要,制定和完善防火应急预案,加强消防演练,一旦发生火灾事故,及时组织人员疏散和有效灭火。重点防火单位要实施重点防护,对文物保护工程工地要加强对施工单位的安全监管,督促安全制度和措施的落实,避免施工作业不规范引发火灾;对位于其他建筑包围的文物保护单位,要开辟消防通道,加强对周边群众的防火宣传教育,引导安全用火,避免生产生活用火引发文物火灾;对被森林包围的文物保护单位,要设置防火隔离带,并与公安消防、林业等部门加强沟通、配合,避免森林火灾引发文物火灾。

四、狠抓落实,严格实施责任追究

各单位法定代表人是本单位安全工作第一责任人,分管负责同志是主要责任人。主要领导要亲自安排部署消防安全工作,逐级落实消防安全责任制,把任务分解到各个部门和具体工作人员,并层层签订责任书,保证人员到位、保障有力、措施有效。对于消防安全检查不力、监管不严、隐患不除、失职渎职的,要进行通报并追究相关责任人责任。发生重特大文物火灾事故的,要实施责任倒查和逐级追查,按照事故原因不查清不放过、事故责任者得不到处理不放过、整改措施不落实不放过、教训不吸取不放过的原则严肃处理。触犯法律的,要依法追究相关责任人的法律责任。

特此通知。

国家文物局

二○一○年十一月二十日

国务院第三次全国文物普查领导小组办公室《关于进一步加强第三次全国文物普查新发现文物保护工作的通知》

文物普查发[2010]39号

各省、自治区、直辖市文物局(文化厅),第三次全国文物普查领导小组办公室:

2007年4月国务院下发《关于开展第三次全国文物普查工作的通知》以来,各地各部门在精心组织实地文物调查工作的同时,积极采取多种手段做好普查成果的保护工作,取得了显著的效果;但是,仍有个别地方重视不足,管理不善,致使一些新发现文物遭到人为破坏或自然损毁,甚至出现了新发现文物灭失的严重后果,引起了社会的广泛关注。目前,第三次全国文物普查已进入最后的成果汇总阶段,各地各部门务必要高度重视,加强管理,巩固成果,确保第三次全国文物普查圆满完成,确保国家文化遗产的安全。现就有关事项通知如下:

一、各地各部门要高度重视新发现文物的保护工作,充分认识及时抢救、有效保护新发现文物的重要性和紧迫性,认真贯彻落实刘延东同志在国务院第三次全国文物普查领导小组第三次(扩大)会议上的重要讲话精神,切实加强新发现文物的保护,确保文物的安全。

二、应将普查成果纳入各地国民经济和社会发展规划以及城乡建设规划,妥善处理文物保护与经济发展、人民生活改善的关系。形成文物保护与城乡社会经济文化建设和谐发展的良好局面。

三、要进一步加强领导,层层签订文物安全责任书,将文物保护工作纳入所在地政府领导责任制。同时按照属地管理的原则落实新发现文物的保护与管理单位或责任人。制定、完善新发现文物的长效保护机制,建立各相关部门参与的文物安全联席会议制度,协调解决新发现文物保护工作中的相关问题。

四、要及时制定和颁布针对新发现文物保护的相关规章制度,将新发现文物及时公布为各级文物保护单位或保护点,落实保护措施。

五、要进一步健全文物安全督查、行政执法体系,加强文物、城建、规划、土地等部门的联动,各部门应通力协作,密切配合,定期巡察。要加强与公、检、法部门的沟通,坚决打击破坏新发现文物的行为。

六、要加大对新发现文物保护经费的投入,不断扩大新发现文物保护资金筹措渠道,建立专项资金用于新发现文物的保护及奖励。

七、要进一步建立健全基层文物保护机构,充实新发现文物的保护力量,使保护工作日常化、规范化、制度化。

八、要广泛宣传,鼓励公众参与新发现文物的保护;建立多层次、多方面的监督体系,保障监督渠道的通畅,切实提高保护新发现文物的安全预防能力。

特此通知。

国务院第三次全国文物普查领导小组办公室

二〇一〇年十一月四日

国家文物局《关于印发〈第三次全国文物普查调查资料档案管理规定〉的通知》

文物普查发[2010]13号

各省、自治区、直辖市文物局(文化厅、文管会),文物普查办公室:

为规范第三次全国文物普查调查资料档案工作,提高文物普查档案管理水平,有效保护和利用档案,根据《中华人民共和国档案法》及其实施办法、《第三次全国文物普查建档备案工作规范》,国家文物局制定了《第三次全国文物普查调查资料档案管理规定》。现印发给你们,请遵照执行。

特此通知。

二〇一〇年二月八日

第三次全国文物普查调查资料档案管理规定

(征求意见稿)

第一章 总 则

第一条 为规范第三次全国文物普查调查资料档案工作,提高文物普查档案管理水平,有效保护和利用档案,根据《中华人民共和国档案法》及其实施办法,《第三次全国文物普查建档备案工作规范》,制定本规定。

第二条 本规定所称的第三次全国文物普查调查资料档案,是指各级文物普查机构和人员在第三次全国文物普查工作中形成的有保存价值的各种文字、图表、音像等不同形式、载体的历史记录。

第三条 各级第三次全国文物普查领导小组及其执行机构主管本辖区内的文物普查调查资

料档案工作。

第四条 文物普查调查资料档案是第三次全国文物普查重要的成果记录和基础信息资源,各级文物普查机构应当加强对其的保管和管理,将之纳入本级档案管理体系。

第五条 本规定适用于第三次全国文物普查期间负责从事实地文物调查、资料整理工作的机构和个人。

第六条 第三次全国文物普查结束后,档案收藏机构应将文物普查调查资料档案完整移交文物行政部门指定的收藏机构。

第二章 档案管理

第七条 每个文物普查基本单元和省级普查机构是本辖区文物普查调查资料档案的必须收藏机构。

第八条 文物普查调查资料档案的纸质档案材料和电子档案材料应同步归档。资料档案的归档范围是:

(一)调查资料

1.《第三次全国文物普查不可移动文物调查表》

2.《第三次全国文物普查消失文物调查表》

3. 田野调查工作记录

4. 图纸、照片、拓片、标本等资料

5. 其他调查资料

(二)行政资料

1. 各类行政性文件、简报

2. 统计报表

3. 培训教材

4. 宣传资料

5. 其他行政资料

(三)汇总资料

1. 不可移动文物分布地图

2. 不可移动文物名录

3. 统计汇总资料

4. 第三次全国文物普查工作报告

第九条 调查采集的标本应与纸质、电子档案对应保管,并在省级文物普查机构指定地点存放。

第十条 每个第三次全国文物普查的基本单元,在实地文物调查阶段验收合格后,即可实施档案整理、归档工作。

第十一条 归档的档案材料应当质地优良,书绘工整,声像清晰,符合有关规范和标准的要求。电子文件的归档要求按照国家档案局发布的《电子公文归档管理暂行办法》以及《电子文件归档与管理规范》(GB/T 18894－2002)执行。

第十二条 各级文物普查机构均应对归档的电子文本档案材料进行备份和适时更新。

第十三条 文物普查调查资料档案属永久保存档案,未经鉴定和批准,不得销毁或作其他处置。

第十四条 每个收藏机构应重视档案库房的技术管理工作,建立、健全有关规章制度。

第十五条 每个收藏机构应采取妥善措施,防止档案的破损、褪色、霉变和散失。对已经破损或者字迹褪色的档案,应当及时修复或者复制。对重要档案和破损、褪色修复的档案应当及时数字化,加工成电子档案保管。

第十六条 在第三次全国文物普查实地文物调查中的个人对其从事调查、管理等职务活动所形成的各种载体形式的档案材料,应当按照规定及时归档,任何个人不得据为己有。

第三章 保管设施与人员配备

第十七条 各级文物普查机构应设立专门的保管场所、设施和配备专门人员负责保管和管理文物普查调查资料档案。

第十八条 保管场所和设施应当符合档案库房和管理工作的要求,应当配置恒温、恒湿、防盗、防火、防渍、防有害生物等必要设施。

第十九条 调查资料档案保管工作所需建设、购置、维护经费列入本级预算,保证档案工作的需求。

第二十条 配备的专门人员应当遵纪守法,爱岗敬业,忠于职守,具备档案业务知识和相应的科学文化知识以及现代化管理技能。

第四章 档案的利用与公布

第二十一条 档案收藏机构要按照国家有关规定公布档案。未经省级及以上文物行政部门授权,其他任何机构或者个人无权公布档案。

属下列情况之一者,不对外公布:

(一)涉及国家秘密的;

(二)涉及专利或者技术秘密的;

(三)涉及个人隐私的;

(四)档案形成机构规定限制利用的。

第二十二条 凡持有合法证明的机构或者持有合法身份证明的个人,在表明利用档案的目的和范围并履行相关登记手续后,均可以利用已公布的档案。

境外组织或者个人利用档案的,按照国家有关规定办理。

第二十三条 档案收藏机构可向符合第四章第二十二条条件的机构或个人提供已公布档案的电子档案材料,不提供纸质档案材料。

第五章　奖励与处罚

第二十四条　各级文物普查机构对在档案工作中做出下列贡献的机构或者个人,给予表彰与奖励:

(一)在档案的收集、整理、提供利用工作中做出显著成绩的;

(二)在档案的保护和现代化管理工作中做出显著成绩的;

(三)在保证档案的安全、完整方面有突出表现的;

(四)同违反档案法律法规的行为作斗争,表现突出的。

第二十五条　有下列行为之一的,各级文物行政部门应当对直接负责的主管人员和其他直接责任人员依法给予处分;构成犯罪的,由司法机关依法追究刑事责任。

(一)玩忽职守,造成档案损坏、丢失或者擅自销毁档案的;

(二)违反保密规定,擅自提供、抄录、公布档案的;

(三)涂改、伪造档案的;

(四)擅自出卖、赠送、交换档案的;

(五)不按规定归档,拒绝归档或者将档案据为己有的;

(六)其他违反档案法律法规的行为。

第六章　附　则

第二十六条　本规定自发布之日起执行。

国家文物局办公室秘书处

2010年3月2日印发

国家文物局《关于印发文化部部长蔡武在全国文物安全工作部际联席会议第一次会议上讲话的通知》

文物督函[2010]1239号

全国文物安全工作部际联席会议各成员单位：

2010年11月3日，全国文物安全工作部际联席会议第一次会议在北京召开，联席会议召集人、文化部部长蔡武同志出席会议并讲话。现将蔡武同志的讲话印送给你们，请在文物安全工作中予以落实。

专此。

二〇一〇年十一月二十六日

在全国文物安全工作部际联席会议第一次会议上的讲话

文化部部长　蔡　武

2010年11月2日

同志们：

在党中央、国务院领导的关心关怀下，全国文物安全工作部际联席会议制度正式建立，这对新时期加强和改善文物工作具有重要意义。刚才，顾玉才同志通报了当前文物安全形势和各成员单位近期共同开展的主要工作，大家围绕文物安全工作进行了认真讨论，审议通过了各部门职责分工、联席会议办公室运行规则、2010－2011年重点工作计划等文件，会议开得很好。在此，需要明确一下，联席会议办公室主任由单霁翔同志担任，副主任由童明康同志担任。

下面,我谈四点意见,供同志们参考。

一、提高认识,切实增强文物安全工作的责任感和使命感

最近,胡锦涛同志在中共中央政治局第二十二次集体学习的讲话中指出,文化是民族凝聚力和创造力的重要源泉,是综合国力竞争的重要因素,是经济社会发展的重要支撑。文化遗产是文化事业的重要组成部分,在我国文化大发展、大繁荣中发挥着重要作用。我国是历史悠久的文明古国,在5000年文明史中,勤劳智慧的中华民族创造了光辉灿烂的历史文化,留下了灿若群星、独具特色、弥足珍贵的文化遗产。保护好、传承好、利用好和发展好这些文化遗产,对于继承和发扬中华民族优秀传统文化,弘扬以爱国主义为核心的民族精神和以改革创新为核心的时代精神,维护国家统一和民族团结,促进国际文化交流和构建和谐世界,具有十分重要的意义。

文物安全是文物工作的基础和生命线,关系到文物事业繁荣发展的全局。党中央、国务院领导历来高度重视文物安全工作,多次做出重要指示。2005年12月国务院印发了《关于加强文化遗产保护的通知》,2009年3月国务院办公厅协调有关部门形成了《关于加强文物安全工作的意见与建议》,这些重要文件对文物安全工作都提出了重要的指导意见和政策措施。2009年在国务院机构改革中各部门机构、编制整合压缩情况下,把国家文物局作为加强部门,增设了督察司,专门负责文物执法督察与安全工作。

今年以来,党中央、国务院领导同志就文物安全工作又提出了新的要求。温家宝总理就西气东输等重大基本建设工程中的文物保护工作多次批示,要求保证文物安全。在第五个文化遗产日之际,李长春同志发表重要文章《保护发展文化遗产建设共有精神家园》,强调要按照属地管理原则,落实文化遗产保护和管理责任,依法实施文化遗产保护和管理,切实加强文物安全防范设施建设、文物执法机构和队伍建设,确保文物安全和文化遗产事此有序发展。刘延东同志对打击盗掘古墓葬犯罪活动、加强文物行政执法工作连续做出重要批示,要求采取切实措施,加大文物保护和执法力度。

国家出台关于加强文物安全的一系列重要举措,中央领导同志一系列的讲话、批示,既体现了党中央、国务院对文物安全工作的高度重视和对文物工作的充分肯定,也坚定了我们做好文物安全工作的信心和决心。保护好、传承好、利用好和发展好文化遗产,是党和人民赋予我们的神圣使命和光荣职责,我们唯有更加扎实工作,切实履行职责,确保祖国文化遗产安全,才能不辱使命,不负重托。

二、科学发展,正确处理文物保护与经济社会发展的关系

当前,随着我国工业化、现代化、城市化进程的加快,大规模城乡建设如火如荼,文化遗产及其生存环境面临着全新的情况,文化遗产保护工作的重要性、紧迫性更加突出,引起全社会的广泛关注。要在现代化的进程中确保文化遗产安全,我们必须以科学发展观为指导,牢固树立统筹协调的观念,在现行法律法规的框架内,遵循文物保护的客观规律,恪守文物保护的原则和理念,努力把握在市场经济条件下文物保护事业出现的新情况、新问题,正确处理文物保护与经济社会科学发展的关系,着力解决文物安全存在的突出问题。

要坚持文物保护与经济建设协调发展,实现双赢。经济发展是社会全面进步的物质前提和基础。我们的全部工作都要坚持以经济建设为中心,以发展为第一要务,以科学发展为前提。我们要坚持围绕经济建设这个中心开展文物保护工作,特别是在关系到国计民生的国家重点建设工程中,密切配合工程部门,集中力量开展文物保护和考古工作,保证工程顺利进行。但是,注重以经济建设为中心,绝不是简单地把文物保护工作看成是经济建设的从属行为。绝不能单纯为了经济发展而损毁祖先留下的珍贵文化遗产,绝不能只为了当代人的眼前利益损害文物事业的可持续发展。必须坚定不移地宣传贯彻《文物保护法》,依法保护文物及其原生环境的安全,坚决纠正、阻止、遏制以损毁文物资源为代价来谋求发展、以掠夺式消耗文物资源来支撑发展的作法。要坚持经济建设和文物保护的有机、辩证统一,统调协调提高人民群众物质生活水平和精神文化生活水平,兼顾经济效益与社会效益,努力实现经济建设和文物保护事业的良性互动和全面、协调、可持续发展。

要坚持在保护的前提下合理利用,科学发展。我们要在全社会树立一种对历史文化遗产"敬畏"的观念和理念。要敬它,是因为历史文化遗产是祖先智慧的结晶,是民族的文化基因和血脉;畏它,是因为历史文化遗产不可再生,需要我们的百般呵护才能光彩永存。在任何时候、任何情况下,都要坚持"保护为主",把文物本体及其原生环境的保护和保存放在首要位置,这是文物事业得以存在和发展的基础。保护文物和利用文物是相辅相成的。只有有效地保护好文物,才能为合理利用创造必要的前提,而合理的利用又能促进对文物的有效保护。利用文物要有科学审慎的态度,既不能忽视文物对改善生态环境、优化城市面貌、促进经济发展中的重要作用,也不能单纯地将文物作为摇钱树,片面追求经济效益,急功近利、功利短视、竭泽而渔。

要坚持把社会效益放在首位,统筹兼顾。随着社会的发展和人们对文物功能认识的不断深入,文物在社会主义精神文明建设中发挥着越来越重要的作用。要明确文物事业的公益性质,兼顾整体利益和局部利益、长远利益和当前利益、行业利益和地区利益,切实将文物保护纳入本地、本部门经济和社会发展总体格局中,努力营造有利于文物保护、传承与发展的良好环境。当前,要应对严峻的文物安全形势,必须从文物政策法规、体制机制、规划措施、技术设备和宣传教育等各个方面增加行政资源,提高行政能力,坚决避免"前面普查后面损毁、前面维修后面拆除、前面保护后面盗掘"的现象发生,确保文物安全。

三、强化职责,形成确保文物安全的坚强合力

保护祖国珍贵文化遗产是一项跨部门、跨行业的社会性系统工程。因此它不是文化、文物一个部门的责任,而是全社会的共同责任;也不是单靠文化、文物部门就能完成的,而是要靠各部门各单位乃至全社会共同努力才能做好。多年来,各有关部门及社会各界为保护文物安全作出了重要贡献。新时期,面对更加复杂、严峻的文物安全形势,我们要全面贯彻落实科学发展观,加强统筹协调,加强协作、密切配合,形成强大合力,共同确保祖国文化遗产安全。

(一)文化、文物部门对文物安全负有首要职责

文化部和国家文物局历来高度重视文物安全工作,将其列入关乎文化遗产事业全局的基础工作常抓不懈。文物安全的核心是预警监督、事前防范;重点是执法督察和打击犯罪;关键是要多管齐下、综合治理。下一步,文化、文物部门要不断改善文物安全条件,提高监管水平,构建强效的文物安

全防范体系,提高防范能力和水平,使人不能犯罪;加大打击文物犯罪和执法力度,通过联合开展文物犯罪严打斗争和专项行动,形成强大威慑力,使人不敢犯罪;加强宣传教育,公开重大文物违法犯罪案件的查处结果,在全社会形成保护文物的普遍价值共识,坚持专群结合、群防群治,使更多人参与打击犯罪。同时,文化部和国家文物局要发挥好沟通联络和信息交流的中枢作用,积极协调配合各有关部门研究制订文物安全政策措施、做好联合执法和打击文物犯罪等工作。

(二)各相关部门对文物安全负有法定重要职责

法律法规明确赋予了各有关部门保障文物安全的法定职责。如,公安部门肩负着打击各类文物犯罪活动、治理文物单位周边治安环境和监管文物单位消防安全的重要任务;国土资源部门对土地利用和矿产资源开采中保护文物具有重要职责;环境保护部门承担着文物单位及其环境免受污染、破坏的重任;住房城乡建设部门负责历史文化名城、风景名胜区的保护管理和统筹协调城乡建设过程中的文物保护;海关部门守卫着文物进出境的大门,担负着打击文物走私和非法进出境的责任;工商行政管理部门对文物市场、文物商店、文物拍卖企业等文物流通领域承担着重要监管职责;旅游部门对旅游业发展中文物安全负有保护职责;宗教部门对宗教活动场所中的文物保护管理负有重要职责等。

法定职责是严肃、神圣的,我们各部门一定要按法律法规的规定和要求,认真履行文物保护的各项职能,确保本系统、本部门所管理、使用文物的安全,确保所承担的文物安全监管职责落到实处,取得实效;同时我们也要加强协调配合、密切协作,广泛开展联合执法、联合打击文物犯罪、联合实施安全检查,合力确保文物安全。

(三)各级地方政府对文物安全负有主体责任

文物保护法明确规定,地方各级人民政府负责本行政区域内的文物保护工作,这就是“属地管理”的原则。各级地方政府是文物保护的主体,要高度重视文物事业的发展,充分认识文物事业在经济社会发展中的重要地位和作用,切实把文物保护摆上更加突出的位置,纳入重要议事日程,纳入经济社会发展总体规划,纳入科学发展考核评价体系,与经济社会各领域工作一同部署、一同推进,确保文物保护的各项任务落到实处。地方政府在文物保护事业中,首要职责是严格依法行政,要严格依照保护文化遗产的法律、法规办事,任何单位或者个人都不能置相关文物保护的法律法规于不顾,更不得作出与法律法规相抵触的决定。要严厉打击破坏文化遗产的各类违法犯罪行为,重点追究因决策失误、玩忽职守,造成文化遗产破坏、被盗或流失的责任人的行政与法律责任。要充实文化遗产保护执法力量,加大执法力度,做到执法必严,违法必究,因执法不力造成文化遗产受到破坏的,要依法追究有关执法机关和有关责任人的责任。

四、多措并举,构建文物安全长效机制

国务院批准建立全国文物安全工作部际联席会议制度,是加强我国文物工作的一项重大举措。我们要认真落实国务院批复要求,努力构建文物安全长效机制:

(一)建立文物安全重大事项决策机制

根据国务院批复的联席会议制度,各成员单位要在认真调查研究的基础上,精心谋划、认真筹备每一次联席会议和办公室会议,通报文物安全形势,共同研究解决文物安全领域的突出矛盾和重大问题，形成和完善政府统一领导、部门各司其职、标本兼治、综合治理的文物安全工作格局。

（二）健全文物安全法律法规与标准规范体系

联席会议要针对危害文物安全的关键性、普遍性问题，组织开展专题调查研究，摸清现状，明晰症结，总结成功经验，借鉴国外有益做法，有针对性的研究制定法规、政策和措施，完善法律法规体系，建立标准规范体系，推进文物安全工作法制化、标准化、规范化，加强对全国文物安全工作的宏观指导和监督。

（三）建立文物安全信息共享机制

建立文物安全信息汇总、交流和研判工作机制，各部际联席会议成员单位，要定期和不定期将文物安全相关信息和统计数据资料，及时向联席会议办公室通报，办公室收集汇总后，通过工作简报、信息通报等形式，向各成员单位通报。通过信息的沟通与交流，及时了解和掌握全国文物安全案件情况，总结和分析文物安全工作特点和规律，研究采取应对措施。

（四）建立联合执法督察机制

一是组织开展常规执法督察，督察各地落实文物保护法和相关法规情况，督促整改违法违规行为。二是开展专项执法督察，对涉及多行业、多部门或跨区域破坏文物的违法行为，靠文物部门单一执法力量难以有效查处的，由牵头部门组织联合专项执法督察。三是发挥各部门的职能作用，集中力量联合处置文物安全和行政违法突发事件。

（五）建立文物安全监管长效机制

各成员单位要加强合作，将打击文物犯罪专项行动、文物周边治安环境整治、文物单位消防安全检查等部门间联合执法行动，从阶段性工作转变为常态性工作，作为长效机制确立下来，通过强化预防和综合治理，实现文物安全防范关口前移。要从源头、流通和出境等各个环节采取有效措施，依法查处、打击盗挖、盗掘、贩卖、走私出土文物的违法行为。

（六）继续推动国际、地区间协商与合作

要继续与有关国家和地区商讨、签订关于防止盗窃、盗掘和非法进出境文物的政府间双边协定，并做好落实协定各项工作。建立、健全向国际组织通报涉案文物信息机制等国际合作机制，有序开展流失海外文物追索工作，维护国家权益。

近些年来，部分省份在文物安全工作实践中，日益认识到地区合作的重要性，联席会议办公室要总结、推广部分省份区域间文物执法合作机制和文物安全协作片区经验，推动各地加强省际联防联控。

同志们，让我们在党中央、国务院的正确领导下，在文物安全部际联席会议框架内，本着对人民和子孙后代负责、对国家和历史负责、维护国家文化安全的高度，充分认识保护文化遗产的重要性，进一步密切协作、通力配合，为新时期新阶段文物保护事业的科学发展做出我们应有的新的更大贡献。

国家文物局办公室秘书处

二〇一〇年十一月二十九日印发

国家文物局《关于印发单霁翔和童明康同志在全国文物安全与执法督察工作会议上讲话的通知》

文物督发[2009]42号

各省、自治区、直辖市文物局（文化厅、文管会）：

现将单霁翔和童明康同志在全国文物安全与执法督察工作会议上的讲话印发给你们。请组织学习，认真研究，结合工作实际，深入贯彻落实。

二〇〇九年十二月十四日

在全国文物安全与执法督察工作会议上的讲话

国家文物局局长　单霁翔

2009年12月4日

同志们：

今天是文物保护法修订颁布以来，国家文物局在公安部等有关部门的大力支持下，继2003年西安会议之后，第二次召开全国性文物安全与执法督察工作会议，也是国家文物局督察司成立后召开的第一次全国性会议。会议主题是：总结近年来文物安全与执法督察工作取得的成绩与经验，分析当前形势与突出问题，明确下一阶段工作任务与重点，并请公安部刑侦局、消防局负责同志就“全国重点地区打击文物犯罪专项行动”、“全国文物消防安全大检查”两项联合执法工作进行动员和部署。下面，我先谈几点意见。

一、文物安全与执法督察工作取得新发展

近年来，在党中央、国务院的正确领导下，在各级党委、政府的重视、支持下，在人民群众和新闻媒体的关注、监督下，经过全国文物系统和各有关部门的不懈努力，文物安全与执法督察工作成效显著。

（一）政府重视达到新高度。改革开放的不断深入和经济社会的迅速发展，给我国文物事业带来了良好的发展机遇。2005 年 12 月，国务院下发《关于加强文化遗产保护的通知》，加速了文物保护依法行政、依法管理的进程。2006 年以来，胡锦涛、温家宝、李长春、刘延东等领导同志就文物工作的批示已达 725 项，其中涉及文物安全与执法督察工作的有 205 件。今年 4 月，根据中央领导同志批示，国务院办公厅协调有关部门形成了《关于加强文物安全工作的意见与建议》。地方各级领导亦高度重视文物安全与执法督察工作，许多省市领导亲自检查指导文物安全、亲自过问重大违法犯罪案件。这表明，党和政府已将文物行政执法工作列为重要议事日程，文物安全与执法督察工作受到了前所未有的重视。

（二）法制建设迈上新台阶。自文物保护法及其实施条例颁布实施以来，全国人大常委会印发了《关于惩治走私罪的补充规定》和《关于惩治盗掘古文化遗址古墓葬犯罪的补充规定》，国务院颁布了《长城保护条例》和《历史文化名城、名镇、名村保护条例》，文化部和国家文物局制定了《文物行政处罚程序暂行规定》及多项安全管理标准。北京、浙江、陕西、山东制定了文物执法巡查办法，山西、西藏制定了文物消防安全管理地方法规，陕西、甘肃制定了文物安全事故责任追究规定。经多年努力，文物安全与执法领域已初步建立法律法规和标准规范体系。

（三）机构建设实现新突破。2003 年国家文物局成立执法督察处。今年 3 月，在国务院机构改革中各部门机构、编制整合压缩情况下，国务院领导高度重视文物执法督察工作，把国家文物局作为加强部门，增设了督察司，专门负责文物行政执法督察与安全监管工作。全国 31 个省份均成立了专兼职省级文物行政执法与安全监管机构。北京市和浙江省文物局设立了专门文物执法队，市、县（区）专门或者挂牌设立文物执法队；江苏省 6 个主要地级市在文化行政综合执法支队中设立文化遗产执法大队。部分文化遗产资源特别丰富的地区，如河南巩义、山东曲阜等，成立了强有力的文物执法机构。

（四）安全监管取得新进展。各级文物部门协同有关部门实施专项治理，保证了文物安全和全国文博系统的稳定，较好地完成了北京奥运会和建国六十周年等重点安保任务。2008 年下半年，全国文物系统集中用 50 天时间，完成了 94% 的全国重点文物保护单位和 85% 的重点博物馆的安全检查，整改了一批安全隐患。文物安全防护设施建设步伐加快，文物建筑修缮工程中同步建设消防避雷设施，田野文物安全防范实验工程取得成功，文物系统风险等级达标工作继续推进。中央财政对文物安全防范设施的投入逐年加大，今年“国家重点文物保护专项补助经费”中的安防经费已翻一番，达到 9000 万元，今后还将继续增长。

（五）执法督察打开新局面。经过几年时间的摸索，国家文物局建立了年度专项督察、重点案件督办、执法人员培训、案卷评比和新闻发布等执法督察制度。2005 年以来，国家文物局派出近 20 个督察组赴全国 29 个省份对近 400 个世界文化遗产地、全国重点文物保护单位、重点博物馆

进行了专项督察,对一批在全国有重大影响的文物行政违法案件进行挂牌督办,多数案件已得到妥善处理。地方各级文物行政部门加大执法力度,及时制止和查处了大量破坏文物本体及环境风貌的违法案件,树立了执法权威,保护了文物安全。

(六)联合执法步入新阶段。一是联合长效机制逐步建立。根据国务院办公厅意见,由国家文物局牵头,公安部等9部委参加的全国文物安全部际联席会议制度正在紧张组建。陕西、山西等省文物、公安部门建立的联席会议制度已发挥重要作用。二是联合执法工作有力开展。公安机关与文物部门共同部署打击文物犯罪专项行动,近年来连续破获数个盗墓团伙。福建、海南等地边防官兵为保障水下文物安全作出了重要贡献,国家文物局授予了文物保护特别奖。公安部、旅游局、宗教局、文物局联合开展古建筑消防安全专项治理,消除火灾隐患。海关总署与国家文物局合作组织海关监管人员培训,监管能力显著提高。三是我国与意大利、印度、美国、埃塞俄比亚、澳大利亚等国签署了关于防止盗窃、盗掘和非法进出境文物的政府间双边协定,国际打击文物犯罪活动的双边及多边合作明显加强。

(七)社会关注有了新提升。随着文化遗产保护宣传教育力度的不断加大,特别是"文化遗产日"的设立,文化遗产保护日益深入人心。一方面,民众自觉参与文化遗产保护的意识逐渐增强。陕西宝鸡12批农民兄弟自觉上交其生产活动中发现的数百件青铜器,贵州黎平农民自发抢救、打捞地坪风雨桥建筑构件,江苏苏州200名市民组成古城保护志愿者队伍,众多群众在第三次文物普查中提供线索、担任向导,都表明保护文化遗产已逐渐成为根植于人民群众内心的自觉行动。另一方面,文物安全与执法成为近年来新闻舆论关注的焦点和热点,如最近发生的大同云冈石窟与华严寺违法建设、青海甘肃两省新石器时代文物被盗挖贩卖等案件,新闻媒体均连续深入报道,对文物违法犯罪行为的纠正和查处起到了舆论监督作用。

在长期工作中,各级文物行政部门从事文物安全与执法督察工作的同志,各文博单位从事安全保卫工作的同志,公安、海关、监察、国土、建设、环保、工商、旅游、宗教等部门的同志,新闻媒体同志,以维护文化遗产安全为己任,努力工作,无私奉献,为文化遗产事业作出了巨大贡献。在这里,我谨代表国家文物局局党组,向大家表示衷心的感谢!

二、文物安全与执法督察工作形势依然严峻

尽管我们的工作取得了一定成绩,但与党中央、国务院的要求和人民群众的期望尚存较大差距。我国正处在经济建设和城市化进程迅猛发展的时期,这一时期是文化遗产保护任务最为繁重、最为紧迫的阶段。当前,全国文物安全形势依然严峻,其主要表现包括:

一是法人违法事件屡禁不止。在当前大规模城乡建设和基础设施建设中,部分地方政府和企事业单位不能正确处理文化遗产保护与发展经济的关系,导致伤害文物建筑、占压大遗址、损毁古墓葬、破坏文物原生环境的现象时有发生。仅2006年至2008年,国家文物局接报全国重点文物保护单位发生的文物行政违法案件就达544起。一些地方忽视国家整体利益和长远需要,或热衷于在世界遗产地、文物保护单位的保护范围内进行缺乏历史根据的复建和新建,或违背文物工作规律,擅自改变文物管理体制,引发许多不良后果。

二是盗掘、盗抢、走私文物等犯罪活动猖獗。文物犯罪呈现出新特点,一是流窜作案、团伙作案频发，组织更趋严密，分工更细化，职业化特征日益明显；二是智能化犯罪增多，作案工具先进，作案手法隐蔽性强；三是犯罪趋向暴力化，犯罪行为由暗偷变为明抢，今年山西介休东岳庙、陕西黄陵万安禅院等有人值守的全国重点文物保护单位公然发生盗抢文物事件，社会影响恶劣；四是犯罪侵害范围不断扩大，有封土堆的大型墓葬、基本建设工地发现的古墓葬，甚至考古发掘工地，均成为犯罪分子的觊觎对象。

三是文博单位防火任务十分艰巨。据统计，2006 至 2008 年，全国重点文物保护单位发生火灾、火险事故 39 起。今年以来，全国省级以上文物保护单位已发生火灾事故 7 起，损失惨重。如，2009 年 7 月 25 日，四川大学华西校区正在维修的省级文物保护单位怀德堂发生火灾，主楼屋顶被烧毁；9 月 12 日，福建省南平市浦城县省级文物保护单位镇安古廊桥发生火灾，桥体被烧断坍塌。国家文物局今年对部分省份实施的文物安全检查中，发现许多文博单位存在不同程度的火灾隐患。

四是馆藏文物安全隐患依然存在。据 2008 年文物安全大检查统计，全国重点博物馆的技防设备达标率仅为 50%，经消防部门验收合格的消防设施仅有 52.27%。个别博物馆规章制度不健全，馆藏文物账目不完善，安全保卫人员配置不到位，给违法犯罪分子以可乘之机。2008 年 8 月 24 日，甘肃省敦煌博物馆展厅发生文物被盗案，4 件文物被盗；内蒙古自治区博物院在新、老馆文物搬迁过程中，发现一盒重达 2 吨的石质墓志（一级文物）下落不明，至今尚未找到。

通过上述表层现象，我们更要认识到文物安全监管与行政执法所面临的深层次问题：

一是文物保护政策法规和保护理念宣传不够深入，部分同志思想认识尚存不足，个别地方政府的短期行为、不科学行为依然存在，部分地方和单位的工作仍浮于表面、流于形式、心存侥幸、应付了事。

二是文化遗产法规体系尚不完善，对分属不同类型的文化遗产管理和安全监管缺乏具体的规定和标准，法制建设滞后于文化遗产内涵、外延的拓展和文物事业发展形势的需要。

三是各级文物行政部门的行政执法与安全监管机构建设依然薄弱，市、县级文物行政部门普遍存在执法机构不健全、岗位不确定、人员难落实的情况，执法与监管效能逐级衰减现象明显。

四是安全隐患排查整治尚未实现标本兼治、综合治理，部分结构性矛盾尚未得以解决。盗掘、盗抢、走私文物等犯罪活动猖獗，其根本原因在于非法文物经营活动获利高、风险低，高额利润刺激犯罪分子不惜铤而走险。

五是文物系统自身工作也存在着一些不扎实、不到位问题。部分地方文物基础工作薄弱，第五批、第六批全国重点文物保护单位保护范围、建设控制地带至今尚未公布。部分地方执法巡查、安全检查不到位，难以及时发现违法案件与安全事故苗头，发现后处理和应对不到位，整改不彻底。个别地方在处理违法案件过程中，对责任单位或责任人处罚避重就轻，甚至不敢坚持原则。同时，文物系统对行政执法工作缺乏有效的监督制约机制，责任追究制度难以落实。所有这些均应引起我们高度重视，努力改进。

总结成绩与教训，分析形势与问题，我们深刻体会到：

——只有牢固树立“安全第一”理念，时刻把文物安全放在首位，才能使文物事业安身立命，大有作为。文物安全是文物工作安身立命的根本,是开展各项文物保护事业的基础和前提,保护文物安全“责任重于泰山”。因此我们必须警钟长鸣,时刻严防,毫不放松,不能有丝毫马虎。

——依法行政,加强执政能力建设,提高管理水平,是做好文物保护工作的根本保障。只有坚持文物法制建设,不断完善文物保护法规体系,加大监管与执法力度,提高隐患治理能力与行政执法水平,才能扭转当前文物安全形势严峻的被动局面,使文物得到有效保护和合理利用。

——执法必严,违法必究,是文物行政部门职责所在,是加强行政管理、规范行政行为的必然要求。执法不严、违法不究或不依法执法,愧对我们肩负的神圣职责。反之,敢于碰硬、不畏强权,不惧压力,狠抓执法督察重点案件的整改和落实工作,捍卫《文物保护法》的尊严,我们必然会赢得社会尊重和群众支持,进而实现文化遗产保护的良性循环。

——树立责任心,实施精细化管理,是做好文物安全工作的关键。责任心是做好文物安全工作的“法宝”,没有责任心,再先进的设施和设备都可能成为摆设。实施精细化管理是具有责任心的重要表现,许多文物安全事故的发生都是因为文物保护管理人员责任心不强,工作不精心,放任安全隐患造成的。

——增强广大人民群众保护文物的自觉性,是做好文物工作最为坚实的社会基础。只有不断加大文物保护法律法规的宣传力度,提高全社会的文物保护意识,依靠广大人民群众的力量,才能和全体民众共同保护好中华民族的珍贵遗产。

三、加强文物安全与执法督察工作的几点要求

2005 年 12 月,国务院在《关于加强文化遗产保护的通知》中,明确提出新时期我国文化遗产保护的指导思想、基本方针和总体目标。《通知》提出,到 2010 年,我国要初步建立比较完备的文化遗产保护制度,文化遗产保护状况得以明显改善;到 2015 年,要基本形成较为完善的文化遗产保护体系,具有历史、文化和科学价值的文化遗产得到全面有效保护;要使保护文化遗产的观念深入人心,成为全社会的自觉行动。文物安全与执法督察关乎文化遗产保护全局,对于落实上述总体目标具有特殊重要的意义,要通过强化文物行政执法督察与安全监管,使依法行政在文化遗产工作中得到全面、深入地贯彻,促进文化遗产保护步入法制化轨道。

下面我对此提出几点要求:

(一)科学制定规划,明确工作目标

2010 年既是“十一五”规划收尾年,又是“十二五”规划编制年。各级文物行政部门要把握机遇,积极争取各级党委、政府支持,把文物安全与执法督察纳入国家、地方、行业“十二五”规划,明确规划期间和各年度的工作目标,全面促进事业发展。

一是在科学总结、测算“十一五”期间安全事故和违法犯罪案件发生率的基础上,从实际出发,选定“十二五”文物安全量化控制考核指标,层层落实、逐级分解,推动落实文物安全责任制。

二是制定法制建设规划,结合文物安全与执法督察工作的实际,深入开展理论政策研究,推动出台一批法律法规与规章,解决文物安全上的突出矛盾和问题,为深入开展安全监管与执法督察工作提供政策支持。

三是制定科技支撑规划,设立文物安全与执法督察课题项目,组织开展安全预警、科技防范、文物建筑消防等领域的理论技术研究，提高科技创安水平。

四是加大经费投入力度。各级文物行政部门要以规划编制为契机，积极争取各级财政设立文物安全与执法督察专项经费，或统筹调整现有文物资金使用结构，保证文物安全监管与执法督察工作经费，加大文物安全防范设施建设经费的投入力度。

（二）坚持重心下移，健全机构队伍

行政执法重在队伍，安全监管重在基层。各级文物行政部门要健全文物安全监管与执法内设机构，推动基层监管队伍建设。

一是明确执法与监管主体，加强机构和队伍建设。文物保护法律法规明确规定了各级文物行政部门是文物行政执法与安全监管的主体。文物执法机构建设是各级政府和文物部门的法定职责。地方各级文物行政部门要充分认识文物行政执法机构建设的重要性和紧迫性，结合当地实际，推动文物行政执法机构建设。如果发生了违法破坏文物案件，首先要查处和追究文物执法机构不健全的责任。

各省级文物行政部门负责监督指导本辖区内的文物行政执法工作。地方各级文物行政部门都应内设文物执法督察专职机构，强化监管责任，并推动建立专职文物行政执法队伍。要积极会同有关部门研究落实人员配置、执法装备与经费问题等，明确执法责任，切实履行职责。

文化部《关于加强文化市场综合执法指导工作的通知》（文市发［2009］37 号）要求的文化市场综合执法机构整合，不包括现有的文物行政执法队伍。文物行政执法按照《文物保护法》的规定，由文物行政部门和其他法定部门负责。近日，文化部和国家文物局又联合下发了《关于加强文物行政执法机构建设的通知》，对加强文物行政执法机构建设提出了明确要求。会后，请各省级文化、文物行政部门尽快转发，将通知要求贯彻落实到各级文化、文物部门。

二是明确责任主体，加强安全管理。不可移动文物保护管理责任人、文物收藏单位是文物安全责任主体。不可移动文物为私有的，其所有人为保护管理责任人；为非私有的，管理单位或使用单位为保护管理责任人；没有管理、使用单位的，要由所在地人民政府确定管理单位。

三是要充分发挥乡镇文化站作用。根据文化部刚刚颁布的《乡镇综合文化站管理办法》，乡镇文化站的职责中包括协助开展文物宣传保护工作。全国 3 万余个乡镇文化站在第三次全国文物普查中发挥了重要作用，要探索依托文化站开展文物保护的方式和方法，增强乡镇政府文物保护能力。

四是加强群防群控，指导各地建立群众性、志愿性的基层义务文物保护员队伍，制定管理办法，明确工作内容，加强教育培训，落实激励措施，使之成为基层文物保护工作的重要辅助力量。

（三）坚持预防为主，加强安全监管

一是全面落实文物安全责任制。文物行政部门应与不可移动文物保护管理责任人、文物收藏单位签订文物安全责任书，要求其在单位内部加强内保工作，设置安全保卫部门，合理配备安全保卫专职人员，落实文物安全岗位责任，层层分解，到岗到人。

二是安全监管要以隐患排查整治为重点，标本兼治，重在治本。各级文物行政部门要建立安全监管检查制度与重大隐患公告公示、挂牌督办制度，深入基层加强分类指导，重大隐患及时向政府汇报,推进落实各项安全措施。要逐步建立安全隐患认定与评估标准,制订安全隐患排查与监管操作指南。

三是重视应急预案工作,提高应急处置能力。各级文物行政部门应明确预案编制要求,督促、指导文博单位在2010年底前全面完成应急预案编制与备案工作,开展多种形式的预案演练。发生突发事件后,要迅速启动预案,做好应急处置并及时上报信息。福建浦城镇安古廊桥9月份发生火灾,国家文物局至今未接到省文物局报告,请福建省文物局彻查责任。

四是提高安全防范技术应用水平。国家文物局在"十二五"期间将重点加强全国重点文物保护单位防火设施和重点博物馆防盗设施建设,继续探索田野文物防盗设施建设的可行途径。文物安全防护设施建设工程应遵循不改变文物原状原则,不得破坏文物本体及其环境风貌。国家文物局将从行业监管角度,逐步推行行业准入与资质管理,加大管理力度。

(四)坚持行业管理,强化执法督察

各级文物行政部门作为行业管理部门,要通过强有力的行政管理和行政执法手段,纠正和预防旧城改造、旅游开发或其他建设项目中破坏文物的违法行为,实现合法利用,杜绝违法开发;实现保护性利用,杜绝破坏性改造;实现永续利用,杜绝短期行为;实现可持续利用,达到良性循环。行业管理包括前期的宣传引导,中期的积极参与,后期的加强管理和全程的执法督查:

前期宣传引导是指通过文物保护政策法规宣传,尤其是对存在文物旅游开发、旧城改造项目意向的政府部门和单位的宣传,引导各级政府、有关组织和公众树立正确的文物保护和利用理念,使文物利用行为从开始就按照正确、科学、合法的轨道进行。

中期积极参与是指对涉及文物保护的经济建设项目,自启动到完成的各阶段和环节中涉及文物本体修复、环境保护及文物其他工程项目的,文物行政主管部门和文物专家均应积极参与,主动提出意见和建议,发现违法、违规问题时及时予以纠正,促使开发行为合法有序进行。

后期加强管理是指通过强化管理使文物保护与利用协调发展。管理方式包括签订文物保护责任书、定期对文物保护管理者进行业务指导和培训、保护管理状况公示公告、奖励和惩罚等。

长期执法督查是指进行经常性执法检查,发现破坏文物本体及环境风貌等违法行为,依法予以制止和纠正;发生危害后果的,依法给予行政处罚;构成犯罪的,移交司法机关追究刑事责任。

(五)坚持联合执法,建立长效机制

一是要积极争取各级党委、政府支持,主动协调公安、监察、国土资源、环境、住房和城乡建设、海关、工商、旅游、宗教等部门,建立文物安全联席会议制度,统筹研究协调文物安全相关工作,加强沟通、密切配合,形成文物安全联合执法长效机制。

二是要继续与公安、海关、工商等部门联合部署打击文物违法犯罪专项行动,保持对盗窃、盗掘、走私、非法买卖文物等违法犯罪行为的严打态势。

三是要联合公安消防、治安部门开展文物消防安全和治安隐患专项检查,推动建立定期联合检查制度,深入排查、治理安全隐患。要积极协助公安部门在重点文物、博物馆单位或文物犯罪活动相对突出的地区设立文物、公安联合派出机构。

四是要联合纪检监察、国土资源、环境、住房和城乡建设、旅游、宗教等部门开展联合执法行动，及时制止并坚决打击破坏文物本体及其原生环境安全等违法行为。

五是继续推动国际、地区间协同执法。继续与有关国家和地区商讨、签订关于防止盗窃、盗掘和非法进出境文物的政府间双边协定。推广苏浙沪三省市文物安全合作机制和西北五省区文物安全协作片区经验，加强省际联防联控。

（六）加强事后查处，落实责任追究

一是严格落实中央关于加强安全工作的有关要求，发生文物安全事故与违法案件，要按照“四个不放过”原则（即：事故原因不查清不放过，事故责任者得不到处理不放过，整改措施不落实不放过，教训不吸取不放过），查明原因，严肃处理，追究责任，根治隐患，并及时开展宣传教育，发挥警示作用。今年发生的重大安全事故和违法案件，有关省份文物局要在12月20日前上报调查处理报告，国家文物局将进行通报。

二是要根据《国务院关于加强文化遗产保护的通知》，推动建立文物安全责任追究制度。对破坏文化遗产的各类违法犯罪行为，要重点追究因决策失误、玩忽职守造成文化遗产破坏、被盗或流失的责任人的法律责任。对因执法不力、监管不到位造成文化遗产受到破坏的，要追究有关执法机关和责任人的责任。对未按有关规定要求，瞒报、缓报、谎报突发事件的，要依法追究有关责任人的责任。对文物收藏单位，要落实藏品丢失、损毁追究责任制。

三是要将经费安排、先进评比与文物安全和执法督察工作情况挂钩，统筹建立奖惩联动机制。对文物安全与执法督察工作成绩突出的地方，在经费、项目安排与先进评比上要给予倾斜。对于发生重大安全事故和严重违法案件的，则要减少经费投入，在各项评比中予以“一票否决”。

（七）坚持信息公开，接受公众和舆论监督

一是要切实建立文物行政执法与文物安全情况公告制度。国家文物局将从2010年开始，对各地文物行政执法和安全监管情况进行公示，对重大案件和安全事故处理情况进行通报，主动接受公众和舆论监督。

二是要将新闻媒体信息作为重要信息来源，建立“舆情收集机制”，及时获取、分析媒体信息，对媒体曝光的文物案件与安全事故及时应对处置。

三是要主动公布联络方式，正确对待群众举报的安全隐患与案件线索，按照有关程序认真核查，督促落实整改。对提供重大线索的举报人，应予以适当奖励。

四是要大力宣传各级政府和有关部门加强文物安全工作的新政策、新方法、新举措；大力宣传文物安全监管与执法督察工作中的先进典型、先进经验、先进技术；大力宣传人民群众自觉保护文化遗产行动中涌现出的优秀人物、优秀团体和感人事迹；引导社会树立爱国守法、健康向上的文物收藏理念，旗帜鲜明地反对、打击非法文物经营活动。

同志们，文物安全监管与执法督察工作职责神圣、使命光荣。广大执法监管人员及从事文物安全保卫工作的同志，要充分认识当前文物安全形势的严峻性、复杂性和长期性，增强责任意识，扎根基层，努力提高业务水平和执法能力；要加强党风廉政建设和内部监督，公正执法，克己奉公，维护文物监管与执法队伍形象；要进一步振奋精神，坚定信心，真抓实干，推动全国文物安全状况不断好转，为文化遗产保护事业作出更大的贡献！

在全国文物安全与执法督察工作会议上的总结讲话

国家文物局副局长　童明康

2009年12月4日

各位领导,同志们:

全国文物安全与执法督察工作会议圆满完成了预定的各项任务,即将闭幕了。今天上午,单霁翔局长对近年来全国文物安全和执法督察工作进行了总结,肯定了成绩,分析了问题,明确了方向,提出了下一阶段工作要求。公安部刑侦局黄祖跃副局长,消防局王沁林副局长分别对"全国重点地区打击文物犯罪专项行动"和"全国文物单位消防安全大检查"进行了动员部署。北京、内蒙古、浙江、湖北、河南五个省、自治区、直辖市文物局负责同志介绍了文物安全与执法督察工作取得的经验。今天下午,与会代表紧紧围绕会议主题展开了认真而热烈的讨论,提出了很多富有建设性、积极性的意见和建议,会后我们将会认真加以梳理和研究,形成统一意见后付诸工作实践。下面,我就本次会议的主要收获和会议精神的贯彻落实讲几点意见。

一、关于本次会议的主要收获

会议时间虽然很短,但内容丰富,在各位代表的共同努力下,达到了预期目的。会议取得的主要收获有:

第一,进一步提高了对文物安全与执法督察工作重要性的认识。会议认为,要从落实科学发展观和建设社会主义和谐社会的大局出发,进一步提高对文物安全和执法督察工作重要性的认识,要把思想和行动统一到《文物保护法》和《国务院关于加强文化遗产保护的通知》精神上来,以高度的责任感和使命感,努力推动文物安全与执法督察工作迈上一个新台阶。

第二,进一步明确了文物安全与执法督察工作面临的形势和任务。会议在充分肯定文物安全与执法督察工作成绩的同时,分析了当前全国文物安全与执法督察工作面临的主要问题,重点对加强文物安全与执法督察工作的任务和措施做出了要求,部署了两项联合执法专项行动,明确了下一阶段工作努力方向。

第三,进一步密切了文物与公安部门以及各有关方面的联系和沟通,增进了友谊。这次会议,文物部门、公安部门和国家有关部委同志共聚一堂,共商在新的历史条件下做好文物安全工作的大计,交流了经验,形成了共识,增进了感情,为今后的合作创造了更好的条件。我们相信,这次会议对推动和加强文物安全与执法督察工作，必将起到积极的作用。

二、关于本次会议精神的贯彻落实

同志们回到各自工作岗位后，要抓紧做好会议精神的汇报和传达工作。我在这里就近期重点工作提几点要求，供同志们参考。

（一）认真做好规划编制工作

文物安全监管与行政执法工作起步较晚，机构和队伍尚不健全，各项基础工作尚显薄弱，与文物事业其他各项工作衔接不够，这些都需要通过制订发展规划统筹解决。要围绕关系文物安全的重大问题，开展针对性的调查研究，确定文物安全与执法督察的工作目标、任务、思路、重点建设项目和量化控制考核指标。要把重点放在法规制度完善、长效机制建立，基层机构建设、文物安全防范基础设施建设上，并在保障措施上给予重点保证，在保护经费上给予重点投入，确保这项工作科学、健康、规范和有效开展。

（二）推进文物执法与安全监管机构和队伍建设

建立健全执法机构和队伍，是做好文物安全和执法工作的关键。目前，全国各省级文物行政部门均建立了专兼职执法机构，但市、县基层文物行政执法机构尚不健全，执法人员短缺，存在执法能力不强、水平不高、职责履行不到位等问题。为推动各地文物行政执法机构建设，文化部和国家文物局已联合印发了《关于加强文物行政执法机构建设的通知》。各地要认真贯彻落实通知要求，一方面积极争取当地党委、政府支持，落实编制和人员，建立专职文物行政执法机构，切实履行《文物保护法》赋予的行政执法职责。另一方面，加强对现有执法人员法律知识、执法技能和文物保护与管理的教育培训，培养具有专业水平的执法人员。同时广泛开展地区间、部门间、行业间执法工作交流，推广先进经验，努力提高文物行政执法水平和效能，打造一支素质高、能力强、业务精、作风硬的高素质执法队伍。

（三）配合组织好打击文物犯罪专项行动

"全国重点地区打击文物犯罪专项行动"是公安部、国家文物局贯彻落实中央领导批示精神的重要举措。黄祖跃副局长已经从文物犯罪形势、存在问题、任务目标和工作要求等方面进行了全面部署。各级文物行政部门要以此次专项行动为契机，与公安机关加强联系沟通，建立联合长效机制。各级文物部门要从下述方面做好配合工作：

一是克服经费少、人员不足等困难，尽全力为公安机关侦破案件提供必要的协助支持。要为公安机关侦破文物案件提供相关档案资料。公安机关、司法机关委托文物行政部门进行涉案文物司法鉴定时，要及时组织专家进行鉴定，及时、准确地为案件侦办或后期的定罪量刑提供依据，但不得向办案机关收取任何费用。同时，文物行政部门和国有文物收藏单位要为司法机关存放、移交文物提供方便。

二是对于此次专项行动中发现的重大安全隐患，要及时落实防范措施。对于有盗窃、盗抢风险的文物保护单位和重要文物点，要分轻重缓急编列清单，从人防、物防、技防等角度全方位制定防范方案，提请党委、政府落实解决。国家文物局将在风险评估基础上，对全国重点文物保护单位给予一定支持。

三是重视加强馆藏文物安全工作。近两年来,个别省、市发生了馆藏文物盗窃案件,教训极其深刻。这表明,犯罪分子同样把馆藏文物作为作案目标,时时刻刻在寻找我们工作中的漏洞。我们必须保持高度警惕,采取一切有力措施,保证馆藏文物的绝对安全。

(四)深入开展文物单位消防安全大检查

预防和减少火灾事故发生,确保国家文化遗产安全,是各级文物行政部门和公安消防部门的重要职责。古建筑火灾事故的发生,既有安全制度不完善、安全责任不落实、安全管理不到位的人为因素,也有因缺乏专业技术和知识,不能及时发现和消除火灾隐患的客观原因。会议结束以后,各地文物行政部门要抓紧与当地公安消防部门加强沟通、协调,按照国家文物局、公安部《关于联合开展文物单位消防安全大检查的通知》要求,部署联合消防检查。

一是要认真组织安排。各级文物行政主管部门和公安消防部门要精心部署,认真安排文物消防安全大检查工作。检查要做到扎实有效,避免流于形式、走过场。检查要做到横向到边、纵向到底,不放过任何问题,不留任何死角和安全隐患。特别是对非文物系统管理使用的文物建筑,也要纳入检查范围,加强行业管理。

二是要加大整改力度。在检查中发现的未上报的文物火灾事故,要按相关规定和要求及时上报,依法处置。对发现的消防安全隐患,要按照消防安全的规定和要求,抓紧制订整改措施,限期整改。要对文物古建筑、重点博物馆等消防重点防护单位进行重点监督和检查指导,尤其对存在重大火灾隐患的文博单位要挂牌督办。一时整改确有困难的,要及时向当地政府报告,并采取有效应对措施,严防死守常备不懈,遏制火灾事故的发生。

三是要提高安全防范能力。各文物、博物馆单位要认真贯彻文物保护和消防安全法律法规,健全消防组织,实施安全责任制,要建立健全消防安全管理制度和措施,定期开展自查自纠。要制定灭火和应急疏散预案,并定期组织演练。要加强消防基础设施建设,配备必需的消防设施设备和灭火器材器具,切实提高火灾防范和扑救能力。

四是要实施责任追究。在检查中发现不认真履行文物消防安全管理职责,对火灾隐患不积极采取有效措施整改的,要对责任单位进行通报批评,并责令改正。因失职渎职、违法违规行为,导致发生火灾事故,对文物造成损害或者对文物安全构成重大威胁的,要依法依规根治隐患、严肃处理。

(五)抓紧建立健全文物安全监管与执法督察基础性制度

一是健全文物安全责任制度和责任追究制度。建立"文化遗产保护责任制度和责任追究制度",是《国务院关于加强文化遗产保护的通知》中提出的明确要求。陕西、甘肃两省政府已经走在前面,以省政府令的形式,颁布实施了"重大文物安全事故行政责任追究规定",明确了重大文物安全事故范围和相应职责。各省文物行政部门要高度重视,尽早出台相关规定,全面落实文物安全责任制。

二是建立文物行政执法与安全监管巡查制度。北京、浙江两省的实践证明,省级文物行政部门规范化、制度化、经常化地开展文物行政执法与安全监管巡查,是当前降低重大文物违法案件与安全事故发生率的有效手段。各省文物行政部门要积极学习、借鉴先进经验,尽快制定切实可行且行之有效的文物行政执法与安全监管巡查办法，尽快启动省级文物行政部门巡查工作，通过巡查实现预防为主、关口前移，降低行政执法成本，避免文物损毁和社会财富的极大浪费。

三是建立文物行政执法与安全监管情况公告制度。最近，国家文物局印发了《文物行政执法与安全监管情况公告制度工作方案（试行）》，自2010年1月1日起试行文物行政执法与安全监管情况公告制度。开展这项工作，国家文物局下了很大的决心，主要目的是通过公示公告这种信息公开方式，推动地方各级政府及其相关部门提高文物行政执法与安全责任意识，依法履行文物保护职责；推进文物行政部门落实文物行政执法责任制，改变目前文物行政执法与安全监管工作相对被动的局面。各级文物行政部门，特别是省级文物行政部门，要高度重视，端正认识，不折不扣落实《方案》要求，保证试行效果，并在本行政区域内推动建立配套制度。

（六）进一步规范文物安全防护工程管理

频频发生的文物火灾事故和文物犯罪案件表明，仅仅依靠传统的死看硬守，已经不能适应当前安全形势的需要，必须充分发挥科学技术在文物安全防范工作中的引领支撑作用，加快文物安全防护工程建设步伐，加大投入力度。为此，在中央领导同志直接关心下，中央财政加大了对文物安全防护设施建设经费的投入力度，预计“十二五”期间还将有大幅度的增加。

但是，必须认识到，目前全国重点文物保护单位、重点保护单位安全防护设施达标率普遍偏低，经费需求缺口巨大，“僧多粥少”的局面将持续一段时间。这就要求各级文物行政部门将这笔来之不易的资金管理好、使用好，真正把有限的资金和资源用在文物事业发展的刀刃上，保证发挥作用。

一是要结合“十二五”规划编制工作，在安全隐患排查的基础上，以科学、谨慎的态度进行项目必要性和可行性评估，依轻重缓急排序，建立中央和省级文物安全防护工程储备项目库，科学安排建设项目。

二是严格文物安全防护设施工程方案的审核审批。近期，公安部、国家文物局将联合下发通知，规范安防护工程方案审批，加强工程管理。各地要文物行政部门要加强行业管理，认真组织开展方案审核和工程验收工作，重点审查工程的可行性、必要性与项目规模，避免工程实施对文物本体及环境造成保护性破坏。

三是要严格履行工程招投标程序，坚持公开、公正、公平的原则，由具有文物领域工程经验、符合资质要求的设计、施工单位进行设计施工，并引入工程监理机制。国家文物局将从防雷工程开始，逐步在文物安全防护设施建设工程中实行行业准入和资质管理。

四是要加强工程验收，确保设备投入使用后能够全面、有效发挥作用，坚决避免出现半拉子工程、不合格工程和“胡子工程”。要加强资金监管和绩效评估，落实各项廉政建设制度，坚决杜绝商业贿赂和铺张浪费行为。国家文物局将联合监察部、公安部等有关部门加强检查工作，对检查中发现的问题，依法依纪严肃处理。

（七）认真做好人民群众来信来访工作

文物行政执法处于文物保护第一线，与人民群众接触最频繁，关系最密切，直接影响人民群众对文物保护工作、文物行政部门乃至国家文物保护政策的认知和感受。能否在文物行政执法与安全监管工作中,处理好涉及文物保护的人民群众来信来访工作,正确对待人民群众的期望与要求,维护人民群众的切身利益,维护社会的和谐稳定,直接体现出文物系统的政风、行风,是构建和谐社会的重要一环。同时,相当一部分人民群众来信来访,是为了向我们举报文物违法、犯罪案件线索,促进文物保护工作。

各级文物行政部门的工作人员必须牢固树立全心全意为人民服务的宗旨意识,想群众之所想,急群众之所急,以高度负责的态度做好信访工作。对待每一位信访群众,我们都要耐心倾听群众的诉求,要"换位思考",要讲究方式方法,耐心仔细回答来信来访提出的问题。

基层是信访问题产生的源头,也是解决问题的基础,信访最终就是要解决问题。我们的基层文物行政部门要认真做好信访工作,在职责范围内为群众解决实际需要解决的问题,做到案清事了,息诉罢访,维护人民群众的切身利益,为构建和谐社会作出贡献。

同志们,文化遗产是不可再生的宝贵资源,安全是文物工作的生命线。确保祖国文化遗产安全,责任重大而神圣。在全面建设社会主义小康社会的新形势下,文物保护工作日益受到社会各界的关注,文物安全工作既面临机遇,又面临挑战。我们要以高度的政治责任感和历史使命感,贯彻落实科学发展观,恪尽职守,齐心协力,团结协作,克难攻坚,扎实工作,切实将文物安全与执法督察工作推向深入。文物部门、公安部门和肩负文物保护职责的各有关部门,要在党和政府领导下,团结合作,协同配合,共同为开创文化遗产保护新局面付出努力、作出贡献,不辱使命!

国家文物局办公室秘书处
二〇〇九年十二月十五日印发

国家文物局《关于印发单霁翔局长和董保华副局长在全国文博教育培训工作座谈会上讲话的通知》

文物人函[2010]1219号

各省、自治区、直辖市文物局(文化厅),有关高等院校文博院系:

现将单霁翔局长在全国文博教育培训工作座谈会上的讲话和董保华副局长在全国文博教育培训工作座谈会上的总结讲话印发给你们,请结合工作实际,认真贯彻落实。

二〇一〇年十一月二十二日

单霁翔同志在全国文博教育培训工作座谈会上的讲话

2010年10月27日

同志们:

这次全国文物博物馆教育培训工作座谈会,是国家文物局召开的一次重要会议。会议的主要任务是:贯彻党的十七届五中全会精神和全国人才工作会议精神,总结近年来文物博物馆教育培训工作的成绩和经验,进一步明确"十二五"期间文物博物馆教育培训工作的主要任务,使教育培训工作更好地为文化遗产事业发展提供智力支持和人才保证。

下面,我讲几点意见。

一、近年来文博教育培训工作的回顾

党的十六大以来,国家文物局认真贯彻党中央关于人才强国战略的重大决策,着眼于新世纪新形势下,文化遗产事业发展和队伍建设的需要,采取有效措施开展大规模文物博物馆教育培训工作。

在2002年12月召开的全国文物工作会议上,国家文物局把加强文博教育培训列为四项基础工作之一,提出大力开展教育培训,逐步实施资格认定、持证上岗制度,造就一支思想好、业务精、管理强、作风硬的文博干部队伍的目标。2003年1月在上海召开的文博教育培训工作座谈会和2004年10月在江西南昌召开的全国文物宣传教育工作会议,进一步部署了教育培训工作任务。面对事业发展的需求,面对师资队伍、培训设施的紧缺,面对人力财力的不足,国家文物局与各地文物部门、高等院校、科研部门通力协作、迎难而上,推动文博教育培训工作取得新成绩。

(一)文博管理干部培训深入开展。

2003年至2008年,国家文物局与北京大学、清华大学、复旦大学、南开大学、四川大学、西北大学和中国文化遗产研究院密切合作,连续六年举办了全国省级文物局局长、博物馆馆长、考古研究所所长、古建保护所所长专业管理干部培训班,共培训省级文博管理干部443名。我们紧紧围绕党中央国务院对文化遗产保护工作的新要求,《文物保护法》对各级政府和文物部门赋予的新职责,大规模城乡基本建设给文化遗产保护带来的新课题,组织学员学习法规政策、业务知识和管理科学,增强依法保护文化遗产的能力。

在这个基础上,我局与各省、自治区、直辖市文物局合作,开展了地市文博干部和全国重点文物保护单位负责人培训,已经有27个省、自治区、直辖市共3300多人参加了培训,有效提高了基层文博管理干部队伍的素质。同时,针对我国世界文化遗产保护管理工作中存在的问题,从2004年起,连续六年举办了7期世界文化遗产保护管理机构负责人培训班,共同研讨有关管理体制、保护措施等问题,提高依法管理、科学管理世界文化遗产的水平。

2008年四川汶川大地震中,灾区文博干部奋不顾身保护抢救文化遗产的壮举,震撼着全国文博系统干部职工的心。我局与北京大学文博学院合作,两次举办地震灾区文博干部培训班,为抗震救灾斗争中文物保护工作提供智力和技术支持。

近年来,我局积极配合中央组织部在中央党校举办地市领导干部文化遗产保护专题研讨班,与解放军总后勤部联合举办军队营区文物保护与管理培训班,帮助党政领导干部及部队领导干部提高依法保护文化遗产的能力。局领导还亲自到中央党校、国家行政学院、国防大学以及部分省区市党委中心组,分别作《城市化进程中的文化遗产保护》、《增强法制观念,提高文物执法水平》、《世界遗产发展趋势与挑战应对》等题目的讲座,与各级党政领导干部共同研讨如何正确处理经济建设与文化遗产保护的关系、依法履行政府保护文化遗产的职责、促进经济社会全面协调可持续发展等重大问题。

(二)专业技术人员培训取得实效。

近年来,国家文物局为解决文化遗产保护专业技术力量薄弱的问题,举办了古建维修、考古发掘、博物馆藏品保护修复、文物鉴定等各类专业技术培训。这些培训注重提高学员的专业技术和操作技能,很多学员已经在各自的岗位上迅速成长为专业技术骨干。同时,围绕长城资源调查、第三次全国文物普查、博物馆免费开放、数字信息化技术应用等重点工作、重大工程开展专项培训,实现了项目实施和人才培养的双丰收。

(三)文物行政执法人员培训取得成果。

加强文物行政执法是当前一项非常重要的工作。我局不断加大文物行政执法人员培训的力度,特别是今年以来开展文物行政执法人员片区集中轮训,集中力量培训文物行政执法人员800多人,促进了文物行政执法队伍建设,提高了文物行政执法能力和水平。

(四)少数民族地区文博培训工作得到加强。

近年来,国家文物局在培训力度上积极向少数民族地区倾斜。西藏文物保护工程培训班将藏式建筑简史、传统工艺和材料的运用列入培训课程。围绕抗震救灾文化遗产保护,举办藏羌碉楼保护维修培训班,在利用当地的人力、材料和工艺对藏羌碉楼进行保护抢救的同时,也保护传承了碉楼建造维修的传统工艺。新疆坎儿井文物保护培训班将乡镇干部、村民列入培训对象,在探索依靠人民群众的力量保护文化遗产新路子的同时,也使坎儿井建造保护的传统工艺得到有效传承。

(五)各地文物部门开展教育培训的积极性普遍提高。

各省、自治区、直辖市紧紧抓住人才队伍建设这个基础工程,积极创造条件开展文博教育培训工作。例如新疆维吾尔自治区文物局与北京大学、南京大学和兰州大学等高校合作举办研究生专修班,培养了120名文博干部。贵州省文物局委托北京大学、同济大学举办文化遗产保护研究生进修班和研讨班,培养了47名文博干部。陕西省文物局、河南省文物局积极配合省委组织部,举办市县领导干部文化遗产保护专题培训班,增强党政领导干部的文化遗产保护意识。各地区还结合重点工作、重点项目,举办多种形式的专题培训班,为事业发展打下坚实的基础。

(六)科技成果得到推广。

近年来,我局举办了5期行业标准宣传贯彻培训班和2期馆藏文物保护修复技术培训班,推广33项行业标准和陶质彩绘、金属文物保护的科研成果,培训了600余名专业技术人员,实现了科学研究、成果推广与人才培养的有效结合。

(七)涉外培训取得突破。

近年来,我局与ICCROM合作举办了亚太地区博物馆藏品预防性保护培训;中意合作文物保护修复培训项目培养了140名专业技术人员;中日韩合作丝绸之路沿线文物保护修复技术人员培养计划培养了102名专业技术人员;与美国梅隆基金会、盖蒂保护研究所、法国国家遗产学院等机构合作培养了一批高层次的博物馆管理人员和专业技术人员。中国文化遗产研究院还四次承担国家援外培训项目“亚非文化遗产保护官员培训班”和“阿拉伯地区文物修复技术人员培训班”,促进了我国在国际文化遗产保护领域的交流与合作。

应该看到,近年来开展的文博教育培训规模之大、投入之多、覆盖面之广、内容之丰富、效果之显著,在我国文化遗产事业发展史上是前所未有的。国家文物局和各地文物部门克服机构和编制不足,安排专门人员和专项经费开展培训;各高校和科研机构挖掘潜力,积极承担文博教育培训任务;各基层文博单位在工作繁忙的情况下,派出人员参加培训,都给予这项工作有力支持。

大规模的文博教育培训,有效地提高了文博干部队伍的整体素质,初步形成了由各级文物行政部门、高等院校和科研部门组成的文博教育培训体系,涌现出一批科研成果和学术论文,为文

化遗产:事业的科学发展奠定良好的基础。回顾近年来教育培训工作,我们深深体会到:

(一)要坚持围绕中心、服务大局,保证文博教育培训的正确方向。要认真贯彻党和国家的文物工作方针,紧密围绕文化遗产保护这个中心,服务于推动文化遗产事业科学发展的大局,结合实际制订培训计划、明确培训目标、安排培训项目,保证文博教育培训沿着正确的方向发展。

(二)要坚持按需施教、学以致用,提高文博教育培训的实效。按照文化遗产事业发展对人才的需要,按照干部成长的规律,分级分类开展培训,努力把学习成果转化为推动事业发展的能力、谋划事业发展的思路、落实事业发展的举措。

(三)要坚持优势互补、各展所长,探索联合办教育培训的新模式。在文博教育培训中,我们更多地把依托高等院校和科研机构联合举办培训班作为主渠道,充分发挥这些单位在教学资源、科研资源、信息资源等方面的优势。各高等院校和科研机构大力支持文博教育培训工作,不仅提高了培训质量,也促进了自身学科建设,走出一条相互促进、相得益彰、共同发展的新路子。

(四)要坚持扩大开放、开阔视野,拓宽涉外培训的有效途径。我们采取"走出去"、"请进来"相结合的方式,请国外高校和科研机构的专家学者来华讲课,同时组织一批干部走出国门进修深造,学习国际上文化遗产保护的理念、技术和管理经验,促进优秀人才成长;也利用各种涉外培训的时机,将我国文化遗产保护理念、准则、技术和成果介绍给世界,提高我国在国际文化遗产保护领域的地位。

在总结成绩的同时,我们也应该清醒地看到,文博教育培训还存在覆盖面不全,承办培训的机构、人力和财力不足,培训课程和教材尚未形成系统等问题。这些都需要我们认真总结经验教训,在实践中不断探索文博教育培训的规律,采取积极措施改进工作,使教育培训工作与文化遗产事业科学发展相适应。

二、深刻认识开展文博教育培训的重要性和紧迫性

党的十六大以来,以胡锦涛同志为总书记的党中央从弘扬中华文化、发展社会主义先进文化的高度,突出强调保护文化遗产、建设中华民族共有精神家园的重要性,出台了一系列保护文化遗产的重大政策措施。最近召开的党的十七届五中全会提出:"文化是一个民族的精神和灵魂,是国家发展和民族振兴的强大力量。要推动社会主义文化大发展大繁荣、提升国家文化软实力,坚持社会主义先进文化前进方向,提高全民族文明素质,推进文化创新,深化文化体制改革,增强文化发展活力,繁荣发展文化事业和文化产业,满足人民群众不断增长的精神文化需求,基本建成公共文化服务体系,推动文化产业成为国民经济支柱性产业,充分发挥文化引导社会、教育人民、推动发展的功能,建设中华民族共有精神家园,增强民族凝聚力和创造力。"这也为"十二五"期间文化遗产事业的发展明确了方向。在今年6月12日我国第五个文化遗产日之际,李长春同志发表题为《保护发展文化遗产建设 共有精神家园》的重要文章,阐述了许多新思路、新论断、新举措,对加强文化遗产保护人才队伍建设也提出了新要求。

当前,我国文化遗产保护是在世界多极化、经济全球化深入发展、科技进步日新月异、人才竞争日趋激烈的形势下进行的,是在我国全面建设小康社会的背景下进行的,是在工业化、城镇化深入发展的进程中进行的,是在深化文化体制改革、推动社会主义文化大发展大繁荣的过程中进行的。我们必须深刻认识到：

——加强文化遗产保护，与增强国家实力、提高国民素质密不可分。一个国家的强盛，不仅要有经济的发达，也要有文化的发展进步。我们拥有丰富的文化遗产资源，要通过有效保护和合理利用，提高文化遗产的影响力和感召力，才能增强我国的文化软实力。同时，要将文化遗产所蕴含的深刻内涵，融于社会主义核心价值体系之中，传承中华文化，建设共有精神家园，成为全体人民树立共同理想、弘扬民族精神和时代精神的文化力量。

——加强文化遗产保护，与推动科学发展、促进社会和谐密不可分。全面建设小康社会，不仅要使人民过上富裕的生活，还要满足人民不断增长的精神文化需求。因此在大规模经济建设中，我们必须竭尽全力保护文化遗产，挖掘和展示城乡文化内涵，创造温馨的文化生态环境。这既是经济社会全面协调可持续发展的需要，也是建设社会主义和谐社会的要求。

——加强文化遗产保护，与维护民族团结、实现祖国统一密不可分。我国是一个统一的多民族的国家。在几千年的历史长河中，中华民族形成了追求国家统一、维护民族团结的价值观。在近代，在这种价值观的感召下，各族人民携手抵御外侮，共同维护了中华民族的利益和尊严。大量历史文化遗存，是全国各民族团结发展、共同进步的历史见证，也是海峡两岸人民同祖同根、血肉相连的情感纽带。保护好文化遗产，对加强民族认同感、国家认同感，维护中华民族的团结、实现祖国的统一，具有不可替代的作用。

——加强文化遗产保护，与维护国家主权、捍卫领土完整密不可分。我们祖先遗留下来的大量珍贵文化遗产，是中华民族世世代代辛勤耕耘、苦苦求索的结晶，是他们在流淌着中华血脉的土地上生活繁衍的忠实记录，也是历朝历代中央政权实行有效管辖、昭示国家主权的铮铮铁证。加强对文化遗产的保护、研究和利用，以无可辩驳的史料和文物史迹揭示我国历史上的版图、疆域等事实，为维护国家主权、捍卫领土完整作不懈的斗争，这不仅是一份文化责任，更是一份重大的政治责任。

推进文化遗产事业科学发展，实现由文化遗产大国向文化遗产保护强国的转变，关键是人才。加强教育培训工作，是培养人才、提高队伍素质的重要途径。我们要进一步加强和改进文博教育培训，把这项基础工作推向一个新阶段。

（一）加强和改进文博教育培训工作，是贯彻落实党中央关于开展大规模干部培训、建设学习型党组织要求的战略任务。党的十七大作出继续大规模培训干部、大幅度提高干部队伍素质的重大决策，党的十七届四中全会提出建设马克思主义学习型政党的战略任务。2006年，党中央印发了《干部教育培训工作试行条例》，今年中央办公厅又印发了《2010－2020年干部教育培训改革纲要》，对干部教育培训工作提出新的要求。我们要深刻认识干部教育培训工作的先导性、基础性、战略性，围绕提高科学执政、民主执政、依法执政的本领，着眼推进文化遗产事业科学发展、建设文化遗产保护强国的目标，进一步增强做好新形势下文博教育培训工作的责任感和紧迫感，开创工作的新局面。

（二）加强和改进文博教育培训工作，是贯彻落实科学发展观，推进文化遗产事业科学发展的重要举措。当前，党中央国务院高度重视、各级党委政府大力支持、全社会积极参与，使文化遗产事业面临着前所未有的发展机遇。同时,在工业化、城镇化深入发展的背景下,大规模城乡建设、基础设施建设与文化遗产保护的矛盾凸现,文化遗产保护面临着前所未有的严峻挑战。我们要深入贯彻落实科学发展观,竭尽全力推进文化遗产事业向前发展。通过教育培训工作,组织各级文博干部认真研究解决新时期新形势下文化遗产保护面临的新情况新问题,用科学的理论指导实践,使我们制定的政策、采取的举措更加符合文化遗产保护工作的客观规律,更加符合人民群众的需求,更加符合科学发展观的要求。

(三)加强和改进文博教育培训工作,是加强干部队伍建设,提高整体素质和能力的迫切需要。近年来,我们在大力推行竞争上岗、公开招聘,通过深化人事制度改革选拔优秀人才的同时,把素质和能力建放在十分重要的位置。应该看到,目前文博干部队伍中,具有大学本科以上学历的占27%,具有高级专业技术职称的占7.1%,从业人员流动性大、就业门槛低,使现有人员的学历结构、知识结构与快速发展的文化遗产事业不相适应。长期制约文化遗产事业发展的保护资金问题,在各级财政的大力支持下逐步缓解,而人才问题、队伍的素质与能力问题成为凸现的瓶颈问题。解决这个问题需要面向社会广纳人才,更多的是需要挖掘自身潜力,强化文博教育培训工作,促进文博干部在思想理论水平、依法行政能力、专门业务知识、解决问题本领等方面都有较大的提高,培养造就一大批适应事业发展需要的专门人才。

三、进一步明确文博教育培训工作的指导思想和主要任务

今后一个时期文博教育培训工作的指导思想是,以邓小平理论和"三个代表"重要思想为指导,贯彻落实科学发展观,按照中央关于加强学习型党组织建设和加强人才队伍建设的要求,紧紧围绕文化遗产事业科学发展的需求,落实大规模培训干部、大幅度提高干部队伍素质的战略任务,以提高培训质量为主线,创新体制机制为重点,努力形成多层次、多渠道、大规模的文博教育培训工作新格局,为文化遗产事业科学发展提供智力支持和人才保证。

文博教育培训工作应当遵循围绕中心、服务大局,以人为本、按需施教,全员培训、保证质量,联系实际、学以致用,统筹兼顾、创新机制的原则,突出时代性,强调针对性,注重实践性,增强创新性。

在"十二五"期间,要针对当前文化遗产保护面对的新形势新情况,重点抓好以下几方面的文博教育培训:

(一)加强县级文物行政部门负责人培训。县级文物行政部门是文化遗产保护的基础,党和国家的文物工作方针政策、保护法规,归根结底要靠基层来落实。要在巩固地市级文博干部培训的成果的基础上,大规模开展县级文物部门负责人调训,每年调训500人,力争用五年的时间全部调训一遍,着重提高依法行政、依法保护文化遗产的能力,提高履行岗位职责的能力。

(二)加强配合重点工作、重大项目的专项培训。一是加强世界文化遗产保护管理机构负责人培训。当前世界文化遗产数量不断增长,保护管理工作中出现的问题也不断增多。通过培训,引导管理人员克服世界文化遗产工作中存在的重申报、轻管理,重开发、轻保护的现象,提高保护管理水平。二是加强大遗址保护管理机构负责人的培训。"十二五"期间,国家文物局规划形成以文化片区、文化线路、重要大遗址为支撑的大遗址保护格局。通过培训,引导管理人员创新大遗址保护理念和模式，提高大遗址研究、保护、管理和利用水平。三是加强博物馆管理人员培训。博物馆免费开放，是推进文化体制改革、发展公益性文化事业的重要内容，是保障人民基本文化权益的重要举措。通过培训，引导博物馆深化体制机制改革，进一步提高公共文化服务水平。四是围绕第三次全国文物普查开展项目培训。“十二五”期间，国有可移动文物普查将纳入第三次全国文物普查的重要内容。通过培训，促进国有可移动文物的登记、建档和认定工作的开展，扩大第三次全国文物普查的成果。

（三）加强文博专业技术人员培训。当前，大量的不可移动文物亟待抢救保护，大量的馆藏文物亟待保养修复，专业技术人员不足成为迫切需要解决的关键问题。要继续办好各类专业技术培训班，其中包括不可移动文物保护维修、馆藏文物保护修复、文物鉴定、博物馆建设、数字信息技术应用等方面的培训，培养职业化、专业化的文化遗产保护专业技术骨干力量。要继续探索推行师承制，培养一批掌握传统文物保护修复技术、工艺的中青年专业人员。

（四）加强文物行政执法人员培训。大力宣传贯彻文化遗产保护法律法规，依法保护文化遗产，严肃纠正违法行为，是各级文物行政部门的一项繁重而艰巨的任务。目前文物行政执法队伍体制不尽一致，有的设立在文物行政部门，有的是专职文物行政执法队伍，有的则是依托文化市场执法队伍来开展文物行政执法工作，但是执法人员业务培训应该是统一的。我们要加大文物行政执法培训力度，提高执法水平，维护法律法规尊严，确保文物安全。

（五）加强西部和少数民族边疆地区文博教育培训。按照中央关于实施西部大开发和支援西藏建设、支援新疆建设的战略部署，结合西部文化遗产保护的实际需求，有针对性地举办西部地区、西藏、新疆等少数民族地区各类培训班，把加强民族文化遗产保护列入培训课题。积极协调高等院校举办少数民族地区文博干部专修班。在培训规划、经费投入、学员名额等方面向西部和少数民族地区倾斜，加大对西部和少数民族地区培养人才的支持力度。

（六）加强学历教育。积极鼓励干部职工树立终生学习的理念，按照干什么、学什么，缺什么、补什么的原则，自主选学各种学历教育，在学习时间和经费方面创造条件给予支持。通过“专升本”、进修研究生、选择适当高等院校开展文化遗产管理方向的公共管理硕士（MPA）学位和文物博物馆专业硕士学位教育等形式，拓宽干部职工接受学历教育、提高自身素质的途径，努力改善文博干部队伍的学历结构和知识结构。

（七）加强涉外培训。要树立世界眼光，密切与国外文博培训机构的合作交流关系，一方面与国外、境外文博培训机构合作举办培训班、邀请专家学者来华讲学，另一方面有计划地选派文博干部赴国外进修深造，吸收各国优秀文明成果，培养一批外向型人才，在更深程度、更高水平上参与文化遗产保护领域的国际交流与合作，不断增强中华文化的国际影响力。

四、加强领导，整合资源，形成文博教育培训的长效机制

加强和改进文博教育培训工作，需要全国文物系统的共同努力。各级文物行政部门要加强对文博教育培训工作的领导，把更多的精力和财力投入到教育培训工作，列入发展规划、列入岗位职责、列入经费预算，把这项事关事业发展大局的基础性工作抓紧抓实，努力建立起更加开放、更具活力、更有实效的文博教育培训体系和长效机制。

(一)编制好“十二五”文博教育培训规划。一是适应文化遗产事业发展的需要,着眼于人才总量的增长和队伍素质的提高,创新教育培训的体制机制。二是进一步明确培训的方向目标和任务措施,建立覆盖全员的培训体系。三是加大对高层次的复合型领导人才、高级专业技术人员特别是中青年学科带头人和行政执法骨干的培养力度。四是实施聘用制和岗位管理制度,在文博行业逐步推行岗位资格制度,优化队伍,提高能力,促进人才合理流动。

(二)构建科学合理的文博干部培训新格局。一是发挥中国文化遗产研究院、中国文物信息咨询中心担负的培训职能作用,积极承担重大培训任务,努力提高培训质量。二是依托高等院校开展培训工作。国家文物局将继续与北京大学合作,建设好中国文物博物馆学院,发挥这一培训基地的教学优势;同时继续依托各高校文博专业院系有计划地举办培训班,实行项目管理。有条件的省区市也要与当地高校合作,建设培训基地。在过去一个阶段,各个高校充分发挥资源优势,为文博教育培训作出积极贡献。同时也应该认识到,教育培训与学历教育有所不同,需要更加注重实践性、实用性和实效性,倡导研究式、案例式、体验式教学方法,努力做到教学相长、学学相长,提高培训效果。我们将进一步巩固与各高校的密切合作关系,在文博教育培训方面取得更多的成果。三是鼓励和规范文博社会组织参与培训工作。要将文博社会组织的培训纳入文博教育培训规划,合理安排培训项目,规范培训课程、培训对象和费用标准,保证培训工作健康有序进行。

(三)建好文博教育培训师资队伍。在长期的文博教育培训实践中,我们已经初步形成一支由高等院校教师、高级专业技术人员、高级行政管理干部相结合的专兼职师资队伍,在今后的工作中仍然要发挥他们的重要作用。同时,要在教学实践中注重培养中青年兼职教师,帮助他们发挥优势、规范课题、编好讲义,形成相对稳定的师资队伍,丰富师资库,适应文博教育培训发展的需要。

(四)编印好文博教育培训参考书籍。组织文物出版部门编辑出版文博教育培训参考资料,本着先易后难的原则,首先从文化遗产保护基本法律规章和方针政策书籍编起,逐步形成文博教育培训系列丛书。同时注意将老师和学员在培训教学实践中撰写发表的理论学术文章收集整理,编印成册,丰富和扩大教育培训成果。

同志们,党的十七届五中全会规划了未来五年的发展蓝图,我们站在新的历史起点上,建设中华民族共有精神家园。文化遗产事业正在快速发展,前景充满希望。加强人才队伍建设,切实做好文博教育培训工作,任务艰巨,责任重大。让我们共同承担重任,携手共进,真抓实干,努力提高文博干部队伍素质,培养大批创新人才,为推进文化遗产事业科学发展作出积极的贡献!

在全国文博教育培训工作座谈会上的总结讲话

国家文物局副局长　董保华

2010 年 10 月 27 日

同志们：

经过大家的共同努力，全国文博教育培训工作座谈会已经圆满完成了各项议程。这次座谈会，是在全党全国深入学习贯彻党的十七届五中全会精神的形势下召开的。单霁翔同志在座谈会上的讲话，回顾总结了十六大以来的文博教育培训工作，进一步明确了"十二五"期间文博教育培训的指导思想、基本原则和主要任务。各省、自治区、直辖市文物部门和部分高校文博院系交流了工作经验，与会同志们在座谈讨论中畅所欲言、各抒己见，就进一步加强和改进文博教育培训，做好"十二五"期间大规模培训干部工作提出了很多意见和建议。会议内容充实，气氛热烈，富有成果。

一、这是一次认真学习、统一认识的会议

一是对于文物事业的地位和作用以及文博教育培训工作的重要性有了新的认识。大家认为，单霁翔局长在讲话中概括的四个"密不可分"，即加强文化遗产保护，与增强国家实力、提高国民素质密不可分，与推动科学发展、促进社会和谐密不可分，与维护民族团结、实现祖国统一密不可分，与维护国家主权、捍卫领土完整密不可分，从理论的高度总结了文物事业的地位、重要作用以及我们所肩负的历史责任，而加强文博教育培训工作，正是我们更好地承担这份历史责任的重要保证。

二是充分肯定了近年来开展文博教育培训工作的有益经验。大家认为，单局长的讲话对近六年来教育培训工作的总结是实事求是的，成绩是实实在在的，经验是应该肯定和在今后的工作中继续保持发扬的。特别是"四个坚持"，是我们开展好这项工作的根本保证：坚持围绕中心、服务大局，保证文博教育培训的正确方向；坚持按需施教、学以致用，提高文博教育培训的实效；坚持优势互补、各展所长，探索联合办教育培训的新模式；坚持扩大开放、开阔视野，拓宽涉外培训的有效途径。这四条经验，是近年来全国文物系统和高等院校文博教育培训实践的总结和升华。

二、这是一次求真务实、探索创新的会议

大家在会议上交流了开展文博教育培训工作的成绩和经验，对于存在的问题也是有着清醒而准确的认识,对于在新形势下开展文博教育培训工作、促进文物工作又好又快地发展进行了认真的思考和探索,提出了新思路。

一是与会同志对当前培训工作中的问题有着清醒的认识。比如当前队伍的状况,包括队伍的总量和人员结构不能适应文物事业发展的需求;比如培训工作尚未与行业准入、资格资质相结合;比如从全国的范围看,用于教育培训的人力、财力投入尚显不足;比如培训的标准化管理、跟踪问效、培训效果的合理延伸尚未提上日程等等。应该说,问题找得很准,也是我们下一阶段工作中要着力改进的地方。

二是提出了具有针对性、前瞻性的思路。单局长在讲话中突出强调了大教育、大培训的概念,其核心就是要把我们的教育培训范围向外延伸。实际上近年来的文博教育培训工作,培训对象不仅面向文博干部队伍,而且向上延伸到各级党委、政府领导干部和部队领导干部,向下发展到地市县、基层乡村干部乃至普通村民;培训内容不仅有文物保护、考古等专业知识,而且涉及思想政治、政策法规、管理科学等很多领域。各地文物部门结合实际,创造性地开展教育培训工作,各个高校发挥优势大力支持文博教育培训工作,都丰富了文物教育培训工作的内涵和外延。在这方面还有继续探索的空间,比如开展跨部门的联合培训,江苏省曾经做过一些探索,我们可以与旅游部门、公安、海关以及建设、规划部门联合开展相关培训。各地文物部门在这方面都做了有益的探索,比如陕西、河南配合省委组织部率先开展的市县党政领导干部文化遗产保护培训就很具有指导意义和推广价值。

三是结合《2010－2020 年干部教育培训改革纲要》的学习,对在新一轮大规模培训干部中进一步提高教育培训质量提出了建议。与会同志认为,文化遗产事业发展的现实需要要求我们尽快扩大文物培训的规模和覆盖面。实现我国从文化遗产大国向文化遗产保护强国的转变,扩大培训规模是基础,提高培训质量是关键。今后 5 年,要努力构建文博干部培训新格局,整合各种资源,扩大培训规模。同时要更加注重培训的实践性、实用性和实效性,构建稳定的授课团队体系,倡导研究式教学、案例教学、体验式教学,研究制定培训标准、规范,建立培训的项目管理和绩效考评体系,切实提高培训质量。

三、这是一次明确目标、推动发展的会议

单霁翔同志在会议讲话中提出了“十二五”期间文博教育培训的指导思想、基本原则和主要任务。会议还印发了《“十二五”期间文博干部教育培训规划(征求意见稿)》。与会同志围绕深入开展教育培训工作进行了讨论,我们将充分吸收大家的意见和建议,编制好这份规划,并列为文化遗产事业十二五发展规划的重要内容。在下一步工作中,要紧紧抓住提高培训质量这条主线,创新体制机制这个重点,着眼于培养高水平的文博管理干部、高技能的专业技术人员和高素质的文物行政执法人员,突出县级文物部门负责人调训这个亮点,提高文博教育培训工作的科学化水平。

实现这些目标,需要各级文物部门的积极努力各个有关高校的大力支持。我们要齐心协力落实文博教育培训各项任务,为文博干部队伍提高素质和能力,为各类人才成长进步营造环境、搭建平台,扎扎实实地实施好这项具有先导性、基础性、战略性的工程。

这次会议结束后，大家回到各地后要抓好会议精神的落实。

第一，要及时将会议精神向主要领导汇报，做好传达贯彻工作。要结合学习贯彻党的十七届五中全会精神，深刻认识并准确把握国内外形势新变化新特点，深刻认识中央对文化建设发展的新要求，深刻认识科教兴国和人才强国的战略意义，把文博教育培训工作摆在重要议事日程。各级文物行政部门要充分发挥领导作用，主要负责同志要亲自抓落实工作，每年要研究一次教育培训工作，分析形势，解决问题。要按照中央《干部教育培训工作条例（试行）》的要求，将干部教育培训经费列入年度财政预算，保证大规模培训干部工作的需要。要健全干部教育培训机构，保证足够的人员编制，充实必要的工作力量。

第二，要在编制本地区文化遗产事业"十二五"发展规划中，将人才队伍建设和文博教育培训列入重要内容。国家文物局将充分吸纳这次会议的讨论意见，修订完善《"十二五"期间文博教育培训规划》，作为《文化遗产事业"十二五"发展规划》的重要内容。

第三，要推动重点项目的实施。例如大规模开展县级文物部门负责人调训，每年调训500人，用五年的时间全部调训一遍，这是一个重点工程。要搞好论证测算，制定切实可行的方案，明确责任单位和责任人，确保落实到位。同时，要围绕"十二五"期间文化遗产保护重点项目策划好培训题目，例如我们即将开展第三次全国文物普查的延伸项目全国馆藏文物普查，要提前安排好普查人员培训工作，促进项目实施和人才培养双丰收。

同志们，加强人才队伍建设，提高干部队伍素质，任务繁重，责任重大。我们要以高度的政治责任感和历史使命感，坚持不懈地做好文物教育培训这项基础工作，为文化遗产事业的科学发展不断作出新的贡献！

国家文物局办公室秘书处

二〇一〇年十一月二十三日印发

浙江省人民政府、国家文物局国家文化遗产保护科技区域创新联盟(浙江省)共建协议书

为贯彻落实党的十七大精神和《国家中长期科学和技术发展规划纲要(2006－2020年)》,积极践行科学发展观,全面推进文化遗产保护行业创新体系建设,充分发挥科学技术在文化遗产保护领域的支撑和引领作用,推动浙江省文化遗产保护事业又好又快发展,浙江省人民政府和国家文物局决定共建国家文化遗产保护科技区域创新联盟(浙江省),并就共建有关事宜达成如下协议:

第一条 国家文化遗产保护科技区域创新联盟(浙江省)(以下简称"区域创新联盟")是在浙江省人民政府和国家文物局的领导下,由浙江省文物博物馆单位、高等院校、科研院所和相关企业共同建立的区域性跨学科、跨领域、跨行业、跨部门的文化遗产保护行业技术创新战略合作组织。

第二条 共建区域创新联盟,旨在充分发挥中央和地方各自优势,使区域创新联盟发展成为文化遗产保护领域具有重要影响的技术研发、资源共享、成果转化、人才孵化以及新兴产业培育的平台,探索区域创新联盟的建设和运行机制,为在全国全面开展国家文化遗产保护科技区域创新联盟建设工作提供示范。

第三条 共建双方将本着共同协商、共同指导和共同投入的基本原则,切实发挥宏观指导作用,引导区域创新联盟发展方向,积极推动区域创新联盟的理论创新、体制创新和技术创新,引导和鼓励社会参与和投入,重点支持区域创新联盟确立的资源共享、技术协作、成果推广、人才培养和新兴产业培育计划,协商解决区域创新联盟建设和发展过程中的重大问题,为区域创新联盟创造良好的政策和制度环境,确保区域创新联盟建设与发展的稳定性和可持续性。

第四条 国家文物局的职责:

(一)将区域创新联盟建设纳入国家文化遗产保护科技发展规划以及国家文化遗产保护科技创新体系,并在科技工作部署方面给予倾斜支持。

(二)指导区域创新联盟申报国家有关文化遗产保护重大科技项目,并为区域创新联盟的重点科技项目提供资金支持。

(三)支持区域创新联盟申请建设国家重点实验室、国家工程技术研究中心等国家级科研基地,并为重点研究方向的培育提供指导。

(四)优先将区域创新联盟的人才培养纳入国家文物局相关人才培养计划和项目,并依托区域创新联盟开展有关人才培养工作。

（五）优先将区域创新联盟获得的科技成果纳入文化遗产保护科技成果示范项目计划，并对示范项目的实施予以政策和资金支持。

（六）推动和指导区域间合作和国际合作，促进技术、人才、信息等资源的交流与共享，并给予政策支持。

第五条 浙江省人民政府的职责：

（一）将区域创新联盟的建设纳入浙江省国民经济与社会发展总体规划，以及科技、文化、文物等专项规划，并在科技工作部署、科技项目安排上给予重点倾斜支持。

（二）整合部分科技、文化和文物保护专项资金，增加经费投入，为区域创新联盟开展基础条件平台、数据共享平台、成果转化平台等的建设和技术研发提供资金支持，并对由国家文物局资助的科研项目、科技成果推广示范项目等提供配套支持。

（三）统筹协调省内文物博物馆单位、高等院校和科研院所的仪器设备、实验室、科技数据（信息），以及文化遗产等资源的开放与共享，为区域创新联盟提供支持。

（四）为区域创新联盟的人才培养与引进提供支持，构建有利于创新人才发展的制度环境。

（五）鼓励并支持区域创新联盟开展国际国内合作与交流，促进资源共享，提升科研能力，扩大浙江文化的影响力。

第六条 区域创新联盟领导体制与职责：

（一）浙江省人民政府与国家文物局成立省局共建领导小组，组长由浙江省人民政府省长和国家文物局局长担任，副组长由浙江省人民政府分管副省长和国家文物局分管副局长担任，成员为国家文物局办公室、国家文物局科技司、浙江省科技厅、浙江省财政厅、浙江省文物局和浙江大学等有关部门和单位负责人；领导小组办公室设在浙江省文物局。

（二）领导小组的职责是：全面推进区域创新联盟的省局共建合作，研究部署重大合作事项，指导落实政策和资金支持，协调解决区域创新联盟共建合作中遇到的重大问题。

（三）领导小组建立会商制度，每年至少会商一次，具体开会时间和地点由领导小组组长协商确定。

第七条 本协议所约定的共建期为五年，自 2010 年 5 月起计算。期限届满时需要延长共建期的，由双方另行协商。

第八条 未尽事宜，由省局共建领导小组协商确定。

本协议一式二份，双方各执一份。

浙江省副省长郑继伟在省历史文化遗产保护管理委员会2010年会议上的讲话

浙江省人民政府副省长　郑继伟

今天我们召开省历史文化遗产保护管理委员会2010年会议。这次会议是在全国上下认真学习胡锦涛总书记在中央政治局第二十二次集体学习会上的重要讲话精神,加快推动文化建设的新形势下召开的。刚才,省文化厅杨建新厅长和省文物局鲍贤伦局长通报了近年来全省文化遗产保护工作情况,大家发表了许多很好的意见和建议。会议还原则通过了第六批省级文物保护单位名单,会后将提交省政府发文公布。下面,我再讲两点意见。

一、充分肯定全省文化遗产保护工作取得的成绩

近年来,全省各地、各有关部门和文化文物系统紧紧围绕党中央、国务院和省委、省政府的决策部署,采取切实有效措施,加快落实各项任务,文化遗产保护工作扎实推进,亮点频现,许多方面走在全国前列。

一是文化遗产申报工作取得新成果。非物质文化遗产方面,我省有5个项目入选联合国教科文组织"人类非物质文化遗产代表作名录"和"急需保护的非物质文化遗产名录",位居全国前列。在最近公示的第三批国家级非物质文化遗产名录推荐项目中,我省再次位居全国省区第一,有望实现"三连冠"。文物方面,杭州西湖文化景观已被明确为我国2011年世界遗产申报项目;大运河(浙江段)的申遗工作在资源调查、规划编制等方面取得了阶段性成果。

二是第三次文物普查工作进展顺利。按照国务院的统一部署,我省全力做好第三次文物普查工作,不折不扣地完成了实地调查任务,并通过了国家验收。全省调查登录的不可移动文物总数占全国的8%以上,其中新发现的数量占全国的近10%。这项工作十分艰辛,刚才大家从鲍局长的介绍材料中看到了,广大文物调查工作者克服了很大困难,取得了很大成绩。

三是大遗址保护与文物考古工作成效显著。以《关于建设国家考古遗址公园的良渚共识》发布为标志,我省在探索大遗址的科学保护上取得了显著成效,为创建中国特色的大遗址保护模式积累了经验。同时,经过8年的不懈努力,我省成功发掘了长兴七里亭遗址,标志着旧石器时代考古工作取得突破性进展。

四是博物馆建设水平和服务能力不断提升。各地政府加大投入,狠抓各类博物馆的建设,提升服务能力。浙江省博物馆被财政部、国家文物局确定为中央与地方共建的全国八个国家级重点博物馆之一。作为全国率先提出博物馆常年免费开放的省份,我省按照“激发活力、改善服务”的要求,积极探索建立免费开放工作的长效机制,扩大免费开放的范围。目前,全省实施免费开放的博物馆已有92家,数量和观众人次都居全国前列,受到了群众的欢迎。

五是非物质文化遗产的保护传承得到加强。近年来,我省命名了20个省级民族传统节日保护基地、18个重大节庆文化活动、33个省级非遗项目传承基地、62个省级非遗传承教学基地和22个省非遗旅游经典景区(景点),确认了731名省级非物质文化遗产名录项目代表性传承人,充分体现了我省非物质文化遗产资源的丰厚和非遗保护事业的可喜局面。

以上这些成绩的取得,是全省文化、文物系统全体同志辛勤努力的结果,是与各级政府、各有关部门的大力支持和密切配合分不开的。在此,我代表省政府向在座的各位,并通过你们向全体文化工作者和关心支持文化遗产保护事业的社会各界表示衷心的感谢!

二、积极探索,努力开创我省文化遗产保护工作新局面

随着经济、社会的快速发展和人民生活水平的不断提高,文化遗产保护工作碰到了许多新情况、新问题,面临着严峻的挑战。譬如全民保护文化遗产的意识有待加强,群众生活习惯的改变对文化遗产保护带来的影响不可低估,稀缺的土地资源的开发利用与文物保护之间的矛盾愈加突出,非物质文化遗产的传承后继乏人,重申报、轻保护的现象在一些地方仍然存在等等。

各地、各有关部门要高度重视,认真研究这些问题,并努力加以改进和解决。今后一个时期,文化遗产保护工作重点要从以下几个方面加以推进:

一是要在世界文化遗产申报工作上有新的推进。要以杭州西湖、大运河(浙江段)项目为重点,良渚遗址项目为预备,梯度推进我省申遗工作。西湖文化景观申遗工作已经进入关键时期,今天开始,世界遗产中心专家将在杭州进行为期四天的现场评估考察;明年3月至5月,国际古迹遗址理事会(ICOMOS)将对西湖文化景观的普世价值作出评估;明年6月,第35届世界遗产大会将投票表决西湖是否列入世界遗产名录。大运河申遗要按照国务院的统一部署和省部际会商小组第二次会议要求,认真做好浙江段的有关工作,为争取实现2014年大运河申遗成功尽最大努力。良渚遗址已进入国家的世界遗产申报预备名单,下一步要争取进入国家的申报计划。请省文物局全力以赴,各有关部门和市、县积极配合,切实做好这几个项目的申遗工作。

二是要在文化遗产普查工作上有新的推进。这里我着重强调一下第三次全国文物普查工作。第三次全国文物普查已转入第三阶段。6月22日,国务院召开了第三次全国文物普查领导小组第三次(扩大)会议,我和鲍局长去北京参加了会议。会上,刘延东同志发表了重要讲话,就做好第三阶段工作提出了明确要求。今天,省普查领导小组各成员单位和各市普查领导小组的领导都在这里,我就贯彻落实国务院会议精神提四点要求:

第一,要高度重视。第二阶段工作已经顺利完成,但接下来的第三阶段工作对于确保普查质量、保障成果转化至关重要,要引起高度重视,切不可有丝毫松懈的思想。第二,要加强组织领导。各级政府及有关部门要在人力、物力、财力等方面继续给予重点保障,科学组织,周密实施,确保普查工作圆满完成。第三,要保证质量。普查工作不是走过场,必须保证质量。为此,各相关部门要加强业务培训,提高业务人员的专业素养;要充分发挥专家的作用,努力降低普查误差率。各级普查领导机构要加强对这项工作的督促检查。第四,要依法保护。要在完成普查的基础上做好相关后续工作,整理汇总普查资料,建立数据库,公布名录,切实保护好普查新发现的文化遗产。

三是要在文化遗产的合理利用方面有新的推进。要充分挖掘文化遗产的社会、经济属性,坚持有效保护与合理利用相结合,努力把历史文化资源优势融入现代生产、生活中,服务经济、社会的发展。要合理利用文化遗产资源,大力发展特色文化产业。要与构建公共文化服务体系相结合,把传统民族民间文化作为“送文化”和“种文化”的重要内容,组织开展群众喜闻乐见的民族、民间文化活动,增强传统文化的吸引力与亲和力,促进文化遗产的保护和利用。

四是要在文化遗产保护队伍建设方面有新的推进。我省文化遗产数量多、分布散,呈现出面广、点多、量大的特点。但各级文化遗产保护机构缺编少人的情况仍然存在,缺乏比较稳定的专门工作队伍。在去年的省政府机构改革中,省文化厅增设了非物质文化遗产处,省文物局增设了文物安全处,省级文化遗产保护管理机构得到了加强。各地也要根据实际需要,加强保护管理机构建设,选拔一批真正热爱文化遗产保护事业、具有一定专业知识的人才作为保护队伍的骨干。要建立科学的文化遗产保护教育和培训体系,构建以行业主管部门为主体,高等院校、科研机构、博物馆相结合的文化遗产保护领域人才培训网络。通过岗位培训、学历教育、师承传授等多种途径,建立完善的人才培养模式,造就一支适应事业需要的文化遗产保护人才队伍。

五是要在文化遗产保护科技创新方面有新的推进。前不久,省政府与国家文物局签订了共建国家文化遗产保护科技区域创新联盟的协议,这是国家文物局与地方政府签订的首个区域创新联盟。我们要以此为契机,按照“优化合作、完善机制”的要求,加大政策、资金、技术、人才等方面的支持力度,以体制机制创新为先导、以重点项目为载体、以实际应用为目标,努力打造技术研发、资源共享、成果转化、人才孵化、新兴产业培育等文化遗产保护科技创新合作平台,为全国文化遗产领域的科技创新探索积累经验。同时要组织发动各类文化单位、科研机构、大专院校及专家学者,对文化遗产的重大理论和实践问题开展研究。

六是要在强化保障方面有新的推进。各级政府要切实承担起文化遗产保护的主导作用,进一步加强领导,完善工作机制。要把文化遗产保护工作摆上重要议事日程,纳入经济和社会发展规划,纳入城乡建设规划,纳入地方财政预算,实行目标责任制考核。各有关部门要各司其职,加强协作配合,形成工作合力。要继续加大对文化遗产保护的投入,保障重点文化遗产的抢救保护。要鼓励民间资金投入文化遗产保护,逐步形成政府主导、社会力量广泛参与的良性投入机制。要建立和完善文化遗产保护法规体系,加大执法力度,提高文化遗产依法保护管理的水平。要深入调查研究,精心谋划,科学编制“十二五”规划,明确一批重大保护项目,并力争有重点项目进入文化部“十二五”文化发展规划。

同志们,加强文化遗产保护工作是一项传承中华文明、推动文化大发展大繁荣的基础性工程,我们要进一步统一思想,提高认识,抱着对历史负责的态度,扎实抓好文化遗产保护工作,为加快文化大省建设作出应有的贡献!

浙江省发展和改革委员会、浙江省教育厅、浙江省民政厅、浙江省财政厅、浙江省住房和城乡建设厅、浙江省文化厅、浙江省旅游局、共青团浙江省委员会关于印发《浙江省爱国主义教育基地建设管理使用办法(试行)》的通知

浙宣[2010]24号

各市、县(市、区)党委宣传部、文明办、党史研究室(史志办),发改局、教育局、民政局、财政局、建委(建设局)、文广新局、旅游局,共青团委员会:

为切实加强爱国主义教育基地建设,努力适应新形势发展需要,不断提高全省爱国主义教育基地建设、管理和使用水平,根据中央和省委有关精神,省委宣传部、省文明办、省委党史研究室、省发改委、省教育厅、省民政厅、省财政厅、省建设厅、省文化厅(文物局)、省旅游局、团省委联合修订了《浙江省爱国主义教育基地建设管理使用办法(试行)》,现印发给你们,请认真贯彻执行。省里将按照本《办法》,适时对已命名的省级爱国主义教育基地进行一次全面复查。

中共浙江省委宣传部、浙江省文明办、
中共浙江省委党史研究室、浙江省发展和改革委员会、
浙江省教育厅、浙江省民政厅、浙江省财政厅、
浙江省住房和城乡建设厅、浙江省文化厅、
浙江省旅游局、共青团浙江省委员会
二〇一〇年五月二十八日

浙江省爱国主义教育基地建设管理使用办法(试行)

一、总则

第一条 为切实提高我省爱国主义教育基地建设、管理和使用水平,充分发挥其教育功能,使之真正成为对广大人民群众特别是未成年人进行爱国主义教育、促进社会主义核心价值体系建设的重要场所,根据中央《爱国主义教育实施纲要》和中宣部等10部委《关于加强和改进爱国主义教育基地工作的意见》以及《浙江省落实〈爱国主义教育实施纲要〉的意见》和省委宣传部等8部门《关于进一步加强和改进全省爱国主义教育基地工作的意见》,特制定本办法。

第二条 爱国主义是动员和鼓舞全国人民团结奋斗的一面旗帜,是推动社会历史前进的巨大力量,是全国各族人民共同的精神支柱。爱国主义教育基地是激发人们爱国情感、弘扬民族精神的重要阵地,是陶冶道德情操、提升品德修养的重要场所,是了解祖国灿烂文明、掌握历史知识的重要课堂。

第三条 凡我省体现民族精神和时代精神、弘扬爱国主义和优良道德传统的革命纪念设施(包括纪念地、标志物、纪念场所、遗址等)、文物博物馆(包括博物馆、名人纪念馆、档案馆、自然科技馆、工商业遗址等)、建设成就标志地(主要指新中国成立以来社会主义建设和改革开放伟大成就的标志性纪念地等)、自然人文景观(包括风景名胜区和名村、历史文化街区等),经专家组评审,同级党委、政府批准,可确认为相应的县(市、区)、市、省级爱国主义教育基地。

第四条 爱国主义教育基地的建设、管理和使用,要以邓小平理论和"三个代表"重要思想为指导,深入贯彻落实科学发展观,按照中央和省委有关文件精神,坚持贴近实际、贴近生活、贴近群众,不断创新内容、形式及体制机制,努力提高工作水平,更好地为实施爱国主义教育服务,为弘扬和培育民族精神以及以改革创新为核心的时代精神服务,为青少年思想道德建设服务,为实现全面建设小康社会的奋斗目标服务。

二、建设标准

第五条 爱国主义教育基地应符合下列基本标准:

1. 基础设施完善。有一定规模的固定建筑和展陈场所,并配备符合要求的安全保障设施。周围环境整洁优美,符合参观教育需求。有适应经济和社会发展需要的切实可行的建设规划。

2. 展陈内容丰富。展示内容丰富多彩,展陈方式生动多样,展出史料真实可靠,说明文字翔实清楚。展品收集、整理、更新、维护等工作常态化。

3. 机构人员到位。主管部门、基地领导班子职责明确,工作人员队伍稳定,讲解员数量和业务水平符合基地组织开展爱国主义教育需要。

4. 资金保障有力。有正常的经费保障条件，能满足免费开放及基地正常运行和维护需要，并能在原有投入的基础上，积极探索面向全社会的多元化共建投入机制。

5. 管理制度健全。各项管理制度建立健全，执行到位。各类人员业务培训正常化、制度化。有严格的消防安全保障机制和应急预案，能定期组织消防安全演练。

6. 社会效益显著。经常组织开展形式多样的爱国主义教育活动，吸引广大群众特别是未成年人到基地接受教育。坚持举办多样化专题展览和流动展览。能主动加强与教育、旅游、工会、团委、妇联等部门的联系，并积极开展基地间交流，共建共育效果显著。

7. 宣传推介有效。有宣传基地的画册（刊物、资料）、宣传折页及视频影像资料。有条件的应建立基地宣传网站（网页）等现代化交流平台，内容更新及时。善于运用各种方式不断加大基地宣传力度，在群众特别是未成年人中有较高的知名度和影响力。

三、申报和命名

第六条 爱国主义教育基地分县（市、区）级、市级、省级和国家级等四个级别。

第七条 申报爱国主义教育基地须具备下列前提条件：

1. 直接体现爱国主义主题，对广大群众有突出的教育意义。

2. 具有代表性和典型性，体现我省和本地特色。

3. 具备对全社会开放条件（涉军、涉密除外），社会效益显著。

第八条 爱国主义教育基地的申报和命名工作采取自下而上、逐级报批和命名的办法。申报上一级爱国主义教育基地，必须是被命名为本级爱国主义教育基地满两年（含两年）以上。

第九条 市、县（市、区）级爱国主义教育基地，由同级党委宣传部牵头，组织相关部门，根据本地爱国主义教育资源确定方案，分期分批严格按照相关条件组织审核，报经当地党委、政府批准命名。

第十条 省级爱国主义教育基地的申报和命名由省委宣传部组织实施，遵循自愿申报、逐级考核、动态管理的原则，由申报基地对照《浙江省省级爱国主义教育基地考评标准》先进行自评，自评分达到总分值80%以上的，向所在地市委宣传部提出书面申请，各市委宣传部组织考核和初审后向省委宣传部推荐申报（省直基地由省级有关部门初审后直接向省委宣传部申报），省委宣传部牵头组织省爱国主义教育基地建设协调小组成员单位有关人员对申报基地进行实地考察和评议，提出考核意见，报省委、省政府审核同意，由省委办公厅、省政府办公厅发文命名。

第十一条 国家级基地在省级基地中遴选产生，由省委宣传部会商省爱国主义教育基地建设协调小组成员单位意见后，向中央宣传部推荐申报。

四、管理和使用

第十二条 各级党委、政府要按照中央和省委有关文件精神，切实加强对爱国主义教育基地建设工作的领导。要把爱国主义教育基地建设、管理和使用，作为建设社会主义核心价值体系的基础性工作和文化大省建设的重要事项摆上议事日程，要为教育基地的班子配备、人员编制、业务培训和资金保障等创造有利条件。

第十三条 各市、县(市、区)要建立爱国主义教育基地建设协调小组,在同级党委、政府领导下,由当地宣传部会同有关部门共同负责爱国主义教育基地的建设、管理和使用工作,日常管理机构设在党委宣传部。省爱国主义教育基地建设协调小组由省委宣传部、省文明办、省委党史研究室、省发改委、省教育厅、省民政厅、省财政厅、省建设厅、省文化厅(文物局)、省旅游局、团省委等部门组成。

第十四条 各级爱国主义教育基地考评、命名工作,每两年进行一次。同时实行复评制,由同级党委宣传部组织实施,不定期开展。复评中发现问题,将视情分别给予限期整改、撤销爱国主义教育基地称号等处理。被撤销爱国主义教育基地称号的,满四年后方可再次申报。

第十五条 各级爱国主义教育基地建设协调小组要定期研究基地建设、管理和使用工作,及时总结交流经验,督促基地抓好各项工作的落实。各级党委宣传部门要加强协调指导,会同有关部门定期研究解决教育基地发展中存在的问题,积极组织党员干部参加各种主题教育活动,加大宣传力度,着力提高基地知名度和影响力。各级文明办要把爱国主义教育基地建设、管理和使用纳入各类文明创建的考核内容。各级党史研究部门要对革命纪念设施类基地的题材、史料进行指导把关。各级发改委(红旅办)要把爱国主义教育基地纳入红色旅游发展规划,引导和推动基地健康有序发展。各级民政部门要切实加强革命烈士纪念馆、陵园、纪念碑等设施的建设和管理。各级财政部门对已列入免费开放的基地要增加投入,保障基地运行和开放的经费需要。各级建设部门要加强对自然人文景观类基地的规划布局和内涵挖掘,不断丰富教育资源。各级文化(文物)部门要充分发挥专业优势,加强对各基地的业务指导。各级旅游主管部门要指导旅行社与爱国主义教育基地加强合作,积极开展红色旅游。各级教育主管部门要组织各类学校,把利用基地开展教育活动作为推进大中小学生思想道德建设的重要内容,列入学校德育工作计划,主动加强与基地的联系,根据不同对象制定活动方案,科学安排,确保效果。

第十六条 各级工会、团委、妇联及社会各界要积极利用爱国主义教育基地开展具有本系统特色的各类教育活动。要结合重要节庆日、纪念日和特定的教育主题,组织群众开展参观、瞻仰、祭扫等活动和党、团组织生活,举行成人仪式、新兵入伍教育等,切实发挥爱国主义教育基地的社会作用。

第十七条 各级爱国主义教育基地要面向全社会,注重发挥教育功能和社会效益。要创造条件向社会免费开放,尚未实行免费开放的基地,应对未成年人、现役军人、老年人、残疾人等群体实行免费或优惠政策。要把组织各类爱国主义教育活动作为基地的本职工作和应尽义务,主动、热情地配合有关单位,安排好各项教育活动。

五、附则

第十八条 市、县(市、区)两级的爱国主义教育基地建设、管理和使用,可参照本办法制定具体实施细则和考评标准。

第十九条 本办法自印发之日起试行。1999 年 3 月印发的《浙江省爱国主义教育基地建设管理和使用试行办法》同时废止。

第二十条 本办法由省委宣传部负责解释。

附：

浙江省省级爱国主义教育基地考评标准

考评项目	考评内容	考评标准	评分标准	分值	考评方式
基础设施完善50分	基本设施	有一定规模的固定建筑和展陈场所	文物博物馆类基地建筑面积2000平方米(其他类基地建筑面积1500平方米)以下的,每下降200平方米扣2分;展陈面积800平方米(其他类基地展陈面积500平方米)以下的,每下降100平方米扣2分;建筑年久失修的扣2分;展陈设施陈旧的扣2分	22	现场查看
		有观众服务窗口等设施,各种指示引导牌设置合理清晰	没有服务窗口等设施扣1分;各种指示标记引导牌设置不合理、不清晰的发现一处扣1分	4	现场查看
		有管理、讲解、安保等工作人员办公用房	文物博物馆类和自然人文类基地配有各类人员专门办公用房,其他类基地确保有办公场所,没有配备的,酌情扣分	2	现场查看
		有适应经济和社会发展需要并符合基地功能定位的中长期发展规划	没有制订规划的不得分;规划未经专家论证或未经上级主管部门批准的扣1分	2	材料审核
	配套设施	安全保障设施完备并配有专门的车辆停放场地	安全保障设施不完备的扣2分;存在安全隐患发现一处扣1分;有车辆乱停乱放现象的扣1分	8	现场查看
		建有安全监控设施和内部联络设备	监控设施不到位,设备不完好的扣1分;无内部联络设备或通讯不畅通的扣1分	2	现场查看
	整体形象	功能区块布局合理,自成系统	建筑与环境不协调,布局不合理,酌情扣分	3	现场查看
		基地内达到净化、绿化、序化、美化	没有达到“四化”要求的,每发现一处扣1分	7	现场查看

续 表

考评项目	考评内容	考评标准	评分标准	分值	考评方式
展陈内容丰富50分	展示内容	主题内涵挖掘充分,结构布局合理完整,展品组织得当	教育主题挖掘不够的酌情扣分;结构布局不合理、内容不完整的扣5分;展出实物达不到展品总量30%的扣10分	20	现场查看
	展陈方式	传统手段与现代科技手段有机结合,展线流畅,声光电等科技手段运用适度,展览互动性强,有趣味	形式设计单一酌情扣分;参观线路设置不合理酌情扣分;没有互动项目、趣味性不强的扣1分;有图片、模型失真、霉变等现象每发现一处扣1分	15	现场查看
	展出史料	展出物品史料真实可靠,与展览主题相吻合,经得起推敲和检验	发现与史实不符的不得分	6	现场查看
	文字说明	文字说明简洁准确,通俗易懂,信息量大	文字说明不准确的每处扣1分;字迹模糊难辨的每处扣1分;出现错别字的每处扣1分;表述不清楚、不充分的每处扣1分	6	现场查看
	展品工作	展品收集、研究和更新等工作常态化	少落实一项酌情扣分	3	材料审核 现场查看
机构人员到位20分	领导班子建设	主管部门和基地领导班子职责明确	职责不明确的酌情扣分	3	材料审核
		每年有工作思路和总结	没有工作思路和总结各扣1分	2	材料审核
	专职人员队伍	有一定数量的专(兼)职人员	人员不能满足基地实际工作需要的,酌情扣分	2	材料审核
		年龄结构合理	年龄梯度明显不合理的不得分	3	材料审核
		专业结构合理,有专业学历及经业务培训的人员达到100%	没有达到标准的不得分;有近三年内未参加专业学习和培训的,每人(次)扣1分	2	材料审核
	讲解员队伍	讲解员队伍稳定,人员落实	少于2名专(兼)职讲解员的不得分	4	材料审核

续 表

考评项目	考评内容	考评标准	评分标准	分值	考评方式
机构人员到位20分	讲解员队伍	有相关专业学历和培训经历的人员须达到100%	没有达到标准的不得分;有近三年内未参加专业学习和培训的,每人(次)扣1分	2	材料审核
		讲解员仪容仪表端庄,讲解准确生动,服务热情周到	讲解员着装不端庄、不统一扣1分;讲解不准确、不熟练、不会用普通话讲解,服务不主动的酌情扣分	2	现场查看
资金保障有力15分	资金投入	有正常的经费保障条件,能确保基地正常运行	资金到位不及时、资金来源不稳定、运行和维护没有保障的酌情扣分	10	材料审核
	资金使用	各项资金使用规范	使用不规范的酌情扣分	3	材料审核
	社会投入	积极探索多元化共建投入机制	投入渠道单一且不稳定的酌情扣分	2	材料审核
管理制度健全20分	人员设备类	有人员、培训、设施、设备等管理制度	每缺一项制度扣1分;管理制度和人员照片没有上墙每发现一起扣1分;各类人员没有佩证上岗每发现一起扣1分	6	材料审核 现场查看
	文物保护类	实物、图片实行严格的登记管理制度,展品保护责任落实	展品维护不力,有严重损坏的不得分;登记制度不规范扣1分;收集记录与展藏品不符,每发现一起扣1分	4	现场查看 材料审核
	安全保卫类	有安全保卫制度	没有制度不得分,值班记录不规范的扣1分	2	材料审核
		有消防工作制度	没有制度不得分,检查记录不规范的扣1分	2	材料审核
		有消防安全和人员疏散应急预案并定期组织演练	每缺少一项应急预案扣1分;没有组织年度演练的扣1分	2	材料审核 问卷调查
		每年至少开展一次全员安全教育	没有开展教育的不得分	2	材料审核 问卷调查
	财务管理类	有专(兼)职财务人员,财务制度健全	财务制度不健全不得分;没有专(兼)职财务人员的扣1分	2	材料审核 现场查看

续　表

考评项目	考评内容	考评标准	评分标准	分值	考评方式
社会效益显著25分	教育活动	除馆休和正常维护保养外,必须常年对社会开放并公示开放时间和免费或优惠措施	没有常年对社会开放的不得分;未向社会公示开放时间和免费或优惠措施的各扣1分	4	材料审核 现场查看
		每年至少开展一项主题教育活动	没有开展活动不得分;效果和影响不明显的酌情扣分	3	材料审核 问卷调查
		每年至少开展一次巡展活动或引进展览	没有开展的不得分	3	材料审核
		积极开展青少年第二课堂活动	没有开展的不得分	2	材料审核 问卷调查
	共建共育	与当地教育、工会、团委、妇联、旅游等部门建有工作联系	没有建立联系或联系不经常,酌情扣分	3	材料审核
		基地间开展结对共建活动,成效明显	没有开展结对共建的不得分;效果不明显的酌情扣分	3	材料审核
		主动与学校、企业、部队、社区、村镇等单位建立共建关系	共建单位少于3家不得分;共建效果不明显,酌情扣分	3	材料审核 电话随访
	教育效果	参观人数稳定并逐年提高	两年累计参观人数比前两年累计参观人数下降的,酌情扣分	4	材料审核
宣传推介有效20分	宣传资料	有基地网站(网页),并及时更新内容	没有建立网站(网页)的不得分;内容更新不及时的扣1分	4	材料审核 现场查看
		有宣传基地的内部刊物、折页、画册、视频影像资料	每缺一种酌情扣1分;发现内容更新不及时每起扣1分	4	材料审核
		在当地交通要道、基地周边设有基地指示引导标志	没有设置的不得分;标志不醒目的酌情扣分	2	现场查看
	对外宣传	在基地的主要入口处设置命名匾牌	设置不醒目或命名匾牌有污损现象的不得分	3	现场查看

续 表

考评项目	考评内容	考评标准	评分标准	分值	考评方式
宣传推介有效20分	对外宣传	在所在市、县(市、区)主要媒体进行形象宣传	没有进行宣传的,酌情扣分	3	材料审核 现场查看
		在县(市、区)域内群众特别是未成年人中有一定知名度和影响力,知晓率达到50%以上	知晓率每下降10%扣1分	2	问卷调查
	讲解资料	有完整的讲解材料	没有的不得分;与展陈内容不吻合、不完整的扣1分	2	材料审核

注:1. 在基地内发生严重违法现象并被依法查处的,实行一票否决制。

2. 每项累计扣分以所在项目设定分值扣完为止。

关于印发《加强馆际展览合作促进文物资源共享实施方案》的通知

浙文物发[2010]81号

各市、县文化广电新闻出版局、文物局(文物处、文管办),杭州市园林文物局,良渚遗址管委会,省直博物馆:

为进一步贯彻落实“三贴近”的工作要求,牢固树立“服务社会、文化惠民”的理念,积极探索资源整合、合作共赢的工作思路,打造精品展览,繁荣展览活动,不断提高全省馆藏文物资源的整合利用水平,我局制定了《加强馆际展览合作促进文物资源共享实施方案》。现将该实施方案印发给你们,请按照实施方案的要求,认真组织有条件的博物馆及时做好馆际展览交流协作项目的申报工作。

二〇一〇年四月九日

加强馆际展览合作促进文物资源共享实施方案

为了进一步加强全省博物馆展示服务的核心能力建设,推动馆藏文物资源的整合共享,打造精品展览,提高展陈水平,强化社会服务,积极为社会大众提供更多更好的文化产品,不断满足广大人民群众的精神文化需求,我局决定从2010年开始,在全省博物馆馆际之间组织实施加强馆际合作,推动和促进馆藏文物资源整合共享的交流协作项目计划,现就项目实施的有关事项提出如下安排意见:

一、管理机制

交流协作项目的实施建立省文物局负责审定年度项目计划安排和组织协调、项目牵头责任单位负责展览组织策划和布展工作任务的落实、协办单位参加协作和全力支持、巡展受益单位积极配合的工作运行管理机制。

展览交流协作项目的牵头责任单位采用项目申报或推荐方式确定，原则上设一家牵头责任单位和一家以上参与协办单位；巡展受益单位原则上由省文物局和牵头责任单位负责安排落实；每个交流协作项目的巡展地不得少于两个以上市、县馆。

省文物局的主要工作职责是负责全省馆藏文物资源整合利用展览组织和巡展交流工作的协调与指导；下达确定每年度协作交流的展览项目计划；组织专家小组审定巡展申报项目，审核经费预算；督促、检查项目的实施和经费的使用，负责项目实施的考核评估。

牵头责任单位的主要工作职责是结合自身馆藏做好展览项目的策划、项目实施的经费预算、项目的申报、展览所需的文物藏品清单、文物安全的保障机制及项目实施过程中有关问题的协调和处理，并要负责项目实施完成后的执行情况总结和相关成果的报告。

参与协办单位的主要工作职责是负责提供参与协作交流项目的文物藏品和相关资料；提供申报参与协办项目单位所需经费估算方案；协助牵头责任单位做好文物藏品借用和安全运送等有关工作。参与协办单位在申请安排巡展时有优先权。

巡展受益单位的条件和职责是提出要求列入巡展受益单位的书面申请报告；提供巡展所需的硬件和软件条件说明书；提供巡展必要的安全设施和安全保障条件的情况说明；做好巡展相关的宣传和社教等活动；做好巡展的工作总结和成果汇总；协助做好下一站巡展单位的交接和展品运送等相关工作。

通过交流协作项目的实施，将全省国有馆藏文物资源组合成若干个主题性和文化性鲜明的精品展览，重点面向市、县进行交流巡展，以实现馆藏文物资源整合利用效益的最大化，争取更大范围地惠及全省广大观众对精品展览的需求。

二、项目计划

加强全省博物馆的馆际合作和资源共享，要坚持突出主题性和文化性的原则，必须按照整合馆藏文物资源、做精展览的要求，提炼主题、精选展品，由各博物馆自主选项申报。根据我省馆藏文物资源调查中藏品信息汇总和展览资源分析，经初步梳理，现推出首批二十个专题的交流协作、资源整合共享的展览项目计划：

1. 浙江史前出土文物精品展
2. 浙江古代窑瓷精品展
3. 浙江越窑青瓷精品特展
4. 浙江龙泉窑青瓷精品展
5. 浙江古代铜镜精品汇展
6. 浙江馆藏佛教文物精品展
7. 浙江“三雕一塑”工艺精品展
8. 浙江馆藏古代书画精品展
9. 浙江馆藏近现代书画名家精品大展

10. 浙江馆藏篆刻名家作品展

11. 浙江馆藏动植物标本精品展

12. 浙江出土恐龙化石精品展

13. 浙江馆藏革命文物精品展

14. 浙江馆藏古代丝绸文物精品展

15. 浙江近现代民俗文物精品展

16. 浙江馆藏明清书法精品展

17. 浙江馆藏浙籍书画名家精品大展

18. 浙江馆藏唐宋写刻佛经精品展

19. 浙江出土良渚玉器精品大展

20. 浙江馆藏古代青铜器文物精品汇展

以上汇总推出的二十个专题的展览项目,计划三至五年时间内完成在全省有条件承接的各级博物馆展出,每年度安排推出三至五个专题的展览项目。每年度实施的具体展览项目视申报选项情况确定,对主题提炼特色突出、文化性强的展览项目优先安排。

三、实施程序

我省各级博物馆近年来在推进资源整合,加强馆际展览的交流协作方面已取得可喜的成绩,积累了一定的经验,而在全省范围内有组织、有计划地推出资源共享、联合办展的工作安排,仍属于是一种探索性的办展方式,为了使此项工作能够稳妥有序推进,对项目的实施程序安排如下:

1. 每年的展项申报工作,拟在4月底之前完成,2010年度延长至6月底。申办报告由项目牵头责任单位提交,申报材料包括以下内容:

①展览项目的选题、内容和陈列大纲;

②展览项目的参与协办单位和借展文物清单;

③展览项目的经费预算方案;

④展览项目推出的时间、巡展地点和预期目标;

⑤各级申报单位所在地文物行政部门的审核意见。

2. 省文物局组织专家审定申办报告,确定交流协作的展览项目,下达年度项目实施的执行计划。

3. 由省文物局与项目牵头责任单位和参与协办单位一起商定巡展地点,巡展安排要向经济文化欠发达地区倾斜,但巡展地场馆和安防设施必须具备承接展览所需的必备条件。

4. 展览项目的牵头责任单位承担项目实施的工作责任,并要按规定做好有关协议的签订和协作过程中相关工作的衔接安排,涉及一级文物的借展,按规定程序报批。

5. 交流协作项目实施结束后,项目牵头责任单位、参与协办单位和巡展受益单位要共同配合及时安排馆藏文物的归还交接和入库工作,确保藏品安全,并要做好社会影响、观众意见和要求等信息的反馈,同时要求项目牵头责任单位在项目实施完成一个月内形成工作总结报省文物局。

四、经费安排

全省馆藏文物资源整合共享的交流协作项目实施的所需经费,在省陈列展览专项补助资金安排上予以重点保障,但按照共享共担的原则,牵头责任单位、参与协办单位、巡展受益单位也要有一定的配套经费落实安排,并要鼓励引导社会资金参与支持办展。

省财政厅和省文物局下达的陈列展览专项补助资金,按照项目经费要求管理使用,必须单独核算,专款专用,不得截留、挤占和挪用。省拨经费主要用于筹展工作经费、运输费、布展费、出版费和宣传教育费等开支。省内文物借展费不作安排。

省文物局下达年度安排计划后,由项目牵头责任单位按照浙财教字[2008]105 号文件规定的要求提出专项补助资金安排的申请报告,省财政厅和省文物局按照规定程序审核后下达经费补助计划,并监督和检查项目实施过程中的经费使用情况。

二〇一〇年四月六日

国家文物局关于《印发浙江省〈文物认定管理暂行办法〉实施意见(试行)》的通知

浙文物发[2010]77号

各市、县(市、区)文化广电新闻出版局、文物局,杭州市园林文物局:

《文物认定管理暂行办法》(文化部部长令第46号)已于2009年10月1日起施行,为配合该办法的实施,我省结合实际制定了本实施意见。各地文物行政部门要切实增强法治意识,认真贯彻执行,做好文物认定管理工作。

二〇一〇年四月六日

浙江省《文物认定管理暂行办法》实施意见(试行)

第一章 总 则

第一条 根据《中华人民共和国文物保护法》及其实施条例、《浙江省文物保护管理条例》、文化部《文物认定管理暂行办法》和国家文物局《关于贯彻实施〈文物认定管理暂行办法〉的指导意见》,制定本实施意见。

第二条 文物认定,是指文物行政部门将具有历史、艺术、科学价值的文化资源确认为文物的行政行为。

文物认定决定不涉及所有权的确认和商业价值的判断。

第三条 文物认定的对象包括中华人民共和国成立以前建造、制作或形成的各类可移动和不可移动的文化资源,以及中华人民共和国成立以后建造、制作或形成的具有重要或代表性的可移动和不可移动的文化资源。

省文物行政部门根据国务院文物行政部门的要求，认定特定的文化资源为文物。

第四条 按属地管理和分级管理原则，文物认定由县级文物行政部门负责，可以设置专门机构或委托有条件的文物、博物馆事业单位开展文物认定具体工作，但不得委托社会中介机构。

文物认定机构内部对认定文物发生争议的，可以提出书面申请，由省文物行政部门裁定。

第五条 各级文物行政部门要积极向同级人民政府争取经费支持，将文物认定工作经费列入财政预算。

第二章 不可移动文物认定

第六条 各级文物行政部门应当定期组织开展文物普查，将具有相当历史、艺术、科学价值的不可移动文物，依法予以认定公告。

第七条 公民、法人和其他组织要求认定不可移动文物的，应当向认定对象所在地的县级文物行政部门书面申请。申请人需提交以下材料：

(1)不可移动文物认定申请表；

(2)有效身份证件或者有效证照；

(3)申报认定对象的信息、照片等。

第八条 县级文物行政部门受理文物认定申请后，原则上应在20个工作日内作出决定并予以答复。

需要委托专业机构或者专家评估论证，以及需要以听证会等形式听取公众意见的，所需时间不计算在20个工作日内。

对涉及公共利益的文物认定事项，可根据需要采取书面调查、实地走访、座谈会、听证会、网络征求意见等不同形式听取公众意见并作出决定。

第九条 不可移动文物的认定，自县级文物行政部门作出不可移动文物认定决定之日起生效。

第十条 不可移动文物具备相应的历史、艺术、科学价值，可依法申请公布为全国重点文物保护单位，省级文物保护单位，市、县级文物保护单位和文物保护点。

第三章 可移动文物认定

第十一条 所有权人或持有人要求认定可移动文物的，应向户籍所在地县级文物行政部门书面申请。申请人需提交以下材料：

(1)可移动文物认定申请表；

(2)申请人有效身份证件；

(3)认定对象合法来源说明；

(4)认定对象及其照片等。

第十二条 县级文物行政部门原则上应在20个工作日内作出可移动文物认定决定。

第十三条 可移动文物的认定，自文物行政部门作出决定之日起生效。

第十四条 在文物认定基础上,县级文物行政部门应根据所有权人或持有人申请,定期组织开展文物的定级工作,定级标准参照文化部《文物藏品定级标准》执行。

第四章 附 则

第十五条 古猿化石、古人类化石、与人类活动有关的第四纪古脊椎动物化石,以及上述化石地点和遗迹的认定和定级工作,按照本规定执行。

第十六条 历史文化名城、街区及村镇的认定和定级工作,按照有关法律、法规规定执行。

第十七条 国有馆藏文物和涉及盗窃、盗掘、非法经营及走私文物案件的文物鉴定和定级,由省文物鉴定委员会或其委托的设区市文物鉴定小组承担。

第十八条 文物行政部门在认定文物时应当告知文物所有权人或持有人依法承担的文物保护责任。

第十九条 申请人对文物认定和定级决定不服的,可以依法申请行政复议。

第二十条 国家实行文物登录制度,文物行政部门应当整理并保存文物认定和定级工作的文件、资料,在条件具备时予以登录。

第二十一条 本工作规定由浙江省文物局负责解释。本规定从发布之日起施行。

在省历史文化遗产保护管理委员会 2010 年会议上的讲话

浙江省文化厅副厅长、浙江省文物局局长　鲍贤伦

在省委、省政府的领导下，在各级相关部门的关心、重视和支持下，在全省上下的共同努力下，近几年来，我省文物事业取得了可喜的成绩，呈现出良好的发展态势。从总体来说，浙江省文博事业发展十一五规划确定的各项目标、任务完成情况良好，若干项重点工作取得了突破性进展，文物事业持续健康发展的环境氛围日益增强，我省文物事业正迈上新台阶。下面，我就三项重点工作做专门汇报：

一、第三次全国文物普查工作情况

2007 年，国务院发文，决定用五年的时间在全国范围开展第三次全国文物普查。浙江省人民政府为了贯彻国务院的决定，随后发出通知，要求全省做好第三次全国文物普查工作。省文物局根据本省实际，最终确定用四年时间来提前完成这一重点工作。自 2007 年 10 月迄今，我省完满完成了第三次全国文物普查准备阶段及实地调查阶段任务，取得了丰硕的成果。据统计，全省共调查登录不可移动文物 76804 处，其中新发现 64054 处，复查 12750 处；普查乡镇（街道）1519 个、行政村（社区）33407 个、自然村（居委）116595 个，行政村普查覆盖率达 100%，自然村普查覆盖率超过 98%，登录文物数和新发现文物数均位居全国第 4 位。2010 年 3 月，全省 11 个设区市、90 个县（市、区）通过省级验收，6 月通过国家文物局普查办组织的验收，成为全国第二个接受验收并第一个通过的省份。

（一）在具体普查过程中，我省切实落实政府的领导责任。2009 年 3 月，葛慧君副省长代表省政府与各设区市政府签定《浙江省第三次全国文物普查目标责任书》，进一步明确了文物普查的政府责任。各级政府主管领导也深入普查一线，检查、督导、慰问野外调查人员，过问并协调处理了重点、难点问题。市、县两级政府还想方设法妥善解决野外生活补助、人身保险等涉及普查队员切身利益的问题，有力推进了全省文物实地调查工作的顺利开展。我省各级财政持续保障普查经费的投入。至 2010 年 4 月底，全省县级以上财政已安排文物普查经费 1.266 亿元，其中省级财政到位 2583 万元（1085 万元直接用于补助欠发达市县），11 个设区市财政到位 2619.33 万元，90 个县级财政到位 7465.02 万元，经费总额在全国名列前茅。在财力的支持下，我省第三次全国文物普查的人力保障也相对比较充分。截至 2010 年 2 月，全省各级普查办人员达 501 人，一线普查队员 897 人，各县（市、区）所属村镇文化干部、社会各界群众直接参与普查达数万人次。在实

际工作中,各级普查队员的成效显著。据统计,我省每名队员调查登录的不可移动文物数是全国平均水平的2.8倍。

(二)在具体普查过程中,我省严把文物普查质量标准。省普查办认真抓好标准、规范的制定工作,在国家相关标准出台后予以细化,制作各种范本进行下发全省,还持续不断地开展质量检查:2008年9月,省普查办对全省普查阶段性成果开展了历时3个月的大检查。2009年3月,省普查办召开全省普查质量工作会议。2009年10月至2010年3月,省普查办又开展实地调查阶段验收,严格把关,分片开展培训和验收试点,全面检查了各地实地调查阶段的工作成果。在保证质量的同时,省普查办对全省工作进度也进行了安排,从一开始就要求各地把对行政村、自然村的普查纳入到计划表中,用柱状图的形式在浙江文物网站上定期公布,以显示完成情况,进行督查。

(三)在具体普查过程中,我省积极开展文物专题调查。我省在全面开展实地文物调查的基础上,对具有重要学术价值或现实意义的文物遗存展开专题调查,特别关注了历次普查的缺项,注重文化的多样性,努力深化普查成果。省普查办统一牵头,按照全省统一培训、统一标准、统一安排的方法,重点实施了大运河(浙江段)的全段调查,共调查、登记大运河河道构造断面525处,登录与大运河相关的各类不可移动文物2800余处,基本摸清了大运河(浙江段)的基本走向、历史沿革及遗产构成。浙江是沿海省份。省里委托宁波水下考古基地从福建、江西、辽宁等全国各地调集15名水下考古队员,组成浙江沿海水下文物普查队,开展了浙江沿海水下文物的重点调查与探测探摸工作,确认了7处沉船遗址、3处疑似沉船遗址和12处水下文物点。各地也根据自身不同情况,设置了各项专题调查。

(四)在具体普查过程中,我省编辑、出版了数十本阶段性成果,并仍有新的成果陆续面世。

(五)在具体普查过程中,我省及时保护好普查新发现的文物。全省边普查边保护,依法公布各级文保单位,提升了新发现文物的保护级别。2009年,省里分别启动了第七批全国重点文物保护单位和第六批省保单位的申报推荐,其中就涵盖了相当数量的普查新发现。超过半数的市、县(市、区)也相应公布了一批市、县级文保单位。宁海许家山村、金华寺平村、江山大陈村、绍兴县冢斜村作为普查新发现,已直接申报第四批中国历史文化名村。为巩固普查成果,各地纷纷出台了一系列保护办法与措施(尤其是针对古建筑的)。与此同时,各地还积极创新保护机制。杭州市建立了由文物、规划、房管等多个部门组成的历史文化遗产保护联动机制,制定了农村历史文化遗产规划导览,要求下属各市县做出相应的保护规划,并从2010年起,将划拨下属各县区的保护经费从过去的1000万元提升到5000万元。余杭区也随即安排了每年2000万元以上的保护经费。这些举措得到了国家文物局的充分肯定。不少市县在各镇乡(街道)普查结束后,及时将有关信息反馈给镇乡(街道),便于当地政府了解辖区内文物的遗存情况,加强保护措施。

(六)在具体普查过程中,我省努力提升普查队伍的整体素质。第三次全国文物普查的过程也是一次提升、锻炼队伍的过程。在省测绘局的大力支持下,我省各地文物普查队拿到了1:10000的精确地形图,为普查工作的开展提供了便利。为此,省普查办多次开展使用、保密等方面的业务培训,各市、县(区)普查办也举办了乡镇培训班,进行了现场培训和实习,提高了普查队员的专业水平与整体素质。历时两年多的实地调查是一项艰辛的工作。但不论是酷暑难当、潮湿闷热的盛夏季节,还是天寒地冻、冰天雪地的隆冬时节,普查队员都坚持战斗在野外普查的第一线,还常常主动放弃节假休息日,每天加班加点甚至带伤带病坚持工作。艰苦的工作环境和长时间的工作强度锻炼了普查队员的意志。

在完成好自身文物普查的基础上,国家文物局又要求我省组建援青工作组,远赴青海省支援当地的文物普查工作。工作组成员克服了海拔、饮食、气候等诸多困难,圆满完成了任务,得到了国家文物局、青海省文物局的好评。2010 年文化遗产日期间,国家文物局对第三次全国文物普查实地文物调查阶段突出贡献集体和个人进行了表彰,我省有 3 个集体、9 个个人受到表彰。省文物局也配合表彰了 33 个先进集体和 283 名先进个人。

(七)在具体普查过程中,我省持续开展文物普查的宣传。2008 年文化遗产日期间,我省举办了“文明寻踪——浙江省第三次全国文物普查图片展”,随后又连续两年在《浙江日报》上设立专版,宣传文物普查工作。全省各地也充分利用报纸、广播、电视等媒体渠道,积极创新办法,进校园、进社区,广泛宣传文物普查、文物知识与文物保护政策,争取全社会的支持。

2009 年,浙江文物网发布各类文物普查信息 1289 条,国家文物局网浙江频道发布我省的普查信息 723 条,信息更新速度和信息量均在全国领先,实现了普查信息传递的及时有效。

普查队借助实地普查之机,每到一地都对乡镇、社区群众进行走访,分发调查问卷;凡有提供重大线索的还颁发荣誉证书,给予适当的奖励,激发起全社会的广泛参与。群众纷纷踊跃提供线索、争当向导;有的群众还放下手中的活,自发为普查队提供全天候的义务服务,成为不在编的专职普查队员。

2010 年 6 月 22 日,国务院在京召开第三次全国文物普查领导小组第三次(扩大)会议,就做好文物普查第三阶段工作进行了部署。中共中央政治局委员、国务委员刘延东在会上讲话。郑继伟副省长代表省政府出席了会议。经省政府同意,2010 年 4 月,省普查办印发了《关于做好全省第三次全国文物普查第三阶段工作的通知》,向各市区普查领导小组明确了文物普查第三阶段的工作任务。第三阶段的主要任务包括完成普查基础资料、数据的整理、汇总和验收,整理公布普查成果(具体包括全省普查工作报告、省级普查数据库及检索系统、全省不可移动文物分布电子地图系统、不可移动文物信息管理系统及文物普查档案、普查成果系列的出版);遴选普查对象,公布不可移动文物名录和各级文物保护单位,完善浙江省历史文化遗产构成体系;向全社会宣传普查成果,提供资源、社会共享;编制我省中长期普查成果的保护利用规划,落实保护措施,指导全省的文物保护工作等方面。2010 年 3 月至 12 月是主要工作时间段(其中部分电子地图、档案及数据库〈检索〉管理工程将延至 2011 年 9 月底,部分普查成果的专题出版将延至 2011 年 9 月及以后)。第三阶段是文物普查的成果形成阶段,是文物普查的收官之战,也是对前三年普查工作的集中检阅。我省将一如既往地做好相关工作。

二、全省第六批省级文物保护单位申报推荐工作情况

(一)第六批省级文物保护单位申报推荐工作背景

公布省级文物保护单位是政府通过法律和行政手段,强化不可移动文物保护管理的重要措施,是依法行政的需要、政府责任的体现,也是具有中国特色不可移动文物认定制度的有机组成。2009年9月,作为第三次全国文物普查成果的有机组成部分和文化遗产保护的基础性工作,我省在基本完成国务院部署开展的第三次全国文物普查实地调查阶段任务,并对全省不可移动文物资源状况有了全面认识的基础上,开展了第六批省级文物保护单位的申报推荐——第六批省保单位申报推荐工作基本与第七批全国重点文物保护单位申报推荐工作同期启动,但名单公布时间要早于第七批全国重点文物保护单位的公布——2009年底,我省基本完成了第七批全国重点文物保护单位的申报推荐。全省共申报186处不可移动文物,并推荐38处大运河遗产列入第七批全国重点文物保护单位。全省第六批省级文物保护单位申报推荐的相关基础工作也已基本完成,共有386处不可移动文物拟申报推荐(其中部分与第七批全国重点文物保护单位推荐名单重复)。第六批省级文物保护单位的总量设定依据首先来源于《浙江省文物博物馆事业发展"十一五"规划》。《"十一五"规划》中明确规定:"我省将配合完成第三次全国文物普查,开展历史文化遗产专项普查和重点调查,进一步摸清资源底数,选择具有较高价值的登记对象核定公布为各级文物保护单位,争取全国重点文物保护单位总数达到150处左右,保持全国前列位置;省级文保单位数量不低于500处;市县级文保单位超过3000处。各市、县(市、区)文物行政主管部门登记公布一批文物保护点。"而根据国家文物局数据中心的全国及部分省(自治区、直辖市)文保单位分级数量分析显示,截止到2009年11月30日,在目前已公布的2351处全国重点文物保护单位中浙江省有132处,占总数的5.6%,居全国第5位;但省级文物保护单位数仅有380处,只居全国第12位,占全国比例的3.4%。与全国国保、省保、市县保数1:4:30的比例相比,我省1:2.9:20.8的平均值显然偏低,需要进一步增加省保及市县保的数量。此外,在第三次全国文物普查中,我省调查登录的不可移动文物总数和新发现数都比较多,均位居全国第4位,需要及早通过法律、行政手段实施较高等级的保护。

(二)第六批省级文物保护单位申报推荐工作程序、原则及基本情况

2009年,经省政府同意,省文物局按照既定工作程序,在全省范围下发通知,开展了第六批省级文物保护单位申报推荐工作的布置。各市、县(市、区)对辖区范围内不可移动文物进行初评,由所在地人民政府组织准备推荐材料,上报省文物局。省里组成专家组(人员构成涉及多个领域),对申报推荐对象开展实地考察,并进行评估遴选和投票表决。在专家评审的基础上,省文物局拟定第六批省级文物保护单位初步推荐名单,征求了省历史文化遗产保护管理委员会各成员单位及其他有关部门的意见,在对意见进行认真研究、吸纳后,最终形成推荐名单上报省政府,由省政府审核批准后公布为第六批省级文物保护单位。

在申报推荐过程中,全省坚持普遍价值和地域特色相结合、普查复查对象和普查新发现相结合、基层推荐和专家评估相结合的"三结合"原则,确定了申报推荐对象必须是具有较高历史、艺术、科学价值的不可移动文物;必须有物可看、有事可溯(实物遗存已不存在的原则上不能列入);必须时代准确、性质特征明确、学术界对其价值和认识基本趋于一致;必须在品类和分布地域方面具有一定代表性和典型性;对象所在地必须有能力确保该不可移动文物得到有效保护,"四有"等基础工作已完成或有确切的预期;不搞地区平衡,力求科学、客观地依文物价值进行评估等具

体要求。从第六批省级文物保护单位的上报、初评情况来看，全省各市、县（市、区）对于申报工作都十分踊跃，已上报推荐465处，较第五批省保单位推荐数（356处）增长了32.1%。经专家评审，省文物局拟推荐386处，申报分类囊括六大类，体现了我省文化遗产品类的多样性和文物价值的多元化。其中古遗址的数量有57处，占总数的14.8%，年代从旧石器时代直到民国时期。古墓葬9处，占总数的2.3%，时代从春秋战国时期到清代。古建筑数量最多，达189处，占总数的49%，时代从三国时期到清末、民国时期，类型多样。石窟寺及石刻17处，占总数的4.4%，类型包括摩崖石刻、碑刻、岩画等。近现代重要史迹及代表性建筑数量也比较多，有98处，占到总数的25.4%，不少都具有重要的历史价值。包括文化线路、文化景观等新文化遗产品类的其他类有16处，占4.1%。

（三）拟入选第六批省级文物保护单位项目的主要特点

目前拟入选第六批省级文物保护单位的项目数量较多、类型丰富、文化遗产涵盖面广泛、与普查存在较大关联度，是全国第三次文物普查重要成果的集中体现。名单中的普查新发现及尚未核定公布为市、县级文物保护单位的重要发现数约占到总数的35%，将对解决“究竟应该如何保护”这一普查所带来的最大问题，实施依法保护起到有力的推动作用。

与以往相比，本次拟入选第六批省保名单的价值评估更为全面，从过去的审美角度认识文物上升到历史内涵角度认识文物，从把建造年代作为衡量保护对象历史价值的基本标准上升到全面理解、认识文物的历史价值。像舟山定海测候所、景宁敕木山畲族民居这样的文物，本次也都被列入名单中。

此外，拟入选第六批省保名单还增加了文化景观（如西湖）、文化线路（如大运河）、工业遗产（如新安江水电站）、乡土建筑（如永康厚吴村乡土建筑）、水下遗产（如遂安古城）等新的文化遗产类型。

三、我省世界文化遗产申报工作情况

（一）概况

截止到2010年8月第34届世界遗产大会闭幕，全世界共有911个项目列入《世界遗产名录》，其中文化遗产704项，自然遗产180项，文化自然双重遗产27项。我国共有40个项目列入《世界遗产名录》，其中文化遗产28项，自然遗产8项，自然与文化双重遗产4项，世界遗产数量仅次于意大利和西班牙，位居第三。

国务院关于申报世界遗产审核工作的分工明确规定：凡申报世界文化遗产，由国家文物局组织审核；申报世界自然遗产由建设部组织审核；申报文化与自然双重遗产由建设部会同国家文物局审核。国家文物局和建设部将审核意见报送设在教育部的中国联合国教科文组织全委会，由该会研究确定申报项目上报国务院。

在最近闭幕的第34届世遗大会上，我省江山江郎山与广东丹霞山等其他5处“丹霞地貌”捆绑申报世界自然遗产成功。2006年12月，国家文物局、联合国教科文组织中国全委会重新审议、确定了我国的35处世界文化遗产预备名单，我省大运河、江南水乡古镇：乌镇、西塘、杭州西湖、良渚遗址、中国古瓷窑址——上林湖越窑遗址、丝绸之路中国段（海路部分：宁波市）等6个项目入选。根据现有情况,我省采取了“整体而有重点地推进我省申报世界文化遗产工作”的策略,一方面加快杭州西湖、大运河等重点项目的申遗进程,一方面也兼顾其他申遗项目的保护管理与申遗基础工作,同时争取将我省未被列入预备名单,但价值突出、保护管理状况良好的其他文化遗产及时补充列入预备名单。

(二)杭州西湖文化景观申遗工作

经过多年来专家学者的不断探索,如今杭州西湖文化景观的内涵范围已基本得到确定,共包括分布在4200多公顷内的自然山水、“三面云山一面城”的城湖空间特征、“两堤三岛”的景观格局、“西湖十景”的题名景观、西湖文化史迹和西湖特色植物等六大要素,其中又以景观基本格局和“西湖十景”为主。“西湖十景”自南宋时就被命名,后历经一千多年的传承、延续和演进,成为反映中国传统“天人合一、诗情画意”山水美学设计准则的典型范例,对中国乃至国际的山水造景艺术都产生了较大影响。

长期以来,杭州市为西湖申遗做了大量扎实的工作。1999年,杭州市委、市政府开始筹划西湖申遗工作。2006年12月,杭州西湖被国家文物局列入《中国世界文化遗产预备名单》。2008年8月,省政府致函国家文物局,要求将杭州西湖列为我国2010年世界遗产申报项目。2009年1月,联合国教科文组织中国全委会向联合国教科文组织世界遗产中心提交了杭州西湖文化景观申遗文本(初稿)。2010年1月底,杭州西湖文化景观申遗文本顺利提交联合国教科文组织世界遗产中心。3月15日,世界遗产中心来函通知,中国2011年世界文化遗产申报项目杭州西湖文化景观的申报文本已通过形式审查,并送交国际古迹遗址理事会和国际自然保护联盟进行评估。

经国务院批准,国家文物局、中国教科文组织中国全委会多次协调,杭州西湖文化景观将作为我国2011年世界遗产的申报项目。2010年9月,世界遗产委员会咨询机构国际古迹遗址理事会(ICOMOS)专家来杭对西湖文化景观进行了现场评估考察。而2011年3月至5月,国际古迹遗址理事会将对杭州西湖文化景观的普世价值作出评估。2011年6月巴林召开的第35届世界遗产大会上,21个理事成员国将投票决定西湖是否列入世界遗产名录。为了确保杭州西湖文化景观的申遗成功,我省必须对这三个时间节点密切关注。

(三)大运河(浙江段)申遗工作

2009年1月,党中央、国务院领导批示同意国办秘书三局《关于大运河保护和申遗的报告》,基本确定了“争取在2014年实现大运河成功申报世界文化遗产”的目标。国家成立了由文化部部长蔡武部长任组长、13个部委办及大运河沿线8省(直辖市)领导组成的大运河保护和申遗省部际会商小组,统筹领导大运河保护和申遗工作。具体任务由国家文物局统筹安排,大运河联合申遗办设在扬州。

大运河申遗工作涉及北京、天津、河北、河南、山东、安徽、江苏、浙江等8省(直辖市)、35个设区市,主要分为三个阶段:2009至2010年的第一阶段为启动阶段,主要是做好立法、建立协调机制、编制保护规划、遴选评估大运河申遗点等前期基础工作。2011至2012年的第二阶段为保护、整治阶段,主要任务是实施保护规划、出台专项法规、建立大运河遗产保护管理监测平台、组织编制大运河申遗文本。2013至2014年的第三阶段为申报阶段,主要包括将大运河申遗文本正式提交世界遗产中心，迎接国际专家现场评估考察等。

浙江是大运河的最南端，大运河（浙江段）包括江南运河和浙东运河，流经嘉兴、湖州、杭州、绍兴、宁波等5个设区市及所辖的15个县（市、区），主河道全长560千米，重要支线长238千米。得益于优越的地理环境、充沛的水源和密布的河网，大运河（浙江段）主航道基本完整、航道稳定，至今仍发挥着巨大的交通功能，还兼具排洪、灌溉、环境净化等水利、市政功能。

为做好大运河（浙江段）的申遗工作，我省建立了大运河保护申遗联合工作机制，地方主体和部门相互支持、统筹兼顾，加强了对浙江段全流域保护工作的组织协调。省政府“浙江省历史文化遗产保护管理委员会”依托大运河（浙江段）沿线5个设区市成立的大运河保护和申遗领导小组与办公室，负责领导、组织、协调全省文物、规划、水利、交通等部门在各自职责范围内开展大运河的保护和申遗工作。

运河多部门、多层次的管理机构

<table>
<tr><th colspan="3">遗产类别</th><th>涉及的管理部门</th><th>其他相关部门</th></tr>
<tr><td rowspan="6">运河水利工程遗产</td><td>河道</td><td>运河正河、运河支线、自然河道、减河、人工引河、城河、内河</td><td>水利局、港航局</td><td rowspan="10">宣传部、发改委、财政局</td></tr>
<tr><td>水源</td><td>泉、湖泊、水柜、水库</td><td>水利局、港航局</td></tr>
<tr><td>水利工程设施</td><td>闸、坝、堰、堤防、引水涵洞、分水墩</td><td>水利局、文物局</td></tr>
<tr><td>航运工程设施</td><td>船闸、桥梁、码头、运口、纤道</td><td>港航局、水利局、文物局</td></tr>
<tr><td>古代运河设施和管理机构遗存</td><td>河道管理机构、漕运管理机构、钞关、浅铺、仓库、造船厂</td><td>港航局、水利局、文物局</td></tr>
<tr><td>运河档案文献遗产</td><td>运河河工档案、历代运河志、历代漕运志、历代运河古地图</td><td>文物局、档案馆</td></tr>
<tr><td colspan="2">运河城镇和村落</td><td>运河城镇、村落、历史街区</td><td>规划、建设局、文物局、旅游局</td></tr>
<tr><td colspan="2">其他运河物质文化遗产</td><td>古遗址、古墓葬、古建筑、石刻、近现代重要史迹及代表性建筑、其他</td><td>文化广电新闻出版局</td></tr>
<tr><td colspan="2">运河生态与景观环境</td><td>湿地、林地、草地、耕地</td><td>国土资源局、环保局、林业局</td></tr>
<tr><td colspan="3">大运河相关非物质文化遗产</td><td>文物局、旅游局</td></tr>
</table>

我省7个省级职能部门联合发文，明确了各职能部门在大运河遗产资源调查和保护规划编制中的具体任务；并不定期召开部门协调会议及全省性大运河保护申遗工作会议，分阶段细化工作任务，形成各司其职、协调配合的工作格局。省级11个厅局转发了文化部等13个部委《关于加强大运河保护和申遗工作的意见》。省文物考古研究所设立大运河课题组，集中专业力量，统一牵头，组织协调各地开展资源调查、价值评估及遗产点遴选等工作。全省还以培训、试点为抓手，举办了各相关职能部门参加的培训班，以提高各地的认知水平和工作能力。在此过程中，浙江省委、省政府主要领导多次批示，省人大及政协也多次安排执法检查和专题调研，进一步推动

了大运河保护和申遗的工作进程。

各市、县（市、区）积极予以响应，沿线5个设区市成立了大运河保护申遗领导小组及办公室，领导小组组长基本由市委书记或市长担任，各相关部门及县（市、区）政府主要负责人任小组成员，从而确保了协调工作的力度。工作开展前，政府召集相关部门负责人召开动员会，统一认识，协调各方力量，明确工作主体和任务责任；通过行政协调，研究解决重点难点问题，并在组织、政策、经费等方面采取措施，优先保障大运河保护申遗工作的顺利开展。各市、县（市、区）文物、水利、航运等部门密切配合，共同开展大运河遗产资源多部门多学科联合调查。杭州市设立了大运河保护和申遗专门工作机构（杭州市京杭运河综合保护委员会）。绍兴市水利局还抽调专人到大运河保护与申遗办工作。

全省各地认真开展大运河遗产资源调查研究和大运河遗产点的遴选，用了两年多的时间（从2007年至2009年4月）分两个阶段对大运河（浙江段）全段的所有类型相关遗产及其背景环境进行了调查、登记和整理，基本解决了“什么是大运河遗产”及“浙江段大运河遗产有什么”的问题。2009年5月至今，工作重点由前期资源调查、文献整理研究及价值评估成果向大运河保护和申遗实际工作转化。各地也纷纷做好大运河遗产点遴选及各级文保单位的申报推荐。

2009年6月，省里成立专业涵盖文物、考古、历史地理、遗产保护、规划、水利、交通运输等诸多领域的“浙江省大运河保护与申报世界文化遗产专家组”，通过组织专家组参与大运河遗产保护规划论证、大运河遗产构成评估及申遗点的遴选、认定等工作，充分发挥了智囊团的作用。

全省大力推进大运河遗产保护规划的编制，其中5个设区市段的保护规划初稿已基本完成，并通过省级评审。省级保护规划编制也已接近完成。各地认真实施大运河河道、遗产点及背景环境的整治，结合城市建设加大运河综合保护整治力度，重点做好与运河相关的物质文化遗产及运河聚落遗产的保护修缮；对运河河道实施截污、清淤，并采取多项环境保护措施，改善运河水质；还在运河河道与城市间留出一定范围的绿化隔离带，配置运河景观灯光和旅游观光船，以有效改善运河沿线的环境景观及当地民众的居住环境和生活品质。

为提前控制运河沿线的建设活动，有关职能部门在京杭运河（浙江段）三级航道整治工程可行性研究阶段，就统筹协调大运河保护申遗和航运发展的关系，尽量避免河道规划建设方案对大运河保护和申遗造成不利影响。经过几轮调整，现有工程方案尽量避让了遗产价值较高的运河河段，并新增投资70亿元，拟开挖26千米的京杭运河沟通钱塘江第二通道。嘉兴市政府下发《关于大运河（嘉兴段）遗产提前介入保护工作的通知》，规定凡涉及大运河河道两侧200米及遗产点周围100米范围内的基本建设项目，都应预先报请市申遗办专项审查。此前已批准但尚未实施的涉及运河遗产的建设项目，由市申遗办组织专家进行评估，并研究提出调整处理意见。

同时，大运河沿线各地将运河保护申遗与城市发展科学研究及整体形象宣传结合起来，通过加强宣传引导，充分调动全社会的积极性和创造性，共同做好大运河保护和申遗工作。

下一阶段，我省将配合国家文物局和中国古迹遗址保护协会做好大运河申遗预备名单的考察和遴选，抓紧组织编制大运河省级保护规划，重点关注与水利等各相关行业专项规划的有效衔接；并由省政府颁布各设区市和省级大运河遗产的保护规划，进一步完善大运河保护和申遗协调工作机制，形成工作合力。

大运河是中华民族的杰出遗产，做好保护和申遗既是实施国家文化发展战略的要求，对于推动我省经济繁荣和社会发展也具有重要的意义。与其他单项文化遗产保护不同的是，大运河保护与城市、城乡发展之间的关联度特别密切，这就需要在实际工作中充分注意其特殊性。

以上是我对我省文物保护事业三项重点工作的汇报，在此也衷心感谢各有关部门长期以来对浙江文物事业的关心和支持。

（根据录音编辑整理）

承前启后　继往开来　努力开创我省文物事业发展的新局面

——在全省文物局长会议上的讲话

浙江省文化厅副厅长、浙江省文物局局长　鲍贤伦

在辛勤耕耘的牛年即将过去、生气勃勃的虎年即将到来之际,我们在这里召开一年一度的全省文物局长会议,辞旧迎新。这次会议的主要任务是:继续深入贯彻落实科学发展观,围绕省委“创业富民、创新强省”的发展战略,回顾过往,追寻发展轨迹,梳理发展脉络,总结发展经验;放眼未来,展望发展前景,规划发展目标,共谋发展思路,为推进社会主义文化大发展大繁荣加油鼓劲,为践行文化惠民发展宗旨集思广益。

下面,我代表省文物局做工作报告。

一、2009 年全省文物工作的回顾

2009 年,全省文物部门深入贯彻落实科学发展观,以满足人民群众日益增长的精神文化需求为宗旨,加大依法行政步伐,稳步推进第三次全国文物普查,不断提升不可移动文物的保护水平,积极开展抢救性考古发掘和大遗址保护,完善博物馆体系建设,建立健全科技创新机制,充分发挥文博单位的公益性服务功能,锐意创新、开拓进取,文博事业呈现出良好的发展态势,可喜的发展局面。

(一)深入推进第三次全国文物普查,为构架更加完备的不可移动文物保护体系打下了可靠基础

2009 年,我省深入推进第三次全国文物普查,工作进展、新发现数量等继续名列全国前茅。至 12 月底,野外实地调查阶段结束,市级验收完成。各级财政共投入普查经费 10210.42 万元。全省调查登记不可移动文物 74310 处,其中新发现 61873 处,复查 12437 处。因水下文物普查工作成果比较突出,宁波市被国家文物局选定为全国水下文物普查工作现场会地点。在做好本省普查工作的同时,我们还认真组织实施了对青海省的帮扶工作,受到了国家文物局的表扬。

依托普查工作成果,精心组织了第七批全国重点文物保护单位申报工作,共申报推荐对象 182 处,其中与现有国保单位归并 14 处。另有 38 处推荐为国保单位大运河的组成部分。第六批省级文保单位的推荐工作也已着手进行。舟山、衢州、丽水、北仑、磐安等地新公布了一批市、县级文物保护单位。此外,组织开展了第五批中国历史文化名镇(名村)的推荐申报工作。

（二）扎实开展申遗的各项基础工作，为我省世界文化遗产申报积聚了发展后劲

以2011年进入世界文化遗产名录为目标，继续推进杭州西湖申遗工作，完善申遗文本，编制环境整治规划，加强与世界文化遗产保护机构的沟通与交流。为推动大运河（浙江段）文化遗产保护及申报世界文化遗产工作，举办了培训班，成立了专家组，开展了省级和市级保护规划的编制工作。

（三）积极探索保护与利用和谐共生之路，为创建中国特色的大遗址保护模式做出了有益的贡献

以大遗址保护与国家考古遗址公园建设为主题，成功举办“2009大遗址保护良渚论坛”。国家文物局、各省文物行政部门和大遗址所在地代表出席论坛，交流大遗址保护先进经验，分享大遗址保护实践成果，共谋大遗址保护利用可持续性发展大计，通过了《关于建设国家考古遗址公园的良渚共识》。此后，良渚、马家浜等国家考古遗址公园建设相继启动。全年配合基本建设，实施考古发掘项目29个，发掘面积32000平方米，考古工作量比前两个年度有明显增加。良渚古城遗址获“2007－2008年度国家文物局田野考古奖”二等奖。

（四）全面深化博物馆免费开放工作，为提升公共文化服务水平创造了更加有利的条件

2009年度又新增一批免费开放的博物馆，全省实施免费开放的博物馆总数达到了92家，总数位居全国前列。在增加免费开放博物馆数量的同时，积极探索免费开放博物馆的内部管理体制与运行机制的改革和创新，成功举办了“2009年度全省免费开放博物馆馆长论坛”。全省博物馆推出展览780多个，接待观众1500万余人次，有效发挥了文博机构服务社会、服务公众的公益性功能。良渚博物院“良渚文化——实证中华五千年文明”展荣获第八届全国博物馆十大陈列展览精品奖，宁波博物馆“东方神舟——宁波海上丝绸之路主题展”荣获“最佳创意奖”和“最佳服务奖”两个单项奖。此外，成功举办国际遗址博物馆馆长河姆渡峰会，达成《余姚共识》。“中国博物馆学会志愿者专业委员会成立大会暨首届中国博物馆志愿者论坛”在宁波博物馆举行，通过《宁波倡议》。

（五）继续加强博物馆建设，为打造科学合理的博物馆网络体系付出了新的努力

以浙江自然博物馆新馆和浙江省博物馆武林馆区（浙江革命历史纪念馆）的建成开放为突出标志，我省博物馆网络体系建设取得重大进展。中国刀剪剑（扇、伞）博物馆、西溪湿地博物馆、萧山跨湖桥遗址博物馆、宁波帮博物馆、龙泉青瓷博物馆新馆等也先后建成开放。宁波、绍兴、衢州、丽水等地出台优惠政策，推进民办博物馆的建设和发展。

（六）进一步强化执法监管，为健全文物行政执法机制进行了新的实践

在全面完成文物执法队伍组建的基础上，着力提升执法队伍工作水平，组织开展案卷评查和队伍培训。在国家文物局开展的案卷评查中，获得一个优秀奖和两个良好奖，省文物监察总队获优秀组织奖。我省参与编写的《文物行政执法案例选编与评析》一书获“2008年度全国文博考古十佳图书”奖。

进一步加强文物执法监管工作，强化对占地3万平方米以上建设工程的执法监管。全年开展巡查15198次，比上一年度增加23%；立案查处文物违法案件32起，增加91%。全年受理涉案

文物鉴定76起,审核进出境文物(旧家具)4万6千余件,文物拍卖标的1万5千余件。完成文物库房新建、改造项目13个,安全技防项目10个。文博风险单位连续5年实现安全无事故。在全国文物安全与执法工作会议上,我省做了典型发言。

(七)强力启动文化遗产保护科技区域创新联盟,为消除我省文物保护科技的瓶颈制约提供了宝贵的契机

为充分调动和集成全省文化遗产保护优势科技力量,提升浙江省文化遗产保护技术创新的整体实力,全面推动浙江省文化遗产事业的全面、协调、可持续发展,省文物局和浙江大学积极倡导并联合其他5个单位,共同提出了建立国家文化遗产保护科技区域创新联盟(浙江省)的建议。2009年12月20日,国家文物局与浙江省人民政府共建国家文化遗产保护科技区域创新联盟商谈会在杭州召开,议定了创新联盟合作机制的开展、工作方案等。该项目的强力启动,标志着我省文物保护科技工作进入了一个崭新的发展阶段,该领域的瓶颈制约因素有望逐渐得以消除。另外,国家文物局"指南针计划"专项——中国传统造纸技术传承与展示示范基地建设项目落户温州瓯海。

2009年是非同寻常的一年,2009年也是值得纪念的一年。2009年,国际金融危机席卷全球,我国经济发展经受了严峻的考验。作为改革开放的前沿地区,经济对外依存度高的沿海省份,我省的形势更为严峻。在党中央、国务院的正确领导下,省委、省政府从容应对,统筹兼顾,确保了各项事业平稳较快发展。2009年,我省文物事业之所以能保持持续健康发展的良好势头,之所以能为保增长、保民生、保稳定作出可贵的贡献,除了全省文物系统广大干部职工服从大局、恪尽职守、扎实工作,各有关部门和社会各界鼎力支持、主动参与外,与全省经济社会发展的大格局和大背景是密不可分的。尤其让我们感动和难忘的是,在这特殊的形势下、特殊的年份里,我省文物事业得到了省委、省政府和国家文物局的特别关怀、特别重视。

一年来,省政府召开了高规格的全省文化遗产保护工作会议;省人大常委会组织开展了文化遗产保护工作执法检查;赵洪祝书记、葛慧君副省长分别就大运河保护和申遗做出了重要批示;在新一轮机构改革中,省文物局不仅被明确为部门管理的行政机构,而且增设了文物安全处,充实了人员力量。12月19到20日,赵洪祝书记、吕祖善省长分别会见莅临杭州参加省博物馆武林馆区开馆庆典等活动的国家文物局单霁翔局长一行,并就我省文物事业发展交换意见;黄坤明部长、葛慧君副省长、吴国华主任等省领导也一同出席相关活动。这么多的领导一起来关心我们的工作,这么多的领导齐聚一堂、共商我省文物事业发展大计,在我省文物事业发展史上可谓盛况空前,这足以说明我们的事业受到了党委政府的高度重视,被党委政府寄予了莫大的期望。

一年来,国家文物局在我省举办了大遗址保护良渚论坛、水下文物普查现场会、重点科研基地运行管理座谈会。我省第一个被国家文物局选定为文化遗产保护科技区域创新联盟试点省份。杭州被国家文物局选定为首个"文化遗产日"主场城市。浙江省博物馆被财政部、国家文物局确定为中央与地方共建的全国八个国家级重点博物馆之一。杭州市余杭区、嘉兴平湖市被文化部和国家文物局授予2009年"全国文物工作先进县"荣誉称号,余杭区还作为唯一的先进代表在表彰大会上发言。我省在全国文物安全与执法工作会议上做典型发言,文物执法监察队伍建

设和巡查工作经验被国家文物局向全国推介。省文物考古研究所被人力资源与社会保障部、文化部授予“全国文化系统先进集体”荣誉称号。所有这一切足以说明,我省的工作得到了国家有关部门的充分肯定,我们的探索和实践在相当多的领域为全国文物事业的发展提供了可资借鉴的经验。

2009 年是我省文物博物馆事业开创 80 周年,又是新中国成立 60 周年。以 1929 年“浙江省西湖博物馆”的筹备成立为主要标志,我省文物、博物馆事业于上世纪二三十年代开始起步。但在旧中国那样时局动荡、战乱频仍、民生凋敝的社会,文博事业的正常生存和发展是不可能实现的。在发展历程的前 20 年里,我省文博事业步履蹒跚,奄奄一息。我省文物、博物馆事业真正奠基立业,蓬勃发展,一步步走向辉煌,要到新中国成立以后。

新中国成立 60 年来,我省文物事业始终与祖国共命运、与时代同进步,始终融汇于实现国家富强、人民幸福、文化繁荣、社会进步的历史进程,取得了长足的进步,获得了辉煌的成就。可以说,我省文物事业整体发展水平已位居全国前列,这主要表现在:资源总量在全国排位靠前,保护理念日臻进步成熟,行政资源投入平稳增长,依法管理环境趋于完善,主动保护能力逐渐增强,文物资源合理利用初见成效;文物事业越来越成为促进国民经济又好又快发展的积极力量,越来越成为推动社会主义文化大发展大繁荣的积极力量,越来越成为集中民智和惠及民生的积极力量。

我省文物、博物馆事业 80 年的不凡发展历程,特别是新中国成立 60 年、改革开放 30 年以来取得的辉煌成就表明,优越的政治制度,和平稳定的社会环境是文博事业健康发展的基本前提;经济繁荣,社会进步,国家强盛是文博事业持续健康发展的根本保证。文化遗产事业只有融入民族复兴的伟大征程,融入建设有中国特色社会主义的壮丽画卷,才能谱写华美的乐章,才能拥有光辉的未来。

今天,我们在这里盘点 2009 年的工作业绩,追寻我省文物事业 80 年来的发展轨迹,凝聚新中国成立以后、特别是改革开放以来我省文物事业的发展共识,不是为了沉湎过去,而是为了展望未来;不是要故步自封,而是要阔步向前。我们务必要保持发扬谦虚谨慎、戒骄戒躁的工作作风,务必要保持发扬求真务实、敢于创新的精神面貌,务必要开拓前进,奋发有为。只有创造新的业绩,形成新的经验,作出新的贡献,才能不负党和政府的重托,才能不负国家文物局的厚爱,才能不负人民群众的殷切期待,才能不负伟大时代赋予我们的神圣使命。

当前,我国正处于全面建设小康社会、加快推进现代化的关键时期,我省文物博物馆事业正处于迈向新的发展平台的关键阶段。在看到成绩的同时,我们更要清醒地认识到,与贯彻落实科学发展观的要求相比,与加快建设文化大省的要求相比,与人民群众对文化建设的期待相比,我省文化遗产保护工作依然存在着差距。主要表现在,文化遗产事业的发展依然存在明显的薄弱环节,文化遗产保护的基础工作依然有待加强,遗产资源合理利用的有效途径依然需要我们继续探索,文物博物馆单位提供公共服务的能力依然明显不足,人民群众享受文化遗产保护成果的权利依然尚未得到充分保障,适应时代发展、适合我省省情的文化遗产保护管理体制依然有待进一步完善。我们的任务还十分艰巨,前路漫漫,任重而道远。

二、2010 年全省文物工作的主要任务

2010 年是全面完成文物、博物馆事业“十一五”发展规划各项目标任务,科学编制“十二五”发展规划的重要一年。做好 2010 年的全省文物工作,对于文物、博物馆事业持续健康发展,加快文化大省建设,具有承前启后的重要意义。

2010 年全省文物工作的总体思路是:以科学发展观为指导,以促进文化大发展、大繁荣为己任,坚持“保护为主,抢救第一,合理利用,加强管理”的文物工作方针,围绕经济社会发展大局,谋发展,抓重点,强基础,着眼文化惠民,按照“三贴近”的要求,努力为广大人民群众提供丰富的文化产品和优质的文化服务。

(一)以重点工作为主要抓手,努力推进文物事业迈向新的发展起点

1. 积极开展文物、博物馆事业发展状况调研,认真编制“十二五”发展规划。按照国家文物局和省政府的要求和部署,积极开展调研工作,全面总结、回顾“十一五”全省文物、博物馆事业发展状况,分析现有优势,梳理突出问题,明确发展方向,编制《浙江省文物保护项目及经费需求“十二五”规划》,并上报国家文物局;起草《浙江省文物、博物馆事业发展“十二五”规划》,并形成征求意见稿。在做好与国家和省有关规划衔接工作的同时,要加强与市、县(市、区)的协调与沟通,提高规划的针对性和可操作性。各地也要积极行动起来,根据当地实际,科学谋划“十二五”期间文博事业发展的思路、目标任务和对策措施。

2. 及时完成转段,切实做好第三次全国文物普查。全面完成实地文物调查阶段验收。在完成省级验收的基础上,做好补充、整改和完善工作,迎接国家文物局的抽查和验收。召开转段工作会议,组织第三阶段培训,及时开展文物普查第三阶段工作。第三阶段的工作重点是:建立不可移动文物编码系统;建立不可移动文物分布电子地图系统;建立不可移动文物信息管理系统;编制文物普查档案;公布不可移动文物名录;编制普查工作报告等,并以适当方式出版发行,形成我省第三次全国文物普查成果。开展普查工作总结,表彰普查先进集体、先进个人。

3. 以杭州西湖申遗为主要着力点,脚踏实地做好世界文化遗产申报的各项工作。以严谨的工作作风,扎实的工作步骤,确保杭州西湖文化景观申遗各项工作顺利推进。根据联合国教科文组织世界遗产中心的规定,及时报送申遗的最终文本。积极实施整治规划,有效保护与改善西湖的文化遗存和生态环境,维护好西湖景观及视线廊道的真实性和完整性。按照 2014 年大运河申遗的目标,做好大运河(浙江段)申遗的相关工作,重点抓好保护规划编制,以及我省境内大运河申报世界文化遗产点段遴选、上报工作。以启动良渚国家考古遗址公园为抓手,继续推动良渚遗址申遗工作进程。加快良渚古城调查研究,加大良渚国家考古遗址公园范围内的环境整治力度。做好世界遗产预备名单动态管理工作,向国家文物局推荐第二批申报世界文化遗产预备名单项目。

4. 努力创造工作条件,力争实现“馆藏文物管理系统数据库建设”目标。按照财政部和国家文物局的要求,继续组织开展“馆藏文物管理系统数据库建设”,争取在年内全面完成实施项目计划的工作任务。要制订可行的工作计划,合理调配人员力量,在紧紧抓住重点单位和关键环节的同时,全面推进项目建设。各地要增强大局意识,全局观念,在做好第三次全国文物普查等重点

工作的同时，按照省里的统一部署，按时完成馆藏文物管理系统数据库建设任务。结合数据库建设，荟萃我省馆藏文物精品的《藏品大典》编撰工作也要全面启动。

5. 以省部共建文化遗产保护科技区域创新联盟为突破口，积极寻求我省文物保护科技工作新的成长点。建立浙江省人民政府和国家文物局共建文化遗产保护科技区域创新联盟（浙江省）的高层合作机制，充分发挥中央和地方的优势，以体制机制创新为先导，以浙江省文化遗产保护重大需求为导向，扎实开展区域创新联盟试点项目建设。要以重点项目为载体，以实际应用为目标，推动技术研发、人才培养、装备升级、基地建设和体制机制创新，切实提高我省文化遗产保护能力。要立足本省、服务全国、面向世界，努力将区域创新联盟建成在我国具有重要影响的技术研发平台、资源共享平台、成果转化平台、人才孵化平台和新兴产业培育平台。指导、协调国家"指南针计划"专项"中国传统造纸技术传承与展示示范基地建设"试点项目的实施。以温州瓯海的全国重点文物保护单位——泽雅四连碓造纸作坊为品牌和基地，以科研单位为依托，以生产单位为实体，开展中国古代造纸的生产、展示、科研、示范和多种应用基地的试点建设工作。协调做好国家文物局第四批行业重点科研基地的申报工作，努力争取国家纺织品保护重点科研基地顺利落户中国丝绸博物馆。继续抓好"文物保护科技项目"的实施工作。

（二）牢牢抓住基础工作不放松，着力培育文物事业持续发展能力

1. 加大推荐公布力度，确保各级文物保护单位数量有较大幅度增长。在完成第七批全国重点文保单位推荐工作之后，应进一步卓有成效地开展工作，积极争取有尽可能多的推荐对象进入国务院公布的名单，力保我省全国重点文物保护单位总数在全国继续位居前列。在做好第三次全国文物普查新发现不可移动文物保护工作的同时，向省政府推荐一批不可移动文物，公布为第六批省级文保单位；积极推动市、县政府及时公布新的市、县级文物保护单位，使我省省级、市县级文物保护单位数量偏少的状况得到根本改观。

2. 继续加强文物保护单位的基础性工作，规范文物保护工程管理。迄今为止，我省尚有全国重点文物保护单位27处、省级文保单位78处、市县级文保单位600余处没有划定保护范围和建设控制地带，加上即将陆续公布的新的文保单位，基础工作任务十分繁重，需要我们坚持不懈、持续推进。与此同时，我们要以全面提升浙江省不可移动文物保护、利用和管理水平为目标，积极推进文物保护单位保护规划编制工作；强化正确的文物保护修缮理念；完善文物保护工程资质体系建设，开展乙级和乙级以下文物保护工程监理资质的报批工作；制订浙江省文物保护工程管理实施办法，积极推动文物保护工程报告的编写和出版。

3. 大力推进国家考古遗址公园建设，加强大遗址保护和考古管理。推进大遗址保护项目，争取良渚遗址、马家浜遗址等国家考古遗址公园建设取得实质性进展。围绕国家经济建设全局，重点加强对能源、交通、水利设施建设等国家重点建设项目工程以及经济开发区建设项目的考古工作管理。继续做好嘉兴马家浜遗址、余杭茅山遗址等重要遗址的考古发掘。继续做好考古资料整理出版和出土文物指定收藏工作。

4. 加强协调与配合，努力推进历史文化名城、街区、村镇保护工作。加强与建设规划行政主管部门的沟通与配合，做好第四批省级历史文化名城和省级历史文化村镇、街区的评审推荐工

作。配合省建设厅修订《浙江省历史文化名城保护规划编制要求》,开展省级历史文化村镇、街区保护规划的编制、审查工作。组织开展第二批中国历史文化名街申报工作。

5. 深化博物馆免费开放工作,倾力打造陈列展览精品。学习贯彻李长春同志2009年11月14日在河南博物院考察时的重要讲话精神,深入贯彻落实"三贴近"的要求,进一步增强时代意识、社会意识、群众意识、服务意识。深化免费开放工作,进一步推进博物馆的体制机制创新。开展免费开放博物馆的展陈项目绩效评估和专项资金使用情况检查,加强工作监管,提高资金使用效益。深化内部管理体制改革,努力提高免费开放博物馆的管理和服务水平。以繁荣展览活动,提升展陈水平,提高服务质量为重点,继续完善工作机制,推进"陈列展览精品项目"的实施,加强馆际联合办展,促进藏品资源整合,推出一批文化性、主题性强的精品展览。

6. 继续推进设施建设,加强博物馆业务管理。加强对市、县(市、区)博物馆项目建设工作的指导,支持各地新馆重点建设项目及文物库房新建、改造工程,支持安吉生态博物馆建设,继续推进馆藏文物保存环境改造达标工作。加强对民办博物馆的指导、管理与服务,配合国家文物局在宁波召开全国民办博物馆工作会议,配合省人大教科文卫委员会开展民办博物馆专题调研。加强博物馆的业务基础工作,进一步做好省直博物馆社会文物征集工作,继续开展全省馆藏书画文物的巡回鉴定工作,继续加强馆藏珍贵文物保护修复的项目管理。组织市、县博物馆馆长论坛或专题工作研讨会,交流经验,加强典型的示范作用。

7. 建立健全工作机制,做好社会文物管理。按照新一轮机构改革关于社会文物管理职能的调整规定,搞好职能衔接,理顺工作关系,落实社会文物管理的岗位职责。做好文物拍卖企业资质管理和文物拍卖许可证年审,进一步加强对文物市场的监管。把好国门,加强文物进出境管理。根据国家文物局的规定,组织实施《文物认定管理办法》,争取初步建立起符合浙江实际的文物认定社会服务体系。

(三)继续强化执法监管,切实提高文物事业发展的安全保障水平

1. 建设监管平台,提高文物执法监察效能。积极探索,大力推进,争取在全国率先建成覆盖全省的文物执法监察网络监管平台。通过规范化、标准化、信息化的监管方式,全面提高我省各级文物执法监察机构的执法水准与监管效能。该平台力争年内完成研发,并开始试行。

2. 加强文物执法巡查,做好文博单位的安全防范工作。加大对文博单位巡查的工作频率和力度,消除安全隐患,遏制违法行为,确保文物安全。加强对市、县(市、区)文物执法巡查工作的督查与指导,努力提高巡查工作的规范化水平。各文博单位要积极配合,提供巡查所需业务资料。继续加强对3万平方米以上的大型基本建设项目的执法监管。按照《国家文物局、公安部关于联合开展文物单位消防安全大检查工作的通知》要求,开展文物安全、消防大检查。做好文博风险单位安全技防工程项目的建设工作。

3. 加大案件查处力度,提高办案水平。加强对文物违法案件的查处、督办,特别要加大对法人违法案件的查处力度。按照国家文物局文物安全与执法公告制度以及我省的相关规定,做好大要案上报、文物安全事故与违法事件的统计工作。联合公安等部门,继续打击针对大遗址和文物资源密集地的犯罪活动。做好文物司法鉴定工作。

（四）进一步加强机构队伍建设，为文物事业持续健康发展提供可靠的组织保证

1. 加强机构建设。根据新一轮机构改革后省文物局的职能定位和“三定”规定，梳理工作关系，建立健全各项规章制度，加强机关建设。在新的一轮市、县（市、区）机构改革中，各地也要积极争取党委、政府的重视和有关部门的支持，理顺管理体制，加强文物行政机构建设，充实管理力量。要积极争取编制，继续加强文物执法队伍建设。与此同时，还要抓住事业单位改革的有利时机，借助博物馆、考古遗址公园等大型项目的建设，建立健全文物保护管理事业机构，壮大人员力量。要争取省文物考古研究所的编制有明显增加，缓解事业发展的人力瓶颈制约。

2. 开展教育培训工作。积极派人参加国家文物局举办的各项培训。认真完成国家文物局委托的华东片文物保护工程个人资质培训任务。举办第二期省文物保护工程从业人员上岗培训班。加强博物馆志愿者和讲解员队伍建设，组织经验交流，开展培训活动。采取强化执法技能、模拟办案现场等方式，加强对文物执法人员特别是新上岗的文物执法监察人员的培训工作。协助浙江大学搞好文物与博物馆学系建设，支持、鼓励我省文博系统和浙江大学的专家学者到对方岗位任职、兼职。

（五）高度重视宣传信息工作，为文物事业持续健康发展营造有利的社会环境

1. 加强文物信息报送与发布工作。加强文物要情的编发，及时向省委、省政府反映我省文物工作的重要进展、重大发现和突出问题。加强浙江文物网建设，改进政务信息的发布二作，在认真编发全省文物工作信息的同时，做好对国家文物局网站的信息报送工作，争取报送数量和质量保持全国领先。各地、各单位也要及时报送重要信息。继续做好《浙江文物》、《浙江文物年鉴》的编审和发行工作，发挥其信息交流、汇集和传播作用。

2. 搞好“文化遗产日”等重要纪念日的宣传活动。精心策划，认真组织“文化遗产日”、“5·18国际博物馆日”等重要纪念日的宣传活动。要通过全省上下联动，集中开展系列活动，形成浩大的宣传声势。与此同时，要做到日常宣传与重要纪念日宣传相结合，常规宣传与专题宣传相结合，特别是要注重与第三次全国文物普查成果、重大考古发现、陈列展览精品等专题宣传相结合。要通过形式多样的宣传，凝聚人心，鼓舞士气，增强人民群众与文化遗产之间的情感纽带，使人民群众是文化遗产保护主体的观念深入人心，使政府主导地位与人民主体作用在遗产保护事业中紧密融合，相得益彰。

让我们牢记胡锦涛总书记提出的“高举旗帜、围绕大局、服务人民、改革创新”总要求，进一步以科学发展观为指导，在省委、省政府的正确领导下，按照加快建设文化大省的部署，紧紧依靠全省人民的共同努力和文博战线广大干部职工的团结奋斗，努力探索新形势下文物工作的新特点、新规律，以满足人民群众日益增长的物质与精神文化需求为宗旨，加强文化遗产保护，不断增强文化遗产事业服务大局、服务经济社会的能力，为增强国家的文化软实力、推动文化大发展大繁荣服务，为调结构、促转变、扩内需、惠民生、保稳定服务。让我们紧紧把握发展机遇，奋发有为，开拓进取，不断推进浙江文物事业向新的更高的阶段发展，为开创我省文物事业全面、持续、健康、快速发展的新局面而努力奋斗。

在全省文物局长座谈会上的讲话

浙江省文化厅副厅长、浙江省文物局局长　鲍贤伦

今天在舟山召开全省文物局长座谈会,主要谈两个方面,一是通报今年上半年的全省文物工作总体情况,二是谈谈“十二五”规划编制的有关问题。首先,我就今年上半年全省文物重点工作进行回顾和总结:

一、关于第三次全国文物普查工作

在第三次全国文物普查第二阶段工作中,我省以优异的成绩顺利通过了国家文物局的验收,成为全国首个通过验收的省份。验收专家组以“有板有眼、有声有色”八个字,高度肯定了我省的普查工作。这是我省广大文物工作者共同努力和不懈奋斗的结果。我们应该为此感到骄傲,但同时也应重视专家组提出的一些意见和建议,例如我省的普查工作在文物类别划分方面存在着依据不明、严谨度不够等问题。对于这些问题,我们要一分为二地看待:既承认我们的工作确实还存在着需要进一步提升和完善的地方,同时也需要理解由于理念差异、观念不对接等客观存在的原因,造成意见不一的情况。总体上来说,我省的文物普查工作在全国处于领先地位。国家文物局对文物普查实地调查阶段涌现的先进集体和个人进行表彰时,我省有3个集体、9位工作者受到表彰,数量多于他省。在今年的文化遗产日活动中,我省也举行了表彰大会,并在《浙江日报》上刊登了受表彰的集体和个人名单,使付出努力的先进集体和先进工作者享受了荣誉。但文物普查工作依然任重而道远,在做好第二阶段的基础上,各地也要对第三阶段工作给予高度重视。上半年,省文物普查领导小组召开专门会议,对第三阶段的工作进行了具体部署,同时还举办了两期第三阶段文物普查工作培训班。希望各地文物局认真对待文物普查第三阶段工作,将第三次全国文物普查这项重要任务做到善始善终。

二、关于文物保护单位的推荐、申报和公布工作

针对第七批国家级文保单位的申报,我省已选定186处作为申报对象。从申报数量上来看,这个数字已是我省历届申报数量之最,但跟其他省份相比并不算多(全国申报总数有5000多处,有的省份报了1000多处)。目前全国已有国家级文物保护单位2231处,此次评审之后这个数字有可能要翻一番。根据上述情况,我省总的努力方向是确保已申报的186处尽可能多地获得申报的成功。当前,全省各地都在积极开展这项工作。根据国家文物局的反馈,我省的申报文本资料质量相对较好,希望各地继续努力,力争使尽可能多的申报项目获得批准。关于第六批省级文

物保护单位的推荐工作，我省各地上报了400多处，省文物局经反复讨论后，选定了386处进入省级文物保护单位预备名单。目前向所有相关单位征求意见的工作已经完成。所有程序完备之后，省里将召开遗产保护委员会会议进行最终评定并予以公布。至于市、县级文物保护单位的公布情况，从今年上半年来看，各地明显加大了力度，公布数量多于往年（有的市、县公布了30多处），这无疑是一个非常好的现象。

三、关于世界文化遗产的申报工作

世界文化遗产是文物保护体系架构中的一个标杆。虽然申遗工作没有涉及我省所有地市，但依然对全省有着非同一般的意义。目前，西湖申遗工作进展顺利，申遗文本通过了世界遗产中心的审查，已提送至国际遗址理事会和国际自然保护联盟进行评估。杭州市也按照国家文物局批复的《西湖文化景观的保护管理规划纲要》，开展了整体保护和环境治理工作。国际古迹遗址理事会将在9月派遣专家赴杭州进行现场评估，因此所有的相关工作必须在8月底前完成，时间十分紧迫，难度不小。这次现场评估的专家结论将直接影响到明年的最终评审，国家文物局单霁翔局长为此专程赴杭州，与市有关领导见面商讨具体事宜，并表示，西湖申遗一定要成功。这充分体现了国家文物局的高度重视。大运河也是申遗的重点，涉及我省的5个市（全国联盟有35个市）。国家文物局单霁翔局长曾多次在专题会议上强调大运河申遗工作的重要性。目前，我省的规划编制工作已全部完成，遗产点的遴选也基本完成，全省共选定申报了49处遗产点。客观来看，该项工作涉及面广，运行难度大。但在省、市各级领导小组的有效调度下，有关部门通力合作，积极工作，运转状态良好。

四、关于馆藏文物管理系统和数据库建设工作

馆藏文物管理系统和数据库建设工作也是今年的重点工作之一。由于在实施过程中发现原有计划可行性上存在一定问题，省文物局进行了相应调整，举办了两期管理信息软件培训班。从目前完成工作的单位数看，承担具体任务的100家单位中已有88家完成数据上报。虽然看起来完成情况不错，但从完成的数据比例来看，目前完成上报的52000条数据只占到总量的54%，也就是说，还有46%没有上报。我省已向国家文物局作出承诺，将在8月31日前完成所有数据的上报。在接下来的一段时间，各有关单位必须加大工作力度，加快工作进度，确保整个数据统计上报工作保质按时完成。此次数据库建设工作量大、时间紧迫，各地均付出了巨大的努力，很多人员都加班加点开展工作，我在此谨向广大一线的工作者表示感谢。

五、关于国家文化遗产保护科技区域创新联盟的试点工作

国家文物局原计划在全国设立15个重点保护基地，开展科技保护工作试点，但随着形势的发展，随后又决定在全国一些重要区域建立文博单位、大专院校、科研院所、新闻媒体、企业等参与的区域联盟，共同加强文物科技保护的薄弱环节。经过努力争取，我省被国家文物局选作国家文化遗产保护科技区域创新联盟试点，以建立区域联盟，实施文物科技保护，并计划在三年后（即在“十二五”下半段）向全国推广。浙江省人民政府和国家文物局于今年5月正式签订了合作协议，国家文物局局长单霁翔和浙江省人民政府省长吕祖善出席了签约仪式并讲话，还成立了由单局长和吕省长任组长，由我担任小组成员兼办公室主任的共建领导小组，同时聘请了一支管理学专家团队作为咨询顾问。下一步,有关方面将从第一批成员单位(各相关省直机关、浙江大学、浙江理工大学等)中抽调人员成立理事会,召开第一届理事会会议,成立秘书处,正式开展理事会工作。这也是迄今我省取得成绩最大的一项工作。此外,我省温州瓯海泽雅四连碓造纸作坊成为“中国传统造纸技术传承与展示示范基地建设”试点项目,国家“指南针计划”、“文明起源工程”涉及的有关项目也正在有序推进中。

六、关于文化遗产日活动的开展情况

今年的文化遗产日活动各地都做了精心组织和安排。但从全省角度来看,最值得一提的当属6月3日浙江省政府新闻办在杭州召开的浙江省旧石器考古成果新闻发布会。长期以来,我省的旧石器考古工作成果寥寥,几乎一直处于空白状态,但在省文物考古研究所等单位8年以来的埋头苦干下,终于取得了重大突破,成果意义非凡,一举将浙江的人类历史推进到100万年前。为了充分宣传这一成果,文化遗产日前夕,我省先后举行了新闻发布会、长兴合溪洞遗址标志碑揭幕暨旧石器考古长兴工作站授牌仪式、成果展等一系列活动,引起了社会各界的广泛关注,新华社、凤凰卫视等四十余家境内外重要媒体出席了发布会。这也是省政府新闻办历次发布会中影响面最广、影响力最大的一次。省政府新闻办还刊发专报报送省委、省政府有关领导。这无疑为给我们提供了十分有益的启示:利用好新闻发布会等社会平台,将有效提高文物工作的效能。

根据国家文物局规划编制会议精神和部署,我省召开了关于保护项目和经费需求的规划编制会议。结果显示,我省所需的保护项目经费需求很大。现在各地市地方政府的“十二五”发展规划编制正在进行中,整项工作还处于初、中级阶段,时间比较宽裕。但各地仍应高度重视,进一步加快推进。

此外,我省今年上半年在基础文保工作,名镇、村、历史街区保护,博物馆设施建设,文物执法与违法案件处理,社会文物管理等方面都取得了不俗的成绩。省文物局的机关建设工作向前推进,进一步充实了新力量。全省文物工作总体而言卓有成效。

6月12日文化遗产日当天,《人民日报》发表了李长春同志的《保护发展文化遗产,建设共有精神家园》一文。随后,国家文物局网站主页、《中国文物报》等都设置专栏,刊发了不少学习体会文章。在经过认真的研究学习后我认为,李长春同志所提出的“传承好、发展好、保护好、利用好”文化遗产的意见非常重要,既突出了文化遗产工作的目的是传承中华文明,也突出了应把文化遗产保护作为一项事业来发展。发展是一种路径、手段和措施,不发展的传承等于遗失。不把文化遗产保护工作作为一项事业来追求,传承中华文明的任务就不可能完成好。李长春同志在文中指出的六个方面,对于完成现阶段任务及“十二五”规划编制都具有十分重要的指导意义。各地应在下半年工作和“十二五”规划编制中落实有关精神,切实完成年初确定的目标(尤其要重视第三次全国文物普查第三阶段工作和“十二五”规划的编制),做到“规定动作”如期完成,“自选动作”力求出彩,以体现浙江文物工作的水平。

下面我谈谈关于“十二五”规划的编制。由省文物局拟写的《浙江省文物博物馆事业发展“十二五”规划》(讨论初稿)还有很多地方需要共同讨论并提出完善意见,我就“十二五”规划编制问题提四点意见:

第一,关于工作的方向和原则

对于文物工作的公共服务方向,目前业内已经有了非常明确的共识。李长春同志文章标题“保护发展文化遗产,建设共有精神家园”中的“建设共有精神家园”,就突出了文化遗产的公益性。浙江省发改委的“十二五”规划将文物发展规划归入公共服务的块面,充分说明综合部门对文物工作的基本定性就是公共服务。国务院发展研究中心在有关蓝皮书中,对文化遗产的功能定性是教育、研究和经济性功能。其中教育和研究功能属于传统功能,也是文化遗产功能的基本面和主要面,经济性功能则是以前虽有发挥但不够充分,迄今也没有认知、阐发好的功能面——目前对于文化遗产经济性功能的阐发,仅有国家文物局蓝皮书中的一个数学模型统计,声称文物事业每1元投入就有8元的产出——经济性功能与教育、研究功能共同构成了文化遗产的重要作用。李长春同志说,文物事业不能游离于经济和社会发展之外,而应成为经济、社会发展的重要内容和支撑。在目前发展阶段,我们对文化遗产公益性的认识和经济性功能的发挥上,显然存在一些局限和不足。今年上半年我去了一趟台湾,明显感到台湾对文化遗产公益性的认识要比我们更加透彻,在经济性功能的发挥上也比我们更有作为。在大陆,很多寺院都要收取门票,且仅仅是大众求神祈福的场所;而在台湾,寺院不仅基本上不收门票,更是人生艺术化的教育基地,引导大众去关注环境恶化等公共话题,关心整个人类的命运。此外,台湾也很注重文化创意产业的发展,谋求经济利益。但他们对公益性和经济性功能之间的主次区别十分明确——蒋孝严曾在两岸经济文化论坛上批评我们的旅游景点票价太高,并表示,自然遗产是自然给予人类的馈赠,将其作为部分人或某些地区的牟利手段和工具显然不妥——而我们在看待文物的基本功能和对文物工作的准确定位上还需要进一步提高认识。把文物工作放到经济、社会发展的大框架中来看无疑是正确的,但其中的主次轻重尚需要文物工作者把握好分寸。

对于文化遗产,李长春同志在文章中的第一个要求就是“保护好”。“一旦失去就将永远失去”是文化遗产的特性,“保护好”始终是逻辑起点。这从理论上看是毋庸置疑的。具体到实践中,关键是要将文物保护和经济建设、旅游开发统筹兼顾好。近日,吕祖善省长在下访台州温岭市时,有当地群众提出,温岭市区之所以年年遭受洪涝灾害,是因为市级文物保护单位的一座明代古桥将一条二三十米的排涝河道拦腰截断,致使排涝不畅,要求对这座古桥实施迁移保护。对于这一情况吕省长指出,古桥的迁移保护并非解决排涝问题的唯一办法,仅仅只是最直接、最简单的办法。况且一旦迁建,该文物的价值将损失过半。他要求当地政府制定多种方案进行比较,努力做到排涝减灾与文物保护的“两利”。作为专业文物工作者,我们更应该认识到,文物的迁移保护只是不得已而为之的下策。只有在关系国计民生的大问题上,非迁不可的情况下才能同意迁移保护,而绝不是像有些人认为的那样,把迁建作为协调经济发展与文物保护的最好途径。同时,我们一定要有正确的世界观,在关键时刻要敢于讲话,做到文物保护工作的不缺位。

就目前而言,文物保护单位的经济性功能主要体现在旅游效能的发挥上。从浙江的实际情况来看,但凡文物保护单位与旅游结合得紧密的,经济性效能就发挥得好。但对于文保单位与旅游之间的关系表述,我们必须保持清醒的认识。最近,国家文物局和国家旅游局签订了战略合作协议,去年的国际博物馆日也以“博物馆与旅游”为主题,这些均表明,文化遗产界和旅游界有了更好的合作态度,同时也明确了文物保护和旅游之间是相互促进、战略合作的关系。个别地方在工作计划中把文物保护工作定位于配合、服从旅游,这显然是不妥的。今后制订规划时,各地必须要明确文物保护与旅游互为战略合作的关系。

第二,关于创新和探索的问题

相关法律规定了各级人民政府保护文物的责任,任何政府都不能把改革创新作为旁移政府责任的托词。实践也一再证明,政府的推动才是最有力、最有效的助力。作为公益性十分突出的文物保护事业,依靠政府力量的推动是理所当然的事情。李长春同志在文中谈及加强领导方面时,便充分强调了要加强地方党委政府的领导。同时,文化遗产事业也是全社会共同的事业,需要充分调动各方面的积极性,努力形成文化遗产保护的强大合力和长效机制。要积极探索文物保护的社会化,首先要确定业余文保员的名称、组织形式、成员义务及权力。否则,名不正则言不顺。我省有些地方已给予业余文保员适当的经济补偿,《长城条例》里也明确规定,应给予业余文保员一定的经济资助,这方面的工作无论法律上还是实践上都有了依据,应该是"十二五"期间的一个着力点。

关于对民办博物馆的扶持问题,有些人提出,应降低准入门槛,大力扶植民办博物馆的发展。但就我个人来看,既然命名为博物馆,就必须遵守作为博物馆的一些基本规定。如果缺少基本规定的约束,政府在土地、陈列展览资金等方面的补助就不可能发挥应有的作用。目前,民办博物馆的根本性问题是藏品和资金来源。有些人建了博物馆,但没有可靠的资金来源保障,就把藏品作为商品出售,任意加以处置,这样的民办博物馆就失去了服务社会的功能,而成为个人牟利的工具。因此,民办博物馆的批建必须要有藏品登记、退出前不能擅自处置藏品等机制的制约。在美国,民办博物馆和国办博物馆都是非个人的,区别仅在于国有博物馆的大部分运营资金来自于国家和政府的支持(约占到70%),而民办博物馆只有小部分运营资金来源于国家和政府。当前,我国民办博物馆的规范化以马未都观复博物馆的建立为标志,刚刚迈出第一步——观复博物馆成立了基金会,拥有1000万元以上的运作资金保障;马未都本人也宣布,将自己所有的藏品无偿捐给博物馆,成为全社会的共有财产,对藏品的管理实施社会化运作——对于一些具体问题,文博系统正在研究,人大和政协也在积极开展调研。

文物保护科技历来是我省文保工作中的薄弱环节,与陕西、上海等省市相比存在着很大差距。所以,国家文化遗产保护科技区域创新联盟可以直接解决我省文物保护科技技术薄弱的问题。浙江省博物馆、浙江省古建筑设计研究院等单位也都为此付出了巨大努力。我们应从单项科技项目合作开始,逐渐集合成体系,形成知识产权集群;同时积极开拓创新,寻求新的合作机制。合作是现实的需要,也是未来的发展方向。关于合作的机制,既涉及方法论,更是一个世界观的问题。社会发展到如今阶段,那种自给自足的小农社会思维方式已然很难应对、解决现实问题。而工业文明时期那种人类中心主义,一切为我所用的线性思维方式也难以适应现代社会的要求。在新科技的支撑下,当今社会追求的是自然、社会、人之间的和谐共处,寻求的是多方共赢、成果共享的网络型、循环性互动合作方式。这才是目前乃至于将来符合生态文明要求的世界观和方法论。今后,我省的博物馆建设、文物管理等方面都要突出多方共赢的合作意识,将工作视为一个协同体系，加以全盘统筹兼顾。科技创新联盟目前正处于制度设计阶段，更需通盘考虑各方的利益，设计出利益驱动机制，以促使各方有动力共同完成工作。

在广大文物工作者的努力下，目前我省的陆地文物普查工作已经实现了“精耕细作”，但28万平方千米海域面积的水下文化遗产保护工作却仍处于起始阶段。因此，水下考古和水下文物保护将成为未来五到十年我省文物工作的努力方向和新的增长点。全世界的水下考古真正起步才30多年，我国开展水下考古更只有短短的10多年时间，可以说整个水下考古事业尚处于起步阶段。我省特别是宁波、舟山、台州、温州等沿海地市的水下考古务必要抓紧时机，在全国范围内找准自己的位置。特色博物馆的建设也是今后工作的一个重点，需要积极探索、开拓创新。在国家文物局单霁翔局长的亲自推动下，我省安吉县的生态博物馆即将成立，获得批准后可能会成为中国生态博物馆。该博物馆的定位是用生态的方式来展示生态文明的主题，通过一个中心带出四大类别、数十个展示点，对自然环境、历史文明、民俗文化、生产方式等进行专题性的展示，并结合全县的“美丽乡村”计划开展工作。浙江省委全委会扩大会议曾专题讨论过生态文明建设的问题。生态博物馆的探索、建设将提醒我们，必须改变博物馆就是陈列藏品的传统观念。传承是把过去和未来相连接。连接未来就需要介入当下，大胆进行创新，以博物馆的理念来介入当下生活，引导当下生活。

第三，关于文物保护体系和博物馆管理网络的问题

目前，全国各地的国家级、省级、市（县）级文物保护单位比例大约是1∶4∶30。按照这一比例，我省的国家级文物保护单位数量尚可，省级文物保护单位的数量不够，市、县级文物保护单位的数量则严重不足。此外，第三次全国文物普查后新登录的3000多处文保点也存在着名称和表述等问题，这些都有待于我省文博工作者好好加以思考。

目前，我省已拥有了一批重量级博物馆，数量还在不断增长中（如浙江省博物馆已成为中央和地方共建的国家重点博物馆）。因此，对于我省博物馆体系在全国范围内的层级定位问题应该修正高度，力争有所突破。省级博物馆不能仅仅满足于省内博物馆龙头的定位，更要在全国框架内重新思考自身的定位。“十一五”期间，我省市级馆的建设未能完成规划既定目标。因此，“十二五”时期不仅需要完成相关任务，更要清醒认识到，博物馆仅仅依靠历史文物已无法支撑起对社会公众的吸引力，必须在建馆特色上有所追求和突破。省文化厅的“十二五”规划草案中，已经明确了将在“十二五”期间重点建设县级博物馆，每个县都要建博物馆的目标。关于博物馆的类别、质与量等问题，各地要通过规划进行总体导向。

关于文物的管理框架，如今超过半数的地级市已建立了文物局，或增挂了文物局的牌子。下一步，各地文管办也要进一步转型，一部分转为行政主体，一部分转为事业单位主体。文物执法队伍的建设和文物执法监管机制的建立完善都存在着一定难度，但各地仍应想方设法使制度建设和监管平台建设在“十二五”期间得到较大幅度提升。

第四，关于“十二五”规划的前瞻性和可操作性问题

虽然实际情况有所不同，但各地都要高度重视文物保护“十二五”规划的编制，加快推进这项工作。发展是一环接一环的，制定“十二五”规划就必须与“十一五”规划进行衔接，同时还要将措施和任务配合起来。规划要有前瞻性,必须适应整体大势,适应国家、社会、经济发展的大局,适世界性发展趋势。各地要以国家文物局、省文物局的规划作为参考,在此基础上结合地方特点,进行"十二五"规划的编制。规划编制要讲究可操作性,一定要注意本地特点,突出地方特征,根据地方实际开展工作,同时也不要过分夸大规划的作用。从目前来看,规划的最直接作用是理清发展思路。只有理清了发展思路,下一步工作才会推进更有序、重点更明确;只有理清思路,才能使文物工作跟地方党委政府的工作达成有效衔接。

我今天的发言就到这里,希望大家能提出更多建设性意见。

扎实规划 全力以赴 加快推进第三次全国文物普查第三阶段工作

——在全省第三次全国文物普查转段工作会议上的讲话

浙江省文化厅副厅长、浙江省文物局局长 鲍贤伦

我省第三次全国文物普查自2007年4月开始,历时三年,迄今已圆满完成第一、第二阶段的工作。2007年4至10月,我省根据国务院统一部署,制定了我省普查实施方案,成立各级普查领导小组及办公室、普查工作队,组织普查人员,开展普查试点,召开动员大会,开展普查培训,第一阶段“布局战”取得良好开局。同年10月,我省文物普查工作转入第二阶段,开展实地调查工作。在各级政府高度重视、有关部门全力配合和社会各界关心支持下,经过各级普查机构精心组织和广大文物普查工作者艰苦努力,第二阶段“攻坚战”取得丰硕成果。至2010年2月底,全省共普查1521个乡镇(街道)、33407个行政村(社区)、116595个自然村(居委),行政村普查覆盖率达到100%、自然村普查覆盖率超过98%;共调查登录不可移动文物76379处,其中新发现63731处、复查12648处。此外,根据省普查办的要求,各地调查登记文物信息点53575处。全省11个设区市、90个县(市、区)均已通过省级验收。我省普查的实施进度、覆盖率、总调查数、总登录数、新发现数量等一直名列全国前茅,被国家文物局赞誉为“传统先进省份”。

今天,在我省第三次全国文物普查第二阶段工作圆满完成、第三阶段工作即将全面开展之际,省普查办专门召开此次会议,梳理总结我省文物普查第二阶段工作,动员部署第三阶段工作。

一、克难攻坚、有序推进,文物普查第二阶段“攻坚战”取得丰硕成果

2007年10月,省普查办组织召开全省第三次全国文物普查工作“转段”专题会议,我省文物普查工作转入实地调查阶段。我省依托全省所有市、县(市、区)普查机构成立率、设备到位率均达100%的有利形势,紧紧抓住普查进度和质量控制这两个关键环节,全面完成我省“三普”实地调查阶段各项工作。2008年底,全省在保证普查质量的基础上完成了实地文物调查60%的年度目标,普查数量列当年全国首位;2009年作为野外调查的攻坚年份,我省在10月份全面完成各地实地文物调查的基础上,又在全国率先创新组织开展实地文物调查阶段的省市两级验收工作:各县(市、区)的实地调查阶段的市级验收工作于12月底完成;各市、县(市、区)实地调查阶段的省级验收工作于2010年3月完成。验收结果显示:全省各市、县(市、区)在文物普查的实地调查阶段,均很好地履行了领导职能,落实了保障措施,完成了野外调查及其数据资料的同步录入和初

步整理,普查覆盖率、登录文本内容与质量均符合第三次全国文物普查标准规范要求,通过校核验收。

回顾文物普查第二阶段的工作实践,我省的主要成效和做法有:

(一)深入落实政府领导责任,努力优化资源力量配置

一是各级政府真抓实管。2009年3月的全省文化遗产保护工作会议上,葛慧君副省长代表省政府与各市政府签订《浙江省第三次全国文物普查目标责任书》,进一步明确并强调了文物普查的政府责任。会后,舟山、丽水等市政府及时召开专题会议,研究部署普查工作。宁波、舟山、丽水等市政府与所辖县(市、区)政府签订普查目标责任书,深入落实政府领导责任。实地调查阶段中,各级政府主管领导深入普查一线,检查督导并慰问野外调查人员,亲自过问并协调重点、难点问题。市、县两级政府还想方设法解决野外生活补助、人身保险等涉及普查队员切身利益的问题,省普查办也专门下发了《关于落实浙江省第三次全国文物普查田野调查补贴的通知》,努力为普查队员解除后顾之忧,有力地推进了全省实地文物调查工作的顺利开展。

二是实地调查保障到位。我省继续加强普查一线的业务骨干力量,切实保证专业人员的全力投入。截至2010年2月底,全省有各级普查办人员501人、一线普查队员897人,各县(市、区)所属村镇文化干部、社会各界群众直接参与普查的达数万人次。省普查办业务指导组全程全力参与,负责全省实地调查阶段的业务指导与质量把关。健全的文物普查机构体系从机制上保障了普查工作的顺利进行。各级文物行政部门充分发挥主观能动性,积极争取地方财政支持,各级财政持续保障普查的经费投入。至2010年2月底,全省县级以上财政已安排文物普查经费10784.15万元,其中,省级财政到位2136万元,有1085万元直接用于补助欠发达市县:全省所有市、县(市、区)均落实了普查经费,11个地市级财政到位2136.33万元,90个县级财政到位6511.82万元。

(二)严格坚持普查标准规范,积极创新普查工作方法

一是严把质量标准。实地文物调查历时两年,调查面宽、量大、要求高,国家、省的相关标准和规范对实地文物调查的质量和进度都有严格要求。省普查办从一开始,就明确要求各地以高度的责任感和科学严谨的态度,严格按照国家、省的相关标准和规范组织开展实地文物调查和信息数据登录。省普查办统一编制《浙江省第三次全国文物普查野外记录手册》、《浙江省第三次全国文物普查历史街区、古镇村类登记表》、《不可移动文物登记表范本》、《文物普查业务操作若干问题的阐释》、《相关技术报告与典型交流材料汇编》等材料印发各地,规范全省文物数据和资料的采集登记。2008年9月,省普查办对全省普查阶段性成果开展了历时3个月的质量大检查。2009年3月,省普查办召开了以规范普查质量为重心的全省普查质量工作会议。2009年10月至2010年3月,省普查办又开展了实地调查阶段验收工作,全面检查各地实地调查阶段工作成果。各地均明确了普查数据资料的审核责任,建立逐级把关、交叉互检的质量检查方式,通过对普查文本进行点评、交流,提高普查数据采集、登录的规范程度。

二是创新工作方法。各地在实地文物调查中,根据自身特色,建立有自身特色的工作机制和工作方法,保障普查质量,提高普查效率。如杭州市建立激励机制、考核机制、督查机制、专家咨

询机制、普查例会制度,宁波市建立以“四个会议制度”为纽带的市县联动工作机制、“考核到村”的质量考核体系,温州市普查办举行每季度的普查情况汇报会,湖州市建立“三普”督导制度等,促进了各地普查工作的顺利开展。另外,绍兴市“勤询问、勤踏勘、勤记录、勤整理、勤学习”的“五勤”方法,丽水市交叉督查、抽点检查的做法,嘉兴市设立文物普查热线电话、信箱,发放调查表,接受广大群众来电来函提供线索及鄞州区“冬季山区、夏季平原,晴天野外(调查)、雨天整理(资料),晴雨结合、先难后易”的策略,龙泉市“看地形、辨窑床,找标本、断内涵”的窑址调查方法,永康市、东阳市、玉环县有奖征集文物线索,柯城区、江山市设计的《基础调查(摸底)登记表》等,都很有新意,在实地调查中很管用。

(三)积极开展普查专题调查,编辑出版普查阶段性成果

一是坚持全面普查。各地对普查对象的认定坚持“宜宽不宜紧”的原则,凡符合认定标准的文物遗存均予以登记。在我省正式登录的不可移动文物新发现中,类别涉及古遗址、古墓葬、古建筑、石窟寺石刻、近现代文物以及其他类等传统门类,也包括近现代工业遗产、文化线路、水下文物、文化景观等新类型。另据统计,本次普查不可移动文物登录和文物信息点总数超过1万的有杭州市、温州市、金华市、衢州市、宁波市和丽水市,其中录入普查登记表超过1万处的是金华市和杭州市。

二是重视各类专题调查。我省在全面开展实地文物调查的基础上,对具有重要学术价值或现实意义的文物遗存开展专题调查,特别关注历次普查的缺项,注重文化多样性。我省重点实施了大运河(浙江段)本体及沿线不可移动文物普查、水下文物调查任务,拓展了普查成果。运河沿线的杭州、嘉兴、湖州和宁波、绍兴五市均全面完成了沿线文物资源野外普查。浙江沿海水下文物普查工作已完成了宁波、舟山、台州和温州大部分海域的普查任务,共发现水下文化遗存疑点(线索)130处。在此基础上,我省成功开展了宁波象山港,象山石浦港、渔山列岛,舟山灰鳖洋、嵊泗列岛,温州洞头列岛等海域的水下文物重点调查和探测探摸活动,发现多处近现代水下文化遗存和1艘清代木质商贸运输沉船,出水“盛源合记”玉印、西班牙银币、精美青花瓷、铜器、锡器等文物490余件,取得了较为丰硕的阶段性成果。

此外,各地结合实际开展了各项专题调查:宁波注重近现代工业遗产、乡土建筑和老字号等新型文化遗产的调查;绍兴重视越国时期文物、酒作坊遗址、古代桥梁、名人史迹的调查;湖州市德清县“瓷之源”古窑址、长兴县地下文物遗存、安吉县天目山麓军事遗址的专题调查取得丰硕成果。金华重视宗祠调查。台州市有临海市名人墓葬、天台县古桥梁、三门县宗族祠堂,仙居岩画,温岭市、玉环县的渔家石屋,椒江区大陈海防设施等专题调查。舟山市海洋文化特色浓郁,开展了灯塔、民间渔用码头、海岛宗教建筑、海防军事碉堡及坑道等专题调查。丽水各地根据自己的文化特色分别设立了乡土建筑、古窑址、古矿洞、古桥、畲族文化和摩崖石刻等普查专题。

三是及时形成普查成果。各地在普查中,注重专题调查和专业研究相结合,深化专题调查,形成普查成果。如杭州市共形成15篇专题调查成果,宁波市在普查的基础上出版了宁波市历史文化名村丛书第一辑《走马塘》,嘉兴市出版了《嘉兴市第三次全国文物普查重要新发现》,余姚市以乡镇为单元出版《余姚记忆》,苍南县编印了《古韵流芳》、《文明寻踪》,乐清市出版《感受古

风》,长兴县出版《吴风越韵》丛书,绍兴县编印了《钱清遗珍》,义乌市编印了《古韵寻幽——赤岸人文胜迹概览》图册,青田县将实地调查的文物史迹汇总编纂,辑入新编《青田县志》等等。

(四)强调普查与保护相结合,及时保护好新发现文物

一是提升普查新发现文物地位。在普查过程中,我省各地十分重视对普查新发现文物的保护与利用,新身份的认定使得一批普查新发现的地位得到提升。2009 年我省启动了第七批全国重点文物保护单位和第六批省保单位申报推荐工作,其中就有相当数量的普查新发现。杭州市、嘉兴市、金华市、衢州市、丽水市、舟山市、奉化市、北仑区、宁海县、文成县、平阳县、长兴县、绍兴县、新昌县、上虞市、永康市、岱山县、椒江区、仙居县、云和县、景宁县等许多地方及时公布了一批市县级文保单位(包括文物保护点)。宁波宁海许家山村、金华寺平村、江山大陈村、绍兴县冢斜村作为普查新发现,已直接申报第四批中国历史文化名村。

二是出台保护办法措施。为巩固普查成果,各地纷纷出台保护办法或措施,使得一批普查新发现有了保护依据。如《衢州市历史建筑保护管理办法》、《丽水市古民居保护与管理办法》、龙游县《关于进一步加强文物工作的实施意见》和《关于加强龙游县古建筑保护与管理的实施办法》、《磐安县古建筑保护办法》等。遂昌县颁布实施《遂昌县古建筑保护管理实施办法》,对除已列入各级文保单位和文保点外,保存相对完整、有一定文物价值的 375 处古建筑进行挂牌保护。保障条件的改善使得一批普查新发现得到有效的保护。

三是创新保护方法。杭州市建立了由文物、规划、房管等部门组成的历史文化遗产保护联动机制,并设立专项经费用于农村历史建筑保护,2010 年已安排 5000 万元。嘉兴市在调研历史建筑的保存状况时,及时对历史建筑的破损情况进行评估并制定维修方案。湖州市与省、市水利部门密切合作,查清了东、西苕溪和五大溇港涉及文物的情况,分别作出了保护、维修、发掘、河道避让、就近搬迁等不同处理意见,共涉及文物 70 处,需资金 5406.512 万元,并依法全部纳入工程预算。湖州市、绍兴市、余姚市、乐清市、苍南县、海宁市、金华市婺城区、江山市等许多市县在各镇乡(街道)普查结束后,普查队都及时整理普查汇总表和普查小结,并将有关信息反馈给镇乡(街道),便于当地政府了解辖区内文物遗存情况,加强保护措施。宁波市镇海区将普查成果设定"镇村属地保护"级别,委托镇村承担保护职责。青田县与有关乡镇、村委签订保护协议书,将有较高保护价值的文物纳入城乡建设保护规划和旅游建设规划。

(五)发掘业务能力与意志潜能,提升文保队伍整体素质

这次的文物普查技术要求高、工作任务繁重、工作环境艰苦。持续两年多的实地文物调查提高了普查队员的业务能力,磨炼了普查队员的意志,提升了文物保护队伍的整体素质。

一是各级普查机构反复培训,提高了普查队员的业务能力。省普查办组织各市参加了国家文物局组织的冬季轮训,举办了文物普查数据报送与接收软件培训。针对全省文物普查质量检查中发现的问题,业务指导组在全省普遍开展业务培训和普查规范、标准的学习。不少设区市根据自身情况,也组织各种形式的培训。杭州、宁波、温州市等不定期举办多次各种类型的培训。舟山市实行全员培训、持证上岗,结合全市实际,举办市、县不同层面的各类培训班。绍兴市乡镇、街道组织了以文化干部、村委领导和业余文保员为对象的各类专项培训。我省的普查队员平

时都非常注重专业知识和普查规范的学习与掌握，各地普查队的分组也多采取新老队员结合、以老带新的办法，既确保了普查质量，又培养锻炼了新队员。

二是艰苦的工作环境和持续较长时间的工作强度锻炼了普查队员的意志，锤炼出一支作风过硬的文博队伍。两年来，全省普查队员不论是酷暑难当、潮湿闷热的盛夏季节，还是天寒地冻、冰天雪地的隆冬时节，都坚持工作在野外普查的第一线。任务最繁重的阶段，普查队员每天加班加点，放弃节假日和休息日，甚至带伤带病坚持工作。我省文博单位一些退休的老同志，如桐庐县的许重岗坚持在普查一线。他扎实的作风不仅使桐庐的普查质量好，地下新发现多，他的精神也带动了年轻的普查队员。宁波市普查队组织援青工作组，远赴青海支援文物普查。队员们克服了海拔高、饮食不习惯、气候不适应等困难，赴海南藏族自治州贵德县、贵南县和玉树藏族自治州称多县等地，完成了9座寺院27幢单体建筑的测绘任务，并为来自贵南县、兴德县、同德县的普查人员举办了CAD制图培训班，圆满完成了援青工作任务，赢得了国家文物局、青海省文物局的好评。丽水市青田县普查队长单泼在野外普查过程中，积极起带头表率作用，经他负责调查登记的文物古迹达901处。每到一个自然村，不管是否有文物古迹遗存，他都会对村落的整体面积进行拍照记录，工作不分白天昼夜，一直奋斗到生命最后一刻。正是全省文物工作者的无私奉献与奋力拼搏，我省的文物普查才取得了可喜的成绩。

为激发一线普查队员的工作干劲，掀起文物普查宣传的新高潮，国务院第三次全国文物普查领导小组办公室将开展实地调查阶段突出贡献个人和集体的评选表彰活动。这次表彰主要针对一线普查队员和参与普查的社会志愿者，在今年文化遗产日期间将公布评选表彰结果，并对部分获奖个人和集体进行颁奖活动。国家的表彰分配给我省个人奖名额6人，集体奖名额2个和“对口支援”特别贡献奖1个。省普查办决定进行较大规模的表彰，表彰将设集体奖、个人奖，按普查单元总数、普查队员人数的1/3推荐。评选表彰通知会后下发。各市、县普查办要认真做好评选表彰活动的组织推荐工作，各地也可以结合本地情况，开展本辖区的普查先进评选表彰活动。

（六）持续开展文物普查宣传，广泛动员社会力量参与

一是深入宣传文物普查工作。我省积极参加国家文物局组织的各项宣传出版活动，积极推出我省第三次全国文物普查成果：在国家文物局主编的《2008年第三次全国文物普查重要新发现》中，我省有9处新发现入选；《2009年第三次全国文物普查重要新发现》中，我省有6处新发现入选；国家文物局组织的2008年、2009年两届“三普”摄影图片展及评比活动，我省有14位作者获奖，省普查办获组织奖；在第三次全国文物普查征文活动评选活动中，我省共投稿46篇，其中有23位作者的22篇征文获得优秀奖，成绩居全国前列。

2008年文化遗产日期间，我省举办了“文明寻踪——浙江省第三次全国文物普查图片展”，展示图片300余张；2009年文化遗产日当天，省普查办在《浙江日报》设专版《发现、保护、传承——我省文物普查新发现文物47263处》，专题报道了我省自开展文物普查以来所开展的各项工作和取得的显著成绩。

各地在普查中充分运用报纸、广播、电视、大型标语牌、黑板报、橱窗、宣传资料等多种渠道，向社会宣传文物普查、宣传文物知识和政策，争取全社会支持。宁波市普查办“四个一”普查宣传

平台(一辆普查宣传车,一套普查成果展版面,一个普查网站,一份普查简报)成效显著;嘉兴市坚持深入基层,约请乡村教师、村民等召开保护文化遗产座谈会;绍兴市多次组织相关部门、乡镇领导、业余文保员、各乡镇街道相关负责人召开文物普查工作会议,全面动员,深入发动,让社区、街道、行政村及全体民众了解、关心并参与文物普查工作;舟山嵊泗县普查办与海星中学"义工志愿者"俱乐部举办志愿活动,为游客宣传讲解文物保护知识;台州市普查办联合台州电视台新闻频道和影视频道,赴全市各地拍摄制作了10余期"台州文物普查新发现"的系列节目,在"文化遗产日"前夕和国庆期间在电视台连续播出,取得良好的社会反响;丽水市组织平面宣传、流动宣传、媒体宣传、活动宣传,增强了文物普查的宣传力度。

二是普查信息传递及时有效。2009年,浙江文物网第三次全国文物普查平台发布省文物普查动态信息643条,国家文物局网第三次全国文物普查浙江频道发布我省普查信息723条(工作动态221条,工作简报15条,成果展示379条,信息月报108条),信息更新速度和信息量全国领先(我省自开通频道至2009年末,共发布信息1919条)。

2009年,省普查办上报国家文物局月报12期、简报15期,收到11个设区市上报的月报84期、简报55期,各县(市、区)上报月报240期、简报121期。其中,11个设区市上报月报情况最好的是温州和嘉兴,全年12期月报齐,杭州、宁波简报较多;各县(市、区)上报月报情况最好的是建德、余姚、嘉善、平湖、义乌,全年12期月报齐,余杭和余姚简报较多。

三是文物普查社会参与广泛。广泛深入的文物普查宣传工作在一定程度上确保了公众及时获知普查结果,有效拉近了民众与文化遗产间的情感联系,使得我省的文物普查工作能够得到全社会的关心和支持。凡普查队、组实地调查,必少不了向乡镇、社区群众走访查询、调查问卷,群众踊跃提供线索、积极争当向导,帮助纠错扶偏,查漏补缺,获取了大量第一手普查资料。有的群众还自发为普查队提供全天候义务服务,成为不在编的专职普查队员。普查队每到一地,分管文化的负责人和文化站干部都予以积极配合,召开普查座谈会,联系街道驻村干部和村干部进村普查带路,甚至安排食宿和交通工具,为普查队做好各项服务工作。

总体来看,我省第三次全国文物普查实地调查阶段工作成绩突出,阶段成果丰富。但在肯定成绩的同时,也要看到我省工作中还存在一些问题与不足:一是有些地区领导和主管部门对此项工作重视度有减弱趋势。二是作为普查队长的所长、馆长在普查一线时间不够长,普查人员流动变化也较多,一定程度上影响了普查质量。三是对地下遗址及其文物的调查力量较弱、成果偏少。四是普查标准规范宽严掌握不一,有些市县的新发现数量相对较少。五是各地新发现的文物点,总体保存情况不理想,保护工作亟待加强。这些问题与不足有的是可以弥补的,在下一阶段的工作中一定要采取切实措施,加以解决。

二、扎实规划、全力以赴,文物普查第三阶段"收官战"务必取得圆满成功

根据《第三次全国文物普查实施方案》的部署,我省第三次全国文物普查将全面进入第三阶段。这一阶段的主要任务是在进行调查资料的整理、汇总、数据库建设和公布普查成果,通过国家验收和形成我省第三次全国文物普查成果的同时,开展普查工作总结,表彰普查先进集体和个人。

第三阶段是文物普查成果形成阶段，也是前两阶段工作的最终体现，还是我省文物普查的“收官”之战，工作任务重、难度大、要求高。做好文物普查第三阶段工作，对于完善具有我省特色的历史文化遗产保护体系，有效发掘、合理利用我省文物资源，科学规划我省文物保护工作，建设社会主义先进文化，维护国家文化主权和文化安全具有重大意义。第三阶段的工作是对我省前三年各方面工作的集中检阅：组织协调工作是否及时到位，队伍技术能力是否不断提升，相关业务成果是否有效反映。因此，大家务必深刻认识第三阶段工作的重要性，高度重视并全力推进第三阶段工作的顺利开展。

为做好我省普查第三阶段工作，全面完成我省第三次全国文物普查工作，我省要努力做好以下几项工作：

（一）继续加强组织领导，切实做好各项保障工作

最近，我向郑继伟副省长汇报工作时，郑省长对我省普查取得的成绩给予充分肯定，并要求我省再接再厉，全力做好第三阶段工作，同意以省普查领导小组向各市县普查领导小组发文。

省普查办要加强组织实施全省文物普查第三阶段工作，认真制订工作计划，及时做好业务培训、技术指导和质量监督工作，不断提高普查队员的业务水平；要发挥我省第三次全国文物普查领导小组成员单位的作用，在第三阶段工作中尤其要加强与测绘、统计、档案等部门的合作，做好调查资料的整理、汇总、数据库建设。

各地要加强对第三阶段普查工作的领导，切实做好普查第三阶段工作的各项保障，及时解决工作中遇到的各种困难和问题，继续将文物普查经费纳入各级财政预算，确保普查第三阶段专项经费及时足额到位，并加强普查数据库系统等的硬件建设。要进一步加强普查队伍建设，确保普查专业人员稳定与素质提升，为圆满完成第三阶段工作提供强有力的人力资源保障。

（二）全面完成普查资料整理，及时公布文物普查成果

1. 完成普查基础资料的整理、汇总，迎接国家级验收。我省第三次全国文物普查实地调查阶段省级验收已全部完成，国家普查办将在 2010 年度对我省实施整体验收，省域验收工作初步定于 2010 年 5 月起全面铺开。各地要全面完成野外普查的查漏补缺工作，按照普查相关规范要求，结合实地调查阶段省级验收意见，进一步修改完善普查资料，努力提高我省普查质量水平；要按照《第三次全国文物普查不可移动文物数据汇总规范》要求，如实、准确、及时地汇总上报普查数据和相关资料。设区市普查办要做好本辖区普查资料的审核，确保资料的真实性、规范性和完整性。经核实的普查数据资料及时汇总、上报省普查办。省普查办负责对本省普查数据和相关资料进行整合、汇总和验收，及时上报国务院普查领导小组办公室，配合完成对我省的普查整体验收。

根据国家文物局第三次全国文物普查办公室工作安排，为做好文物普查的电子数据上报工作，各县（市、区）在 4 月 30 前完成普查数据质量的自查工作，5 月 15 日前将普查数据报送至设区市普查办；各设区市应及时对接受的数据进行复核，并在 5 月 31 日前将复核后的数据报送至省普查办。

2. 编制普查工作报告。按照《第三次全国文物普查工作报告编制规范》，省、市、县（市、区）普查办分级负责编制普查工作报告，主要包括六项内容：普查工作背景、工作情况、不可移动文物普

查数据汇总、不可移动文物普查数据分析、主要成果和政策建议。普查工作报告编制要遵照统一的体例和格式,系统总结我省及各市、县(市、区)第三次全国文物普查工作经验和成果,反映各地不可移动文物的基本情况,针对本区域的实际情况,全面分析文物普查、文物保护事业与国家经济社会发展的关系,探索不可移动文物保护、利用的有效途径。

3. 建立省级普查数据库及检索系统。省普查办根据各地上报的普查信息资料,将建立不可移动文物编码、不可移动文物分布电子地图、不可移动文物信息管理等文物普查数据库及检索系统。各市、县(市、区)可根据本辖区的实际情况,建立相应的的普查数据库管理系统。各地使用涉密电子地图、GPS数据时,应认真履行相关手续,制定涉密数据使用管理规定,责任到人,确保涉密数据安全。

4. 编制文物普查档案。文物普查调查资料档案是第三次全国文物普查重要的成果记录和基础信息资源,各级文物普查机构应当加强对其的保管和管理,并纳入本级档案管理体系。按照《第三次全国文物普查建档备案工作规范》、《第三次全国文物普查调查资料档案管理规定》,省、市、县(市、区)分级负责建立普查档案,普查结束后应将文物普查调查资料档案完整移交文物行政部门指定的收藏机构。文物普查调查资料档案的纸质档案材料和电子档案材料应同步归档。

要切实加强普查资料的管理。普查数据、资料由省、市、县(市、区)分级管理,各级文物普查机构应设立专门的保管场所、设施和配备专门人员负责保管文物普查调查资料档案。各级文物普查资料收藏机构应重视档案库房的技术管理工作,建立、健全有关规章制度,对文物普查数据、资料等电子档案实行备份管理,确保数据安全。

5. 公布不可移动名录。根据《第三次全国文物普查不可移动文物名录编制规范》要求,省、市、县(市、区)三级分别编制、公布第三次全国文物普查确定的不可移动文物名录,列入名录的不可移动文物受国家法律保护。

6. 编辑出版普查成果。各地要认真搜集、精心整理此次文物普查资料,做好编辑和出版。省普查办要制订普查资料整理出版方案,并组织实施,让全社会共享普查成果。

(三)明确相应文物保护级别,认真制定保护利用规划

各地应根据《中华人民共和国文物保护法》及《文物认定管理暂行办法》相关要求,对于普查中新发现不可移动文物及时遴选、推荐、公布各级文物保护单位和文物保护点,完善文化遗产构成体系,从法律和制度上给予保障,为国家和地方的社会发展、经济建设提供决策依据。各地要结合不可移动文物名录和各级文物保护单位(文物保护点)的公布,进一步做好不可移动文物的保护、管理与利用,尤其要重视新发现文物的保护,针对辖区内不可移动文物具体情况,编制普查成果保护利用规划,提出积极有效的保护措施,对保存现状较差的重要新发现文物及时进行修缮,切实保护普查成果。

(四)深入开展普查成果宣传,进一步提升文物保护意识

各地要认真搜集、精心整理此次文物普查成果的相关材料,认真开展普查工作总结,大力举办普查成果展,精心出版普查重要成果,充分宣传展示普查成果。今年的文化遗产日期间,各地要紧紧扣住“文化遗产在我身边”的主题,进行各种形式的普查成果宣传。要以举办普查成果展,

出版普查重要成果为契机，继续加大宣传力度，进一步普及文物保护知识、提升文物保护意识，努力形成全社会共同关心、支持和参与文化遗产保护事业的良好氛围，确保文物普查成果和社会效益的最大化。要综合运用报纸、广播、电视、网络等传播手段和各种宣传方式，宣传普查中涌现的先进集体和个人，特别要大力宣传人民群众中涌现的保护文物的先进事迹，大力表彰普查先进集体和个人，使普查精神在文化遗产保护事业中得到进一步的发扬。

我省第三次全国文物普查在大家的共同努力下，已经取得阶段性的丰硕成果，但普查尚未结束，任务依然艰巨。我省要继续保持实地文物调查阶段这股披荆斩棘的勇气，以更加顽强的精神、更加科学的手段、更加合理的安排，全力做好文物普查第三阶段工作，交出一份我省第三次全国文物普查高质量的答卷！

浙江省文物局2010年工作要点

2010年是全面完成文物、博物馆事业"十一五"发展规划各项目标任务,科学编制"十二五"发展规划的重要一年。做好2010年的全省文物工作对于文物、博物馆事业持续健康发展,加快文化大省建设具有承前启后的重要意义。

2010年,全省文物工作的总体思路是:以科学发展观为指导,以促进文化大发展、大繁荣为己任,坚持"保护为主,抢救第一,合理利用,加强管理"的文物工作方针,围绕经济社会发展大局,谋发展、抓重点、强基础,着眼文化惠民,按照"三贴近"的要求,努力为广大人民群众提供丰富的文化产品和优质的文化服务。

一、以重点工作为主要抓手,努力推进文物事业迈向新的发展起点

1. 积极开展文物、博物馆事业发展状况调研,认真编制"十二五"发展规划。省文物局将按照国家文物局和省政府要求和部署,积极开展调研工作,全面总结、回顾"十一五"全省文物、博物馆事业发展状况,分析现有优势,梳理突出问题,明确发展方向,编制《浙江省文物保护项目及经费需求"十二五"规划》上报国家文物局;并起草《浙江省文物、博物馆事业发展"十二五"规划》,形成征求意见稿。在做好与国家和省有关规划衔接工作的同时,省文物局将加强与市、县(市、区)的协调与沟通,提高规划的针对性和可操作性。各地也应积极行动起来,根据当地实际,科学谋划"十二五"期间文博事业发展的思路、目标任务和对策措施。

2. 及时完成转段,切实做好第三次全国文物普查。全省应全面完成实地文物调查阶段验收,在完成省级验收的基础上,做好补充、整改、完善工作,迎接国家文物局的抽查、验收。我省将召开转段工作会议,组织第三阶段培训,及时开展文物普查第三阶段工作。第三阶段的工作重点是建立不可移动文物编码系统,建立不可移动文物分布电子地图系统,建立不可移动文物信息管理系统,编制文物普查档案,公布不可移动文物名录,编制普查工作报告等,并将以适当的方式出版发行,形成我省第三次全国文物普查成果。全省还将开展普查工作总结,表彰普查先进集体和先进个人。

3. 以杭州西湖申遗为主要着力点,脚踏实地做好世界文化遗产申报的各项工作。我省将以严谨的工作作风、扎实的工作步骤确保杭州西湖文化景观申遗各项工作的顺利推进,加强与联合国教科文组织世界遗产中心、国际古迹遗址理事会等机构的沟通与协调,积极实施有关景观与文物古迹的整治和展示,切实做好准备工作,确保西湖顺利通过联合国教科文组织专家的评估验收。全省将按照2014年大运河申遗目标,做好大运河(浙江段)的保护与申遗相关工作,重点抓好保护规划编制及我省境内大运河申报世界文化遗产点段的遴选、上报工作。此外,我省将以启动良渚国家考古遗址公园建设为抓手，继续推动良渚遗址申遗工作进程；并加快良渚古城的调查研究，加大良渚国家考古遗址公园规划范围内的环境整治力度；做好世界遗产预备名单动态管理工作，向国家文物局推荐第二批申报世界文化遗产预备名单项目。

4. 努力创造工作条件，力争实现“馆藏文物管理系统数据库建设”目标。我省将按照财政部和国家文物局要求，继续组织开展“馆藏文物管理系统数据库建设”，争取在年内全面完成实施项目计划的工作任务，制订可行的工作计划，合理调配人员力量，在紧紧抓住重点单位和关键环节的同时全面推进项目建设。各地应增强大局意识和全局观念，在做好第三次全国文物普查等重点工作的同时，按照省里统一部署，按时完成馆藏文物管理系统数据库建设任务，并结合数据库建设，全面启动荟萃我省馆藏文物精品的《藏品大典》编撰工作。

5. 以省部共建文化遗产保护科技区域创新联盟为突破口，积极寻求我省文物保护科技工作新的成长点。我省将建立浙江省人民政府和国家文物局共建国家文化遗产保护科技区域创新联盟（浙江省）的高层合作机制，充分发挥中央和地方优势，以体制机制创新为先导，以浙江省文化遗产保护重大需求为导向，扎实开展区域创新联盟试点项目建设。全省将以重点项目为载体，实际应用为目标，推动技术研发、人才培养、装备升级、基地建设和体制机制创新，切实提高我省文化遗产保护能力；立足本省、服务全国、面向世界，努力将区域创新联盟建成在我国具有重要影响的技术研发平台、资源共享平台、成果转化平台、人才孵化平台和新兴产业培育平台。省文物局将指导、协调国家“指南针计划”专项“中国传统造纸技术传承与展示示范基地建设”试点项目的实施，以温州瓯海全国重点文物保护单位——四连碓造纸作坊为品牌和基地，以科研单位为依托，以生产单位为实体，开展中国古代造纸的生产、展示、科研、示范和多种应用基地的试点建设工作；并协调做好国家文物局第四批行业重点科研基地的申报工作，努力争取国家纺织品保护重点科研基地顺利落户中国丝绸博物馆，同时继续抓好文物保护科技项目的实施。

二、牢牢抓住基础工作不放松，着力培育文物事业持续发展能力

6. 加大推荐公布力度，确保各级文物保护单位数量有较大幅度增长。我省在完成第七批全国重点文保单位推荐工作后，应进一步卓有成效地开展工作，积极争取尽可能多地推荐对象进入国务院公布名单，力保我省全国重点文物保护单位总数在全国继续位居前列。在做好第三次全国文物普查新发现不可移动文物保护工作的同时，省文物局将向省政府推荐一批不可移动文物公布为第六批省级文保单位，并积极推动市、县政府及时公布新的市、县级文物保护单位，使我省省级、市县级文物保护单位数量偏少的状况得到根本改观。

7. 继续做好文物保护单位的基础性工作，规范文物保护工程管理。我省将加强新公布文物保护单位，特别是第七批全国重点文物保护单位和第六批省级文物保护单位的基础工作，及时划定并公布保护范围和建设控制地带，启动记录档案编制；积极推进文物保护单位保护规划编制工作。全省将以全面提升不可移动文物保护、利用、管理水平为目的，强化正确的文物保护修缮理念；完善文物保护工程资质体系建设，开展乙级和乙级以下文物保护工程监理资质的报批工作，制订浙江省文物保护工程管理实施办法，积极推动文物保护工程报告的编写出版。

8. 大力推进国家考古遗址公园建设，加强大遗址保护和考古管理。我省将推进大遗址保护项目,争取良渚遗址、马家浜遗址等国家考古遗址公园建设取得实质性进展,稳步推进南宋皇城大遗址综合保护工程;围绕国家经济建设全局,重点加强对能源、交通、水利设施建设等国家重点建设项目工程及经济开发区建设项目考古工作的管理;继续做好嘉兴马家浜遗址、余杭茅山遗址等重要遗址的考古发掘,继续做好考古资料整理出版和出土文物指定收藏工作。

9. 加强协调与配合,努力推进历史文化名城、街区、村镇保护工作。省文物局将加强与建设规划行政主管部门的沟通、配合,做好第四批省级历史文化名城和省级历史文化村镇、街区的评审推荐工作,配合省建设厅修订《浙江省历史文化名城保护规划编制要求》,开展省级历史文化村镇、街区保护规划的编制、审查,组织开展第二批中国历史文化名街的申报。

10. 深化博物馆免费开放工作,倾力打造陈列展览精品。我省将认真贯彻执行中宣部、财政部、文化部、国家文物局《关于进一步做好公共博物馆纪念馆免费开放工作的意见》(文物博发[2010]8号),制定措施、抓好落实,全面深化公共博物馆纪念馆的免费开放工作。全省将深入贯彻落实"三贴近"要求,进一步增强时代意识、社会意识、群众意识和服务意识,坚持改革创新,努力提升博物馆、纪念馆的展览展示、宣传教育和服务水平,开展免费开放博物馆绩效评估和专项资金使用情况检查,加强工作监管,提高资金使用效益。文博系统将注重社会效益,拓展服务领域,深化内部管理体制改革,努力提高免费开放博物馆的管理水平;坚持以繁荣展览活动、提升展陈水平、提高服务质量为重点,继续完善工作机制,推进陈列展览精品项目的实施,加强馆际合作,促进藏品资源整合,推出一批文化性、主题性强的精品展览。

11. 继续推进设施建设,加强博物馆业务管理。省文物局将加强对市、县(市、区)博物馆项目建设工作的指导,支持各地的新馆重点建设项目及文物库房新建、改造工程,支持安吉生态博物馆建设,继续推进馆藏文物保存环境改造达标工作;并加强对民办博物馆的指导、管理与服务,配合国家文物局在宁波召开全国民办博物馆工作会议,配合省人大开展民办博物馆专题调研。我省将加强博物馆业务基础工作,进一步做好省直博物馆的社会文物征集,继续开展全省馆藏书画文物巡回鉴定,继续加强馆藏珍贵文物保护修复项目管理;组织市、县博物馆馆长论坛或专题工作研讨会,交流经验,加强典型的示范作用。有关方面将积极配合、参与在上海召开的国际博协第22届大会,落实责任,认真组织好大会分会场的相关活动。

12. 建立健全工作机制,做好社会文物管理。按照新一轮机构改革关于社会文物管理职能的调整规定,省文物局将做好职能衔接,理顺工作关系,落实社会文物管理的岗位职责;并做好文物拍卖企业资质管理和文物拍卖许可证年审,进一步加强对文物市场的监管。全省将把好国门,加强文物进出境管理,根据国家文物局规定,组织实施《文物认定管理办法》,争取初步建立起符合浙江实际的文物认定社会服务体系。

三、继续强化执法监管,切实提高文物事业发展的安全保障水平

13. 建设监管平台,提高文物执法监察效能。我省将积极探索,大力推进网络监管平台建设,力争年内完成研发并开始试行,从而在全国率先建成覆盖全省的文物执法监察网络监管平台,通过规范化、标准化、信息化的监管方式,全面提高我省各级文物执法监察机构的执法水准与监管效能。

14. 加强文物执法巡查，做好文博单位的安全防范工作。我省将加大对文博单位巡查的工作频率和力度，消除安全隐患，遏制违法行为，确保文物安全；同时加强对市、县（市、区）文物执法巡查工作的督查与指导，努力提高巡查工作的规范化水平。各文博单位应积极配合，提供巡查所需业务资料。同时，全省将继续加强对3万平方米以上大型基本建设项目的执法监管，按照《国家文物局、公安部关于联合开展文物单位消防安全大检查工作的通知》要求，开展文物安全、消防大检查，做好文博风险单位安全技防工程项目的建设工作。

15. 加大案件查处力度，提高办案水平。全省将加强对文物违法案件的查处、督办，特别加大对法人违法案件的查处力度，按照国家文物局文物安全与执法公告制度及我省相关规定，做好大要案上报、文物安全事故与违法事件的统计工作；并联合公安等部门，继续打击针对大遗址和文物资源密集地的犯罪活动，做好文物司法鉴定。

四、进一步加强机构队伍建设，为文物事业持续健康发展提供可靠的组织保证

16. 加强机构建设。根据新一轮机构改革后的职能定位和"三定"规定，省文物局将梳理工作关系，建立健全各项规章制度，加强机关建设。在新一轮市、县（市、区）机构改革中，各地也要积极争取党委、政府的重视和有关部门的支持，健全管理体制，加强文物行政机构建设，充实管理力量，努力争取编制，继续加强文物执法队伍建设。同时，全省要抓住事业单位改革的有利时机，借助博物馆、考古遗址公园等大型项目建设，建立健全文物保护管理事业机构，壮大人员力量，争取省文物考古研究所的编制有明显增加，缓解事业发展的人力瓶颈制约，完成省考古学会、省博物馆学会换届。

17. 开展教育培训工作。省文物局将积极派人参加国家文物局举办的各项培训，认真完成国家文物局委托的华东片文物保护工程个人资质培训任务，组织一批文物管理干部赴境外培训，举办第二期省文物保护工程从业人员上岗培训班；同时加强博物馆志愿者、讲解员队伍建设，组织经验交流，开展培训活动；并采取强化执法技能、模拟办案现场等方式，加强对文物执法人员，特别是新上岗文物执法监察人员的培训工作，协助浙江大学搞好文物与博物馆学系建设，支持、鼓励我省文博系统和浙江大学专家学者到对方岗位任职、兼职。

五、高度重视宣传信息工作，为文物事业持续健康发展营造有利的社会环境

18. 加强文物信息报送与发布工作。省文物局将加强文物要情的编发，及时向省委、省政府反映我省文物工作的重要进展、重大发现和突出问题；并加强浙江文物网建设，改进政务信息发布工作，在认真编发全省文物工作信息的同时，做好对国家文物局网站的信息报送工作，争取报送数量和质量保持全国领先。各地、各单位也应及时报送重要信息。省文物局将继续做好《浙江文物》、《浙江文物年鉴》的编审、发行工作，发挥其信息交流、汇集、传播的作用。

19. 搞好"文化遗产日"等重要纪念日的宣传活动。全省文博系统应精心策划、认真组织"文化遗产日"、"5·18国际博物馆日"等重要纪念日的宣传活动，通过全省上下联动，集中开展系列活动，形成浩大的宣传声势；同时做到日常宣传与重要纪念日宣传相结合，常规宣传与专题宣传相结合，特别要注重与第三次全国文物普查成果、重大考古发现、陈列展览精品等专题宣传相结合；通过形式多样的宣传凝聚人心、鼓舞士气，增强人民群众与文化遗产之间的情感纽带，使"人民群众是文化遗产保护主体”的观念深入人心,使政府主导地位与人民主体作用在遗产保护事业中紧密融合、相得益彰。

图书在版编目(CIP)数据

浙江文物年鉴. 2011 / 浙江文物年鉴编委会编. —
杭州 : 浙江古籍出版社, 2012.4
ISBN 978-7-80715-863-9

Ⅰ. ①浙… Ⅱ. ①浙… Ⅲ. ①文物工作 - 浙江省 -
2011 - 年鉴 Ⅳ. ①K872.55 - 54

中国版本图书馆 CIP 数据核字(2012)第 059066 号

浙江文物年鉴(2011)　　浙江文物年鉴编委会编

出版发行　浙江古籍出版社
　　　　　(杭州体育场路 347 号　邮编:310006)
网　　址　www.zjguji.com
责任编辑　况正兵　徐　硕
责任校对　徐晓玲
封面设计　刘　欣
责任印务　贾　敏
照　　排　杭州万方图书有限公司
印　　刷　浙江海虹彩色印务有限公司
开　　本　889mm×1194mm　1/16
印　　张　41.125　插页　34
字　　数　950 千字
版　　次　2012 年 11 月第 1 版
印　　次　2012 年 11 月第 1 次印刷
书　　号　ISBN 978-7-80715-863-9
定　　价　80.00 元